Kurzlehrbücher
für das juristische Studium

Medicus/Lorenz
Schuldrecht I
Allgemeiner Teil

Schuldrecht I
Allgemeiner Teil

Ein Studienbuch

begründet von

Dr. Dres. h. c. Dieter Medicus †

weiland o. Professor an der Universität München

fortgeführt von

Dr. Stephan Lorenz

o. Professor an der Universität München
Mitglied des Bayerischen Verfassungsgerichthofs

21., neu bearbeitete Auflage, 2015

C. H. BECK

www.beck.de

ISBN 978 3 406 66736 7

Wilhelmstraße 9, 80801 München
Druck und Bindung: Nomos Verlagsgesellschaft mbH & Co. KG
In den Lissen 12, D – 76547 Sinzheim

Satz: Jung Crossmedia Publishing GmbH
Gewerbestraße 17, 35633 Lahnau

Umschlaggestaltung: Martina Busch, Grafikdesign, Homburg Saar

Gedruckt auf säurefreiem, alterungsbeständigem Papier
(hergestellt aus chlorfrei gebleichtem Zellstoff)

Vorwort

Dieter Medicus ist am 6. Juni 2015 verstorben. Bereits vorher hatte er mit dieser Auflage die Bearbeitung des gesamten Werks in meine Hände gelegt. Im Ganzen ist der Band jetzt auf dem Stand von Juni 2015 mit einigen Nachträgen.

Es war eine große Ehre und Freude, diesen Band über Jahre hinweg gemeinsam mit *Dieter Medicus* zu überarbeiten. Es ist eine Verpflichtung, dieses Werk nun in seinem Sinne alleine fortzuführen. Was kann es Schöneres geben, als das Buch, mit dem man als Student selbst gelernt hat, weiterführen zu dürfen?

Ich darf an dieser Stelle eine wichtige Anmerkung aus dem Vorwort von *Dieter Medicus* wiederholen: „Der Student soll die vielen hier angegebenen Entscheidungen ebenso wenig allesamt lesen wie die vermerkte Literatur; sonst würde das Studium endlos. Vielmehr dienen die Angaben mit ganz wenigen Ausnahmen nur zwei Zwecken: Soweit bei den Entscheidungen der Sachverhalt umschrieben wird, soll dadurch ein Einblick in den praktischen Anwendungsbereich der abstrakten Regelung vermittelt werden. Und soweit der Sachverhalt fehlt, sollen die Entscheidungs- wie auch die Literaturangaben dem an Einzelproblemen interessierten Leser den Weg zu einer Vertiefung zeigen. Das kommt zwar jeweils nur für einzelne Stellen in Betracht. Da ich aber nicht weiß, wohin das Interesse (etwa auch durch Hausarbeiten) gelenkt wird, müssen die Angaben umfassend sein. Stets gelesen werden sollen allein die Gesetzestexte!“

Unentbehrlich ist die Übung des Gelernten an Beispielsfällen. Aus Platzgründen wurde auf solche in diesem Band aber an einigen Stellen verzichtet. Es finden sich deshalb Verweisungen auf das Übungsbuch *Köhler/Lorenz,* Schuldrecht I, Besonderer Teil aus der Reihe „Prüfe Dein Wissen“. Die Darstellung ist mit diesen Übungsfällen abgestimmt. Da der Lernerfolg ganz entscheidend auch von der Übung am Beispielsfall abhängt, ist es jedenfalls ratsam, diese (oder andere) Übungsfälle parallel zum Studium des Lehrbuchs heranzuziehen.

Meinen Mitarbeitern Veronika Eichhorn, Michael Rapp, Dominik Regelsberger, Dr. Philipp Reuß, Lisa Thalmeir, Felicitas Weber und Susanne Zwirlein danke ich für wertvolle Diskussionen sowie für die sorgsame Hilfe beim Korrekturlesen des Manuskripts und der Erstellung der Register.

Für Hinweise und Kritik aus dem Kreis der Leser bin ich jederzeit dankbar *(mail@stephan-lorenz.de).*

München, im Juli 2015 *Stephan Lorenz*

Inhaltsverzeichnis

Abkürzungs- und Literaturverzeichnis

a. A.	anderer Ansicht
a. a. O.	am angegebenen Ort
Abs.	Absatz
AbzG	Abzahlungsgesetz
AcP	Archiv für die civilistische Praxis
a. E.	am Ende
a. F.	alte Fassung
AG	Aktiengesellschaft
AGB	Allgemeine Geschäftsbedingungen
AGBG	Gesetz zur Regelung des Rechts der Allgemeinen Geschäftsbedingungen (AGB-Gesetz)
AGG	Allgemeines Gleichbehandlungsgesetz
Alt.	Alternative
AMG	Arzneimittelgesetz
AnfG	Anfechtungsgesetz
AnwBl.	Anwaltsblatt
ArchBürgR	Archiv für Bürgerliches Recht
Aufl.	Auflage
AWG	Außenwirtschaftsgesetz
BAG	Bundesarbeitsgericht
Bamberger/Roth/ Bearbeiter	*Bamberger/Roth,* Kommentar zum Bürgerlichen Gesetzbuch, 3. Aufl., 2012
BauR	Baurecht – Zeitschrift für das gesamte öffentliche und zivile Baurecht
Baur/Stürner	*Baur/Stürner,* Sachenrecht, 18. Aufl., 2009
BayObLG	Bayerisches Oberstes Landesgericht
BaySPKO	Bayerische Sparkassenordnung vom 21.4.2007
BB	Betriebs-Berater
BBG	Bundesbeamtengesetz
BeckOK BGB	Beck'scher Online-Kommentar BGB
BeckRS	Beck online Rechtsprechung
BetrVerfG	Betriebsverfassungsgesetz
BGB	Bürgerliches Gesetzbuch
BGBl.	Bundesgesetzblatt
BGH	Bundesgerichtshof
BGHZ	Entscheidungen des Bundesgerichtshofs in Zivilsachen
BImSchG	Bundes-Immissionsschutzgesetz
BJagdG	Bundesjagdgesetz
BKR	Bank- und Kapitalmarktrecht
BPersVG	Bundespersonalvertretungsgesetz
BRRG	Beamtenrechtsrahmengesetz
BSG	Bundessozialgericht
BSHG	Bundessozialhilfegesetz
Bsp.	Beispiel
BT	*Medicus/Lorenz,* Schuldrecht II – Besonderer Teil, 17. Aufl., 2014
BT-Drs.	Bundestagsdrucksache
BVerfG	Bundesverfassungsgericht
BVerwG	Bundesverwaltungsgericht
DAR	Deutsches Autorecht
DB	Der Betrieb
ders., dies.	derselbe, dieselbe
DJT	Deutscher Juristentag

DNotZ	Deutsche Notar-Zeitschrift
DRiZ	Deutsche Richterzeitung
DStR	Deutsches Steuerrecht
DZWir	Deutsche Zeitschrift für Wirtschaftsrecht
EFZG	Entgeltfortzahlungsgesetz
EnergiewirtschaftsG	Energiewirtschaftsgesetz
ErbbauRG	Erbbaurechtsgesetz
EuGH	Gerichtshof der Europäischen Union
f., ff.	folgende/r
FernAbsG	Fernabsatzgesetz
FG	Festgabe
Flume, AT II	*Flume,* Allgemeiner Teil des bürgerlichen Rechts, Bd. 2: Das Rechtsgeschäft, 4. Aufl., 1992
Fn.	Fußnote
FS	Festschrift
Gai.	Gai institutiones
GentechnikG	Gentechnikgesetz
Gernhuber	*Gernhuber,* Die Erfüllung und ihre Surrogate, 2. Aufl., 1994
Ges. Schriften	Gesammelte Schriften
GG	Grundgesetz für die Bundesrepublik Deutschland
Gruch.	Beiträge zur Erläuterung des Deutschen Rechts, begründet von J. A. Gruchot
GrünhutsZ	Zeitschrift für das Privat- und öffentliche Recht der Gegenwart, hrsg. von Grünhut
GS	Gedächtnisschrift
GWB	Gesetz gegen Wettbewerbsbeschränkungen
HaftpflG, HPflG	Haftpflichtgesetz
Harke, AT	*Harke,* Allgemeines Schuldrecht, 2010
Heck, SchuldR	*Heck,* Grundriß des Schuldrechts, 1929
HGB	Handelsgesetzbuch
h. M.	herrschende Meinung
Hs.	Halbsatz
Huber	*Huber,* Leistungsstörungen, 1999
HWiG	Haustürwiderrufsgesetz
IBR	Immobilien- und Baurecht
i. d. F.	in der Fassung
IherJb.	Iherings Jahrbücher der Dogmatik des bürgerlichen Rechts
InsO	Insolvenzordnung
i. S. d.	im Sinne der/des
Jauernig/Hess	*Jauernig/Hess,* Zivilprozessrecht, 30. Aufl., 2011
JGG	Jugendgerichtsgesetz
JR	Juristische Rundschau
JuS	Juristische Schulung
JZ	Juristenzeitung
KAGB	Kapitalanlagegesetzbuch
KF	Karlsruher Forum (Sonderheft der Zeitschrift VersR)
Köhler	*Köhler,* BGB Allgemeiner Teil, 39. Aufl., 2015
Larenz, SAT	*Karl Larenz,* Lehrbuch des Schuldrechts I: Allgemeiner Teil, 14. Aufl., 1987
Lit.	Literatur

Lit.-Verz. . . . . Literaturverzeichnis
LM . . . . *Lindenmaier/Möhring,* Nachschlagewerk des Bundesgerichtshofs in Zivilsachen
LMK . . . . Kommentierte BGH-Rechtsprechung Lindenmaier-Möhring (ab 7/2005 Beck-online: Fachdienst Zivilrecht)
Looschelders, AT . . . *Looschelders,* Schuldrecht Allgemeiner Teil, 12. Aufl., 2014
Lorenz/Riehm . . . . *Lorenz/Riehm,* Lehrbuch zum neuen Schuldrecht, 2002
LPartG . . . . Lebenspartnerschaftsgesetz
LuftVG . . . . Luftverkehrsgesetz

MDR . . . . Monatsschrift für Deutsches Recht
Medicus, BGB AT *Medicus,* Allgemeiner Teil des BGB, 10. Aufl., 2010
Medicus/Petersen, BR . . . . *Medicus/Petersen,* Bürgerliches Recht, 24. Aufl., 2013
Mot. . . . . Motive zum BGB
Mugdan . . . . *Mugdan,* Die gesammten Materialien zum Bürgerlichen Gesetzbuch, 1899/1900
MünchKomm/Bearbeiter . . . . . . *Rebmann/Säcker,* Münchener Kommentar zum BGB, 6. Aufl., 2012
m. w. N. . . . . mit weiteren Nachweisen

NJW . . . . Neue Juristische Wochenschrift
NJW-RR . . . . NJW-Rechtsprechungsreport Zivilrecht
NJW-Spezial . . . . . NJW-Spezial: Die wichtigsten Informationen zu speziellen Rechtsgebieten
Nr. . . . . Nummer
NZA . . . . Neue Zeitschrift für Arbeits- und Sozialrecht
NZM . . . . Neue Zeitschrift für Miet- und Wohnungsrecht
NZV . . . . Neue Zeitschrift für Verkehrsrecht

o. . . . . oben
OHG . . . . Offene Handelsgesellschaft
OLG . . . . Oberlandesgericht
OWiG . . . . Ordnungswidrigkeitengesetz

Palandt/Bearbeiter *Palandt,* Bürgerliches Gesetzbuch, 74. Aufl., 2015
PaPkG . . . . Preisangaben- und Preisklauselgesetz
PdW Schuldrecht I *Köhler/Lorenz,* Prüfe dein Wissen – Schuldrecht I, 22. Aufl., 2014
PdW Schuldrecht II *Köhler/Lorenz,* Prüfe dein Wissen – Schuldrecht II, 19. Aufl., 2011
PflVersG, PflVG . . . Pflichtversicherungsgesetz
ProdHaftG . . . . . . Produkthaftungsgesetz
Prot. . . . . Protokolle zum BGB
Prütting . . . . *Prütting,* Sachenrecht, 35. Aufl., 2014

RabelsZ . . . . Zeitschrift für ausländisches und internationales Privatrecht, begründet von Rabel
RdA . . . . Recht der Arbeit
RDG . . . . Gesetz über außergerichtliche Rechtsdienstleistungen (Rechtsdienstleistungsgesetz)
RG . . . . Reichsgericht
RGZ . . . . Entscheidungen des Reichsgerichts in Zivilsachen
Rn. . . . . Randnummer
Rspr. . . . . Rechtsprechung
RVO . . . . Reichsversicherungsordnung

S. . . . . Seite; bei Gesetzeszitaten Satz
SAE . . . . Sammlung Arbeitsrechtlicher Entscheidungen
SchG . . . . Scheckgesetz
SchwerbehindertenG Schwerbehindertengesetz
SGB . . . . Sozialgesetzbuch

SMG	Schuldrechtsmodernisierungsgesetz
Soergel/Bearbeiter	*Soergel,* Bürgerliches Gesetzbuch, 13. Aufl., 1999 ff.
Staudinger/Bearbeiter	*J. von Staudingers* Kommentar zum BGB, 13. Aufl., 1993 ff.
StGB	Strafgesetzbuch
str.	streitig
StVG	Straßenverkehrsgesetz
StVO	Straßenverkehrs-Ordnung
StVZO	Straßenverkehrs-Zulassungs-Ordnung
u.	unten
UmweltHG	Umwelthaftungsgesetz
UrhG	Urheberrechtsgesetz
usw.	und so weiter
UWG	Gesetz gegen den unlauteren Wettbewerb
v.	von/vom
VerbrKrG	Verbraucherkreditgesetz
VersR	Versicherungsrecht (Zeitschrift)
vgl.	vergleiche
VVG	Versicherungsvertragsgesetz
WährG	Währungsgesetz
Warn.	Warneyer, Rechtsprechung des Bundesgerichtshofs in Zivilsachen
WEG	Wohnungseigentumsgesetz
WG	Wechselgesetz
WHG	Wasserhaushaltsgesetz
Wolf/Neuner, AT	*Wolf/Neuner,* Allgemeiner Teil des deutschen Bürgerlichen Rechts, 10. Aufl., 2012
WpHG	Wertpapierhandelsgesetz
ZAkDR	Zeitschrift der Akademie für Deutsches Recht
z. B.	zum Beispiel
ZBB	Zeitschrift für Bank- und Börsenrecht
ZBernJV	Zeitschrift des Bernischen Juristenvereins
ZEuP	Zeitschrift für Europäisches Privatrecht
ZEV	Zeitschrift für Erbrecht und Vermögensnachfolge
ZfA	Zeitschrift für Arbeitsrecht
ZGB	Zivilgesetzbuch
ZGS	Zeitschrift für das gesamte Schuldrecht
ZHR	Zeitschrift für das gesamte Handelsrecht und Wirtschaftsrecht
ZIP	Zeitschrift für Wirtschaftsrecht (früher: Zeitschrift für die gesamte Insolvenzpraxis, daher die Abkürzung)
Zöllner/Loritz/Hergenröder, ArbR	*Zöllner/Loritz/Hergenröder,* Arbeitsrecht, 6. Aufl., 2008
ZPO	Zivilprozessordnung
ZRP	Zeitschrift für Rechtspolitik
ZVG	Gesetz über die Zwangsversteigerung und die Zwangsverwaltung

Paragrafenbezeichnungen ohne Zusatz meinen das BGB.

1. Teil. Grundlagen

§ 1. Das Schuldverhältnis

Literatur: Grundlegend *Gernhuber,* Das Schuldverhältnis, 1989; *Grigoleit,* Leistungs- und Schutzpflichten, FS Canaris Bd. 1, 2007, 275; *Köhler,* Vertragliche Unterlassungspflichten, AcP 190 (1990) 496; *Krebs,* Sonderverbindung und außerdeliktische Schutzpflichten, 2000; *Kuhlmann,* Leistungspflichten und Schutzpflichten, 1999; *Medicus,* Probleme um das Schuldverhältnis, 1987; *ders.*, Zur Anwendbarkeit des Allgemeinen Schuldrechts auf Schutzpflichten, FS Canaris, Bd. 1, 2007, 1835; *Müller-Laube,* Die Verletzung der vertraglichen Unterlassungspflicht, FS Rolland, 1999, 261; *Neumann,* Leistungsbezogene Verhaltenspflichten, 1989. Weiter zu Einwirkungen des Sozialrechts *Paschke,* Außervertragliche Sozialbeziehungen, AcP 187 (1987) 61, zu Schuldverhältnissen im Familienrecht *Coester-Waltjen,* Schuldrecht und familienrechtliche Rechtsverhältnisse, FS Canaris, Bd. 1, 2007, 131.

Gegenstand des Schuldrechts ist das Schuldverhältnis. Daher heißt das 2. Buch des BGB das „Recht der Schuldverhältnisse", und daher bestimmt gleich die erste Vorschrift dieses zweiten Buches, nämlich § 241 I 1: „Kraft des Schuldverhältnisses ist der Gläubiger berechtigt, von dem Schuldner eine Leistung zu fordern."

I. Das Schuldverhältnis

1. Abgrenzung zum „Jedermann-Verhältnis"

Viele **Ge- und Verbote** der Rechtsordnung sind insofern ganz allgemein, als sie sich **an jedermann** richten: niemanden zu töten oder zu verletzen, keine fremden Sachen zu zerstören oder zu beschädigen (vgl. § 823 I). Solche Verpflichtungen bestehen gegenüber jedermann und nicht im Verhältnis zwischen *bestimmten* Personen. Solange keine Zuwiderhandlung hiergegen stattgefunden hat (oder wenigstens unmittelbar bevorsteht), fehlt zwischen einer zu schützenden Person und dem Adressaten der Rechtsnorm (also jedem anderen) eine *besondere* rechtliche Verbindung, folglich ein Schuldverhältnis. 1

2. Das Schuldverhältnis als Sonderverbindung

Das ändert sich aber, wenn eine bestimmte Person gegen eine solche Rechtsnorm verstößt und etwa durch eine „unerlaubte Handlung" (vgl. §§ 823ff.) einer anderen Person Schaden zufügt. Dann sieht die Rechtsordnung nämlich unter gewissen weiteren Voraussetzungen (Rechtswidrigkeit, Verschulden) eine Schadensersatzpflicht des Täters gegenüber dem Opfer vor. Das Opfer (und nur dieses) kann jetzt von dem Täter (und nur von diesem) eine Leistung (§§ 249ff., 842ff.) verlangen. Zwischen beiden besteht also das, was § 241 I 1 als **Schuldverhältnis** bezeichnet: Es gibt einen *Gläubiger* (das Opfer), der von einem *Schuldner* (dem Täter) eine *Leistung* fordern kann. 2

3. Entstehensgründe

Solche Schuldverhältnisse können jedoch nicht bloß durch einen Verstoß gegen eine gesetzlich bestimmte allgemeine Verhaltenspflicht begründet werden. Vielmehr entstehen Schuldverhältnisse noch häufiger durch **Rechtsgeschäft,** insbesondere durch Vertrag (vgl. u. Rn. 55): Zwei Personen vereinbaren miteinander, dass etwa die eine der anderen ein Kraftfahrzeug übereignen und die andere dafür 5.000,– € bezahlen soll. Auch bei einem solchen Kaufvertrag sind die Beziehungen zwischen den Beteilig- 3 ten („Vertragspartnern") enger als zwischen beliebigen anderen Personen. Auch hier besteht also wieder eine Sonderverbindung, ein Schuldverhältnis (und zwar sogar eines im weiteren Sinn, vgl. u. Rn. 8).

4. Unterlassungspflichten

4 In den bisher gebrachten Beispielen ging es um Leistungen, die in einem **positiven Tun** (Handeln) bestehen: Schadensersatz, Lieferung des Autos, Zahlung des Kaufpreises. Als Leistung, die Gegenstand eines Schuldverhältnisses sein kann, kommt aber nach § 241 I 2 auch ein **Unterlassen** in Betracht. So liegt es etwa, wenn ein aus dem Dienst eines Arzneimittelherstellers ausscheidender Chemiker sich verpflichtet, seine dort erworbenen Kenntnisse weder selbst unternehmerisch zu verwerten noch sie einem Konkurrenten zur Verfügung zu stellen (Wettbewerbsverbot). Ebenso geht es um ein Unterlassen, wenn ein Grundstückseigentümer sich gegenüber dem um die Aussicht besorgten Nachbarn verpflichtet, sein – des Eigentümers – Grundstück nicht zu bebauen.

Dagegen bedeutet die allgemeine Rechtspflicht zur Unterlassung unerlaubter Handlungen keine Verpflichtung, deren Erfüllung eine Leistung bildet und die daher den Inhalt eines Schuldverhältnisses darstellen könnte: Diese Unterlassung wird ja ohnehin von jedermann und jedem gegenüber geschuldet. Insoweit fehlt es also an einer Sonderverbindung zwischen einem bestimmten Gläubiger und einem bestimmten Schuldner.

Freilich kann nach zutreffender h. M. auch diese allgemeine Unterlassungspflicht zum Inhalt eines Schuldverhältnisses gemacht werden, nämlich wenn die Unterlassung noch besonders versprochen wird. So kann sich z. B. ein Grundstückseigentümer seinem Nachbarn gegenüber verpflichten, bestimmten Lärm zu unterlassen: Dieser Vertrag ist auch dann wirksam (d. h. er begründet ein Schuldverhältnis), wenn die Lärmerzeugung schon nach §§ 1004, 906 verboten sein sollte. Denn die Bestätigung des allgemeinen Unterlassungsgebots in einem solchen Vertrag ist für den Gläubiger sinnvoll (und daher rechtlich anzuerkennen, weil keine anderen Interessen entgegenstehen): Sie kann Streit darüber vermeiden, wo die Grenzen des allgemeinen Verbots liegen, sowie die Durchsetzung von Schadensersatzansprüchen bei der Mitwirkung von Gehilfen (§ 278) und beweismäßig erleichtern (§§ 280 I, 286 IV, vgl. u. Rn. 325).

5. Leistungspflichten und Schutzpflichten

5 Die Leistungen, von denen § 241 I 1 spricht, zielen regelmäßig auf eine **Veränderung der Güterwelt:** Eine Sache wird übereignet, ein Werk wird ausgeführt. Daneben kann es sich aber auch bloß darum handeln, die Rechtsgüter des anderen Teils vor einer Verschlechterung zu bewahren. Das kann Gegenstand einer Leistungspflicht sein, etwa beim Bewachungsvertrag.

Neben den Leistungspflichten erwähnt § 241 II aber auch die Pflicht zur Rücksichtnahme auf die Rechte, Rechtsgüter und Interessen des anderen Teils, also zur **Erhaltung der Güterwelt.** Man spricht hier im Gegensatz zu den Leistungspflichten von **Schutzpflichten** (oder „weiteren Verhaltenspflichten"). Diese wahren nicht (wie die Leistungspflichten) **ein Leistungs-(Äquivalenz)interesse** (vgl. u. vor Rn. 331 und Rn. 342) des Gläubigers, sondern sein **Integritätsinteresse** (vgl. u. Rn. 113). Solche Pflichten entstehen bereits durch die Anbahnung von Vertragsverhandlungen, so dass die schuldhafte Verletzung ein Verschulden bei Vertragsverhandlungen bedeutet (§ 311 II, vgl. u. Rn. 527 ff.). Sie dauern während der Vertragsausführung an, können aber auch nach Erfüllung der Leistungspflichten noch fortwirken, bis die Beteiligten wirklich auseinandergegangen sind[1] (die schuldhafte Verletzung wird dann bisweilen missverständlich *culpa post contractum finitum* genannt; die verbliebenen Pflichten zeigen ja gerade, dass der Vertrag noch nicht erledigt ist).

II. Die verschiedenen Sichtweisen für das Schuldverhältnis

1. Das Recht des Gläubigers

Das auf eine Leistung gerichtete Schuldverhältnis wird in § 241 I 1 eher aus der **Sicht des Gläubigers** beschrieben: Dieser soll vom Schuldner eine Leistung verlangen dürfen. Das ähnelt der Definition des **Anspruchs** in § 194 I: nämlich als das Recht, von einem anderen (dem Schuldner) ein Tun oder ein Unterlassen (vgl. § 241 I 2 mit o. Rn. 4) zu verlangen. Der Standort dieser Definition des Anspruchs im Allgemeinen Teil des BGB hängt mit der Gliederung dieses Gesetzes zusammen, nämlich nach dem sog. „Klammerprinzip" (vgl. u. Rn. 34): Der Anspruch ist allgemeiner als das Schuldverhältnis, weil er in allen Büchern des BGB vorkommt. 6

So begründet im *Allgemeinen Teil* etwa § 122 einen Schadensersatzanspruch. Im *Sachenrecht* gibt es Ansprüche an vielen Stellen, insbesondere bei Störungen der dinglichen Zuordnung (§§ 894, 985, 1004). Im *Familienrecht* spielen vor allem die Unterhaltsansprüche eine erhebliche Rolle (etwa §§ 1360ff., 1569ff., 1601ff.). Auch das *Erbrecht* endlich kennt zahlreiche Ansprüche, z. B. gegen den Erbschaftsbesitzer (§§ 2018ff.) oder aus Vermächtnissen (§§ 2147ff.).

Andererseits passt aber das in § 241 I 1 beschriebene Schuldverhältnis auch unter die Anspruchsdefinition von § 194 I. Das Schuldrecht spricht dann oft von einer **Forderung:** So werden nach § 387 Forderungen gegeneinander aufgerechnet, und nach §§ 398ff. werden Forderungen abgetreten. In dieser Sicht **bedeutet die Forderung den schuldrechtlichen Anspruch.**

Freilich wird diese Terminologie im BGB nicht überall durchgehalten: So spricht im Erbrecht § 2176 von der „Forderung des Vermächtnisnehmers".

Dass das Schuldrecht von der spezielleren Forderung und nicht von dem allgemeinen Anspruch handelt, hat eine wichtige Konsequenz: Die schuldrechtlichen Vorschriften über Forderungen sind nicht ohne weiteres auf die außerhalb des Schuldrechts geregelten Ansprüche anwendbar. So gelten nach § 413 die Vorschriften über die Übertragung von Forderungen für die Übertragung anderer Rechte nur entsprechend und auch bloß bei Fehlen einer abweichenden Regelung. Insbesondere für die sog. dinglichen Ansprüche des Sachenrechts (vor allem §§ 894, 985, 1004) passt das Schuldrecht nicht ohne weiteres.[2]

2. Die Pflicht des Schuldners

Wenn der Gläubiger kraft des Schuldverhältnisses vom Schuldner eine Leistung fordern darf, dann entspricht dem in umgekehrter Sicht eine **Pflicht des Schuldners.** Für sie erscheint mit gleichem Sinn auch der Ausdruck „Verbindlichkeit", oder es heißt, eine Person „schulde" die Leistung. Das ist gleichsam die Kehrseite von Forderung und Anspruch. 7

[1] S. dazu *Bodewig,* Jura 2005, 505 sowie eingehend *J.H. Binder,* AcP 211 (2011) 587.
[2] Vgl. etwa *Baur/Stürner,* § 11 Rn. 43ff.

III. Schuldverhältnis in engerem und weiterem Sinn

8 Bisher war nur von dem in § 241 I 1 beschriebenen, mit **Forderung** oder Verbindlichkeit gleichzusetzenden Sinn von „Schuldverhältnis" die Rede. Daneben kommt das Wort im Schuldrecht aber noch **in einem anderen, weiteren Sinn** vor. Das wird am deutlichsten aus der Überschrift des 8. Abschnitts vor § 433: „Einzelne Schuldverhältnisse". Denn die dort geregelten Rechtsverhältnisse (wie Kauf, Tausch, Schenkung, Miete) erschöpfen sich nicht in einer einzigen Forderung (bzw. Verbindlichkeit). Vielmehr nennt allein § 433 für den Sachkauf nicht weniger als vier verschiedene Leistungen, die den Gegenstand je einer Forderung bilden: Übergabe, Eigentumsverschaffung (beides mangelfrei), Kaufpreiszahlung und Sachabnahme. Dazu kommen in den folgenden Vorschriften noch zahlreiche weitere Leistungen: etwa die Pflicht zur Tragung von Erschließungskosten (§ 436) oder die Gewährleistungspflichten des Verkäufers (§§ 437 ff.). Der als „Schuldverhältnis" bezeichnete Kauf besteht also offenbar aus einem ganzen **Bündel von Forderungen bzw. Pflichten.** Dabei ist für einige von ihnen der Käufer, für andere der Verkäufer Schuldner.

Zu diesen gesetzlich geregelten Pflichten treten noch zahlreiche weitere, die summarisch in § 241 II erwähnt werden und sich letztlich aus Treu und Glauben (§§ 157, 242) ergeben: So muss der Verkäufer den Käufer vor den nicht ohne weiteres erkennbaren Gefahren der Kaufsache warnen (z. B. wenn an dem verkauften Fahrrad die Bremsen nicht in Ordnung sind). Zu diesen das Integritätsinteresse wahrenden (vgl. o. Rn. 5) Schutz- oder weiteren Verhaltenspflichten vgl. unten Rn. 113 und 517 ff.; weiter BT Rn. 22 zu einigen die Leistungspflichten ergänzenden Nebenleistungspflichten.

Nach allem zeigt sich das Schuldverhältnis im weiteren Sinn als ein komplexes Gebilde, das vor allem aus einer Vielzahl von Forderungen oder Pflichten (= Schuldverhältnissen im engeren Sinn) besteht. Man hat es deshalb als „Gefüge", als „Organismus" oder auch als „Prozess" bezeichnet. Dabei sollen die beiden zuletzt genannten Namen außer der Komplexität noch eine andere Eigenschaft des Schuldverhältnisses im weiteren Sinn andeuten: Es beharrt nicht statisch im immer gleichen Zustand, sondern es zielt darauf ab, sich im Zeitablauf vielfältig zu ändern: Im Bild des „Organismus" gesprochen wird es geboren, es kann wachsen, altern und schließlich sterben. Doch sollte man den Erkenntniswert einer solchen Bildersprache nicht überbewerten.

Ob in einer Einzelvorschrift „Schuldverhältnis" im weiteren oder im engeren Sinn gemeint ist, ergibt sich regelmäßig aus dem Zusammenhang: Wesentliche Schwierigkeiten entstehen also aus der mehrdeutigen Gesetzessprache nicht. Im Folgenden soll das Wort „Schuldverhältnis" nur im weiteren Sinn verwendet werden, sonst heißt es „Forderung", „Verbindlichkeit" usw.

§ 2. Einteilungen der Schuldverhältnisse

Die Schuldverhältnisse im weiteren Sinn (vgl. o. Rn. 8) lassen sich unter den verschiedensten Gesichtspunkten einteilen. Die größte Bedeutung kommt den folgenden Unterscheidungen zu.

I. Nach dem Entstehungsgrund

9 Jedes Schuldverhältnis bringt Verpflichtungen und beschränkt so die allgemeine Handlungsfreiheit des Schuldners. Die hierfür nötige Rechtfertigung kann prinzipiell aus zwei Gründen stammen: aus dem (rechtsgeschäftlichen) Einverständnis des

Schuldners oder aus einer gesetzlichen Anordnung. Demgemäß unterscheidet man rechtsgeschäftliche (meist nach dem Hauptfall „vertragliche“ genannt) und gesetzliche Schuldverhältnisse.[1]

II. Nach dem Einfluss des Zeitmoments

1. Dauerschuldverhältnisse

Literatur: *Gernhuber,* Das Schuldverhältnis, 1989, § 16, mit vielen Angaben, insb. *Beitzke,* Nichtigkeit, Auflösung und Umgestaltung von Dauerrechtsverhältnissen, 1948; *O. von Gierke,* Dauernde Schuldverhältnisse, IherJb. 64 (1914) 355; *Großfeld/Gersch,* Zeitliche Grenzen von privaten Schuldverträgen, JZ 1988, 937; *A. Hueck,* Der Sukzessivlieferungsvertrag, 1918; *Nicklisch* (Hrsg.), Der komplexe Langzeitvertrag, 1987; *Oetker,* Das Dauerschuldverhältnis und seine Beendigung, 1995; *von Scheven,* Der Sukzessivlieferungsvertrag, 1984; *P. Schwerdtner,* Anfechtbarkeit und Nichtigkeit bei Dauerschuldverhältnissen – Fehlerhafte (faktische) Vertragsverhältnisse, Jura 1989, 642; *Wiese,* Beendigung und Erfüllung von Dauerschuldverhältnissen, 2. FS Nipperdey, Bd. 1, 1965, 837.

a) Zeitlich gestreckte Einzelschuldverhältnisse

Manche Schuldverhältnisse – die **Bargeschäfte** – werden sofort erfüllt. Bei anderen 10
Schuldverhältnissen dagegen kann zwischen der Entstehung und der Erledigung ein längerer Zeitraum vergehen, z. B. wenn für einen Kaufpreis Zahlung in zwölf Monatsraten vereinbart ist oder wenn das von einer Werft versprochene Schiff zunächst gebaut werden muss und erst in einem Jahr geliefert werden soll. Eine solche **längere Laufzeit** des Schuldverhältnisses erhöht seine Anfälligkeit gegen Leistungsstörungen (zum Begriff vgl. u. Rn. 322ff.). So wächst mit der Zahl der Kaufpreisraten die Gefahr, dass der Schuldner bei einer von ihnen die rechtzeitige Erledigung vergisst oder zu ihr außerstande ist. Auch bei dem erst noch durchzuführenden Bau eines Schiffes können sich Hindernisse etwa bei der Beschaffung von Einzelteilen ergeben, die beim Verkauf eines fertigen, sofort lieferbaren Schiffes wegfallen. Aber eine rechtliche Sonderbehandlung ist für solche Schuldverhältnisse meist nicht nötig: Das gewöhnliche Recht der Leistungsstörungen genügt auch für die höhere Störanfälligkeit. Eine Ausnahme machen freilich die (gesetzlich nicht eigens geregelten) sog. **komplexen Langzeitverträge,** z. B. über den Bau eines Supertankers oder eines Flughafens. Hier ergibt sich das zur Erfüllung Nötige oft erst im Lauf der Arbeit (etwa durch neue technische Erkenntnisse oder zusätzliche behördliche Auflagen). Daher bestimmt sich der genaue Inhalt der Schuldnerpflichten erst nach und nach. Unter Umständen sind dazu auch **Neuverhandlungen** nötig etwa darüber, wie ein unerwartetes Hindernis (z. B. das Auftreten von Fließsand) überwunden werden soll.[2]

b) Echte Dauerschuldverhältnisse

Bei anderen Schuldverhältnissen spielt die Zeit eine größere Rolle: Dort **bestimmt nämlich überhaupt erst die Zeit den Umfang der zu erbringenden Leistung.** Das 11
wird deutlich etwa bei der Miete: Der Vermieter leistet umso mehr, je länger er dem Mieter die Mietsache überlässt (entsprechend mehr Miete muss ja auch der Mieter zahlen). Ähnlich liegt es bei Pacht, Leihe, Verwahrung und außerhalb des BGB beim Versicherungsvertrag (der im VVG geregelt ist). Auch beim Darlehen leistet der Geber umso mehr, je länger der Darlehensnehmer das ihm überlassene Kapital nutzen kann (und dieser muss insgesamt umso länger Zins zahlen). Schließlich gehören hierhin die

[1] Vgl. dazu unten Rn. 51ff.
[2] Vgl. *Martinek,* AcP 198 (1998) 329.

auf eine dauernde Arbeitsleistung gerichteten Schuldverhältnisse (insbesondere der Arbeitsvertrag) und die Gesellschaft. Man spricht hier von **Dauerschuldverhältnissen.**

c) Sukzessivlieferungsverträge

12 Wohl nur eine Unterart der Dauerschuldverhältnisse bilden die **Sukzessivlieferungsverträge:** Bei ihnen handelt es sich zwar um die Pflicht zur Lieferung von Waren. Es geht also um Kaufverträge (§ 433, auch nach § 651), die regelmäßig nicht zu Dauerschuldverhältnissen führen. Aber die Sukzessivlieferungsverträge haben die Besonderheit, dass die zu liefernde Menge nicht von vornherein feststeht, sondern sich im Lauf der Zeit (sukzessive) erhöht. Dahin gehören etwa die Bierlieferungsverträge, durch die ein Gastwirt seinen Bierbedarf bei einer bestimmten Brauerei deckt (oft verbunden mit einem Darlehen der Brauerei an den Wirt, das durch einen Zuschlag zum Bierpreis verzinst und zurückgezahlt wird). Während sich bei den Bierlieferungsverträgen die jeweils abgenommene Menge nach dem Bedarf richtet, kann diese Menge auch für einen bestimmten Zeitraum feststehen: z. B. ein Stahlwerk bezieht von einer Zeche monatlich 10 000 t Kohle. In beiden Fallgruppen findet sich die Eigenart der Dauerschuldverhältnisse wieder: Die Leistung (und entsprechend die Gegenleistung) wächst mit zunehmender Laufzeit des Vertrags, ohne dass eine Gesamtmenge von vornherein feststeht.

d) Bezugsverträge

13 Noch etwas anders liegt es bei den **Bezugsverträgen** über Strom, Wasser und Gas sowie auch bei den Verträgen über Telefon- und Internetdienstleistungen. Denn hier wird die Lieferung der vom Verbraucher abgenommenen Mengen ergänzt um die ständige Lieferbereitschaft des Versorgungsunternehmens: Dieses „leistet" also auch, wenn gerade nichts verbraucht wird. In der Tarifgestaltung findet sich diese zweifache Leistung regelmäßig in der Aufteilung zwischen der Grundgebühr als dem Entgelt für die bloße Leistungsbereitschaft und dem Preis für die abgenommenen Einheiten.

Die gelegentlich noch anzutreffende Bezeichnung dieser Bezugsverträge als **Wiederkehrschuldverhältnisse** beruhte auf der Vorstellung, hier komme im Rahmen eines Grundverhältnisses mit jedem Einzelverbrauch oder doch wenigstens in jeder Abrechnungsperiode ein neues Schuldverhältnis zustande. Diese Konstruktion hatte historische Gründe, die aber heute durch die §§ 103, 105 InsO überholt sind. Im Übrigen lässt der Begriff die vom Versorgungsunternehmen geschuldete dauernde Lieferbereitschaft unberücksichtigt; er sollte ganz aufgegeben werden.

e) Dauer der rechtlichen Bindung

14 Die rechtliche Regelung der Dauerschuldverhältnisse muss den Besonderheiten Rechnung tragen, die sich aus der **Bindung** der Parteien **für eine lange und oft sogar unbestimmte Zeit** ergeben: Während dieser Zeit können sich die für das Schuldverhältnis wesentlichen Umstände in unvorhergesehener Weise ändern. Vielfach setzen Dauerschuldverhältnisse auch ein besonderes Vertrauen voraus. Diese Vertrauensgrundlage kann wegfallen, z. B. wenn einem Gastwirt mehrfach mangelhaftes Bier oder das Bier erst verspätet geliefert wird und daher seine Gäste zur Konkurrenz abwandern. Dauerschuldverhältnisse müssen also für die Zukunft aus wichtigem Grund beendet – nämlich gekündigt – werden können; vgl. § 314 und unten Rn. 658.

2. Fixgeschäfte

Unter einem ganz anderen als dem eben behandelten Gesichtspunkt erlangt die Zeit bei den Fixgeschäften Bedeutung. Regelmäßig ist die Zeit für die Leistung nur Nebensache: Zwar soll meist zu einem bestimmten Zeitpunkt geleistet werden, doch bleibt die Leistung auch nach diesem Termin noch möglich. Demgegenüber sind manche Leistungen schon nach der Natur der Sache derart an einen bestimmten Zeitpunkt gebunden, dass sie zu einer anderen Zeit nicht mehr dem Geschuldeten entsprechen und mit Ablauf des Termins schlicht unmöglich werden. Das gilt vor allem bei Teamarbeit, die Gleichzeitigkeit oder doch eine bestimmte Reihenfolge erfordert: Wenn z. B. die Flötistin des Orchesters ihren Einsatz verpasst hat, kann sie die versäumten Töne nicht mehr „nachleisten"; eine solche Nachleistung – nämlich das Spiel an einer falschen Stelle – wäre vielmehr eine neue Leistungsstörung. Auch durch Vereinbarung kann eine Leistung fest an eine bestimmte Zeit gebunden werden.[3] 15

III. Nach der Art der Leistung

Erhebliche Bedeutung hat auch die Einteilung der Schuldverhältnisse nach der Art der geschuldeten Leistung. Doch ist das an dieser Stelle nicht näher auszuführen: Die Einteilung nach der Art der Leistung bildet nämlich den wesentlichen Gesichtspunkt für die Gliederung des in den §§ 433–853 geregelten Besonderen Schuldrechts (vgl. u. Rn. 36): Dort wird der Anspruchsinhalt jeweils am Anfang der Regelung der einzelnen Typenverträge in den „Definitionsnormen" genannt (vgl. u. Rn. 126). Das ist also im BT zu behandeln. Nur einige allgemeinere, über einzelne Vertragstypen hinausreichende Forderungsinhalte sollen überblickartig unten Rn. 122ff. dargestellt werden. 16

§ 3. Die Durchsetzung von Forderungen

Literatur: *Gernhuber,* Das Schuldverhältnis, 1989, § 4, mit vielen Angaben; insb. *Binder,* Zur Lehre von Schuld und Haftung, IherJb. 77 (1927) 75; 163ff.; *de Boor,* Gerichtsschutz und Rechtssystem, 1941; *M. Fuchs,* Naturalobligationen und unvollkommene Verbindlichkeiten im BGB, 1. FS Medicus, 1999, 123; *O. von Gierke,* Schuld und Haftung, 1910; *Hadding,* Schuldverhältnis, Forderung, rechtlicher Grund, FS Kroeschell, 1997, 293; *Maultzsch,* Die Grenzen des Erfüllungsanspruchs aus dogmatischer und ökonomischer Sicht, AcP 207 (2007) 530; *Nehlsen-von Stryk,* Grenzen des Rechtszwangs: Zur Geschichte der Naturalvollstreckung, AcP 193 (1993) 529; *Reichel,* Unklagbare Ansprüche, IherJb. 59 (1911) 409; *Schulze,* Die Naturalobligation, 2008; *ders.,* Nichterzwingbare Leistungsanforderungen im Zivilrecht, JuS 2011, 193; *Siber,* Der Rechtszwang im Schuldverhältnis 1903.

Dass der Gläubiger auf Grund des Schuldverhältnisses (§ 241 I) wie überhaupt auf Grund eines Anspruchs (§ 194 I, vgl. o. Rn. 6) vom Schuldner die Leistung soll verlangen können, genügt als rechtliche Regelung nur für den problemlosen Fall: Der Schuldner leistet auf das Verlangen des Gläubigers hin und fordert auch später die Leistung nicht wieder zurück. Für die anderen Fälle dagegen bedarf es weiterer Regeln: Neben die genannte Forderungsberechtigung des Gläubigers müssen noch andere Befugnisse treten. 17

I. Die normale Forderung

Den Normalfall bildet zunächst die alle denkbaren Befugnisse umfassende Forderung. Dabei geht es um Folgendes:

[3] Vgl. dazu unten Rn. 411f.

1. Klagbarkeit

18 Wenn der Schuldner nicht freiwillig leistet, kann der Gläubiger auf die Erbringung der Leistung klagen. Das ist regelmäßig eine Leistungsklage, die zu einem Leistungsurteil führt. Dieses lautet auf die versprochene Leistung selbst und nicht etwa (wie bei der *condemnatio pecuniaria* des römischen Rechts und heute noch in manchen fremden Rechtsordnungen) allemal auf Geld: Das ist das Prinzip der **Naturalkondemnation (Naturalerfüllung).**

Der Verkäufer wird also etwa dazu verurteilt, den verkauften Pkw Marke x Fahrgestell-Nr. y nebst den Fahrzeugpapieren an den Käufer zu übergeben und zu übereignen.

Dieses für das kontinentaleuropäische Recht nahezu selbstverständliche Prinzip der Naturalerfüllung ist rechtsvergleichend keineswegs selbstverständlich. So unterliegt die Erfüllung in Natur im anglo-amerikanischen Rechtskreis (wo sie als *„specific performance"* bezeichnet wird) ganz erheblichen Einschränkungen. Der Gläubiger kann hier im Regelfall die Erfüllung nicht gerichtlich durchsetzen, sondern lediglich Schadensersatz verlangen.

2. Vollstreckbarkeit

19 Mit dem auf die Leistungsklage hin erlangten Urteil kann der Gläubiger gegen den Schuldner im Wege der Zwangsvollstreckung vorgehen (§§ 705 ff. ZPO). Dass der Schuldner derart für seine Verbindlichkeit einstehen muss, nennt man auch „Haftung": Die Schuld ist heute also regelmäßig mit der Haftung verbunden; man kann die Haftung den „Schatten der Schuld" nennen.

Allerdings wird das Wort „haften" im Gesetz und anderswo bisweilen auch gleichbedeutend mit „schulden" oder „Vertretenmüssen" verwendet (z. B. wenn in §§ 276, 277 von der „Haftung" gesprochen wird): Hier soll oft bloß die Wiederholung des Wortes „schulden" vermieden werden („der Schuldner schuldet …"). Wirkliche Haftung ohne Schuld gibt es vor allem im Sachenrecht, nämlich beim Pfandrecht an schuldnerfremden Sachen: Hier kann der Gläubiger nur auf die mit dem Pfandrecht belastete Sache und nicht auf das übrige Vermögen des Eigentümers dieser Sache zugreifen.

In alten Rechten richtete sich die Vollstreckung gegen die Person des Schuldners **(Personalexekution):** Dieser wurde eingesperrt, in die Sklaverei verkauft oder sogar getötet, wenn er nicht leistete. Dagegen richtet sich heute die Vollstreckung in dem Sinn nur gegen das Vermögen **(Realexekution),** dass sie regelmäßig auf die geschuldete Leistung im Vermögen des Schuldners greift. Soweit sich der Schuldner diesem Zugriff widersetzt (z. B. der Wegnahme der geschuldeten Sache durch den Gerichtsvollzieher, § 883 I ZPO), wird aber auch heute noch Gewalt gegen seine Person angewendet. Unvertretbare Handlungen des Schuldners (also solche, die nicht auch ein Dritter gleichwertig vorzunehmen vermag, z. B. vielfach die Erteilung einer Auskunft) können nach § 888 I ZPO sogar durch eine Zwangshaft herbeigeführt werden, geschuldete Willenserklärungen (so etwa bei einer Verurteilung zur Übereignung, vgl. § 929) werden nach § 894 ZPO fingiert. Ebenso wird nach § 901 ZPO die eidesstattliche Versicherung des Schuldners (früher: Offenbarungseid) erzwungen, mit der dieser dem Gläubiger die für die Zwangsvollstreckung nötigen Kenntnisse verschaffen muss. Insofern gibt es demnach auch heute noch (kaum entbehrliche) Reste einer Personalexekution. Weitere hier nicht darzustellende Einzelheiten richten sich nach der Art der zu vollstreckenden Leistung.

3. Eigenmächtige Durchsetzbarkeit

a) Selbsthilfe

Auf dem eben in Rn. 18 und 19 geschilderten Weg kommt der Gläubiger **mit staatlicher Hilfe** (Gerichte, Vollstreckungsorgane) zu seinem Recht. Das verursacht Kosten und dauert geraume Zeit, u. U. mehrere Jahre. Daher mag es für den Gläubiger naheliegen, sich die ihm gebührende Leistung selbst zu holen (z. B. der Vermieter eines Kraftfahrzeugs nimmt dieses dem die Zahlung verweigernden Mieter weg). Solche eigenmächtige **Selbsthilfe** wird aber im Interesse des Rechtsfriedens nur ganz ausnahmsweise erlaubt: nämlich nach § 229 dann, wenn obrigkeitliche Hilfe nicht rechtzeitig zu erlangen ist und ohne die Selbsthilfe die Verwirklichung des Anspruchs vereitelt oder wesentlich erschwert werden könnte[1]. Das Vorliegen dieser Voraussetzungen muss der Gläubiger nach § 231 aber auf eigene Gefahr beurteilen, d. h. er schuldet auch dann Schadensersatz, wenn er die Sachlage schuldlos falsch eingeschätzt hat (vgl. u. Rn. 388). Ein Beispiel für eine solche Haftung bildet die sog. „kalte" (also nicht auf einen Räumungstitel gestützte) Räumung durch einen Wohnungsvermieter: Dieser haftet für Verluste des mit der Mietzahlung säumigen Mieters selbst dann, wenn dessen Aufenthalt unbekannt und der Mietvertrag beendet ist (*BGH* NJW 2010, 3434). 20

Die Regelung der Selbsthilfe steht im Allgemeinen Teil, weil sie auch für die Durchsetzung anderer als schuldrechtlicher Ansprüche gilt (z. B. auch für den Herausgabeanspruch aus § 985).[1] – Ein schuldrechtlicher Sonderfall der erlaubten Selbsthilfe steht dagegen in § 562b: Der Vermieter von Wohnraum darf die Entfernung der seinem Pfandrecht unterliegenden Sachen des Mieters gewaltsam verhindern. Im Gegensatz zu § 229 kommt es hier weder auf eine konkrete Gefährdung der Mietforderung noch darauf an, ob staatliche Hilfe zu spät käme; auch haftet der Vermieter nicht entsprechend § 231 unabhängig von einem Verschulden (vgl. BT Rn. 493).

b) Aufrechnung

Daneben gibt es noch einen anderen, im Schuldrecht geregelten Weg, auf dem sich der Gläubiger ohne Klage, Urteil und Zwangsvollstreckung sein Recht verschaffen kann: die **Aufrechnung** (§§ 387ff., Einzelheiten u. Rn. 293ff.). Sie setzt voraus, dass der Gläubiger dem Schuldner seinerseits eine gleichartige Leistung schuldet (§ 387); aufgerechnet wird dann einfach durch Erklärung des Gläubigers oder auch des Schuldners (§ 388). Diese Art der eigenmächtigen Befriedigung kann unbedenklich zugelassen werden, weil sie sich ohne körperliche Gewalt bloß in der Gedankenwelt des Rechts vollzieht. Die Wirksamkeit der Aufrechnung wird aber gerichtlich überprüft, sobald der Aufrechnungsgegner seine angeblich durch die Aufrechnung getilgte Forderung einklagt: Wenn die Aufrechnung nicht in Ordnung war, bekommt er Recht. 21

4. Die Verfügungsbefugnis

Während die eben genannte Befugnis zu eigenmächtiger Durchsetzung nur unter besonderen Voraussetzungen besteht, hat der Gläubiger ein anderes Recht regelmäßig: Er (und nur er) darf über seine Forderung verfügen. Solche Verfügungen sind der Erlass (§ 397), die Abtretung (§§ 398ff.), die Aufrechnung (§§ 387ff.) und die Verpfändung (§§ 1273ff., 1280ff.). Ob auch die Einziehung durch Annahme der geschuldeten Leistung eine Verfügung über die Forderung darstellt, ist str. Jedenfalls aber ist auch zur Einziehung regelmäßig nur der Gläubiger berechtigt (vgl. u. Rn. 251f.). 22

[1] Zu Einzelheiten vgl. *Köhler,* § 19 Rn. 19ff.; *Medicus,* BGB AT, Rn. 168.

Verfügungen eines Nichtberechtigten über eine Forderung sind meist unwirksam, wenn ihnen der Gläubiger nicht zustimmt oder nicht ein anderer der in § 185 geregelten Umstände eintritt. Einige Vorschriften gewähren aber **Vertrauensschutz:** Dann sollen die Verfügungen des Nichtberechtigten entweder zugunsten des redlichen Schuldners (z. B. § 370, vgl. u. Rn. 253; §§ 406ff., vgl. u. Rn. 818ff.) oder zugunsten des redlichen Erwerbers (z. B. § 405, vgl. u. Rn. 814, oder § 2366) wirksam sein.

5. Rechtsgrund für das Behalten der Leistung

23 Wenn der Schuldner freiwillig oder gezwungenermaßen die geschuldete Leistung erbracht hat, darf der Gläubiger diese behalten. Das folgt rechtstechnisch daraus, dass die Forderung für die Leistung einen „rechtlichen Grund" im Sinne von § 812 bildet (vgl. BT Rn. 1133ff.): Eine Rückforderung nach dieser Vorschrift (und auch nach einer anderen) scheidet daher aus.

II. Unvollständige Forderungen

Von einer unvollständigen Forderung kann man sprechen, wenn dem Gläubiger nicht alle eben genannten Befugnisse zustehen. Meist beschränkt man diese Bezeichnung (und die oft gleichbedeutend verwendete als „Naturalobligation") aber auf die im Folgenden behandelten Fälle, in denen das Gesetz selbst eine Verbindlichkeit verneint.

1. Ausschluss einer Verbindlichkeit

24 Nach §§ 762 und 656 begründen **Spiel** und **Wette** sowie das Versprechen eines **Ehemäklerlohns** „keine Verbindlichkeit". Doch soll das aus einem solchen Grund Geleistete nicht wegen des Fehlens einer Verbindlichkeit zurückgefordert werden können. Bei diesen Rechtsverhältnissen kann also der „Gläubiger" Leistung nicht verlangen; es fehlen folglich insbesondere auch die Klagbarkeit (o. Rn. 18) und mit ihr die Vollstreckbarkeit (o. Rn. 19) sowie die Möglichkeit zu eigenmächtiger Durchsetzung (o. Rn. 20). Andererseits bilden diese Rechtsverhältnisse aber einen Rechtsgrund für das Behalten der Leistung (o. Rn. 23). Da die Möglichkeit des Gläubigers zu Verfügungen (o. Rn. 22) nicht ausgeschlossen ist, muss man auch sie bejahen: Die „Forderung" auf Ehemäklerlohn kann also z. B. abgetreten werden (freilich behebt das ihre Schwäche nicht, vgl. § 404 und u. Rn. 812).

Der Grund für diese Behandlung der genannten Verhältnisse besteht in einer Missbilligung durch den Gesetzgeber: Durch Spiel und Wette soll sich niemand ruinieren. Bei der Ehevermittlung ist die Tragfähigkeit der rechtspolitischen Motivation zweifelhafter, aber noch verfassungsgemäß (*BVerfG* NJW 1966, 1211). BGHZ 112, 122 erweitert die Missbilligung sogar auf die bloße **Partnerschaftsvermittlung.** Freilich können die betroffenen Vermittler den § 656 ausschalten, indem sie Vorauszahlung verlangen. § 656 wandelt dann seine Funktion: Er bewirkt eine Art Übereilungsschutz, weil die Weggabe von Geld schwerer fällt als eine bloße Verpflichtung. Bei Spiel und Wette (§ 762) kann das Gesetz nicht verhindern, dass solche Schulden unter Umständen als Ehrenschulden angesehen und daher sogar mit besonderem Eifer erfüllt werden.

Zudem lässt § 763 staatlich genehmigte Lotterien und Ausspielungen zu wirksamen Verträgen führen (sehr häufig, insbesondere Lotto und Toto, vgl. BT Rn. 1001). Hier wie bei den staatlichen Lotterien und den zugelassenen Spielbanken verdient der Staat an der Spielleidenschaft, deren Folgen § 762 bekämpfen soll. **Differenzgeschäfte** sind in den §§ 37e und g des WpHG geregelt. Hiernach sind regelmäßig die Geschäfte wirksam. Das ist insbesondere dann sinnvoll, wenn sich ein Partner gegen Risiken aus einem anderen, wirklich auszuführenden Geschäft sichern will (z. B. gegen eine Erhöhung des Preises für später benötigtes und zu beschaffendes Kupfer: Hier ist das Termingeschäft gewissermaßen der Ersatz für die reale Beschaffung des Kupfers). Dann bedeutet das Termingeschäft gerade das Gegenteil von Spekulation. Doch gilt Vollwirksamkeit nur, wenn ein Vertragsteil ein auf den Abschluss von Finanztermingeschäften ausgerichtetes Gewerbe betreibt. Dagegen ist ein verbotenes Finanztermingeschäft nach § 37g II WpHG nichtig.

2. Ausschluss der Klagbarkeit

a) Ausschluss kraft Gesetzes

Anders als in den §§ 656, 762 drückt sich das BGB in § 1297 I aus: Aus einem **Verlöbnis** könne nicht auf Eingehung der Ehe geklagt werden. § 120 III FamFG untersagt noch zusätzlich die Vollstreckung eines trotzdem (etwa im Ausland) ergangenen Urteils auf Eheschließung. Der Grund ist hier nicht etwa eine Missbilligung des Verlöbnisses (aus dem ja auch die §§ 1298 ff. klagbare und vollstreckbare Ansprüche geben). Vielmehr will das Gesetz nur die Entscheidung über die Eheschließung freihalten, weil eine unter Zwang zustande gekommene Ehe nichts Gutes erwarten lässt. 25

Im Ergebnis ähnlich, wenn auch in der Konstruktion anders ist die Situation bei **verjährten Ansprüchen:** Hier kann der Gläubiger zwar klagen. Er hat damit auch Erfolg, wenn der Schuldner sich nicht auf die Verjährung beruft (§ 214 I): Die Verjährung wird von der ganz h. M. als ein Verteidigungsmittel verstanden, dessen Geltendmachung vom Willen des Schuldners abhängt (sog. „Einrede"). Das hat auch guten Sinn: Insbesondere wer glaubt, überhaupt nichts zu schulden, und dies gerichtlich bestätigt haben will, wird sich nicht ohne weiteres auf Verjährung berufen wollen. Doch sind solche Fälle des Nichterhebens der Verjährungseinrede sehr selten, so dass die Klage aus einer verjährten Forderung praktisch kaum Erfolgsaussichten bietet (und daher meist unterbleibt). Gewisse Wirkungen hat die verjährte Forderung aber hinsichtlich der Sicherungsrechte, § 216; vgl. auch § 214 II und unten Rn. 297 zur Aufrechnung und in BT Rn. 1135 zum Ausschluss der Rückforderung des trotz der Verjährung Geleisteten. 26

b) Ausschluss durch Vereinbarung

Ob die **Klagbarkeit auch durch Vereinbarung ausgeschlossen** werden kann (sog. *pactum de non petendo*), ist nicht unzweifelhaft. Die h. M. lässt das zu, soweit die Parteien über den Anspruch verfügen und insbesondere ihn auch erlassen können: Der Ausschluss der Klagbarkeit wird als Minus gegenüber dem Erlass angesehen. Die Gegenansicht macht geltend, schon die Vereinbarung eines Schiedsgerichts sei nur unter strengen Voraussetzungen möglich (§§ 1025 ff. ZPO); der völlige Ausschluss jeder Gerichtsbarkeit dürfe noch weniger möglich sein. Unbedenklich zulässig ist aber jedenfalls der Ausschluss der Klagbarkeit für eine beschränkte Zeit.[2] 27

3. Ausschluss der Naturalvollstreckung

Noch weniger unvollständig als die bisher behandelten sind diejenigen Forderungen, auf deren Erfüllung zwar geklagt werden kann, deren Vollstreckung aber entweder überhaupt nicht oder doch jedenfalls nicht auf die geschuldete Leistung möglich ist, § 888 I ZPO. Überhaupt nicht vollstreckt werden können Urteile auf **Herstellung des ehelichen Lebens** (§ 120 III FamFG). Sie sprechen sozusagen die Verpflichtung zur ehelichen Lebensgemeinschaft (§ 1353 I 2) aus. Eine Vollstreckung muss hier schon deshalb unterbleiben, weil ebenso wie die Eingehung (vgl. o. Rn. 25) auch die Durchführung einer Ehe unter Zwang sinnlos ist. 28

Weiter untersagt § 888 III ZPO die Naturalvollstreckung der Verurteilung zur **Leistung von Diensten** aus einem Dienstvertrag. Bei solchen Forderungen kann der Gläubiger aber auf einen Schadensersatzanspruch übergehen (nach §§ 280, 281): Dieser ist

[2] Vgl. z. B. u. Rn. 277 bei der Leistung erfüllungshalber.

dann regelmäßig auf Geld gerichtet und ohne Besonderheiten nach §§ 803ff. ZPO vollstreckbar.

4. Ausschluss einzelner Verfügungsbefugnisse

29 Im **Insolvenzverfahren** verliert der Schuldner die Befugnis zur Verfügung über sein Vermögen (§ 80 InsO). Auch in der **Einzelzwangsvollstreckung** kann dem Schuldner die Verfügungsbefugnis – hier über einzelne Vermögensgegenstände – entzogen werden. In beiden Fällen wechselt aber die Verfügungsbefugnis bloß auf eine andere Person; die Forderung selbst wird dadurch nicht unvollkommen. Anders ist das jedoch bei **§ 399 2. Alt.**: Danach kann bei einer Forderung abweichend von § 137 mit Wirkung gegen Dritte die Abtretung – also eine Art der Verfügung – ausgeschlossen werden (vgl. u. Rn. 796). Dann bildet dieser Ausschluss in der Tat eine besondere Eigenschaft der Forderung.

Solche Abtretungsverbote werden (auch von der öffentlichen Hand) nicht selten formularmäßig vereinbart, vor allem für Forderungen des Unternehmers aus einem Bauvertrag: Durch solche Verbote will der Schuldner die mit einem Gläubigerwechsel verbundene Belastung seiner Buchhaltung vermeiden. In der Zwangsvollstreckung wirkt das Verbot aber nicht, § 851 II ZPO: Der Gläubiger einer Forderung soll diese nicht durch eine Vereinbarung nach § 399 dem Zugriff seiner eigenen Gläubiger entziehen können.

III. Die Relativität des Schuldverhältnisses

Literatur: *Gernhuber,* Das Schuldverhältnis, 1989, § 3 II–V mit Nachweisen; ausführlich und kritisch *Henke,* Die sog. Relativität des Schuldverhältnisses, 1990, dazu *J. Schmidt,* AcP 190 (1990) 650. Insb. außerdem *Canaris,* Die Verdinglichung obligatorischer Rechte, FS Flume, Bd. 1, 1978, 371; *Coester-Waltjen,* Der Dritte und das Schuldverhältnis, Jura 1999, 656; *Dulckeit,* Die Verdinglichung obligatorischer Rechte, 1951; *Gernhuber,* Gläubiger, Schuldner und Dritte, JZ 1962, 553; *Harke,* Drittbeteiligungen am Schuldverhältnis, 2010; *Hassemer,* Heteronomie und Relativität in Schuldverhältnissen, 2007; *Hauck,* Die Verdinglichung obligatorischer Rechte am Beispiel einfacher immaterialgüterrechtlicher Lizenzen, AcP 211 (2011) 626; *Knops,* Die Personalität des Schuldverhältnisses, 2011 (vertragliche Schuldverhältnisse); *Martens,* Rechtsgeschäft und Drittinteressen, AcP 177 (1977) 113; *Medicus,* Drittbeziehungen im Schuldverhältnis, JuS 1974, 613; *Neuner,* Der Schutz und die Haftung Dritter nach vertraglichen Grundsätzen, JuS 1999, 126; *Weitnauer,* Verdinglichte Schuldverhältnisse, 2. FS Larenz, 1983, 705.

1. Grundsatz der Relativität

30 Die Forderung richtet sich nur gegen **eine bestimmte Person,** nämlich gegen den Schuldner. Nur gegen ihn ist sie daher – wenn überhaupt – durchsetzbar. Auch das Schuldverhältnis im weiteren Sinn (vgl. o. Rn. 8) ist in diesem Sinn relativ: Es besteht zwar aus einer Mehrzahl von Rechten, aber sie alle richten sich regelmäßig jeweils nur gegen den anderen am Schuldverhältnis Beteiligten.

Faktisch hat zwar ein Schuldverhältnis häufig Auswirkungen auf das Zustandekommen eines anderen Schuldverhältnisses: Wenn z. B. V sein Grundstück gerade an K verkauft hat, wird er es vernünftigerweise nicht auch noch an L verkaufen. Aber wenn V das trotzdem tut, steht der erste Verkauf der Wirksamkeit des zweiten regelmäßig nicht im Wege: V ist dann doppelt gebunden und muss auf diejenige Schuld, die er nicht erfüllen kann, Schadensersatz leisten. Und wenn V an den einen Käufer (z. B. an K) erfüllt, kann der andere (also L) von diesem das Grundstück regelmäßig nicht herausverlangen. Ein solcher Anspruch besteht nur ausnahmsweise nach § 826, nämlich wenn V das Grundstück an L leistet und beide durch ihr Zusammenwirken den K vorsätzlich und sittenwidrig schädigen (vgl. BT Rn. 1336). Auch dann hat aber der Verkauf V–K nicht etwa Drittwirkung gegen L; vielmehr lässt das BGB ein neues (deliktisches) Schuldverhältnis K–L entstehen.

2. Durchbrechungen der Relativität

Wirklich **durchbrochen wird die Relativität** von Schuldverhältnissen vor allem in drei Gruppen von Ausnahmen:

a) „Verdinglichung"

Ein ganzes Schuldverhältnis oder eine einzelne Forderung können mit **Wirkung gegen jeden Dritten** ausgestattet werden (sog. „Verdinglichung"). Für eine einzelne Forderung geschieht das am deutlichsten durch die Vormerkung, §§ 883–888, durch welche ein auf ein Grundstück bezogener schuldrechtlicher Anspruch gegenüber Dritten geschützt („verdinglicht") werden kann. Und für ganze Schuldverhältnisse sind die Fälle der gesetzlichen Überleitung auf einen Dritterwerber zu nennen: §§ 566, 578, 581 II, 613a, 1056, 1059d, 1251 II (dazu u. Rn. 841 ff.): Hier wird dieser Dritterwerber in das Schuldverhältnis einbezogen. Bei § 986 II wirkt das Schuldverhältnis, auf dem das Recht zum Besitz einer beweglichen Sache beruht, ausnahmsweise gegen den dritten Erwerber der Sache.[3] 31

b) Einzelne Drittwirkungen

Eine Forderung oder ein Schuldverhältnis können auch **nur in einzelnen Beziehungen Drittwirkungen** entfalten. So liegt es insbesondere in folgenden zum Allgemeinen Schuldrecht gehörenden, an späterer Stelle noch ausführlicher zu behandelnden Fällen: 32

- Bei der **Drittschadensliquidation** wird dem Gläubiger der Schaden eines Dritten ersetzt (vgl. u. Rn. 692 ff.).
- Beim **Vertrag zugunsten Dritter** soll an einen Dritten geleistet werden (vgl. u. Rn. 847 ff.).
- Beim **Vertrag mit Schutzwirkung für Dritte** kann ein am Vertragsschluss unbeteiligter Dritter die ihm aus bestimmten Vertragsverletzungen entstandenen Schäden nach dem Recht der Sonderverbindung ersetzt verlangen (vgl. u. Rn. 864 ff.).
- Hierzu kommen noch einige Drittwirkungen einzelner Schuldverhältnisse, auf die im BT einzugehen ist (z. B. BT Rn. 446 zu § 546 II).

§ 4. Das Schuldrecht im BGB

Literatur: *A. B. Schwarz,* Zur Entstehung des modernen Pandektensystems, Savigny-Zeitschrift Romanistische Abteilung 42 (1921) 578; *Schwark,* Die Abgrenzung von Schuldrecht und Handelsrecht als legislatorisches Problem, in: Studien zur Theorie der Gesetzgebung 1982, 11 Vgl. auch *Merz,* Stellung und Funktion des Obligationenrechts im System des schweiz. Privatrechts, 2. FS Larenz, 1983, 425.

Dass das Schuldrecht ein eigenes Buch des BGB bildet, ist keineswegs selbstverständlich. Vielmehr zeigt ein Blick in die Rechtsgeschichte und in fremde Rechte auch andere Systeme, in denen das Schuldrecht nur einen untergeordneten Platz hat.

I. Die Eigenständigkeit des Schuldrechts

1. Das Institutionensystem

Der älteste noch heute nachwirkende Systematisierungsversuch für das Zivilrecht stammt von dem römischen Schuljuristen *Gaius.* Dieses System liegt nämlich den In- 33

[3] Vgl. *Prütting,* Rn. 516.

stitutionen des *Gaius* zugrunde (entstanden um 160 n. C.). Es ist dann 370 Jahre später in den Institutionen *Justinians* (dem ersten Teil des *Corpus Iuris Civilis*) kopiert worden. Es beruht auf einer Dreiteilung des Stoffes in *personae* (Personenrecht), *res* (Vermögensrecht) und *actiones* (Zivilprozessrecht). Das Schuldrecht *(obligationes)* erscheint hier (ebenso wie das Erbrecht) bloß als Teil des Vermögensrechts. Doch findet sich bei Gaius schon die Unterscheidung zwischen *obligationes ex contractu* und *ex delicto* (Gai. 3, 88).

Dementsprechend widmen die älteren europäischen Zivilrechtskodifikationen wie das österreichische ABGB und der französische *Code Civil* dem Schuldrecht kein eigenes Buch.

2. Das Pandektensystem

34 Das Institutionensystem ist unter dem Einfluss des Naturrechts abgewandelt worden. Das so entstandene neue System heißt das Pandektensystem. Für dieses war maßgeblich der „Grundriß eines Systems des gemeinen Civilrechts zum Behuf von Pandekten-Vorlesungen" (1. Ausgabe 1807) von *Georg Arnold Heise*. Dort erscheint nicht bloß ein Allgemeiner Teil und damit der (auch im 1. Buch des BGB übernommene) Ansatz, allgemeine Lehren gleichsam **„vor die Klammer zu setzen"**. Vielmehr finden sich dann als weitere Teile auch Sachen-, Schuld-, Familien- (dieses freilich noch unter anderem Namen) und Erbrecht.

Diese Vierteilung dessen, was gleichsam in der Klammer steht, beruht auf **zwei ganz verschiedenen Prinzipien** (man spricht daher von einer „Kreuzeinteilung des BGB"): Für den Stoff des Familien- und Erbrechts ist entscheidend nicht die Gleichheit der Rechtsfolgen (diese sind vielmehr ganz verschieden), sondern die **Gleichheit der Tatbestände:** Das Familienrecht behandelt im Wesentlichen Ehe und Verwandtschaft, das Erbrecht die Folgen aus dem Tod eines Menschen.

Demgegenüber ist für die Verteilung des Stoffes auf Schuld- und Sachenrecht der Tatbestand unerheblich geblieben. Daher erscheinen einheitliche Lebenssachverhalte (wie der kaufweise Erwerb einer Sache) getrennt voneinander an ganz verschiedenen Stellen des BGB: Der Kaufvertrag wird als Verpflichtungsgeschäft im Schuldrecht geregelt (§§ 433 ff.); dagegen steht der Eigentumserwerb als Erfüllungsgeschäft in den §§ 873 ff., 925 ff. (Grundstücke) und §§ 929 ff. (bewegliche Sachen), also im Sachenrecht. Für diese Stoffanordnung ist maßgeblich die **Gleichheit der Rechtsfolgen:** Im Schuldrecht geht es um die auf Gläubiger und Schuldner beschränkten („relativen", vgl. o. Rn. 30) Schuldverhältnisse, im Sachenrecht um die gegen jedermann wirkenden („absoluten") dinglichen Rechte. Freilich bleibt dabei manches unklar, so wenn die Übertragung einer Forderung im Schuldrecht (§§ 398 ff.), ihre Verpfändung aber im Sachenrecht (§§ 1273 ff., 1279 ff.) geregelt ist. Auch die ausnahmsweise eintretenden Drittwirkungen von Schuldverhältnissen (vgl. o. Rn. 31 ff.) stören die Eindeutigkeit der Unterscheidung.

Dieses Pandektensystem hat auch andere neuere europäische Zivilrechtskodifikationen beeinflusst. So enthält der italienische Codice Civile von 1942 ein eigenes Buch über die Obligationen, und das schweizerische Zivilrecht regelt das Obligationenrecht sogar in einem besonderen Gesetz (von 1911) neben dem ZGB. Auch die (noch privaten) Entwürfe für ein einheitliches europäisches Vertragsrecht (vgl. u. Rn. 50) denken wenigstens in erster Linie an Schuldverträge. Dagegen hatte das ZGB der DDR von 1975 kein eigenes Schuldrecht. Vielmehr erschienen dort schuldrechtliche Regelungen entsprechend dem Zusammenhang der Lebenssachverhalte an verschiedenen Stellen des Gesetzes.

3. Reformen

Die Schuldrechtsmodernisierung vom 1.1.2002 (vgl. u. Rn. 47) zieht die Stellung des Schuldrechts als eigene Regelungsmaterie (eigenes „Buch") des BGB nicht in Zweifel. Dazu fehlt auch ein hinreichender Anlass: Allerdings zerreißt die Teilung in Schuld- und Sachenrecht die Regelung einheitlicher Lebenssachverhalte (vgl. o. Rn. 34 zum Beispiel des Kaufs). Doch wiegt dieser Nachteil nicht allzu schwer: Für eine Anwendung durch Laien eignet sich das BGB ohnehin nicht, und für den Fachmann entstehen aus der Teilung in Schuld- und Sachenrecht keine erheblichen Schwierigkeiten. Man wird das BGB auch kaum so verändern können, dass es für den Laien verständlich wird: Die hierzu nötige Vereinfachung müsste durch den damit verbundenen Verlust an differenzierender Gerechtigkeit allzu teuer erkauft werden. 35

II. Die innere Gliederung des Schuldrechts

Das 2. Buch des BGB ist seinerseits in **acht Abschnitte** gegliedert. Dabei wirkt dasselbe Prinzip, auf dem schon der Allgemeine Teil im 1. Buch beruht: Allgemein Geltendes wird vor die Klammer gezogen. Denn die ersten sieben Abschnitte (§§ 241–432) handeln von Schuldverhältnissen, Forderungen oder Schulden im Allgemeinen; erst der 8. Abschnitt regelt „Einzelne Schuldverhältnisse" (§§ 433–853). Dementsprechend teilt man das Schuldrecht in einen **Allgemeinen Teil** (er ist mit einigen Vorgriffen in den Besonderen Teil Gegenstand dieses Bandes) und einen **Besonderen Teil.** 36

Aber auch innerhalb des Allgemeinen Schuldrechts gibt es noch Unterschiede hinsichtlich der Allgemeinheit. So handelt der 1. Abschnitt (§§ 241–304) von Schuldverhältnissen schlechthin. Dagegen betreffen der 2. (§§ 305–310) und der 3. Abschnitt (§§ 311–360) nur Schuldverhältnisse aus Verträgen (Ausnahme § 311 II und III). Im 3. Abschnitt betrifft der 5. Titel im Wesentlichen Verbraucherverträge (§§ 355–360), und der 2. Titel, nämlich die §§ 320–326, ist den besonders wichtigen gegenseitigen Verträgen gewidmet.

Für das Verhältnis dieser Regelungen verschiedenen Allgemeinheitsgrades zueinander gilt: **Die speziellere Regel verdrängt die Allgemeinere.** Ehe man eine allgemeinere Norm (etwa aus den §§ 311 ff.) anwendet, muss man also prüfen, ob es nicht eine speziellere gibt (etwa bei den §§ 433 ff.). Das wird auch mit dem Satz ausgedrückt, man müsse „das BGB von hinten lesen".

Beispiel: V verkauft an K ein Grundstück „als Bauland"; das Grundstück ist aber unbebaubar. Dann sieht es nach § 311 a so aus, als sei der Käufer auf einen Schadensersatzanspruch bei Kenntnis oder Kennenmüssen des Verkäufers angewiesen. Die §§ 434, 437 ergeben aber, dass K wegen der Untauglichkeit der Kaufsache zu dem nach dem Vertrag vorausgesetzten Gebrauch unabhängig von einem Verschulden des Verkäufers Minderung verlangen oder den Rücktritt wählen kann.

§ 5. Schuldrecht außerhalb des BGB

Vorschriften über die Entstehung, den Inhalt oder das Erlöschen von Schuldverhältnissen finden sich nicht bloß im 2. Buch des BGB. Vielmehr kommen Regelungen für Zweipersonenverhältnisse auch in den anderen Büchern des BGB vor: etwa die Schadensersatzpflicht des Vertreters ohne Vertretungsmacht in § 179 oder das Eigentümer-Besitzer-Verhältnis in den §§ 987 ff. (vgl. o. Rn. 6). Darüber hinaus wurden 37 (und werden teils immer noch) schuldrechtliche Fragen aber auch vielfach in Vorschriften außerhalb des BGB behandelt.

I. „Alte" Regelungen

Schon als das BGB im Jahre 1900 in Kraft trat, gab es wichtige schuldrechtliche Regelungen auch in drei wichtigen anderen Gesetzen:

1. Handelsgesetzbuch

Das HGB enthielt damals und enthält heute noch überwiegend Schuldrecht. Dabei werden teils einige Vorschriften des BGB im Handelsrecht für unanwendbar erklärt (z. B. §§ 348–350, 352, 353 HGB). Teils bringt das HGB Ergänzungen, mit denen die Regelung des BGB der Sache nach geändert wird (z. B. muss nach § 377 HGB der Käufer die gekaufte Ware nach der Ablieferung untersuchen und dabei erkannte Mängel rügen, andernfalls die fehlerhafte Ware als genehmigt gilt; das BGB kennt keine solche Obliegenheit). Teils regelt das HGB Materien, die im BGB überhaupt nicht oder allenfalls in ganz groben Umrissen geordnet sind (z. B. Kommission und Frachtgeschäft, §§ 383ff. HGB, aber auch die Personenhandelsgesellschaften).

2. Abzahlungsgesetz 1894

38 Das AbzG von 1894 hatte schon sechs Jahre vor dem Inkrafttreten des BGB ein Stück Verbraucherschutz gebracht (vgl. BT Rn. 297ff.): Der Käufer sollte vor bestimmten belastenden Abreden (vgl. § 4 AbzG) und insbesondere vor dem Verlust der Sache und des schon gezahlten Kaufpreisteils (vgl. § 1 AbzG) geschützt werden. Diese Regelung ist wegen ihrer sozialpolitischen Dringlichkeit dem damals schon weitgehend geförderten BGB vorausgeschickt worden. Seit dem 1.1.1991 ist das AbzG durch das umfassendere VerbrKrG ersetzt worden (vgl. u. Rn. 40); seit dem 1.1.2002 steht die Regelung in den §§ 358–360, 491ff.

3. ReichshaftpflichtG 1871

39 Das ReichshaftpflichtG von 1871 (eines der ersten Reichsgesetze überhaupt) regelte die (verschuldensunabhängige, vgl. u. Rn. 388) Schadensersatzpflicht aus dem Betrieb von Eisenbahnen, Energieanlagen usw. Diese Vorschriften sind also schon geschaffen worden, bevor es 1874 durch eine Verfassungsänderung überhaupt zur Kompetenz des Reiches für eine umfassende Kodifikation des Zivilrechts gekommen war. Der Grund ist einleuchtend: Für die Eisenbahnen konnten weder das (ja noch auf dem römischen Recht beruhende) gemeine Recht noch die Partikularrechte eine passende Regelung ergeben.

II. „Neue" Regelungen

40 Obwohl es also für schuldrechtliche Regelungen außerhalb des BGB regelmäßig keinen überzeugenden Grund gab, hatten diese seit 1900 noch stark zugenommen. Dabei handelte es sich nicht bloß um Recht zur Regelung einer vorübergehenden **Notsituation** (wie im Mietrecht während der beiden Weltkriege und danach). Vielmehr sind auch viele **auf Dauer gedachte Regelungen** außerhalb des BGB geschaffen worden. Als besonders wichtige Beispiele seien hier bloß genannt die *Haftung des Kraftfahrzeughalters* (jetzt in §§ 7ff. StVG) und das *Recht der Allgemeinen Geschäftsbedingungen* im AGBG von 1976 (das im Wesentlichen Schuldverträge betrifft, vgl. u. Rn. 85f.). Seit dem 1.1.1991 waren hinzugetreten die Regelung des *Verbraucherkredits*

durch das VerbrKrG und die (verschuldensunabhängige) Haftung für Verletzungen „durch eine Umwelteinwirkung" durch das *UmweltHG.* Diese zunehmende Rechtszersplitterung machte auch dem Fachmann zu schaffen: Er lief immer eher Gefahr, eine Spezialregelung außerhalb des BGB einfach zu übersehen. Zudem erleichterte es die Unterbringung in Spezialgesetzen dem Gesetzgeber, das Verhältnis einer Spezialregelung zum allgemeinen bürgerlichen Recht ungeklärt zu lassen (was dann zu schlimmen Zweifeln führen kann). Ein Beispiel hat der Begriff „Kreditvertrag" im VerbrKrG gebildet: Inwieweit gehörten dazu auch von „Verbrauchern" gewährte Kreditsicherheiten?

Daher ist es zu begrüßen, dass es später umgekehrt eine *Tendenz zur Aufnahme von Neuregelungen in das BGB* gegeben hat. Schon die (in Einzelheiten freilich wenig geglückte) Normierung des *Reisevertrags* war entgegen ursprünglich anderen Plänen im Jahre 1979 doch in die §§ 651 a ff. BGB aufgenommen worden. Seit einem Gesetz vom 21.7.1999 steht im BGB auch eine Teilregelung bestimmter Bankgeschäfte (§§ 675 c ff.). Vollends hat die **Schuldrechtsmodernisierung** zum 1.1.2002 (vgl. u. Rn. 47) mehrere Nebengesetze mit schuldvertraglichem Inhalt in das BGB geholt. Zudem hat sie die Entstehung weiterer Nebengesetze (etwa über den Verbrauchsgüterkauf) vorerst verhindert. Dadurch ist zwar der Umfang der BGB-Regelung angewachsen; andererseits wird aber der Anspruch des BGB als „Kodifikation" (d. h. als möglichst vollständige Normierung eines Sachgebiets) besser erfüllt. Freilich hat die Aufnahme mancher aus dem Zeitgeist geborener und daher wandelbarer Regeln Teile des BGB zu einer Dauerbaustelle gemacht. Auch geben EU-Richtlinien insbesondere im Bereich des Verbraucherschutzes Anlass zu häufigen Änderungen des BGB (zuletzt durch die Umsetzung der VerbraucherrechteRl. der EU zum 13.6.2014).[1]

§ 6. Funktion und Tendenzen des Schuldrechts

Literatur: *Canaris,* Wandlungen des Schuldrechts – Tendenzen zu seiner Materialisierung, AcP 200 (2000) 273; *Eidenmüller,* Der homo oeconomicus und das Schuldrecht, JZ 2005, 216; *R. Stürner,* Privatautonomie und Wettbewerb unter der Hegemonie der angloamerikanischen Rechtskultur?, AcP 210 (2010) 105; *ders.,* Das Zivilrecht der Moderne und die Bedeutung der Rechtsdogmatik, JZ 2012, 10; *ders.,* Die Bedeutung der Rechtsdogmatik am Beginn eines Jahrhunderts fortschreitender Internationalisierung, FS Hoffmann, 2012, 877.

I. Die Dynamik des Schuldrechts

Das Schuldverhältnis schafft durch die Leistungspflichten eine **Spannung zwischen** 41
Gläubiger und Schuldner. Diese drängt auf Ausgleich durch Erfüllung, nämlich indem der Gläubiger die geschuldete Leistung erhält, § 362 I. Mithin zielt das Schuldrecht auf die **Bewegung** von Geld, Waren, anderen Gegenständen oder Dienstleistungen. Man hat es daher „dynamisch" genannt und dem als „statisch" aufgefassten Sachenrecht gegenübergestellt.

Allerdings sollte man diesen Unterschied nicht als strenge Regel ohne Ausnahmen betrachten. Einerseits kann nämlich auch das Sachenrecht Wertbewegungen vermitteln: So gebühren dem Nießbraucher (§§ 1030 ff.) die Früchte ganz ähnlich wie einem Pächter (§§ 581 ff.). Und andererseits können Schuldverhältnisse eine Rechtslage sehr dauerhaft gegen Veränderungen sichern. Das gilt insbesondere für die Dauerschuld-

[1] S. dazu *Wendehorst,* NJW 2014, 577 ff.

verhältnisse Wohnungsmiete und Arbeitsvertrag, bei denen die ordentliche Kündigung durch Vermieter und Arbeitgeber aus sozialen Gründen weitgehend erschwert ist (vgl. u. Rn. 656). Die Schutzpflichten nach § 241 II dienen überhaupt nur der Erhaltung der Güterlage.

II. Das Schuldrecht als Teil der Wirtschafts- und Sozialordnung

42 Besser als durch die angebliche Dynamik (vgl. o. Rn. 41) mag man das Schuldrecht durch die Rolle beschreiben wollen, die ihm in der Wirtschafts- und Sozialordnung zukommt. Aber eine solche Beschreibung ergäbe nichts Konkretes. Denn das *Schuldrecht als Ganzes* ist außerordentlich *mannigfaltig:* Es umfasst einerseits so sozial empfindliche Materien wie den Verbraucherkredit, die Wohnungsmiete und mit dem Dienstvertrag auch die Grundlage des Arbeitsvertrags (vgl. BT Rn. 616ff.). Andererseits gehören zum Schuldrecht aber auch so farblos-rechtstechnische Regelungen wie die Anweisung, die Inhaberschuldverschreibung und das Bereicherungsrecht. Aussagen, die für alle diese verschiedenen Bereiche passen sollen, müssten von nichtssagender Allgemeinheit sein.

Bestimmtere Aussagen sind daher nicht für den „Gläubiger" oder den „Schuldner" im Allgemeinen, sondern nur für einzelne Institute des Schuldrechts möglich. Aber diese Institute bilden überwiegend einzelne Vertragstypen oder sogar nur Unterarten von solchen. So gehören z. B. zu dem Typ „Miete" so verschiedene Verträge wie die Miete einer Familienwohnung, eines Ferienhauses, eines Hotelzimmers, eines Fracks oder eines Kraftwagens. Einheitliche Aussagen über die wirtschaftliche und soziale Bedeutung sind offenbar allenfalls für einen solchen Untertyp möglich, aber nicht für die Miete im Ganzen. Daher muss insoweit auf den BT verwiesen werden. Im Allgemeinen Schuldrecht lässt sich Konkretes nur über die Bedeutung der Vertragsfreiheit (vgl. u. Rn. 59ff.) und des Schadensersatzrechts (vgl. u. Rn. 664ff.) sowie über das Verschulden bei Vertragsverhandlungen (vgl. u. Rn. 527ff.) sagen.

III. Tendenzen des Schuldrechts

Die Tendenzen der Entwicklung des Schuldrechts ergeben sich aus den seit 1900 erfolgten Änderungen (dazu sogleich) und insbesondere aus der zum 1.1.2002 eingeführten Reform.

1. Änderungen bis 2001

43 Bis 2001 haben am **Text der §§ 241–853** zwar etwa vierzig Änderungen stattgefunden. Größeren Umfang hatten diese Änderungen aber nur im Bereich der Wohnungsmiete (§§ 535ff.), des Dienstvertrags (§§ 611ff.), des Reisevertrags (§§ 651aff.) und der Gastwirtshaftung (§§ 701ff.) sowie durch die Teilregelung bestimmter Bankgeschäfte (§§ 676ff.). Die übrigen Änderungen betrafen nur wenige Vorschriften und zudem meist solche von geringerer Bedeutung (ausgenommen der inzwischen wieder geänderte § 284 III a. F. (jetzt § 286 III, vgl. u. Rn. 469). Der Gesetzestext des BGB-Schuldrechts war also bis 2001 erstaunlich stabil.

44 Dieser Eindruck muss aber schon korrigiert werden, wenn man auch auf die **schuldrechtlichen Nebengesetze** blickt. So sind die beiden Nebengesetze, die es bereits 1900 beim Inkrafttreten des BGB gegeben hat, mehrfach und wesentlich geändert worden, nämlich das AbzG und das ReichshaftpflichtG (vgl. o. Rn. 38f.). Dem AbzG sah man das schon äußerlich an: Viele Vorschriften waren durch einen zusätzlichen

Buchstaben gekennzeichnet (z. B. § 1 a) und ließen sich dadurch als spätere Zutat erkennen. 1991 ist das AbzG dann völlig durch das erheblich weiter reichende VerbrKrG abgelöst worden. Beim ReichshaftpflichtG findet sich eine ähnliche Entwicklung: Zunächst ist es mehrfach ergänzt und dann im Jahre 1978 mit einem neuen Namen (als HPflG) und mit geänderter, wieder durchlaufender Paragrafenzählung neu bekanntgemacht worden.

Seit 1900 sind aber auch mehrere wichtige schuldrechtliche **Nebengesetze hinzugekommen.** So ist die Gefährdungshaftung entsprechend dem Zuwachs an Schädigungspotential und Schadensempfindlichkeit durch neue Spezialgesetze erweitert worden: auf Kraftfahrzeuge, Luftfahrzeuge, Atomanlagen, Arzneimittel und die Wasserverschmutzung sowie das Inverkehrbringen von Produkten oder die gentechnische Veränderung von Organismen, seit dem 1. 1. 1991 zudem auf Verletzungen durch eine Umwelteinwirkung (vgl. u. Rn. 388). Von besonders großer Bedeutung war – obwohl sich nicht allein auf das Schuldrecht beziehend – das AGBG: Seine (heute in §§ 305 ff. angesiedelten) Vorschriften hatten vor allem für Nichtkaufleute mehrere wichtige Regeln insbesondere des Schuldrechts „AGB-fest" gemacht (vgl. u. Rn. 85 f.).

Noch entschiedener schwindet der Eindruck einer Stabilität des Schuldrechts, wenn 45
man außer den Neuerungen durch den Gesetzgeber auch diejenigen in Betracht zieht, die auf **Richterrecht** beruhen. Diese meist durch die Literatur angeregten und von den Gerichten durchgesetzten Regeln haben gerade im Schuldrecht eine überragende Bedeutung. Denn allenthalben ist der mehrdeutige Wortlaut gesetzlicher Vorschriften auf einen bestimmten Sinn festgelegt, bisweilen auch sind Vorschriften in Abweichung von ihrem Wortlaut mit einem anderen Sinn erfüllt worden. Hierüber ist in Rn. 128 ff. zu § 242 noch einiges zu sagen, weil viele dieser Neuerungen auf Treu und Glauben gestützt worden sind. Vor allem aber wird solches Richterrecht im Folgenden und auch im BT bei der Behandlung der einzelnen konkreten Rechtsinstitute auf Schritt und Tritt begegnen. Bisweilen haben richterrechtlichen Neuerungen auch als Vorbild für eine spätere gesetzliche Regelung gedient wie etwa bei den AGB.

Insgesamt bot das Schuldrecht bis Ende 2001 das Bild eines Rechtsgebiets, das sich in 46
ständiger Bewegung befand. Diese Bewegung erfolgte gewiss nicht bloß in eine einzige Richtung. Aber es gab doch wohl eine besonders häufig wirkende **Tendenz,** nämlich die **zum Schutz des typischerweise Schwächeren.** Hierfür seien wenigstens einige Belege genannt: aus dem Schuldrecht im allgemeinen die Vermehrung des gegen Individualvereinbarungen oder doch wenigstens gegen AGB zwingenden Rechts (vgl. u. Rn. 85 ff.); die Beschränkung der Kündigung bei bestimmten Dauerschuldverhältnissen (vgl. u. Rn. 656); die Einführung verbraucherschützender Widerrufsrechte (vgl. u. Rn. 616 ff); bei Schädigungen die Ausbreitung von Versicherungsschutz (vgl. u. Rn. 762 ff.). Zudem werden im BT zu besprechen sein etwa der Verbraucherschutz bei Kreditgeschäften (BT Rn. 297 ff., 591 ff.) und die Produzentenhaftung (BT Rn. 334 ff.).

2. Reformpläne

Bei den Reformplänen muss man unterscheiden zwischen einer umfassenden Überarbeitung des Schuldrechts und einzelnen beschränkten Änderungsplänen.

a) Überarbeitung des Schuldrechts

47 Die Vermehrung der Nebengesetze zum Schuldrecht (vgl. o. Rn. 44) und vor allem die Zunahme des Richterrechts (vgl. o. Rn. 45) hatten dazu geführt, dass der Text der §§ 241–853 das in der Praxis geltende Schuldrecht an vielen Stellen kaum mehr erahnen ließ: Statt des Gesetzestextes war ein Kommentar nötig. Auch dürfte die Entwicklung an manchen Stellen zu Unklarheiten und Widersprüchen geführt haben, aus denen sich die Praxis offenbar mit eigener Kraft nicht befreien konnte. Das deutlichste Beispiel hierfür war die Verjährung: Sie entwickelte statt der ihr vom Gesetz zugedachten streitvermeidenden Wirkung bisweilen geradezu die umgekehrte. Denn sie machte Rechtsverhältnisse unklar und daher streitträchtig, die ohne die Verjährung keinerlei Anlass zu einem Prozess boten. Auch ließen sich die mit Zahlen arbeitenden Vorschriften über die Dauer der Verjährungsfristen nicht durch richterliche Auslegung korrigieren. Hier konnte nur der Gesetzgeber helfen.

Daher hat sich etwa seit 1978 – nachdem die dringendsten Reformen im Familienrecht erledigt waren – auch das *Bundesjustizministerium* dem Gedanken einer „Überarbeitung des Schuldrechts“ zugewendet. Hierzu waren 1981 vorerst in zwei Bänden 17 Gutachten zu einzelnen Fragenkreisen veröffentlicht worden;[1] ein weiterer Gutachtenband ist 1983 erschienen;[2] ein zusätzliches Heft von 1988 hat rechtsvergleichende Aspekte vertieft.[3] 1992 ist der Abschlussbericht der für das Schuldrecht eingesetzten Kommission erschienen.

Der 60. Deutsche Juristentag in Münster hatte am 23.9.1994 alle Grundzüge und viele Einzelheiten dieses Kommissionsentwurfs mit deutlicher Mehrheit gebilligt. Zunächst ist aber die Reform nicht sichtbar fortgeführt worden. Doch hat das BMJ dann unter dem 4.8.2000 – einigermaßen überraschend – einen umfangreichen „**Diskussionsentwurf** eines Schuldrechtsmodernisierungsgesetzes“ vorgelegt. Damit wurden insgesamt vier Ziele verfolgt: Erstens sollten die Vorschläge der Schuldrechtskommission umgesetzt werden. Zweitens waren drei neue EG-Richtlinien (insbesondere diejenige über den Verbrauchsgüterkauf) ins BGB einzuarbeiten. Drittens sollten auch mehrere früher entstandene Nebengesetze ins BGB aufgenommen werden. Viertens endlich sollten alle Paragrafen des BGB amtliche Überschriften erhalten (die bisherigen in Klammern stehenden Überschriften stammten von den privaten Herausgebern der Gesetzestexte). Das ist im Wesentlichen durch ein am 29.11.2001 verkündetes Gesetz verwirklicht worden. Dieses ist am 1.1.2002 in Kraft getreten.

b) Einzelne Reformvorhaben

48 Unabhängig von einer solchen „großen“ Lösung wurden auch einzelne Reformvorhaben mit einem engeren Ziel verfolgt und teils schon seit langem diskutiert. Zu nennen sind etwa (in der Reihenfolge des BGB): die tiefen Eingriffe in die Vertragsfreiheit durch das von der EU geforderte GleichbehandlungsG v. 14.8.2006; die seit dem 1.8.2002 geltende Reform des Schadensrechts; erneute Reformen des Rechts der Wohnraummiete (§§ 535ff.); eine Neuregelung des Maklerrechts (§§ 652ff., vgl. BT Rn. 897) und eine Reform des Staatshaftungsrechts (vgl. BT Rn. 1405ff.). Auf diese

[1] Hierzu *Grunsky,* AcP 182 (1982) 453.

[2] Hierzu *Hüffer,* AcP 184 (1984) 584.

[3] *Basedow,* Die Reform des deutschen Kaufrechts.

Vorhaben ist jeweils im BT im Sachzusammenhang einzugehen. Durch die Unterbringung von Teilen des neuen Rechts in eigenen Gesetzen (z. B. AGG) ist eines der Ziele der Schuldrechtsreform schon wieder stark beeinträchtigt worden: Das BGB allein gibt nicht mehr zuverlässig Auskunft über die Rechtslage.

c) Einflüsse der EU

Bei der gesetzlichen Fortbildung des Schuldrechts wird der Einfluss der EU (früher: EG[4]) immer wichtiger. Viele der Neuerungen wie das ProdHaftG und das VerbrKrG gehen schon auf EG-Richtlinien zurück, ebenso § 24a AGBG a. F. und seit dem 1.7.2000 das Gesetz über Fernabsatzverträge und ähnliches, d. h. im Wesentlichen über Verträge unter Abwesenden bezüglich nicht präsenter Sachen, z. B. über das Internet (vgl. u. Rn. 630ff). Die meisten dieser Vorschriften stehen seit dem 1.1.2002 im BGB. Auch die §§ 651a ff. waren durch die EG beeinflusst. Diese Neuerungen erscheinen vielfach unter dem Stichwort **Verbraucherschutz.** Eine gegen Diskriminierung gerichtete Richtlinie ist (mit Verspätung) in Deutschland durch das AGG in nationales Recht umgesetzt worden (vgl. u. Rn. 69). Der Vorteil dieser Entwicklung könnte in der europäischen **Rechtsvereinheitlichung** liegen. Diese beschränkt sich aber einstweilen auf wenige Bereiche vor allem des Vertragsrechts. Auch verlangen die Richtlinien oft nur ein Minimum an Haftung oder Verbraucherschutz (vgl. BT Rn. 348ff. zur Produkthaftung); wirkliche Gleichheit der Ausgangspositionen für den Wettbewerb wird so folglich nicht erreicht. Einen Nachteil kann es darstellen, dass einzelne von der EU vorgeschriebene Normen Fremdkörper in der nationalen Rechtsordnung bilden mögen. Das gilt umso mehr, wenn diese, wie die VerbraucherrechteRl. aus dem Jahr 2011 dem Grundsatz der **Vollharmonisierung** folgen (dazu u. Rn. 495, 617) und deshalb dem nationalen Gesetzgeber wenig Spielraum für eine systemgerechte Umsetzung in nationales Recht einräumen. 49

d) Weitere Vorhaben

Daneben gibt es noch drei weiterreichende Projekte, die aber einstweilen nur den Rang von privaten Vorschlägen haben (vgl. *Canaris* in: Basedow [Hrsg.], Europäische Vertragsrechtsvereinheitlichung und deutsches Recht, 2000, S. 54ff.). Sie umfassen das gesamte Schuldvertragsrecht und einige damit zusammenhängende Materien, die das BGB in das 1. Buch gestellt hat (z. B. den Irrtum oder die Stellvertretung). Es sind dies die Principles of International Commercial Law (Unidroit), die Vorschläge einer von dem dänischen Juristen *Lando* geführten Gruppe (Principles of European Contract Law, dazu *von Bar/R. Zimmermann,* Grundregeln des Europäischen Vertragsrechts, 2002) und der von *Gandolfi* in Pisa betreute Code Européen des Contrats, 2001 (dazu *Sturm* JZ 2001, 1097).[5] Inzwischen gibt es den Entwurf eines gemeinsamen Referenzrahmens (Principles, Definitions and Model Rules of European Privat Law, Hrsg. *von Bar u. a.*).[6] Auch dieses Werk beschränkt sich im Wesentlichen auf das 50

[4] Mit Inkrafttreten des Vertrags von Lissabon am 1.12.2009 wurde die EG aufgelöst, ihre Rechtspersönlichkeit auf die EU übertragen.

[5] Vgl. *Dauner/Lieb,* Auf dem Weg zu einem europäischen Schuldrecht?, NJW 2004, 1431; *R. Schulte,* Neues deutsches Schuldrecht und europäisches Vertragsrecht, in: Sandrock u. a. (Hrsg.), Rechtsvergleichung als zukunftsträchtige Aufgabe, 2004, 77; *Micklitz,* Brauchen Konsumenten und Unternehmen eine neue Architektur des Verbraucherrechts? (= Gutachten A zum 69. DJT, 2012).

[6] Vgl. dazu die Hefte 1 und 3 von ZEuP 2007 sowie *Eidenmüller/Faust/Grigoleit/Jansen/Wagner/Zimmermann* JZ 2008, 529; *Ernst,* AcP 208 (2008) 248.

Schuldvertragsrecht; ob und wann es Geltung erlangen wird, ist noch völlig ungewiss. Gleiches gilt für einen *Draft Common Frame of Reference* (DCFR; vgl. dazu die beinahe vernichtende Kritik in JZ 2012, 269). Das von der EU-Kommission massiv geförderte Projekt eines Gemeinsamen Europäischen Kaufrechts (GEKR, Common European Sales Law – CESL)[7] wird hingegen vorerst nicht weiterverfolgt (s. dazu BT Rn. 356).

[7] Vorschlag für eine Verordnung des Europäischen Parlaments und des Rates über ein Gemeinsames Europäisches Kaufrecht v. 11.10.2011, KOM (2011) 635 end.; s. dazu *Staudenmayer*, NJW 2011, 3491.

2. Teil. Die Entstehung von Schuldverhältnissen

§ 7. Überblick

Schuldverhältnisse entstehen aus Rechtsgeschäft oder aus Gesetz (vgl. o. Rn. 9). Die rechtliche Regelung unterscheidet sich für beide Kategorien wesentlich: Schon der Standort im Gesetz ist verschieden.

I. Rechtsgeschäftliche Schuldverhältnisse

51 Rechtsgeschäfte sind keine Eigenart des Schuldrechts; sie kommen auch in allen anderen Materien des BGB vor (z. B. Allgemeiner Teil: Vereinsbeitritt; Sachenrecht: Übereignung; Familienrecht: Eheschließung; Erbrecht: Testamentserrichtung). Daher findet sich die Basis der Regeln über Rechtsgeschäfte im Allgemeinen Teil, nämlich in den §§ 104–185. Diese Vorschriften gelten wie in den anderen Büchern des BGB grundsätzlich auch im Schuldrecht. Dabei bedeutet „grundsätzlich" hier ebenso wie anderswo in der Rechtssprache: „soweit keine Ausnahmen bestimmt sind".

Solche Ausnahmen sind im Schuldrecht selten (viel häufiger sind sie z. B. im Familienrecht). Immerhin gibt es einige eigene Vorschriften über die Begründung rechtsgeschäftlicher Schuldverhältnisse, insbesondere in den §§ 311 ff. (auch schon in den §§ 305 ff.) über die Begründung durch Vertrag. Bedeutung haben in diesem Zusammenhang aber auch die „Definitionsnormen" (vgl. u. Rn. 126), die jeweils an der Spitze der Regelung der einzelnen rechtsgeschäftlichen Schuldverhältnisse im Besonderen Schuldrecht stehen. Diese Normen ergeben nämlich, was rechtsgeschäftlich (meist durch Vertrag) geregelt werden muss, weil insoweit kein ergänzendes Gesetzesrecht zur Verfügung steht. So folgt aus § 433, dass sich die Parteien beim Sachkauf über die Kaufsache und den Preis wenigstens in dem Sinn geeinigt haben müssen, dass der Inhalt der fraglichen Leistung noch bestimmt werden soll (§§ 315 ff.): Andernfalls liegt kein wirksamer Vertrag vor.

II. Gesetzliche Schuldverhältnisse

52 Ganz anders verhält es sich bei den Vorschriften über die Entstehung gesetzlicher Schuldverhältnisse: Solche Vorschriften finden sich nur ausnahmsweise im Allgemeinen Teil oder im Allgemeinen Schuldrecht (z. B. § 311 II, III). Denn für diese Entstehung gibt es weithin keine allgemeinen Regeln: Für jedes gesetzliche Schuldverhältnis gelten besondere Entstehungsvoraussetzungen. Daher folgen die meisten Vorschriften hierüber erst im Besonderen Schuldrecht, nämlich jeweils bei der Regelung der einzelnen Schuldverhältnisse. Das sind vor allem die §§ 677 ff. für die **Geschäftsführung ohne Auftrag,** §§ 812 ff. für die **ungerechtfertigte Bereicherung** und §§ 823 ff. für die **Deliktsschulden.** Dazu treten mit geringerer Bedeutung noch die §§ 701 ff. über die Gastwirtshaftung (vgl. BT Rn. 953 ff.), die §§ 741 ff. über die Bruchteilsgemeinschaft (vgl. BT Rn. 988 ff.) sowie die §§ 809 ff. über die Pflicht zur Vorlegung von Sachen.

Freilich nehmen diese Vorschriften über die Entstehung der einzelnen gesetzlichen Schuldverhältnisse bisweilen auf allgemeinere, an früherer Stelle geregelte Merkmale Bezug. So spielt nach § 682 die Geschäftsfähigkeit des Geschäftsführers für gegen ihn gerichtete Ansprüche aus Geschäftsführung ohne Auftrag eine Rolle. Für Bereicherungsansprüche verweist § 812 I mit dem Tatbestandsmerkmal „ohne rechtlichen Grund“ auf das Fehlen eines den Erwerb begründenden Rechtsverhältnisses (vgl. o. Rn. 23). § 823 I knüpft mit der „Rechtswidrigkeit“ z. B. an die §§ 226ff. und mit der „Fahrlässigkeit“ bei § 276 II an. Aber für die Entstehung eines gesetzlichen Schuldverhältnisses gelten diese allgemeineren Vorschriften nur kraft solcher Verweisung; für die rechtsgeschäftlichen Schuldverhältnisse dagegen gelten die Regeln über Rechtsgeschäfte schon dann, wenn sie nicht ausgeschlossen worden sind.

Beispiel: Für die Entstehung einer Bereicherungs- oder Deliktsverbindlichkeit spielt die Geschäftsfähigkeit regelmäßig keine Rolle; dagegen ist sie ohne weiteres Voraussetzung für die (rechtsgeschäftliche) Verpflichtung aus einem Kaufvertrag.

III. Gesetzliche Schuldverhältnisse aufgrund rechtsgeschäftlichen Kontakts

53 Gewissermaßen zwischen vertraglichen und gesetzlichen Schuldverhältnissen liegt das durch **rechtsgeschäftlichen Kontakt** entstehende Schuldverhältnis aus §§ 311 II, III, 241 II (s. dazu eingehend unten Rn. 527ff.). Richtigerweise handelt es sich aber auch hier um ein **gesetzliches Schuldverhältnis,** weil sein Entstehen nicht vom Willen der Parteien abhängt.

§ 8. Die Notwendigkeit des Vertrags

54 Für die nicht auf Gesetz beruhenden Schuldverhältnisse bestimmt § 311 I, zu ihrer Begründung oder Änderung sei regelmäßig „ein Vertrag zwischen den Beteiligten erforderlich“. Danach kann ein Schuldverhältnis insbesondere grundsätzlich weder durch einseitiges Versprechen begründet noch durch einseitigen Verzicht aufgehoben werden.[1]

I. Der Grund für das Vertragserfordernis

55 Die Notwendigkeit eines Vertrags hängt mit dem gleich (u. Rn. 59ff.) noch zu erörternden **Prinzip der Privatautonomie** zusammen. Das ist die jeder Person zustehende Freiheit, ihre privaten Rechtsverhältnisse nach ihrem Willen selbst zu gestalten: Es soll also **Selbstbestimmung** herrschen, **nicht Fremdbestimmung.** Dem würde im einfachsten Fall die Wahrnehmung der Privatautonomie durch einseitiges Rechtsgeschäft entsprechen (so in der Tat z. B. beim Testament). Ein Schuldverhältnis umfasst jedoch (mindestens) zwei Personen. Könnte es einseitig begründet oder verändert werden, so würden die Interessen des anderen Beteiligten ohne dessen Mitwirkung geregelt. Dieser unterläge also einer Fremdbestimmung, statt Selbstbestimmung ausüben zu können. Dem Gedanken der Privatautonomie beider Beteiligten entspricht daher beim Schuldverhältnis nur das *zweiseitige* Rechtsgeschäft, nämlich der *Vertrag:* In ihm müssen sich die **beiden Betroffenen einigen.** Dieses Erfordernis einer Einigung beschränkt zwar die Ausübung der Privatautonomie jedes Beteiligten insofern, als er nicht allein entscheiden kann (konkret: Wer eine Wohnung bestimmter Lage und Größe für 800,– € monatlich mieten will, muss jemanden finden, der eine solche Wohnung hat und sie um diesen Preis zu vermieten bereit ist). Doch bedeutet diese Beschränkung die notwendige Konsequenz aus der Anerkennung der Selbstbestimmung auch des anderen Beteiligten.

---

[1] Ausnahmen betont *Stoll,* Vertrauensschutz bei einseitigen Leistungsversprechen, FS Flume, Bd. 1, 1978, 741.

Das BGB führt das Vertragsprinzip im Schuldrecht regelmäßig sogar dann durch, wenn das Einverständnis des anderen Teils ohne weiteres erwartet werden kann, weil dieser nur Nutzen hat. So bedürfen eines Vertrags auch die Schenkung (§§ 516 I, 518 I) und der Erlass einer Forderung (§ 397, unten Rn. 309): Auch der Beschenkte und der durch den Erlass von seiner Schuld Befreite müssen also mitwirken. Doch trägt § 516 II der besonderen Interessenlage dadurch Rechnung, dass unter besonderen Umständen schon das Schweigen des Beschenkten als Annahme gilt (vgl. BT Rn. 388). Auch wird der Vertragsschluss in solchen Fällen häufig dadurch erleichtert, dass der Zugang einer Annahmeerklärung nach § 151 entbehrlich ist.

II. Ausnahmen

1. Auslobung

Eine erste deutliche Ausnahme vom Vertragsprinzip stellt die Auslobung nach 56 §§ 657ff. dar (z. B. ein Geldversprechen für die Wiederbeschaffung gestohlener Sachen, vgl. BT Rn. 922ff.): Hier liegt ein Rechtsgeschäft nur in der Auslobung. Dagegen bildet die Vornahme der Handlung, für welche die Belohnung ausgesetzt ist, bloß einen Realakt. Daher kann der Anspruch auf die Belohnung auch von einem Geschäftsunfähigen oder von jemandem erworben werden, der von der Belohnung nichts weiß. Auch solchen Personen den Anspruch auf die ausgelobte Belohnung zuzuwenden bildet gerade den Grund der Ausnahmeregelung.

Korrigiert werden muss diese Regelung freilich in den (seltenen) Fällen, in denen dem Gläubiger der ohne seinen Willen erworbene Anspruch lästig ist. Wenn z. B. ein Automobilklub einen Preis für den Hersteller von Kraftfahrzeugen aussetzen, bei dessen Produkten es zu den meisten Reklamationen gekommen ist, wird der so „belohnte" Hersteller den Preis kaum annehmen wollen. Daher muss man in solchen Fällen in Analogie zu § 333 ein Ablehnungsrecht annehmen (dazu sogleich Rn. 57).

2. Drittwirkungen

Vereinzelt kann eine Forderung auch ohne Willen erworben werden, weil das BGB 57 zwar nicht völlig auf einen Vertrag verzichtet, aber aus diesem auch einen Dritten begünstigt, also wenn etwa ein Vertrag zwischen A und B eine Forderung des C entstehen lässt. Das gilt vor allem für den **echten Vertrag zugunsten Dritter,** § 328 (vgl. u. Rn. 858): Der am Vertragsschluss unbeteiligte Dritte erwirbt hier aus dem Vertrag zwischen dem Versprechenden und dem Versprechensempfänger einen eigenen Anspruch. Doch kann er diesen nach § 333 zurückweisen, weil sich niemand eine Forderung soll aufdrängen lassen müssen.

Ähnlich drittbegünstigend wirkt die **befreiende Schuldübernahme** (vgl. u. Rn. 832ff.), wenn sie nach § 414 durch Vertrag zwischen dem Gläubiger und dem übernehmenden Dritten vereinbart wird: Hier erwirbt der Schuldner zwar keinen Anspruch, aber ohne sein Zutun Befreiung von seiner Schuld. Ein Zurückweisungsrecht des Schuldners ist für diesen Fall vom Gesetz nicht vorgesehen. Es lässt sich hier – anders als bei der Auslobung, vgl. o. Rn. 56 – wohl auch nicht in Analogie zu §§ 333, 2176 begründen[2]: Die Zurückweisung durch den Schuldner würde nämlich dem Gläubiger den schon erworbenen Anspruch gegen den Schuldübernehmer wieder entziehen. Diese Besonderheit stellt einen ausreichenden Grund für die rechtliche Ver-

[2] Str., ebenso etwa MünchKomm/*Möschel,* § 414 Rn. 5; *K. W. Nörr/Scheyhing/Pöggeler,* Sukzessionen, 2. Aufl., 1999, S. 239.

schiedenbehandlung dar. Auch durch die Leistung eines Dritten kann der Schuldner ja ohne eigenes Zutun von seiner Verbindlichkeit befreit werden (§§ 267f., vgl. u. Rn. 154ff).

3. Gestaltungsrechte

58 Nicht um die einseitige Begründung eines Schuldverhältnisses, aber doch um die einseitige Einwirkung auf ein solches geht es bei den Gestaltungsrechten: Hier hat der Gestaltungsberechtigte die Macht, regelmäßig durch einseitige empfangsbedürftige Willenserklärung den Inhalt des Schuldverhältnisses zu ändern, insbesondere dieses zu beenden. Im Schuldrecht sind solche Gestaltungsrechte vor allem der Rücktritt (u. Rn. 593ff.), die Kündigung (u. Rn. 655), die Minderung (§§ 441, 638, vgl. BT Rn. 164ff.; 766ff.), der verbraucherschützende Widerruf (u. Rn. 628ff.) und zur Beendigung einzelner Forderungen die Aufrechnung (u. Rn. 293ff.). Dazu kommen noch Wahl- und Bestimmungsrechte, etwa nach §§ 262ff. (vgl. u. Rn. 201ff.) und 315ff. (vgl. u. Rn. 212ff.).

Gestaltungsrechte begegnen auch außerhalb des Schuldrechts, etwa im Allgemeinen Teil (insbesondere die Anfechtung, §§ 119ff., 142f.) und im Familienrecht (insbesondere die Ehescheidung, §§ 1564ff., und die Anfechtung der Vaterschaft, §§ 1599ff.; beide sind aus Gründen der Rechtssicherheit gerichtlich geltend zu machen). Wegen dieser Allgemeinheit gehört die Lehre von den Gestaltungsrechten in den Allgemeinen Teil.[3] Hier sei nur erwähnt, dass die Ausübung von Gestaltungsrechten in Anlehnung an § 388 S. 2 (vgl. u. Rn. 305) allgemein keine Bedingung oder Befristung verträgt. Die hiermit verlangte Klarheit bildet den Ausgleich dafür, dass der Gestaltungsgegner die einseitige Änderung eines ihn betreffenden Schuldverhältnisses und damit seiner Rechtslage hinnehmen muss.

Sozial bedeutsam ist vor allem die **Kündigung bei Wohnungsmiete und Arbeitsvertrag:** An diesen Schuldverhältnissen hängt ein Stück Existenz des Mieters oder Arbeitnehmers. Darum ist hier die Zulässigkeit der Kündigung durch viele Vorschriften erheblich eingeschränkt (u. Rn. 656).

§ 9. Die Vertragsfreiheit

Literatur: *Baldus,* Römische Privatautonomie, AcP 210 (2010) 2; *M. Becker,* Der unfaire Vertrag, 2003; *A. Bruns,* Die Vertragsfreiheit und ihre Grenzen in Europa und den USA ..., JZ 2007, 385; *F. Bydlinski,* Privatautonomie und objektive Grundlagen des verpflichtenden Rechtsgeschäftes, 1967; *ders.,* System und Prinzipien des Privatrechts, 1996, 147; *Canaris,* Die Bedeutung der iustitia distributiva im deutschen Vertragsrecht, 1997; *ders.,* Wandlungen des Schuldvertragsrechts – Tendenzen zu seiner „Materialisierung", AcP 200 (2000) 273; *Coester-Waltjen,* Die Inhaltskontrolle von Verträgen außerhalb des AGBG, AcP 190 (1990) 1; *Dauner-Lieb,* Verbraucherschutz durch Ausbildung eines Sonderprivatrechts für Verbraucher, 1983; *Fastrich,* Richterliche Inhaltskontrolle im Privatrecht, 1992; *Fleischer,* Informationsassymetrie im Vertragsrecht, 2001; *Flume,* Rechtsgeschäft und Privatautonomie, in: Hundert Jahre Deutsches Rechtsleben, FS Deutscher Juristentag, Bd. 1, 1960, 135; *Henrich,* Vorvertrag, Optionsvertrag, Vorrechtsvertrag, 1965; *ders.,* Parteiautonomie, Privatautonomie und kulturelle Identität, FS Jayme, 2004, 321; *Hillgruber,* Abschied von der Privatautonomie?, ZRP 1995, 6; *Höfling,* Vertragsfreiheit, 1991 (dazu *Taupitz,* AcP 192 [1992] 341); *Hönn,* Kompensation gestörter Vertragsparität, 1982; *Körber,* Grundfreiheiten und Privatrecht, 2004; *E. A. Kramer,* Die „Krise" des liberalen Vertragsdenkens, 1974; *Kreft,* Privatautonomie und persönliche Verschuldung, WM 1992, 1425; *Laufke,* Vertragsfreiheit und Grundgesetz, FS H. Lehmann, Bd. 1, 1956, 145; *S. Lorenz,* Der Schutz vor dem unerwünschten Vertrag, 1997; *Luig,* Vertragsfreiheit und

[3] Vgl. *Köhler,* § 17 Rn. 12; *Wolf/Neuner,* AT, § 20 Rn. 29ff.; *Medicus,* BGB AT, Rn. 79ff.

Äquivalenzprinzip im gemeinen Recht und im BGB, FG Coing, 1982, 171; *Mayer-Maly*, Wiederkehr des schuldrechtlichen Typenzwangs?, 1. FS Medicus, 1999, 383; *Medicus*, Abschied von der Privatautonomie?, 1993; *Merz*, Privatautonomie heute – Grundsatz und Rechtswirklichkeit, 1970; *Möslein*, Dispositives Recht, 2011; *Nipperdey*, Soziale Marktwirtschaft und Grundgesetz, 3. Aufl., 1965; *Oechsler*, Gerechtigkeit im modernen Austauschvertrag, 1997; *L. Raiser*, Vertragsfreiheit heute, JZ 1958, 1; *ders.*, Vertragsfunktion und Vertragsfreiheit, in: Hundert Jahre Deutsches Rechtsleben, FS Deutscher Juristentag, Bd. 1, 1960, 101; *Schmidt-Rimpler*, Zum Vertragsproblem, FS L. Raiser, 1974, 3; *Singer*, Vertragsfreiheit, Grundrechte und der Schutz des Menschen vor sich selbst, JZ 1995, 133; *ders.*, Selbstbestimmung und Verkehrsschutz im Recht der Willenserklärungen, 1995; *von Stebut*, Der soziale Schutz als Regelungsproblem des Vertragsrechts, 1982 (dazu *Sonnenschein*, AcP 184 [1984] 90); *Wagner-von Papp*, Die privatautonomen Beschränkungen der Privatautonomie, AcP 205 (2005) 343; *M.-P. Weller*, Die Vertragstreue, 2009; *Manfred Wolf*, Rechtsgeschäftliche Entscheidungsfreiheit und Interessenausgleich, 1970; *Zöllner*, Regelungsspielräume im Schuldvertragsrecht, AcP 196 (1996) 1.

Der Vertrag ist eine Institution des Allgemeinen Teils (§§ 145ff.); daher ist es im Prinzip auch die Vertragsfreiheit als Spezialfall der Privatautonomie.[1] Doch hat die Vertragsfreiheit im Schuldrecht besondere Bedeutung, vor allem weitaus größere als im Sachenrecht. Der Abschluss sachenrechtlicher Geschäfte (z. B. von Übereignungen) wird nämlich regelmäßig schon durch schuldrechtliche Verpflichtungen (z. B. den Abschluss eines Kaufvertrags) festgelegt. **Die für das Vermögensrecht wesentlichen Entscheidungen fallen also meist im Schuldrecht.** Daher sind im Folgenden die besonderen schuldrechtlichen Ausprägungen der Vertragsfreiheit kurz zu behandeln. 59

I. Inhalt der schuldrechtlichen Vertragsfreiheit

Der Abschluss und die Ausgestaltung der Verträge, die für die Begründung oder Veränderung von Schuldverhältnissen nötig sind (vgl. o. Rn. 55ff.), stehen den Beteiligten regelmäßig frei. Im Schuldrecht herrscht also grundsätzlich eine umfassende Vertragsfreiheit. Dabei ist zwischen der **Vertragsabschlussfreit** und der **Vertragsinhaltsfreiheit** zu unterscheiden.

1. Abschlussfreiheit

Vertragsabschlussfreiheit bedeutet zunächst, dass jedermann selbst darüber entscheiden kann, ob und mit wem er überhaupt einen Vertrag schließen will. 60

2. Inhaltsfreiheit

Vertragsinhaltsfreiheit bedeutet, dass die Parteien den Inhalt des Vertrags grundsätzlich, d. h. innerhalb der gesetzlichen Grenzen, selbst bestimmen können. 61

a) Typenfreiheit

Dazu gehört zunächst die **Typenfreiheit.** Das Schuldrecht kennt nämlich – anders als das Sachenrecht oder das Familienrecht – keinen geschlossenen Kreis (numerus clausus) zulässiger Geschäfte, auf die das Wahlrecht der Vertragsschließenden beschränkt wäre (= Typenzwang). Daher können die Parteien auch schuldrechtliche Verträge „erfinden", die zu keinem der im Besonderen Teil vorgesehenen Typen passen. Allerdings decken diese Typen die weitaus meisten Bedürfnisse. Daher lassen sich viele Schuldverträge auf einen gesetzlichen Typ zurückführen oder als Kombination mehrerer solcher Typen erkennen. Aber vereinzelt gibt es auch untypische Verträge wie z. B. den

[1] Vgl. *Wolf/Neuner*, AT, § 10 Rn, 33ff.; *Köhler*, § 8 Rn. 1f.; *Medicus*, BGB AT, Rn. 172ff., 472ff. und insbesondere *Flume*, FS Deutscher Juristentag, Bd. 1, 1960, 135; *ders.*, AT II, § 1.

Garantievertrag. Zudem stehen neue Vertragsschöpfungen zur Befriedigung künftig neu auftretender Bedürfnisse zur Verfügung.

b) Dispositiver Charakter der gesetzlichen Regelungen

62 Auch soweit die Parteien auf die gesetzlichen Typen zurückgreifen, können sie regelmäßig **Abweichungen von der gesetzlichen Regelung** vereinbaren. So kann etwa bei einem Grundstückskauf verabredet werden (und wird häufig verabredet), dass der Käufer entgegen § 436 I Anliegerbeiträge auch über das dort genannte Maß hinaus übernimmt. In gleicher Weise können die Beteiligten auch Vereinbarungen über die Entstehung und den Inhalt gesetzlicher Schuldverhältnisse treffen. Ein Beispiel hierfür sind die im Deliktsrecht häufigen Haftungsmilderungen (vgl. u. Rn. 401): Es wird etwa verabredet, dass dem in einem Kraftwagen Mitgenommenen nicht schon bei leichter Fahrlässigkeit des Fahrers gehaftet werden soll. Das **Schuldrecht** ist also **grundsätzlich** (zu den Ausnahmen vgl. u. Rn. 82 ff.) **nachgiebig** oder dispositiv (also es steht zur Disposition der Beteiligten). Den Gegensatz bildet auch insoweit wieder das in der Regel zwingende Sachenrecht.

3. Formfreiheit

63 Schließlich kann man zur Vertragsfreiheit auch noch die **Formfreiheit** rechnen: Soweit nichts anderes bestimmt ist, bedürfen schuldrechtliche Verträge keiner Form; sie können also auch mündlich abgeschlossen werden. Doch gibt es gerade von dieser Regel viele und wichtige Ausnahmen. Sie stehen im Besonderen Schuldrecht, soweit sie nur einen einzelnen Vertragstyp betreffen (z. B. § 518 I: Schenkungsversprechen; §§ 550, 578, 581 II, 585 a: bestimmte Miet- und Pachtverträge; § 766: Bürgschaftserklärung). Andere Formvorschriften umfassen dagegen mehrere Vertragstypen und stehen deshalb im Allgemeinen Schuldrecht (so insbesondere § 311 b I für Verträge über das Grundstückseigentum); zu ihnen vgl. u. Rn. 91 ff. Eine eigentümliche Form findet sich in § 492 für Verbraucherdarlehen.

II. Die Funktionen der Vertragsfreiheit

1. Vereinfachung

64 Zunächst kann die Vertragsfreiheit dazu beitragen, den Schuldrechtsverkehr zu vereinfachen und zu beschleunigen. Das gilt insbesondere für die Formfreiheit (vgl. o. Rn. 63): Vor allem das Erfordernis einer behördlichen oder notariellen Mitwirkung beim Vertragsabschluss würde diesen regelmäßig verzögern. Andererseits bringt die Zulässigkeit formloser Verträge auch erhebliche Gefahren: nicht bloß die Gefahr der Übereilung (gegen sie hauptsächlich richten sich die meisten Formgebote), sondern auch die Gefahr von Beweisschwierigkeiten.[2] Wo sich die Parteien nicht als vertrauenswürdig kennen (wie an der Börse), wird daher für wichtige Geschäfte oft wenigstens Schriftform vereinbart (vgl. § 127). Im kaufmännischen Verkehr und teils noch darüber hinaus dient der Beweissicherung auch das Bestätigungsschreiben.[3]

Aber auch jenseits der Formfrage vereinfacht das Vorhandensein einer gesetzlichen Regelung den Vertragsabschluss ganz wesentlich. Wer etwa einen Kauf abschließt, braucht nicht für alle denkbaren Komplikationen eine Regelung zu treffen. Vielmehr

[2] Vgl. *Medicus,* BGB AT, Rn. 612 ff.
[3] Vgl. *Köhler,* § 8 Rn. 30 ff.; *Medicus,* BGB AT, Rn. 440 ff.

kann er sich darauf verlassen, dass schon das Gesetz eine angemessene Regelung enthalten wird (etwa für Verzug, Sach- und Rechtmängel). Anders als im angloamerikanischen Rechtskreis brauchen daher auch Verträge über höhere Beträge nicht viele Seiten zu umfassen, sondern kommen mit Bestimmungen über die sog. *essentialia negotii* aus (Parteien, Kaufsache, Preis).

2. Elastizität

Weiter dient die Vertragsfreiheit der Berücksichtigung individueller Bedürfnisse des 65
Einzelfalls: Vor allem die Typenfreiheit und die Nachgiebigkeit (vgl. o. Rn. 61 und 62) machen das Schuldrecht elastisch. So konnten neue Vertragsarten wie Leasing und Factoring rasch weite Verbreitung finden, ohne dass das gesetzliche Schuldrecht hätte geändert oder ergänzt werden müssen. Selbst juristische Personen des öffentlichen Rechts (z. B. eine Gemeinde) können mit privatrechtlichen Schuldverträgen Ziele erreichen, die mit öffentlichem Recht (noch) nicht durchgesetzt werden können.[4] Oft stehen auch privatrechtliche und hoheitliche Handlungsformen zur Wahl.[5] Andererseits bringt diese Nachgiebigkeit aber auch Gefahren: In Ungleichgewichtslagen – also wenn sich das Durchsetzungsvermögen beider Partner wesentlich unterscheidet – kann die stärkere Partei ihr Übergewicht dazu missbrauchen, sachlich unangemessene Abweichungen vom dispositiven Recht durchzusetzen. Um diese unsoziale Wirkung zu vermeiden, finden seit der stärkeren Betonung sozialstaatlicher Ziele einseitig zwingende Normen im Schuldrecht zunehmend Verbreitung.[6]

3. Verfassungsrechtliche Zusammenhänge

Schließlich hängt die Vertragsfreiheit aber auch mit dem Menschenbild des GG und mit der geltenden Wirtschaftsordnung zusammen.

a) Verfassungsrechtlicher Schutz der Vertragsfreiheit

Art. 2 I GG gewährleistet jedem das Recht auf freie **Entfaltung seiner Persönlichkeit,** 66
soweit nicht Rechte Dritter, die verfassungsmäßige Ordnung oder das Sittengesetz entgegenstehen. Das umfasst wenigstens für alle Deutschen (Art. 116 GG) die Vereinigungsfreiheit (Art. 9 GG), die Wahl von Wohnsitz (Art. 11 GG) und Beruf (Art. 12 GG) sowie die Verfügung über vermögenswerte Privatrechte (Art. 14 GG). Insbesondere zur Ausübung dieser spezielleren Grundrechte bedarf es des Abschlusses von Schuldverträgen (z. B. Gesellschafts-, Dienst-, Kauf- und Mietverträge). Wenn den Rechtssubjekten der Abschluss solcher Verträge verwehrt oder auch nur deren Inhalt zwingend vorgeschrieben wird, berührt das die Verwirklichung von Grundrechten. Solche Vorschriften mögen im Einzelfall aus den Schranken dieser Grundrechte begründet sein (z. B. die Beschränkungen für die Kündigung und Befristung der Wohnungsmiete aus Art. 14 II GG). Aber die Einschränkungen bedürfen als Ausnahmen besonderer Rechtfertigung; als Regel fordert das GG Vertragsfreiheit.

---

[4] Vgl. etwa BGHZ 93, 372: Bindung des Grundstückserwerbers an einen noch nicht bestandskräftigen Bebauungsplan.

[5] Vgl. etwa *Maurer,* Allgemeines Verwaltungsrecht, 18. Aufl., 2011, § 3 Rn. 9.

[6] Vgl. oben Rn. 46; unten Rn. 68ff.

b) Vertragsfreiheit und Wirtschaftssystem

67 Weiter hängt die Vertragsfreiheit aber auch mit unserem **Wirtschaftssystem** zusammen (wobei hier nicht erörtert werden soll, inwieweit dieses selbst durch das GG bestimmt ist, vgl. etwa *Karpen,* Jura 1985, 188). Wesentlich für unser System sind (neben anderem) Markt und Wettbewerb. Dabei bewirkt der *Markt* die Preisbildung über Angebot und Nachfrage und lenkt so die Produktion und deren Mittel; ein staatlich festgesetzter Preis widerspräche diesem Modell. Und der *Wettbewerb* soll unter anderem dazu führen, dass der mit geringeren Kosten produzierende Unternehmer seine Produktion zu Lasten des teurer produzierenden Konkurrenten ausweitet. Das misslingt aber, wenn Rohstoffe, Energie und Arbeitskräfte nicht frei durch Vertrag beschafft werden können, sondern vom Staat zugeteilt werden.

Auf Vertragsfreiheit verzichten kann daher allenfalls eine totale **Zentralverwaltungswirtschaft** (Planwirtschaft). Doch machen sich auch derart organisierte Wirtschaftssysteme (soweit es sie überhaupt noch gibt) die Vorteile des Vertrags vielfach zunutze, insbesondere die Möglichkeit zu raschem und individuellem Abschluss und auch zu rascher Änderung. Umgekehrt finden sich auch bei uns Ansätze zu einer Planwirtschaft, so jetzt bei den Medikamentenpreisen zugunsten der gesetzlichen Krankenversicherungen. Doch beruht hier die übereilte Flucht in Festpreise oder Rabattfestsetzung wohl oft nur auf einer gewissen Einfallslosigkeit des Gesetzgebers.

III. Vertragsfreiheit und Sozialstaat

1. Ungleichgewichtslagen

68 Gegen die Vertragsfreiheit wird häufig eingewendet, sie könne „gerechte“ Verträge nur in **Gleichgewichtslagen** – also unter gleichstarken Partnern – zustandebringen. Dagegen ermögliche sie es in **Ungleichgewichtslagen** dem Stärkeren, sein Übergewicht bei der Vertragsgestaltung rücksichtslos auszunützen. Daher werden aus sozialstaatlichen Gründen – jetzt vor allem unter dem Stichwort „Verbraucherschutz“ – zunehmend Eingriffe in die Vertragsfreiheit praktiziert und weitere Eingriffe gefordert.

Dem ist zuzugeben, dass die geschilderten Gefahren bestehen. Dazu kann auch der Wissensvorsprung eines Verhandlungspartners führen. Andererseits brächte aber auch die Abschaffung (abgesehen von der Frage nach der Verfassungswidrigkeit) oder eine weitreichende Einschränkung der Vertragsfreiheit erhebliche Probleme.

Schon der **Begriff der Gleichgewichtslage** ist höchst zweifelhaft: Man kann z. B. eine größere Automobilfabrik (etwa die VW AG) und einen bedeutenderen Erzeuger von Stahlblechen (etwa die Salzgitter AG oder eine ihrer Tochtergesellschaften) regelmäßig als gleichgewichtig ansehen. Ob aber Salzgitter seine Bleche an VW zu kostendeckenden Preisen und angemessenen anderen Bedingungen verkaufen kann, hängt von vielen weiteren Umständen ab: Wie sich die Nachfrage nach solchen Blechen insgesamt zum Angebot verhält; welche Produktionsbedingungen die Konkurrenten haben (z. B. staatliche Subventionen); wie es mit Einfuhrmöglichkeiten für Stahlbleche steht; unter welchen Bedingungen (z. B. Löhne und Lohnnebenkosten) im Ausland produziert wird; wie hoch die Transportkosten sind; usw. Danach kann etwa Salzgitter unter Umständen eine weitaus schwächere Verhandlungsposition haben. Trotzdem wird eine solche marktbedingte Ungleichgewichtslage regelmäßig nicht zu korrigieren sein. Denn dass in dieser Situation Salzgitter nur einen nicht kostendeckenden Preis erhält, kann gesamtwirtschaftlich sogar erwünscht sein, nämlich um eine Einschränkung der Blechproduktion zu veranlassen.

Die Nützlichkeit einer solchen Regulation durch den Preis ergibt schon ein Blick auf die Landwirtschaft, für deren Erzeugnisse die Vertragsfreiheit am Markt zu einem guten Teil ausgeschaltet ist: Wenn dort die Abnahme (etwa von Milch und Milchprodukten) zu Preisen garantiert wird, die über den Kosten vieler Erzeuger liegen, müssen sinnlose und teure Butter- oder Trockenmilchberge entstehen.

Aber auch da, wo auf den ersten Blick eine Ungleichgewichtslage besteht, bedarf es nicht allemal eines Eingriffs in die Vertragsfreiheit. Denn erstens kann etwa der Wissensvorsprung eines Partners durch besondere Anstrengungen *„verdient"* sein. Wenn man ihn ohne weiteres ausgleicht, kann das eine Prämie für Faulheit bedeuten: Wer in Urlaub geht, statt sich die für den Vertragsschluss nötigen Kenntnisse zu verschaffen, bräuchte dann keinen Nachteil zu fürchten. Zweitens kann bisweilen schon eine **Zusammenfassung der Teilnehmer der schwächeren Marktseite** ein Gegengewicht schaffen; Beispiele hierfür sind die Gewerkschaften der Arbeitnehmer und die Einkaufsverbände des Handels. Drittens soll der Wettbewerb unangemessene Vertragsbedingungen verhindern. Auch die *Förderung des (lauteren) Wettbewerbs* durch das GWB (und das UWG) gehört also in diesen Zusammenhang.

Speziell diskutiert wird das Problem der Vertragsfreiheit für Bürgschaften und Schuldbeitritte durch nahe Angehörige des Schuldners. Mehrere Senate des BGH hatten die Wirksamkeit solcher Geschäfte uneinheitlich beurteilt.[7] In einem besonders krassen Fall hatte dann *BVerfG* NJW 1994, 36[8] die Wirksamkeit einer Bürgschaft bezweifelt. Diese Entscheidung wurde zum Teil missinterpretiert, als habe das BVerfG einen eigenen verfassungsrechtlichen Nichtigkeitsgrund mangelnder Vertragsparität etabliert.[9] Tatsächlich ging es aber nur um die mangelnde Beachtung des zivilrechtlichen Instrumentariums durch den BGH, insbesondere der Generalklauseln (§§ 138, 242, zudem etwa auch § 123 und § 311 II, III). Damit gehört die Problematik überwiegend in die allgemeine Rechtsgeschäftslehre.[10]

2. Allgemeines Gleichbehandlungsgesetz

Die EG (seit 2009: EU) hat seit Mitte 2000 vier Richtlinien erlassen, die Benachteili- 69
gungen aus bestimmten Gründen verbieten. Die Umsetzung in nationales Recht sollte für die erste Richtlinie bis zum 19.7.2003 erfolgt sein. Hierfür ist es in Deutschland schließlich zu einem eigenen Gesetz mit 33 Paragrafen gekommen, das zunächst als **AntidiskriminierungsG** bezeichnet wurde. Jetzt heißt es weniger treffend **Allgemeines GleichbehandlungsG (AGG);** es ist im August 2006 in Kraft getreten.

Das AGG betrifft in erster Linie das **Arbeitsrecht** (§§ 6 bis 18) und erweitert dort den früher geltenden § 611 a BGB.[11] Das **allgemeine Zivilrecht** wird vor allem durch § 2 I Nr. 8 AGG erfasst: Es geht dort um „den Zugang zu und die Versorgung mit Gütern und Diensten, die der Öffentlichkeit zur Verfügung stehen, einschließlich von Wohnraum". Ganz ausgeschlossen sind familien- und erbrechtliche Geschäfte, § 19 IV AGG. Einschränkungen gelten für Schuldverhältnisse, denen ein besonderes Näheoder Vertrauensverhältnis zugrunde liegt (§ 19 V 1 AGG), sowie für Vermietungen

[7] Vgl. *Medicus,* BGB AT, Rn. 706c.
[8] Ähnlich *BVerfG* NJW 1994, 2749.
[9] So etwa von *Adomeit,* NJW 1994, 2467.
[10] Vgl. deshalb die Angaben bei *Medicus,* BGB AT, Rn. 706d; speziell für die Bürgschaft auch im BT Rn. 1007.
[11] Zur Anwendung auf den Geschäftsführer einer GmbH s. zuletzt *BGH* WM 2012, 1300.

(§ 19 V 2, 3 AGG). Weitere Ausnahmen folgen aus § 20 AGG. So soll etwa ermöglicht werden, Männern die Aufnahme in ein Frauenhaus zu versagen.

Absolut verboten ist eine Benachteiligung wegen der Rasse oder der ethnischen Herkunft des anderen Beteiligten. **Zusätzlich** nennt § 1 AGG noch das Geschlecht, die Religion oder Weltanschauung, eine Behinderung, das Alter oder die „sexuelle Identität". Vor allem diese nationalen Hinzufügungen, die zudem teils mit unklaren Begriffen arbeiten (unklar ist freilich auch die „ethnische Herkunft"), waren sehr umstritten. (Bewusst) nicht verboten wird hingegen eine Ungleichbehandlung aufgrund politischer Überzeugung.[12]

Rechtsfolge einer unerlaubten Benachteiligung sind Unterlassungs- und Beseitigungsansprüche, § 21 I AGG. Bei (zu vermutendem) Vertretenmüssen des Benachteiligenden kann auch Schadensersatz einschließlich des Nichtvermögensschadens verlangt werden, § 21 II AGG.[13] Zu beweisen braucht der Benachteiligte nur Indizien, die eine Benachteiligung nach § 1 AGG vermuten lassen; der Gegner soll dann das Fehlen einer verbotenen Benachteiligung beweisen müssen, § 22 AGG.

Rechtspolitisch ist das AGG trotz einiger Verbesserung gegenüber den Entwürfen sehr zweifelhaft.[14] Denn es bedeutet wegen des durch § 22 AGG erzeugten Begründungszwangs einen tiefen Eingriff in die Privatautonomie. Zudem vermehrt es die schon bei § 611a BGB deutlich gewordene Gefahr schikanöser und geldgieriger Ersatzprozesse. Dahin gehört etwa eine hohe Geldforderung, weil eine Stelle für „Geschäftsführ**er**" ausgeschrieben worden ist; das sei eine Diskriminierung weiblicher Interessenten (vgl. *OLG Karlsruhe* ZIP 2011, 1979). Auch neuere Gesetze sprechen regelmäßig nur von „Bürger", „Verbraucher", „Halter" usw. (Ausnahme: § 1 UWG von 2008), ohne damit ein biologisches Geschlecht ausschließen zu wollen. Mehr sprachliche Sorgfalt sollte man auch von Laien nicht verlangen. Weiter wird die Bürokratie trotz aller Bekenntnisse zu deren Abbau fürchterlich erweitert: Wo der Vorwurf einer verbotenen Benachteiligung droht, werden umfangreiche Akten anzulegen sein; die §§ 25ff. AGG bestimmen die Einrichtung einer Antidiskriminierungsstelle des Bundes mit einem Beirat. Vor allem wird **Schweigen Gold** sein: Jede unbedachte Äußerung mag eine Benachteiligungsabsicht indizieren (vgl. § 22 AGG).[15]

IV. Selbstbeschränkungen der Vertragsfreiheit

Die Vertragsfreiheit kann grundsätzlich auch zu ihrer eigenen Einschränkung verwendet werden: Jemand verpflichtet sich, bestimmte Schuldverträge abzuschließen oder nicht abzuschließen.

1. Vorvertrag

70 Das ist unbedenklich beim **Vorvertrag:** Dieser begründet die schuldrechtliche Verpflichtung zum Abschluss eines anderen Vertrags, des Hauptvertrags. Das Problem des Vorvertrags besteht hier in Folgendem: Wenn die für den Hauptvertrag wesentlichen Verhältnisse beim Abschluss des Vorvertrags (wie meist) noch unbestimmt sind, muss dieser selbst entsprechend unbestimmt bleiben. Liegt also z. B. die vom

[12] *BGH* NJW 2012, 1725 Rn. 9 (Hausverbot für NPD-Vorsitzenden in einem „Wellness-Hotel").
[13] Vgl. *G. Wagner/Potsch,* JZ 2006, 1085.
[14] Vgl. *Adomeit,* NJW 2006, 2169; *D. Schwab,* DNotZ 2006, 649; positiver *Looschelders,* JZ 2012, 105.
[15] Vgl. dazu im einzelnen *Köhler,* § 8 Rn. 50; *Larenz,* SAT, § 7 I; *Ritzinger,* NJW 1990, 1201.

Käufer benötigte Warenmenge noch nicht fest, so kann hierüber nichts vereinbart werden. Dann ergeben sich Schwierigkeiten bei der Formulierung des Anspruchs auf Abschluss des Hauptvertrags.[16] Sind die Verhältnisse dagegen schon bestimmt, so kann man gleich den Hauptvertrag schließen und braucht nicht erst einen Vorvertrag. Ist ein solcher aber trotzdem geschlossen worden, so kann aus ihm auf Annahme eines Antrags des Klägers geklagt werden.[17] Zugleich kann der Kläger hier auch den dinglichen Vollzug verlangen, *BGH* NJW 1986, 2820. *BGH* NJW 1990, 508 erlaubt dem Vorvertragsgläubiger, den Hauptvertrag selbst mit einem vollmachtlosen Vertreter zu schließen und dann auf Genehmigung der Stellvertretung nach § 177 zu klagen. Bei Unbestimmtheit des Vorvertrags soll u. U. der Kläger einen (bestimmten) Antrag des Beklagten fordern können, dessen Annahme den Hauptvertrag zustande bringt.[18]

2. Optionsvertrag

Unter dem Gesichtspunkt der Vertragsfreiheit unbedenklich ist auch die **Option:** Sie 71
gibt einem Vertragspartner das Recht, durch einseitige Erklärung einen inhaltlich bestimmten Vertrag zu begründen (z. B. den Kauf von Devisen oder Aktien) oder zu verlängern (z. B. einen befristeten Mietvertrag).[19]

3. Kartellvertrag

Bedenklich ist dagegen der **Kartellvertrag,** durch den sich die Beteiligten ihrer Gewer- 72
befreiheit und insbesondere deren Ausübung durch Vertrag mehr oder weniger weit begeben. Das RG hat schon 1890 und 1897 in den grundlegenden Entscheidungen RGZ 28, 238 (Börsenverein der deutschen Buchhändler) und RGZ 38, 155 (Sächsischer Holzstoff-Fabrikanten-Verband) solche Verträge für wirksam erklärt.[20] Bedenklich ist das vor allem, weil sich solche Kartelle weithin gegen den Wettbewerb richten. So hatte in dem Fall von RGZ 38, 155 der klagende Verband den bezeichnenden Zweck, „in Zukunft einen verderblichen Wettbewerb der Fabrikanten untereinander zu verhindern und für ihr Fabrikat einen angemessenen Preis zu erzielen". Im Gegensatz zur Haltung des RG hat der Gesetzgeber solche Kartelle zunächst nach dem 1. Weltkrieg und später weit entschiedener (nach dem Zwischenspiel der alliierten Dekartellisierung) durch das GWB von 1957 erheblich eingeschränkt. Insoweit wird die Vertragsfreiheit durch das Wettbewerbsrecht (wohin alle Einzelheiten gehören) gegen Selbstbeschränkung und wird auch der Außenseiter gegen Diskriminierung geschützt.

V. Öffentlich-rechtliche Beschränkungen der Vertragsfreiheit

Ständig zunehmende Bedeutung haben öffentlich-rechtliche Beschränkungen der Ver- 73
tragsfreiheit: Die Gültigkeit privatrechtlicher Verträge wird von der **Zustimmung einer Behörde** abhängig gemacht. Ein Beispiel hierfür bilden innerhalb des Besonderen Schuldrechts Grundstücks- oder Waffengeschäfte oder Verträge über die Ausfuhr von strategisch interessantem Material. Die Einzelheiten hierzu gehören ins Wirtschaftsrecht.

---

[16] Vgl. *BGH* NJW 1990, 1234.

[17] *BGH* NJW 1984, 479; 2001, 1272.

[18] BGHZ 98, 130.

[19] Vgl. dazu im einzelnen *Köhler,* § 8 Rn. 53f.; *Weber,* JuS 1990, 249; *Casper,* Der Optionsvertrag, 2005 (dazu *Stoffels,* AcP 207 [2007] 796); *Henrich,* FS H.H. Seiler, 1999, 207.

[20] Vgl. auch bereits RGZ 1, 22 von 1879.

§ 10. Der Kontrahierungszwang

Literatur: Grundlegend *Nipperdey,* Kontrahierungszwang und diktierter Vertrag, 1920; weiter *Bachmann,* Optionsmodelle im Privatrecht, JZ 2008, 11; *Bechtold,* Die Grenzen zwingenden Vertragsrechts, 2010; *Boemke,* Kontrahierungszwang im Arbeitsrecht wegen Grundrechtsverletzung?, NJW 1993, 2083; *Busche,* Privatautonomie und Kontrahierungszwang, 1999; F. *Bydlinski,* Zu den dogmatischen Grundfragen des Kontrahierungszwanges, AcP 180 (1980) 1; *ders.,* Kontrahierungszwang und Anwendung allgemeinen Zivilrechts, JZ 1980, 378; *ders.,* Zum Kontrahierungszwang der öffentlichen Hand, FS Klecatsky, 1980, 129; *Kilian,* Kontrahierungszwang und Zivilrechtssystem, AcP 180 (1980) 47.

I. Beschreibung

74 Den denkbar stärksten Eingriff in die Vertragsfreiheit bedeutet es, wenn jemand zum Abschluss eines Vertrags gezwungen wird. Denn dieser Zwang beschränkt sich notwendig nicht auf die Abschlussfreiheit (vgl. o. Rn. 60): Andernfalls könnte derjenige, der zum Abschluss gezwungen werden soll, diesem Zwang ohne Mühe ausweichen, indem er für den Abschluss Bedingungen stellt, die dem anderen Teil unannehmbar sein müssen (etwa einen astronomischen Preis). Daher wird durch den Kontrahierungszwang regelmäßig auch die *Freiheit zur Mitbestimmung über den Vertragsinhalt* (vgl. o. Rn. 61, 62) ausgeschlossen oder zumindest begrenzt. Die klassische Definition für den Kontrahierungszwang nimmt deshalb gleichermaßen auf Abschluss- und Inhaltsfreiheit Bezug: „Kontrahierungszwang ist die auf Grund einer Norm der Rechtsordnung einem Rechtssubjekt ohne seine Willensbindung im Interesse eines Begünstigten auferlegte Verpflichtung, mit diesem einen Vertrag bestimmten oder von unparteiischer Seite zu bestimmenden Inhaltes abzuschließen“.[1] Ob das AGG zu einem Kontrahierungszwang führt, ist zweifelhaft.[2]

II. Einzelne Anwendungsfälle

75 Im BGB kommt Kontrahierungszwang derzeit als ausdrückliche Regelung noch nicht vor (zum mittelbaren Kontrahierungszwang nach § 826 s. unten Rn. 79). Insbesondere gehört auch die seit 1979 in § 651 b I angeordnete Befugnis des Reisenden nicht hierher, eine Ersatzperson für die Teilnahme an der Reise zu bestimmen. Denn hier wird dem Reiseveranstalter nicht ein unerwünschter Vertrag aufgezwungen, sondern nur für Teile der Leistungspflichten ein neuer Gläubiger oder Schuldner.

76 Dafür begegnet Kontrahierungszwang teils schon seit 1900 **in anderen Gesetzen:** So sind nach § 10 Allgemeines Eisenbahngesetz (AEG) öffentliche Eisenbahnverkehrsunternehmen, die dem Personenverkehr dienen, i. d. R. zur Beförderung von Personen (und Reisegepäck) verpflichtet. Weitere Fälle des Kontrahierungszwanges finden sich an anderen Stellen im Recht der Personen- und Güterbeförderung.

Zudem gehören hierher: Nach § 5 II PflVersG müssen die zum Betrieb der Kraftfahrzeug-Haftpflichtversicherung befugten Versicherungsunternehmen den nach § 1 dieses Gesetzes versicherungspflichtigen Haltern (vgl. u. Rn. 763) regelmäßig Versicherungsschutz gewähren. Nach § 10 EnergiewirtschaftsG sind Unternehmen der Energieversorgung zur Belieferung der in ihrem Bereich lebenden Abnehmer verpflichtet.[3] Und nach §§ 78 a BetrVerfG, 9 BPersVG, 4 SchwerbehindertenG muss ein

[1] So *Nipperdey,* nach Lit.-Verz., S. 7.

[2] Vgl. *Armbrüster,* NJW 2007, 1494; *Thüsing/von Hoff,* NJW 2007, 21 sowie *Wendt/Schäfer,* JuS 2009, 206.

[3] Vgl. *Tüngler,* JuS 2001, 739.

Arbeitgeber unter Umständen mit bestimmten Personen oder mit einer Person aus einer bestimmten Gruppe einen Arbeitsvertrag schließen.[4] Hinzugekommen ist in § 110 I SGB XI ein Kontrahierungszwang für Pflegeversicherer. Auch sind nach den Sparkassengesetzen mancher Bundesländer Sparkassen verpflichtet, Girokonten auf Guthabenbasis zu führen (s. z. B. § 5 BaySPKO).

Der Kontrahierungszwang für Transport und Energieversorgung hängt zusammen mit dem dringenden Bedürfnis nach diesen Leistungen und den vielfach noch bestehenden wenigstens faktischen Monopolen. Aus dem Angewiesensein auf die Leistung erklärt sich auch der Kontrahierungszwang für Girokonten. Dagegen beruht der Kontrahierungszwang nach dem PflichtVersG auf der dort gesetzlich bestimmten Versicherungspflicht: Weil der Kraftfahrzeughalter sich versichern *muss,* bedarf er eines Versicherers, der sich seiner annimmt. Etwas anders liegt es bei den arbeits- und sozialrechtlichen Fällen des Kontrahierungszwangs: Mit dessen Hilfe sollen Interessenvertreter der Arbeitnehmer vor einer Maßregelung durch den Arbeitgeber geschützt oder es soll solchen Behinderten zu Pflege oder einem Arbeitsplatz verholfen werden, die ihn nach den Regeln eines freien Marktes nicht erhalten würden.

III. Kontrahierungszwang nach dem Gesetz gegen Wettbewerbsbeschränkungen

Der schon eben beobachtete Zusammenhang zwischen Wettbewerbsbeschränkungen und der Anordnung von Kontrahierungszwang findet sich noch deutlicher im GWB.

1. Diskriminierungsverbot nach § 20 GWB

Ziemlich allgemein wird ein Kontrahierungszwang bestimmt in den §§ 20, 33 GWB: 77
§ 20 I, II GWB verbietet es, ein anderes Unternehmen im üblichen Geschäftsverkehr unbillig zu behindern oder es gegenüber gleichartigen Unternehmen ohne sachlich gerechtfertigten Grund unterschiedlich zu behandeln. Dieses „Diskriminierungsverbot" richtet sich an vier Arten von Adressaten, nämlich an

- *marktbeherrschende* Unternehmen (vgl. § 19 II, III GWB);
- *manche Vereinigungen von Unternehmen,* nämlich bestimmte erlaubte Kartelle (§ 20 I GWB);
- *Unternehmen, die ihre Preise binden* (also den Endverkaufspreis festsetzen, was nur ausnahmsweise nach §§ 28 II, 30 I 1 GWB und nach dem BuchpreisbindungsG v. 2.9.2002 erlaubt ist);
- nach § 20 II GWB auch *Unternehmen und Unternehmensvereinigungen, von denen kleine oder mittlere* Unternehmen derart *abhängig sind,* dass diese nicht in ausreichender und zumutbarer Weise auf andere Unternehmen ausweichen können.

Nach § 33 GWB kann eine Verletzung des wettbewerbsrechtlichen Diskriminierungsverbots zu Schadensersatz- oder Unterlassungsansprüchen führen. In diesem Rahmen kann dann auch der Abschluss von (nicht diskriminierenden) Verträgen gefordert werden.

Der Tatbestand des § 20 GWB bringt zum Teil eine einleuchtende **Verallgemeinerung** des schon oben Rn. 75f. genannten Rechtsgedankens einzelner älterer Vorschriften: Wo der Wettbewerb (durch Unternehmensvereinigungen oder Preisbindung) gestört ist, sollen die hierdurch benachteiligten Teilnehmer der anderen Marktseite den

[4] Weitere Fälle bei *Kilian,* AcP 180 (1980) 53f.

Vertragsabschluss zu den üblichen Bedingungen verlangen können. Aber § 20 GWB geht darüber erheblich hinaus: Marktbeherrschung oder andere starke Stellungen im Markt können ja gerade durch Wettbewerb entstanden sein, nämlich etwa weil dort ein Unternehmen seine Konkurrenten durch besondere Leistungen überflügelt hat.

Wie weit insbesondere der durch § 20 II GWB gewährte Schutz gehen kann, zeigen etwa die noch zu § 26 II GWB a. F. ergangenen Entscheidungen *BGH* NJW 1976, 801 – Rossignol – und 1979, 2152 – Nordmende. Hier lag der Marktanteil des verklagten Herstellers von Rossignol-Skiern bzw. Nordmende-Farbfernsehgeräten nur bei 8% bzw. 11%. Die auf Belieferung klagenden Händler konnten durchaus auch ohne die Produkte der verklagten Firmen existieren; es ging ihnen nur um die Vollständigkeit oder Mannigfaltigkeit ihres Angebots. Trotzdem hat der BGH in beiden Fällen eine Abhängigkeit bejaht. Und im Rossignolfall hat das Gericht es nicht als sachlichen Grund für die Nichtbelieferung genügen lassen, dass der klagende Händler die Rossignol-Skier als „Lockvögel" zu einem besonders niedrigen Preis angeboten hatte (was sie dann möglicherweise für andere Händler uninteressant machte). Im Ergebnis kann § 20 II GWB so den Produzenten daran hindern, eine bestimmte einschränkende Vertriebspolitik zu betreiben (etwa nur den Fachhandel zu beliefern).

2. Aufnahmezwang nach § 20 V GWB

78 Ein weiterer wettbewerbsrechtlicher Kontrahierungszwang ergibt sich aus § 20 V GWB: Danach kann eine Wirtschafts- oder Berufsvereinigung oder eine Gütezeichengemeinschaft zur Aufnahme eines Unternehmens verpflichtet sein. Ein Beispiel ist der noch nach § 27 GWB alter Fassung entschiedene Fall von BGHZ 29, 344: Ein Großhändler für Artikel des Sanitärbedarfs erstrebt die Aufnahme in eine Vereinigung der Großhändler dieser Branche, weil die maßgeblichen Hersteller nur zur Belieferung der Vereinsmitglieder bereit seien. In solchen Fällen ist freilich auch an ein Vorgehen gegen die Hersteller aus § 20 II GWB (vgl. o. Rn. 77) zu denken.

IV. Allgemeiner Kontrahierungszwang

79 Fraglich bleibt ein Kontrahierungszwang für weder durch Spezialregelungen (o. Rn. 74f.) noch durch das GWB (o. Rn. 77f.) erfasste Fälle. Als Anspruchsgrundlage kommt **§ 826** in Betracht, soweit die Abschlussverweigerung eine vorsätzliche und sittenwidrige Schädigung darstellt. Ein Beispiel bildet der im Jahr 1931 von RGZ 133, 388 entschiedene Fall: Die Bochumer Stadtverwaltung untersagte einem Theaterkritiker, dessen Kritiken ihr missfielen, den Besuch des städtischen Theaters. Weiter gehören hierhin etwa die Schulfälle, dass ein Bäcker einem Kunden kein Brot mehr verkaufen will, weil er mit dessen Ehegattin verfeindet ist, oder dass ein Gastwirt die Bedienung eines Farbigen ablehnt (vgl. dazu auch o. Rn. 69). Mehrfach erörtert worden ist auch die Kündigung des Kontos einer politischen Partei, weil diese angeblich verfassungsfeindliche Ziele verfolge.[5]

Diesen Fällen ist gemeinsam, dass jemand eine Leistung zwar *allgemein anbietet,* sie aber dennoch *einer einzelnen Person vorenthält.* Die Beurteilung als sittenwidrig hängt vor allem von den **Gründen für diese Vorenthaltung** ab. Sie sind – zumal angesichts

[5] Vgl. etwa *BGH* NJW 2003, 1658 (betrifft eine Sparkasse, die unmittelbar an die Grundrechte gebunden sei); *BGH* NJW 2004, 1031 (für die Postbank); *OLG Dresden* NJW 2001, 1433; *Eicholt,* NJW 2000, 1400; *Boemke,* JuS 2001, 444; *ders.,* NJW 2001, 43.

der Wertung in Art. 3 GG – gewiss verwerflich in dem Fall der Diskriminierung aufgrund der Hautfarbe. Doch besteht gerade hier gegen die Annahme von Kontrahierungszwang ein Bedenken: Wenn andere Gastwirtschaften leicht erreichbar sind, betrifft der Ausschluss den farbigen Gast nicht vermögensmäßig. Vielmehr wird diesem eine immaterielle Kränkung zugefügt. Zwar gibt es auch hiergegen Ansprüche auf Schadensersatz (nach § 249, vgl. u. Rn. 665ff., sowie aus § 21 AGG, vgl. oben Rn. 69) und Beseitigung. Aber ein gerichtlich erzwungener Vertragsabschluss mit dem Gastwirt kann kaum die erstrebte ordentliche Bedienung verschaffen, sondern allenfalls zähneknirschenden Scheingehorsam. Daher dürfte dieser Fall zivilrechtlich am ehesten durch die Zuerkennung einer Geldsumme an den diskriminierten Gast als Genugtuung wegen einer Persönlichkeitsverletzung (vgl. u. Rn. 735) zu lösen sein (wie jetzt § 21 AGG).[6] Noch weitaus wirkungsvoller kann das Verwaltungsrecht helfen, wenn es etwa die Frage nach der gaststättenrechtlichen Konzessionswürdigkeit des Gastwirts stellt. Endlich kommt auch das Strafrecht in Betracht, weil die grundlose Zurückweisung eines Gastes als Beleidigung strafbar ist.[7]

Zugunsten des Theaterkritikers dagegen lässt sich der Kontrahierungszwang regelmäßig bejahen (anders noch das RGZ 133, 388): Hier versagt zwar das AGG, doch sprechen heute für die Sittenwidrigkeit der Abschlussverweigerung nicht nur die übliche Subventionierung des Theaters aus Steuermitteln, sondern auch die Gewährleistung der freien Meinungsäußerung und der Berufsfreiheit durch Art. 5 und 12 GG. Anders als dem Gaststättenbesucher schadet es dem Kritiker schließlich auch nicht, wenn er nur ungern eingelassen wird (damit müssen und können Kritiker zu leben).

Für den von dem Bäcker nicht belieferten Kunden wird man unterscheiden müssen: Wenn andere Bäcker in zumutbarer Entfernung zur Verfügung stehen, richtet sich die Nichtbelieferung letztlich nur gegen die Ehre; dann ist bei Vorliegen von § 826 entsprechend zu entscheiden wie in dem Farbigenfall. Dagegen ist ein Kontrahierungszwang regelmäßig zu bejahen, wenn dem Kunden eine zumutbare Ausweichmöglichkeit fehlt. Dabei sollte man es genügen lassen, wenn die erstrebte Leistung zum „Normalbedarf" gehört, selbst wenn sie nicht lebenswichtig ist.[8] Der BGH hat diese Frage bisher mehrfach offengelassen.[9]

Ähnlich wie nach § 20 V GWB (vgl. o. Rn. 78) kann auch nach § 826 unter Umständen die Aufnahme in einen Verein verlangt werden (z. B. BGHZ 63, 282 – Rad- und Kraftfahrerbund; BGHZ 93, 151 – IG Metall; vgl. auch BGHZ 105, 306).

V. Die Durchsetzung des Kontrahierungszwangs

Man hat gezweifelt, ob sich der Kontrahierungszwang wirklich auf den Abschluss eines **80**
Vertrags richtet; „Zwang" und „sich vertragen" sind eben Gegensätze. Die Alternative wäre die *Annahme eines gesetzlichen Schuldverhältnisses,* das sogleich auf die Leistung gerichtet ist. Doch kann über den Kontrahierungszwang immer nur genau diejenige Behandlung gefordert werden, die ein Vertragspartner im üblichen Geschäftsverkehr erhält. Daher liegt doch die Annahme näher, auch beim erzwungenen Abschluss werde

[6] S. auch *F. Bydlinski,* AcP 180 (1980) 44f. Fn. 69.

[7] *BayObLG* JZ 1983, 463, vgl. auch *OLG Frankfurt a. M.* NJW 1985, 1720 und *Lohse,* NJW 1985, 1677.

[8] *F. Bydlinski,* AcP 180 (1980) 37; a. A. *Larenz,* SAT, § 4 I a S. 48.

[9] *BGH* NJW 1990, 761, 763 (Wahlleistungen in Krankenhäusern); ZIP 1994, 1274, 1276 (Teilnahme am Betrieb einer Spielbank).

das Verhältnis zwischen den Beteiligten **durch Vertrag** und nicht durch Gesetz geregelt. Man sollte aber auch weiterhin zulassen, die Klage auf den Vertragsabschluss mit derjenigen auf die aus diesem Vertrag geschuldete Leistung zu verbinden.

Der Abschluss selbst kann als Schadensersatz nach § 249 I (Herstellung, vgl. u. Rn. 667) gefordert werden. Darüber hinaus kommt zur Vermeidung künftiger Schäden aber auch ein auf den Vertragsabschluss gerichteter deliktischer Beseitigungsanspruch in Betracht.[10]

§ 11. Zwingende Schuldrechtsnormen

Literatur: *Deinert,* Zwingendes Recht, 2002; *Möslein,* Dispositives Recht, 2011.

I. Der Ausgangspunkt

81 Weniger tief als mit der Anordnung von Kontrahierungszwang greift das Gesetz in die Regel der Vertragsfreiheit ein, wenn es nur einzelne Normen oder auch Normenkomplexe für zwingend (also zu *ius cogens*) erklärt. Denn hier bleiben die Abschlussfreiheit und die Freiheit der Partnerwahl (vgl. o. Rn. 60) erhalten: Das zwingende Recht ist lediglich dann zu beachten, wenn die Parteien wirklich einen Vertrag schließen wollen. Beschränkt wird durch das zwingende Recht also nur die *Inhaltsfreiheit* im Sinne von oben Rn. 61.

Bei bloß dispositivem Recht war es nach dem BGB ursprünglich gleichgültig, ob davon durch individuelle Vereinbarung oder durch vorformulierte AGB abgewichen werden sollte. Einen Unterschied hat insoweit zunächst die Rspr. gemacht[1]: Der BGH hat schuldrechtliche Regeln herausgearbeitet, die nur durch Individualvertrag und nicht auch durch AGB sollten abbedungen werden können. Seitdem gibt es gewissermaßen **zwei Arten von zwingendem Recht:** solches, das generell, d. h. auch gegenüber Individualvereinbarungen, und solches, das nur gegenüber AGB zwingend ist. Der Gesetzgeber hat diese von der Rspr. erarbeiteten Regeln 1976 im Wesentlichen in das AGBG übernommen, dessen Regelungen im Jahr 2002 in die §§ 305 ff. überführt wurden (vgl. u. Rn. 85 f.).

II. Das gegenüber Individualvereinbarungen zwingende Recht

Dass eine schuldrechtliche Norm gegenüber Individualvereinbarungen zwingend ist, stellt eine Ausnahme dar und bedarf daher besonderer Gründe. Dafür gibt es zwei Möglichkeiten:

1. Ausdrückliche Regelungen

82 Das Gesetz kann den zwingenden Charakter **ausdrücklich bestimmen.** Das BGB tut das im Schuldrecht teils bei einzelnen Normen (z. B. in §§ 248 I, 276 III, 536 IV, 574 IV), teils auch für ganze Gruppen von Normen (z. B. in §§ 312k, 475 I und II, 511, 651m BGB). Dabei werden Vorschriften oft nur **einseitig zwingend** gemacht, d. h. von ihnen soll bloß zum Nachteil der einen Partei nicht abgewichen werden können, weil nur diese Partei als schutzbedürftig erscheint. So liegt es etwa bei der Wohnungsmiete, dem Reisevertrag und dem Verbraucherkredit: Dort sind nur solche Abwei-

[10] Vgl. BT Rn. 1436 ff., auch *Köhler,* § 8 Rn. 48, und *F. Bydlinski,* AcP 180 (1980) 11 mit etwas abweichender Begründung.

[1] Wegweisend BGHZ 22, 90, 95 von 1956 über die Unwirksamkeit des Ausschlusses der Mängelhaftung beim Verkauf fabrikneuer Möbel.

chungen ausgeschlossen, die den Mieter (z. B. §§ 536 IV, 574 IV), den Reisenden (§ 651m) oder den Kreditnehmer (= Verbraucher, § 511) belasten. Bisweilen wird eine Abweichung auch nur unter besonderen Voraussetzungen erlaubt: So kann nach § 552 II ein Wegnahmerecht des Wohnungsmieters nur ausgeschlossen werden, wenn ein angemessener Ausgleich vorgesehen ist, nach § 478 II sind Einschränkungen des Unternehmerregresses beim Verbrauchsgüterkauf (BT Rn. 249ff) nur zulässig, wenn der Lieferant dem Unternehmer einen „gleichwertigen Ausgleich" einräumt (s. dazu BT Rn. 265).

Zwingend sind insbesondere die (noch immer nicht seltenen) Vorschriften außerhalb des BGB, welche die Preise von Waren oder Dienstleistungen binden: meist als **Höchstpreise,** mitunter aber auch als **Mindest- oder Festpreise** sowie Preise, die nur mit Zustimmung einer Behörde geändert werden können (wie z. B. bei Post und Telekom).

2. Normzweck

Im Gegensatz zu der eben behandelten Normengruppe fehlt bei der zweiten eine ausdrückliche Anordnung des zwingenden Charakters. Dieser muss vielmehr **aus dem Normzweck erschlossen** werden. 83

a) Schutzzweck der Norm

Der Abdingbarkeit einer Norm kann insbesondere ihr **Schutzzweck** entgegenstehen. Ein Beispiel dafür bilden die dem Übereilungsschutz dienenden Formvorschriften (etwa §§ 311b I, 518, 766). Ein anderes Beispiel ist § 343 über die richterliche Herabsetzung einer unverhältnismäßig hohen Vertragsstrafe (vgl. u. Rn. 581): Diese Norm soll denjenigen Schuldner schützen, der typischerweise eine hohe Strafe in leichtsinnigem Vertrauen darauf versprochen hat, es werde alles gut gehen. Wer so denkt, wird leicht auch zu einer Vereinbarung bereit sein, die eine richterliche Ermäßigung der Strafe ausschließt. Daher ist § 343 zumindest dann zwingend, wenn die Strafe noch nicht verfallen ist (nachher weiß der Schuldner ja, woran er ist), BGHZ 5, 133, 136.

Daraus darf man aber keineswegs folgern, alle Normen mit einer schuldnerfreundlichen Tendenz seien zwingend. Denn eine solche Tendenz findet sich etwa auch in den §§ 262 (bei der Wahlschuld ist im Zweifel der Schuldner wahlberechtigt, vgl. u. Rn. 201) und 269 (der Leistungsort liegt im Zweifel beim Schuldner, vgl. u. Rn. 158). Diese beiden Vorschriften machen selbst ihr Zurücktreten hinter Parteivereinbarungen deutlich: Das ergibt sich aus dem „im Zweifel" in § 262 und dem „Ist ein Ort ... weder bestimmt noch aus den Umständen zu entnehmen" in § 269 I. Beide Vorschriften haben nämlich keinen Gerechtigkeitswert. So kann die Verlegung des Leistungsorts zum Gläubiger im Einzelfall zweckmäßiger und sachgerechter sein (z. B. beim Verkauf von Heizöl an den Verbraucher: Es wäre höchst unbillig, wenn der Käufer das Öl holen müsste). Die gesetzliche Regelung will hier im Grunde nur verhindern, dass mangels einer feststellbaren Einigung der Parteien über die Person des Wahlberechtigten oder über den Leistungsort der Vertrag mangels Einigung über diese Frage unvollständig oder gar wegen Dissenses nichtig ist. Und dabei wird die dem Schuldner günstige Lösung gewählt, weil dieser im Zweifel nicht mehr leisten soll, als er versprochen hat.

Bei schützenden Normen, die keine solchen *Subsidiaritätsindizien* (wie „im Zweifel") enthalten, kann die Entscheidung über den zwingenden oder nachgiebigen Charakter erhebliche Schwierigkeiten machen. Ein Beispiel hierfür ist § 340 über die Verdrängung des Anspruchs auf Erfüllung durch denjenigen auf die Vertragsstrafe; vgl. dazu unten Rn. 583. Wenn sich bei solchen Normen keine deutlichen Kriterien für den zwingenden Charakter finden lassen, ist *Nachgiebigkeit* anzunehmen.

b) Andere Gründe

84 Außer wegen eines Schutzzwecks können Schuldrechtsnormen auch **aus anderen Gründen zwingend** sein. Das gilt etwa für § 275 I, der den Erfüllungsanspruch auf eine unmögliche Leistung ausschließt: Ein auf Erfüllung lautendes Urteil brächte hier eine sinnlose Inanspruchnahme der staatlichen Vollstreckungsorgane; der Gläubiger soll stattdessen auf den vollstreckbaren Schadensersatzanspruch in Geld übergehen (vgl. u. Rn. 418). § 326 I, der im Falle der Unmöglichkeit den Anspruch auf die Gegenleistung ausschließt, ist hingegen dispositiv (s. dazu unten Rn. 431).

III. Das gegenüber AGB zwingende Recht

85 Die Beständigkeit von Schuldrechtsnormen gegenüber AGB war seit 1976 im AGBG und ist seit dem 1.1.2002 in den § 305 ff. BGB geregelt. Man pflegt diese Materie, da sie in erster Linie die Einigung der Parteien über den Vertragsinhalt betrifft, beim Allgemeinen Teil des BGB zu behandeln.[2] Hier sei daher nur kurz auf wenige Konsequenzen für das Allgemeine Schuldrecht hingewiesen. Insoweit ist hinsichtlich der Abdingbarkeit zu unterscheiden:

1. AGB gegenüber Unternehmern

Für AGB, die **gegenüber Unternehmen, Personen des öffentlichen Rechts oder öffentlich-rechtlichen Sondervermögen** verwendet werden, finden nach § 310 I die §§ 308, 309 keine Anwendung. Hier wird die Abdingbarkeit also im Wesentlichen nur durch § 307 beschränkt. Und dort wird auf das dispositive Recht insbesondere in Abs. 2 Nr. 1 Bezug genommen: Bestimmungen in AGB sollen im Zweifel eine unangemessene Benachteiligung darstellen und daher unwirksam sein, wenn sie „mit wesentlichen Grundgedanken der gesetzlichen Regelung, von der abgewichen wird, nicht zu vereinbaren" sind. In ähnlichem Sinn verweist auch Abs. 2 Nr. 2 auf die „Natur des Vertrags" und den „Vertragszweck". Diese Nr. 2 passt insbesondere für atypische Verträge, für die es eine „gesetzliche Regelung" im Sinne der Nr. 1 zumindest vor der Ausbildung von Gewohnheitsrecht nicht gibt.

Die in § 307 gemeinten konkreten Gerechtigkeitsanforderungen lassen sich fast nur für bestimmte Vertragstypen ermitteln. Dabei muss oft auch noch innerhalb der BGB-Typen unterschieden werden: So gilt für den Verkauf fabrikneuer Sachen anderes als für den Verkauf gebrauchter; oder der Beförderungsvertrag ist anders zu beurteilen als der Bauvertrag, obwohl beide zum Typ „Werkvertrag" nach §§ 631 ff. gehören. Die schuldrechtlichen Auswirkungen des § 307 sind also überwiegend im BT zu behandeln.

2. Sonstige Fälle

86 Auf AGB, deren **Verwendung nicht unter die persönlichen Ausnahmen von § 310** fällt, sind außer § 307 auch die §§ 308, 309 anwendbar. Die dort einzeln aufgezählten

[2] Vgl. *Wolf/Neuner*, AT, § 47; *Köhler*, § 16; *Medicus*, BGB AT, Rn. 394 ff.

unzulässigen Klauseln betreffen zum guten Teil Regeln des Allgemeinen Schuldrechts. Hierauf ist im Einzelnen bei der Behandlung dieser Regeln zurückzukommen. Insgesamt werden durch die §§ 308, 309 nicht wenige wichtige Vorschriften des Allgemeinen Schuldrechts so verfestigt, dass sie durch AGB weithin nicht abbedungen werden können (so etwa durch § 309 Nr. 2, 3, 4, 7, 8). Andererseits schränkt aber § 309 Nr. 6 die in den §§ 339ff. vorgesehene Vertragsstrafe ein (vgl. u. Rn. 577): Hier erscheint dem Gesetzgeber also die Vereinbarung eines Rechtsinstituts durch AGB selbst dann bedenklich, wenn es genau so übernommen wird, wie es vom dispositiven Recht geordnet worden ist.

3. Verbraucherverträge

Für **Verbraucherverträge** gelten die von einer EG-Richtlinie stammenden Sondervorschriften nach § 310 III: Hiernach wird vermutet, dass der Gegner des Verbrauchers sie in den Vertrag eingeführt hat, und für die Anwendung der wichtigsten Vorschriften soll entgegen § 305 I 1 („Vielzahl") schon die Vorformulierung zu *einmaliger* Verwendung genügen. Danach könnten Teile der §§ 305ff. sogar auf Verträge angewendet werden, die ein vom Gegner des Verbrauchers beauftragter Notar formuliert hat, und ein solcher Auftrag wird zudem vermutet. 87

IV. Mischformen

Vereinzelt hat die Rechtsprechung auch unabhängig von den Sondervorschriften über AGB eine Inhaltskontrolle von Schuldverträgen durchgeführt, die nicht unter § 305 I 1 fielen: Auch sie sollen über die §§ 134, 138 hinaus nicht beliebig vom dispositiven Recht abweichen können. So hat der BGH eine notarielle Vereinbarung, in der die Haftung für Mängel eines neu errichteten oder wesentlich renovierten Wohnhauses oder einer Eigentumswohnung ausgeschlossen wird, unter bestimmten Voraussetzungen für unwirksam gehalten: nämlich wenn dieser Ausschluss „formelhaft und ohne ausführliche Belehrung des Erwerbers über die einschneidenden Rechtsfolgen" geschieht.[3] Der Vertrag soll dann entgegen § 139 ohne den Haftungsausschluss gelten; er wird also im Ergebnis **geändert.** Dabei ist es zumindest bedenklich, diese Kontrolle an die Formelhaftigkeit zu knüpfen: Ein Notar wird für typische Geschäftsinhalte stets gleichbleibende Formulierungen verwenden.[4] Solche Verträge mit einem Verbraucher dürften heute freilich regelmäßig unter § 310 III fallen. 88

§ 12. Formvorschriften

Literatur: Vgl. die Angaben bei *Wolf/Neuner,* AT, § 44; *Köhler,* § 12 Rn. 21 a. E.; *Medicus,* BGB AT, vor Rn. 609; *D. Eckardt,* Die Aufhebung des Grundstückkaufvertrages, JZ 1996, 934; *Backhaus,* Schwierige Grenzziehung beim Formgebot des § 313 S. 1 BGB – BGH, NJW 1984, 973 (974), JuS 1985, 512; *Jahnke,* Rechtsformzwang und Rechtsformverfehlung bei der Gestaltung privater Rechtsverhältnisse, ZHR 146 (1982) 595; *Krüger,* Falsa demonstratio bei der Veräußerung von Grundstücken, ZNotP 2009, 2; *Lickleder,* Die Verpflichtung, das Eigentum an einem Grundstück zu erwerben, AcP 199 (1999) 629; *Lindemann,* Wann unterliegt die Aufhebung bzw. die Änderung von Verträgen der Form des § 313 S. 1?, 1989; *Mertens,* Die Reichweite gesetzlicher Formvorschriften im BGB, JZ 2004, 431.

---

[3] BGHZ 74, 204, später BGHZ 108, 164 (zu § 9 AGBG).

[4] So richtig auch *BGH* NJW 1991, 843; reiche Lit.-Angaben in BGHZ 101, 350.

Den denkbar mildesten Eingriff in die Vertragsfreiheit stellen die Formvorschriften dar: Sie lassen die Abschluss- und die Gestaltungsfreiheit der Parteien unangetastet und beeinträchtigen bloß die Formfreiheit (vgl. o. Rn. 63).

I. Regelungen im Allgemeinen Teil und im Schuldrecht

89 Die gesetzlichen Formen (§§ 126–129) und die Folgen ihres Fehlens (§ 125 S. 1) sind im Allgemeinen Teil geregelt und werden daher dort behandelt.[1] Diese Vorschriften stehen „vor der Klammer" (vgl. o. Rn. 34), weil Formen auch in allen folgenden Büchern des BGB vorgeschrieben werden. Speziell im Schuldrecht finden sich solche Vorschriften im Besonderen Teil bei mehreren einzelnen Schuldverhältnissen.[2] Das Allgemeine Schuldrecht enthält (abgesehen vom Verbraucherrecht) nur drei Formvorschriften in den Absätzen 1, 3 und 5 von § 311 b. Davon wird § 311 b V im Anschluss an Abs. 4 später (u. Rn. 120) kurz besprochen. Es bleiben also die Absätze 1 und 3 von § 311 b.

II. Verträge über das gegenwärtige Vermögen: § 311 b III

90 § 311 b III hängt zusammen mit dem Verbot von Verpflichtungsverträgen über das *künftige* Vermögen in § 311 b II (vgl. u. Rn. 119): Im Gegensatz dazu sind Verpflichtungsverträge über das *gegenwärtige* Vermögen oder einen Bruchteil davon zwar möglich. Denn von solchen Verträgen bleibt ja der künftige Erwerb unberührt; hier trifft daher der Grund des § 311 b II nicht zu, nämlich dass der sein künftiges Vermögen Übertragende den Antrieb zum Erwerb verliert; zudem fehlt die anstößige Unbestimmtheit des Leistungsgegenstandes (vgl. u. Rn. 119). Aber auch aus Verträgen über das gegenwärtige Vermögen oder einen Bruchteil davon drohen Gefahren: Dem sich Verpflichtenden kann der Überblick über dieses Vermögen und seinen Wert fehlen. Zudem bereiten solche Verträge oft eine vorweggenommene Erbfolge vor; daher droht eine Umgehung der erbrechtlichen Formen (§§ 2231 ff., 2267). Aus diesen Gründen verlangt § 311 b III die notarielle Form.

Dabei erfasst die Vorschrift im Gegensatz zu § 1365 nicht auch die (viel häufigeren) Verträge, in denen die das Vermögen bildenden Gegenstände einzeln bezeichnet werden. Schon gar nicht betroffen werden Verträge über einen einzelnen Vermögensgegenstand, der praktisch das ganze Vermögen des sich Verpflichtenden ausmacht (z. B. eine Beteiligung). Vielmehr muss, damit § 311 b III eingreift, **das Vermögen als solches** oder ein Bruchteil davon Vertragsgegenstand sein. Auch beschränkt sich § 311 b III auf die Verpflichtung zur Übertragung des Vermögens (bzw. -teils) oder zu seiner Belastung mit einem Nießbrauch (§§ 1030 ff., 1085). Nicht erfasst werden dagegen Verpflichtungen zur Verpfändung oder zur Übertragung auf einen Treuhänder, der aus den Erträgen zunächst die Schulden bezahlen soll.[3]

III. Verträge über Grundstücke: § 311 b I

Die weitaus wichtigste Formvorschrift des Allgemeinen Schuldrechts und wohl sogar des Schuldrechts überhaupt ist § 311 b I (vor dem 1. 1. 2002: § 313 BGB a. F.).

---

[1] Vgl. *Wolf/Neuner,* AT, § 44; *Köhler,* § 12; *Medicus,* BGB AT, Rn. 609 ff.

[2] §§ 492, 518, 550, 568, 761, 766, 780, 781, 783, 793.

[3] RGZ 72, 116.

1. Anwendungsbereich

a) Verträge über das Eigentum an Grundstücken

§ 311 b I betrifft nur Verpflichtungsverträge über das **Eigentum** (auch Miteigentumsanteile) an Grundstücken. Gleich stehen nach § 4 III WEG das **Wohnungseigentum** und nach § 11 II ErbbauRG das **Erbbaurecht.** Nicht betroffen werden von § 311 b I dagegen Verträge über andere dingliche Rechte an Grundstücken, z. B. Grundschulden. Auch die dingliche Einigung selbst (die Auflassung) fällt nicht unter § 311 b I (sondern unter § 925). Formlos abgetreten werden kann auch der schuldrechtliche Anspruch auf Auflassung: Dieser ist dem von § 311 b I betroffenen Grundstückseigentum nicht hinreichend rechtsähnlich.[4] 91

b) Verpflichtung zur Übertragung oder zum Erwerb

§ 311 b I erfasst nur **Verpflichtungen zur Übertragung oder zum Erwerb** von Grundstückseigentum. Nicht unter die Vorschrift fallen daher Verpflichtungen zur Belastung des Grundstücks, etwa mit einem Nießbrauch oder einer Hypothek. Nur für die Belastung des Eigentums mit einem Erbbaurecht gilt § 11 II ErbbauRG, für die Aufteilung von Wohnungseigentum gilt § 4 III WEG. 92

Keine Rolle spielt dabei der **Typ des Verpflichtungsvertrags** (daher steht § 311 b I ja auch im Allgemeinen Schuldrecht!). Unter die Vorschrift fallen also nicht bloß Kauf, Tausch und Schenkung sondern jeder Vertrag, der eine Verpflichtung zur Übertragung oder zum Erwerb von Grundstückseigentum beinhaltet. Das kann z. B. auch ein Gesellschaftsvertrag sein, durch den sich ein Gesellschafter zur Einbringung eines Grundstücks in das Gesellschaftsvermögen verpflichtet, oder ein Vertrag über die Teilung eines Nachlasses, zu dem ein Grundstück gehört. Auch ein Auftrag zur Ersteigerung eines Grundstücks kann wegen der für den Beauftragten und auch für den Auftraggeber entstehenden Erwerbspflicht formbedürftig sein.[5] Gleiches gilt für einen Auftrag zum freihändigen Erwerb eines Grundstücks.[6] Nicht anwendbar ist § 311 b I, wenn der Vertrag lediglich mittelbar eine *gesetzliche* Pflicht zur Übereignung eines Grundstücks herbeiführt.[7] Zur Vertragsaufhebung s. unten Rn. 98. 93

Für die Formbedürftigkeit des Vertrags muss die Verpflichtung zu Übertragung oder Erwerb eines Grundstücks **nicht schon ohne weiteres begründet** werden. Daher genügt z. B. ein bedingter Vertrag oder ein bindender Antrag zum Abschluss eines Grundstückskaufs (zur Formbedürftigkeit der Annahme vgl. u. Rn. 96). Auch ein Maklervertrag fällt unter den Formzwang, wenn sich der Auftraggeber dem Makler gegenüber zum Verkauf des Grundstücks verpflichtet.[8] 94

Die Rspr. bringt schließlich unter die Vorschrift sogar Rechtsgeschäfte, die nur **indirekt Zwang** zur Übertragung oder zum Erwerb von Grundeigentum erzeugen. 95

So ist formpflichtig die Vereinbarung einer *Vertragsstrafe* für den Fall, dass der Versprechende ein Grundstück nicht verkauft (vgl. § 344 sowie u. Rn. 585). Der BGH rechnet hierhin auch die Vereinbarung, der Makler solle die Provision selbst dann verlangen können, wenn der Verkauf wegen der Weigerung des Auf-

---

[4] BGHZ 89, 41.
[5] BGHZ 85, 245.
[6] *BGH* NJW 1985, 730.
[7] S. etwa BGHZ 127, 168 für die Herausgabepflicht des Beauftragten nach § 667 S. 2.
[8] *BGH* NJW 1970, 1915.

traggebers nicht zustande kommt.[9] Und *BGH* NJW 1980, 1622 bejaht sogar dann einen „unangemessenen Druck" auf den Auftraggeber, wenn dieser dem Makler bei Verweigerung des Grundstücksverkaufs außer dem Ersatz von Unkosten nur etwa 20% des für den Erfolgsfall versprochenen Honorars zahlen soll: Dann ist also die Form nötig.[10] Formbedürftig ist auch eine Reservierungsvereinbarung, welche die Entschließungsfreiheit des Kaufbewerbers erheblich beschränkt[11], oder eine Verpflichtung zum Ersatz von Verdienstausfall beim Nichterwerb eines Grundstücks.[12] Eine *Vollmacht* zur Veräußerung (und jetzt auch zum Erwerb) eines Grundstücks soll entgegen § 167 II der Form des § 311b I bedürfen, wenn sich diese Vollmacht „nur als das äußere Gewand darstellt, in Wirklichkeit aber als Teil eines einheitlichen, der Form des § 313 (also jetzt § 311b I) unterliegenden Geschäfts erscheint".[13] Das trifft regelmäßig vor allem auf die **unwiderrufliche Vollmacht** zu.

2. Umfang des Formerfordernisses

a) Gesamter Vertrag

96 Der Beurkundung bedarf nach § 311b I der **gesamte Vertrag einschließlich aller Nebenabreden.** Das umfasst – wenn sie getrennt erklärt werden – Antrag und Annahme. Zum Vertrag gehören insbesondere auch die sich nicht auf die Grundstücksübertragung beziehenden Teile: Formbedürftig sind alle Vereinbarungen, die nach dem Willen auch nur einer Partei bloß zusammen mit der Verpflichtung zur Grundstücksübertragung gelten sollen.[14] Dem können die Parteien auch durch eine äußerliche Aufspaltung in mehrere Verträge nicht entgehen. Doch ist die Abgrenzung oft zweifelhaft. So hat einerseits BGHZ 76, 43 einen „Bauwerksvertrag" über ein Fertighaus nicht unter § 313 a. F. fallen lassen, obwohl sich der Erwerber erst noch ein Grundstück besorgen musste. Andererseits hält BGHZ 78, 346 den Vertrag über den Bau eines halben Doppelhauses für formbedürftig, wenn der Unternehmer noch das für den Bau bestimmte Grundstück beschaffen soll. Zur Formbedürftigkeit können auch die vertraglichen Bestandteile des sog. „Bauherrenmodells" führen (dazu BT Rn. 802).[15] Wenn ein Antrag auf Verkauf eines Grundstücks ein Darlehen sichern soll, muss auch diese Sicherungsabrede beurkundet werden.[16] Selbst eine Einigung über die Anrechnung einer Vorauszahlung bedarf der Form.[17] Dagegen soll eine nachträgliche Änderung des Erbbauzinses formlos möglich sein.[18]

b) Scheingeschäft und verdecktes Geschäft (§ 117)

97 Der Beurkundung bedarf das, was die Parteien **wirklich vereinbart** haben. Wird etwas Abweichendes beurkundet (z. B. zur Ersparnis von Steuern und Gebühren ein geringerer Kaufpreis; sog. **„Schwarzkauf"**), dann ist das Beurkundete als Scheingeschäft nach § 117 I nichtig. Der Gültigkeit des Gewollten steht zwar nach § 117 II nicht entgegen, dass es nicht erklärt worden ist. Doch fehlt insoweit die Form, und das führt zu der Nichtigkeitsfolge aus § 125 S. 1; diese kann allerdings nach § 311b I 2 geheilt werden.

---

9 *BGH* NJW 1971, 557.
10 Vgl. BT Rn. 901, zur Vereinbarung in AGB vgl. BGHZ 99, 374.
11 *OLG Düsseldorf* NJW 1983, 181.
12 *OLG München* NJW 1984, 243.
13 RGZ 104, 236, 237, zudem BGHZ 132, 119, 124.
14 Vgl. *BGH* NJW 1988, 3263.
15 Vgl. MünchKomm/*Kanzleiter*, § 311b Rn. 56, und BGHZ 101, 393; kritisch dazu *Maier-Reimer*, NJW 2015, 273ff.
16 *BGH* NJW 1983, 565.
17 *BGH* NJW 1984, 974; 1986, 248.
18 *BGH* NJW 1986, 932.

c) Vertragsänderung und Vertragsaufhebung

Sehr zweifelhaft ist die Formbedürftigkeit späterer **Vertragsänderungen.** Die Rspr. neigt dazu, Änderungen nur dann formfrei zuzulassen, wenn sie nicht wesentlich in die Vertragspflichten eingreifen, sondern bloß der Beseitigung einer unerwarteten Schwierigkeit bei der Vertragsabwicklung dienen.[19] 98

Die **Aufhebung** des Vertrags ist formfrei möglich, solange er nicht vollzogen ist, weil er dann ja weder eine Verpflichtung zur Veräußerung noch zum Erwerb begründet, sondern eine solche lediglich aufhebt.[20] Ein nach Erfüllung geschlossener Aufhebungsvertrag ist dann formbedürftig, wenn die Parteien mit diesem Vertrag auch eine Vertragspflicht zu Rückübereignung und Rückerwerb begründen wollten, was allerdings regelmäßig (ggf. konkludent) vereinbart ist.[21] Beschränken sie sich tatsächlich (und interessenwidrig!) auf eine reine Aufhebung, ist der Vertrag deshalb nicht formbedürftig, weil sich die Rückübereignungspflicht dann nicht unmittelbar aus dem Vertrag, sondern aus dem Gesetz (nämlich aus Bereicherungsrecht, § 812 I 2 Alt. 1) ergibt.

3. Folge des Formverstoßes

Der Verstoß gegen § 311 b I führt nach § 125 S. 1 zur Nichtigkeit des Vertrags, sofern der Formverstoß nicht nach § 311 b I 2 geheilt wird. 99

4. Die Heilung nach § 311 b I 2

Nach § 311 b I 2 wird ein formnichtiger Vertrag seinem ganzen Inhalt nach wirksam, wenn der Erwerber nach Auflassung (§ 925: Dingliche Einigung über den Eigentumserwerb) in das Grundbuch eingetragen wird. Damit soll die im Grundbuch verlautbarte Rechtslage durch die Leistung auf das unwirksame Kausalgeschäft stabilisiert werden. Doch betrifft diese Heilung *(Konvaleszenz)* nur den Formmangel, nicht auch andere Wirksamkeitshindernisse (etwa das Fehlen der nach §§ 1643 I, 1821 I Nr. 4 nötigen vormundschaftsgerichtlichen Genehmigung). 100

Nicht mit der Heilung nach § 311 b I 2 verwechselt werden dürfen die beiden ganz anderen Fragen: (1) Unter welchen Voraussetzungen ist der Formmangel ausnahmsweise nach Treu und Glauben unbeachtlich (so dass sich „eine Partei nicht auf den Formmangel berufen darf", wie oft ungenau formuliert wird)? (2) Inwieweit werden die Folgen des Formmangels durch Schadensersatzansprüche (etwa aus Verschulden bei Vertragsverhandlungen) gemildert? Beide Fragen beschränken sich nicht auf § 311 b I, wenn sie auch häufig dort auftreten. Sie gehören daher in den Allgemeinen Teil.[22]

Praktisch ist die Heilungsmöglichkeit dadurch erheblich eingeschränkt, dass zur Auflassung (also zur förmlichen Erklärung der dinglichen Einigung, § 925) durch § 925 a die Vorlage des förmlichen Kausalvertrags (also z. B. des Kaufvertrags) verlangt wird. Mit einem bloß mündlichen oder privatschriftlichen Vertrag allein erreichen die Parteien also regelmäßig die Auflassung nicht, so dass ihnen auch die Heilung versagt bleibt. Wichtigster Anwendungsfall von § 311 b I 2 ist danach bloß noch der oben Rn. 97 erwähnte **Schwarzkauf:** Bei ihm gibt es ja einen – freilich nach § 117 I nichti- 101

[19] *BGH* NJW 1974, 271; 1988, 3263, einschränkend für einen Teilerlass aber *BGH* NJW 1982, 434.
[20] Vgl. MünchKomm/*Kanzleiter,* § 311 b Rn. 60: Bis zur Stellung des Eintragungsantrags nach der Auflassung.
[21] BGHZ 127, 168, 173 ff.
[22] Vgl. *Medicus,* BGB AT, Rn. 628 ff.

gen – notariellen Vertrag, der bei der Auflassung vorgelegt werden kann. Wenn dann auch noch die Eintragung folgt, werden der mündlich vereinbarte Preis (und auch der übrige Vertragsinhalt) wirksam, und zwar ohne Rückwirkung.[23]

102 Da keine der Parteien verpflichtet ist, an dieser Heilung mitzuwirken, kann die Heilung einseitig durch Nichtvornahme der Auflassung verhindert werden. Jede Partei kann bis zur Auflassung einer Heilung überdies durch den Widerruf des (formnichtigen) Verpflichtungsgeschäfts einer Heilung die Grundlage entziehen.[24] Hat bei einem „Schwarzkauf" (oben Rn. 97) der Grundstückskäufer den wirklich vereinbarten Kaufpreis bezahlt, um den Verkäufer zur Übereignung (Auflassung und Eintragung) des Grundstücks zu veranlassen und verweigert er diese, so kann er das Gezahlte nach § 812 I 2 Alt. 2 (Zweckverfehlungskondiktion) zurückfordern, ohne an der (nur für die Leistungskondiktion geltenden) Kondiktionssperre des § 814 zu scheitern (s. dazu BT Rn. 1148).

[23] *BGH* NJW 2011, 2953 Rn. 6.
[24] RGZ 54, 107, 109 (zu § 313 a. F.); *BGH* NJW 1994, 3227, 3229 (zu § 15 IV 2 GmbHG).

3. Teil. Der Inhalt von Schuldverhältnissen und Forderungen

§ 13. Überblick

I. Rechtsgeschäftliche und gesetzliche Schuldverhältnisse

Bereits oben Rn. 55ff. wurde darauf hingewiesen, dass Schuldverhältnisse rechtsgeschäftlichen oder gesetzlichen Ursprungs sein können und dass das Entstehen rechtsgeschäftlicher Schuldverhältnisse nach § 311 I in der Regel einen Vertrag voraussetzt. 103

II. Arten vertraglicher Schuldverhältnisse

1. Einseitig und mehrseitig verpflichtende Verträge

Begründet ein Vertrag nur Verpflichtungen für eine Partei und gibt er der anderen lediglich ein Forderungsrecht, ohne sie ebenfalls zu einer Leistung zu verpflichten, spricht man von einem **einseitig verpflichtenden** Vertrag. **Mehrseitig** (i. d. R. zweiseitig) **verpflichtende Verträge** enthalten hingegen Verpflichtungen für alle Vertragsparteien. 104

So ist das Schenkungsversprechen (§ 518) ein einseitig verpflichtender (wenngleich annahmebedürftiger) Vertrag, weil nur eine Verpflichtung des Schenkers begründet wird. Ein Kaufvertrag ist hingegen ein zweiseitig verpflichtender Vertrag, weil er sowohl den Verkäufer (§ 433 I: Übereignung und Übergabe) als auch den Käufer (§ 433 II: Kaufpreiszahlung und Abnahme) verpflichtet.

2. Gegenseitige (synallagmatische) und unvollkommen zweiseitig verpflichtende Verträge

Stehen bei einem zweiseitig verpflichtenden Vertrag die jeweiligen Leistungspflichten der Parteien in einem Austauschverhältnis, d. h. verpflichtet sich eine Vertragspartei nur deshalb zu einer Leistung, weil sich die andere Vertragspartei für diese Leistung zu einer bestimmten Gegenleistung verpflichtet, spricht man von einem **gegenseitigen** oder **synallagmatischen Vertrag** (das griechische Wort „synallage" steht für Austausch, Ausgleich, Handelsverkehr). Voraussetzung ist stets, dass jede Partei die Leistung der jeweils anderen Partei als Gegenwert für die eigene Leistung ansieht *(do ut des)*. So liegt es etwa beim Kauf: Der Käufer verpflichtet sich zur Preiszahlung, damit der Verkäufer die Lieferung der Kaufsache verspricht. 105

Die Gegenseitigkeit fehlt aber etwa, wenn der Auftraggeber dem Beauftragten nach § 670 Aufwendungsersatz zu leisten hat (z. B. wenn der mit der Besorgung eines Gegenstandes Beauftragte Geld „auslegt"): Die Verpflichtung des Auftraggebers, Aufwendungsersatz zu leisten, wird vom Beauftragten nicht als „Gegenleistung" für sein Tätigwerden betrachtet. Dieses bleibt nämlich als solches unvergütet (s. § 662). Der Aufwendungsersatz soll nur verhindern, dass der Beauftragte über die unentgeltliche Besorgung des übernommenen Geschäfts hinaus noch weitere Opfer bringen muss. Ebenso wenig gewährt der Entleiher den Gebrauch des verliehenen Gegenstandes, „um" ihn gem. § 604 nach Ablauf der Leihzeit zurückzuerhalten. Man spricht in diesem Zusammenhang auch von **unvollkommen zweiseitig verpflichtenden Verträgen.**

Zu beachten ist weiter, dass nicht alle Pflichten aus gegenseitigen Verträgen auch zwingend im Gegenseitigkeitsverhältnis stehen müssen. Dies ist regelmäßig nur bei den sog. **Hauptleistungspflichten** der Fall (s. Rn. 108). So steht etwa die Gebrauchsüber- 106 lassungspflicht des Vermieters (§ 535 I) in einem synallagmatischen Verhältnis zur Mietzahlungspflicht des Mieters (§ 535 II), nicht aber zu dessen Verpflichtung, die Mietsache nach Ende der Mietzeit zurückzugeben (§ 546 I). Im Übrigen kommt es entscheidend auf den durch Auslegung zu ermittelnden Parteiwillen an.

Der Gedanke des Synallagma, d. h. der Abhängigkeit des Leistungsversprechens vom Versprechen der Gegenleistung begegnet in zweierlei Form: Zunächst setzt das Zustandekommen eines solchen Vertrags zwingend eine Einigung über die Leistung und die Gegenleistung voraus. Fehlt es an einem wirksamen Konsens über auch nur eine Leistungspflicht, kommt der Vertrag nicht zustande. Dieses bezeichnet man auch als **„genetisches Synallagma"**.

Darüber hinaus ist der Gedanke aber auch bei der **Durchführung** eines wirksamen gegenseitigen Vertrags von Bedeutung: Jede Partei muss grundsätzlich die eigene Leistung nur im Gegenzug zur Leistung der anderen Seite erbringen (§ 320, s. u. Rn. 238 ff.). Wird eine Leistung unmöglich, entfällt grundsätzlich auch der Anspruch auf die Gegenleistung (§ 326 I, s. u. Rn. 427 ff.); wird sie, obwohl möglich, nicht erbracht, kann der Gläubiger nach § 323 zurücktreten (s. Rn. 486 ff.). Diese Art der Abhängigkeit von Leistung und Gegenleistung nennt man das **„funktionelle Synallagma"**.

Und schließlich wird der Gedanke der gegenseitigen Abhängigkeit von Leistung und Gegenleistung (freilich in unterschiedlicher Form) auch in die bereicherungsrechtliche Rückabwicklung nichtiger oder unwirksamer gegenseitiger Verträge übertragen. In diesem Zusammenhang spricht man auch von einem **„faktischen Synallagma"**.[1]

Die Unterscheidung zwischen gegenseitigen Verträgen einerseits und einseitig verpflichtenden und unvollkommen zweiseitig verpflichtenden Verträgen andererseits ist insbesondere im Leistungsstörungsrecht von Bedeutung: Die §§ 320 ff. enthalten Sondervorschriften, die ausschließlich für gegenseitige Verträge gelten.

III. Einteilung der Pflichten aus Schuldverhältnissen

1. Leistungspflichten

107 Wichtigste Pflicht aus einem Schuldverhältnis ist die Leistungspflicht. Diese ist in § 241 I angesprochen und beinhaltet die Erbringung einer „Leistung" des Schuldners an den Gläubiger. Leistungspflichten sind auf eine **Änderung der Güterlage des Gläubigers** gerichtet, wobei es sich nicht ausschließlich um vermögenswerte Güter handeln muss. Die geschuldete Leistung kann, wie § 241 I ausdrücklich anordnet, auch in einem Unterlassen bestehen.

a) Hauptleistungspflichten und Nebenleistungspflichten

108 Leistungspflichten können in Hauptleistungspflichten und Nebenleistungspflichten eingeteilt werden. **Hauptleistungspflichten** sind diejenigen Pflichten, welche dem Schuldverhältnis das charakteristische Gepräge geben und bei vertraglichen Schuldverhältnissen von den Parteien als *essentialia negotii* im Vertrag selbst bestimmt werden müssen. Hierzu zählen etwa die Pflicht des Verkäufers, einen bestimmten Gegenstand zu liefern (§ 433 I) und die Pflicht des Käufers, einen bestimmten Kaufpreis zu bezah-

[1] S. dazu BT Rn. 1184 ff.

len (§ 433 II). Bei einem gegenseitigen Vertrag spricht man in Bezug auf die Hauptleistungspflichten auch von **synallagmatischen Pflichten.**

Nebenleistungspflichten haben demgegenüber eine die Hauptleistung **unterstützende, ergänzende** Funktion: Sie dienen der **Vorbereitung,** der **ordnungsgemäßen Durchführung** sowie der **Sicherung einer Hauptleistung** und sind regelmäßig auch selbständig einklagbar. Sie sind teilweise gesetzlich geregelt (s. z. B. §§ 402, 666), zum Großteil ergeben sie sich aber aus dem Schuldverhältnis selbst, insbesondere im Rahmen der (ergänzenden) Vertragsauslegung (§ 157) oder aus dem Prinzip von Treu und Glauben (§ 242). Aus Letzterem folgt insbesondere, dass der Schuldner alles Zumutbare tun und unterlassen muss, um den Leistungserfolg nicht zu gefährden. Nebenleistungspflichten können etwa sein das ordnungsgemäße Verpacken der Ware (Vorbereitung der Hauptleistung), die Pflicht zur Unterweisung in die vertragsgemäße Nutzung einer verkauften Sache, das Unterlassen von Konkurrenz beim Verkauf einer Arztpraxis (Durchführung der Hauptleistung) oder das Vorhalten von Ersatzteilen beim Verkauf technischer Gegenstände (Sicherung der Hauptleistung). Ob eine Verpflichtung Haupt- oder Nebenleistungspflicht ist, bestimmen primär die Parteien selbst. Im Einzelfall ist dieser Parteiwille im Wege der Auslegung zu ermitteln. 109

So wird auch die Abnahmepflicht des Käufers (§ 433 II) i. d. R. nur eine Nebenleistungspflicht sein, weil sie für den Kaufvertrag als Typus nicht wesensbestimmend ist und nur eine Nebenfunktion hat (Entlastung des Schuldners).[2] Im Einzelfall kann sich aber aus dem Vertrag durchaus ergeben, dass die Abnahmepflicht Hauptpflicht sein soll (etwa beim Räumungsverkauf: Der Schuldner will seine Lager leerbekommen!).

Seit der Schuldrechtsreform 2002 hat die Unterscheidung zwischen Hauptleistungspflichten und Nebenleistungspflichten allerdings nicht mehr dieselbe Bedeutung wie nach früherem Schuldrecht. Insbesondere setzt das Rücktrittsrecht nach § 323 zwar das Vorliegen eines gegenseitigen Vertrags, anders als die entsprechende Regelung im früheren Schuldrecht (§ 326 BGB a. F.) aber nicht mehr voraus, dass es sich bei der nicht rechtzeitig erbrachten Leistung um eine Hauptleistungspflicht aus einem solchen Vertrag handelt (dazu unten Rn. 488; zur Einrede aus § 320 s. Rn. 239). Neben*leistungs*pflichten sind nicht zu verwechseln mit den das Integritätsinteresse betreffenden **Nebenpflichten** i. S. v. § 241 II (dazu Rn. 113). 110

b) Erfolgsbezogene und handlungsbezogene Leistungspflichten

Leistungspflichten lassen sich weiter in **erfolgsbezogene** und **handlungsbezogene** Pflichten unterscheiden. Bei Ersteren ist der Schuldner zur Herbeiführung eines bestimmten **Leistungserfolgs** und nicht lediglich zur Vornahme einer Tätigkeit verpflichtet. Erbringt er diesen geschuldeten Erfolg nicht, so begeht er eine (objektive) Pflichtverletzung i. S. v. § 280 I (s. dazu Rn. 326 ff.). Das Risiko, dass seine Tätigkeit zum Erfolg führt, trägt dann der Schuldner. 111

Gelingt es z. B. der Kfz-Reparaturwerkstatt nicht, die vereinbarte Reparatur des Fahrzeugs durchzuführen (s. § 631 I: Werkunternehmer ist zur Herstellung des versprochenen Werks verpflichtet, Gegenstand des Vertrags ist nach § 631 II ein „herbeizuführender Erfolg"), so kann sie für ihre erfolglosen Bemühungen auch dann keinen Lohn verlangen, wenn sie dies nicht zu vertreten hat.[3]

---

[2] Vgl. *Looschelders,* AT, Rn. 12.
[3] S. dazu auch BT Rn. 40.

Ist der Schuldner jedoch lediglich zu einer **Tätigkeit** verpflichtet, so fallen Leistungshandlung und Leistungserfolg zusammen. Zwar muss der Schuldner auch hier seine Leistung ordnungsgemäß erbringen, jedoch haftet er nicht für den Eintritt eines bestimmten Erfolges. Für die Feststellung einer Pflichtverletzung i. S. v. § 280 I BGB muss daher nachgewiesen werden, dass die Handlung pflichtwidrig war.

So verpflichtet sich ein behandelnder Arzt i. d. R. nicht zur Herbeiführung eines Erfolges (Heilung), sondern nur zu fachgerechter ärztlicher Behandlung (Dienstvertrag, § 611). Er verdient seine Vergütung daher auch, wenn die Heilung nicht eintritt, haftet allerdings auf Schadensersatz bei nicht fachgerechter Behandlung.[4]

c) Primäre und sekundäre Leistungspflichten

112 Das Schuldverhältnis wird charakterisiert durch die **primären Leistungspflichten.** Sie stellen das eigentliche Ziel des Schuldverhältnisses dar. **Sekundäre Leistungspflichten** treten hingegen neben oder an die Stelle der primären Leistungspflichten, wenn deren Erfüllung in irgendeiner Weise gestört wird. Meist handelt es sich dabei um Schadensersatzverpflichtungen: So tritt etwa der Schadensersatz statt der Leistung (§§ 280 III, 311 a II) an die Stelle einer nicht erfüllbaren oder nicht rechtzeitig erbrachten Leistungspflicht oder es kann ein durch die Nichterfüllung entstandener sonstiger Schaden als Schadensersatz „neben der Leistung" nach § 280 I verlangt werden (zu den Schadensarten s. Rn. 341 ff.). Aber auch Wertersatzpflichten (§§ 346 II, 818 II) oder Pflichten zur Herausgabe eines Surrogats (§ 285, unten Rn. 422 ff.) sind sekundäre Leistungspflichten. Von Bedeutung ist die Unterscheidung etwa im Zusammenhang mit der Leistungsbefreiung im Falle von Unmöglichkeit nach § 275 I: Diese gilt nur für die Primärleistungspflicht, lässt aber, wie § 275 IV klarstellt, sekundäre Leistungspflichten unberührt (s. Rn. 419).

2. Schutz-, Obhuts- und Rücksichtnahmepflichten (nicht leistungsbezogene Nebenpflichten)

113 Schutz-, Obhuts- und Rücksichtnahmepflichten sind anders als Leistungspflichten nicht auf eine Änderung der Güterlage des Gläubigers, sondern auf die Erhaltung seiner bestehenden Güterlage gerichtet. Weil es also nicht darum geht, dass der Schuldner die Position des Gläubigers in irgendeiner Weise verbessert, sondern darum, dass er dessen Position nicht verschlechtert, spricht man auch vom **Integritätsinteresse** des Gläubigers (im Gegensatz zum sog. Leistungs- oder Äquivalenzinteresse, s. dazu vor Rn. 331, Rn. 342). Positivrechtlich sind diese Pflichten, bei welchen es meist um Unterlassungspflichten geht, seit der Schuldrechtsreform 2002 in § 241 II verankert. Sachlich war diese gesetzliche Regelung aber keineswegs neu, denn es ist seit langem anerkannt, dass jedes (vertragliche und gesetzliche) Schuldverhältnis neben Leistungspflichten auch die Pflicht enthält, auf die Rechte, Rechtsgüter und Interessen des anderen Teils Rücksicht zu nehmen (zu den Einzelheiten s. Rn. 517 ff.).

S. dazu das Beispiel bei Rn. 111: Der Kfz-Mechaniker, der das Polster des zu reparierenden Kfz verschmutzt, verletzt keine Leistungspflicht, sondern eine Schutzpflicht.

Durch das Wort „kann" in § 241 II wird lediglich zum Ausdruck gebracht, dass die Intensität dieser Pflichten je nach Art des Schuldverhältnisses unterschiedlich stark ausgeprägt ist. Charakteristikum solcher Nebenpflichten (die streng von den oben be-

[4] S. dazu auch BT Rn. 632, 678.

handelten Neben*leistungs*pflichten zu unterscheiden sind!) ist, dass sie im Regelfall nicht isoliert einklagbar sind (str., s. dazu Rn. 524), ihre Verletzung aber sekundäre Leistungspflichten (Schadensersatz nach § 280 I) oder andere Sanktionen wie etwa ein Rücktrittsrecht (§ 324) nach sich ziehen kann (zu den Einzelheiten s. Rn. 525 ff.). Auch Unterlassungsklagen sind denkbar. Durch den Begriff „Interessen" wird klargestellt, dass sich die Schutzpflichten nicht nur auf vermögensrechtliche Positionen beziehen, sondern auch andere Interessen wie zum Beispiel die rechtsgeschäftliche Entscheidungsfreiheit Gegenstand von Schutzpflichten sein können. Das ist insbesondere im Rahmen der Haftung aus ***culpa in contrahendo*** (§§ 280 I, 311 II, 241 II) von Bedeutung, wo sich im Rahmen eines Schadensersatzanspruchs auch ein Anspruch auf Auflösung eines aufgedrängten Vertrags ergeben kann (s. u. Rn. 536 f.).

Trotz der Unterscheidung zwischen Leistungspflichten und nicht leistungsbezogenen Nebenpflichten stehen diese in einem Schuldverhältnis nicht beziehungslos nebeneinander. So kann auch die Verletzung einer nicht leistungsbezogenen Pflicht dazu führen, dass dem Gläubiger die Annahme der Leistung nicht mehr zumutbar ist. In einem solchen Fall sind Schadensersatz statt der Leistung (§ 282), Kündigung (§ 314) und Rücktritt (§ 324) denkbar, zu den Einzelheiten s. Rn. 526 ff. **114**

Schließlich kann es auch Schuldverhältnisse **ohne primäre Leistungspflichten** geben. Auf nicht leistungsbezogene Nebenpflichten beschränkt sich insbesondere das **Rechtsverhältnis der Vertragsanbahnung** (*culpa in contrahendo,* § 311 II i. V. m. § 241 II). Dieses zeigt darüber hinaus, dass die genannten Schutz- und Obhutspflichten nicht erst mit Vertragsschluss entstehen, sondern dass bereits mit der Aufnahme rechtsgeschäftlichen Kontakts, insbesondere der Vertragsanbahnung, ein auf Schutzpflichten beschränktes Rechtsverhältnis entsteht (s. dazu eingehend Rn. 527 ff.).

3. Abgrenzung: Obliegenheiten

Obliegenheiten unterscheiden sich von Rechtspflichten dadurch, dass sie keine Forderung des Gläubigers gegen den Schuldner begründen, sondern ein bestimmtes Tun oder Unterlassen, zu welchem der Schuldner aber nicht verpflichtet ist, mit negativen Konsequenzen für diesen belegen. Sie sind daher „Verhaltensanforderungen von geringerer Intensität"[5], weil der Schuldner frei ist, einer Obliegenheit wider zu handeln und dafür auch anders als bei einer Pflichtverletzung nicht auf Schadensersatz in Anspruch genommen werden kann. Er hat dann aber auch die für ihn nachteiligen gesetzlichen Konsequenzen seines Verhaltens zu tragen. **115**

Obliegenheiten sind etwa die Schadensminderungspflicht eines Geschädigten (§ 254 II, dazu Rn. 747 ff.) oder das Erfordernis einer Fristsetzung zur Nacherfüllung für die Geltendmachung kauf- oder werkvertragsrechtlicher Gewährleistungsansprüche.[6] Auch die kaufmännische Untersuchungs- und Rügepflicht nach § 377 HGB ist eine solche Obliegenheit: Bei einem beiderseitigen Handelskauf hat der Käufer eine gelieferte Ware zu untersuchen und Mängel zu rügen, Konsequenz aus dem Unterlassen ist aber lediglich der Verlust seiner Gewährleistungsansprüche infolge einer Genehmigungsfiktion (§ 377 II HGB).

Obliegenheiten können sich nicht nur aus dem Gesetz, sondern auch aus einer vertraglichen Regelung ergeben. Insbesondere dann ist die Unterscheidung zwischen Pflicht und Obliegenheit nicht immer einfach. Ob eine Verhaltensanforderung Pflicht **116**

[5] *Looschelders,* AT, Rn. 26.
[6] S. dazu *BGH* NJW 2010, 1448 sowie BT Rn. 123.

oder Obliegenheit ist, ist dem Gesetz bzw. der vertraglichen Absprache der Parteien im Wege der (gegebenenfalls ergänzenden) Vertragsauslegung (§ 157) zu entnehmen, auch aus § 242 (Treu und Glauben) können sich im Einzelfall Obliegenheiten ergeben.[7]

So wird etwa die Belehrungspflicht des Unternehmers über ein verbraucherschützendes Widerrufsrecht (§ 356 III) von der Rechtsprechung nicht nur als Obliegenheit, sondern als echte Rechtspflicht qualifiziert.[8] Die Pflicht des Vermieters von Wohnraum zur Begründung einer Kündigung (§ 573 III) ist hingegen bloße Obliegenheit, deren Verletzung keinen Schadensersatzanspruch nach § 280 I nach sich zieht.[9]

IV. Schranken der Inhaltsfreiheit

117 Die Parteien können den Inhalt der zu einem Schuldverhältnis gehörenden Forderungen regelmäßig nach ihrem Belieben gestalten (vgl. o. Rn. 59f.). Insbesondere können sie auch Leistungspflichten vereinbaren, an deren Erfüllung kein vermögensrechtliches Interesse besteht. Doch gibt es von der Inhaltsfreiheit einige allgemeine (u. Rn. 118) und spezielle (u. Rn. 119f.) Ausnahmen.

1. Verbotsgesetze und gute Sitten

118 Nach §§ 134, 138 ist ein Rechtsgeschäft nichtig, das gegen ein Verbotsgesetz oder die guten Sitten verstößt. Ein solcher Verstoß liegt insbesondere dann vor, wenn ein Rechtsgeschäft zu einer verbotenen oder sittenwidrigen Leistung verpflichten soll. Daher können Forderungen auf eine solche Leistung nicht durch Rechtsgeschäft begründet werden (z. B. zur Schwarzarbeit oder zu einer dienstpflichtwidrigen Handlung eines Beamten). Da selbstverständlich auch das Gesetz solche Forderungen nicht begründet, kann es sie also überhaupt nicht geben.

2. Konkrete Beschränkungen für Schuldverträge

Die Absätze 2 und 4 von § 311 b bringen noch zwei Konkretisierungen des in §§ 134, 138 ausgedrückten Prinzips speziell für Schuldverträge.

a) Vertrag über das künftige Vermögen

119 Nach **§ 311 b II** (früher: § 310) soll sich nicht ein Vertragsteil verpflichten können, sein **künftiges Vermögen** ganz oder zum Teil zu übertragen oder mit einem Nießbrauch (das ist ein umfassendes Nutzungsrecht, vgl. §§ 1030 ff.) zu belasten. Denn solche Verträge brächten den Schuldner in eine zu weitgehende Abhängigkeit.[10] Die Motive zum BGB sagen dazu, die öffentliche Ordnung erlaube es nicht, „daß Jemand sich gewissermaßen seiner Erwerbsfähigkeit begibt und damit zugleich allen Antrieb zum Erwerbe verliert".[11] Diese Begründung passt jedoch nicht für die Verpflichtung zur Übertragung nur eines (womöglich bloß kleinen) Vermögens*bruchteils.* Hier wird man den Gesetzesgrund darin sehen müssen, dass der Umfang des künftigen Vermögens (und damit auch der Wert des Bruchteils) notwendig unbestimmt ist.[12]

---

[7] *Looschelders,* AT, Rn. 26.
[8] S. dazu *BGH* NJW 2007, 357 (zu § 355 II a. F.) sowie unten Rn. 624.
[9] S. *BGH* NJW 2011, 914 Rn. 11.
[10] Vgl. *Enderlein,* Rechtspaternalismus und Vertragsfreiheit, 1996.
[11] Mot. II 186 = *Mugdan* II 102.
[12] *Medicus,* ZIP 1989, 817, 818.

Nicht unter § 311b II fällt dagegen ein Vertrag, durch den sich jemand so hoch verschuldet, dass er voraussichtlich seinen ganzen künftigen Erwerb für die Erfüllung aufwenden muss[13]: Hier ist die Verpflichtung immerhin auf einen bestimmten Betrag begrenzt, und der Schuldner zahlt nicht in ein Fass ohne Boden. Solche Verträge können aber als Knebelungsverträge nach § 138 nichtig sein.

b) Vertrag über den Nachlass eines lebenden Dritten

Nach **§ 311b IV** sind Schuldverträge nichtig, die sich auf den erbrechtlichen Erwerb aus dem **Vermögen eines noch lebenden Dritten** beziehen. Hierzu gehört etwa die Verpflichtung, eine erwartete Erbschaft zu übertragen, aber auch sie anzunehmen oder auszuschlagen; ebenso die Verpflichtung, keine Pflichtteilsansprüche geltend zu machen. Der BGH erstreckt die Nichtigkeit zudem auf die entsprechenden Verfügungen (Vollzugsgeschäfte).[14] 120

Für § 311b IV (früher: § 312) werden vom Gesetzgeber zwei Gründe angegeben[15]: Die in solchen Verträgen liegende Spekulation auf den Tod des Dritten erscheint als anstößig. Zudem soll verhindert werden, dass jemand leichtsinnig künftigen erbrechtlichen Erwerb verschleudert. Doch können nach § 311b V künftige *gesetzliche* Erben untereinander über ihren gesetzlichen Erbteil in notarieller Form kontrahieren *(Esau und Jakob!)*: Das soll vorweggenommene Erbauseinandersetzungen ermöglichen. Nach dem Erbrecht sind auch Erbverträge (§§ 2274ff.) und Erbverzichtsverträge (§§ 2346ff.) möglich; diese werden aber im Gegensatz zu den von § 311b IV erfassten Verträgen stets mit dem Erblasser selbst geschlossen, was sie als weniger bedenklich erscheinen lässt.

c) Unmögliche Leistungen

Eine weitere Beschränkung für Verpflichtungen zu einer **unmöglichen Leistung** enthält § 275: Hier fällt zwar ein Erfüllungsanspruch weg, jedoch führt auch die anfängliche Unmöglichkeit einer Leistung nicht zur Unwirksamkeit des Vertrags, § 311a I. Dieser bleibt also weiterhin Grundlage von (Sekundär-)Ansprüchen auf Schadensersatz, § 311a II, vgl. u. Rn. 418f. 121

V. Typische Forderungsinhalte

Das hauptsächliche Kriterium für eine Unterscheidung des Forderungsinhalts richtet sich darauf, ob Sachen oder Handlungen geschuldet werden.

1. Geldschuld

Von den Sachschulden hat man zweckmäßigerweise die **Geldschulden** abzutrennen (vgl. u. Rn. 171ff.). Denn erstens ist Geld eine „Sache“ ganz besonderer Art: Probleme ergeben sich nicht wie bei anderen Sachen aus der Beschaffenheit bestimmter körperlicher Einheiten (etwa der Geldscheine), sondern vor allem aus dem inflationsbedingten Wertverlust. Und zweitens kann eine Geldschuld regelmäßig nicht bloß durch die Übereignung körperlicher Geldzeichen (also von „Bargeld“) erfüllt werden, sondern auch durch die Verschaffung von Forderungen („Buchgeld“, vgl. u. Rn. 174ff.). 122

[13] BGHZ 107, 92; *BGH* NJW 1991, 2015, 2016 (zum gleichlautenden § 310 a. F.).
[14] BGHZ 37, 319, 325.
[15] Mot. II 184 = *Mugdan* II 101.

2. Sachschulden

123 In dem für die Sachschuld verbleibenden Bereich kann man zunächst danach unterscheiden, ob eine Sache *übereignet* (z. B. Kauf, Schenkung) oder nur *zu Besitz übertragen* werden soll (z. B. Miete, Leihe).[16] Dann kann weiter unterschieden werden, wie die geschuldete Sache bestimmt ist: Sie kann als Individuum bezeichnet sein, z. B. ein konkreter Kraftwagen durch Fabrikat, Typ, Fahrgestell- und Motornummer. Hier spricht man von einer *Stückschuld (Speziesschuld).* Diese kann regelmäßig *nur* mit dem einen geschuldeten Stück erfüllt werden; Konsequenzen hat das vor allem bei der Unmöglichkeitslehre (§ 275, s. Rn. 403ff.). Denkbar und häufig ist aber auch, dass der Schuldinhalt nur durch Angabe von Art und Zahl oder Maß der zu leistenden Sache bestimmt wird, z. B. ein fabrikneuer VW-Pkw Typ X. Hier spricht man von einer *Gattungsschuld (Genusschuld,* von lat. *genus* = Art); vgl. unten Rn. 189ff.

Dabei geht das BGB von der Stückschuld als Regelungsmodell aus (vgl. z. B. § 433 I 1 „die [verkaufte] Sache", § 535 I „der Mietsache"). Die Gattungsschuld wird dann meist überhaupt nicht (z. B. bei der Miete und beim Kauf) besonders berücksichtigt.

3. „Rechtsschulden"

124 Statt einer Sache können auch Rechte (z. B. Forderungen) geschuldet werden. So behandelt etwa § 453 I den Rechtskauf, und § 581 I 1 bezeichnet das Pachtobjekt als „Gegenstand" (was außer den Sachen auch die Rechte umfasst, vgl. § 90). Hier gelten ähnliche Unterscheidungen wie bei Sachen: Auch bei Rechten kann die Übertragung (z. B. beim Forderungskauf) oder lediglich die bloße Überlassung zur Nutzung geschuldet sein (z. B. bei der Lizenz, vgl. BT Rn. 413, 545), wobei wiederum eine individuelle oder eine bloß gattungsmäßige Beschreibung des Geschuldeten möglich ist.

4. Schulden anderen Inhalts

125 Bei den nicht auf Geld, Sachen oder andere Gegenstände gerichteten Forderungen kann man zunächst danach unterscheiden, ob ein *positives Tun oder* ein *Unterlassen* (§ 241 I 2) geschuldet wird.[17] Positives Tun kommt in den verschiedensten Formen in Betracht: Geschuldet werden kann etwa die Errichtung eines Hauses, die Durchführung eines Transports, die Erteilung von Unterricht, die Vermittlung eines Vertragsschlusses, die Reinigung eines Teppichs, die Reparatur eines Kfz. Rechtliche Bedeutung hat vor allem die Unterscheidung danach, ob nur die *Tätigkeit* (z. B. das Reinigen) oder auch ihr *Erfolg* geschuldet wird (z. B. die Entfernung des Flecks). Davon hängt insbesondere ab, wann der Schuldner erfüllt und beim gegenseitigen Vertrag die Gegenleistung verdient hat: Diese Unterscheidung ist insbesondere bei dem Gegensatzpaar Dienstvertrag (Tätigkeit) – Werkvertrag (Erfolg) von Bedeutung.[18]

VI. Den Forderungsinhalt betreffende Vorschriften

1. Definitionsnormen

126 Im Besonderen Schuldrecht (vgl. o. Rn. 36) beginnt die gesetzliche Regelung der einzelnen Typenverträge regelmäßig mit einer Definitionsnorm: Diese gibt an, welche Voraussetzungen erfüllt sein müssen, damit ein konkreter Vertrag gerade zu dem

[16] Vgl. dazu BT Rn. 7f.
[17] Vgl. *Köhler,* AcP 190 (1990) 496.
[18] Vgl. o. Rn. 111 sowie BT Rn. 690ff.

dort geregelten Typ gehört. Das Gesetz benutzt also den Inhalt der von den Parteien vereinbarten Leistungen zur Einordnung des Schuldverhältnisses. Und von dieser Einordnung hängt dann ab, welches (ergänzende) Gesetzesrecht für das Schuldverhältnis gilt.

Wenn etwa vereinbart ist, dass A dem B für vier Wochen einen Pkw überlässt, während B dem A dafür 500,– € zahlen soll, liegen die Voraussetzungen von § 535 I 1 vor. Diese rechtliche Einordnung ist unabhängig von dem Namen, den die Parteien selbst ihrem Vertrag gegeben haben: Auch wenn sie von „Leihe" sprechen, bleibt der Vertrag rechtlich Miete (denn bei der Leihe ist die Sachüberlassung nach § 598 unentgeltlich). Die Vertragsfreiheit umfasst somit nur die Freiheit der Wahl der Rechtsfolgen, die Bestimmung des sich aus diesem Parteiwillen ergebenden Vertragstyps ist hingegen eine objektive Rechtsfrage, die nicht in der Hand der Vertragsparteien liegt.[19] Aus der Einordnung als Miete folgt dann gem. § 536a, dass bei anfänglichen Mängeln ohne Verschulden und bei nachträglichen Mängeln schon bei einfacher Fahrlässigkeit gehaftet wird, wohingegen A bei § 600 nur bei arglistigem Verschweigen haftet.

Bei Schuldverträgen ergeben sich also die den Vertragstyp bestimmenden Ansprüche oder Pflichten *aus der Vereinbarung:* In dem eben gebrachten Beispiel schuldet demnach B die Miete primär nicht aus § 535 II; vielmehr liegt umgekehrt ein Mietvertrag vor, weil eine Zinszahlung vereinbart worden ist. Oder: Ein Verkäufer schuldet die Übereignung der Kaufsache nicht aus § 433 I 1, sondern der Vertrag stellt erst deshalb einen Kauf dar, weil Sachübereignung versprochen worden ist (wenn die Sache nicht übereignet werden sollte, kommt Miete in Betracht). Allerdings werden die Definitionsnormen oft *wie Anspruchsgrundlagen* zitiert. Das ist unschädlich, wenn man den logischen Vorrang der Parteivereinbarungen berücksichtigt.

2. Vorschriften über den Forderungsinhalt

Während die in Rn. 122 genannten Vorschriften nur an den durch Rechtsgeschäft be- 127
stimmten Forderungsinhalt anknüpfen, legen andere Vorschriften selbst den Inhalt von Forderungen fest. Dabei geht es teils um Einzelheiten der von den Parteien verabredeten Forderungen. So ergibt etwa § 271 I, dass Forderungen im Zweifel sofort fällig sind (z. B. die Forderung des Mieters auf Überlassung des Mietobjekts; vgl. u. Rn. 170). Teils werden auch zusätzlich zu den verabredeten Forderungen weitere bestimmt; so regelt § 439 II die Pflicht des Verkäufers, mit der Nacherfüllung zusammenhängende Kosten zu tragen. Teils geht es endlich um die Bestimmung des Inhalts gesetzlicher Schuldverhältnisse; so regeln die §§ 818ff. den Inhalt von Verbindlichkeiten aus ungerechtfertigter Bereicherung (§§ 812ff.) oder die §§ 842ff. (neben den §§ 249ff.) den Inhalt deliktischer Schadensersatzpflichten.

Die beiden letztgenannten Arten von Vorschriften, die sich auf einzelne Schuldverhältnisse beziehen, finden sich im Besonderen Schuldrecht. Im Allgemeinen Schuldrecht geht es in erster Linie um die allgemeineren, für mehrere oder sogar alle Schuldverhältnisse geltenden Vorschriften. Dabei wird zunächst der noch weit über das Schuldrecht hinaus geltende § 242 erörtert (u. Rn. 128ff.). Dem schließt sich dann die Erörterung der übrigen, nicht ganz so allgemeinen Regeln über den Forderungsinhalt an (u. Rn. 146ff.).

[19] *BGH* NJW 2002, 3317; 2005, 973.

§ 14. Treu und Glauben als allgemeines Prinzip

Literatur: Fast unübersehbar, vgl. die riesigen Lit.-Übersichten bei MünchKomm/*G. H. Roth* und Staudinger/*Looschelders* zu § 242. An Einzelschriften seien genannt *Auer,* Materialisierung, Flexibilisierung, Richterfreiheit, 2005; *Canaris,* Die Vertrauenshaftung im deutschen Privatrecht, 1971; *Dette,* Venire contra factum proprium nulli conceditur, 1985; *Emmert,* Auf der Suche nach den Grenzen vertraglicher Leistungspflichten, 2001; *Gadow,* Die Einrede der Arglist, IherJb. 84 (1934) 174; *Gernhuber,* § 242 BGB – Funktionen und Tatbestände, JuS 1983, 764; *Hamburger,* Treu und Glauben im Verkehr, 1930; *Hedemann,* Die Flucht in die Generalklauseln, 1933; *Horn,* Neuverhandlungspflicht, AcP 181 (1981) 255; *A. Hueck,* Der Treuegedanke im modernen Privatrecht, 1947; *Mader,* Rechtsmißbrauch und unzulässige Rechtsausübung, 1994; *Ohly,* Generalklausel und Richterrecht, AcP 201 (2001) 1; *Pawlowski,* Verfassungsrechtlicher Vorgaben für die Auslegung des § 242 BGB?, JZ 2002, 627; *Riezler,* Venire contra factum proprium, 1912; *Siebert,* Verwirkung und Unzulässigkeit der Rechtsausübung, 1934; *Singer,* Das Verbot widersprüchlichen Verhaltens, 1993; *R. Weber,* Entwicklung und Ausdehnung des § 242 BGB zum königlichen Paragraphen, JuS 1992, 631; *ders.,* Einige Gedanken zur Konkretisierung von Generalklauseln durch Fallgruppen, AcP 192 (1992) 516; *Wieacker,* Zur rechtstheoretischen Präzisierung des § 242 BGB, 1956 (dazu *Esser,* § 242 BGB und die Privatautonomie, JZ 1956, 555).

I. Entwicklung

1. Römisches Recht

128 Treu und Glauben gehen zurück auf die *bona fides* (die gute Treue) des **römischen Rechts.** Diese hat – spätestens im 3. Jh. v. Chr. – zunächst zur **Begründung** von Klagen aus den gesetzlich nicht geregelten Verkehrsgeschäften gedient: Kauf, Miete, Gesellschaft, Auftrag und ähnlichen. Später wurden Gültigkeit und Klagbarkeit dieser Geschäfte nicht mehr für weiter begründungsbedürftig gehalten. Damit wurde die *bona fides* für eine andere Funktion frei: Sie bestimmte jetzt (seit kurz vor Christi Geburt) den **Maßstab für die Einzelpflichten** aus jenen Rechtsverhältnissen. Diese traten damit als *iudicia bonae fidei* anderen, strengrechtlichen Rechtsverhältnissen (den *iudicia stricti iuris*) gegenüber, insbesondere denjenigen aus der *stipulatio* einer *certa res.* Solche Verpflichtungen strengsten Rechts richteten sich allein auf den versprochenen Gegenstand, während bei den *iudicia bonae fidei* die näheren Umstände der Leistung und mancherlei Nebenpflichten nach Treu und Glauben bestimmt wurden.

2. Die Regelung in § 242 BGB

129 Das BGB hat den Grundsatz von Treu und Glauben an die **Spitze des Schuldrechts** gestellt: *Alle* Schuldverhältnisse sollten diesem Grundsatz unterstehen; es sollte also keine strengrechtlichen Schuldverhältnisse mehr geben. Die Funktion des § 242 schien sich damit auf die Bestimmung von Einzelheiten der Leistungspflicht zu beschränken; für deren Begründung schienen Treu und Glauben durch die Bindung an Verträge (§ 311 I) und die umfassende Kodifizierung der gesetzlichen Schuldverhältnisse unnötig. Doch auch die Inhaltsbestimmung konnte angesichts der gerade erfolgten umfassenden gesetzlichen Regelung zunächst nur nebensächliche Bedeutung haben.

Aber noch vor dem 1. Weltkrieg hat die Rspr. die Funktion des § 242 **wesentlich erweitert:** In der Entscheidung RGZ 85, 108 v. 26.5.1914 ging es um die Frage, ob mit einer Forderung aus einer vorsätzlich begangenen Straftat entgegen dem Wortlaut des § 394 auch gegenüber einer unpfändbaren Forderung aufgerechnet werden kann (zur Sache vgl. u. Rn. 303). RGZ 85, 108, 117 hat das mit folgenden Worten bejaht:

„Der § 394 S. 1 BGB ist ein Glied im Organismus des einheitlichen geschlossenen Rechtssystems; er darf nicht für sich allein, sondern nur als Stück des in allen seinen Teilen untrennbar zusammenhängenden Ganzen betrachtet werden. Das System des BGB wird durchdrungen von dem Grundsatze von Treu und Glauben mit Rücksicht auf die Verkehrssitte und von dem Grundsatze der Zurückweisung jeder Arglist im weitesten Sinne. Die §§ 157, 226, 242, 826 erscheinen nur als besondere Ausprägungen eines allgemeinen Prinzips. Die §§ 242 und 394 stehen sich nicht als zwei gleich zwingende und gleich kräftige Rechtssätze gegenüber, in deren Zusammentreffen § 394 als die lex specialis die Oberhand behalten müsste; sondern das allgemeine Prinzip beherrscht alle Einzelbestimmungen und muss gerade in ihnen lebendige Wirkung üben, zur Klärung, Erweiterung, Ergänzung oder Beschränkung des vereinzelten Wortlauts. Dem in § 394 zum öffentlichen Wohl und im Staatsinteresse verfolgten Zwecke der Sicherung des Lebensunterhalts und eines darüber hinaus genügenden Einkommensteils darf keine Durchführung und Erfüllung zugestanden werden, die auf dem Irrwege eines unfreien formalistischen Haftens am Wortlaute der Arglist zum Siege verhelfen würde. Darüber will und kann der § 394 selbst nichts besagen; das ergibt sich aus dem Grundgedanken des BGB. Von diesem Standpunkt aus ist der vorliegende Fall und die zu beantwortende Frage zu prüfen."

Hier erscheint § 242 also nicht mehr bloß als Mittel, um die gesetzliche oder vertragliche Regelung in Einzelheiten zu ergänzen. Auch beschränkt sich die Bedeutung der Vorschrift hier nicht mehr auf Schuldverhältnisse. Vielmehr versteht das RG Treu und Glauben als ein den einzelnen Rechtsvorschriften **übergeordnetes Prinzip,** und zwar auch gegenüber Vorschriften des zwingenden Rechts, zu denen § 394 gehört.

Diese Funktion des § 242 hat die allergrößte Bedeutung in und nach dem 1. Weltkrieg **130** erlangt, und zwar hauptsächlich in zwei Beziehungen: Erstens hat das RG mit § 242 die schlimmsten Unbilligkeiten aus der **Inflation** von 1919 bis 1923 mildern wollen: Es hat entgegen der gesetzlichen Regel „Mark gleich Mark" (sog. Nominalismus) die Befugnis des Schuldners verneint, seine in vollwertigem Geld begründeten Verbindlichkeiten mit demselben Betrag in wertloser Papiermark zu tilgen (vgl. u. Rn. 185); so ist letztlich die Aufwertung erzwungen worden.[1] Und zweitens hat das RG mit § 242 – nämlich mit den (nunmehr in § 313 ebenfalls gesetzlich geregelten) Grundsätzen über den **Wegfall der Geschäftsgrundlage** – die durch den Krieg und die Kriegsfolgen tiefgreifend gestörten langfristigen Verträge zu heilen gesucht.[2]

Nach dem 2. Weltkrieg sind zwar noch größere Massenkalamitäten aufgetreten. Doch **131** ist die Bedeutung von § 242 für ihre Bewältigung eher geringer gewesen, weil nach 1945 der Gesetzgeber (oder die jeweilige Besatzungsmacht) schneller eingegriffen hat. Allerdings ist der Vorschrift nach 1948 eine neue Funktion zugewachsen: § 242 steht an erster Stelle unter denjenigen Generalklauseln, mit deren Hilfe die **Wertungen des Grundgesetzes** in das bürgerliche Recht Eingang finden.[3]

II. Abgrenzungen

1. § 157 BGB

Nach Wortlaut und Stellung bestimmt **§ 242** die Geltung von „Treu und Glauben mit **132** Rücksicht auf die Verkehrssitte" für **alle Schuldverhältnisse** ohne Rücksicht auf ihren Entstehungsgrund, also gleich ob sie auf Rechtsgeschäft oder Gesetz beruhen. „Treu und Glauben mit Rücksicht auf die Verkehrssitte" kehren wörtlich auch in **§ 157** wieder. Diese Vorschrift handelt von **Verträgen.** Sie erscheint damit einerseits enger als

[1] Vgl. etwa RGZ 107, 78, 85.
[2] Vgl. etwa RGZ 100, 130; s. dazu Rn. 549.
[3] Vgl. *Köhler,* § 3 Rn. 32f.; *Medicus,* BGB AT, Rn. 693f., auch *Diederichsen,* AcP 198 (1998) 230.

§ 242, weil sie gesetzliche Rechtsverhältnisse nicht erfasst, und andererseits weiter, weil sie sich auch auf andere als schuldrechtliche Verträge bezieht.

Doch ist eine scharfe Trennung zwischen § 157 und § 242 nicht möglich, zumal § 242 als **allgemeines Prinzip** über das Schuldrecht hinaus angewendet wird. Beide Vorschriften werden daher oft gemeinsam zitiert. Eine scharfe Trennung ist aber angesichts der Gleichheit des Regelungsziels, nämlich die Erheblichkeit von Treu und Glauben mit Rücksicht auf die Verkehrssitte vorzuschreiben, auch gar nicht nötig. Denn § 157 hat dieselbe Eigenart wie § 242: Beide Vorschriften enthalten keine einigermaßen konkrete Rechtsfolgenanordnung (und § 242 auch keinen bestimmten Tatbestand); sie eignen sich daher nicht zur Anwendung durch schlichte Subsumtion.

2. § 133 BGB

133 Eine weitere allgemeine Auslegungsvorschrift findet sich in **§ 133:** Danach soll es bei der Auslegung von **Willenserklärungen** auf den wirklichen Willen ankommen und nicht am buchstäblichen Sinn des Ausdrucks zu haften sein. Das scheint sich im Anwendungsbereich (bei § 133 die einzelne Willenserklärung) und in der Rechtsfolge deutlich von § 242 zu unterscheiden. Doch ist § 133 aus historischen Gründen wenig geglückt: Er stellt zu einseitig auf den Willen des Erklärenden ab und lässt den Sinn unerwähnt, in dem der Empfänger die Erklärung verstehen konnte.[4] Daher wird § 133 seinerseits häufig mit § 157 kombiniert und gerät so gleichfalls in einen Verbund mit § 242. Auch hier ist eine Trennung praktisch unnötig.

3. Gute Sitten

134 Dem Gebot, sich nach Treu und Glauben zu verhalten, ähnelt das Verbot eines Verstoßes gegen die **guten Sitten,** das im BGB vor allem in den §§ 138, 826 BGB ausgedrückt wird. Dabei wird die Abgrenzung bisweilen so versucht: Die guten Sitten bedeuteten das *gegenüber jedermann* zu beachtende „rechtsethische Minimum“, während § 242 für *Sonderverbindungen* einen strengeren Maßstab aufstelle.

Seinem Wortlaut nach („Der Schuldner …“) ist § 242 auf bestehende Schuldverhältnisse beschränkt. Doch hat man die Vorschrift in der weiteren Entwicklung auch dazu verwendet, Schuldverhältnisse erst zu begründen (etwa beim Verschulden bei Vertragsverhandlungen, vgl. u. Rn. 527ff., wie überhaupt bei den Schutzpflichten nach § 241 II) oder absolute Rechte einzuschränken (etwa im Nachbarrecht). Damit lässt sich für § 242 das Tatbestandsmerkmal „Sonderverbindung“ nur noch aufrechterhalten, wenn man es bloß ganz undeutlich formuliert.[5] Sachlich bedeutet es kaum einen Unterschied zu sagen, das Tatbestandsmerkmal „Sonderverbindung“ sei nicht (mehr) in § 242 enthalten.[6] Damit verschwimmt auch die Abgrenzung zwischen Treu und Glauben und den guten Sitten.

III. § 242 als Rechtsnorm

135 Eine Rechtsnorm, die nicht bloß definiert (und darauf beschränkt § 242 sich unzweifelhaft nicht), besteht regelmäßig aus **Tatbestand und Rechtsfolge:** Wenn die Voraussetzungen des Tatbestandes vorliegen (z. B. bei § 985 Eigentum des einen und Besitz

[4] Vgl. *Medicus,* BGB AT, Rn. 320f.

[5] So MünchKomm/*G. H. Roth/Schubert,* § 242 Rn. 89: „irgendwie qualifizierter sozialer Kontakt“.

[6] So Staudinger/*J. Schmidt,* 12. Aufl., § 242 Rn. 115.

des anderen Teils), treten die Rechtsfolgen ein (bei § 985 die Herausgabepflicht des Besitzers). Dieses Schema trifft aber für § 242 nicht zu. Denn erstens fehlt der Vorschrift ein abgrenzbarer Tatbestand; insbesondere erfordert sie kein bestehendes Schuldverhältnis (vgl. o. Rn. 134). Und zweitens spricht § 242 auch keine konkrete Rechtsfolge aus: Zwar könnte man die **„Verkehrssitte"** noch objektiv feststellen (so wie die „im Handelsverkehre geltenden Gewohnheiten und Gebräuche" von § 346 HGB). Aber § 242 sagt ja nur, dass für Treu und Glauben auf die Verkehrssitte Rücksicht genommen werden solle. Damit ist die Maßgeblichkeit der Verkehrssitte keine eigenständige Rechtsfolge. **Treu und Glauben** selbst aber entziehen sich einer allgemeingültigen konkreten Fassung, sondern sind vielmehr eine Frage der Beurteilung des jeweiligen Einzelfalls.

IV. Fallgruppen

Entzieht sich der Grundsatz von Treu und Glauben einer allgemeingültigen, abstrakten Definition, so müssten zu seiner Erläuterung alle diejenigen Konkretisierungen, Ergänzungen und Änderungen dargestellt werden, die nach Treu und Glauben an anderen Normen vorgenommen worden sind.[7] Eine solche Darstellung würde aber nicht nur weit aus dem Schuldrecht herausführen. Vielmehr wäre sogar der Rahmen des bürgerlichen Rechts zu überschreiten, weil Treu und Glauben anerkanntermaßen auch im Prozessrecht und im öffentlichen Recht anzuwenden sind. Auch im Recht der Europäischen Union ist dieser Grundsatz als ungeschriebenes Recht anerkannt.[8] Demgegenüber scheint es im Rahmen eines Lehrbuchs allein sachgerecht und möglich, bei der Behandlung der einzelnen Schuldrechtsnormen diejenigen Ergebnisse zu nennen, zu denen die Auslegung dieser Normen mit Rücksicht auf § 242 geführt hat sowie die wichtigsten generalisierbaren Fallgruppen aufzuzeigen. Denn gesetzliche Generalklauseln wie § 242 bedürfen nicht nur zu ihrer praktischen Anwendbarkeit, sondern auch aus Gründen der Rechtssicherheit einer solchen Fallgruppenbildung, die sich an den **Funktionsweisen** des Prinzips von Treu und Glauben orientiert. 136

1. Ausfüllung und Ergänzung des Schuldverhältnisses

Die nach seinem Wortlaut und systematischer Stellung primäre Aufgabe von § 242 ist der Inhalt der Leistungspflicht selbst. In diesem Bereich hat die Regelung also **Konkretisierungs**- und **Ergänzungsfunktion.** So ist etwa eine Leistung zur Unzeit oder an unpassendem Ort ebenso treuwidrig wie deren Forderung unter diesen Umständen. Eine wichtige Ergänzungsfunktion kommt § 242 im Bereich der leistungsbezogenen Nebenpflichten zu, die sich häufig weder aus dem Gesetz noch unmittelbar aus dem Vertrag entnehmen lassen (oben Rn. 109). 137

2. Beschränkung von Rechten (unzulässige Rechtsausübung)

a) Fehlendes Interesse

Die wohl wichtigste Funktion von § 242 ist seine Schrankenfunktion: Nach § 242 muss nicht nur der Schuldner bei seiner Leistung, sondern auch der Gläubiger oder Rechtsinhaber bei der Geltendmachung eines Anspruchs oder eines Rechts Rücksicht auf Treu und Glauben sowie die Verkehrssitte nehmen. Konstruktiv lässt sich das mit dem nur den Schuldner betreffenden Wortlaut von § 242 durchaus vereinbaren: Der 138

[7] Das unternimmt in der Tat Staudinger/*Looschelders,* § 242 Rn. 403ff.
[8] S. etwa *BGH* NJW 2005, 1045.

Schuldner muss die Leistung eben auch **nur** so erbringen, wie es Treu und Glauben mit Rücksicht auf die Verkehrssitte erfordern.[9] Unter die Schrankenfunktion fallen etwa Situationen, in welchen der Gläubiger kein **schutzwürdiges Interesse** an der Leistung des Schuldners hat, weil er sie ihm ohnehin sofort oder zumindest alsbald zurückerstatten müsste *(dolo agit qui petit quod statim redditurus est).*[10]

b) Widersprüchliches Verhalten

139 Unzulässige Rechtsausübung liegt auch vor im Falle **widersprüchlichen Verhaltens** *(venire contra factum proprium).* Diese Fallgruppe ist dadurch gekennzeichnet, dass ein Berechtigter durch seine Erklärung oder durch sein Verhalten bewusst oder unbewusst eine (u. U. nur scheinbare) Sach- bzw. Rechtslage geschaffen hat, auf die sich der andere Teil verlassen durfte und auch verlassen hat, und sich der Berechtigte später mit seinen früheren Erklärungen bzw. seinem früheren Verhalten in Widerspruch setzt.[11]

So ist es in *BGH* NJW 2005, 1045 vollkommen zu Recht für treuwidrig gehalten worden, wenn sich ein Verbraucher, der beim Kauf eines gebrauchten Pkw dem Händler vorgespiegelt hatte, selbst ein Unternehmer (§ 14) zu sein, anschließend auf die Unwirksamkeit eines vereinbarten Gewährleistungsausschlusses gem. § 475 I beruft (s. PdW Schuldrecht II **Fall 62**).

c) Unredliche Ausübung von Rechtspositionen

140 Nach § 242 ist es dem Gläubiger verwehrt, sich auf unredlich erworbene Rechtspositionen zu berufen. Es gilt der Grundsatz, dass niemand einen Anspruch aus eigenem gesetz- oder sittenwidrigen Verhalten herleiten darf *(turpitudinem suam allegans nemo auditur).* Häufig finden sich hier spezialgesetzliche Ausformungen dieses Grundsatzes, die einen Rückgriff auf § 242 entbehrlich machen (z. B. §§ 162, 817 S. 2, vgl. BT Rn. 1157). In die Fallgruppe der unredlichen Ausübung von Rechtspositionen gehören auch der **Missbrauch der Vertretungsmacht**[12], die Grundsätze der **treuwidrigen Berufung auf die Formnichtigkeit** eines Rechtsgeschäfts[13] sowie die Verhinderung der Wirksamkeit eines Vertrags etwa durch die **arglistige Vereitelung des Zugangs** einer Willenserklärung.[14] Hier kann auch auf den Rechtsgedanken des § 162 zurückgegriffen werden.

d) Verwirkung

141 Die Verwirkung einer Rechtsposition bedeutet, dass deren Inhaber nach Treu und Glauben an ihrer Geltendmachung gehindert ist. Das setzt ein **Zeitmoment** sowie ein **Umstandsmoment** voraus: Ein Recht ist verwirkt, wenn seit der Möglichkeit seiner Geltendmachung längere Zeit verstrichen ist (= **Zeitmoment**) und besondere Umstände hinzutreten, die die verspätete Geltendmachung als Verstoß gegen Treu und Glauben erscheinen lassen. Letzteres wird von der Rspr. angenommen, wenn der Verpflichtete aus dem Verhalten des Berechtigten entnehmen durfte, dass dieser sein Recht nicht mehr geltend machen werde *und* sich dergestalt darauf eingerichtet hat, dass ihm durch die verspätete Durchsetzung des Rechts ein unzumutbarer Nachteil

[9] *Looschelders,* AT, Rn. 78.
[10] S. etwa *BGH* NJW 2005, 2991.
[11] *BGH* NJW 2006, 54 Rn. 34.
[12] S. dazu *Köhler,* § 11 Rn. 63 sowie PdW AT **Fall 137.**
[13] S. dazu *Köhler,* § 12 Rn. 17.
[14] S. dazu BGHZ 137, 205: nicht abgeholter Einschreibebrief; *Köhler,* § 6 Rn. 30 sowie PdW AT **Fall 45.**

entstünde.[15] Dabei geht es um eine rein objektive Beurteilung aus der Sicht des Schuldners. Es kommt daher nicht darauf an, ob der Gläubiger selbst Kenntnis von seiner Berechtigung hatte.[16] Im Mittelpunkt steht allein der Schutz berechtigten Vertrauens des Schuldners, welches sich aber in **konkreten Vertrauensdispositionen** niedergeschlagen haben muss.

S. dazu z. B. *BGH* NJW 2007, 1273: Der Unterhaltsschuldner, gegen den rückständiger Unterhalt über längere Zeit nicht eingefordert wird, pflegt „erfahrungsgemäß seine Lebensverhältnisse an die ihm zur Verfügung stehenden Einkünfte anzupassen, so dass er bei unerwarteten Unterhaltsnachforderungen nicht auf Rücklagen zurückgreifen kann und dadurch regelmäßig in Bedrängnis gerät".

Verwirkungsfähig sind alle subjektiven Rechte, darüber hinaus auch jede andere Rechtsposition, die gegenüber einem anderen geltend gemacht werden kann (z. B. die Berufung auf die Nichtigkeit eines Vertrags[17]).

Insbesondere angesichts der Tatsache, dass die Einschränkung der Rechtsausübung durch das Verjährungsrecht (§§ 194ff.) besonders geregelt ist, ist die Verwirkung als Ausnahmetatbestand besonders restriktiv zu handhaben und kann keinesfalls allein mit dem Verstreichen eines bestimmten Zeitraums begründet werden. Auch an den Nachweis konkreter Vertrauensdispositionen des Schuldners werden hohe Anforderungen gestellt.

So verwirkt etwa nicht seine Gewährleistungsrechte, wer ein mangelhaftes Fahrzeug zunächst weiterbenutzt[18], ebenso wenig verwirkt ein Mieter, der auf ein unberechtigtes Mieterhöhungsverlangen des Vermieters zunächst eine erhöhte Miete zahlt, seinen Rückforderungsanspruch.[19] Ein Gläubiger verwirkt einen rechtskräftig ausgeurteilten Zahlungsanspruch nicht allein dadurch, dass er über einen Zeitraum von 13 Jahren keinen Vollstreckungsversuch unternimmt.[20]

e) Unzumutbarkeit

Weitestgehend durch die Leistungsverweigerungsrechte nach § 275 II, III (s. dazu Rn. 414ff.) sowie durch § 313 (Geschäftsgrundlage, s. Rn. 560ff.) werden heute die Fälle der **Unzumutbarkeit** der Leistung aus **wirtschaftlichen oder persönlichen Gründen** erfasst, so dass ein Rückgriff auf § 242 nicht mehr erforderlich sein dürfte. 142

3. Korrekturfunktion von Gesetzen und Verträgen

Die letzte und zugleich problematischste Funktion des § 242 ist diejenige der **Korrektur des Gesetzesrechts** („rechtsethische Durchbrüche durch das Gesetzesrecht"[21]) 143
und der **Korrektur von Verträgen.** Das deutlichste Beispiel für eine solche Gesetzeskorrektur ist die Durchbrechung des Grundsatzes „Mark gleich Mark" durch das RG in der großen Inflation 1923 (vgl. o. Rn. 130). Aus neuerer Zeit kann die Durchbre-

[15] Vgl. dazu aus jüngerer *BGH* NJW 2014, 1230 Rn. 13; *BGH* NJW-RR 2014, 195 Rn. 11, jeweils mit umfangreichen Rechtsprechungsnachweisen.

[16] *BGH* NJW 2007, 2183 Rn. 8.

[17] S. aber *BGH* NJW 2004, 3330 für formnichtige Verträge: Vorrang der ebenfalls auf § 242 basierenden Grundsätze über die arglistige Berufung auf Formmängel.

[18] *BGH* NJW 2004, 160.

[19] *BGH* NJW-RR 2005, 1464; s. auch *BGH* NJW 2010, 1292: Keine Verwirkung des Anspruchs auf Mängelbeseitigung aus § 535 I 2.

[20] *BGH* NJW-RR 2014, 195.

[21] *Wieacker*, S. 36.

chung des § 253 BGB a. F. bei der Gewährung eines Geldersatzes wegen Persönlichkeitsverletzung genannt werden.[22]

Vor allem bei dieser dritten Funktion ist aber die größte Vorsicht nötig:[23] Keinesfalls darf der Richter einfach seine eigenen subjektiven Wertungen an die Stelle des vom Gesetzgeber oder von den Parteien Gewollten setzen. Vielmehr bedarf es zur Rechtfertigung einer solchen Korrektur eines „Rechtsnotstandes". Und diesen darf der Richter nicht schon dann annehmen, wenn *er selbst* das rechtspolitisch Wünschenswerte oder Nötige anders beurteilt als der Gesetzgeber. Er verstößt sonst gegen Art. 20 III GG (Rechtsstaatsprinzip).[24] Vielmehr muss sich der Richter hierüber eines breiten Konsenses und insbesondere auch der Zustimmung eines erheblichen Teils der Rechtswissenschaft sicher sein; darauf weist auch die von § 242 geforderte „Rücksicht auf die Verkehrssitte" hin. In normalen Zeiten kann ein solcher Rechtsnotstand wohl nur eintreten, wenn der parlamentarische Gesetzgeber auf ein anerkanntes neues Bedürfnis noch nicht reagieren konnte, oder wenn ihm durch außerrechtliche Gründe die Hände gebunden sind. Ein Beispiel für das Letztgenannte war die Rücksichtnahme der politischen Parteien auf die Presse, derentwegen die Regelung eines Geldersatzes wegen Persönlichkeitsverletzung unterblieben ist.[25] Ähnliche unselige Rücksichten hemmen die Gesetzgebung noch viel weitergehender im Arbeitsrecht (vor allem bei einer Regelung von Streik und Aussperrung).

144 Auch die Fälle der **Korrektur von Verträgen** sind heute weitestgehend durch spezielle Normen geregelt, die einen Rückgriff auf § 242 erübrigen. Hierzu zählen die Regelungen über die Inhaltskontrolle von AGB (§§ 305ff.), die Anpassung von Verträgen bei Störungen der Geschäftsgrundlage nach § 313 (s. Rn. 560) sowie das außerordentliche Kündigungsrecht nach § 314 (Rn. 658). Die Inhaltskontrolle von Individualverträgen oder von AGB-Bestimmungen, die aus dem Anwendungsbereich der §§ 305ff. ausgenommen sind (s. §§ 307 III, 310 I, II, IV) beruht hingegen weiterhin auf § 242.[26] Die Korrektivfunktion von § 242 spielt insbesondere im Arbeits- und Gesellschaftsrecht, aber auch bei Eheverträgen eine wichtige Rolle.[27]

V. Einwendung oder Einrede?

145 Hinzuweisen bleibt noch auf die **prozessuale Seite:** Nach der ganz h. M. ist ein Verstoß gegen Treu und Glauben von Amts wegen zu berücksichtigen; § 242 sei **Einwendung,** nicht Einrede.[28] Die Ausnahmefälle, in welchen Teile der Lit. bisher zutreffend eine einredeweise Geltendmachung des Verstoßes gegen Treu und Glauben verlangen (etwa eine Unzumutbarkeit der Leistung aus Gewissensgründen oder der Wegfall der Geschäftsgrundlage) sind jetzt ohnehin weitestgehend gesetzlich als Einrede (§ 275 III), als Anspruch oder als Gestaltungsrecht (§ 313) ausgestaltet. Str. ist die Frage weiterhin bei der **Verwirkung.**[29]

---

[22] So zuerst, wenn auch ohne rechte Problemsicht, BGHZ 26, 349; vgl. BT Rn. 1311.

[23] Vgl. insbes. *Neuner,* Die Rechtsfindung contra legem, 2. Aufl., 2005.

[24] S. etwa *BGH* NJW 2006, 3200 Rn. 15.

[25] Vgl. *Diedrichsen,* Die Flucht des Gesetzgebers aus der politischen Verantwortung im Zivilrecht, 1974, 56ff.

[26] S. dazu *Coester-Waltjen,* Die Inhaltskontrolle von Verträgen außerhalb des AGBG, AcP 190 (1990) 1.

[27] S. dazu MünchKomm/*G. H. Roth/Schubert,* § 242 Rn. 435ff. m. w. N. Für Eheverträge s. etwa BGHZ 158, 81.

[28] Vgl. z. B. BGHZ 3, 94, 103f.; 37, 147, 152.

[29] S. zum Ganzen Staudinger/*Looschelders,* § 242 Rn. 322ff.

§ 15. Einzelheiten der Leistungserbringung

Im Anschluss an die ganz allgemeine Vorschrift des § 242 regelt das BGB zunächst einzelne typische Schuldinhalte. Davon sind besonders wichtig die Gattungsschuld (§ 243, vgl. u. Rn. 189 ff.), die Geldschuld (§§ 244–248, vgl. u. Rn. 171 ff.) und die Schadensersatzschuld (§§ 249–255, vgl. u. Rn. 664 ff.). Eher selten ist die Wahlschuld (§§ 262–265, vgl. u. Rn. 201 ff.). Weniger bedeutsam sind auch die in den §§ 256–261 geregelten Pflichten; sie werden kurz in Rn. 204 ff. behandelt. Hier sollen jetzt zunächst die §§ 266 ff. erörtert werden: Sie beziehen sich nicht auf Verbindlichkeiten eines bestimmten Inhalts, sondern regeln bestimmte Einzelheiten der Leistungserbringung. 146

Die **praktische Bedeutung** dieser Regelungen liegt insbesondere in ihrer **Tatbestandsfunktion** im Rahmen anderer Regelungen, insbesondere von Anspruchsgrundlagen des Leistungsstörungsrechts. So kann insbesondere die Frage nach einer Pflichtverletzung i. S. v. § 280 I nur beantwortet werden, wenn die hier zu erörternden Einzelheiten der Leistungspflicht des Schuldners feststehen.

I. Teilleistungen

Dass sich Teilleistungen nicht zur Erfüllung eignen, wenn sie in ihrer Summe nicht die geschuldete Leistung ergeben, ist selbstverständlich. So kann, wer eine lebende Kuh schuldet, nicht zwei Hälften liefern. Dagegen sind viele andere Leistungen in dem Sinne *teilbar,* dass man die geschuldete Gesamtleistung ohne Wertminderung aus Teilen zusammensetzen kann (vgl. auch u. Rn. 883; 891 zu § 420). Das gilt insbesondere für Forderungen auf Geld, größere Warenmengen oder Sachgesamtheiten (etwa eine aus verschiedenen Komponenten bestehende Einbauküche). § 266 **verneint** aber auch bei solcher Teilbarkeit die Berechtigung des Schuldners zu Teilleistungen: Der Gläubiger soll vor den Belästigungen geschützt werden, die für ihn mit einer mehrfachen Leistung verbunden sein können.[1] Daher gerät der Gläubiger durch die Zurückweisung einer Teilleistung regelmäßig nicht in Annahmeverzug (vgl. u. Rn. 544) und vermeidet zugleich bestimmte Einschränkungen seiner Rechtsbehelfe im Falle einer Teilleistungsstörung (s. § 281 I 2, 3 sowie § 323 V, dazu unten Rn. 497, 514). 147

Eine Teilleistung liegt dabei nicht nur dann vor, wenn der Schuldner zu wenig leistet **(quantitative Teilleistung, Mankolieferung)**, sondern auch dann, wenn der (z. B. nach § 433 I 2) zur mangelfreien Leistung verpflichtete Schuldner eine mangelhafte Leistung anbietet **(qualitative Teilleistung).** So kann also etwa der Käufer die Annahme einer mangelhaften Sache nach § 266 verweigern, wenn der Mangel behebbar ist.[2] 148

Keine Teilleistung i. S. v. § 266 liegt hingegen vor, wenn im Falle **teilweiser Unmöglichkeit** (und damit auch im Falle eines unbehebbaren Mangels, s. Rn. 432) der Schuldner den noch möglichen Teil der Leistung anbietet: Der Schuldner ist dann nämlich von dem unmöglichen Teil der Leistungspflicht nach § 275 I („soweit") befreit, so dass der noch mögliche Teil der Leistung keine Teilleistung, sondern die ganze (noch) geschuldete Restleistung darstellt.[3] Der Gläubiger kann in einem solchen Fall die Restleistung zwar nicht nach § 266 ablehnen, aber unter den Voraussetzungen der §§ 326 V, 323 V 1 vom gesamten Vertrag zurücktreten (s. dazu Rn. 432 f.). 149

[1] RGZ 79, 359.
[2] S. BT Rn. 70 f.; zur Reichweite der Gleichstellung von Mankolieferung und Sachmangel im Kauf- und Werkvertragsrecht (§§ 434 III, 633 II 3) s. BT Rn. 99, 102 sowie PdW Schuldrecht II **Fall 26.**
[3] S. *S. Lorenz,* NJW 2003, 3097 sowie PdW Schuldrecht I **Fall 12.**

150 § 266 kann durch **Vereinbarung** abbedungen werden. So bedeutet die Verabredung von Ratenzahlungen, dass jede Rate die (zu diesem Termin geschuldete) ganze Leistung darstellt. In anderen Fällen ergibt sich die Zulässigkeit von Teilleistungen aus dem **Gesetz,** so bei Wechsel und Scheck (Art. 39 II WG, 34 II ScheckG). Auch in der Zwangsvollstreckung (vgl. § 757 I ZPO) und bei der **Aufrechnung** (vgl. § 389 *„soweit* sie sich decken") werden Teilleistungen für zulässig gehalten, obwohl das Gesetz es hier nicht eindeutig sagt (dazu u. Rn. 295). Weiter müssen sich die Insolvenzgläubiger nach § 187 II InsO mit Abschlagszahlungen zufriedengeben. Ähnlich zwingt § 497 III 2 beim Verbraucherkredit den Kreditgeber zur Annahme solcher Teilzahlungen, die sich nicht mit den vereinbarten Raten decken. Schließlich kann der Gläubiger auch **nach § 242** zur Annahme einer Teilleistung gehalten sein: Wenn jemand 50 Mehlsäcke schuldet, mit großer Mühe 49 ablädt und dann feststellt, dass er den fünfzigsten vergessen hat, braucht er die 49 Säcke nicht wieder mitzunehmen: Er darf nach § 242 den fünfzigsten nachbringen.

151 Regelmäßig – insbesondere bei *Geldforderungen* – wird der Gläubiger auch gegen Teilleistungen gar nichts einzuwenden haben; er wird im Gegenteil froh sein, wenigstens einen Teil der geschuldeten Leistung zu erhalten. *Problematisch* ist aus dem Bereich von § 266 im Wesentlichen nur die folgende Situation: Zwischen Gläubiger und Schuldner besteht Streit über die Höhe der Forderung. Der Schuldner will nur den geringeren Betrag zahlen, den er seiner Ansicht nach schuldet. Kann hier der Gläubiger diesen Betrag zurückweisen, um den Schuldner auf den ganzen nach seiner – des Gläubigers – Ansicht geschuldeten Betrag zu verklagen mit der Folge, dass der Schuldner auch hinsichtlich des Teils, den er zu zahlen bereit war, die Prozesskosten tragen muss (§ 91 ZPO)? Wäre das möglich, so gäbe § 266 dem Gläubiger ein Mittel, um den Schuldner hinsichtlich streitiger Spitzenbeträge zum Nachgeben zu zwingen. Die Frage spielt insbesondere für Schadensersatzforderungen eine Rolle, deren genaue Höhe sehr häufig umstritten ist.

152 Die h. M. **schränkt hier § 266** unter Berufung auf § 242 sehr **weitgehend ein.** So soll der Gläubiger eine Teilleistung annehmen müssen, wenn der Schuldner der Meinung sein darf, er schulde nicht mehr, oder wenn der Schuldner zu vollständiger Leistung außerstande ist. In Schadensersatzsachen unterscheidet man zudem die einzelnen Schadensposten (z. B. Reparaturkosten, Arztkosten, Verdienstausfall, Schmerzensgeld) und beurteilt die Vollständigkeit der Leistung für jeden Posten gesondert.[4]

II. Leistung durch Dritte

1. Allgemeines

153 Das Allgemeine Schuldrecht bestimmt nicht, unter welchen Voraussetzungen der Schuldner **in Person leisten muss.** Lediglich das Besondere Schuldrecht sieht für bestimmte Fälle die persönliche Leistungspflicht vor: § 613 (Dienstleistungen), vgl. auch §§ 664 (Beauftragter), 713 (geschäftsführender Gesellschafter), 691 (Verwahrer). Aber selbst hier gilt die persönliche Leistungspflicht nur „im Zweifel". Umgekehrt kann sich durch Auslegung auch bei anderen Typenverträgen eine persönliche Leistungspflicht ergeben (z. B. bei manchen Werkverträgen, etwa über wissenschaftliche Gutachten). Entscheidend ist stets, ob der Gläubiger erkennbar auf Leistung gerade durch den Schuldner Wert legt.

[4] Vgl. etwa MünchKomm/*Krüger,* § 266 Rn. 14 m. w. N.

Hiervon ist die weitere Frage zu unterscheiden, inwieweit der Schuldner zur Unterstützung seiner eigenen Tätigkeit **Erfüllungsgehilfen** (§ 278, vgl. u. Rn. 375ff.) einsetzen darf. Das ist ihm für die Vorbereitung der Leistung und für Nebenleistungen oft selbst dann gestattet, wenn im Übrigen persönliche Leistungspflicht besteht. So muss der Chirurg, der sich zu einer Operation verpflichtet hat, diese zwar selbst vornehmen.[5] Er darf aber die technische Vorbereitung ganz dem Hilfspersonal überlassen und muss sogar zu den Nebenleistungen bei der Operation Hilfspersonen heranziehen (s. auch BT Rn. 625).

2. Die Drittleistung

Wenn der Schuldner nicht in Person zu leisten hat, kann nach § 267 I ein Dritter die 154
Leistung bewirken. Dabei ist Dritter nur derjenige, den der Schuldner nicht in die Erfüllung eingeschaltet hat. Denn eine solche Einschaltung macht die betreffende Person zum *Erfüllungsgehilfen* (vgl. u. Rn. 375ff.), und eine Leistung durch ihn bedeutet rechtlich eine Leistung des Schuldners selbst. Andererseits muss der Dritte bei seiner Leistung im Rahmen einer sog. **Tilgungsbestimmung** auf die Verbindlichkeit des Schuldners Bezug nehmen, also erkennbar für diesen leisten wollen.[6] Denn wenn die Leistung des Dritten als Leistung auf dessen vermeintlich eigene Schuld erscheint, befreit sie den wirklichen Schuldner nicht. Vielmehr bewirkt dann die Leistung des Dritten keine Erfüllung und kann nach § 812 I 1 Alt. 1 zurückverlangt werden, vgl. BT Rn. 1213. Leistet der Dritte als Erfüllungsgehilfe des Schuldners, setzt er keine eigene Tilgungsbestimmung, sondern übermittelt diejenige des Schuldners nach § 362 I (dazu u. Rn. 261ff).[7]

Beispiel: G behauptet, von dem Hund des B gebissen worden zu sein. B leistet dem G Schadensersatz. Später stellt sich heraus, dass in Wahrheit der Hund des S den G gebissen hat. Dann hat B durch seine Zahlung, da er erkennbar nicht für S leisten wollte, den S auch nicht befreit. Vielmehr muss G an B zurückzahlen und kann weiter von S Leistung verlangen.

Nach **§ 267 II** kann der Gläubiger die Leistung des Dritten nur dann **ablehnen,** wenn auch der Schuldner widerspricht. Diese Situation ist nicht eben häufig: Meist findet sich schon niemand, der fremde Schulden begleichen will. Und wenn sich jemand findet, wird der Schuldner oft froh darüber sein und keineswegs widersprechen. Daraus kann sich für den Gläubiger eine unangenehme Konsequenz ergeben: Er muss, wenn der Schuldner nicht widerspricht, die Leistung des Dritten annehmen, um nicht in Gläubigerverzug zu geraten (vgl. u. Rn. 544ff.). Wenn aber der Dritte schlecht erfüllt, haftet der Schuldner für ihn mangels Einschaltung nicht nach § 278. Hier kann also sozusagen außerhalb der Verantwortung des Schuldners geleistet werden. Ist die Leistung des Dritten mangelhaft, so tritt (auch im Kaufrecht) keine Erfüllungswirkung ein, so dass die entsprechenden Ansätze zu einer korrigierenden Auslegung[8] mittlerweile überholt sein dürften. Für Verletzungen nicht leistungsbezogener Nebenpflichten (o. Rn. 113) kann eine Haftung des Dritten unter bestimmten Voraussetzungen auf §§ 311 III, 241 II gestützt werden (dazu u. Rn. 541ff.).

Ein besonderes **Rückgriffsrecht** gegen den befreiten Schuldner hat der Dritte bei § 267 nicht. Doch kann sich ein Rückgriff aus anderen Vorschriften ergeben, insbe-

[5] Vgl. *BGH* NJW 2008, 987 Rn. 7; *Biermann/Ulsenheimer/Weißauer,* NJW 2001, 3366.

[6] Vgl. *Gernhuber,* § 21 I 5, vgl. auch *C. Wolf,* Drittleistung und Leistungsmittlung, 1995, aus der Rspr. s. *BGH* ZIP 2008, 1911 Rn. 28.

[7] *BGH* ZIP 2008, 1922 Rn. 28.

[8] *Rieble,* JZ 1989, 830 m.w.N.

sondere aus §§ 683, 670 (berechtigte Geschäftsführung ohne Auftrag) oder § 812 I 1 Alt. 2 (Rückgriffskondiktion, vgl. BT Rn. 1211 ff.).

3. Ablösungsrecht

155 § 268 verbessert die Rechtsstellung des Dritten, wenn dieser ein besonderes Interesse an der Befriedigung des Gläubigers hat. Dafür nennt § 268 I zwei Fallgruppen: dass der Dritte Gefahr läuft, durch die Zwangsvollstreckung des Gläubigers ein Recht zu verlieren, oder dass der Dritte durch die Vollstreckung den Besitz zu verlieren droht. Dabei meint die erste Fallgruppe den Inhaber eines nachrangigen Rechts an einer Sache, dessen Recht durch die Vollstreckung eines vorrangig Berechtigten erlischt (vgl. §§ 1242 II BGB, 91, 52, 44 ZVG). Und bei der zweiten Fallgruppe geht es vor allem um Mieter und Pächter eines Grundstücks oder einer Wohnung: Sie laufen durch die Zwangsvollstreckung Gefahr, den Mietbesitz zu verlieren, weil ihnen der Ersteher des Grundstücks nach § 57 a ZVG kündigen kann.

Privilegiert ist der Ablösungsberechtigte **dreifach:** (1) Anders als nach § 267 II kann der Gläubiger die Leistung des Ablösungsberechtigten sogar bei Widerspruch des Schuldners nicht ablehnen. – (2) Der Ablösungsberechtigte kann auch durch Hinterlegung (vgl. u. Rn. 281 ff.) und Aufrechnung (vgl. u. Rn. 293 ff.) leisten, § 268 II. – (3) Die Forderung des durch den Ablösungsberechtigten befriedigten Gläubigers erlischt nicht, sondern geht auf den Ablösungsberechtigten über, § 268 III 1. Einen solchen Übergang kraft Gesetzes nennt man eine Legalzession (*cessio legis,* vgl. u. Rn. 779): Sie verschafft dem Ablösungsberechtigten einen gesicherten Rückgriff gegen den befreiten Schuldner. Dabei bedeutet das Privileg eines Gläubigers in § 268 III 2: Wenn der Ablösungsberechtigte den Gläubiger nur teilweise befriedigt, geht der nach §§ 268 III 1, 412, 401 etwa erworbene Pfandrechtsteil des Ablösungsberechtigten demjenigen Teil im Range nach, der dem Gläubiger verblieben ist. Auch wenn Ablösungsberechtigter und Gläubiger in dieselbe Sache vollstrecken, ist der Gläubiger mit Vorrang zu befriedigen.[9]

III. Leistungs- und Erfüllungsort

1. Grundbegriffe

156 Hinsichtlich des Ortes der Leistung sind zu unterscheiden: Der **Leistungsort** ist derjenige Ort, an dem der Schuldner die (abschließende) Leistungs**handlung** vorzunehmen hat. Dagegen ist der **Erfolgsort** derjenige Ort, an dem der Erfüllungs**erfolg** eintreten soll. Der im Gesetz (z. B. in § 447, 644 II) und häufig auch in Verträgen verwendete Begriff des „Erfüllungsorts" (vgl. u. Rn. 157 a. E.) ist dagegen missverständlich, da für die „Erfüllung" allein der Leistungs**erfolg** und nicht die Leistungs**handlung** maßgeblich ist (s. Rn. 257).

Im **internationalen Zivilprozessrecht** hat der Erfüllungsort eine wichtige Bedeutung für die **internationale Zuständigkeit** der Gerichte. Art. 7 Nr. 1 b der Europäischen Verordnung über die gerichtliche Zuständigkeit und die Anerkennung und Vollstreckung von Entscheidungen in Zivil- und Handelssachen (EuGVO) versucht hier eine eigene („autonome") Definition des Erfüllungsortes.[10]

Je nachdem, ob Leistungs- und Erfolgsort beim Gläubiger oder beim Schuldner liegen, ergeben sich die folgenden drei Schuldtypen:

---

[9] Vgl. *Gernhuber,* § 21 II 6.

[10] S. dazu etwa *EuGH* NJW 2011, 3018.

a) Holschuld

Leistungs- und Erfolgsort liegen beim Schuldner. Für die Leistungspflicht des Verkäufers einer beweglichen Sache bedeutet das etwa (§ 433 I 1): Der Käufer muss die Sache beim Verkäufer abholen; dort werden die Leistungshandlungen vorgenommen (Übergabe und Einigung nach § 929), und dort tritt der geschuldete Erfolg ein (Besitz- und Eigentumserwerb durch den Käufer).

b) Bringschuld

Hier liegen umgekehrt Leistungs- und Erfolgsort beim Gläubiger. Etwa der Sachverkäufer muss also die Kaufsache zum Käufer bringen und sie ihm dort übergeben und übereignen.

c) Schickschuld

Sie liegt gleichsam zwischen Hol- und Bringschuld. Denn der Leistungsort befindet sich hier beim Schuldner, der Erfolgsort beim Gläubiger. Der Sachverkäufer muss also, wenn er Schickschuldner ist, die Sache bei sich abschicken (Leistungshandlung); Besitz- und Eigentumserwerb (Leistungserfolg) treten aber erst ein, wenn die Sache beim Käufer ankommt. Wenn die gesetzliche Regelung einer Schickschuld besondere Regelungen über die Gefahrtragung oder die Kosten des Transports enthält (so etwa § 270 I für Geldschulden, s. Rn. 159, oder §§ 355 III 4, 357 VI für das verbraucherschützende Widerrufsrecht, s. Rn. 641 f.) spricht man auch von einer **„qualifizierten"** Schickschuld.

2. Die Regelung

a) Parteiwille und Umstände

Wie sich aus dem Eingangssatz von § 269 I ergibt, bestimmen den Leistungs- und den 157
Erfolgsort in erster Linie **die Parteien** selbst. Fehlt ein solcher Parteiwille, so ist auf die Umstände des Einzelfalles insbesondere auf die Natur des Schuldverhältnisses abzustellen. Da diese Orte oft nicht ausdrücklich vereinbart werden, gehen hier der durch Auslegung zu ermittelnde Parteiwille und die „Umstände" häufig fließend ineinander über. Abzustellen ist insbesondere auch auf eine entsprechende **Verkehrssitte.** So ist bei der Wohnungsmiete die Schuld des Vermieters da zu erfüllen, wo sich die Wohnung befindet; der zur Reparatur einer Wasserleitung verpflichtete Handwerker muss zu der Leitung kommen; Heizöl ist regelmäßig zum Käufer zu bringen (weil dieser keine eigene Transportmöglichkeit hat).

Für kaufrechtliche Gewährleistungsansprüche, also etwa für die Nacherfüllungspflicht (§ 439) ist daher nicht auf den ursprünglichen Erfüllungsort der Lieferpflicht abzustellen, sondern auf eine (wohl selten vorhandene) Parteiabrede bzw. die Verkehrsanschauung. Nach der neueren Rspr. des BGH ist dabei bei typischen Ladengeschäften Leistungsort der Sitz des Verkäufers, bei Gegenständen, die der Käufer ein- oder aufgebaut hat, der Sitz des Käufers.[11] Für die Rückabwicklungspflichten nach erfolgtem Rücktritt soll nach nicht unbestr. h. M. Leistungsort nicht der ursprüngliche Leistungsort, sondern derjenige Ort sein, an welchem sich der Gegenstand „vertragsgemäß befindet" (s. dazu u. Rn. 597).[12] S. dazu auch PdW Schuldrecht I **Fall 135.**

---

[11] S. *BGH* NJW 2011, 2278 = JuS 2011, 748 *(Faust);* eingehend BT Rn. 128.

[12] S. BGHZ 87, 104; zur Gegenansicht s. *Köhler,* FS Heinrichs, 1998, 367, 375; *Unberath/Cziupka,* JZ 2008, 867.

Nicht selten findet sich in Verträgen, insbesondere in AGB, aber auch im Gesetz eine Bestimmung über den *Erfüllungsort.* Was damit gemeint ist, muss durch Auslegung ermittelt werden: Das kann (so in §§ 447, 644 II und in § 29 ZPO) der Leistungsort sein. Unter Kaufleuten wird aber häufig bloß eine Gerichtsstandsvereinbarung beabsichtigt (so wenn in einem Mietvertrag steht: „Erfüllungsort ist das Amtsgericht in Münster": Natürlich soll dort weder geleistet werden noch ein Erfüllungserfolg eintreten). Der Gerichtsstand kann auch gegenüber einem Nichtkaufmann gemeint sein, doch sind solche Vereinbarungen dann nach den §§ 38, 40 ZPO weithin unwirksam (s. auch § 29 II ZPO).

b) Fehlen einer Parteivereinbarung

158 § 269 greift tatbestandlich erst ein, wenn den Parteivereinbarungen und den Umständen keine Ortsbestimmung entnommen werden kann. Leistungsort ist der Wohnsitz (Abs. 1) oder die gewerbliche Niederlassung (Abs. 2) des Schuldners: Die Schuld ist also **im Zweifel Holschuld.** Besonders wichtig ist Abs. 3: Der Empfangsort wird auch nicht allein dadurch zum Leistungsort, dass der Schuldner die Kosten der Versendung übernommen hat. Die Schuld wird also durch die Kostenübernahme nicht zur Bringschuld, sondern allenfalls zur **Schickschuld.** Das ist von besonderer Bedeutung im Zusammenhang mit den Gefahrtragungsregelungen für den Versendungskauf und den Versendungswerkvertrag, weil die einschlägigen Normen (§§ 447, 644 II) voraussetzen, dass „an einen anderen Ort als den Erfüllungsort" (gemeint ist dabei der Leistungsort i. S. v. § 269, s. oben Rn. 156) versandt wird.

c) Geldschulden

159 Für die **Geldschuld** (vgl. u. Rn. 171 ff.) bringt § 270 eine Sonderregelung: Hier soll der Schuldner regelmäßig (Ausnahme Abs. 3) die Kosten und die Gefahr der Übermittlung zum Wohnsitz (Abs. 1) oder zur gewerblichen Niederlassung (Abs. 2) des Gläubigers tragen. Danach könnte man die Geldschuld für eine Bringschuld halten. Nach § 270 IV bleiben aber durch diese Regelung die Vorschriften über den Leistungsort unberührt. Gemeint ist damit § 269, wonach der Leistungsort regelmäßig beim Schuldner liegt. Damit ist die Geldschuld nach h. M. **(qualifizierte) Schickschuld** (mit einer besonderen Regelung der Leistungsgefahr, da dem Schuldner die Berufung auf § 243 II versagt ist, vgl. u. Rn. 162).

U.A. im Hinblick auf die Rechtsprechung des EuGH, der im Zusammenhang mit Art. 3 I lit. c der EU-Zahlungsverzugsrichtlinie[13] festgestellt hat, dass nicht bereits die rechtzeitige Absendung eines Geldbetrags, sondern erst dessen Gutschrift auf dem Empfängerkonto den Eintritt des Verzugs (§ 286) verhindere oder diesen beende, wird in der Literatur vertreten, die Geldschuld generell (d. h. über den nur Unternehmer erfassenden persönlichen Anwendungsbereich der Zahlungsverzugsrichtlinie hinaus) nicht mehr als qualifizierte Schickschuld, sondern als (modifizierte) Bringschuld anzusehen.[14] Der Vorbehalt des § 270 IV hätte dann nur noch für den Gerichtsstand des Erfüllungsorts Bedeutung, d. h. der Gläubiger muss den Geldschuldner an dessen Wohnsitzgericht verklagen. Indes nötigen weder die (nur im Verhältnis zwi-

---

[13] Richtlinie 2000/35/EG des Europäischen Parlaments und des Rates vom 29. Juni 2000 zur Bekämpfung von Zahlungsverzug im Geschäftsverkehr, Abl. Nr. L 200 S. 35, mit Wirkung vom 16. 3. 2013 aufgehoben durch die Richtlinie 2001/7/EU des Europäischen Parlaments und des Rates vom 16. 2. 2011 zur Bekämpfung von Zahlungsverzug im Geschäftsverkehr (Neufassung), Abl. EU L 48 S. 1.

[14] So etwa *Herresthal,* ZGS 2008, 259; *Harke,* AT, Rn. 149; *Looschelders,* AT, Rn. 235; *Brox/Walker,* AT, § 12 Rn. 17; grundlegend *Schön,* AcP 198 (1998) 401, 402.

schen Unternehmern geltende) Zahlungsverzugsrichtlinie noch das Urteil des EuGH zu einer solchen Sichtweise.[15] Ausreichend ist es vielmehr, diese Frage im Rahmen des Verzugs (§ 286) zu berücksichtigen (s. u. Rn. 470).

d) Schuldverhältnisse mit mehreren Pflichten

Begründet ein Schuldverhältnis mehrere Pflichten, so ist der Leistungsort für jede Pflicht eigens festzustellen. Das gilt insbesondere auch beim gegenseitigen Vertrag. Hier können sich also für die Leistungs- und die Gegenleistungspflicht jeweils verschiedene Leistungs- und Erfolgsorte ergeben. So liegen nach § 269 für die Lieferungsschuld des Verkäufers Leistungs- und Erfolgsort regelmäßig bei diesem (Holschuld). Dagegen ist die Geldschuld des Käufers nach § 270 Schickschuld (Leistungsort beim Käufer, Erfolgsort beim Verkäufer). Für die örtliche Zuständigkeit nach § 29 ZPO (Gerichtsstand des Erfüllungsorts) kommt es ebenfalls auf die jeweils streitige Verpflichtung an (anders bei der internationalen Zuständigkeit nach Art. 7 Nr. 1b EuGVO: Einheitlicher Gerichtsstand für Leistung und Gegenleistung beim Verkauf beweglicher Sachen und bei Dienstleistungen). 160

Wegen dieser Verschiedenheit eignet sich der „Erfüllungsort" (meist als Leistungsort verstanden) auch schlecht als Anknüpfungspunkt für die international-privatrechtliche Einordnung eines Vertrags: Die verschiedenen Pflichten würden dadurch häufig verschiedenen Rechtsordnungen unterfallen (z. B. die Übereignungspflicht nach deutschem, die Zahlungspflicht nach französischem Recht zu beurteilen sein). Dementsprechend bevorzugt Art. 4 der Rom I-VO[16] eine für den ganzen Vertrag einheitliche Regelung ohne Anknüpfung an den Erfüllungsort (s. dazu auch BT Rn. 356, 362).

3. Die Bedeutung von Leistungs- und Erfolgsort

Die vertragliche oder gesetzliche Regelung von Leistungs- und Erfolgsort bedeutet nicht, dass die Schuld wirklich in der sich daraus ergebenden Weise abgewickelt werden müsste. Vielmehr kann z. B. der Bringschuldner die geschuldete Sache auch schicken; wo der Gläubiger holen müsste, kann er um Zusendung der Sache bitten. Wesentlich ist aber die mit der örtlichen Einordnung der Schuld verbundene **Verteilung der Gefahr.** Dabei muss man unterscheiden: 161

a) Leistungsgefahr

Wenn die vom Schuldner für die Leistung vorgesehene Sache vor dem Eintritt des Erfüllungs*erfolgs* untergeht, ist der Schuldner noch nicht nach § 362 I durch Erfüllung befreit (s. Rn. 257). Es stellt sich daher die Frage, ob er Ersatz besorgen muss. Diese Frage beantwortet § 275 I: Wenn die Leistung unmöglich ist, ist der Schuldner befreit. Damit kommt eine Verpflichtung des Schuldners, Ersatz zu besorgen nur bei der Gattungs- und der Geldschuld in Betracht besteht. Für die Gattungsschuld folgt die Verteilung der **Leistungsgefahr** (s. dazu Rn. 418) aus § 243 II: Diese geht mit der **Konkretisierung** (d. h. der Vornahme der nötigen Leistungs*handlungen* durch den Schuldner) auf den Gläubiger über, weil die Gattungsschuld dann zur Stückschuld geworden ist. Der Schuldner schuldet dann nur noch den konkretisierten Leistungsgegenstand und wird demzufolge bei dessen Untergang nach § 275 I befreit (s. Rn. 198). Für die **Geldschuld** sagt § 270 I, der Schuldner habe das Geld „auf seine 162

[15] So zutreffend MünchKomm/*Krüger,* § 270 Rn. 17; *M. Schwab,* NJW 2011, 2833ff.; *Heyers,* JZ 2012, 398, 400.

[16] VO (EG) Nr. 593/2008 v. 17.6.2008 über das auf vertragliche Schuldverhältnisse anzuwendende Recht.

Gefahr“ an den Gläubiger zu übermitteln: Kommt es nicht an, muss der Schuldner also neues absenden.

Hier unterscheiden sich Gattungs- und Geldschuld: Wenn die Gattungsschuld Schickschuld ist, hat der Schuldner mit der Absendung das zur Leistung seinerseits Erforderliche getan; die Leistungsgefahr ist daher auf den Gläubiger übergegangen (vgl. u. Rn. 198). Dagegen trägt der Schuldner die Leistungsgefahr bei der Geldschuld (die ja gleichfalls Schickschuld ist, vgl. o. Rn. 159) auch nach der Absendung noch bis zur Ankunft beim Gläubiger.

b) Verspätungsgefahr

163 Die örtliche Einordnung der Schuld ergibt auch, wonach die **Rechtzeitigkeit** der Leistung des Schuldners beurteilt wird. So genügt bei der Schickschuld die rechtzeitige Absendung. Aus diesem Grund beendet grundsätzlich auch die Vornahme der Leistungshandlung den Schuldnerverzug (§ 286, s. dazu Rn. 470). Bei der Geldschuld trägt hingegen – zumindest im Verhältnis zwischen Unternehmern – der Schuldner das Verzögerungsrisiko (s. o. Rn. 159 sowie u. Rn. 470). Insoweit trägt also der Schuldner die Gefahr, dass das rechtzeitig abgesendete Geld beim Gläubiger verspätet ankommt.[17]

c) Gegenleistungs(Preis)gefahr

164 Sie tritt nur beim gegenseitigen Vertrag auf. Gemeint ist nämlich die Gefahr, dass der Gläubiger, der eine unmöglich gewordene Leistung nicht mehr fordern kann, dennoch im Widerspruch zur Grundregel des § 326 I 1 die Gegenleistung erbringen muss (wie in den Fällen von §§ 326 II, 446, 447, s. Rn. 428ff.; zum Kauf s. auch BT Rn. 44ff.; zum Werkvertrag s. BT Rn. 734f).

4. Die Leistungsstelle

165 Leistungs- und Erfolgsort bezeichnen eine politische Gemeinde. Haben Schuldner und Gläubiger aber den Wohnsitz in derselben Gemeinde (sog. „Platzgeschäft“), stellt sich die Frage, wo genau innerhalb der Gemeinde die Leistung zu erbringen ist. Auf diese sog. Leistungsstelle wird § 269 analog angewendet. Aber auch sonst kann sich die Notwendigkeit ergeben, den Leistungsort innerhalb einer Gemeinde zu präzisieren. So waren im Fall von BGHZ 87, 104 (PdW Schuldrecht II **Fall 40**) fehlerhafte Dachziegel geliefert und vom Käufer zum Dachdecken verwendet worden; dann „wandelte“ der Käufer wegen des Mangels (damals §§ 459, 462, 467 a. F., jetzt Rücktritt nach §§ 437 Nr. 2, 323, 346). Hier ergab sich wegen der Kosten die Frage, wo der Verkäufer die mangelhaften Ziegel zurückzunehmen hatte: auf dem Dach oder auf ebener Erde. BGHZ 87, 104, 111 hat diese „Leistungsstelle“ ähnlich wie den Leistungsort bestimmt (nämlich auf dem Dach, weil sich die Ziegel dort aufgrund des Vertrags befanden)[18], s. dazu u. Rn. 597.

IV. Leistungszeit

Literatur: *Christiansen,* Forderungsrecht und Leistungszeit, 1998; *Kohler,* Fälligkeit beim Verbrauchsgüterkauf, NJW 2014, 2817.

---

[17] Gegen die von einer starken Literaturansicht vorgeschlagenen Ausweitung dieser richtlinienkonformen Auslegung auf den nicht unternehmerischen Bereich zutr. *Faust,* JuS 2009, 81, 83.

[18] S. zur Abgrenzung aber *BGH* NJW 2009, 1660 Rn. 21.

1. Grundbegriffe

Die Frage, wann der Schuldner leisten muss oder darf, ist allgemein in § 271 geregelt. Für den Sonderfall des **Verbrauchsgüterkaufs** besteht (in Umsetzung der VerbraucherrechteRl. der EU) seit dem 13.6.2014 eine spezielle Regelung in § 474 III (s. dazu BT Rn. 233a; zum Einfluss auf das Rücktrittsrecht nach § 323 siehe u. Rn. 487). **166**

Für die zeitliche Dimension der Leistung unterscheidet § 271 (und auch § 474 III) zwei Zeitpunkte: (1) die Zeit, zu welcher der Gläubiger die Leistung verlangen kann **(Fälligkeit);** (2) die Zeit, zu welcher der Schuldner die Leistung bewirken kann **(Erfüllbarkeit).** Dabei muss die Erfüllbarkeit spätestens zugleich mit der Fälligkeit vorliegen: Der Schuldner kann ja nicht zur Leistung verpflichtet sein, wenn er noch nicht zu erfüllen vermag. Doch kann die Erfüllbarkeit schon vor der Fälligkeit eintreten: Wenn z. B. Geld zum 1. 6. unverzinslich geschuldet wird, hat doch regelmäßig auch eine frühere Zahlung Erfüllungswirkung.

2. Die Regelung

a) Parteiwille und Umstände

Wie der Ort, so ist auch die Zeit der Leistung in erster Linie **durch Vereinbarung oder aus den Umständen** zu bestimmen. Eine ausdrückliche Vereinbarung besteht häufig für die **Fälligkeit:** So wird etwa vereinbart, wann ein verkauftes Auto zu liefern, ein versprochener Hausbau fertigzustellen oder der vereinbarte Preis zu zahlen ist (gegebenenfalls in Teilen zu verschiedenen Zeitpunkten: Ratenzahlung). Wo der Schuldner den Umfang seiner Verpflichtung nicht kennt, wird diese regelmäßig erst mit der Rechnungserteilung fällig.[19] Der Zeitpunkt der Fälligkeit kann auch zunächst offenbleiben und erst nachträglich durch eine Kündigung bestimmt werden. Das ist insbesondere bei Forderungen der Fall, die sich aus der Beendigung von Dauerschuldverhältnissen (vgl. o. Rn. 12) ergeben: so etwa §§ 542, 546 I für die Miete, § 488 I 2 für das Gelddarlehen und §§ 608, 607 I 2 für das Sachdarlehen. Möglich ist auch, dass dem Schuldner die Bestimmung der Fälligkeit nach § 315 überlassen wird.[20] 167

Grenzen für Parteivereinbarungen setzt seit dem 1.1.2015 die (in Umsetzung der Neufassung der EU-Richtlinie zur Bekämpfung von Zahlungsverzug im Geschäftsverkehr[21]) neugeschaffene Regelung des § 271 a. Danach müssen Vereinbarungen, welche die Fälligkeit einer Entgeltforderung mehr als 60 Tage nach Empfang der Gegenleistung festsetzen, ausdrücklich geschlossen werden. Sie sind überdies **unwirksam,** wenn sie „im Hinblick auf die Belange des Gläubigers … grob unbillig" sind. Ähnliches gilt, wenn eine für die Fälligkeit erforderliche Überprüfung oder Abnahme der Gegenleistung (so im Werkvertragsrecht nach § 641 I, s. BT Rn. 718) mehr als 30 Tage hinausgeschoben wird. Ist der Schuldner ein **öffentlicher Auftraggeber** i. S. v. § 98 Nr. 1–3 GWB, so sind die Fristen nach Abs. 2 noch kürzer: Eine vereinbarte Zahlungsfrist von über 30 Tagen nach Empfang der Leistung ist dann nur wirksam, wenn sie ausdrücklich getroffen wird und „aufgrund der besonderen Natur oder **168**

---

[19] Zur Möglichkeit der Verbindung einer solchen fälligkeitsbegründenden Handlung mit einer Mahnung (§ 286 I) s. u. Rn. 460.

[20] Vgl. *BGH* NJW 1983, 2934.

[21] Richtlinie 2011/7/EU v. 16.2.2011 zur Bekämpfung von Zahlungsverzug im Geschäftsverkehr, Abl. EU 2011 L 48 S. 1 ff.

der Merkmale des Schuldverhältnisses sachlich gerechtfertigt ist". Die Vereinbarung einer Frist von mehr als 60 Tagen ist ohne weiteres unwirksam.

Wird eine solche verlängerte Zahlungs- oder Abnahmefrist in **AGB** vereinbart, gilt auch unterhalb der Grenze des § 271a nach § 308 Nr. 1, 2 ein strengerer Maßstab: Danach sind „unangemessen lange" Fristen unwirksam. Dabei ist gegenüber einem unternehmerischen Verwender (Verbraucher werden als Verwender ohnehin kaum vorkommen) eine Zahlungsfrist von mehr als 30 Tagen nach Empfang der Gegenleistung und einer allfälligen Rechnung oder Zahlungsaufstellung im Zweifel unangemessen lang. Bei Vereinbarung einer Überprüfungs- oder Abnahmefrist ist nach § 308 Nr. 1 im Zweifel eine Frist von über 15 Tagen als unangemessen lang anzusehen.

169 Ist vertraglich eine Zeit nur für die Fälligkeit, nicht aber für die **Erfüllbarkeit** vereinbart, so darf der Schuldner nach § 271 II „im Zweifel" auch **vor Eintritt der Fälligkeit** leisten. Häufig wird der Schuldner schließlich nichts dagegen haben, die Leistung schon früher als geschuldet zu erhalten.

Dabei handelt es sich allerdings lediglich um eine **Auslegungsregel** („im Zweifel"). Die Parteien können daher ausdrücklich oder konkludent vorrangige Vereinbarungen auch über die Erfüllbarkeit treffen. Auch kann sich ein Verbot vorfälliger Leistungen aus dem Vertragszweck und der Interessenlage der Parteien ergeben. Das gilt insbesondere bei der Verwahrung und beim verzinslichen Darlehen (doch vgl. § 500 II für das Verbraucherdarlehen). Hier tritt die Erfüllbarkeit nach dem Parteiwillen erst mit der Fälligkeit ein, denn der Darlehensgeber will ja seine Zinsen verdienen. Will der Schuldner dennoch vor Fälligkeit leisten (weil er etwa ein Darlehen frühzeitig zurückzahlen will), muss er dies mit dem Gläubiger vereinbaren. Banken gewähren eine solche Möglichkeit häufig nur gegen Zahlung einer sog. „Vorfälligkeitsentschädigung", s. dazu auch §§ 490 II, 502 sowie BT Rn. 579ff, 600. Auch bei Angabe eines „unverbindlichen Liefertermins" kann eine vorfällige Leistung ausgeschlossen sein, wenn der Gläubiger für die Verwendung der Leistung bestimmte Vorbereitungen zu treffen hat, sich also erst auf die Leistung „einrichten" muss.[22]

b) Fehlen einer Parteivereinbarung

170 Fehlen eine Parteivereinbarungen über die Fälligkeit und die Erfüllbarkeit und ergeben sich deren Zeitpunkte auch nicht aus den Umständen des Vertrags, so treten sowohl Fälligkeit als auch Erfüllbarkeit nach § 271 I **sofort** ein (anders § 474 III für die Fälligkeit der Forderungen aus einem Verbrauchsgüterkauf: unverzüglich, s. unten Rn. 487 und BT Rn. 233a).

Der daraus und aus dem Recht des Schuldners zu vorfälliger Leistung (o. Rn. 169) resultierenden Gefahr für den Gläubiger, durch die Nichtannahme einer unangekündigten Leistung in Gläubigerverzug (§§ 293ff) zu geraten, beugt dabei § 299 vor, s. dazu unten Rn. 546.

Bei der vorzeitigen Zahlung einer unverzinslichen Schuld darf der Schuldner aber gem. § 272 keine Zwischenzinsen abziehen (Ausnahmen aber in §§ 1133 S. 3, 1217 II 2 BGB, 41 II, 46 InsO, 111 ZVG).

§ 16. Die Geldschuld

Literatur: *Bezzenberger,* Das Verbot des Zinseszinses, WM 2002, 1617; *Grothe,* Fremdwährungsverbindlichkeiten, 1999 (dazu *Reiner,* JZ 2000, 354); *Herresthal,* Das Ende der Geldschuld als qualifizierte Schickschuld, ZGS 2008, 259; *Heyers,* Rechtsnatur der Geldschuld und Überweisung …, JZ 2012, 398; *H. Honsell,* Vier Rechtsfragen des Geldes, FS Canaris, Bd. I, 2007, 461; *Horn,* Geldwertveränderungen, Privatrecht und Wirtschaftsordnung, 1975; *Kindler,* Gesetzliche Zinsansprüche im Zivil- und Handelsrecht, 1996; *Kirchhoff,* Das Verbot der Wertsicherungsklauseln im neuen Preisklauselgesetz, DNotZ 2007, 913; *Kratzmann,* Das Geld: Vertragsobjekt, Rechtskonstrukt und ökonomische Größe, 2004; *Me-*

[22] S. *BGH* NJW 2007, 1198 Rn. 10f. (Lieferung einer Einbauküche).

der, Die Erfüllung einer Geldschuld im Einzugsermächtigungsverfahren, JZ 2005, 1089 (zu *BGH* ebenda 1108); *Medicus,* Ansprüche auf Geld, JuS 1983, 897; *ders.*, „Geld muß man haben", AcP 188 (1988) 489; *Ohler,* Die hoheitlichen Grundlagen der Geldordnung, JZ 2008, 317; *Reifner,* „Geld hat man zu haben" – „soweit nichts anderes vereinbart", in Liber amicorum Norbert Reich, 1997, 623; *Schön,* Prinzipien des bargeldlosen Zahlungsverkehrs, AcP 198 (1998) 401; *M. Schwab,* Geldschulden als Bringschulden?, NJW 2011, 2833.

I. Regeln und Regelungslücken

Die BGB-Regeln für Schuldverhältnisse sind vor allem an der Sachschuld in der Form 171
der Stückschuld orientiert (vgl. o. Rn. 123). Demgegenüber wird die Geldschuld mit wenigen Vorschriften abgetan (im Allgemeinen Schuldrecht vor allem die §§ 244–248, 270, 272, 288–291, 301). Dabei ist die Geldschuld besonders häufig: Im gegenseitigen Vertrag richtet sich regelmäßig die Leistungspflicht der einen Partei auf Geld (Kaufpreis, Miete, Dienstlohn usw.), beim verzinslichen Gelddarlehen gilt das sogar für die Leistungspflichten beider Parteien. Zudem können auch alle zunächst auf einen anderen Gegenstand gerichteten Verbindlichkeiten in einen auf Geld gerichteten Schadensersatz- (§§ 249 II, 251, 253 II) oder Wertersatzanspruch (§§ 346 II, 818 II) übergehen.

Freilich mochte der BGB-Gesetzgeber Geld noch als einen relativ problemlosen Leistungsgegenstand ansehen, bei dem z. B. Unmöglichkeitsfragen und die Schwierigkeiten der Mängelhaftung (insbesondere §§ 437 ff.) nicht auftreten: Geld war eben Geld (und damals gleichwertig mit einer bestimmten Menge Gold). Diese Situation ist jedoch inzwischen durch die Lösung der Bindung des Geldes an ein Edelmetall, durch zwei „heiße" Inflationen und eine schleichende, fast nicht unterbrochene Geldentwertung gründlich verändert worden: Eine bestimmte Geldsumme vor zehn Jahren ist derselben Summe heute keineswegs gleichwertig. Dieser Geldwertschwund hat auch Bedeutung für die Zinshöhe insofern, als der Gläubiger in dem Zins einen Ausgleich für den Schwund suchen wird. Eine Regelung dieser Probleme ist im BGB erst bruchstückhaft eingefügt worden; am ehesten wirken die Dynamisierung und wesentliche Erhöhung des Verzugszinses im Jahr 2002 (vgl. u. Rn. 183).

II. Die normale Geldschuld

Eine Geldschuld verpflichtet den Schuldner dazu, dem Gläubiger die Verfügungsmacht über den durch den Nennbetrag der Schuld ausgedrückten Vermögenswert zu verschaffen. Die Geldschuld ist daher eine Wertverschaffungsschuld (sog. **Geldsummenschuld**) und keine Sachschuld, damit auch keine Gattungsschuld.

1. Die Währung

Den Normalfall der Geldschuld bildet die in **inländischer Währung** zu erfüllende 172
Schuld. Diese Währung ist seit dem 1.1.2002 der Euro.

2. Barzahlung

Der BGB-Gesetzgeber hat, obgleich er das nirgendwo ausdrücklich sagt, bei der Erfül- 173
lung von Geldschulden an die Übereignung von Geldzeichen, also **Barzahlung** gedacht. Das zeigt etwa die Erwähnung des Geldes als bewegliche Sache in den §§ 935 II, 1006 I 2 und 1007 II 2. Diese Barzahlung bildet auch heute noch bei den kleineren Geschäften des täglichen Lebens die Regel. Hier steht dem Schuldner die Wahl der Geldzeichen grundsätzlich frei: Auf Euro lautende Banknoten sind unbeschränkte gesetzliche Zahlungsmittel (§ 14 I 2 BBankG), ansonsten ist niemand verpflichtet, mehr

als 50 Münzen bei einer einzelnen Zahlung anzunehmen (Art. 11 der EG-Euro-EinführungsVO Nr. 974/98). Allerdings kann faktisch durch die Aufstellung bestimmter Automaten die Wahl von Zahlungsmitteln (z. B. nur bestimmte Münzen in Parkuhren) vorgegeben werden. Auch sind abweichende Vereinbarungen zulässig (wenn etwa durch Aushang an der Zapfsäule einer Tankstelle, d. h. vor Vertragsschluss, darauf hingewiesen wird, dass keine 200 Euro-Banknoten angenommen werden).

3. Zahlung durch Buchgeld

174 Neben dem Bargeld steht heute mit erheblich größerer Bedeutung das Buchgeld. Dieses besteht aus **Bankguthaben,** also aus Forderungen gegen Banken. In Buchgeld wird gezahlt, wenn der Schuldner dem Gläubiger ein solches Guthaben verschafft (oder eine Schuld des Gläubigers gegenüber seiner Bank, dessen Konto auf einen negativen Betrag lautet, vermindert). Das geschieht bisweilen durch *Einzahlung* auf das Konto des Gläubigers, viel häufiger durch **Überweisung** von einem Konto des Schuldners. Eine Zahlung durch Überweisung hat nur Erfüllungswirkung, wenn dies vertraglich vereinbart wird, was freilich häufig konkludent (etwa durch Angabe der Bankverbindung) geschieht. **Erfüllungswirkung** (s. Rn. 257) tritt jedenfalls erst dann ein, wenn der Betrag auf dem angegebenen Empfängerkonto zur freien Verfügung **gutgeschrieben** wird.[1] Die Überweisung auf ein anderes als das angegebene Konto hat keine Erfüllungswirkung.[2]

Aus diesem Grund hat die Rspr. sog. **Fakultativklauseln** in AGB nach § 307 (früher § 9 AGBG) für unwirksam erklärt[3]: In den Bankformularen für Überweisungsaufträge war die vom Auftraggeber auszufüllende Angabe des Empfängerkontos durch die vorgedruckten Worte „oder ein anderes Konto des Empfängers" ergänzt.

Im Geschäftsverkehr wird der Zahlungsverzug (§ 286) ebenfalls erst durch die Gutschrift auf dem Empfängerkonto, also durch Eintritt des Leistungserfolgs beendet.[4]

Die Überweisung ist gesetzlich in den §§ 675 c ff. im Rahmen der sog. „Zahlungsdienste" geregelt (s. dazu BT Rn. 887 ff.). Die Überweisung ist ein Geschäftsvorgang (i. d. R. ein unselbständiger „Zahlungsauftrag" [§§ 675 n ff.] im Rahmen eines „Zahlungsdiensterahmenvertrags" [§ 675 f]), den eine Bank auf Veranlassung einer Person durchführt, um dem Empfänger einen Geldbetrag zur Gutschrift auf dessen Konto zur Verfügung zu stellen. Sie setzt sich zusammen aus der Abbuchung vom Konto des Überweisenden, der Weiterleitung an die Bank des Begünstigten und die Gutschrift auf dessen Konto. Ähnlich funktionieren andere moderne Zahlungssysteme, insbesondere online-Bezahlsysteme wie etwa „paypal" oder „click&buy".

175 Geldschulden werden gelegentlich auch durch die Übergabe oder Übersendung eines **Schecks** beglichen, den der Gläubiger seiner Bank zur Gutschrift auf seinem Konto einreicht. Die Zahlung stellt eine Anweisung des Ausstellers an die bezogene Bank dar, dem Inhaber einen bestimmten Betrag (Barscheck) bar oder durch Gutschrift (Verrechnungsscheck) zu bezahlen. Die Scheckhingabe stellt daher gem. § 364 II eine Leistung erfüllungshalber dar (s. Rn. 277 ff.). Erfüllungswirkung tritt also erst mit Gutschrift des Schecks zugunsten des Scheckberechtigten ein.

---

1 *BGH* NJW 1999, 210 f.
2 BGHZ 98, 24, 30.
3 BGHZ 98, 24.
4 *EuGH* NJW 2008, 1935, dazu u. Rn. 460.

Aus der Scheckzahlungsabrede der Parteien ergibt sich für den Schuldner ein Leistungsverweigerungsrecht bezüglich der Forderung bis zur Rückgabe des unbezahlten Schecks, so dass der Gläubiger das Risiko des Verlustes des Schecks und der Einlösung durch einen Nichtberechtigten trägt.[5]

Ebenso stellt die – heute gegenüber der Scheckzahlung viel häufigere – Zahlung mit **Kreditkarte** oder **electronic cash-Karte** lediglich eine Leistung erfüllungshalber dar. Das Kreditkartenunternehmen garantiert dem Vertragsunternehmen, welches die Zahlung durch Karte akzeptiert, im Rahmen eines abstrakten Schuldversprechens (§ 780, dazu BT Rn. 1043) die Zahlung des belasteten Betrages.[6] Damit übernimmt – anders als im Falle einer Scheckzahlung oder Überweisung – das die Karte ausgebende Unternehmen das Risiko der Zahlungsunfähigkeit des Karteninhabers und im Verhältnis zum Gläubiger in bestimmten Ausmaß auch das Missbrauchsrisiko (zu den Einzelheiten s. §§ 675 u ff.). 176

4. Weitere Probleme

Weitere Probleme zur Geldschuld sind an anderen Stellen behandelt: die Möglichkeit von Teilleistungen (o. Rn. 147), Leistungs- und Erfüllungsort (o. Rn. 159), die Verspätungs- und Leistungsgefahr (o. Rn. 163 f.; u. Rn. 418) sowie die Haftung bei Geldmangel (u. Rn. 394 ff.). 177

III. Besondere Arten der Geldschuld

1. Fremdwährungsschulden

Nach **§ 244** kann eine **nicht in Euro** ausgedrückte Geldschuld, die im Inland zu zahlen ist, bei Fehlen einer abweichenden Vereinbarung (einer „Effektivklausel“) in inländischer Währung gezahlt werden. Man spricht hier von einer *unechten Valutaschuld* (im Gegensatz zur echten, die wegen der Effektivklausel zwingend in der vereinbarten ausländischen Währung zu zahlen ist). Hier will § 244 die Erfüllbarkeit insbesondere gegen Hindernisse sichern, die durch die Devisengesetzgebung des Auslandsstaats geschaffen werden könnten (z. B. ein Ausfuhrverbot für Devisen). Dagegen würden Hindernisse aus der inländischen Devisengesetzgebung dem Zivilrecht vorgehen. 178

2. Geldsortenschuld

Ähnlich wie § 244 die Erfüllbarkeit einer (unechten) Valutaschuld sichert, gewährleistet **§ 245** die Erfüllbarkeit der auf eine **bestimmte** (in- oder ausländische) **Münzsorte** lautenden Geldschuld: Wenn sich diese Münzsorte (z. B. 5 Euro-Stücke) zur Zeit der Zahlung nicht im Umlauf befindet, wird die Sortenklausel gestrichen, der Schuldner kann also in beliebigen Geldzeichen erfüllen. 179

§ 245 ist jedoch insofern nachgiebig, als die Parteien die Zahlung in der vereinbarten Sorte auch unbedingt verabreden können („eigentliche Geldsortenschuld“). Dann liegt keine Geldschuld mehr vor, sondern eine Gattungsschuld. Das Verschwinden der Gattung führt dann zur Unmöglichkeit der Leistung.

3. Geldherausgabeschuld

Keine echte Geldschuld ist die **Geldherausgabeschuld.** Anders als die Geldschuld, die als Geldsummenschuld nicht auf die Übereignung bestimmter Geldzeichen, sondern 180

[5] S. *BGH* NJW-RR 2007, 1118.
[6] S. BGHZ 150, 286.

auf Zahlung einer bestimmten Geldsumme gerichtet ist, geht es bei der Geldherausgabeschuld um die Verpflichtung des Schuldners, bestimmtes empfangenes Geld herauszugeben. So schuldet etwa der Kellner in einem Restaurant seinem Arbeitgeber nicht Zahlung einer bestimmten Geldsumme, sondern (nur) die Herausgabe des von den Gästen für Speisen und Getränke empfangenen Geldes. Das gilt selbst dann, wenn erhaltenes Buchgeld weiterzuleiten ist, obwohl hier von „Herausgabe" bestimmter Geldzeichen eigentlich nicht die Rede sein kann.

In einem solchen Fall einer Herausgabepflicht (meist aus §§ 675, 667 Alt. 2) kann es anders als bei einer Geldsummenschuld auch zur Unmöglichkeit (§ 275 I) kommen (so etwa wenn der Kellner beraubt wird oder das treuhänderisch empfangene Buchgeld wegen Insolvenz der Bank, bei welcher es der Herausgabepflichtige angelegt hat, verloren geht[7]). Eine Zahlungspflicht des Schuldners kann sich dann nur noch aus einem (vom Vertretenmüssen abhängigen!) Anspruch auf Schadensersatz statt der Leistung aus §§ 280 I, III, 283 ergeben (so etwa, wenn der Kellner das Geld fahrlässig verliert oder der Treuhänder die später insolvente Bank unsorgfältig ausgewählt hat). Damit trägt im Falle einer Geldherausgabeschuld der Gläubiger das Verlustrisiko.

Obwohl die Geldherausgabeschuld keine Geldschuld ist, wendet die Rechtsprechung aber auf sie dennoch § 288 (Verzugszinsen, s. Rn. 182, 477) analog an.[8]

IV. Zinsen

181 Zinsen sind im BGB nicht definiert. Man versteht darunter eine nach der Dauer der Überlassung eines Kapitals berechnete Vergütung, die in einem Prozentsatz dieses Kapitals ausgedrückt zu werden pflegt. Praktisch kommen Zinsen ganz überwiegend bei der Überlassung von Geld vor.

1. Die Verzinsungspflicht

182 Eine allgemeine gesetzliche Verzinsungspflicht gibt es im bürgerlichen Recht nicht. Vielmehr kann sich eine Verzinsungspflicht nur aus einer **Vereinbarung** oder bei Vorliegen eines besonderen Grundes aus dem **Gesetz** ergeben. Solche Gründe sind insbesondere der Schuldnerverzug (§ 288), die Rechtshängigkeit (§ 291) und die eigennützige Verwendung von Geld, das einem anderen gebührt (§§ 668, 698). Im Handelsrecht gibt es nach § 353 HGB auch allgemeinere Fälligkeitszinsen.

2. Die Zinshöhe

a) Gesetzlich festgelegte Zinssätze

183 Der **gesetzliche Zinssatz** – der überall gilt, wo nichts anderes bestimmt ist – beträgt nach § 246 BGB noch immer 4% und nach § 352 HGB bei beiderseitigen Handelsgeschäften (vgl. §§ 343f. HGB) 5%. Angesichts des i. d. R. deutlich höheren marktüblichen Bankzinses muten diese Sätze geradezu paradiesisch an. Zudem gibt es nach § 489 beim verzinslichen Gelddarlehen für den Darlehensnehmer regelmäßig ein (die Bindung an den vereinbarten Zinssatz beendendes) Kündigungsrecht, vgl. BT Rn. 580.

[7] BGHZ 165, 298.
[8] *BGH* NJW 2005, 3709.

Für den **Verzug** (und für die Rechtshängigkeit, § 291 S. 2) gilt der gespaltene Zinssatz des § 288 I und II: Grundlage ist der in § 247 geregelte **Basiszins.** Dieser richtet sich nach der jüngsten Hauptrefinanzierungsoperation der EZB und wird jeweils zum 1. Januar und 1. Juli angepasst, was die Bundesbank nach § 247 II bekannt zu geben hat (s. etwa www.bundesbank.de). Derzeit (1.1.2015) beträgt dieser Basiszins -0,83%. Dazu kommen dann aber nach § 288 I noch 5 Prozentpunkte und nach § 288 II, wenn an dem Geschäft kein Verbraucher (gleichviel ob als Gläubiger oder Schuldner) beteiligt ist, sogar 9 Prozentpunkte. Der Verzugs- und Rechtshängigkeitszins beträgt also seit dem 1.1.2015 4,17% oder 8,17%.

Nach § 288 IV ist jedoch die Geltendmachung eines weiteren Schadens nicht ausgeschlossen. Das gilt insbesondere für **gewerbliche Unternehmen:** Diese arbeiten fast immer mit Bankkredit und können daher von einem Schuldner im Verzug nach §§ 288 IV, 286, 280 als Verzugsschaden denjenigen Satz verlangen, den sie selbst zahlen mussten. Dabei gewährt die Rspr. auch noch Beweiserleichterungen hinsichtlich des Kausalzusammenhangs zwischen der Nichtleistung des Schuldners und der Zinsbelastung des Gläubigers.[9] Dagegen könnten die *schuldenfreien Gläubiger* bei Fehlen einer Vereinbarung mehr als die gesetzlichen Sätze nur unter dem Gesichtspunkt des entgangenen Gewinns (§§ 280 II, 286, 252) verlangen. Dazu müssten sie aber nachweisen, dass sie das rechtzeitig gezahlte Geld mit dem als Ersatz geforderten höheren Ertrag angelegt hätten.

b) Zinseszinsverbot

Eine im Voraus getroffene **Vereinbarung von Zinseszins** (wenn die Zinsen zu dem verzinslichen Kapital geschlagen werden sollen, spricht man auch von Anatozismus[10]) ist in der Regel (Ausnahmen §§ 248 II BGB, 355 HGB) nichtig, § 248 I. Auch Verzugszinsen werden als solche nicht verzinst, § 289 S. 1. Diese Vorschriften wollen den Schuldner vor einer in geometrischer Progression wachsenden Belastung schützen. Dagegen kommen Zinsen von Zinsen als Ersatz von Verzugsschaden (§§ 286, 280 II, 289 S. 2) ohne weiteres in Betracht.[11] 184

V. Die Geldentwertung

Seit vielen Jahren schwindet – mit Ausnahme nur der Jahre 1953 und 1986 – die Kaufkraft des Geldes. Trotz der derzeit relativ niedrigen Geldentwertung von jährlich zwischen 1–1,5% wird der Schwund wohl auch in der Zukunft andauern. Denn jede Erhöhung von Verbrauchssteuern vermindert die Kaufkraft des Geldes. 185

Dieser Kaufkraftschwund schadet freilich dem Gläubiger nicht, wenn dessen Forderung statt auf einen bestimmten Geldbetrag auf diejenige Summe lautet, die für einen gewissen Zweck erforderlich ist. Eine solche **Geldwertforderung** ist am deutlichsten der Unterhaltsanspruch: Wenn die Kaufkraft sinkt, steigt ohne weiteres der für den Unterhalt nötige Betrag. Hier gibt es also keine materiellrechtlichen Schwierigkeiten, sondern nur das prozessuale Problem einer Anpassung von Vollstreckungstiteln (die ja stets beziffert sein müssen), vgl. § 323 ZPO. Die meisten Geldforderungen dagegen sind auf einen bestimmten **Betrag** festgelegt (z. B. Kaufpreis; Rückzahlung der als

9 *BGH* NJW 1984, 371.
10 Dazu etwa *K. Schmidt,* JZ 1982, 829; *ders.,* FS Clausen, 1997, 483.
11 *BGH* NJW 1993, 1260.

Darlehen erhaltenen Summe). Bei solchen **Geldsummenforderungen** trägt primär der Gläubiger die Last der Geldentwertung.

1. Zinsen als Ausgleich?

186 Bei verzinslichen Geldsummenforderungen liegt zunächst der Gedanke nahe, dem Zins als dritte Aufgabe (neben seinen Funktionen als Entgelt für die Kapitalüberlassung und als Risikoprämie) diejenige eines Ausgleichs für die Geldentwertung zuzuerkennen. Doch hat es der BFH immer wieder abgelehnt, den bloß die Geldentwertung ausgleichenden Teil des Zinses von Ertragsteuern freizulassen. Das BVerfG hatte das für die Jahre 1971–1974 mit ausführlicher Begründung bestätigt.[12]

2. Schutz durch Ausgleichsklauseln?

187 Angesichts dessen liegt der Versuch umso näher, die Kaufkraft vertraglicher Geldsummenforderungen durch Ausgleichsklauseln zu erhalten. Solche Klauseln müssen letztlich darauf abzielen, die Geldsummenforderungen den Geldwertforderungen anzunähern.

Dem steht jedoch zunächst **§ 1 I PreisklauselG** entgegen. Danach darf der Betrag von Geldschulden „nicht unmittelbar und selbsttätig durch den Preis oder Wert von anderen Gütern oder Leistungen bestimmt werden, die mit den vereinbarten Gütern oder Leistungen nicht vergleichbar sind" **(Gleitklausel).** Die §§ 2–8 PreisklauselG enthalten dann aber zahlreiche Ausnahmen von diesem Verbot, die vor allem langfristige Verträge betreffen. Grundsätzlich zulässig sind insbesondere **Leistungsvorbehalte** (§ 1 II Nr. 1 PreisklauselG), die nicht zu einer automatischen Änderung der Geldschuld führen, sondern die Parteien verpflichten bzw. eine Partei ermächtigen (s. § 315), die Gegenleistung anders zu bestimmen, und **Spannungsklauseln,** nach denen sich der für ein bestimmtes Gut oder eine bestimmte Leistung geschuldete Eurobetrag in demselben Verhältnis ändern soll, wie der Preis oder der Wert gleichartiger oder vergleichbarer Güter oder Leistungen (§ 1 II Nr. 2 PreisklauselG). Zulässig sind auch **Kostenelementeklauseln** (§ 1 II Nr. 3 PreisklauselG), in welchen der geschuldete Betrag von den Kosten, die für die Herstellung des zu bezahlenden Gutes entstehen, abhängig gemacht wird. Mit diesen gesetzlichen Ausnahmen hat der Gesetzgeber letztlich die bisherige Rechtsprechung zu den Vorgängerregelungen des 2007 in Kraft getretenen PreisklauselG (WährungsG sowie PaPkG) kodifiziert.

Soweit als Schutzgut dieser Regelung die **Preisstabilität** bezeichnet wird, bestehen angesichts der Übertragung des Währungsrechts auf die EG erhebliche Bedenken gegen die Kompetenz des nationalen Gesetzgebers.[13] Daneben dient das Gesetz verbraucherschützenden Zielen sowie dem Interessenausgleich zwischen privaten Geschäftsparteien, insbesondere durch die in § 2 PreisklauselG niedergelegten Bestimmtheits- und Angemessenheitserfordernisse.

3. Nachträglicher Schutz

188 Wenn ein über längere Zeit laufender Vertrag ohne einen die Geldentwertung ausgleichenden Zins und ohne eine wirksame Ausgleichsklausel abgeschlossen worden ist, bleibt die Frage nach einer nachträglichen Hilfe durch eine Vertragskorrektur.

[12] *BVerfG* NJW 1979, 1151 mit abl. Anm. *K. Vogel,* 1158; vgl. *Eike von Hippel,* BB 1990, 1951.
[13] S. *Ohler,* JZ 2008, 317, 321 m.w.N.

Diese wird bei gegenseitigen Verträgen nach Treu und Glauben in sehr engen Grenzen unter dem Gesichtspunkt eines Wegfalls der Geschäftsgrundlage (Äquivalenzstörung, § 313) gewährt; vgl. unten Rn. 560, 564. Bei Dauerschuldverhältnissen kommt eine Kündigung aus wichtigem Grund (etwa nach § 314, vgl. unten Rn. 658) in Betracht.

§ 17. Gattungsschuld, Wahlschuld, Ersetzungsbefugnis

Literatur: *A. Blomeyer,* Studien zur Bedingungslehre, Bd. 1, 1938, S. 87; *Canaris,* Die Einstandspflicht des Gattungsschuldners und die Übernahme eines Beschaffungsrisikos nach § 276 BGB, FS Wiegand, 2005, 179; *Erler,* Wahlschuld mit Wahlrecht des Gläubigers und Schuld mit Ersetzungsbefugnis des Gläubigers, 1964; *Gsell,* Beschaffungsnotwendigkeit und Leistungspflicht, 1998; *Hammen,* Die Gattungshandlungsschulden, 1995 (dazu *Medicus,* WM 1996, 982); *Hönn,* Zur Dogmatik der Risikotragung im Gläubigerverzug bei Gattungsschulden, AcP 177 (1977) 385; *U. Huber,* Zur Konzentration beim Gattungskauf, FS Ballerstedt, 1975, 327; *Jahnke,* Die Durchsetzung von Gattungsschulden, ZZP 93 (1980) 43; *Medicus,* Die konkretisierte Gattungsschuld, JuS 1966, 297; *Pöschke,* Die elektive Konkurrenz, JZ 2010, 349; *Samhat,* die Abgrenzung der Wahlschuld von der elektiven Konkurrenz nach dem BGB, 2012; *Ziegler,* Die Wertlosigkeit der allgemeinen Regeln des BGB über die sogenannte Wahlschuld (§§ 262–265 BGB), AcP 171 (1971) 193.

I. Unterschiede in der Bestimmtheit der Leistung

1. Gattungsschuld

Bei der **Stückschuld** wird ein von Anfang an bestimmter Gegenstand geschuldet: der **189**
Pkw einer bestimmten Marke mit einer bestimmten Fahrgestell-Nr., die Forderung des G gegen den S aus einem bestimmten Darlehen, usw. Sehr häufig wird aber auf eine solche individuelle Bestimmung des Leistungsgegenstandes verzichtet und dieser nur **nach Art und Menge** beschrieben: 10 t Stahl einer bestimmten Qualität, 1000 Leuchtkörper zu 25 W für 230 V Spannung oder ein Fahrzeug aus einer bestimmten Modellreihe eines Herstellers. Eine individuelle Beschreibung ist hier oft noch gar nicht möglich: Der Schuldner will sich den Leistungsgegenstand erst selbst beschaffen und weiß nicht, welche individuellen Stücke er bekommen wird. Regelmäßig ist eine individualisierende Beschreibung aber auch ganz überflüssig: Der Gläubiger ist nicht an bestimmten Stücken interessiert, weil es sich um ein gleichartiges Naturprodukt handelt oder wegen der Serienfabrikation typischerweise alle Stücke gleich ausfallen.

Eine solche Schuld, deren Gegenstand bloß gattungsmäßig bestimmt ist, bezeichnet man als **Gattungsschuld** (Genusschuld). § 243 I spricht von einer „nur der Gattung nach bestimmten Sache", beschreibt die Gattungsschuld also als *Sachschuld.* Dass diese Beschränkung der Gattungsschuld aber nicht notwendig ist, zeigte schon § 279 a. F., wo es „Gegenstand" statt „Sache" hieß. Eine Gattungsschuld kann also auch auf Rechte und insbesondere auf Forderungen gerichtet sein (z. B. auf die – meist sicherungshalber erfolgende – Übertragung bestimmter Kundenforderungen bis zu einem bestimmten Betrag, vgl. u. Rn. 799). Auch eine Gebrauchsüberlassungsschuld wie z. B. die Miete ist als Gattungsschuld denkbar (s. BT Rn. 420). Sogar wenn Handlungen geschuldet werden, kann man von einer Gattungs(handlungs)schuld sprechen.[1]

Von dem Begriffspaar Stückschuld – Gattungsschuld ist zu unterscheiden das andere Begriffspaar **unvertretbare – vertretbare Sachen** (§ 91):[2] Über die Art der Schuld entscheiden die Parteien, über die Vertretbarkeit von Sachen entscheidet die Verkehrsanschauung. Allerdings werden Gegenstand einer (Sach-)Gat-

[1] Vgl. *Hammen,* Die Gattungshandlungsschulden, 1995.
[2] Vgl. *Kohler,* § 23 Rn. 6; *Medicus,* BGB AT, Rn. 1180 f.

tungsschuld regelmäßig vertretbare Sachen sein: Nur weil wie bei diesen ein Stück durch ein anderes ersetzt werden kann, fehlt das Interesse an der Individualisierung des Schuldgegenstandes. Aber es kann auch einmal eine Gattungsschuld über unvertretbare Sachen begründet werden (z. B. es wird ein Gemälde eines bestimmten Malers oder eine von mehreren Parzellen versprochen). Und umgekehrt kann sich eine Stückschuld ohne weiteres auf vertretbare Sachen beziehen, und das geschieht sogar recht häufig.

2. Wahlschuld

190 Die Wahlschuld (vgl. u. Rn. 201 ff.) wird in § 262 so beschrieben: „Werden mehrere Leistungen in der Weise geschuldet, dass nur die eine oder die andere zu bewirken ist." Hier handelt es sich also nicht um die gattungsmäßige Beschreibung einer einzigen Leistung. Vielmehr stellen sich die Parteien konkret mehrere verschiedene Leistungen vor. Daraus folgt schon, dass hier die Anzahl überschaubar sein muss.

Dabei kann die Abgrenzung zur Gattungsschuld zweifelhaft sein, wenn eine Gattung nur wenige Stücke umfasst. Möglich ist auch eine Kombination von Gattungsschuld und Wahlschuld: Es ist zunächst zwischen mehreren Gattungen zu wählen und dann innerhalb der gewählten Gattung das zu liefernde Stück. So etwa bei einer Verpflichtung zur Abnahme einer bestimmten Gesamtmenge von Öl, wobei der Käufer die Wahl zwischen verschiedenen Sorten hat.[3]

3. Ersetzungsbefugnis

191 Die Ersetzungsbefugnis kommt zwar im BGB mehrfach vor (vgl. u. Rn. 202). Sie wird dort aber nicht allgemein geregelt und auch nicht definiert. Nach der Definition durch die Lehre wird bei der Ersetzungsbefugnis zunächst eine bestimmte Leistung geschuldet, doch kann ein Beteiligter statt dieser Leistung eine andere wählen und diese so zum alleinigen Schuldinhalt machen. Nach der Wahl ist also der Schuldinhalt gleichfalls wieder bestimmt, nur eben anders als zuvor.

Auch hier lässt sich eine Kombination mit der Gattungsschuld und sogar mit der Geldschuld denken: Der Schuldner darf etwa die Leistung der zunächst geschuldeten 10 t Stahl durch die Zahlung einer bestimmten Geldsumme ersetzen.

II. Die gesetzliche Regelung der Gattungsschuld

192 Wie schon oben Rn. 123 gesagt, geht die BGB-Regelung von der Modellvorstellung der Stückschuld aus; für die Gattungsschuld gibt es nur **einige Spezialvorschriften,** die überwiegend an die gattungsmäßig bestimmte Sachschuld denken. Es sind dies im Allgemeinen Schuldrecht die §§ 243 (vgl. u. Rn. 195 ff.), 276 I 1 (Übernahme eines Beschaffungsrisikos, vgl. u. Rn. 392) und 300 II (zum Gläubigerverzug, vgl. u. Rn. 556). Im Besonderen Schuldrecht tritt hinzu § 524 II über die Gattungsschenkung (vgl. BT Rn. 394). Zudem gibt es im Erbrecht noch Vorschriften über das Gattungsvermächtnis (§§ 2155, 2182 I, 2183). Nicht berücksichtigt ist dagegen eine gattungsmäßige Bestimmung des Leistungsgegenstandes bei anderen Rechtsverhältnissen (so beim Kauf und bei der Miete, z. B. eines Hotelzimmers als „Doppelzimmer mit Dusche", wenn das Hotel mehrere solche Zimmer hat: Dieser Fall fehlt z. B. in den §§ 536 II, 536 a, 536 b).

Der Verzicht auf eine besondere gesetzliche Regelung (etwa des Gattungskaufs) bedeutet freilich nicht, dass die Unterscheidung zwischen Stück- und Gattungsschuld in diesen Bereichen irrelevant wäre. Im Kaufrecht ist die Unterscheidung insbesondere im Zusammenhang mit der Ausgestaltung des Nacherfüllungsanspruchs (§ 439 I) von Bedeutung (s. dazu BT Rn. 125 sowie PdW Schuldrecht II **Fall 30**).[4]

[3] *BGH* NJW 1960, 674.
[4] Zur Miete s. BT Rn. 420 sowie *BGH* NJW 1982, 873.

III. Die beschränkte Gattungsschuld (Vorratsschuld)

1. Gattungsbegriff und Parteiwille

Die **Bestimmung** der Gattung, aus der geleistet werden soll, **liegt bei den Parteien.** 193
Man spricht daher auch von einem „relativen Gattungsbegriff".[5] Haben die Parteien die Gattung in keiner Weise in Bezug auf ihre Herkunft eingeschränkt, liegt eine sog. **„marktbezogenen Gattungsschuld"** vor. Der Schuldner trägt dann das Risiko, sich die geschuldete Sache woher auch immer zu besorgen (zur Übernahme eines Beschaffungsrisikos bei Gattungsschulden s. u. Rn. 392). Nach § 275 I wird der Schuldner damit erst dann von der Leistungspflicht befreit, wenn die geschuldete Sache nirgends auf dem Markt zu besorgen ist. Die Parteien können aber durch eine Häufung von Bestimmungsmerkmalen die Gattung immer weiter **einengen.** Hierfür eignen sich Merkmale der verschiedensten Art: z. B. Beschaffenheitsangaben, Herstellungstoleranzen (z. B. bei Werkstücken oder elektrischen Bauteilen), das Jahr der Herstellung (z. B. bei Kraftfahrzeugen), Herkunft (z. B. Weizen aus eigenem Anbau), aber auch der Preis (z. B. ein Doppelzimmer zu 160,– €). Nur muss die Gattung immer noch mindestens ein Stück mehr umfassen, als geschuldet werden soll. Denn wenn sich die Schuld auf *alle* Stücke der Gattung erstreckt, liegt eine Stückschuld vor.

Eine Stückschuld begründet also etwa der Verkauf der ganzen Produktion eines Unternehmens, einer ganzen Schiffsladung, aber auch der nächsten zu fördernden 35 t Erz aus einer bestimmten Grube.[6] Dagegen liegt noch eine Gattungsschuld vor, wenn von 50 t Kohle 40 t versprochen werden. Hieraus wird aber eine Stückschuld, wenn 10 t verbraucht oder an einen anderen Gläubiger geliefert werden.

2. Beschränkte Gattungsschuld

Als Gattungsmerkmal kommen insbesondere auch die **Zugehörigkeit zu einem bestimmten Vorrat** oder die Herkunft aus einer bestimmten Produktion in Betracht. 194
Man spricht dann von einer **„beschränkten Gattungsschuld"** oder von einer **„Vorratsschuld".** Meist handelt es sich dabei um den Vorrat oder die Produktion des Schuldners selbst. Der wirtschaftliche Sinn dieser Beschränkung ist, dass der Schuldner nicht zur Beschaffung am Markt verpflichtet sein will. Wer also Weizen aus eigener Ernte veräußert, wird nach § 275 I schon dann von seiner Leistungspflicht frei, wenn die eigene Ernte ausfällt oder vernichtet wird; er muss sich nicht anderweitig eindecken.

Geht nur ein Teil des Vorrats unter, reicht der verbleibende Rest aber nicht zur Befriedigung aller vorhandenen Gläubiger aus, sind deren Interessen in gleicher Weise schutzwürdig. Der Schuldner ist dann nach § 242 verpflichtet, seine Gläubiger gleich zu behandeln, d. h. er muss sie aus dem verbliebenen Vorrat anteilig befriedigen. Tut er dies, hat er jedenfalls aus diesem Grund gegenüber keinem der Beteiligten die (teilweise) Unmöglichkeit zu vertreten und haftet demgemäß nicht auf Schadensersatz statt der Leistung nach §§ 280 I, III, 283 (s. dazu PdW Schuldrecht I **Fall 106**).[7]

Häufig ergibt sich die Beschränkung auf den eigenen Vorrat oder die eigene Produktion des Schuldners **durch Auslegung:** „Verkauft ein Fabrikant Ware, die er selbst herstellt, so werden, auch ohne dass es besprochen wird, die Umstände nicht selten die Annahme nahelegen, dass nur die Erzeugnisse der eigenen Fabrik den Vertragsgegen-

[5] *BGH* NJW 1975, 2011.
[6] RGZ 92, 369.
[7] So RGZ 84, 125; 100, 137; vgl. auch MünchKomm/*Emmerich,* § 243 Rn. 17 m. w. N.

stand bilden sollen".[8] Entsprechendes gilt, wenn ein Landwirt Agrarprodukte[9] oder ein Kaufhaus „Restposten" einer bestimmten Ware verkauft (s. dazu auch BT Rn. 127). Nahe liegt auch die Beschränkung auf einen Vorrat, wenn der Gläubiger diesen besichtigt und geprüft hat (s. auch PdW Schuldrecht I **Fall 101**).

IV. Die Konkretisierung bei der Gattungsschuld

195 Geleistet werden können immer nur individuell bestimmte Stücke. Bei der Gattungsschuld muss also vor der Leistung die zunächst bestehende Unbestimmtheit beseitigt werden. § 243 überträgt die Auswahl konkreter Stücke dem Schuldner. Mit ihr geht die Gattungsschuld in eine Stückschuld über, d. h. es wird jetzt nur noch ein bestimmter, individualisierter Gegenstand geschuldet. Man nennt das die **Konkretisierung** (Konzentration) der Gattungsschuld.

1. Auswahlkriterien

196 Nach § 243 I ist „eine Sache von **mittlerer Art und Güte**" zu leisten (entsprechend sagt § 360 HGB „Handelsgut mittlerer Art und Güte"). Der Schuldner braucht also nicht die besten Stücke zu leisten, er darf aber auch nicht die schlechtesten Stücke liefern. Dabei richtet sich der Qualitätsstandard nach der (vereinbarten) Gattung, insbesondere auch bei der Vorratsschuld: Umfasst die Gattung oder der Vorrat, aus dem zu leisten ist, überwiegend schlechte Stücke (etwa beim Verkauf von „B-Ware"), so kann der Schuldner mit solchen Stücken erfüllen. Wenn der Vorrat dagegen aus besonders guten Stücken besteht, d. h. nach dem Parteiwillen Spitzenqualität geschuldet ist, werden Stücke solcher Art geschuldet.

Leistet der Schuldner bessere Stücke, als er schuldet, verneint die h. M. ein Rückforderungsrecht: Auch diese Ware sei eben erfüllungstauglich.[10] Doch wird man dem Schuldner die Anfechtung nach § 119 gestatten müssen, wenn er sich bei der rechtsgeschäftlichen Erfüllungshandlung in einem beachtlichen Irrtum befunden hat (z. B. Vergreifen).

2. Voraussetzungen der Konkretisierung

197 Nach § 243 II setzt die Konkretisierung voraus, dass „der Schuldner das zur Leistung einer solchen Sache seinerseits Erforderliche getan" hat. Dabei meint *solche Sache:* Das Stück muss den Qualitätsanforderungen von § 243 I entsprechen (vgl. o. Rn. 196). Und was zur Leistung durch den Schuldner erforderlich ist, richtet sich nach der Art der Schuld (vgl. o. Rn. 156ff.):

Bei der **Bringschuld** muss der Schuldner ein nach § 243 II erfüllungstaugliches Stück aussondern, es zum Gläubiger bringen und es ihm zu einer Zeit anbieten, zu welcher er leisten darf (dazu o. Rn. 169).

Bei der **Holschuld** muss der Schuldner ein Stück aussondern und für den Gläubiger bereitstellen. Dazu kommt noch ein weiteres Erfordernis, dessen Inhalt aber zweifelhaft ist: Manche fordern eine Mitteilung über die Aussonderung, andere lassen eine Aufforderung zur Abholung genügen. Richtigerweise wahrt auch diese Aufforderung schon die berechtigten Interessen des Gläubigers und sollte deshalb genügen.

---

8 RGZ 88, 287, 288.
9 RGZ 91, 312.
10 S. nur MünchKomm/*Emmerich*, § 243 Rn. 22 m.w.N.

Zwischen Bring- und Holschuld endlich steht die **Schickschuld:** Bei ihr reicht es, dass der Schuldner ein Stück aussondert und ordentlich (also insbesondere richtig adressiert und frankiert) an den Gläubiger abschickt.

3. Rechtsfolgen der Konkretisierung

Mit der Konkretisierung beschränkt sich die Forderung gem. § 243 II auf das ausgesuchte Stück, d. h. die Gattungsschuld wird mit der Konkretisierung zur Stückschuld. Das hat vor allem Bedeutung für die **Leistungsgefahr:** Sie geht auf den Gläubiger über. Denn wenn das nunmehr allein geschuldete Stück untergeht, wird der Schuldner nach § 275 I frei und braucht kein neues mehr zu beschaffen (s. Rn. 418). 198

S. etwa *BGH* NJW 2003, 3341: Hat der Versandhändler ordnungsgemäße Ware abgeschickt, so muss er bei Verlust auf dem Transport nicht noch einmal leisten. Das gilt auch beim Versendungsverkauf zwischen Unternehmern und Verbrauchern, denn die von § 474 IV für den Regelfall herbeigeführte Nichtanwendbarkeit von § 447 (s. dazu BT Rn. 234) betrifft nur die **Gegenleistungsgefahr,** d. h. die Frage, ob der Verbraucher bei Untergang der Ware auf dem Transport den Kaufpreis noch schuldet.[11]

Sehr str. ist, ob diese Folge **auch gegen den Schuldner** wirkt, mit anderen Worten, ob dieser an die Konkretisierung gebunden ist oder ob er sie widerrufen kann.[12] Dabei geht es einmal um den Fall, dass das ausgesuchte Stück nach der Konkretisierung untergegangen ist: Darf der Schuldner noch mit einem anderen Stück erfüllen, um sich die Gegenleistung zu verdienen? Typisch ist auch folgende Problematik: Der Schuldner trifft den Gläubiger nicht an (s. PdW Schuldrecht I **Fall 104**) oder dirigiert auf dem Transport befindliche Ware auf dem Weg zum Gläubiger um (s. PdW Schuldrecht I **Fall 105**) und liefert die zunächst für diesen bestimmte Ware (z. B. Heizöl) jetzt an andere Kunden: Darf der Gläubiger Ersatzware ablehnen (und sogar Schadensersatz statt der Leistung nach §§ 280 I, III, 283 verlangen)? 199

Eine vordringende Meinung gesteht dem Schuldner das Recht zu, bis zur Erbringung der Leistung die einseitig bewirkte Konkretisierung rückgängig zu machen, d. h. mit anderen Stücken erfüllen zu dürfen.[13] Begründet wird dies mit dem Argument, § 243 II solle nur den Schuldner schützen. Der Gläubiger habe nie ein rechtlich schutzwürdiges Interesse daran, gerade die vom Schuldner zur Erfüllung bestimmten Stücke zu bekommen.

Die wohl noch h. M. nimmt zwar grundsätzlich eine Bindung des Schuldners an die eingetretene Konkretisierung an, lässt aber im Einzelfall Ausnahmen nach § 242 zu.[14] So dürfe sich der Gläubiger dann nicht auf § 243 II berufen, wenn er die angebotene Leistung zurückgewiesen habe (Gedanke des *venire contra factum proprium,* dazu o. Rn. 139). Für diese Ansicht spricht neben dem Willen des historischen Gesetzgebers insbesondere, dass nur durch sie ausgeschlossen wird, dass der Schuldner auf Kosten des Gläubigers spekulieren kann.

11 S. *BGH* a. a. O. und dazu *S. Lorenz,* ZGS 2003, 421.
12 S. dazu zuletzt *Canaris,* JuS 2007, 793.
13 *Medicus/Petersen,* BR, Rn. 262; *Hager,* AcP 190 (1990) 332; differenzierend *Canaris,* JuS 2007, 793: Bis zum Übergang der Gegenleistungsgefahr nach §§ 326 II, 447.
14 *OLG Köln* NJW 1995, 3128; Palandt/*Grüneberg,* § 243 Rn. 7; MünchKomm/*Emmerich,* § 243 Rn. 33 ff. m. w. N.

Eine dritte Ansicht geht schließlich ebenfalls von der freien Widerruflichkeit der Konkretisierung aus, will aber wiederum zu Lasten des Schuldners nach § 242 korrigierend eingreifen, um berechtigte Interessen des Gläubigers zu schützen.

Im praktischen Ergebnis sind, wie *Canaris*[15] zutreffend betont, diese Ansichten deutlich weniger weit voneinander entfernt, als es den Anschein haben will (s. dazu PdW Schuldrecht I **Fälle 104, 105**). Richtigerweise muss eine Rücknahme der Konkretisierung jedenfalls spätestens dann ausgeschlossen sein, wenn der Schuldner dem Gläubiger die Ware in einer Weise angeboten hat, die es diesem ermöglicht, im Wirtschaftsverkehr über diese zu disponieren.[16] Das wird regelmäßig dann der Fall sein, wenn er ihm den die Konkretisierung auslösenden Vorgang (Aussonderung oder Absendung der Ware) angezeigt hat.[17]

200 **Nach Leistungserbringung** ist eine Rücknahme der Konkretisierung jedenfalls nicht mehr möglich.[18] Hat der Schuldner also nicht lediglich Sachen „mittlerer Art und Güte", sondern Spitzenware aus der geschuldeten Gattung geliefert, kann er diese Konkretisierung nicht einseitig zurücknehmen und die Ware austauschen; s. o. Rn. 196.

V. Die Wahlschuld

1. Wahlschuld und elektive Konkurrenz

201 Für die Wahlschuld (vgl. o. Rn. 190) gibt es zwar nach h. M. im BGB keine Anwendungsfälle. Doch kommt sie kraft **Vereinbarung** im täglichen Leben nicht ganz selten vor:[19] z. B. Fahrkarten, die dem Kunden die Wahl zwischen mehreren Zielorten lassen; ein Pensionsessen mit mehreren Wahlmöglichkeiten; Automaten, in denen für denselben Preis eine von mehreren Leistungen gewählt werden kann; Reiseverträge, bei welchen einem Reiseveranstalter das Hotel bestimmen darf und dafür einen Preisnachlass gewährt.[20] Doch eignet sich die gesetzliche Regelung in den §§ 262–265 hierfür nur schlecht[21]: Schon § 262, nach dem das Wahlrecht im Zweifel dem Schuldner zustehen soll, passt nämlich kaum zur Wirklichkeit (wo überwiegend der Gläubiger das Wahlrecht hat). So sind die §§ 262–265 vielfach als abbedungen angesehen worden; auch hat die Rspr. bisweilen statt einer Wahlschuld eine **Ersetzungsbefugnis** (vgl. u. Rn. 202) oder sog. **elektive Konkurrenz** angenommen.

Als **elektive (alternative) Konkurrenz** bezeichnet man das Zusammentreffen mehrerer Ansprüche oder von Ansprüchen und Gestaltungsrechten derart, dass die Ausübung eines Rechts die übrigen erlöschen lässt.[22] Wichtige Anwendungsfälle sind die Wahlmöglichkeiten bei § 249 (vgl. u. Rn. 670 ff.), das Wahlrecht des Gläubigers zwischen Erfüllung, Rücktritt und Schadensersatz statt der Leistung im Falle der Verspätung der Leistung nach Ablauf der gesetzten Frist (§§ 281, 323, s. u. Rn. 503 sowie PdW Schuldrecht I **Fall 56**)[23], das Wahlrecht zwischen Erfüllung und Vertragsstrafe (§ 340, s. u. Rn. 583) und schließlich das

[15] JuS 2007, 793, 794.
[16] MünchKomm/*Emmerich,* § 243 Rn. 35.
[17] *Canaris,* JuS 2007, 793, 796, der dann allerdings nicht die Konkretisierung als solche, sondern deren Anzeige als den eigentlichen Grund der Bindung ansieht.
[18] *BGH* NJW 1982, 873.
[19] Vgl. *Ziegler,* AcP 171 (1971) 194.
[20] Vgl. *LG Frankfurt a. M.* NJW 1985, 143.
[21] *Ziegler,* AcP 171 (1971) 197; 209 ff.
[22] Vgl. etwa *Wolf/Neuner,* AT, § 21 Rn. 3.
[23] Umfassend zuletzt *Bachmann,* Die elektive Konkurrenz, 2010; s. auch *Pöschke,* JZ 2010, 349.

Wahlrecht des Käufers zwischen Mängelbeseitigung und der Lieferung mangelfreier Ware (§ 439 I, vgl. BT Rn. 125ff.). Der Begriff ist relativ unscharf und dient letztlich nur zur Abgrenzung von der Wahlschuld und der Ersetzungsbefugnis. Zur Beantwortung der Frage, in welchem Verhältnis die Rechtsbehelfe zueinander stehen und wie weit die Wahlmöglichkeit *(ius variandi)* des Gläubigers sachlich (z. B. durch Kombinationsmöglichkeiten, s. z. B. § 325) oder zeitlich reicht, trägt er als solcher nicht viel bei. Er beschreibt also letztlich nur eine Problemlage, gibt aber noch keine Lösungen vor. Diese sind vielmehr dem Gesetz selbst zu entnehmen. Sieht dieses keine ausdrückliche Regelung vor (so aber z. B. in § 281 IV, dazu u. Rn. 503, 510, ist die Lösung in einer wertenden Betrachtungsweise dem Gesamtzusammenhang des Gesetzes zu entnehmen.[24]

2. Einzelheiten

Angesichts ihrer geringen Bedeutung sind die **§§ 262–265** nur kurz zu erwähnen: 202
Die Wahl, die nach § 262 im Zweifel dem Schuldner zusteht, wird nach § 263 I durch **rechtsgestaltende, empfangsbedürftige Willenserklärung** ausgeübt. Nach § 263 II wirkt sie zurück. § 265 S. 1 beseitigt jedoch die wichtigste denkbare Konsequenz aus dieser Rückwirkung: Wenn eine der wählbaren Leistungen unmöglich ist oder wird, müsste sich unter Umständen der wahlberechtigte Schuldner durch die Wahl gerade dieser Leistung seiner Leistungspflicht entziehen können. § 265 S. 1 beschränkt das Schuldverhältnis dann jedoch auf die übrigen Leistungen, so dass die unmögliche nicht mehr gewählt werden kann. § 264 endlich regelt den Fall, dass der Wahlberechtigte die Wahl verzögert: Er läuft dann Gefahr, sein Wahlrecht schließlich zu verlieren.

VI. Die Ersetzungsbefugnis

1. Rechtsnatur

Bei der Ersetzungsbefugnis *(facultas alternativa)* besteht – anders als bei der Wahl- 203
schuld – zunächst kein Zustand der Ungewissheit. Vielmehr wird von Anfang an **nur eine Leistung geschuldet;** an die Stelle dieser Leistung kann durch Ausübung der Ersetzungsbefugnis eine andere (als Leistung an Erfüllungs statt i. S. v. § 364 I, s. Rn. 279) treten. Bis zu dieser Ersetzung wird das Schuldverhältnis aber allein durch die zunächst geschuldete Leistung bestimmt: Wird diese unmöglich, so befreit das den Schuldner endgültig, weil es danach nichts mehr zu ersetzen gibt. Dagegen fällt bei Unmöglichkeit der ersetzenden Leistung vor Ausübung der Ersetzungsbefugnis diese fort. Nach der Ausübung dagegen kommt es nur noch auf die ersetzende Leistung an; das Schicksal der ersetzten spielt keine Rolle mehr.

Die Ersetzungsbefugnis kann **dem Schuldner oder dem Gläubiger** zustehen. Ein gesetzliches Beispiel für das erste ist § 251 II 1: Der Schadensersatzschuldner kann statt der unverhältnismäßig teuren Herstellung Geldersatz leisten (vgl. u. Rn. 675). Eine Ersetzungsbefugnis des Gläubigers kommt etwa in § 249 II vor: Der Geschädigte kann statt der Herstellung durch den Schädiger den dazu erforderlichen Geldbetrag wählen (vgl. u. Rn. 671). Ein praktisch bedeutender Fall einer vertraglichen Ersetzungsbefugnis ist die „Inzahlunggabe" von Kraftfahrzeugen beim Kauf eines Neuwagens, s. dazu Rn. 281.

2. Bindung an die Ersetzungserklärung?

Umstritten ist die **Bindung an die Ersetzungserklärung.** Während die h. M. unter 203a
Berufung auf den gestaltenden Charakter der Ersetzungserklärung[25] eine solche Bindung bejaht, unterscheidet die Gegenauffassung zwischen Schuldner- und Gläubigerseite und sieht den Schuldner erst mit der Erbringung der ersetzenden Leistung als

[24] Bamberger/Roth/*S. Lorenz,* § 262 Rn. 5; *Pöschke,* JZ 2010, 349, 350.

[25] Zur Qualifikation der Ersetzungserklärung als Gestaltungsrecht s. *BGH* NJW 1970, 992.

gebunden an.[26] Der *Gläubiger* dürfe hingegen, sofern nicht Unwiderruflichkeit bestimmt ist, eine Ausübung seiner Ersetzungsbefugnis solange widerrufen, bis der Schuldner im Vertrauen auf die Ersetzung Dispositionen getroffen hat. Richtigerweise ist aus Rechtssicherheitsgründen grundsätzlich (d. h. vorbehaltlich § 242) von einer Bindung an die Ersetzungserklärung auszugehen.[27] Eine hiervon zu unterscheidende (Auslegungs-)Frage ist es allerdings, wann eine verbindliche Erklärung des Schuldners vorliegt. In vielen Fällen dürfte diese erst mit der Leistungserbringung selbst verbunden sein. Im Falle einer vertraglichen Ersetzungsbefugnis kann auch die Auslegung des Vertrags ergeben, dass der Schuldner eine Ersetzungserklärung „widerrufen" (d. h. durch eine weitere Ersetzungserklärung ersetzen) darf.

§ 18. Andere Leistungsinhalte

Schließlich bedarf es noch eines kurzen Überblicks über die in den §§ 256–261 behandelten Forderungen mit bestimmten typischen Inhalten. Dabei sagen diese Vorschriften (ebenso wie die §§ 243–255) nicht, *wann* solche Forderungen vorliegen. Geregelt wird vielmehr nur, was gelten soll, *wenn sie vorliegen.*

I. Aufwendungsersatz

204 Aufwendungsersatz kann aus mannigfaltigen Gründen geschuldet sein, etwa bei **Gläubigerverzug** nach § 304, oder bei Ausführung eines **Auftrags** bzw. einer **Geschäftsführung ohne Auftrag** gem. §§ 670, 683, 684 S. 2, aber auch aufgrund einer vertraglichen Vereinbarung. Einen Sonderfall bildet der Verwendungsersatz nach den §§ 347 II, 994ff. Nach **§ 256 S. 1** soll der für die Aufwendungen Ersatzpflichtige ohne weiteres auch Zinsen schulden, also insbesondere schon bevor er mit dem Ersatz in Schuldnerverzug geraten (§ 288) oder deswegen verklagt worden ist (§ 291). Nur solange dem Ersatzberechtigten die Nutzungen des Gegenstandes bleiben, auf den die Aufwendungen gemacht worden sind, soll keine Verzinsung geschuldet werden: Sonst erhielte der Ersatzberechtigte die Nutzungen ja zweimal.

§ 257 regelt den Sonderfall, dass die zu ersetzenden Aufwendungen in der Eingehung einer Verbindlichkeit bestehen (z. B. Übernahme einer Bürgschaft; Kauf einer Sache im eigenen Namen Sache als Treuhänder; Beauftragung eines Handwerkers). Hier muss der Ersatzberechtigte nicht erst selbst die geschuldete Leistung erbringen und diese dann vom Aufwendungsersatzpflichtigen (z. B. vom Auftraggeber) zurückfordern, sondern er kann auch **Befreiung** von der Verbindlichkeit, der sog. „Drittforderung" (oder vor deren Fälligkeit Sicherstellung, § 257 S. 2) verlangen (die der Aufwendungsersatzpflichtige dann nach § 267 als Dritter erfüllt).

Dieser **Befreiungsanspruch**[1] verjährt selbstständig, d. h. unabhängig von der Drittforderung. Da er bereits vor deren Fälligkeit entsteht (s. § 257 S. 2), kann dies für den Gläubiger zur misslichen Situationen führen, dass der Befreiungsanspruch schon vor Fälligkeit der Drittforderung verjährt ist. Es ist deshalb zu erwägen, beim Verjährungsbeginn (§ 199) nicht auf die Fälligkeit des Befreiungsanspruchs, sondern auf diejenige der Drittforderung abzustellen.[2]

---

[26] So z. B. MünchKomm/*Krüger*, § 263 Rn. 10.
[27] So auch *Looschelders*, AT, Rn. 268.
[1] S. dazu *Görmer*, JuS 2009, 7 sowie *C. Mayer*, ZfPW 2015, 226.
[2] So *BGH* NJW-RR 2010, 333 Rn. 12, 13, wo die Frage letztlich offen bleiben konnte.

Wie der Ersatzverpflichtete die Befreiung bewirkt (etwa durch Zahlung an den dritten Gläubiger oder befreiende Schuldübernahme), ist seine Sache.[3]

Der Befreiungsanspruch ist an sich als höchstpersönlicher Anspruch gem. § 399 Alt. 1 **nicht abtretbar** (und auch nicht pfändbar). Eine Ausnahme hiervon ist aber für den Fall anerkannt, dass die Abtretung gerade an den Gläubiger jener Verbindlichkeit erfolgt, von welcher der Zedent Befreiung beanspruchen kann.[4] Der Befreiungsanspruch wandelt sich dabei in einen Anspruch auf die dem Gläubiger geschuldete Leistung um.[5] Ist also ein Beauftragter (B) in Ausführung des Auftrags im eigenen Namen eine rechtsgeschäftliche Verpflichtung gegenüber C eingegangen, kann er vom Auftraggeber (A) nach § 257 *Befreiung* von der Verbindlichkeit (z. B. durch Drittleistung nach § 267, aber auch durch eine befreiende Schuldübernahme) verlangen. Diesen Anspruch kann er (nur) an C abtreten, der dann seinerseits *Zahlung* von A verlangen kann. Dem Schuldner geschieht hierdurch kein Unrecht, weil der Inhalt der von ihm zu erbringenden Leistung unverändert bleibt (es liegt dann kein Abtretungsausschluss nach § 399 Alt. 1 vor); s. PdW Schuldrecht I **Fall 158.**

II. Wegnahmerecht

Dass jemand von einer herauszugebenden Sache eine Einrichtung wegnehmen darf, begegnet etwa in § 539 II für den Mieter und in § 997 I für den Besitzer gegenüber dem Eigentümer. 205

Nach **§ 258 S. 1** muss dann der Wegnahmeberechtigte die Sache auf seine Kosten wieder in den vorigen Stand versetzen. Hat z. B. der Mieter in der Mietwohnung ein Waschbecken eingebaut, so darf er dieses beim Auszug nicht einfach abschrauben. Vielmehr muss er auch die Rohrleitungen entfernen, die Löcher in der Wand verschließen und den Anstrich wiederherstellen. Die Kosten der Wegnahme können so höher sein als deren Nutzen. Daher sind Ansprüche auf Aufwendungs- oder Wertersatz regelmäßig wertvoller als ein Wegnahmerecht.

§ 258 S. 2 regelt den Sonderfall, dass die Sache mit der wegzunehmenden Einrichtung schon in den Besitz des Herausgabegläubigers gekommen ist (z. B. die Wohnung mit dem vom Mieter eingebauten Waschbecken ist schon an den Vermieter herausgegeben worden): Dann soll sich das Wegnahmerecht in einen Anspruch gegen diesen Gläubiger auf Gestattung der Wegnahme verwandeln. Das Recht darf jetzt also nicht mehr ohne weiteres ausgeübt werden, sondern es ist nötigenfalls auf dem Gerichtsweg durchzusetzen. Zudem kann der zur Gestattung Verpflichtete Sicherheitsleistung wegen des mit der Wegnahme verbundenen Schadens verlangen.

III. Rechenschafts- und Auskunftspflichten

Die §§ 259–261 regeln Inhalt und Durchsetzung einer Pflicht zu Rechenschaft oder Auskunft.[6] Dem Grunde nach sind solche Pflichten im Schuldrecht angeordnet in den §§ 666, 675 I, 681 S. 2, 687 II, 713. Die Gemeinsamkeit dieser Anwendungsfälle besteht darin, dass es sich um die (berechtigte oder unberechtigte) Wahrnehmung fremder Vermögensangelegenheiten handelt. Weitere solche Pflichten folgen nicht selten aus § 242. Dabei meint in § 259 „Rechenschaftslegung" eine übersichtliche schriftliche Zusammenstellung der Einnahmen und Ausgaben. Die „Auskunft" (§ 260) richtet sich nach ihrem Gegenstand (z. B. über einen erzielten Kaufpreis). In beiden Fällen wird regelmäßig auch die Überlassung der zugehörigen Belege geschuldet. 206

[3] S. BGHZ 91, 73, 77.
[4] Vgl. Palandt/*Grüneberg*, § 399 Rn. 4.
[5] BGHZ 12, 136, 141; 41, 203, 205.
[6] Vgl. *S. Lorenz*, JuS 1995, 569.

Das eigentliche Problem bei Rechenschaft und Auskunft besteht darin, dass der Gläubiger regelmäßig nur in sehr engen Grenzen prüfen kann, ob die Angaben des Schuldners vollständig und richtig sind (denn wüsste der Gläubiger Bescheid, so bräuchte er Rechenschaft und Auskunft nicht). Daher muss der Schuldner, wenn Grund zu Zweifeln besteht, nach §§ 259 II, 260 II seine Angaben durch eine **Versicherung an Eides Statt** bestätigen (Einzelheiten in § 261). Dadurch unterliegt der Schuldner den Strafdrohungen von §§ 156 (Vorsatz), 163 (Fahrlässigkeit) StGB. Auch kann der Gläubiger, wo der Verdacht einer solchen Straftat auftaucht, durch eine Strafanzeige gegen den Schuldner polizeiliche und staatsanwaltschaftliche Ermittlungen in Gang bringen. Hierdurch werden Aufklärungsmittel nutzbar, die dem Gläubiger privatrechtlich nicht zur Verfügung stehen (z. B. Hausdurchsuchung, Beschlagnahme von Unterlagen des Schuldners).

207 Die eidesstattliche Versicherung nach §§ 259, 260 darf nicht verwechselt werden mit derjenigen nach §§ 807, 899ff. ZPO: Letztere setzt voraus, dass die Pfändung beim Schuldner wegen einer Geldforderung nicht zur vollständigen Befriedigung des Gläubigers geführt hat. Das sind die Erfordernisse dessen, was man ungenau vielfach auch heute noch den „Offenbarungseid" nennt: Dieser führt zur Eintragung in das Schuldnerverzeichnis nach § 915 ZPO und macht kreditunwürdig. Für denjenigen dagegen, der die eidesstattliche Versicherung nach §§ 259, 260 geleistet hat, trifft das alles nicht zu: Insbesondere kann er durchaus kreditwürdig sein.

§ 19. Nachträgliche Leistungsbestimmung

Literatur: *Bötticher,* Gestaltungsrecht und Unterwerfung im Privatrecht, 1964; *G. Hueck,* Gleichbehandlung und Billigkeitskontrolle, GS Dietz, 1973, 241; *Jesgarzewski,* Die Grenze formularmäßiger Vereinbarung einseitiger Leistungsbestimmungsrechte, 2005; *Joussen,* Das Gestaltungsrecht des Dritten nach § 317 BGB, AcP 203 (2003) 429; *Kornblum,* Die Rechtsnatur der Bestimmung der Leistung in den §§ 315–319 BGB, AcP 168 (1968) 450; *Kronke,* Zu Funktion und Dogmatik der Leistungsbestimmung nach § 315 BGB, AcP 183 (1983) 113; *Lukes,* § 315 BGB bei dem Energielieferungsvertrag …, BB 1985, 2258; *Neumann-Duesberg,* Gerichtliche Ermessensentscheidungen nach §§ 315 BGB, JZ 1952, 705; *Rieble/Gutfried,* Spezifikationskauf und BGB-Schuldrecht, JZ 2008, 593.

208 Fälle einer nachträglichen Leistungsbestimmung sind schon oben Rn. 195ff. erwähnt worden: die Konkretisierung bei der Gattungsschuld, die Ausübung von Wahl- oder Ersetzungsrechten bei der Wahlschuld und die Ausübung der Ersetzungsbefugnis. Aber bei der Gattungsschuld ist die Leistung wenigstens gattungsmäßig bestimmt, und § 243 I legt zusätzlich auch die Qualität fest (vgl. o. Rn. 196). Bei der Wahlschuld und der Ersetzungsbefugnis handelt es sich nur um eine beschränkte Zahl von Wahlmöglichkeiten (vgl. o. Rn. 201ff.). Demgegenüber betreffen die §§ 315–319 Fälle, in denen die geschuldete Leistung in anderer Weise unbestimmt ist; die Bestimmung soll hier erst nach dem Vertragsschluss durch eine Vertragspartei (§§ 315, 316) oder einen Dritten (§§ 317–319) getroffen werden. Das rechtspolitische Hauptproblem ist die Kontrolle solcher nachträglicher Leistungsbestimmungen, denen sich ja eine Partei oder auch beide Parteien zunächst fast blind unterworfen haben.

I. Abgrenzung

Dass Vertragsparteien einen Punkt ungeregelt lassen, bedeutet keineswegs immer eine Ermächtigung zur Bestimmung nach §§ 315ff. Vielmehr ist wie folgt zu unterscheiden:

1. Gesetzliche Leistungsbestimmung

Häufig bedeutet die Nichtregelung durch die Parteien, dass diese sich insoweit auf das **dispositive Gesetzesrecht** verlassen. Daher unterbleiben zumeist Vereinbarungen etwa über den Leistungsort oder die Folgen von Leistungsstörungen einschließlich der Sachmängel beim Kauf. 209

2. (Stillschweigende) Vereinbarung

Allerdings enthält das BGB gerade für sehr wesentliche Vertragspunkte keine Regelung. So ist z. B. beim Kauf für den Kaufgegenstand und den Preis nichts bestimmt. Über die *essentialia negotii* sind also individuelle Vereinbarungen unentbehrlich. Trotzdem wird über den Preis häufig nicht gesprochen, etwa bei Arztbesuchen, Taxifahrten, Einkäufen beim Bäcker, in der Apotheke usw. Den Parteien ist aber klar, dass die Leistung weder unentgeltlich noch zu einer beliebigen, vom Schuldner oder Gläubiger zu bestimmenden Gegenleistung erfolgen soll. Solche Verträge bedeuten daher vielfach, dass die **allgemein festgesetzte oder die übliche Vergütung** geschuldet werden soll. Das bestimmen die §§ 612 I, II (Dienstvertrag), 632 I, II (Werkvertrag) und 653 I, II (Mäklervertrag), doch gilt Ähnliches auch bei anderen Vertragstypen: Wer z. B. in einer Bäckerei Brötchen ohne Preisvereinbarung kauft oder in einer Gaststätte ein Bier bestellt, will nicht etwa dem Bäcker oder dem Wirt die Bestimmung des Preises überlassen (also nicht § 316). Vielmehr soll der Bäcker oder Gastwirt nur denjenigen Preis fordern können, der auf seiner Preisliste bzw. Speisekarte steht, selbst wenn dieser nicht vorab zur Kenntnis genommen wird. Der Preis ist dann jedenfalls objektiv bestimmbar. Wenn sich lediglich feststellen lässt, dass sich die übliche Vergütung in einem bestimmten Rahmen bewegt, soll nach BGHZ 94, 98 unter Umständen das Gericht die Vergütung selbst zu bestimmen haben.[1] 210

Gibt es weder eine taxmäßige noch eine übliche Vergütung, so helfen auch Normen wie § 632 II nicht weiter. Es liegt dann entweder ein offener Dissens oder aber ein Fall von §§ 315, 316 vor, s. PdW Schuldrecht I **Fall 4.**

3. Offener Dissens

Möglich ist weiter, dass die Parteien einen Punkt zwar regeln wollen, eine solche **Regelung** aber **noch nicht getroffen** haben. Dann ist nach § 154 I 1 der Vertrag im Zweifel nicht geschlossen (offener Dissens). Dabei genügt es für das Regelungsbedürfnis, dass nach der Erklärung auch nur einer Partei eine Regelung getroffen werden sollte, selbst wenn dispositives Gesetzesrecht zur Verfügung steht: Sagt z. B. der Verkäufer, über den Liefertermin müsse noch gesprochen werden, so ist vor einer Einigung über diesen Termin der Vertrag regelmäßig nicht wirksam, auch wenn über alle anderen Punkte Einverständnis herrscht. 211

4. Anwendungsbereich der §§ 315 ff.

Damit die §§ 315 ff. eingreifen, genügt also das Offenlassen eines Punktes durch die Parteien noch nicht. Vielmehr muss zusätzlich einer Partei oder einem Dritten vertraglich das **Gestaltungsrecht eingeräumt** werden, den offenen Punkt **einseitig** zu regeln. Dieses Recht wird – wie andere Gestaltungsrechte auch – durch einseitige empfangsbedürftige Willenserklärung ausgeübt, §§ 315 II, 318 I. Diese Erklärung ist regelmä- 212

[1] Dazu kritisch *Vollkommer,* JZ 1985, 879.

ßig nicht formbedürftig. Ihre Unwiderruflichkeit folgt hier häufig schon daraus, dass die einmalige Ausübung das Gestaltungsrecht erschöpft.

II. Bestimmungsrecht einer Partei

1. Billiges Ermessen

213 Nach § 315 I soll die Leistungsbestimmung durch eine Partei im Zweifel nach billigem Ermessen zu treffen sein. Bestimmungsberechtigt ist für die Gegenleistung im Zweifel deren Gläubiger, § 316. So kann z. B. der Arzt in den Grenzen der Gebührenordnung für Ärzte gegenüber Privatpatienten sein Honorar bestimmen.

„Billiges Ermessen" ist in zwei Richtungen abzugrenzen: Einerseits bedeutet „Ermessen", dass es **nicht bloß eine einzige richtige Entscheidung** gibt; der Bestimmungsberechtigte hat also einen gewissen Ermessensspielraum. Andererseits ist dieser Spielraum aber **durch die Billigkeit beschränkt;** folglich ist nicht jede denkbare Entscheidung richtig. Dem trägt § 315 III Rechnung: Eine nicht der Billigkeit entsprechende Bestimmung ist für den anderen Teil unverbindlich. Die Bestimmung wird dann (und ebenso, wenn der Berechtigte sie verzögert) vom Gericht durch **Gestaltungsurteil** getroffen, § 315 III 2: Hier kontrolliert also das Gericht die Billigkeit der privaten Ermessensausübung. Das gilt insbesondere auch für die Festsetzung von Tarifentgelten für Leistungen der Daseinsvorsorge im Rahmen eines privatrechtlichen Benutzungsverhältnisses insbesondere mit einem Monopolunternehmen.[2]

Die §§ 315f. gelten nicht nur für die Leistung und deren Umfang als solche, sondern auch für die Modalitäten der Leistung. So kann etwa dem Schuldner das Recht eingeräumt werden, lediglich den Zeitpunkt der ansonsten vertraglich festgelegten Leistung einseitig zu bestimmen.[3] Nicht unter die §§ 315f. einzuordnen ist hingegen die dem Schuldner überlassene Bestimmung von **untergeordneten Modalitäten der Leistung** (z. B. die Art der Versendung und die Stunde der Leistung): Hierfür ist nicht erst nach § 315 II eine Erklärung gegenüber dem anderen Teil nötig. Vielmehr kann der Schuldner einfach in der von ihm beabsichtigten Weise leisten, wobei § 242 die Grenze des Zulässigen angibt: Wenn die Leistung Treu und Glauben nicht entspricht, ist sie nicht die geschuldete und führt daher nicht zur Erfüllung (s. Rn. 547).

2. Belieben

214 Statt der Maßgeblichkeit des billigen Ermessens können die Parteien die Leistungsbestimmung an sich auch in das „freie Ermessen" oder „Belieben" einer Partei stellen. Dann ist § 315 unanwendbar. Insbesondere scheidet auch die gerichtliche Überprüfung nach § 315 III aus. Deshalb ist bei der Annahme einer solchen nicht durch die Billigkeit beschränkten Freiheit Vorsicht nötig: Wird eine so weitgehende Freiheit dem *Schuldner* überlassen, dann ist dieser praktisch ungebunden. Daher kommt ein Schuldverhältnis überhaupt nicht oder nur in einer unentgeltlichen Spielart zustande (z. B. nur Leihe, wenn der „Mieter" die Miete nach Belieben soll bestimmen dürfen). Wird dagegen die Höhe der Leistung ganz in das Belieben des *Gläubigers* gestellt, so kann das eine sittenwidrige Knebelung des Schuldners bedeuten und daher nach § 138 nichtig sein.

---

2 Z. B. BGHZ 115, 311, 316: Abwasserentgelte.
3 *BGH* NJW 2005, 1772; NJW 2006, 3271; NZM 2006, 313.

Unbedenklich ist das **„Belieben"** danach wohl nur, wenn die Bestimmung nicht die Äquivalenz von Leistung und Gegenleistung berührt: etwa wenn bei Versorgungsverträgen (vgl. o. Rn. 13) der Kunde die abzunehmende Menge von Strom, Gas und Wasser bestimmt. Einen anderen Anwendungsfall bildet der **Spezifikations-(Bestimmungs)kauf** nach § 375 HGB[4]: Dort ist dem Käufer „die nähere Bestimmung über Form, Maß oder ähnliche Verhältnisse vorbehalten" (z. B. ein Vertrag über die Lieferung von Walzstahl, wobei der Käufer die zu walzenden Profile bestimmen darf). Die Besonderheit bei § 375 HGB besteht weiter darin, dass der Käufer hier nicht nur berechtigt, sondern auch *verpflichtet* ist, die Bestimmung zu treffen. Kommt er damit in Verzug, kann der Verkäufer nach § 375 II HGB (nach erfolgloser Fristsetzung) die Bestimmung selbst vornehmen, aber auch nach §§ 375 II HGB i. V. m. 280 I, III, 283 Schadensersatz statt der Leistung verlangen und/oder nach § 323 vom Vertrag zurücktreten (was nach diesen Normen ebenfalls i. d. R. eine erfolglose Fristsetzung zur Vornahme der Bestimmung voraussetzt, s. dazu u. Rn. 490ff.).

III. Bestimmungsrecht eines Dritten

1. Unterscheidungen

Einem Dritten (oder einer Mehrheit dritter Personen) können in Bezug auf ein Rechtsverhältnis drei verschiedene Funktionen übertragen werden:

a) Schiedsrichter

Der Dritte kann durch **Schiedsvertrag** zum **Schiedsrichter** bestellt werden. Dann soll 215
er einen Streit zwischen den an dem Rechtsverhältnis Beteiligten anstelle des staatlichen Gerichts entscheiden. Ein solcher Ausschluss der staatlichen Gerichtsbarkeit ist nur nach den §§ 1025ff. ZPO möglich; die (praktisch wichtigen) Einzelheiten gehören ins Zivilprozessrecht. Dem Schiedsrichter obliegt (anders als dem Dritten bei den §§ 317–319) grundsätzlich *nicht* eine *Gestaltung* der Rechtslage nach seinem Ermessen; vielmehr soll er die Rechtslage so erkennen, wie sie ist. Eine Kontrolle des Schiedsspruchs wie nach § 319 I gibt es nicht; dieser wird sachlich nur auf seine offensichtlichen Unvereinbarkeit mit den wesentlichen Grundsätzen des deutschen Rechts und insbesondere mit den Grundrechten überprüft, § 1059 II Nr. 2b mit § 1060 II 1 ZPO.

b) Schiedsgutachter

Davon ist zu unterscheiden der **Schiedsgutachter:** Auch er wird bei einem Streit oder 216
einer Ungewissheit zwischen den an einem Rechtsverhältnis Beteiligten tätig. Aber er soll nicht wie das staatliche Gericht oder der Schiedsrichter die Rechtsfolgen aussprechen. Vielmehr soll er nur – regelmäßig kraft seiner besonderen Sachkunde – *einzelne Tatbestandselemente* feststellen, z. B. die Größe eines Grundstücks, die Mangelhaftigkeit einer Kaufsache, ihren verhältnismäßigen Minderwert oder den Verkehrswert eines Kraftwagens. Zwar kann sich mit der Ermittlung eines solchen Tatbestandselements auch der Streit zwischen den Parteien erledigen, weil sich die Rechtsfolge dann unzweifelhaft ergibt (z. B. das Rücktrittsrecht des Käufers). Aber die Feststellung des Dritten kann im Gegensatz zum Schiedsspruch nicht nach § 1060 ZPO für vollstreckbar erklärt werden. Vielmehr ist notfalls im gewöhnlichen Zivilprozess Klage zu erheben. Das Gericht muss dann in dem Prozess regelmäßig von der Feststellung des

[4] S. dazu *Rieble/Gutfried*, JZ 2008, 593.

Schiedsgutachters ausgehen. Doch wird diese analog § 319 I ausnahmsweise für unverbindlich gehalten, wenn sie „offenbar unrichtig" ist.[5]

c) Leistungsbestimmung durch einen Dritten

217 Schließlich bleibt die in den §§ 317–319 geregelte **eigentliche Leistungsbestimmung:** Hier wird der Dritte grundsätzlich gestaltend und nicht bloß erkennend tätig. Die Praxis spricht freilich auch hier bisweilen vom „Schiedsgutachter" (dann in einem weiteren Sinn), s. PdW Schuldrecht I **Fall 5.**

2. Leistungsbestimmung nach billigem Ermessen

218 Ebenso wie die Leistungsbestimmung durch eine Partei (§ 315 I) soll auch die Bestimmung durch einen Dritten sich **im Zweifel nach billigem Ermessen** richten, § 317 I. Da dieses Ermessen einen Spielraum lässt, kann die Entscheidung beim Bestimmungsrecht mehrerer Personen verschieden ausfallen. Dann soll, wenn es um die Bestimmung eines Betrages geht, nach § 317 II im Zweifel der Durchschnitt maßgebend sein (z. B. A bestimmt 60, B 70, C 77: dann gilt 69). Wo dagegen eine solche rechnerische Lösung unmöglich ist, fordert § 317 II im Zweifel die Übereinstimmung aller. Wenn diese nicht zu erreichen ist, geschieht die Bestimmung nach § 319 I 2 durch gerichtliches Urteil (der Dritte hat ja die Bestimmung nicht treffen können).

219 Für die **Unverbindlichkeit** und die gerichtliche Ersetzung der Bestimmung des Dritten weicht § 319 I von § 315 III ab. Denn während die Bestimmung durch eine Partei „der Billigkeit entsprechen" muss (vgl. o. Rn. 213), ist die Bestimmung durch den Dritten nur unverbindlich, wenn sie „offenbar unbillig" ist. Dieser großzügigere Maßstab bei der Kontrolle der Drittbestimmung erklärt sich daraus, dass der Dritte im Gegensatz zur Partei selbst regelmäßig kein eigenes Interesse am Inhalt der Bestimmung hat; daher ist hier ein Missbrauch weniger zu fürchten.

3. Leistungsbestimmung nach freiem Belieben

220 Wenn der Dritte die Bestimmung nach freiem Belieben treffen soll, kennt § 319 II keine Billigkeitskontrolle; hier kommt nur die Nichtigkeit der Bestimmung nach §§ 134, 138 in Betracht. Doch kann die Bestimmung dann ebenso wenig durch das Gericht ersetzt werden, wie wenn der Dritte sie ganz unterlässt: Wenn die Parteien sich dem freien Belieben eines Dritten anvertrauen, dann legen sie regelmäßig auf dessen persönliche Entscheidung Wert. § 319 II erklärt daher den Vertrag mangels Ausführbarkeit für unwirksam, wenn der Dritte nicht (gültig) entscheidet.

4. Anfechtung

221 Die Bestimmung des Dritten kann durch Willensmängel beeinflusst sein, insbesondere durch eine arglistige Täuschung oder durch einen Irrtum. Nach allgemeinen Regeln stünde das deswegen etwa gegebene Anfechtungsrecht dem Dritten zu. Da dieser aber von seiner Erklärung nicht betroffen wird – sie gestaltet ja ein für ihn fremdes Rechtsverhältnis –, gewährt § 318 II das Anfechtungsrecht den Parteien des Schuldverhältnisses: Die von dem Willensmangel benachteiligte Partei kann hier also eine fremde Willenserklärung anfechten.

[5] Vgl. BGHZ 43, 374, 376.

§ 20. Die Verknüpfung von Leistungspflichten

Literatur: *A. Henkel,* Der Ausschluss des Zurückbehaltungsrechts nach Beendigung des Arbeitsverhältnisses, ZGS 2004, 170; *Kaiser,* Unsicherheitseinrede des Vorleistungspflichtigen nach § 321 I BGB, NJW 2010, 1254; *Keller,* Das Zurückbehaltungsrecht nach § 273 BGB, JuS 1982, 665; *Oesterle,* Die Leistung Zug um Zug, 1980; *K. J. Partsch,* Das Zurückbehaltungsrecht, 1938; *Schur,* Die Verknüpfung wechselseitiger Leistungen, JuS 2006, 673.

I. Das allgemeine Zurückbehaltungsrecht

1. Funktion und Abgrenzung

Die Vorschriften über das allgemeine Zurückbehaltungsrecht (§§ 273, 274) stehen im BGB zwischen den Vorschriften über den Inhalt der ungestörten Forderung (§§ 242–272) und denen über die Leistungsstörungen (§§ 275–304). Diese Stellung entspricht der Eigenart des Zurückbehaltungsrechts: Die Forderung, der das Zurückbehaltungsrecht entgegengehalten wird, ist zwar nicht selbst (etwa durch Unmöglichkeit oder Verzug) gestört. Doch hat der Schuldner dieser Forderung seinerseits aus „demselben rechtlichen Verhältnis" eine Forderung gegen seinen Gläubiger, und diese andere Forderung wird trotz Fälligkeit nicht erfüllt. Das Zurückbehaltungsrecht schafft eine **Verbindung zwischen beiden Forderungen:** Die eine Forderung soll nicht erfüllt werden müssen, wenn nicht auch die andere erfüllt oder wenn nicht wenigstens ihretwegen Sicherheit geleistet wird. 222

Beispiel: A und B stehen in laufender Geschäftsverbindung. A kann aus einem Kauf die Lieferung von Ware fordern, schuldet aber aus einem früheren Geschäft noch den Kaufpreis. Hier brauchen bei Geltendmachung des Zurückbehaltungsrechts A und B nur zu leisten, wenn der jeweils andere gleichfalls erfüllt oder Sicherheit leistet.

Diese Verbindung zwischen den Forderungen wirkt aber weniger stark als bei der Aufrechnung (§§ 387ff.) und beim handelsrechtlichen Zurückbehaltungsrecht (§§ 369ff. HGB). Denn die Aufrechnung führt direkt (§ 389) und das handelsrechtliche Zurückbehaltungsrecht führt wenigstens indirekt (durch Pfandverkauf nach § 371 II HGB) zur Befriedigung des Berechtigten. Auch das Zurückbehaltungsrecht für gegenseitige Leistungen (§§ 320f.) ist stärker als das aus §§ 273f.: Nach § 320 kann gerade die geschuldete Leistung des anderen Teils erzwungen werden, nach § 273 dagegen nur Sicherheitsleistung (§ 273 III, vgl. u. Rn. 234). Zum Zurückbehaltungsrecht nach § 1000 vgl. u. Rn. 225.

2. Voraussetzungen des allgemeinen Zurückbehaltungsrechts

a) Wechselseitige Forderungen

Nach § 273 I muss der Schuldner einen Gegenanspruch gegen den Gläubiger haben. 223 Hier müssen also ebenso wie bei der Aufrechnung (vgl. u. Rn. 294) zwei Personen *einander* Leistungen schulden; jede Person muss demnach sowohl Gläubiger wie Schuldner sein. Nicht ausreichend ist ein Anspruch gegen einen Dritten: Der Gläubiger G einer Forderung gegen S braucht sich nicht entgegenhalten zu lassen, S habe noch eine Leistung von einem Dritten D zu fordern; hier zeigt sich die Relativität des Schuldverhältnisses (vgl. o. Rn. 30).

Nur wenn eine Forderung durch Abtretung an einen neuen Gläubiger gelangt ist, kann der Schuldner nach § 404 das vorher entstandene Zurückbehaltungsrecht auch dem neuen Gläubiger entgegenhalten: Die ohne Mitwirkung des Schuldners mögliche

Abtretung soll dessen Stellung nicht verschlechtern (vgl. u. Rn. 812). Hat der Schuldner hingegen den Gegenanspruch abgetreten, so kann er ein Zurückbehaltungsrecht nur noch dann begründen, wenn er (etwa aus einer im Rahmen einer Sicherungsabtretung erteilten Einziehungsermächtigung, s. Rn. 805, 807) weiterhin berechtigt ist, Leistung an sich oder den neuen Gläubiger zu verlangen.[1] Drittwirkung hat das Zurückbehaltungsrecht nach § 334 auch beim echten Vertrag zugunsten Dritter (vgl. u. Rn. 860).

Die für die Wechselseitigkeit der Forderungen oft verwendete Bezeichnung „Gegenseitigkeit" ist bei § 273 genauso irreführend wie bei der Aufrechnung (vgl. u. Rn. 294: Denn mit der Gegenseitigkeit von §§ 320ff. (vgl. u. Rn. 239) hat § 273 gerade nichts zu tun.

b) Konnexität der Forderungen

Nach § 273 I muss die Gegenforderung des Schuldners „aus demselben rechtlichen Verhältnis" stammen, „auf dem seine Verbindlichkeit beruht". Man nennt dieses Erfordernis (das es bei der Aufrechnung nicht gibt) „Konnexität" (von lat. *connectere* = verbinden).

224 **aa) Begriff des „rechtlichen Verhältnisses".** Diese Konnexität wird allgemein **weit verstanden:** Es genügt „ein innerlich zusammengehöriges einheitliches Lebensverhältnis, das es als wider Treu und Glauben erscheinen lässt, wenn der eine Anspruch ohne Rücksicht auf den anderen geltend gemacht oder verwirklicht werden soll".[2] Das „rechtliche Verhältnis" des Gesetzestextes wird also nicht als „Rechtsverhältnis" interpretiert, sondern als „innerlich zusammenhängendes einheitliches *Lebens*verhältnis".[3] Die Rechtsprechung lässt es deshalb genügen, wenn beide Ansprüche „aus Rechtsgeschäften hervorgegangen sind, die in einem solchen natürlichen und wirtschaftlichen Zusammenhang stehen, dass es gegen Treu und Glauben verstoßen würde, wenn der eine Anspruch ohne Rücksicht auf den der anderen Seite zustehenden geltend gemacht und durchgesetzt werden könnte".[4] Dafür genügt z. B. ein von Anfang an unwirksamer oder später unwirksam gewordener Vertrag: Die Bereicherungsansprüche auf Rückgabe der schon ausgetauschten Leistungen sind folglich nur nach § 273 oder der ähnlich wirkenden **Saldotheorie** des Bereicherungsrechts zu erfüllen (vgl. BT Rn. 1184ff.). Regelmäßig genügt auch eine laufende Geschäftsverbindung; doch liegt sie nicht schon dann vor, wenn ein Unternehmer mehrfach mit gleichartigen Arbeiten betraut wurde.[5] Konnex sind auch Ansprüche aus einer Ehe einerseits und deren Auflösung andererseits.[6] **Verneint** worden ist die Konnexität dagegen zwischen Ansprüchen einer Gesellschaft gegen einen Kunden und den gesellschaftsrechtlichen Ansprüchen dieses Kunden wegen seines Ausscheidens aus der Gesellschaft.[7] Nicht konnex sind auch Ansprüche aus mehreren selbständigen Stromlieferungsverträgen: Der Stromlieferant darf den Strom für den Privathaushalt nicht sperren, weil die (auf einem anderen Vertrag beruhende) Stromrechnung für den Gewerbebetrieb des Schuldners noch nicht bezahlt ist.[8]

[1] *BGH* NJW 2000, 278.
[2] BGHZ 47, 157, 167.
[3] *BGH* NJW 2004, 3484.
[4] *BGH* NJW 2004, 3484 m. w. N.
[5] BGHZ 54, 244, 250.
[6] BGHZ 92, 194, 196.
[7] RGZ 118, 295, 300.
[8] BGHZ 115, 99, 103f.

bb) Verwendungsersatzansprüche. Eine Sonderregelung für die Konnexität enthält **§ 273 II:** Diese soll bestehen zwischen Ansprüchen auf Herausgabe eines Gegenstandes und Gegenansprüchen wegen der **Verwendungen** auf diesen Gegenstand oder wegen der durch ihn verursachten Schäden. § 273 II begründet aber solche Ansprüche auf Verwendungs- oder Schadensersatz nicht, sondern regelt nur ihre Verknüpfung mit dem Herausgabeanspruch. Als Anspruchsgrundlagen kommen etwa die §§ 304, 670, 693f., 970 in Betracht. 225

Beispiel: E kann seinen Hund nicht auf eine Auslandsreise mitnehmen und vertraut ihn daher seinem Freund F an. Dann kann F, wenn zwischen ihm und E überhaupt ein Rechtsverhältnis und nicht bloß eine gesellschaftliche Gefälligkeit vorliegt, für die Fütterungskosten und die durch den Hund angerichteten Schäden nach §§ 693f. Ersatz verlangen. Diese Ansprüche kann F dem Herausgabeanspruch des E aus § 695 (und aus § 985) nach § 273 II ohne weiteres entgegenhalten.

Wenn der Eigentümer eine Sache aus § 985 herausverlangt, zu deren Besitz der Besitzer kein Recht hatte, liegt ein **Eigentümer-Besitzer-Verhältnis** vor. Für dieses ist der Verwendungsersatz in den §§ 994ff. eigens geregelt, und hierfür gibt es auch ein eigenes Zurückbehaltungsrecht: Dieses ist in den **§§ 1000–1003** mit einem besonders ausgestaltetem Verwertungsrecht ausgestattet.

c) Durchsetzbarkeit

aa) Fälligkeit. Sowohl Abs. 1 wie Abs. 2 des § 273 verlangen die **Fälligkeit des Anspruchs,** dessentwegen zurückbehalten werden soll. Das entspricht dem Fälligkeitserfordernis bei der Aufrechnung (vgl. u. Rn. 298): Ebenso wie die Aufrechnung bedeutet eben auch das Zurückbehalten ein Geltendmachen der Forderung, das Fälligkeit voraussetzt. Dabei lässt es die Rspr. zutreffend genügen, dass der die Zurückbehaltung begründende Gegenanspruch im Augenblick der zurückzubehaltenden Leistung entsteht.[9] So ergibt sich der Anspruch auf Quittung (§ 368) zugleich mit der Leistung; daher ist die Leistung nur Zug um Zug (vgl. u. Rn. 235) gegen die Quittung zu erbringen. 226

Die Forderung, gegen die sich das Zurückbehaltungsrecht richtet, wird ohnehin fällig sein. Denn andernfalls kann die Leistung schon mangels Fälligkeit verweigert werden. Im Prozess führt das Fehlen der Fälligkeit auch weitergehend zur Klagabweisung und nicht bloß zur Verurteilung Zug um Zug.

bb) Durchsetzbarkeit. Zweifeln kann man, ob außer dem Fehlen der Fälligkeit noch **andere Durchsetzbarkeitshindernisse** das Zurückbehaltungsrecht ausschließen. § 273 erwähnt davon nichts. Wegen der Parallele zur Aufrechnung (vgl. o. Rn. 296) spricht aber viel für eine Analogie zu § 390. So muss sicher der das Zurückbehaltungsrecht begründende Anspruch klagbar sein (es gibt also z. B. kein Zurückbehaltungsrecht wegen einer Wettschuld, vgl. § 762). Nach richtiger Ansicht schadet es auch, wenn dem Anspruch eine Einrede entgegensteht.[10] Besonderes gilt nach § 215 für die Verjährungseinrede: Eine inzwischen verjährte Forderung berechtigt dann zur Zurückbehaltung, wenn die verjährte Forderung der abzuwehrenden Forderung einmal unverjährt gegenübergestanden hat. 227

---

[9] S. z. B. RGZ 82, 25, 27; BGHZ 116, 244.

[10] *Looschelders,* AT, Rn. 298.

d) Ungleichartigkeit der Leistungen

228 Ein ungeschriebenes Tatbestandsmerkmal des § 273 ist die **Ungleichartigkeit** des Inhalts von Forderung und Gegenforderung.[11] Denn bei Gleichartigkeit kommt zumindest regelmäßig bereits Aufrechnung in Betracht: Eine Zurückbehaltung von 100,– € wegen eines Gegenanspruchs auf 100,– € wäre ebenso sinnlos wie ein auf einen solchen Leistungsaustausch lautendes Urteil (vgl. u. Rn. 295). Die Berufung des Schuldners auf ein Zurückbehaltungsrecht kann aber in einem solchen Fall nach § 140 in eine Aufrechnungserklärung umgedeutet werden.[12]

Einen Ausnahmefall stellt insofern *BGH* NJW 2000, 278 dar: Dort hatte der auf Zahlung in Anspruch genommene Schuldner die ebenfalls auf Zahlung gerichtete Gegenforderung abgetreten, konnte aber noch Leistung an den Zessionar verlangen. Da er hier mangels Gegenseitigkeit nicht aufrechnen konnte, verblieb ihm trotz Gleichartigkeit der Forderung das Zurückbehaltungsrecht aus § 273.

e) Nichteingreifen von Zurückbehaltungshindernissen

Schließlich darf der Zurückbehaltung kein rechtliches Hindernis entgegenstehen.

229 **aa) Vertragliche Vereinbarungen und gesetzliche Ausnahmen.** Über das Zurückbehaltungsrecht sind **Vereinbarungen** möglich. Diese können das Zurückbehaltungsrecht erweitern (z. B. durch das Abbedingen des Erfordernisses der Konnexität). Häufiger aber wird das Zurückbehaltungsrecht ausgeschlossen oder beschränkt, um die Durchsetzung von Ansprüchen zu erleichtern. Das ist grundsätzlich zulässig, doch gelten für AGB gegenüber einem Nichtunternehmer nach § 309 Nr. 2b bestimmte Ausnahmen.[13] **Im Gesetz** schützt § 556b II das Zurückbehaltungsrecht des Wohnraummieters wegen einer Schadensersatzforderung sogar gegen einen individualvertraglichen Ausschluss. Umgekehrt verneinen die §§ 570, 578 für den Grundstücks- und Raummieter ein Zurückbehaltungsrecht gegen den Anspruch auf Rückgabe der Mietsache; Entsprechendes bestimmt § 175 für einen Anspruch des Vollmachtgebers auf Rückgabe der Vollmachtsurkunde. Beides ist ein kodifizierter Ausdruck des Verhältnismäßigkeitsprinzips: Das Grundstück ist typischerweise unverhältnismäßig wertvoll, und das Behalten der Vollmachtsurkunde bringt die unverhältnismäßig große Gefahr einer missbräuchlichen Verwendung.

230 **bb) Natur und Zweck des Schuldverhältnisses.** Nach § 273 I besteht das Zurückbehaltungsrecht nur, „sofern nicht aus dem Schuldverhältnis **sich ein anderes ergibt**". Diese Worte weisen über die sich von selbst verstehende Abdingbarkeit des schuldrechtlichen Zurückbehaltungsrechts hinaus noch besonders auf eine sinngerechte Auslegung hin. Diese wird etwa regelmäßig ergeben, dass das Zurückbehaltungsrecht die Forderung, gegen die es sich richtet, nicht soll vereiteln dürfen. Daher kommt gegenüber Unterlassungsansprüchen (hier bestünde das Zurückbehalten im Zuwiderhandeln) und gegenüber Forderungen aus Fixgeschäften (vgl. u. Rn. 411 f.) meist keine Zurückbehaltung nach § 273 I in Betracht.[14] Auch ein anderer vom Gesetz missbilligter Erfolg der Zurückbehaltung macht diese unzulässig. Das gilt insbesondere für die

---

[11] S. *BGH* NJW 2000, 278.
[12] *BGH* NJW 2000, 278.
[13] Vgl. zum Arbeitsrecht *Henke,* ZGS 2004, 170.
[14] Zur Arbeitsleistung vgl. *Heiderhoff,* JuS 1998, 1087 zu *BAG* NJW 1997, 274.

Zurückbehaltung gegenüber unpfändbaren Ansprüchen, soweit § 394 diese gegen eine Aufrechnung schützt (vgl. u. Rn. 303).

cc) Treu und Glauben. Hiervon nicht deutlich abgrenzen lässt sich die Unzulässigkeit der Zurückbehaltung nach **Treu und Glauben** angesichts besonderer Umstände des Einzelfalls. Am ehesten kann man in dieser Gruppe die Zurückbehaltung einer sehr wertvollen Leistung wegen einer relativ unbedeutenden Gegenforderung einordnen, jedoch kann auch hier nicht schematisch allein auf die Wertverhältnisse abgestellt werden. Das Zurückbehaltungsrecht würde nämlich seinen Zweck, auf den Schuldner Druck auszuüben, verfehlen, wenn es nur dann ausgeübt werden könnte, wenn das Wertverhältnis in etwa ausgeglichen ist.[15] Auch mag die Zurückbehaltung nach § 242 unzulässig sein, wenn der Zurückbehaltende wegen seiner Gegenforderung schon anderweitig (etwa durch eine Bankbürgschaft; sie genügt nicht für § 273 III 1, vgl. § 273 III 2) ausreichend gesichert ist. Für Unzulässigkeit spricht es weiter, wenn der Gegner des Zurückbehaltenden seine Pflicht ohne den zurückbehaltenen Gegenstand nicht erfüllen kann.[16] Auch darf ein Zurückbehaltungsrecht nicht auf den Zwang zur Fortführung einer nichtehelichen Lebensgemeinschaft hinauslaufen.[17] Auch können gegen einen Herausgabeanspruch keine Aufwendungen eingewendet werden, die erst durch die Verzögerung der Herausgabe entstanden sind.[18] 231

dd) Vorsätzliche unerlaubte Handlung. Nach § 273 II darf ein Gegenstand nicht zurückbehalten werden, der durch eine **vorsätzlich begangene unerlaubte Handlung** erlangt worden ist (ebenso § 1000 S. 2). Die Vorschrift will eine Art eigenmächtiger Pfandnahme verhindern. Diese Ausnahme ist deshalb weit auszulegen und nicht bloß auf die in § 273 II genannten Ansprüche auf Verwendungs- und Schadensersatz zu beziehen (str.). Für eine solche weite Auslegung spricht auch der größere Anwendungsbereich des rechtsähnlichen Aufrechnungsverbots in § 393 (vgl. u. Rn. 302). Will man die Einschränkung des § 273 II nicht auf das Zurückbehaltungsrecht aus § 273 I anwenden, hilft eine Analogie zu § 393.[19] 232

Beispiel: Der Gläubiger nimmt eigenmächtig einen Gegenstand des Schuldners an sich, um damit ein Druckmittel für die Begleichung einer offenen Schuld zu haben. In analoger Anwendung von § 273 II oder von § 393 kann sich der Gläubiger gegenüber dem Herausgabeanspruch des Schuldners (aus § 985) nicht auf § 273 I berufen.

f) Geltendmachung der Einrede

§ 273 begründet keine ohne weiteres zu beachtende Einschränkung des Anspruchs, sondern nur eine dilatorische (verzögernde) Einrede. Das ergibt der Wortlaut von § 273 I („Hat der Schuldner …, so kann er … die geschuldete Leistung verweigern"). Der Schuldner muss also seinen Willen, wegen einer bestimmten Gegenforderung die Leistung zu verweigern, deutlich machen. Unterlässt er das, so wird er im Prozess vorbehaltlos verurteilt. Und wenn der Schuldner (z. B. in Unkenntnis seiner Gegenforderung) leistet, ist das Zurückbehaltungsrecht erloschen. Dann kann die Leistung auch 233

15 *BGH* NJW 2012, 528 Rn. 17.
16 BGHZ 92, 194, 199.
17 *OLG Hamm* NJW 1986, 728.
18 *BGH* NJW 2004, 3484.
19 So etwa *Looschelders,* AT, Rn. 300.

nicht zurückgefordert werden (§ 813 I 1 verlangt für eine Kondiktion eine *dauernde* Einrede, die § 273 gerade nicht gibt).

Im Gegensatz zur Einrede aus § 320 verhindert auch noch nicht das bloße Bestehen, sondern erst die Geltendmachung der Einrede aus § 273 den Eintritt des Schuldnerverzugs (§ 286, s. Rn. 463), das Entstehen eines Rücktrittsrechts nach § 323 (s. dazu Rn. 489) sowie eines Anspruchs auf Schadensersatz statt der Leistung nach §§ 280 I, III, 281 (s. Rn. 507).

g) Abwendung durch Sicherheitsleistung

234 Nach § 273 III kann der Gläubiger die Ausübung des Zurückbehaltungsrechts durch Sicherheitsleistung (§§ 232ff.) abwenden. Dabei genügt entgegen § 232 II die Stellung eines Bürgen nicht. § 273 III bedeutet eine wesentliche Schwächung des Zurückbehaltungsrechts: Die Sicherheitsleistung schaltet dieses aus, obwohl sie nur das Geldinteresse des Berechtigten an der ihm geschuldeten Leistung deckt, aber nicht auch deren Erbringung selbst gewährleisten kann.

3. Rechtsfolgen

a) Verurteilung zur Erfüllung Zug um Zug

235 Nach § 274 I führt die Erhebung der Einrede des Zurückbehaltungsrechts nicht zur Klagabweisung. Vielmehr wird der Schuldner „zur Leistung gegen Empfang der ihm gebührenden Leistung **(Erfüllung Zug um Zug)**“ verurteilt. Doch kann nach § 274 II der Gläubiger aus diesem Urteil auch dann vollstrecken, wenn der Schuldner in Annahmeverzug (vgl. u. Rn. 559) ist. Im Einzelnen richtet sich die Zwangsvollstreckung nach den §§ 756, 765, 894 I 2 ZPO.

b) Insolvenz

236 Im **Insolvenzverfahren** gewährt das Zurückbehaltungsrecht aus § 273 ein Absonderungsrecht nur nach § 51 Nr. 2 InsO, also bloß hinsichtlich der noch nützlichen (und daher den Wert der Insolvenzmasse erhöhenden) Verwendungen auf die zurückbehaltene Sache.

4. Das kaufmännische Zurückbehaltungsrecht

237 Sind die Beteiligten eines Schuldverhältnisses Kaufleute i. S. v. §§ 1ff. HGB, greifen die Sonderregelungen des kaufmännischen Zurückbehaltungsrechts nach §§ 369ff. HGB ein. Der Schuldner wird hier in mehrfacher Weise gegenüber § 273 begünstigt: Zwar wird hier ein Zurückbehaltungsrecht nur an beweglichen Sachen und Wertpapieren begründet, jedoch besteht kein Erfordernis der Konnexität. Außerdem erlangt der Schuldner an dem zurückbehaltenen Gegenstand ein pfandähnliches Befriedigungsrecht (§ 371 HGB).

II. Das Zurückbehaltungsrecht beim gegenseitigen Vertrag (§ 320)

238 Ein gegenseitiger (synallagmatischer) Vertrag ist, wie oben Rn. 105 dargelegt, ein Vertrag in welchem die gegenseitigen Leistungspflichten sowohl bei ihrer Entstehung („genetisches Synallagma“) als auch bei ihrer Durchführung („funktionelles Synallagma“) voneinander abhängen. Ausdruck dieses **funktionellen Synallagma** ist neben den Regelungen über die Leistungsstörungen (§§ 323, 326) das Zurückbehaltungsrecht des § 320, welches sich in wesentlichen Punkten vom allgemeinen Zurückbehaltungsrecht des § 273 unterscheidet.

1. Voraussetzungen

a) Fälliger synallagmatischer Gegenanspruch

Ein Zurückbehaltungsrecht aus § 320 setzt voraus, dass der in Anspruch genommene Schuldner aus **demselben (wirksamen) gegenseitigen Vertrag** (und nicht nur aus demselben „rechtlichen Verhältnis", § 273 I) einen Gegenleistungsanspruch hat. Weiter muss es sich bei dem Gegenleistungsanspruch auch um einen im Gegenseitigkeitsverhältnis stehenden (synallagmatischen) Anspruch, also um eine **Hauptleistungspflicht** handeln. Bloße Nebenleistungspflichten (s. Rn. 109) begründen damit nach h. M. kein Zurückbehaltungsrecht nach § 320 (wohl aber nach § 273).[20] 239

Auf Rückabwicklungsansprüche aus einem **unwirksamen gegenseitigen** Vertrag ist § 320 nicht anwendbar.[21] Hier kann ein Zurückbehaltungsrecht hinsichtlich der jeweils erbrachten Leistungen nur auf § 273 gestützt werden. Freilich führt hier meist die von der Rspr. praktizierte **Saldotheorie** dazu, dass der Bereicherungsgläubiger die selbst erbrachte Leistung nach § 812 I 1 Alt. 1 grundsätzlich ohnehin nur zurückfordern kann, wenn er zugleich die Rückerstattung der selbst erhaltenen Leistung anbietet, ohne dass es der Erhebung einer Einrede des Schuldners bedarf.[22] Im Falle eines Rücktritts sieht aber § 348 ebenfalls eine Erfüllung Zug-um-Zug vor und erklärt im übrigen § 320 für entsprechend anwendbar.

b) Fehlende Vorleistungspflicht

Nach § 320 I 1 ist die Einrede für denjenigen ausgeschlossen, der vorzuleisten verpflichtet ist. Eine solche Vorleistungspflicht kann aus Gesetz oder Vertrag stammen. 240

aa) Gesetzliche Vorleistungspflichten. Insbesondere bei Dauerschuldverhältnissen (vgl. o. Rn. 11) lässt sich ein Leistungsaustausch Zug um Zug nicht durchführen: Sonst müsste z. B. der Mieter, der ja dauernd die Leistung des Vermieters erhält, auch ständig kleinste Teile der Gegenleistung (der Miete) zahlen. Eine solche „juristische Infinitesimalrechnung" wird durch die Bildung von Abrechnungsperioden vermieden: Es wird wöchentliche, monatliche oder sonst nach Zeiträumen bemessene Mietzahlung vereinbart. Ebenso liegt es etwa bei der Zinszahlung für ein Darlehen oder der Lohnzahlung in einem Arbeitsverhältnis. Innerhalb solcher Perioden muss dann notwendig eine Partei vorleisten; das BGB enthält Bestimmungen hierüber in den §§ 488 II, 556b I, 579 I, 609, 614. 241

Beim Werkvertrag kann zwar häufig das fertige Werk gegen den Werklohn ausgetauscht werden, § 641. Da aber der Unternehmer das Werk zunächst herstellen muss, kann man ihn insoweit als vorleistungspflichtig ansehen.

bb) Vereinbarungen. Durch Individualvertrag sind Abweichungen von der gesetzlichen Regelung in jeder der beiden denkbaren Richtungen möglich: 242

Entweder kann eine gesetzliche Vorleistungspflicht verändert werden. So kann man vereinbaren, die Miete sei entgegen § 579 I schon im Voraus zu entrichten (wie das der Regelung für die Wohnungsmiete in § 556b I entspricht). Bei Werkverträgen über Werkleistungen von hohem Wert (Gebäude, Schiffe, größere Maschinen) wird häufig „Zahlung nach Baufortschritt" (s. auch § 641 I 2) verabredet: Dann sind nach dem Erreichen bestimmter Abschnitte der Herstellung (z. B. Aushub; Decke über

[20] S. BGHZ 161, 241, 251 f. sowie MünchKomm/*Emmerich*, § 320 Rn. 31 m. w. N.
[21] BGHZ 161, 241, 251.
[22] S. *BGH* NJW 2001, 1127, 1129; *S. Lorenz*, JuS 2015, 109, 110 f. sowie BT Rn. 1184 ff.

Kellergeschoss; Rohbau usw.) bestimmte Teile des Werklohns zu leisten. Vgl. BT Rn. 725.

Umgekehrt können aber auch Vorleistungspflichten vereinbart werden, wo das BGB von Erfüllung Zug um Zug ausgeht: Dann gewährt der Vorleistende seinem Partner Kredit. Den häufigsten Anwendungsfall bildet der Ratenkauf: Der Käufer erhält sofort den Besitz der Kaufsache (und eine Anwartschaft auf das Eigentum), er braucht aber den Kaufpreis nur in Raten zu bezahlen; vgl. BT Rn. 297ff.

Dabei kann man unterscheiden zwischen beständigen und unbeständigen Vorleistungspflichten. Der Unterschied zeigt sich, wenn der vorleistungspflichtige Teil solange wartet, bis auch die ihm geschuldete Gegenleistung fällig ist: Bei einer unbeständigen Vorleistungspflicht entfällt dann das Leistungsverweigerungsrecht nach § 320.[23] Eine beständige Vorleistungspflicht dagegen muss weiterhin vorweg erfüllt werden. Regelmäßig wird eine solche beständige Vorleistungspflicht gewollt sein.[24]

Durch AGB dagegen kann zugunsten des Verwenders von der gesetzlichen Regel des § 320 gegenüber einem Nichtunternehmer nicht abgewichen werden, § 309 Nr. 2a, auf die Nacherfüllung erweitert in § 309 Nr. 8b dd. Sehr zweifelhaft ist, inwieweit § 309 die Vereinbarung von Vorleistungspflichten überhaupt ausschließen will.

Zweifelhaft ist weiter, ob § 320 zu denjenigen Regeln gehört, die nach § 307 selbst gegenüber einem Unternehmer nicht ausgeschlossen werden können (vgl. o. Rn. 90). Auch diese Frage darf man nicht ausnahmslos bejahen.

2. Rechtsfolgen: Leistung Zug um Zug

243 Rechtstechnisch wird die Verbindung der wechselseitigen Leistungspflichten ähnlich verwirklicht wie nach §§ 273f.: Auch § 320 begründet ein Zurückbehaltungsrecht des Schuldners.

Nach § 322 I führt im Prozess die Berufung darauf, der Kläger schulde dem Beklagten noch die Gegenleistung, ebenfalls nicht etwa zur Klageabweisung. Vielmehr wird der Beklagte zur Erfüllung Zug um Zug gegen Erbringung der Gegenleistung verurteilt. Für die Zwangsvollstreckung verweist § 322 III auf § 274 II (Annahmeverzug genügt); im Übrigen gelten hier die §§ 756, 765, 894 I 2 ZPO, s. dazu Rn. 559. Nach Treu und Glauben begründete Ausnahmen von § 273 (vgl. o. Rn. 231) kommen bei § 320 gleichfalls in Betracht.[25]

3. Unterschiede zum allgemeinen Zurückbehaltungsrecht

Neben dieser Ähnlichkeit weisen die §§ 320, 322 aber auch einige Unterschiede zu den §§ 273f. auf:

---

[23] *BGH* NJW-RR 1989, 1356.

[24] Vgl. BGHZ 88, 91.

[25] Vgl. etwa *BAG* DB 1985, 763 (Arbeitsverweigerungsrecht wegen Lohnrückständen); *BAG* NJW 1983, 2896 (bei einem Wettbewerbsverbot soll § 320 regelmäßig nicht zum Zuwiderhandeln berechtigen) sowie *BGH* JuS 2008, 86 m. Anm. *Emmerich* (unangemessen hohe Zurückbehaltung der Miete bei Mangel der Mietsache).

a) Keine Abwendung durch Sicherheitsleistung

Das allgemeine Zurückbehaltungsrecht kann nach § 273 III durch Sicherheitsleistung abgewendet werden. Das gilt bei § 320 nicht (vgl. § 320 I 3): Im gegenseitigen Vertrag soll eben der Partner nicht bloß Sicherheit erhalten, sondern gerade die versprochene Leistung. Diese muss demjenigen, der die Gegenleistung verlangt, regelmäßig tatsächlich angeboten werden.[26] 244

b) Verweigerung der vollständigen Leistung

Nach § 320 kann der Schuldner regelmäßig auch dann die geschuldete Leistung voll verweigern, wenn nur noch ein Teil der Gegenleistung aussteht. Das ergibt sich durch Gegenschluss aus § 320 II, der das Recht zur vollen Leistungsverweigerung voraussetzt, indem er es nur nach Treu und Glauben einschränkt. Auch hierin zeigt sich wieder, dass § 320 mehr beabsichtigt als bloße Sicherung. 245

Derselbe Gedanke zeigt sich endlich auch in § 320 I 2: Wer mehreren Personen schuldet, kann jedem Gläubiger die diesem zustehende Teilleistung bis zur Bewirkung der ganzen Gegenleistung vorenthalten.

c) Geltendmachung der Einrede

Ein weiterer Unterschied ist nicht im Gesetz ausgesprochen. Er wird aber von der Literatur vielfach mit der Begründung angenommen, bei § 320 werde anders als bei § 273 nicht erst durch die Ausübung des Zurückbehaltungsrechts eine Verbindung zwischen Anspruch und Gegenanspruch hergestellt. Vielmehr werde nur eine dem Anspruch von vornherein innewohnende Begrenzung geltend gemacht: Der Schuldner habe eben die Leistung nicht schlechthin versprochen, sondern nur gegen die Gegenleistung (Gedanke des Synallagma). Doch ist man sich über die hieraus zu ziehenden Folgerungen nicht einig: 246

Einige nehmen eine Art Bedingtheit des Anspruchs an, auf die sich der Beklagte nicht eigens solle berufen müssen. Aber das BGB hat § 320 bewusst als Einrede gestaltet (exceptio non (ad)impleti contractus). Das ergibt sich aus § 320 I („kann die Leistung verweigern") und § 322 I („Geltendmachung des Rechts, die Leistung zu verweigern"). Für diese Gestaltung war ein auch heute noch einleuchtender Grund maßgeblich: Dem Kläger solle nicht die Behauptung obliegen, seinerseits schon erfüllt zu haben, weil das praktisch nicht selten vergessen werde.[27] Daher wird im Versäumnisverfahren der nicht erschienene Beklagte zur Leistung schlechthin verurteilt, wenn nicht vorgetragen worden ist, er habe die Einrede wenigstens vor dem Prozess erhoben. Daran ist festzuhalten.[28]

Wenn also § 320 keine prozessuale Besonderheit gegenüber § 273 aufweist, bleiben nur noch materiellrechtliche Eigenarten möglich. Sie zeigen sich in der Tat beim Schuldnerverzug, dessen Eintritt bereits durch die Existenz der Einrede aus § 320 verhindert wird (dazu u. Rn. 463).[29] Ebenso hindert bereits das Bestehen der Einrede den

[26] BGHZ 116, 244, 249.
[27] Mot. II 204 = Mugdan II 112.
[28] So etwa *BGH* NJW 1999, 53.
[29] S. zuletzt *BGH* NJW 2010, 1272 Rn. 23 m. w. N.

Eintritt der Tatbestandsvoraussetzungen des § 323 (Rücktritt) und des § 281 (Schadensersatz statt der Leistung), s. Rn. 489, 507.

4. Mangelhafte Leistung

247 § 320 gilt nicht nur im Falle von quantitativen Teilleistungen, sondern auch dann, wenn die Leistung nicht wie geschuldet erbracht wird *(exceptio non rite (ad)impleti contractus),* d. h. im Falle der mangelhaften Leistung. So kann etwa der Käufer im Falle der Lieferung einer mangelhaften Sache die Kaufpreiszahlung grundsätzlich (Grenze: § 320 II) vollständig verweigern, solange nicht die nach § 439 geschuldete Nacherfüllung erbracht ist (Mängeleinrede).[30] Die Einrede setzt aber das Bestehen eines Anspruchs auf mangelfreie Leistung voraus. Ist der andere Teil hiervon z. B. nach § 275 I befreit (so im Fall eines unbehebbaren Sachmangels), begründet § 320 keine Mängeleinrede; s. dazu BT Rn. 186f. sowie PdW Schuldrecht II **Fälle 9, 10, 29.** Im **Werkvertragsrecht** gilt im Falle einer mangelhaften Leistung in Gestalt von § 641 III eine § 320 II (o. Rn. 245) konkretisierende Sonderregelung (s. BT Rn. 773).

5. Unsicherheitseinrede (§ 321)

248 Ist der Schuldner (gesetzlich oder vertraglich) abweichend von § 320 zu Vorleistung verpflichtet, so gewährt er durch diese Vorleistung seinem Partner einen – regelmäßig nicht oder nur wenig gesicherten – Kredit (vgl. o. Rn. 242). § 321 mildert (ähnlich wie § 490 I beim Darlehen, vgl. BT Rn. 291) in einem solchen Fall die Bindung an eine solche Zusage, wenn **nach dem Vertragsabschluss** *erkennbar*[31] wird, dass der Anspruch auf die Gegenleistung gefährdet ist: Dann soll der Vorleistungspflichtige nach § 321 I die ihm obliegende Leistung (durch Einrede) verweigern dürfen, bis die Gegenleistung bewirkt oder für sie Sicherheit geleistet wird. Die Gefährdung des Gegenleistungsanspruchs braucht dabei nicht auf einer Verschlechterung der Vermögensverhältnisse des Vorleistungsberechtigten zu beruhen. Auch sonstige drohende Leistungshindernisse begründen die Einrede, wenn sie geeignet sind, die Erbringung der Gegenleistung zu verhindern oder vertragswidrig zu verzögern, oder wenn eine vertragswidrige Beschaffenheit der Gegenleistung von einigem Gewicht zu erwarten ist.[32] Die h. M. hält § 321 insgesamt für einen speziell geregelten Fall des Wegfalls der Geschäftsgrundlage und damit für eine *lex specialis* zu § 313 (dzu u. Rn. 560ff).

Wenn der Vorleistungspflichtige schon voll geleistet hat, kann er aus § 321 keine Rechte mehr herleiten.[33] Insbesondere handelt es sich bei § 321 nicht um eine peremptorische (= dauernde) Einrede, welche nach § 813 S. 1 zur Rückforderung berechtigen könnte.

Bei Vorliegen der Voraussetzungen von § 321 I wird die Vorleistungspflicht aber nicht völlig beseitigt. Vielmehr bestimmt § 321 II ein Verfahren, nach dem der Vertrag abgewickelt werden kann: Der Vorleistungspflichtige kann eine angemessene Frist für eine Abwicklung Zug um Zug oder gegen eine Sicherheitsleistung bestimmen. Nach erfolglosem Fristablauf hat der Vorleistungspflichtige ein Rücktrittsrecht. Jedenfalls zu vergüten sein soll eine Teilleistung, die der Vorleistungspflichtige schon erbracht

---

30 Offen gelassen in *BGH* NJW-RR 2010, 1289 Rn. 21.

31 Die Gefährdung selbst kann bereits vor Vertragsschluss entstanden sein, vgl. *BGH* NJW 2010, 1272 Rn. 15.

32 *BGH* NJW 2010, 1272 Rn. 15; bei (voraussichtlich) vorübergehenden Leistungshindernissen a. A. *Kaiser,* NJW 2010, 1254, 1256.

33 BGHZ 112, 279, 287.

hat und die der andere Teil ungehindert nutzt.[34] Auch bei § 321 hindert bereits das Bestehen der Einrede (und nicht erst deren Geltendmachung) den Verzug (§ 286) des Schuldners.[35] Geht der Gläubiger, ohne zu wissen, dass der Vorleistungspflichtige die Leistung wegen § 321 I zurückbehält, wegen der Leistung nach § 323 vor, so kann er aber nach Ablauf der hiernach gesetzten Frist trotz Bestehens der Einrede vom Vertrag zurücktreten, sofern nicht der Vorleistungspflichtige vor Fristablauf darauf hinweist, dass er die Leistung wegen § 321 I zurückbehält (s. zu dieser Problematik u. Rn. 489). Dem Vorleistungspflichtigen ist es dann nämlich nach § 242 verwehrt, sich nachträglich auf die Einrede aus § 321 zu berufen.[36]

[34] *BGH* NJW 1985, 2696.
[35] *BGH* NJW 2010, 1272 Rn. 23 m.w.N.; a.A. *Kaiser*, NJW 2010, 1254, 1255.
[36] *BGH* NJW 2010, 1272 Rn. 24; kritisch dazu *Kaiser*, NJW 2010, 1254.

4. Teil. Erfüllung und Erfüllungssurrogate

Das Ziel und das normale Ende der Forderung werden dadurch erreicht, dass der Gläubiger die geschuldete Leistung erhält (Erfüllung, vgl. u. Rn. 250ff.). Bisweilen endet die Forderung aber auch, wenn der Gläubiger sich mit einer anderen Leistung oder ganz ohne Leistung für befriedigt erklärt (Erfüllungssurrogate, vgl. u. Rn. 272ff.). 249

§ 21. Die Erfüllung

Literatur: Grundlegend *Gernhuber,* Die Erfüllung und ihre Surrogate, 2. Aufl., 1994. Außerdem *Beck,* Die Zuordnungsbestimmung im Rahmen der Leistung, 2008; *Beuthien,* Zweckerreichung und Zweckstörung im Schuldverhältnis, 1969, S. 6ff., 281ff.; *Bülow,* Grundfragen der Erfüllung und ihrer Surrogate, JuS 1991, 529; *Grigoleit,* Die Leistungszweckbestimmung zwischen Erfüllung und Bereicherungsausgleich, FS Medicus, 2009, 125; *Grimme,* Rechnung und Quittung bei der Abwicklung von Schuldverhältnissen, JR 1988, 177; *Henke,* Die Leistung, 1991; *Kretschmar,* Die Erfüllung, Bd. 1, 1906; *ders.,* Beiträge zur Erfüllungslehre, IherJb. 85 (1935) 184; 86 (1936/37) 145; *S. Lorenz,* Grundwissen – Zivilrecht: Erfüllung (§ 362 BGB), JuS 2009, 109; *Looschelders/Erm,* Die Erfüllung – dogmatische Grundlagen und aktuelle Probleme, JA 2014, 161; *Muscheler/Bloch,* Erfüllung und Erfüllungssurrogate, JuS 2000, 729; *Schünemann,* Befriedigung durch Zwangsvollstreckung, JZ 1985, 49; *Seibert,* Leistung unter Vorbehalt, JR 1983, 491; *Taupitz,* Vertragserfüllung durch Leistung an den „Vertreter" des Gläubigers, JuS 1992, 449; *Tischendorf,* Die Schuldtilgung nach den §§ 366, 367 BGB, 1993; *Weitnauer,* Die Leistung, FS von Caemmerer, 1978, 255; *Wieacker,* Leistungshandlung und Leistungserfolg im Bürgerlichen Schuldrecht, 2. FS Nipperdey, Bd. 1, 1965, 783.

Nach § 362 I erlischt das Schuldverhältnis (im engeren Sinn, also die einzelne Forderung, vgl. o. Rn. 8), wenn die geschuldete Leistung an den Gläubiger bewirkt wird.

I. Die Person des Leistenden

In der passivischen Fassung des § 362 I bleibt die Person des Leistenden offen; insbesondere wird der Schuldner nicht genannt. Das hängt damit zusammen, dass nach § 267 I auch ein Dritter die Leistung bewirken kann, wenn der Schuldner nicht in Person zu leisten hat. Soweit freilich die Leistungspflicht entweder kraft Vereinbarung oder kraft Gesetzes (z. B. §§ 664, 691, 713) persönlich ist (vgl. o. Rn. 153), muss die Leistung gerade vom Schuldner kommen. 250

II. Der Leistungsempfänger

1. Die Regel

Regelmäßig muss die Leistung **an den (wirklichen) Gläubiger** bewirkt werden. Die Leistung an einen Dritten befreit also grundsätzlich nicht, vielmehr kann der Leistende sie u. U. mit dem Bereicherungsanspruch (§ 812 I 1 Alt. 1) zurückverlangen. 251

Keine Leistung an einen Dritten, sondern befreiende Leistung an den Gläubiger selbst liegt aber vor, wenn an eine vom Gläubiger dazu ermächtigte Hilfsperson oder an eine Zahlstelle (Banküberweisung) des Gläubigers geleistet wird.[1]

[1] S. dazu *Taupitz,* JuS 1992, 449; PdW Schuldrecht II **Fall 215.**

2. Befreiende Leistung an einen Nichtgläubiger

a) Empfangsermächtigung

252 Ausnahmsweise kann aber auch die Leistung an einen Nichtgläubiger befreiende Wirkung haben. Einen solchen Fall nennt § 362 II durch die Verweisung auf § 185: Die Leistung an einen Dritten befreit, wenn der Gläubiger dazu vorher seine Einwilligung erteilt hat (§ 185 I). Dabei heißt die dem Dritten erteilte Einwilligung **„Empfangsermächtigung"**. Sie ist im Gegensatz zur **Einziehungsermächtigung** (vgl. u. Rn. 807) vom Standpunkt des Schuldners her unbedenklich, weil sie dessen Rechte nur erweitert: Dieser kann nämlich statt an den Gläubiger auch an den Ermächtigten leisten.

Die Ermächtigung zur Leistung an einen Dritten kann diesem oder dem Schuldner gegenüber ausgesprochen werden (§ 182 I). Eine doppelte Ermächtigung findet sich für die Anweisung in § 783 (vgl. BT Rn. 1074f.). Anders liegt es jedoch beim Vertrag zugunsten Dritter (§§ 328ff.; vgl. u. Rn. 847ff.): Bei diesem darf der Schuldner nicht bloß an einen Dritten leisten, sondern er ist dazu **verpflichtet.** Beim echten Vertrag zugunsten Dritter hat der Dritte ja sogar einen eigenen Anspruch.

Statt des Gläubigers sind kraft Gesetzes zur Geltendmachung berechtigt der Nießbraucher (§ 1074) und nach Pfandreife auch der Pfandgläubiger (§ 1282) einer Forderung.

b) Rechtsschein

253 Leistung an einen Nichtgläubiger kann den Schuldner auch dann befreien, wenn der **Nichtgläubiger durch einen Rechtsschein legitimiert** ist. Im Recht der Erfüllung ist nur ein einziger solcher Fall geregelt, nämlich in § 370: Der Überbringer einer (echten!) Quittung (vgl. u. Rn. 270) gilt bei Redlichkeit des leistenden Schuldners kraft Gesetzes als empfangsermächtigt. Denn wenn der Gläubiger eine solche Quittung schon vor dem Empfang der Leistung ausstellt, schafft er damit die Gefahr eines Missbrauchs durch Dritte; darum wird der Schuldner geschützt, der gutgläubig auf die Quittung hin zahlt.

Weitere Fälle, in denen die Leistung an einen Nichtgläubiger befreiend wirkt, finden sich bei der Forderungsabtretung (§ 407–409, vgl. u. Rn. 819ff sowie PdW Schuldrecht I **Fälle 147, 167**), im Deliktsrecht (§ 851)[2], im Sachen- (§ 893) und im Erbrecht (§ 2366) sowie vor allem im Recht der Wert- und Legitimationspapiere: Wer gutgläubig an den durch ein solches Papier als Gläubiger Ausgewiesenen leistet, wird frei: so im BGB §§ 793 I 2, 807, 808 I 1, vgl. BT Rn. 1053ff.; zudem insbesondere bei Wechsel und Scheck. Keine legitimierende Wirkung hat dagegen der einfache Schuldschein, vgl. u. Rn. 271.

c) Nachträgliche Genehmigung

254 Liegt keiner der genannten Tatbestände vor, kann der Gläubiger nach §§ 362 II, 185 II die Leistung an den Nichtgläubiger nachträglich **genehmigen.** Vorteilhaft kann das für ihn z. B. dann sein, wenn er dadurch einen Anspruch gegen den Empfänger aus § 816 II erwirbt (dazu sogleich), der u. U. leichter realisierbar ist (z. B. durch Aufrechnung), als ein fortbestehender Anspruch gegen den (vielleicht insolventen!) Schuldner.

[2] Dazu *Berger,* VersR 2001, 419.

d) Folgen im Verhältnis des Gläubigers zum Dritten

Die Folgen, welche eine befreiende Leistung des Schuldners an einen Dritten (Nicht- 255
gläubiger) im Verhältnis zwischen dem Gläubiger und diesem Dritten hat, bestimmt sich zunächst nach einer allfälligen vertraglichen Absprache zwischen beiden. So kann etwa die Leistung des Schuldners an den Nichtgläubiger Tilgungswirkung in Bezug auf eine Forderung des Dritten gegen den Gläubiger haben.

Beispiel: Ein Händler verkauft an einen Kunden eine Ware, die er seinerseits von einem Hersteller kauft. Er weist den Hersteller an, die Ware direkt an den Kunden zu liefern (Erfüllungsübernahme, § 329). Dann wird der Hersteller durch Übereignung an den Kunden §§ 362 II, 185 I von seiner Verpflichtung gegenüber dem Händler befreit, zugleich tritt im Verhältnis Händler/Kunde nach § 362 I Erfüllung ein, weil der Händler die dem Käufer geschuldete Leistung über den Hersteller als Leistungsmittler an den Käufer erbracht hat.

Ist der Dritte nicht nach §§ 362 II, 185 zur Entgegennahme der Leistung ermächtigt, hat die Leistung an ihn aber dennoch wegen eines der genannten Rechtsscheintatbestände befreiende Wirkung, unterliegt das Innenverhältnis zwischen dem Gläubiger und dem Dritten dem **Bereicherungsrecht.** § 816 II sieht hier (als ein speziell geregelter Fall der sog. Nichtleistungskondiktion) einen Herausgabeanspruch des Gläubigers gegen den Leistungsempfänger vor (s. dazu BT Rn. 1199). Gleiches gilt im o. g. Fall der nachträglichen Genehmigung, weil auch dann die Leistung an den Nichtberechtigten „dem Berechtigten gegenüber wirksam ist".

Beispiel: G hat seine Forderung gegen S an D abgetreten. In Unkenntnis dieser Abtretung leistet S an G. Hier wird S zwar nicht nach § 362 I befreit, weil der die Leistung nicht an den wahren Gläubiger D bewirkt hat, jedoch tritt Befreiung nach § 362 I i. V. m. § 407 I ein. D kann nun von G nach §§ 816 II, 818 Herausgabe des von S Gezahlten verlangen.

3. Nichtbefreiende Leistung an den Gläubiger – fehlende Empfangszuständigkeit

In bestimmten Ausnahmefällen kann aber auch einer Leistung an den wahren Gläu- 256
biger die Erfüllungswirkung fehlen. Das ist dann der Fall, wenn der Schuldner kraft besonderer gesetzlicher Bestimmung **über die Forderung nicht verfügen kann** und damit auch nicht **empfangszuständig** ist. Nicht befreit wird der Schuldner durch Leistung an den Gläubiger in den Fällen der §§ 1074, 1282 (vgl. o. Rn. 252) und vor allem im Insolvenzverfahren des Gläubigers (hier muss an den Insolvenzverwalter geleistet werden, § 80 I InsO). Str. ist dagegen, ob auch der **Leistung an einen minderjährigen Gläubiger** die befreiende Wirkung fehlt, wenn dessen gesetzlicher Vertreter nicht zustimmt. Insbesondere bei Forderungen auf Übereignung einer Sache (auch von Geld) wäre eine solche Befreiung nur denkbar, wenn der Minderjährige das Eigentum an der Sache erwirbt. Das wiederum kann er nach § 107 bloß, wenn ihm der Erwerb keinen rechtlichen Nachteil bringt. Dieser Nachteil wiederum könnte in dem Erlöschen der Forderung durch Erfüllung liegen. Eine Mindermeinung bejaht hier Sacherwerb und Erfüllung, weil bei wirtschaftlicher Betrachtung die Situation des Minderjährigen durch die Erfüllung insgesamt verbessert werde.[3] Dem steht aber die Gefahr entgegen, dass der Minderjährige den Leistungsgegenstand ohne Kontrolle durch den gesetzlichen Vertreter verbraucht. Daher ist der h. M. zuzustimmen: Diese trennt den **Eigentumserwerb** von der **Erfüllung.**[4] Daher kann sie den **Eigentums-**

[3] *Harder* JuS 1977, 151.
[4] *Köhler,* § 10 Rn. 18; *Wolf/Neuner,* AT, § 34 Rn. 35; *Gernhuber,* § 5 IV 2.

erwerb bejahen, da er (als solcher) dem Minderjährigen nur Vorteil bringt, gleichzeitig aber die Erfüllungswirkung verneinen. Die Erfüllung – und folglich auch der Forderungsverlust des Minderjährigen – treten erst ein, wenn der gesetzliche Vertreter in die Leistung an den Minderjährigen eingewilligt[5], diese genehmigt oder den geleisteten Gegenstand bekommen hat. Konstruktiv wird diese Trennung mit dem Satz begründet, dem Minderjährigen fehle die für die Erfüllung nötige **Empfangszuständigkeit,** welche analog den Regeln über die Geschäftsfähigkeit zu behandeln ist.[6] Die der „Vertragstheorie" folgende Gegenansicht, die in der Erfüllung selbst einen (weiteren) Vertrag sieht (dazu u. Rn. 267), kommt in direkter Anwendung der Regeln über die Geschäftsfähigkeit zu demselben Ergebnis. S. dazu PdW Schuldrecht I **Fall 141.**

Beispiel: Der minderjährige M hat gegen S einen auf Geld gerichteten Anspruch auf Schadensersatz wegen einer Beschädigung seines Fahrrads (§§ 823 I, 249 I, II 1). S zahlt ohne Einwilligung der Eltern des M an diesen. M erwirbt zwar gem. § 929 Eigentum an den übereigneten Geldscheinen (rechtlich lediglich vorteilhaftes Rechtsgeschäft i. S. v. § 107), jedoch tritt keine Erfüllungswirkung ein. Nach der „Vertragstheorie" deshalb, weil M den zusätzlich erforderlichen Erfüllungsvertrag wg. § 107 nicht wirksam schließen konnte, nach der Theorie von der „realen Leistungsbewirkung", weil ihm analog § 107 die „Empfangszuständigkeit" fehlte. Die Eltern des M können daher (in dessen Namen) nochmals Zahlung verlangen, M muss den erhaltenen Betrag nach § 812 I 2 Alt. 2 an S zurückzahlen, jedoch kann dieser Anspruch z. B. an § 818 III scheitern, wenn M das Geld zwischenzeitlich verprasst hat.

III. Bewirken der geschuldeten Leistung

Dass nach § 362 I zum Eintritt der Erfüllung die geschuldete Leistung an den Gläubiger „bewirkt" sein muss, bedeutet zweierlei:

1. Leistungserfolg

257 Der Schuldner muss sich **schuldgerecht verhalten** (also z. B. die versprochenen Dienste leisten, § 611 I). Soweit der Schuldner dazu verpflichtet ist, einen **Erfolg** herbeizuführen (vgl. o. Rn. 111), muss auch dieser **eingetreten** sein. Es genügt dann also nicht schon, dass der Schuldner die für diesen Erfolg nötigen **Leistungshandlungen** vorgenommen hat: Solange der Erfolg noch aussteht, ist nicht erfüllt. Wer z. B. Geld schuldet, erfüllt noch nicht, wenn er den Betrag abschickt, seiner Bank einen Überweisungsauftrag zur Gutschrift auf das Konto des Empfängers erteilt hat[7] oder etwa ein Kuvert mit Bargeld in den Briefkasten des Gläubigers wirft.[8] Auch die vereinbarte Überweisung eines Kaufpreises auf das Treuhandkonto eines Notars genügt i. d. R. nicht.[9]

Dass der Schuldner die nötigen **Leistungshandlungen** vornimmt, befreit ihn allenfalls vom Vorwurf des Schuldnerverzuges (s. Rn. 470, 485). Denn zumindest hat der Schuldner jetzt den Nichteintritt des Leistungserfolges einstweilen nicht zu vertreten. Wenn sich dann herausstellt, dass der Leistungsgegenstand verloren gegangen ist, hängen die Rechtsfolgen von der Verteilung der **Leistungsgefahr** ab (vgl. o. Rn. 162, u. Rn. 418): Trägt diese der Gläubiger, so wird der Schuldner nach § 275 wegen Unmöglichkeit frei (vgl. u. Rn. 418). Liegt die Leistungsgefahr dagegen beim Schuldner,

[5] Eine solche Einwilligung wird aber nicht selten bereits in der Einwilligung, das zugrundeliegende Verpflichtungsgeschäft zu schließen, mitenthalten sein, s. *Wolf/Neuner,* AT, § 34 Rn. 36.
[6] Vgl. *Wolf/Neuner,* AT, § 35 Rn. 35.
[7] *BGH* NJW 1999, 210.
[8] *AG Köln* NJW 2006, 1600.
[9] Vgl. *BGH* NJW 1994, 1403; *Preuß,* JuS 1996, 103.

so muss dieser erneut leisten. Insbesondere bei der Geldschuld lässt § 270 I die Leistungsgefahr beim Schuldner: Dieser muss also neues Geld absenden, sobald der Verlust der ersten Sendung feststeht (vgl. o. Rn. 156, 159).

Leistet der Schuldner unter dem **Vorbehalt der Rückforderung,** so kann dies zweierlei bedeuten: Will er lediglich vermeiden, dass seine Leistung als Anerkenntnis i. S. v. § 212 I Nr. 1 verstanden wird sowie die Wirkung von § 814 ausschließen, d. h. sich die Möglichkeit erhalten, das Geleistete zurückzufordern, wenn ihm der Nachweis gelingt, dass die vom Gläubiger geltend gemachte Forderung tatsächlich nicht besteht[10], hat die Leistung Erfüllungswirkung. Er kann aber auch einen „Totalvorbehalt" des Inhalts erklären, dass er (z. B. unter dem Druck einer drohenden Zwangsvollstreckungsmaßnahme oder einer anderen Notlage) nur unter der Bedingung des Bestehens der Forderung leistet und damit auch in einem Rückforderungsprozess dem Gläubiger die Beweislast für das Bestehen der Forderung auferlegen will. Dann tritt keine Erfüllungswirkung ein.[11] Welcher Art der Vorbehalt des Schuldners ist, ist eine Frage der Auslegung (§§ 133, 157). Im Regelfall wird der Schuldner wegen der für ihn riskanten Folgen eines „Totalvorbehalts" lediglich Ersteres wollen, da er andernfalls in Verzug (§ 286) gerät bzw. diesen nicht beendet[12] und der Gläubiger seinerseits die unter einem „Totalvorbehalt" angebotene Leistung ablehnen kann, ohne in Annahmeverzug zu geraten (s. dazu u. Rn. 547). 258

2. „Bewirken" durch den Schuldner

„Bewirken" bedeutet, dass es für die Erfüllung nicht genügt, wenn der geschuldete Erfolg **anders als durch Leistung** (also etwa durch Zufall) eingetreten ist. Daher bleibt die Erfüllung aus, wenn das abzuschleppende Schiff durch ein Hochwasser von selbst freikommt oder der zu heilende Patient plötzlich von allein gesund wird. Auch hier braucht zwar der Schuldner nicht mehr zu leisten. Dass er nicht durch Erfüllung frei geworden ist, sondern nach § 275 I durch **Unmöglichkeit** (meist in der Sonderform der Zweckerreichung, vgl. u. Rn. 405), hat Bedeutung für den Anspruch auf die Gegenleistung. Dieser fällt nach § 326 I 1 regelmäßig weg; gefordert werden kann nur Teilvergütung oder Aufwendungsersatz (vgl. u. Rn. 440). 259

IV. Die Ermittlung der erfüllten Forderung

1. Die Regelfälle

Meist besteht kein Zweifel darüber, welche Forderung nach dem Willen des Schuldners durch dessen Leistung getilgt werden soll: Wenn zwischen dem Gläubiger und dem Schuldner nur eine einzige Forderung besteht, soll regelmäßig auf diese geleistet werden. Unproblematisch lässt sich der Erlöschenstatbestand ferner feststellen, wenn der Schuldner einem einzigen Gläubiger aus mehreren Schuldverhältnissen verpflichtet ist und das Geleistete zur Tilgung aller Verbindlichkeiten ausreicht. Eine rechtsgeschäftliche Einigung der Parteien oder eine einseitige Tilgungsbestimmung des Schuldners ist in solchen Fällen nicht notwendig.[13] 260

---

[10] S. dazu BT Rn. 1148.

[11] S. *BGH* NJW 2007, 1269, 1270.

[12] Anders bei Zahlungen zur Abwendung der Zwangsvollstreckung aus einem vorläufig vollstreckbaren Urteil, s. *BGH* NJW 2012, 1717 Rn. 11.

[13] *BGH* NJW 2007, 3488 Rn. 17.

Aber auch wenn mehrere Forderungen vorhanden sind, wird sich regelmäßig schon aus dem Inhalt der Leistung ergeben, welche Forderung der Schuldner erfüllen will: Wenn jemand einem Gläubiger Dienste und die Rückzahlung eines Darlehens schuldet, dann bezieht sich eine Geldüberweisung offenbar auf die Darlehensforderung. Und wenn aus Darlehen 1.000,– € und als Kaufpreis 57,80 € geschuldet werden, dann dient eine Überweisung von 57,80 € erkennbar der Erfüllung der Kaufpreisschuld.

2. Anrechnungsbestimmungen

261 Ist der Bezug einer Leistung zu einer bestimmten Forderung nicht ohne weiteres ersichtlich (etwa wenn im vorigen Beispielsfall 30,– € überwiesen werden), stellt sich die Frage, auf welche Forderung die Leistung angerechnet werden soll.[14]

Diese Frage ist nicht etwa deshalb irrelevant, weil der Schuldner ja letzten Endes doch alles zahlen muss: Die verschiedenen Forderungen können verschieden gesichert oder verschieden zu verzinsen sein; eine Zinsforderung ist wegen § 248 I (Zinseszinsverbot) sogar regelmäßig überhaupt unverzinslich. Auch hinsichtlich der Verjährung können Unterschiede bestehen. Auch kann eine Forderung bestritten sein, während die andere unbestritten oder glatt durchsetzbar ist.

a) Tilgungsbestimmung durch den Schuldner

262 In solchen Fällen überlässt **§ 366 I** regelmäßig (Ausnahme § 367, vgl. u. Rn. 265, sowie in der Zwangsvollstreckung[15]) **dem Schuldner** die Bestimmung der zu tilgenden Forderung.[16]

Das ist von entscheidender Bedeutung für das **Bereicherungsrecht.** Nur durch die Zweckbestimmung wird die Zuwendung mit einer Verpflichtung verknüpft und damit zur „Leistung" i. S. v. § 812 I 1 Alt. 1 (s. dazu BT Rn. 1126, 1128). Erst dies erlaubt die Feststellung, ob die Leistung mit oder ohne Rechtsgrund erfolgt ist und im letzteren Falle zurückgefordert werden kann.

Bestimmt werden kann ausdrücklich (z. B. durch Angabe der Rechnungsnummer auf dem Überweisungsträger), aber auch konkludent (z. B. es wird auf eine Mahnung hin bezahlt: Dann wird die angemahnte Verbindlichkeit gemeint sein). Diese Bestimmung kann auch noch nachträglich erfolgen, wenn sich die Leistung vorher nicht eindeutig zuordnen lässt[17] (s. dazu PdW Schuldrecht I **Fall 146**).

Die Tilgungsbestimmung ist nach zutr. Ansicht zwar kein (einseitiges) Rechtsgeschäft, aber eine **rechtsgeschäftsähnliche Handlung,** auf welche die Vorschriften über Willenserklärungen entsprechende Anwendung finden. Maßgeblich ist damit nicht allein der innere Wille des Schuldners, sondern der objektive Empfängerhorizont des Zuwendungsempfängers. Bei Vorliegen eines rechtserheblichen Irrtums kann die Tilgungsbestimmung daher analog § 119 angefochten werden.[18]

Möglich ist auch eine **mehrfache Tilgungsbestimmung,** so etwa wenn z. B. der Schuldner eines Kredits, der zu dessen Sicherung eine Grundschuld (§ 1191) bestellt hat, sowohl auf die persönliche Forderung als auch auf die Grundschuld leistet.[19]

---

[14] Dazu *Avenarius,* AcP 203 (2003) 511.
[15] Dazu BGHZ 140, 391.
[16] Zur Abdingbarkeit durch Allgemeine Geschäftsbedingungen vgl. BGHZ 91, 375.
[17] BGHZ 51, 157, 160 f.
[18] BGHZ 106, 163, 166, dazu *Ehricke,* JZ 1999, 1075.
[19] S. BGHZ 105, 154, 157.

§ 366 gilt analog, wenn eine einheitliche Forderung (etwa durch teilweise Abtretung) zwischen mehreren Gläubigern aufgeteilt ist (s. PdW Schuldrecht **Fall 147**). Auch in einem solchen Fall ist eine Tilgungsbestimmung sogar noch nachträglich möglich.[20] Eine Tilgungsbestimmung des Schuldners kann auch erforderlich sein, wenn ein und dieselbe Leistung mehreren Gläubigern geschuldet ist.

S. dazu *BGH* NJW 2007, 3488 m. Anm. *S. Lorenz:* Ein Subunternehmer verpflichtet sich vertraglich zugleich gegenüber dem Hauptunternehmer und dem Besteller zur Erbringung ein und derselben Werkleistung.

b) Vertragliche Tilgungsvereinbarung

Obwohl die einseitige Tilgungsbestimmung kein Rechtsgeschäft ist, ist eine (auch vor 263
der Leistung getroffene) rechtsgeschäftlich bindende **Tilgungsvereinbarung** der Parteien möglich (und etwa bei längerfristigen Bankkrediten durch sog. „Tilgungspläne" gängige Praxis). Das ergibt sich aus dem dispositiven Charakter von § 366 I. Liegt eine solche Vereinbarung vor, ist ein einseitiges Leistungsbestimmungsrecht des Schuldners nach § 366 I von vorneherein ausgeschlossen.[21]

c) Gesetzliche Anrechnungsbestimmung

Trifft der Schuldner keine Bestimmung, so regelt das Gesetz die Anrechnung in **§ 366 II:** 264
An erster Stelle steht die **fällige** Schuld. Sind mehrere Schulden fällig, dann soll die Leistung auf diejenige angerechnet werden, die dem Gläubiger die **geringere Sicherheit** bietet. Dabei ist ein wirtschaftlicher Maßstab anzulegen: Eine durch eine letztrangige Hypothek gesicherte Forderung kann weniger sicher sein als eine Forderung, für die sich eine Großbank verbürgt hat. Auch dass eine Forderung eher verjährt, wird unter dem Gesichtspunkt der Sicherheit berücksichtigt. Daher ist die Zahlung durch einen mit mehreren Mietraten rückständigen Mieter zunächst auf die älteste Rate anzurechnen.[22] Nächstes Kriterium ist die **Lästigkeit** für den Schuldner (z. B. wegen der höheren Zinsen oder einer Vertragsstrafe). Schließlich stellt § 366 II auf das (nach der Entstehungszeit zu bestimmende) **Alter der Schuld** ab, soweit dieses nicht schon unter dem Gesichtspunkt der Sicherheit wegen der Verjährung zu einem Rangunterschied führt.

Wenn alle diese Kriterien versagen (was aber kaum je vorkommen dürfte), schreibt § 366 II a. E. schließlich für die **verhältnismäßige Tilgung** (z. B. je zu einem Viertel) aller gleichberechtigten Schulden vor.

d) Verhältnis Hauptleistung – Zinsen – Kosten

§ 367 I bestimmt insofern eine Ausnahme von § 366, als im Verhältnis **Hauptleis-** 265
tung – Zinsen – Kosten eine besondere Reihenfolge gelten und auch das Bestimmungsrecht des Schuldners nur beschränkt wirksam sein soll: Angerechnet werden soll nämlich zunächst auf die Kosten, dann auf die Zinsen und erst an letzter Stelle auf die Hauptleistung. Trifft der Schuldner eine andere Bestimmung, so darf der Gläubiger die Leistung ablehnen, § 367 II (d. h. er kommt durch die Ablehnung nicht in Gläubigerverzug, vgl. u. Rn. 544 ff). Nimmt er diese aber an, so gilt die Anrechnungsbestimmung des Schuldners.

---

[20] S. BGHZ 167, 337; *BGH* NJW 2008, 985.
[21] BGHZ 91, 375, 379.
[22] *BGH* NJW 1965, 1373.

e) Verbraucherkredite

266 Für **Verbraucherkredite** (vgl. BT Rn. 591ff.) bestimmt § 497 III zwingend (§ 511 S. 1) eine andere Reihenfolge: Zahlungen sollen zunächst auf die Kosten der Rechtsverfolgung, dann auf den übrigen geschuldeten Betrag und erst in letzter Linie auf die nach Verzugseintritt angefallenen Zinsen angerechnet werden. Das begünstigt den Schuldner, weil der Zinsrückstand unverzinslich ist (§ 289 S. 1) und auch nur eine beschränkte Schadensersatzpflicht nach sich zieht (§ 497 II 2): Danach bleibt also der den Schuldner am wenigsten belastende Posten bis zuletzt offen.

3. Erfüllungsvertrag?

267 Die heute nicht mehr vertretene **Vertragstheorie** hatte für die Erfüllungswirkung eine **vertragliche Einigung** zwischen Gläubiger und Schuldner darüber verlangt, die Leistung solle eine bestimmte Forderung erfüllen. Neben der Leistungsbewirkung als solcher (die u. U. ein **Erfüllungsgeschäft** wie z. B. eine Übereignung erfordert) soll danach also noch ein vom Erfüllungsgeschäft zu unterscheidender **besonderer Erfüllungsvertrag** oder eine vertragsähnliche Einigung darüber erforderlich sein, dass durch das Bewirken der Leistung die Forderung erfüllt werden soll. Diese Theorie sowie – meist in abgeschwächte – Spielarten sind heute zurückgedrängt. Schon § 366 widerspricht nämlich dem angeblichen Erfordernis einer vertraglichen Einigung über die Erfüllungswirkung, weil § 366 I eine einseitige Leistungsbestimmung durch den Schuldner genügen lässt, die nach § 366 II sogar entbehrlich sein kann.

Herrschend ist heute die **Theorie der realen Leistungsbewirkung:**[23] Soweit sich nach §§ 366, 367 die Leistung auf eine bestimmte Forderung bezieht, genügt die Herbeiführung des Leistungserfolgs durch den Schuldner. Dazu können Rechtsgeschäfte nötig sein, z. B. nach § 929 zur Übereignung beweglicher Sachen oder nach § 398 zur Übertragung von Forderungen. Die Erfüllungswirkung tritt aber als deren Folge automatisch ein, ohne dass es neben der genannten Zweckbestimmung einer weiteren vertraglichen Einigung der Parteien über das Erlöschen der Forderung bedarf.

Auch für die Frage, ob an einen Minderjährigen befreiend geleistet werden kann, ist die Vertragstheorie nicht notwendig. Dieses Problem wird über die **Empfangszuständigkeit** gelöst (oben Rn. 256).

Das Erfordernis der in §§ 366 I, 367 II vorgesehenen und für das Bereicherungsrecht unentbehrlichen Zweckbestimmung (o. Rn. 261) betont die **Theorie der finalen Leistungsbewirkung.**[24] Nach ihr genügt die *reale* Leistungsbewirkung allein nicht. Vielmehr muss der Leistende seine Leistung durch eine Zweckbestimmung auf eine Schuld beziehen. Allerdings dürfte damit nur mit anderen Worten ausgedrückt werden, was auch die h. M. mit ihrer Theorie der realen Leistungsbewirkung meint: Auch für die h. M. bezieht sich die Leistung ja regelmäßig durch den Willen des Leistenden oder wenigstens durch § 366 II auf eine bestimmte Schuld.

---

[23] Vgl. MünchKomm/*Fetzer*, § 362 Rn. 6ff. m.w.N.
[24] *Gernhuber*, § 5 II 8.

V. Nebenfragen der Erfüllung

1. Beweislast

Die Erfüllung ist eine **rechtsvernichtende Einwendung,** die den Schuldner begünstigt. Nach der allgemeinen (ungeschriebenen) Regel, dass jeder, der sich auf eine ihm günstige Rechtsfolge beruft, deren Voraussetzungen nachzuweisen hat, trägt damit der **Schuldner** die Beweislast. 268

Vor allem bei Sach- und Werkleistungen taucht häufig die Frage auf, ob ein Mangel schon im Zeitpunkt der Leistung vorgelegen hat (so dass er dem Schuldner zur Last fällt) oder ob er erst später entstanden ist (so dass er den Gläubiger belastet, s. aber § 476 für den Verbrauchsgüterkauf). Für diese Frage der **ordnungsgemäßen Erfüllung** geht § 363 davon aus, dass regelmäßig der Schuldner die Ordnungsmäßigkeit seiner Leistung beweisen muss. Das ändert sich aber, wenn der Gläubiger die Leistung „als Erfüllung angenommen" hat. Dafür lässt die Rspr. schon die Annahme als „im Wesentlichen vertragsgemäße Leistung" genügen.[25] Keine solche Annahme ist es jedoch insbesondere, wenn der Gläubiger eine verpackte Sache erhält und die Verpackung eine Prüfung hindert (s. BT Rn. 110, 751).

§ 363 betrifft nur die **Beweislast,** d. h. die Frage, wem es schaden soll, wenn sich eine bestrittene Behauptung nicht beweisen lässt. Dagegen verändert § 363 nicht die materielle Rechtslage. Der Gläubiger kann also jeden Mangel auch nachträglich noch geltend machen, wenn er nur nachweist, dass dieser schon ursprünglich vorhanden war (Grenze: Verjährung). Darüber hinaus schließen einige Vorschriften des Besonderen Schuldrechts die *materiellrechtliche Erheblichkeit von Mängeln* aus, die der Gläubiger kennt und trotzdem ungerügt lässt: §§ 442 I, 640 II BGB, 377 HGB (hier genügt sogar Erkennbarkeit). Durch einen pauschalen Vorbehalt bei der Entgegennahme Leistung kann der Gläubiger die Beweislast nicht zu seinen Gunsten verändern.[26] 269

2. Quittung und Schuldschein

Mit der Beweislast hängen die §§ 368, 369 zusammen: Um dem Schuldner den ihm obliegenden Beweis der Erfüllung zu ermöglichen, gibt § 368 einen Anspruch auf ein schriftliches Empfangsbekenntnis des Gläubigers (**Quittung;** vgl. § 369 zu den Kosten). Dieses kann der Schuldner dann vorlegen, wenn er nochmals auf Leistung in Anspruch genommen werden sollte. Doch lässt sich die Leistung auch anders beweisen (etwa durch Zeugen, Bankauszüge usw.). Andererseits ist der Beweis durch die Quittung aber auch widerleglich. Insbesondere ist deren Beweiswert eingeschränkt, wenn der Schuldner – wie es etwa viele Behörden tun – die Quittung bereits verlangt, ehe er sich überhaupt um die Leistung kümmert. 270

Beweisfragen betrifft endlich auch § 371: Bei der rechtsgeschäftlichen Begründung oder Bestätigung insbesondere von Geldschulden (etwa aus Darlehen) lässt sich der Gläubiger vom Schuldner häufig einen **Schuldschein** erteilen. Dieser erleichtert dem Gläubiger den Beweis des Bestehens seiner Forderung. Daher soll der Schuldner den Schein bei der Erfüllung zurückverlangen können, § 371 S. 1. Doch kann der Gläubiger seine Forderung auch ohne den Schuldschein geltend machen; dieser braucht auch 271

[25] *BGH* NJW 2007, 2394 Rn. 25.
[26] *BGH* NJW 2007, 2394 Rn. 25.

nicht erst in einem Aufgebotsverfahren für kraftlos erklärt zu werden (wie es z. B. die §§ 799f. für die Inhaberschuldverschreibung vorsehen). Der Schuldschein ist also kein Wertpapier, weil der Schuldner nicht bloß an den Inhaber zu leisten braucht (vgl. BT Rn. 1056). Doch kann nach § 371 S. 2 der Schuldner bei Nichtrückgabe des Schuldscheins ein öffentlich beglaubigtes (§ 129) Anerkenntnis des Gläubigers über das Nichtbestehen der Schuld verlangen (§ 397 II, vgl. u. Rn. 311). Dieses kann der Schuldner dann einem erneuten Leistungsverlangen des Gläubigers entgegenhalten, das dieser etwa durch den wiedergefundenen Schuldschein beweisen will.

§ 22. Leistung erfüllungshalber und an Erfüllungs statt

Literatur: S. die Angaben zu § 21 sowie *Gernhuber,* Die Erfüllung und ihre Surrogate, 2. Aufl., 1994, §§ 9, 10; *Harder,* Die Leistung an Erfüllungs Statt, 1976 (dazu *Müller-Laube,* AcP 177 [1970] 452); *Köhler,* Die Leistung erfüllungshalber, WM 1977, 242; *K. Schreiber,* Leistungen an Erfüllungs Statt und erfüllungshalber, Jura 1996, 328; *S. Lorenz,* Grundwissen – Zivilrecht: Erfüllung (§ 362 BGB),, JuS 2009, 109.

I. Funktion und Abgrenzung

1. Zwecke der Hingabe einer anderen als der geschuldeten Leistung

272 In den bisher behandelten Erfüllungsfällen konnte durch einen Nichtschuldner oder an einen Dritten (also einen Nichtgläubiger) geleistet werden. Immer aber war „die geschuldete Leistung" zu bewirken. Nicht selten wird jedoch auch etwas anderes als das Geschuldete geleistet: Der Käufer gibt z. B. für seine Kaufpreisschuld einen Wechsel oder Scheck; der Käufer eines Kfz überlässt dem Verkäufer für einen Teil des Kaufpreises sein Altfahrzeug. Das kann dreierlei bedeuten:

a) Leistung sicherheitshalber

273 Der andere Gegenstand kann **sicherheitshalber** hingegeben werden. Dann bleibt die ursprüngliche Forderung (z. B. aus Kauf, Darlehen) unberührt; sie soll auch weiter erfüllt werden. Nur wenn das nicht geschieht, soll regelmäßig der Gläubiger das Recht haben, sich durch die Verwertung des ihm überlassenen anderen Gegenstandes das geschuldete Geld zu verschaffen. Mittel einer solchen Hingabe sicherheitshalber sind die Verpfändung und die Sicherungsübertragung (Übereignung bei Sachen, Zession bei Forderungen). In Betracht kommt aber auch die bloße vertragliche Einräumung eines Zurückbehaltungsrechts (vgl. o. Rn. 222ff.). Diese ist allerdings im Gegensatz zu Verpfändung und Sicherungsübertragung nicht insolvenzfest: Der Gläubiger muss also in der Insolvenz des Schuldners die Sache zur Verwertung für die Masse herausgeben.

b) Leistung erfüllungshalber

274 Der andere Gegenstand kann **erfüllungshalber** hingegeben werden (dazu u. Rn. 277f.): Dann bleibt zwar gleichfalls die ursprüngliche Forderung erhalten. Der Gläubiger soll sie aber zunächst nicht gegen den Schuldner geltend machen, sondern versuchen, sich aus dem ihm erfüllungshalber überlassenen Gegenstand zu befriedigen. Die Rangfolge der geplanten Maßnahmen ist also gerade umgekehrt wie bei oben Rn. 273. Diese Leistung erfüllungshalber ist im BGB nur angedeutet (§ 364 II, vgl. u. Rn. 276), aber nicht geregelt.

c) Leistung an Erfüllungs statt

Der andere Gegenstand kann endlich auch **an Erfüllungs statt** hingegeben werden (§§ 364f., dazu u. Rn. 279ff.): Dann soll dieser andere Gegenstand an die Stelle der geschuldeten Leistung treten; die ursprüngliche Forderung soll also ebenso erlöschen, wie sie nach § 362 durch das Bewirken der primär geschuldeten Leistung erlöschen würde. Ausnahmsweise kann freilich über § 365 die ursprüngliche Forderung doch wieder wirksam werden (vgl. u. Rn. 280). 275

2. Die Zweckvereinbarung

Wenn die geschuldete Leistung bewirkt wird, bedarf es nach zutreffender h. M. zur Erfüllung keiner zusätzlichen Vereinbarung (vgl. o. Rn. 267). Dagegen muss eine andere Leistung als die geschuldete (sog. „aliud") nach allgemeiner Ansicht von einer Vereinbarung begleitet werden (dazu u. Rn. 279). Fehlt diese, so entbehrt die andere Leistung des rechtlichen Grundes und ist daher regelmäßig nach § 812 I 1 Alt. 1 kondizierbar. Im Kauf- und Werkvertragsrecht wird eine aliud-Leistung gem. §§ 434 III, 633 II 2 einer mangelhaften Leistung gleichgestellt, s. dazu BT Rn. 95ff, 750 und PdW Schuldrecht II **Fall 25.** 276

Welchen der oben in Rn. 272–275 genannten **Zwecke** die Parteien im Einzelfall verfolgen, muss durch **Auslegung** der Zweckvereinbarung festgestellt werden. Hierfür enthält **§ 364 II eine Auslegungsregel:** Wenn der Schuldner zur Befriedigung des Gläubigers diesem gegenüber eine neue Verbindlichkeit übernimmt, soll das im Zweifel **keine** Leistung an Erfüllungs statt bedeuten (also nicht den Fall von o. Rn. 275). Es kann aber auch keine bloße Sicherung (o. Rn. 273) gemeint sein, weil diese nicht der „Befriedigung des Gläubigers" dient. Übrig bleibt demnach nur die Übernahme erfüllungshalber (o. Rn. 274). Sie liegt also insbesondere vor wenn ein Geldschuldner **Wechsel oder Schecks** gibt. Gleiches gilt bei der heute weit mehr verbreiteten Zahlung über EC-Karte, Geldkarte, Kreditkarte oder Zahlungen über Internet-Bezahlsysteme wie z. B. *paypal* etc.

Tritt der Schuldner dem Gläubiger einen Anspruch ab, der er selbst gegen einen Dritten hat, gilt die Auslegungsregel des § 364 II nicht direkt (es wird ja keine neue Forderung begründet, sondern lediglich eine bestehende Forderung abgetreten). Dennoch ist in einem solchen Fall nach der Interessenlage der Parteien nicht von einer Leistung an Erfüllungs statt auszugehen. Der Gläubiger wird erkennbar kaum bereit sein, das Bonitätsrisiko der abgetretenen Forderung zu tragen, sondern auf den Schuldner zurückkommen wollen, wenn sich die abgetretene Forderung nicht realisieren lässt.[1]

II. Die Leistung erfüllungshalber

Für die Leistung erfüllungshalber stellen sich im Wesentlichen zwei (im Gesetz nicht geregelte) Fragen: (1) Was wird aus der ursprünglichen Forderung? (2) Welche Rechte und Pflichten hat der Gläubiger hinsichtlich des ihm erfüllungshalber überlassenen Gegenstandes?

1. Ursprüngliche Forderung

Die ursprüngliche Forderung **erlischt nicht** (das ist gerade der Unterschied zur Leistung an Erfüllungs statt). Doch soll der Gläubiger zunächst versuchen, seine Befriedigung aus dem ihm erfüllungshalber überlassenen Gegenstand zu erlangen. Gelingt das 277

[1] *BGH* NJW 2014, 1239 Rn. 11.

(z. B. der Scheck des Schuldners wird von der bezogenen Bank eingelöst; der Geldbetrag vom Kreditkartenausgeber oder vom elektronischen Zahlungsmittler überwiesen; der Schuldner der erfüllungshalber abgetretenen Forderung zahlt), so wird außer der erfüllungshalber begründeten oder abgetretenen Forderung auch die alte Schuld getilgt, d. h. es tritt Erfüllung (§ 362) ein.[2] Gelingt das dagegen nicht (z. B. die bezogene Bank verweigert die Scheckeinlösung mangels Deckung), so bleibt der Schuldner aus dem Scheck verpflichtet, und der Gläubiger kann auch wieder auf seine alte Forderung zurückgreifen. Was für diese in der Zwischenzeit gelten soll, können die Parteien vereinbaren. Mangels besonderer Abreden hält eine verbreitete Meinung diese Forderung für einstweilen gestundet. Nach einer in mancher Hinsicht für den Gläubiger günstigeren Annahme soll dagegen nur die Klagbarkeit der alten Forderung vorübergehend ausgeschlossen sein (vgl. o. Rn. 27).[3]

2. Erfüllungshalber überlassener Gegenstand

278 Zweifelhaft ist auch die Rechtsstellung des Gläubigers hinsichtlich des ihm erfüllungshalber überlassenen Gegenstandes. Manche nehmen an, der Gläubiger sei bloß zur Veräußerung dieses Gegenstandes bevollmächtigt (bei Veräußerung im Namen des Schuldners) oder ermächtigt (bei Veräußerung im eigenen Namen). Doch könnten dann noch andere Gläubiger des Schuldners in diese Rechtsposition eingreifen. Daher dürfte regelmäßig eher eine **treuhänderische Übertragung des Vollrechts** anzunehmen sein.[4]

Verpflichtet ist der Gläubiger zur Sorgfalt bei Aufbewahrung und Verwertung des ihm überlassenen Gegenstandes. Einen seine Forderung übersteigenden Erlös hat er analog § 667 an den Schuldner herauszugeben. Für zu vertretende Pflichtverletzungen haftet er aus Unmöglichkeit oder Verletzung einer sonstigen Pflicht nach § 280.[5] S. dazu auch PdW Schuldrecht I **Fall 144.** Dabei wird der Schuldner seinen Schadensersatzanspruch meist gegen die alte Verbindlichkeit aufrechnen können (vgl. u. Rn. 293ff.). Welche Bemühungen der Gläubiger zur Durchsetzung einer erfüllungshalber übernommenen Forderung machen muss, lässt sich nicht allgemein sagen. Wenn sich diese Forderung gegen einen Dritten als Schuldner richtet, wird der Gläubiger diesen regelmäßig nicht zu verklagen brauchen.[6]

III. Die Leistung an Erfüllungs statt

1. Erlöschen der Forderung

279 Eine Leistung an Erfüllungs statt liegt nach § 364 I vor, wenn der Gläubiger eine andere als die geschuldete Leistung **als Erfüllung** annimmt.

Die dazu erforderliche Vereinbarung der Parteien kann auch konkludent erfolgen, wenn etwa der Gläubiger widerspruchslos einen anderen Gegenstand als Leistung akzeptiert. Sie kann weiter auch dann vorliegen, wenn dies durch zwei äußerlich getrennte Verträge geschieht.[7] Die Rechtsnatur dieser Vereinbarung ist str. Für manche handelt es sich um eine vertragliche Abänderung der Leistungspflicht. Der BGH hat

---

[2] *BGH* NJW 2014, 1239 Rn. 12.
[3] So *Köhler,* WM 1977, 248f.
[4] *Köhler,* WM 1977, 246f.
[5] *BGH* WM 2007, 1171: Einlösung eines übersandten Schecks durch einen untreuen Angestellten des Gläubigers.
[6] *Köhler,* WM 1977, 250.
[7] *BGH* NJW 2005, 51: Mietvertrag und Forderungsabtretung zur Begleichung der Mietforderung.

sie zunächst als Austauschvertrag des Inhalts qualifiziert, dass der Gläubiger gegen die Hingabe der Ersatzleistung auf seine ursprüngliche Forderung verzichtet,[8] diese Ansicht aber später aufgegeben. Nach der heute wohl überwiegend vertretenen Auffassung handelt es sich weder um eine Änderung des ursprünglichen Vertrags noch um einen rechtlich selbstständigen Austauschvertrag, sondern um eine sog. **Erfüllungsvereinbarung,** die lediglich beinhaltet, dass die hingegebene Leistung als Erfüllung der Schuld gelten soll.[9] Eine solche Vereinbarung muss nicht zeitgleich mit der Erfüllung geschlossen werden, sondern kann ihr auch zeitlich vorangehen oder nachträglich erfolgen. Erhält der Schuldner die Befugnis (aber nicht die Pflicht), mit einer anderen Leistung zu erfüllen, spricht man von einer **Ersetzungsbefugnis** (s. o. Rn. 202 sowie u. Rn. 281).

Durch die Annahme einer anderen Leistung an Erfüllungs statt **erlischt die Forderung** auf die ursprünglich geschuldete Leistung, § 364 I. Regelmäßig erlangt daher auch umgekehrt der Gläubiger eine unbeschränkte (und nicht bloß eine treuhänderische) Rechtsposition an dem ihm an Erfüllungs statt überlassenen Gegenstand. Gleich bleibt insbesondere, was der Gläubiger weiter damit macht: ob er diesen Gegenstand verkauft oder behält; auch, ob er ihn verderben lässt (das geschieht ja zum eigenen Schaden des Gläubigers!). Er trägt damit, sieht man von der sogleich zu behandelnden Mängelhaftung des Schuldners ab, anders als bei einer Leistung erfüllungshalber auch das **Risiko der Werthaltigkeit** des geleisteten Gegenstands. Er kommt aber auch in den Genuss eines seine ursprüngliche Forderung **übersteigenden Wertes** dieses Gegenstandes.

2. Mängel des Gegenstandes

Probleme entstehen jedoch, wenn der an Erfüllungs statt überlassene **Gegenstand** 280
sich als fehlerhaft oder als mit Rechten Dritter belastet erweist: z. B. der Motorblock des übereigneten Autos ist gerissen; der übertragenen Forderung steht eine Einrede entgegen. Dann wäre es am einfachsten, die Leistung an Erfüllungs statt für gescheitert zu halten und den Gläubiger wieder auf seine ursprüngliche Forderung zurückgreifen zu lassen. Aber § 365 denkt komplizierter: Danach soll nämlich der Schuldner „wie ein Verkäufer Gewähr zu leisten" haben.

Diese Verweisung auf die kaufrechtliche Mängelhaftung führt dazu, dass der Gläubiger (ggf. nach Ablauf einer dem Schuldner zu setzenden Nacherfüllungsfrist) gem. §§ 437 Nr. 2, 323 oder 326 V zurücktreten kann. Der Rücktritt betrifft dann aber lediglich die Erfüllungsvereinbarung. Aufgrund des Rücktritts hat somit der Schuldner nach § 346 I die ursprüngliche Forderung wieder zu begründen, wobei die Rspr. dem Gläubiger zugesteht, im Rechtsstreit unmittelbar auf Erfüllung dieses neu zu begründenden Anspruchs zu klagen.[10] Soweit der Gläubiger danach Schadensersatz verlangen kann (§ 437 Nr. 3), wird in der Lit. vertreten, dass der Schuldner auch im Wege des Schadensersatzes lediglich die ursprüngliche Forderung wiederbegründen muss (§ 249 I).[11] Das Äquivalenzinteresse des Gläubigers, der den Anspruch auf die ursprüngliche Leistung gegen den an Erfüllungs statt geschuldeten Gegenstand eingetauscht hat, bezieht sich allerdings auf diesen Gegenstand selbst, denn ein Mehrwert des mangelfreien Gegenstandes hätte ihm zugestanden. Richtigerweise ist ihm deshalb im Wege des Schadensersatzes statt der Leistung die Differenz zwischen dem tatsächlichen Wert des Gegenstandes und dem Wert des mangelfreien Gegenstandes oder Er-

[8] BGHZ 46, 342.
[9] BGHZ 89, 126, 133; Palandt/*Grüneberg*, § 346 Rn. 2; s. auch MünchKomm/*Fetzer*, § 364 Rn. 1.
[10] BGHZ 46, 338, 343.
[11] MünchKomm/*Fetzer*, § 365 Rn. 3; Palandt/*Grüneberg*, § 365 Rn. 2.

satz des Gesamtwertes in mangelfreiem Zustand gegen Rückgabe des Gegenstandes (s. dazu Rn. 514) zuzubilligen.[12] Im Falle der Minderung (§§ 437 Nr. 2, 441) ist die Forderung nur zu einem dem Minderwert entsprechenden Teil wiederherzustellen;[13] dafür darf der Gläubiger den ihm überlassenen minderwertigen Gegenstand behalten. S. dazu PdW Schuldrecht I **Fall 142.**

Dass der Schuldner nach § 365 „wie ein Verkäufer" für Mängel des Gegenstandes haftet, kann insbesondere dann fragwürdig sein, wenn die ursprüngliche Forderung aus einem Schenkungsversprechen stammt. Da der Schuldner für Mängel des geschenkten Gegenstandes nur nach § 523f, d. h. grundsätzlich nur im Falle arglistigen Verschweigens eines Mangels gehaftet hätte (s. dazu BT Rn. 391ff), erscheint es fragwürdig, ihn bei einer Leistung an Erfüllungs statt der strengeren Verkäuferhaftung nach § 437 zu unterwerfen. In einem solchen Fall sollte § 365 im Wege einer teleologischen Reduktion unangewendet bleiben mit der Folge, dass für Mängel des an Erfüllungs statt geleisteten Gegenstandes ebenfalls nur nach Schenkungsrecht gehaftet wird.[14] Denkbar ist auch, in diesen Schenkungsfällen von einem **stillschweigenden Ausschluss** von § 365 auszugehen.[15]

3. Inzahlunggabe von Kraftfahrzeugen, Ersetzungsbefugnis

281 Die häufig vorkommende **Inzahlunggabe eines gebrauchten Kraftfahrzeugs** beim Kauf oder Leasing eines neuen ist jedenfalls dann Leistung an Erfüllungs statt (nämlich statt eines Teiles des Kaufpreises für den Neuwagen), wenn ein fester Anrechnungsbetrag vereinbart wird.[16] Das gilt nach auch dann, wenn über den Altwagen ein besonderer Kaufvertrag abgeschlossen und der Kaufpreis mit dem für den Neuwagen verrechnet wird[17].

Da der Neuwagenkäufer für Mängel des in Zahlung gegebenen Altfahrzeugs nach § 365 „wie ein Verkäufer" haftet (s. oben Rn. 280), neigt die Rspr. in diesen Fällen zur Annahme eines stillschweigenden Gewährleistungsausschlusses für Verschleißmängel des Altfahrzeugs.[18] Allerdings unterliegt dieser selbstverständlich denselben Beschränkungen wie ein ausdrücklicher Gewährleistungsausschluss. Wenn also der Neuwagenkäufer bestimmte Beschaffenheiten des Altwagens ausdrücklich vereinbart, so haftet er bei deren Fehlen nach §§ 365, 437, weil ein Gewährleistungsausschluss regelmäßig hinter einer Beschaffenheitsvereinbarung zurücktritt (s. dazu BT Rn. 194).[19]

Meist ist der Käufer in einem solchen Fall aber nicht verpflichtet, sondern nur berechtigt, einen Teil des Kaufpreises durch Übereignung des Altfahrzeuges zu begleichen (dem Verkäufer dürfte nämlich im Regelfall mir einer vollständigen Geldzahlung mehr gedient sein). Dann liegt zugleich eine **Ersetzungsbefugnis** vor (dazu o. Rn. 202). Kommt es in einem solchen Fall zur Rückabwicklung des Kaufvertrags z. B. infolge eines Rücktritts des Käufers wegen eines Sachmangels des Neufahrzeugs, hat der Verkäufer nach § 346 I nicht etwa den angerechneten Geldbetrag, sondern lediglich den erhaltenen Gegenstand selbst herauszugeben (s. dazu Rn. 596 und PdW Schuldrecht I **Fall 132**).[20] Kann er dies nicht, kommt Wertersatz nach § 346 II in Betracht.

---

[12] Wie hier Staudinger/*Olzen*, § 365 Rn. 16, 18, 25; *Gernhuber*, § 10, 8d.
[13] Anders Staudinger/*Olzen*, § 365 Rn. 26: Unmittelbare Begründung eine Forderung in Höhe des Minderungsbetrags.
[14] MünchKomm/*Fetzer*, § 365 Rn. 1; *Gernhuber*, § 10, 8; Palandt/*Grünberg*, § 365 Rn. 1.
[15] S. *Looschelders*, AT, Rn. 370.
[16] BGHZ 128, 111; zum Leasing s. *BGH* NJW 2003, 504.
[17] BGHZ 83, 334.
[18] BGHZ 83, 334.
[19] *BGH* NJW 2013, 1733 Rn. 15.
[20] *BGH* NJW 2003, 504. Anders im Rahmen des „großen" Schadensersatzes, s. BGHZ 128, 111.

In der Praxis wird diese Inzahlunggabe seit der Einführung von § 475, der dem Kfz-Händler beim Weiterverkauf des in Zahlung gegebenen Kfz an einen Verbraucher die Möglichkeit nimmt, einen umfassenden Gewährleistungsausschluss zu vereinbaren, nicht selten durch eine sog. „Agenturlösung" ersetzt: Der Händler veräußert den Gebrauchtwagen nicht in eigenem Namen, sondern aufgrund eines Geschäftsbesorgungsvertrags (§ 675 I) als Stellvertreter (§ 164 I) des Kunden weiter. In dem so (zwischen dem Kunden und dem Gebrauchtwagenkäufer) abgeschlossenen Kaufvertrag kann dann nämlich, da der persönliche Anwendungsbereich der §§ 474ff. nicht eröffnet ist, die Gewährleistung vertraglich ausgeschlossen werden (s. dazu sowie zur Umgehungsproblematik BT Rn. 241). Dann liegt im Verhältnis zwischen dem Kunden und dem Kfz-Händler i. d. R. keine Annahme an Erfüllungs statt vor, sondern es wird lediglich der Kaufpreis für den Neuwagen in der vereinbarten Höhe bis zum Weiterverkauf des Gebrauchtwagens gestundet. Ein Mindererlös ist also vom Kunden abzudecken, sofern der Händler keine Mindestverkaufspreisgarantie gibt (die dann letztlich ein versteckter Rabatt ist). Etwaige Mehrerlöse fallen häufig dem Händler als Provision zu.

§ 23. Hinterlegung und Selbsthilfeverkauf

Literatur: S. die Angaben zu § 21 sowie *Fest,* Die Hinterlegung zum Zweck der Sicherheitsleistung und der Erfüllung, JA 2009, 258; *Gernhuber,* Die Erfüllung und ihre Surrogate, 2. Aufl., 1994, § 15; *Rückheim,* Aufhebung der Hinterlegungsordnung, RPfleger 2010, 1.

I. Allgemeines

1. Zwecke von Hinterlegung und Selbsthilfeverkauf

Damit der Schuldner leisten kann, muss er fast immer wissen, wer sein Gläubiger ist. 282
Meist muss der Schuldner zudem wissen, wo sich der Gläubiger befindet (anders aber z. B. bei Unterlassungspflichten). Häufig ist der Schuldner zur Erfüllung, also zur Herbeiführung des Leistungserfolgs (vgl. o. Rn. 257) auch auf eine Mitwirkung des Gläubigers angewiesen: So muss der Gläubiger zur Übereignung einer beweglichen Sache den Besitz annehmen und mit dem Schuldner über den Eigentumsübergang einig sein (§ 929).

In vielen Fällen – vor allem bei ungesicherten Geldschulden – wird der Schuldner allerdings froh sein, wenn sich der Gläubiger nicht rührt. In anderen Fällen kann der Schuldner wenigstens seine Haftung abmildern, indem er den die Mitwirkung verweigernden Gläubiger in Annahmeverzug setzt (§ 300, vgl. u. Rn. 553). Aber das erfordert regelmäßig das Wissen von Person und Aufenthalt des Gläubigers. Überdies genügen die Rechtsfolgen des Annahmeverzugs dem Schuldner nicht immer: Bisweilen will der Schuldner die geschuldete Sache loswerden, weil ihm deren Aufbewahrung lästig ist. Das soll der Schuldner erreichen können, indem er diese Sache hinterlegt (§§ 372ff.). Und wenn sich die Sache nicht zur Hinterlegung eignet, soll der Schuldner sie durch Selbsthilfeverkauf zu Geld machen und dann den Erlös hinterlegen können. Der Selbsthilfeverkauf ist dann gleichsam einer Hinterlegung vorgeschaltet.

Die §§ 372ff. betreffen nur die **Hinterlegung als Erfüllungssurrogat.** Unanwendbar sind diese Vorschriften dagegen, wo die Hinterlegung selbst die geschuldete Leistung darstellt, so dass der Gläubiger sie verlangen kann (z. B. nach §§ 432 I 2, 660 II, 1077 I 2, 1281 S. 2, 2039 S. 2): Hier wird der Schuldner mit der Hinterlegung schon nach § 362 befreit. Unanwendbar sind die §§ 372ff. auch auf die Hinterlegung zur Sicherheitsleistung, §§ 232ff. Diese letzte Hinterlegungsart überwiegt in der Praxis bei weitem.

2. Verfahrensrecht

Im Zusammenhang mit der Hinterlegung ergeben sich drei Fragen: (1) Unter welchen 282a
Voraussetzungen kann hinterlegt werden? (2) Welche Wirkungen hat die Hinterlegung? (3) Wie wird hinterlegt? Hiervon sind nur die ersten beiden Fragen im BGB geregelt (vgl. u. Rn. 294f., 296ff.). Die dritte war früher – und zwar auch für die oben

Rn. 282 genannten anderen Hinterlegungsfälle – in der Hinterlegungsordnung von 1937 geregelt. Seit dem 1.12.2010 finden sich entsprechende Regelungen in den Hinterlegungsgesetzen der Bundesländer. Danach ist die Hinterlegung als *öffentlich-rechtliches Verwahrungsverhältnis* ausgestaltet: Zuständig sind i. d. R. die Amtsgerichte als Hinterlegungsstellen und (bei Geld) eine zentralisierte Landes- oder Justizkasse (s. z. B. Art. 2 BayHintG, § 1 HintG BW; § 1 BerlHintG usw.).

Abweichendes gilt nach § 373 I HGB für den Handelskauf: Hier kann bei Annahmeverzug des Käufers die Ware statt bei Gericht auch „in einem öffentlichen Lagerhaus oder sonst in sicherer Weise" hinterlegt werden.

II. Voraussetzungen der Hinterlegung als Erfüllungssurrogat

Die Hinterlegung erfordert eine **hinterlegungsfähige Sache** und einen **Hinterlegungsgrund.**

1. Hinterlegungsfähige Sachen

283 Als **hinterlegungsfähig** nennt § 372 S. 1 Geld, Wertpapiere, sonstige Urkunden und Kostbarkeiten. Was Kostbarkeiten sind, bestimmt sich danach, was Hinterlegungsstellen sinnvoll aufbewahren können: Der Wert muss im Verhältnis zu Gewicht und Umfang hoch sein; die Sachen müssen unverderblich sein und dürfen keine aufwendige Pflege nötig haben.

Wird eine bewegliche Sache geschuldet, die diesen Anforderungen nicht genügt, ist der Selbsthilfeverkauf möglich (vgl. u. Rn. 289ff.). Wird dagegen ein Grundstück oder eine Dienst- oder Werkleistung geschuldet, kommt Hinterlegung überhaupt nicht in Betracht.

2. Hinterlegungsgrund

284 Als **Hinterlegungsgründe** werden in § 372 alternativ die folgenden drei genannt:

- **Gläubigerverzug** (vgl. u. Rn. 544ff.).
- Der **Schuldner kann** aus einem anderen in der Person des Gläubigers liegenden Grund **nicht oder nicht mit Sicherheit erfüllen.** Das kann z. B. dann der Fall sein, wenn der Aufenthalt des Gläubigers unbekannt ist, oder der Gläubiger nicht voll geschäftsfähig ist und noch keinen gesetzlichen Vertreter hat (vgl. o. Rn. 256).
- **Ungewissheit über die Person des Gläubigers,** die nicht auf Fahrlässigkeit des Schuldners beruht. Dies kommt vor allem in Betracht, wenn der Gläubiger verstorben ist und die Erbfolge unklar ist. Es können aber auch z. B. bei einem Schadensersatzanspruch aus § 823 I Zweifel darüber bestehen, wer bei Beschädigung der Sache deren Eigentümer war. Im Fall der Abtretung einer Forderung können Zweifel über die Wirksamkeit der Abtretung bestehen. Dabei dürfen die Anforderungen an die Prüfungspflicht des Schuldners in einem solchen **„Prätendentenstreit"** (mehrere Personen behaupten, Forderungsinhaber zu sein) nicht streng sein.[1]
- Auch schließt die Möglichkeit, an einen Beteiligten gutgläubig befreiend leisten zu können (dazu o. Rn. 253), die Hinterlegungsbefugnis nicht aus.[2]

Die Hinterlegungsgründe des § 372 sind im Übrigen **dispositiv,** d. h. die Parteien können eine Vereinbarung über abweichende Hinterlegungsgründe treffen.[3] In einem solchen Fall wird aber wohl meist bereits

[1] *BGH* NJW 2003, 504. Anders im Rahmen des „großen" Schadensersatzes, s. BGHZ 128, 111. *BGH* NJW 1997, 1501; NJW-RR 2004, 656.
[2] *BGH* NJW-RR 2004, 656.
[3] *BGH* NJW 1993, 55.

die Hinterlegung selbst zum primär geschuldeten Leistungserfolg, so dass Erfüllung schon nach § 362 I eintritt.

III. Wirkungen der Hinterlegung

1. Erfüllungswirkung (§ 378)

a) Voraussetzungen

Die **Hauptwirkung der Hinterlegung** hängt davon ab, ob der Schuldner noch zur Rücknahme berechtigt ist: Wenn er dieses Recht nicht mehr hat, wird er durch die Hinterlegung ebenso wie durch die Leistung an den Gläubiger (also wie nach § 362 I) befreit, § 378. Die Erfüllungswirkung tritt aber nur dann ein, wenn die Hinterlegung rechtmäßig war, d. h. insbesondere ein Hinterlegungsgrund nach § 372 vorlag[4], und der Gegenstand zumindest auch zugunsten des wahren Gläubigers hinterlegt wurde.[5] 285

b) Auseinandersetzung zwischen mehreren Hinterlegungsbeteiligten

Ist der Gegenstand zugunsten mehrerer Forderungsprätendenten mit Erfüllungswirkung hinterlegt, ist der Schuldner „aus dem Spiel". Die Forderungsprätendenten müssen sich anschließend über die Inhaberschaft der Forderung auseinandersetzen: Die Hinterlegungsstelle darf den Gegenstand nur mit Einwilligung aller Personen, zu deren Gunsten hinterlegt wurde, oder aufgrund eines gegen alle Beteiligten wirkenden rechtskräftigen Urteils aushändigen (s. z. B. Art. 20 BayHintG, § 22 HintG BW). Der wahre Rechtsinhaber hat gegen die anderen Prätendenten einen Anspruch aus § 812 I 1 Alt. 2 auf Einwilligung in die Freigabe, denn diese haben durch das vom Schuldner gewählte Vorgehen auf Kosten des wahren Gläubigers rechtsgrundlos die Stellung von Hinterlegungsbeteiligten erlangt.[6] Das gilt auch dann, wenn er bei der Hinterlegung nicht als Berechtigter genannt wurde.[7] Bei verzögerter Freigabe eines Geldbetrages ist § 288 (Verzugszinsen) analog anzuwenden.[8]

2. Einrede (§ 379)

Hat dagegen der Schuldner das Rücknahmerecht noch, so kann er auch nicht endgültig befreit sein, weil die Hinterlegung selbst noch nicht endgültig ist. Daher darf der Schuldner den Gläubiger lediglich auf die hinterlegte Sache verweisen, § 379 I; der Schuldner hat also eine **Einrede** gegen das Erfüllungsverlangen des Gläubigers. Letzterer trägt auch die Gefahr und kann weder Zinsen noch Nutzungsersatz verlangen, § 379 II. Die Vorläufigkeit zeigt sich aber in § 379 III: Bei Rücknahme der hinterlegten Sache gilt die Hinterlegung als nicht erfolgt, d. h. ihre Wirkungen fallen rückwirkend weg. Insbesondere muss der zur Zahlung von Zinsen verpflichtete Schuldner diese rückwirkend zahlen; zudem hat er jetzt nach § 381 auch die Hinterlegungskosten zu tragen. 286

Bei Hinterlegung wegen Gläubigerverzugs bleiben aber dessen Folgen trotz der Rücknahme erhalten; so entfällt die Verzinsungspflicht für die Dauer des Gläubigerverzugs nach § 301.

[4] *BGH* NJW 2012, 1718 Rn. 44.
[5] *BGH* NJW-RR 2005, 712, 713.
[6] *BGH* NJW-RR 2007, 845 Rn. 9; *BGH* v. 30.1.2015 – V ZR 63/13 Rn. 8.
[7] *BGH* a. a. O.
[8] *BGH* NJW 2006, 2398.

Wann der **Schuldner zur Rücknahme berechtigt** ist, regelt § 376: wenn er nicht auf die Rücknahme verzichtet hat und solange weder der Gläubiger die Annahme erklärt hat noch der Hinterlegungsstelle ein rechtskräftiges Urteil vorgelegt worden ist, das im Verhältnis zwischen Gläubiger und Schuldner die Hinterlegung für rechtmäßig erklärt. Nach § 382 a. E. kann der Schuldner aber auch nach einem Verzicht noch zurücknehmen, wenn der Gläubiger sich nicht binnen 30 Jahren bei der Hinterlegungsstelle gemeldet hat und dadurch sein Anspruch spätestens verjährt ist. Das gilt auch für die Sachhinterlegung, obwohl § 382 nur vom hinterlegten „Betrag" spricht, also nur an Geld denkt.

3. Zug-um-Zug-Leistung

287 Für den wichtigen Fall einer **Leistungspflicht aus gegenseitigem Vertrag** erlaubt § 373 dem Schuldner, das Recht des Gläubigers zum Empfang der hinterlegten Sache von der Bewirkung der Gegenleistung abhängig zu machen. Der Gläubiger kann dann die hinterlegte Sache nur bei Nachweis dieser Gegenleistung herausverlangen. Dem Nachweis dient regelmäßig eine entsprechende Erklärung des Schuldners, zu deren Abgabe dieser nach § 380 verpflichtet ist.

4. Sonstige Pflichten des Schuldners

288 Auch nach der Hinterlegung muss **der Schuldner den Gläubiger** noch dabei **unterstützen,** dass ihm die hinterlegte Sache ausgehändigt wird. So muss der Schuldner dem Gläubiger die Hinterlegung soweit möglich anzeigen, § 374 II. Zudem muss der Schuldner diejenigen Erklärungen abgeben, die der Gläubiger zum Nachweis seiner Empfangsberechtigung gegenüber der Hinterlegungsstelle benötigt, § 380. Freilich kann der Schuldner diesem Anspruch dieselben Einwendungen entgegenhalten wie dem ursprünglichen Leistungsanspruch.

IV. Der Selbsthilfeverkauf

1. Zulässigkeit

289 Der Selbsthilfeverkauf bewirkt im Gegensatz zur Hinterlegung, dass der Gläubiger die geschuldete Sache einbüßt und nur den (oft im Wert geringeren) Verkaufserlös bekommt. Daher soll der Selbsthilfeverkauf dem Gläubiger – soweit möglich – vorher angedroht werden, § 384. Auch sind die Zulässigkeitsvoraussetzungen etwas enger als die der Hinterlegung selbst, § 383 I 2.

2. Verfahren

290 Mittel des Selbsthilfeverkaufs ist regelmäßig die **öffentliche Versteigerung** der geschuldeten Sache, § 383 III. Dabei enthält diese Vorschrift die auch anderswo (etwa in §§ 966 II 1, 1219 I, 1235 I BGB, 373 HGB) maßgebliche Definition der öffentlichen Versteigerung: Es genügt nicht Öffentlichkeit im Sinne der Zugänglichkeit für jedermann; nötig sind zudem auch die Vornahme durch bestimmte qualifizierte Personen und die öffentliche Bekanntmachung. Sachen mit einem Börsen- oder Marktpreis können nach § 385 durch bestimmte Personen auch außerhalb einer öffentlichen Versteigerung („freihändig") verkauft werden, jedoch nur mindestens zum „laufenden Preis" (also dem Durchschnittspreis am Ort und Tag des Verkaufs).

3. Hinterlegung des Erlöses

Nach § 383 I 1 kann der Schuldner den im Selbsthilfeverkauf erzielten **Erlös hinterlegen;** dann treten die gewöhnlichen Hinterlegungsfolgen ein (vgl. o. Rn. 285ff.), und zwar selbst dann, wenn der Erlös hinter dem Wert des ursprünglich geschuldeten Gegenstandes zurückbleibt. Der Rechtszustand vor dieser Hinterlegung ist nicht direkt geregelt. Hierfür muss man § 1247 analog anwenden: Der Anspruch des Gläubigers auf die ursprünglich geschuldete Leistung verwandelt sich in einen Anspruch auf den Verkaufserlös. 291

Die dem Schuldner günstigen Wirkungen hat aber nur der **rechtmäßige Selbsthilfeverkauf.** Diese Rechtmäßigkeit ist analog § 1243 zu beurteilen. Fehlt sie, so hat der Schuldner sich zur Leistung unvermögend gemacht. Wenn er das zu vertreten hat (§§ 276, 278, bei Gläubigerverzug aber § 300 I), schuldet er nach den §§ 280 I, III, 283 Schadensersatz. Hinzu kommen (auch ohne Vertretenmüssen) die Rechtsfolgen des § 326.

Sondervorschriften für den Selbsthilfeverkauf beim **Handelskauf** enthält § 373 II–V HGB. Diese Vorschriften stimmen weithin mit denen des BGB überein. Die wichtigste Abweichung besteht darin, dass der Selbsthilfeverkauf nach dem HGB auch bei hinterlegungsfähigen Sachen möglich ist. 292

§ 24. Die Aufrechnung

Literatur: *Bötticher,* Die „Selbstexekution" im Wege der Aufrechnung und die Sicherungsfunktion des Aufrechnungsrechts, FS Schima, 1969, 95; *Buß,* Prozessaufrechnung und materielles Recht, JuS 1994, 147; *P. Bydlinski,* Die Aufrechnung mit verjährten Forderungen, AcP 196 (1996) 276; *Coester-Waltjen,* Die Aufrechnung im Prozess, Jura 1990, 27; *dies.,* Die Aufrechnung, Jura 2003, 246; *dies.,* Aufrechnung bei Abtretung, Jura 2004, 391; *Gernhuber,* Die Erfüllung und ihre Surrogate, 2. Aufl., 1994, § 12; *Habermeier,* Grundfragen der Aufrechnung, JuS 1997, 1057; *Höhn/Kaufmann,* Die Aufrechnung in der Insolvenz, JuS 2003, 751; *M. Huber,* Grundwissen Zivilprozessrecht: Prozessaufrechnung des Beklagten, JuS 2008, 1050; *Kesseler,* Der Aufrechnungsschutz bei sicherungszedierten Forderungen, NJW 2003, 2211; *Kollhosser,* Drittaufrechnung und Aufrechnung in Treuhandfällen, FS Lukes, 1989, 721; *S. Lorenz,* Grundwissen – Zivilrecht: Aufrechnung (§§ 387ff. BGB), JuS 2008, 951; *G. C. Schwarz,* Zum Schuldnerschutz bei der Aufrechnung abgetretener Forderungen, AcP 203 (2003) 241; *R. Zimmermann,* Die Aufrechnung – eine rechtsvergleichende Skizze zum Europäischen Vertragsrecht, FS Medicus, 1999, 707.

I. Funktion

Wenn S dem G 100,– € als Rückzahlung eines fälligen Darlehens schuldet und zugleich G dem S aus Kaufvertrag 50,– € schuldet, müsste für eine Erfüllung beider Forderungen nach § 362 I S an G 100,– € zahlen und umgekehrt G 50,– € an S. Dieses Hin und Her wäre aber offenbar sinnlos. Sinnvoll ist dagegen, dass S an G 50,– € (also die Differenz der Forderungsbeträge) zahlt und in Höhe der restlichen 50,– € die Forderungen G–S und S–G gegeneinander aufgehoben werden. Dies wird durch die Aufrechnung erreicht. Sie geschieht nach dem BGB allerdings nicht von selbst, d. h. automatisch kraft Gesetzes, sondern erst durch eine **rechtsgestaltende Willenserklärung** (§ 388, vgl. u. Rn. 305). 293

Der deutsche Gesetzgeber hat sich im Gegensatz zum gemeinen Recht und einigen ausländischen Rechtsordnungen, die dem Prinzip der Vonselbstaufrechnung *(ipso iure compensatur)* folgen, insbesondere aus Gründen der Rechtssicherheit dafür entschieden, für die Aufrechnung eine solche rechtsgestaltende Erklärung des Aufrechnenden zu verlangen. Von den sonstigen Konsequenzen einer Vonselbstaufrechnung wollte er allerdings nicht abweichen. Daraus erklärt sich etwa, dass die Aufrechnung auf den Zeitpunkt, in welchem sich die Forderungen aufrechenbar gegenüberstanden (sog. **Aufrechnungslage**) zurückwirkt

(§ 389, u. Rn. 307) und auch mit einer verjährten Forderung aufgerechnet werden kann, wenn diese z. Zt. des Entstehens der Aufrechnungslage noch unverjährt war (§ 215, u. Rn. 297).

Die Aufrechnung bedeutet aber nicht bloß eine Vereinfachung der Erfüllung. Vielmehr erlaubt die Aufrechnung jedem Beteiligten zugleich, seine Forderung gegen den anderen ohne Klage, Urteil und staatliche Zwangsvollstreckung selbst durchzusetzen (vgl. o. Rn. 21). Diese Durchsetzung kann nach §§ 94ff. InsO dem Gläubiger sogar im Insolvenzverfahren des Schuldners helfen (weil er dann seine Forderung ganz und nicht nur in Höhe der Insolvenzquote befriedigen kann).[1] Daher stellt die **Möglichkeit zur Aufrechnung** (die sog. **Aufrechnungslage) einen Vermögenswert** dar, der dem Gläubiger nicht ohne sein Zutun entzogen werden kann (vgl. u. Rn. 294 zur Zession, Rn. 297 zur Verjährung, Rn. 301 zur Pfändung).

II. Voraussetzungen der Aufrechnung

1. Wechselseitige Forderungen

294 Nach § 387 müssen „zwei Personen einander" Leistungen schulden; beide Personen müssen also sowohl Gläubiger wie Schuldner des jeweils anderen sein. Denn die Aufrechnung bedeutet, dass der Aufrechnende dem Aufrechnungsgegner dessen Forderung entzieht, um sich hierdurch eigenmächtig zu befriedigen. Befriedigen darf sich der Gläubiger aber nur aus dem Vermögen seines Schuldners.

Gelegentlich wird dieses Erfordernis auch als „Gegenseitigkeit" bezeichnet. Da es aber mit der Gegenseitigkeit i. S. der §§ 320ff. (vgl. o. Rn. 239) nichts zu tun hat, führt dies (ähnlich wie bei § 273, vgl. o. Rn. 223) in die Irre. Es ist daher besser, von „Wechselseitigkeit" zu sprechen.

Nach § 268 II kann aber ein ablösungsberechtigter Dritter (vgl. o. Rn. 155) auch mit einer ihm zustehenden Forderung aufrechnen; hier wird also im Interesse dieses Dritten ausnahmsweise auf die Wechselseitigkeit verzichtet. Eine Ausnahme vom Erfordernis der Wechselseitigkeit enthält auch § 406: Ist die Forderung abgetreten, kann der Schuldner unter bestimmten Voraussetzungen auch gegenüber dem neuen Forderungsinhaber (Zessionar) mit einer Forderung gegen den früheren Gläubiger (Zedent) aufrechnen. Hier genügt also (aus Gründen des Schuldnerschutzes), dass die Wechselseitigkeit in der Vergangenheit bestanden hat (vgl. u. Rn. 828f.).[2]

2. Gleichartigkeit der Forderungsgegenstände

295 Nach § 387 müssen die einander wechselseitig gegenüberstehenden Forderungen „ihrem Gegenstande nach gleichartig" sein; sie müssen also denselben Inhalt haben. Das ist nicht nur bei Geldschulden, sondern auch bei Gattungsschulden denkbar, kommt aber in der Praxis nur bei Geldschulden vor. Dieses Erfordernis besteht deshalb, weil sich der Aufrechnende als Gläubiger aus dem Vermögen seines Schuldners nur das nehmen darf, was ihm kraft seiner Forderung zusteht.

In der Insolvenz können zwar Forderungen auf einen bestimmten Gegenstand in Geldforderungen umgerechnet werden (§ 45 InsO), jedoch genügt dies nach § 95 I 2 InsO nicht für eine Aufrechnung.

---

[1] S. *Höhn/Kaufmann*, JuS 2003, 751.

[2] Zu weiteren Ausnahmen vom Erfordernis der Wechselseitigkeit vgl. *Kollhosser* nach Lit.-Verz.

Bei Ungleichartigkeit hat der auf Leistung in Anspruch genommene Schuldner allenfalls (nämlich bei Konnexität der Forderungen, vgl. o. Rn. 224) ein Zurückbehaltungsrecht nach § 273 (oder bei gegenseitigen Forderungen aus § 320).

Ein Zurückbehaltungsrecht lässt aber die Forderungen nicht erlöschen, sondern bewirkt bloß eine Verurteilung zur Leistung Zug um Zug. Da es aber im Regelfall kein Interesse an einem Zurückbehaltungsrecht geben kann, wenn eine Aufrechnung möglich ist, wird das Zurückbehaltungsrecht bei gleichartigen Forderungen durch die Aufrechnungsmöglichkeit verdrängt.[3] Denn ein Urteil z. B. des Inhalts, der Beklagte habe an den Kläger 100,– € zu zahlen Zug um Zug gegen Zahlung von 100,– € durch den Kläger an den Beklagten (§ 274 I), wäre sinnlos. Daraus ergibt sich für ein Zurückbehaltungsrecht aus § 273 die (ungeschriebene) Tatbestandsvoraussetzung der Ungleichartigkeit der Forderungen, vgl. o. Rn. 224.

Nicht ausgeschlossen wird die Gleichartigkeit nach § 391 I durch **Verschiedenheit der Leistungs- und Ablieferungsorte** der beiden Forderungen. Doch muss der Aufrechnende dem Aufrechnungsgegner den Schaden ersetzen, den dieser etwa dadurch erleidet, dass er die Leistung nicht an dem bestimmten Ort erhält oder bewirken kann (was aber unter den Voraussetzungen des § 391 I bei Geld kaum je eine Rolle spielt). Auch die **Verschiedenheit des Forderungsumfangs** hindert nicht die Gleichartigkeit: Die Aufrechnungswirkung tritt ein, „soweit" die Forderungen sich decken, § 389. Wenn einer Forderung G–S auf 100,– € eine Forderung S–G auf nur 50,– € gegenübersteht, kann die Aufrechnung durch S also bloß in Höhe von 50,– € wirken. Das bedeutet zugleich eine Ausnahme von der Unzulässigkeit einer Teilleistung nach § 266 (vgl. o. Rn. 147).

3. Durchsetzbarkeit der Forderung des Aufrechnenden

Die Aufrechnung bedeutet eine Durchsetzung der Forderung des Aufrechnenden. Der 296
Durchsetzung dürfen daher keine rechtlichen Hindernisse im Wege stehen, d. h. der Aufrechnende müsste auch ein Leistungsurteil erlangen können. Das bedeutet im Einzelnen:

Die Forderung des Aufrechnenden (die sog. **Gegenforderung** oder auch **Aktivforderung**) muss in der Person des Gläubigers **bestehen.**

Die **Gegenforderung muss weiter einredefrei sein,** § 390 S. 1. Denn mit einer Ein- 297
rede könnte der Schuldner seine Verurteilung hindern; daher soll sich der Gläubiger die Erfüllung auch nicht durch Aufrechnung verschaffen können.

Nach § 215 schließt jedoch die **Verjährung** der Gegenforderung die Aufrechnung nicht aus, wenn diese Forderung beim Eintritt der **Aufrechnungslage** noch unverjährt war. Eine einmal entstandene Aufrechnungsmöglichkeit soll dem Gläubiger also erhalten bleiben (vgl. o. Rn. 297).

Zur Durchsetzbarkeit der Gegenforderung gehört insbesondere auch ihre **Fälligkeit.** 298
Wer eine noch nicht fällige Forderung hat, soll auch mit der Aufrechnung noch warten müssen und hat bis zur Fälligkeit nicht einmal eine aufschiebende Einrede.

Die mit der Eröffnung eines Insolvenzverfahrens nach § 44 I InsO eintretende Fälligkeit einer Forderung gegen den Insolventen genügt für die Aufrechnung nicht, § 95 I 2 InsO.

[3] S. dazu *BGH* NJW 2000, 278.

4. Erfüllbarkeit der Forderung gegen den Aufrechnenden

299 Die Forderung **gegen** den Aufrechnenden (**Hauptforderung** oder **Passivforderung** genannt), die also durch die Aufrechnung getilgt werden soll, braucht nicht durchsetzbar zu sein. Denn insoweit ist der Aufrechnende ja Schuldner, und diesem steht es frei, auch einredebehaftete und noch nicht fällige Forderungen zu erfüllen. Nötig ist nur **Erfüllbarkeit** (§ 271, vgl. o. Rn. 169), weil die Aufrechnung zur Erfüllung führt.

5. Nichteingreifen eines Aufrechnungsverbots

Auch wenn alle bisher genannten Voraussetzungen vorliegen, kann nicht stets aufgerechnet werden. Vielmehr darf zusätzlich auch kein **Aufrechnungsverbot** eingreifen.

a) Rechtsgeschäftliche Aufrechnungsverbote; Treu und Glauben

300 Ein solches Verbot kann grundsätzlich **vereinbart** werden. Diese Bedeutung hat nach § 391 II im Zweifel die Verabredung der Leistung zu einer bestimmten Zeit an einem bestimmten Ort; dann soll nicht mit einer Forderung aufgerechnet werden können, für die ein anderer Leistungsort besteht. Denn dann soll die Leistung regelmäßig gerade in der bestimmten Weise zur Verfügung stehen (z. B. als Reisegeld); die Aufrechnung würde einem solchen Vertragszweck nicht genügen. Auch sonst kann sich durch Auslegung ein Aufrechnungsverbot ergeben, z. B. bei Treuhandvereinbarungen oder aus der Klausel „netto Kasse gegen Rechnung und Verladepapiere".[4]

Nach § 309 Nr. 3 lässt sich jedoch gegenüber einem Nichtunternehmer die Aufrechnung mit einer unbestrittenen oder rechtskräftig festgestellten Forderung nicht durch AGB ausschließen. Noch stärker werden Aufrechnungsverbote – auch solche durch Individualvertrag – gegenüber dem Wohnungsmieter in § 556b II eingeschränkt.

Nahe an einem (konkludent) vereinbarten Aufrechnungsverbot liegen Fälle, in welchen die Aufrechnung nach **Treu und Glauben** (§ 242) ausgeschlossen ist, weil sie mit der Natur des jeweiligen Rechtsverhältnisses nicht vereinbar ist: So verbietet es z. B. Sinn und Zweck eines Auftrags (§ 662) dem Beauftragten gegen den Anspruch des Geschäftsherrn auf Herausgabe des Erlangten (§ 667) mit Gegenforderungen aufzurechnen, die nicht aus dem Auftrag selbst herrühren.[5] Wechselt z. B. jemand Geld, so widerspricht es Sinn und Zweck des Rechtsgeschäfts, wenn der andere anstelle der Auszahlung des Wechselgeldes die Aufrechnung erklärt.

b) Beschlagnahme der Hauptforderung

301 Ein Aufrechnungshindernis begründet auch die in § 392 erwähnte **Beschlagnahme der Hauptforderung.** Dabei meint „Beschlagnahme" vor allem die Pfändung der Forderung durch einen Dritten. Diese Pfändung bedeutet das Gebot an den Gläubiger dieser Forderung, sich jeder Verfügung darüber zu enthalten (§ 829 I 2 ZPO), und das Verbot an den Forderungsschuldner, an den Gläubiger zu zahlen (§ 829 I 1 ZPO). Diese Anordnungen sind deshalb nötig, weil die Leistung (nach Überweisung der Forderung, § 835 ZPO) an den Pfändenden statt an den alten Gläubiger gelangen soll. § 392 geht davon aus, dass ebenso wie die Zahlung auch die Aufrechnung durch die Beschlagnahme unzulässig wird. Doch schränkt die Vorschrift dieses Verbot ein, um dem Gläubiger der Gegenforderung eine einmal entstandene Aufrechnungslage zu erhalten (vgl. o. Rn. 293).

---

[4] BGHZ 14, 61.

[5] *BGH* NJW 2003, 140.

c) Vorsätzliche unerlaubte Handlung

Nach § 393 kann **gegen eine Forderung aus einer vorsätzlich begangenen unerlaubten Handlung** nicht aufgerechnet werden. Das soll eine Art Privatrache an einem zahlungsunfähigen Schuldner verhindern: Der Gläubiger der uneinbringlichen Forderung soll nicht gegen seinen Schuldner Delikte begehen (z. B. diesen verprügeln) und dann gegen den hieraus entstandenen Ersatzanspruch des Schuldners mit der uneinbringlichen Forderung aufrechnen dürfen. **Mit** einer Forderung aus vorsätzlich unerlaubter Handlung kann aber aufgerechnet werden: Der Verprügelte kann also mit seiner Schadensersatzforderung gegen eine Forderung seines prügelnden Gläubigers aufrechnen, sofern diese nicht selbst unter § 393 fällt. 302

Das Aufrechnungsverbot nach § 393 gilt nämlich auch, wenn die Forderung des Aufrechnenden gleichfalls aus einem vorsätzlich begangenen Delikt stammt.[6] Die Gegenauffassung, die in einem solchen Fall entgegen dem Wortlaut von § 393 mangels Schutzbedürftigkeit einer Partei die Aufrechnung jedenfalls dann zulassen will, wenn die gegenseitigen deliktischen Ansprüche aus einem einheitlichen Lebensverhältnis (z. B. einer Prügelei) herrühren[7], ist mit dem klaren Gesetzeswortlaut nicht vereinbar. Gegen sie spricht auch, dass sie zu einer nicht hinnehmbaren Rechtsunsicherheit führen würde. Es müsste dann nämlich in jedem Einzelfall geprüft werden, ob ein einheitlicher Lebensvorgang vorliegt.[8] S. dazu PdW Schuldrecht I **Fall 154.**

Verboten ist die Aufrechnung auch für eine juristische Person, die für die vorsätzlich unerlaubte Handlung eines verfassungsmäßig berufenen Vertreters nach § 31 haftet.[9] Dagegen betrifft § 393 nicht Forderungen aus vorsätzlicher Vertragsverletzung, die nicht zugleich eine unerlaubte Handlung darstellt.[10]

d) Unpfändbare Forderung

Nach § 394 kann regelmäßig **gegen eine unpfändbare Forderung** nicht aufgerechnet werden. Die Unpfändbarkeit (§§ 850ff. ZPO) bezweckt nämlich, dem Vollstreckungsschuldner das Existenzminimum zu belassen. Denn wenn der Vollstreckungsgläubiger dem Schuldner dieses Minimum nehmen könnte, müsste der Sozialstaat helfen; indirekt bezahlte dann also der Staat den Gläubiger. Von diesem Grundgedanken her dürfen Forderungen auf das Minimum auch durch Aufrechnung nicht beeinträchtigt werden. Der wichtigste Anwendungsfall des § 394 besteht darin, dass der Arbeitgeber mit Schadensersatzforderungen (z. B. aus leichtfertiger Beschädigung einer Maschine) nur gegen den pfändbaren Teil der Lohnforderung des schuldigen Arbeitnehmers aufrechnen kann. 303

Doch wird § 394 unter Berufung auf Treu und Glauben eingeschränkt. Insbesondere soll nach einer ständigen Rspr., die schon mit RGZ 85, 108, 117 begonnen hat (zu dieser Entscheidung vgl. o. Rn. 139), eine Forderung aus *vorsätzlich begangener unerlaubter Handlung* auch gegen eine unpfändbare Forderung aufgerechnet werden können, wenn beide Forderungen demselben Lebensverhältnis entstammen (z. B. dem Arbeitsverhältnis). Für das Beamtenrecht ist das sogar kodifiziert worden (§ 11 II 2 BBesG). Fraglich ist, ob zur Überwindung der Unpfändbarkeit schon eine Forderung

6 *BGH* NJW 2009, 3508 m. umfangreichen Nachweisen auch zur Gegenansicht.
7 So *Deutsch,* NJW 1981, 735; für generelle Zulässigkeit u. a. *OLG Düsseldorf* OLGR 2000, 124.
8 *BGH* NJW 2009, 3508 Rn. 6.
9 BGHZ 172, 169.
10 *BGH* NJW 1975, 1119.

aus vorsätzlicher *Vertragsverletzung* genügt.[11] Doch wird eine vorsätzliche Vertragsverletzung häufig unter § 826 fallen und damit zugleich ein Delikt darstellen. Jedenfalls muss dem Schädiger als Aufrechnungsgegner das Existenzminimum bleiben.[12]

e) Fehlende Kassenidentität

304 Nach § 395 kann gegen eine Forderung des Bundes, eines Landes, einer Gemeinde oder eines Kommunalverbandes nur aufgerechnet werden, wenn der Aufrechnende an **dieselbe Kasse** zu zahlen hat, aus der auch seine Forderung zu berichtigen wäre (Gleichheit der *stationes fisci*). Es soll also z. B. niemand seine Verpflichtung aus einer gebührenpflichtigen Verwarnung wegen falschen Parkens durch Aufrechnung mit einer Forderung auf Rückzahlung überzahlter Steuern tilgen können. Der Grund (die Verrechnung zwischen den beteiligten Kassen verursacht Arbeitsaufwand) trifft aber, wenn er in Zeiten der elektronischen Datenverarbeitung überhaupt noch von Bedeutung ist, ebenso auch auf Privatunternehmen mit mehreren Kassen zu. § 395 bildet also ein Fiskusprivileg, das abgeschafft werden sollte.

6. Aufrechnungserklärung

305 Die Aufrechnung erfolgt gem. § 388 S. 1 durch eine **Aufrechnungserklärung,** § 388 S. 1. Das ist die empfangsbedürftige Willenserklärung des Aufrechnenden, aus der sich der Wille zur Aufrechnung ergibt. Da der Aufrechnende auch seine eigene Forderung verliert, kann ein beschränkt Geschäftsfähiger allein nicht aufrechnen.

Die Aufrechnungserklärung ist, weil sie die Forderungen in Höhe der Aufrechnung unmittelbar zum Erlöschen bringt, ein **Gestaltungsrecht** (o. Rn. 58). Nach § 388 S. 2 darf sie **nicht bedingt oder befristet** sein. Das ist die gesetzliche Stütze für den allgemeinen Satz, die Ausübung von Gestaltungsrechten sei bedingungsfeindlich.[13] Wenn schon der Gestaltungsgegner die Gestaltung ohne sein Zutun über sich ergehen lassen muss, soll er wenigstens sofort wissen, woran er ist.

Dieses Regelungsmotiv ergibt zugleich einige Ausnahmen von der Bedingungsfeindlichkeit. Davon ist der für die Aufrechnung wichtigste Fall die Zulässigkeit der **Eventualaufrechnung im Prozess:** Der Beklagte wendet sich in erster Linie gegen das Bestehen der eingeklagten Forderung. Hilfsweise (eventualiter) – nämlich für den Fall, dass das Gericht diese Forderung dennoch für begründet hält – rechnet der Beklagte aber mit einer Gegenforderung auf (die er natürlich nur notfalls opfern will). Diese Bedingung schafft hier keine für den Aufrechnungsgegner schädliche Unsicherheit, weil ihr Eintritt oder Ausfall ja in dem Prozess geklärt wird.[14]

7. Aufrechnungsvertrag

306 Die Vertragsfreiheit gestattet den Beteiligten auch den Abschluss eines **Aufrechnungsvertrags.** Dadurch können sie die Voraussetzungen für eine Aufrechnung kraft Gesetzes abbedingen und dem Gläubiger oder Schuldner eine weitergehende Aufrechnungsbefugnis einräumen, als dies nach den §§ 387ff. der Fall ist (s. PdW Schuldrecht I **Fall 149**).

---

[11] Bejahend *BAG* NJW 1960, 1589, 1591; verneinend BGHZ 30, 36, 39.

[12] BGHZ 123, 49; *BAG* ZIP 1997, 935.

[13] Vgl. BGHZ 97, 264, 267; *Wolf/Neuner,* AT, § 52 Rn. 23; *Köhler* § 14 Rn. 18; *Medicus,* BGB AT, Rn. 849f.

[14] S. dazu *M. Huber,* JuS 2008, 1050f.

Von praktischer Bedeutung ist etwa die sog. **Konzernverrechnungsklausel,** durch welche der Schuldner mit einer Forderung gegen einen anderen, zum Konzern des Gläubigers gehörenden Schuldner aufrechnen kann (Abbedingung des Wechselseitigkeitserfordernisses).[15] Der Kontokorrentvertrag enthält einen in die Zukunft wirkenden Aufrechnungsvertrag: Die künftigen Forderungen erlöschen, sobald sie einander gegenübertreten.

III. Wirkungen der Aufrechnung

Die Aufrechnung bewirkt das Erlöschen von Haupt- und Gegenforderung, soweit beide sich decken.

1. Rückwirkung

Nach § 389 sollen die Forderungen „als in dem Zeitpunkt erloschen gelten, in welchem sie zur Aufrechnung geeignet einander gegenübergetreten sind". Die Aufrechnung wirkt also auf den Zeitpunkt des Entstehens der Aufrechnungslage zurück. Daher erlöschen, wenn die Aufrechnung erklärt wird, die seit dem Entstehen der Aufrechnungslage schon erwachsenen Forderungen auf Zinsen und den Ersatz von Verzugsschäden (§§ 288, 280, 286), s. PdW Schuldrecht I **Fall 151.** 307

2. Mehrere Forderungen

Wenn der eine oder der andere Teil mehrere zur Aufrechnung geeignete Forderungen hat, taucht eine entsprechende Frage auf wie die oben Rn. 261 ff. zur Erfüllung behandelte: Auf welche konkrete Forderung soll sich die Aufrechnung beziehen? § 396 beantwortet das ähnlich, wie es die §§ 366 f. für die Erfüllung tun: In erster Linie kann der Aufrechnende bestimmen (§ 396 I 1); Besonderheiten gelten aber für das Verhältnis Hauptleistung – Zinsen – Kosten (§ 396 II). 308

Fehlt eine erkennbare Bestimmung des Schuldners, so gilt nach § 396 I 2 die in § 366 II angeordnete Reihenfolge (dazu o. Rn. 261). Jedoch enthält § 396 I 2 noch eine Besonderheit gegenüber dem Recht der Erfüllung: Der Aufrechnungsgegner kann die gesetzliche Reihenfolge von § 366 II auch gegenüber einer abweichenden Bestimmung des Aufrechnenden durchsetzen, wenn er dieser Bestimmung unverzüglich **widerspricht.** Damit soll der Aufrechnungsgegner die Möglichkeit haben, die Aufrechnung auf eine inzwischen verjährte, bei Eintritt der Aufrechnungslage aber noch unverjährte (§ 215, vgl. o. Rn. 297) Forderung zu lenken.[16] Denn eine solche Forderung könnte anders als durch die Aufrechnung überhaupt nicht mehr nutzbar gemacht werden; sie wäre also für den Aufrechnungsgegner ohne § 396 I 2 praktisch verloren.

§ 25. Erlass, Vergleich, Novation, Konfusion

Literatur: *Bork,* Der Vergleich, 1988 (dazu *Medicus,* AcP 189 [1989] 490); *Bosak,* Lernbeitrag Zivilrecht: Konfusion, JA 2009, 596; *Frings,* Annahme des Erlassangebots durch Scheckeinlösung?, BB 1996, 809; *Gernhuber,* Die Erfüllung und ihre Surrogate, 2. Aufl., 1994, § 16 (Erlass); § 18 (Novation); *Häsemeyer,* Zur materiellrechtlich-prozeßrechtlichen Doppelnatur des außergerichtlichen Vergleichs und des deklaratorischen Schuldanerkenntnisses, ZZP 108 (1995) 289; *Kollhosser/Jansen,* Konfusion, JA 1988, 305; *Michel,* Der Prozessvergleich in der Praxis, JuS 1986, 41; *Peter,* Verzicht auf Rechte und Befugnisse, insbesondere im Obligationenrecht, AcP 200 (2000) 149; *A. M. Schäfer,* Das Abstraktionsprinzip beim Vergleich, 1992 (dazu *Bork,* AcP 194 [1944] 419); *Wacke,* Die Konfusion: Schuldtilgungsgrund oder bloßer Wegfall der Klagbarkeit?, FS Medicus, 2009, 543; *G. Wagner,* Prozessverträge, 1998.

[15] S. *BGH* NJW 2004, 3185.

[16] MünchKomm/*Schlüter,* § 396 Rn. 3.

Es bleiben noch drei Gründe für die Beendigung der Forderung zu behandeln, die Ähnlichkeit mit der Erfüllung und ihren Surrogaten haben (und nicht zu den Leistungsstörungen gehören, dazu u. Rn. 322ff.).

I. Erlass

1. Verfügung über die Forderung

a) Erlassvertrag

309 Der Erlass ist nach § 397 I ein (formfreier) **Vertrag zwischen Gläubiger und Schuldner** (zum Erlass bei Gesamtschuldnern s. § 423 sowie unten Rn. 895). Dieser Vertrag bewirkt *(ex nunc)* das Erlöschen der Forderung. Er ist also – ebenso wie z. B. die Abtretung (vgl. u. Rn. 778) – eine **Verfügung über die Forderung.** Seine Wirksamkeit setzt daher neben einer Einigung auch **Verfügungsbefugnis** der Vertragsparteien voraus (s. o. Rn. 256). Damit kann ein Erlass auch nicht im Wege eines Vertrags zugunsten Dritter erfolgen, da § 328 verfügende Verträge zugunsten Dritter nicht zulässt (u. Rn. 848).[1] Ein solcher Vertrag kann aber u. U. nach § 140 in eine mögliche drittbegünstigende schuldrechtliche Verpflichtung umgedeutet werden, die Forderung nicht geltend zu machen[2], s. dazu PdW Schuldrecht I **Fall 155.** Ein Verzicht auf eine Forderung durch einseitiges Rechtsgeschäft ist nicht möglich.[3]

Ähnlich wie bei der Abtretung wird ein Erlass noch vor dem Entstehen der Forderung (also der Erlass einer künftigen Forderung) für möglich gehalten.[4] Freilich ist ein solcher Erlass bei vielen Unterhaltsansprüchen unwirksam, §§ 1614 I, 1360a III, 1615l III 1. Nicht im Voraus erlassen werden können auch bestimmte Forderungen aus einem Arbeitsverhältnis[5], ebenso in Analogie zu § 400 (vgl. u. Rn. 795) unpfändbare Forderungen. Auch auf Ansprüche wegen vorsätzlicher Schädigung kann nicht im Voraus verzichtet werden (§ 276 III).

310 An das Vorliegen eines Erlasswillens sind allerdings strenge Anforderungen zu stellen, d. h. ein solcher darf bei interessengerechter Auslegung nicht vorschnell angenommen werden. Wenn feststeht, dass eine Forderung entstanden ist, darf selbst bei einer eindeutig erscheinenden Erklärung des Gläubigers ein Verzicht nicht angenommen werden, ohne dass bei der Auslegung der Erklärung sämtliche Begleitumstände berücksichtigt werden.[6] Das gilt verstärkt im Zusammenhang mit der Frage einer konkludenten Erklärung, wie sie sich etwa im Zusammenhang mit der Problematik der sog. **„Erlassfalle“**[7] stellt: Der Schuldner übersendet dem Gläubiger einen Scheck über einen Teilbetrag der Forderung mit dem Hinweis, dass er im Falle der Einlösung des Schecks auch den Rest der Forderung als erlassen betrachten werde (= Angebot auf Abschluss eines Erlassvertrags). Wenn der Gläubiger damit nicht einverstanden ist, den Scheck aber ohne erkennbaren Vorbehalt dennoch einlöst, stellt sich die Frage, ob dies aus dem Empfängerhorizont des Schuldners (§ 157) als Annahme des Angebots verstanden werden darf (deren Zugang i. d. R. nach § 151 entbehrlich wäre). Das ist jedenfalls dann nicht der Fall, wenn keine Vergleichsverhandlungen vorausgegangen sind und der durch den Scheck erfüllte Teilbetrag so gering ist,

---

1 *BGH* NJW 2010, 64 Rn. 16.

2 *BGH* a. a. O.

3 Es ist daher ungenau, wenn in *BGH* a. a. O. von einem „Verzicht“ die Rede ist. Gemeint ist ein Erlass (vertrag).

4 BGHZ 40, 326, 330, str.; die Gegenansicht arbeitet mit der Vorstellung, die künftige Rechtslage werde gestaltet, vgl. *Gernhuber,* Erfüllung § 16 I 7 S. 376ff.

5 S. im Einzelnen MünchKomm/*Schlüter,* § 397 Rn. 20.

6 *BGH* ZIP 2012, 2295 Rn. 22.

7 S. *Frings,* BB 1996, 809, sowie *BGH* NJW 2001, 2324.

dass der Schuldner trotz Einlösung des Schecks vernünftigerweise nicht mit dem Einverständnis des Gläubigers rechnen darf.[8]

b) Negatives Schuldanerkenntnis

Dem Erlass stellt § 397 II das sog. **„negative Schuldanerkenntnis"** gleich. Dabei handelt es sich um ein vertragsmäßiges Anerkenntnis des Gläubigers, keine Forderung mehr zu haben. Die Aussage des Anerkenntnisses ist hier anders als beim Erlass nicht konstitutiv („hiermit erlasse ich"), sondern deklaratorisch („die Forderung besteht jedenfalls jetzt nicht mehr"); ob sie früher einmal bestanden hat und wann sie erloschen ist, bleibt offen. Daher eignet sich das negative Anerkenntnis besonders zur vergleichsweisen Beilegung eines Streits. Sofern die Forderung bei dem negativen Anerkenntnis noch bestanden hat, erlischt sie wie durch einen Erlass. Dann verändert also das negative Anerkenntnis die Rechtslage, obwohl es das nicht sagt. Ein wichtiger Anwendungsfall ist die **Ausgleichsquittung** im Arbeitsrecht: Sie stellt die regelmäßig bei Beendigung des Arbeitsverhältnisses abgegebene Erklärung des Arbeitnehmers dar, er habe keine weiteren Ansprüche gegen den Arbeitgeber.[9] 311

2. Verhältnis zum Rechtsgrund

a) Erlass als abstraktes Verfügungsgeschäft

Der Erlass (und ebenso das die Rechtslage verändernde negative Anerkenntnis) beruht als Verfügung regelmäßig auf einem rechtfertigenden Grund, also auf einer **Kausalabrede.** Dabei handelt es sich häufig um eine Schenkung (die gleichzeitig durch den Erlass vollzogen wird, so dass die Form von § 518 unnötig ist). Doch kommen auch andere Gründe in Betracht. Sie können außerhalb des Schuldrechts liegen, wie z. B. ein Vermächtnis (§§ 2147ff., Befreiungsvermächtnis): Hieraus hat der Bedachte gegen den mit dem Vermächtnis Beschwerten (regelmäßig den Erben) einen Anspruch auf Abschluss eines Erlassvertrags. Der Rechtsgrund kann auch ein entgeltlicher sein; so etwa bei der Vereinbarung, der Vermieter solle seine Restmietforderung erlassen, und der Mieter solle bis zu einem bestimmten Zeitpunkt ausziehen. 312

Fehlt ein wirksames Grundverhältnis oder fällt es später weg, so bleibt der Erlass wegen des Abstraktionsprinzips[10] zunächst wirksam. Er kann aber als rechtsgrundlose Leistung nach § 812 I zurückverlangt werden. Zu diesem Zweck stellt § 812 II klar, dass auch das negative Anerkenntnis eine „Leistung" darstellt, die bei Fehlen des Rechtsgrundes kondiziert werden kann.

Dabei besteht die „Herausgabe" (so § 812 I 1) des Erlasses in der (vertraglichen) **Wiederbegründung der erloschenen Forderung** (eine bloße Aufhebung des Erlassvertrags ist wegen dessen verfügenden Charakters ausgeschlossen, s. Rn. 589).

b) Kausale Erlassverträge?

Nicht selten ist der Erlass (oder das negative Anerkenntnis) Bestandteil einer umfassenderen, das Schuldverhältnis als Ganzes betreffenden Regelung: etwa eines **Vergleichs** (vgl. u. Rn. 314ff.) oder einer **Novation** (vgl. u. Rn. 319f.). Die h. M. hält den Erlass auch in diesen Fällen für abstrakt, sie lässt ihn also auch dann zunächst 313

[8] *BGH* NJW 2001, 2324; s. auch *Schönfelder,* NJW 2001, 492.

[9] Vgl. *Zöllner/Loritz/Hergenröder,* ArbR, § 22 V 3.

[10] Vgl. *Köhler,* § 5 Rn. 15f.; *Medicus,* BGB AT, Rn. 224ff.; speziell zu den abstrakten schuldrechtlichen Verfügungsgeschäften s. *S. Lorenz,* JuS 2009, 489f.

wirksam bleiben, wenn die Regelung im Übrigen unwirksam ist. Demgegenüber bejahen andere als Teil einer solchen umfassenderen Regelung die Möglichkeit eines **kausalen** Erlass- oder Anerkenntnisvertrags.[11] Dabei bedeutet „kausal": Einerseits stellt dieser Vertrag selbst einen Rechtsgrund dar und bedarf daher keines weiteren Rechtsgrundes mehr. Andererseits sind Erlass und Anerkenntnis in ihrer Wirksamkeit ohne weiteres von der Wirksamkeit der umfassenderen Regelung abhängig, deren Teil sie bilden; es bedarf also keiner Rückforderung nach § 812, wenn die umfassendere Regelung (z. B. der Vergleich) unwirksam ist. Dieser Lehre ist zuzustimmen: Auch andere Verfügungen können durch die Parteien kausal gestaltet werden. Insbesondere bei dem Gegenstück zum Erlass, nämlich beim abstrakten Schuldversprechen (§ 780), erkennt man ebenfalls eine kausale Spielart an (vgl. BT Rn. 1049).

II. Vergleich

1. Funktion

314 Der Vergleich wird in § 779 I definiert als „Vertrag, durch den der Streit oder die Ungewissheit der Parteien über ein Rechtsverhältnis im Wege gegenseitigen Nachgebens beseitigt wird". § 779 II stellt zusätzlich klar, dass schon die Ungewissheit über die Verwirklichung eines Anspruchs genügt.

Vergleiche kann man als **außergerichtliche** (außerhalb eines Prozesses) und als gerichtliche (in einem Prozess, vgl. § 127a) abschließen. Die **gerichtlichen Vergleiche** haben eine Doppelfunktion: Sie regeln nicht bloß materiellrechtlich die Ungewissheit, sondern sie beenden auch unmittelbar den Prozess. An diese sog. **Doppelnatur** des Prozessvergleichs knüpfen sich mehrere (hier nicht zu behandelnde) Streitfragen.[12]

Eine Prozessbeendigung durch Prozessvergleich (und häufig mehr noch eine Prozessvermeidung durch außergerichtlichen Vergleich) ist oft sinnvoll: Sie vermeidet Kosten und nicht selten auch die Wunden, die ein bis zuletzt durchgeführter Prozess schlagen kann; zudem kürzen Vergleiche den Streit ab. Besonders ins Gewicht fallen die Vorteile eines Vergleichs, wenn sich die für eine materiellrechtliche Entscheidung maßgeblichen Umstände nur durch eine lange und kostspielige Beweiserhebung feststellen ließen (wie häufig in Bau- und Unfallprozessen).

2. Das „gegenseitige Nachgeben"

315 Als Voraussetzung für einen Vergleich nennt § 779 I das „gegenseitige Nachgeben". Ein Vergleich liegt also nicht vor (sondern z. B. ein Schuldanerkenntnis), wenn die eine Partei den Standpunkt der anderen voll anerkennt. Im Übrigen aber wird das „Nachgeben" großzügig beurteilt: Es genügt schon, dass jeder Beteiligte von seinem bisher nach außen hin vertretenen Standpunkt in Richtung auf den Standpunkt der anderen Partei abweicht.[13] Unnötig ist insbesondere, dass beide Parteien in etwa gleichem Umfang nachgeben, oder dass jede Partei in Wahrheit überhaupt etwas aufgibt.

3. Der Irrtum über die Vergleichsbasis

316 § 779 I enthält außer der Definition des Vergleichs noch eine Sondervorschrift über die Unwirksamkeit: Diese soll vorliegen, „wenn der nach dem Inhalte des Vertrags als feststehend zugrunde gelegte Sachverhalt der Wirklichkeit nicht entspricht und der

---

[11] Insbesondere *Larenz,* SAT, § 19 I a S. 269; weithin zustimmend *Gernhuber,* § 16 I 5b S. 373.
[12] Vgl. *Jauernig/Hess,* § 48.
[13] BGHZ 39, 60.

Streit oder die Ungewissheit bei Kenntnis der Sachlage nicht entstanden sein würde". Damit wird zwischen zwei Arten von Umständen unterschieden: einmal solchen, von denen die Parteien als gewiss ausgehen; das ist die **Vergleichsbasis(-grundlage).** Ihnen stehen die anderen Umstände gegenüber, derentwegen sich die Parteien streiten oder in Ungewissheit befinden **(Vergleichsgegenstand):** Nur auf diese Umstände bezieht sich der Vergleich.[14] Nach § 779 I macht ein Irrtum der Parteien über die Vergleichsbasis den Vergleich unwirksam, wenn erst dieser Irrtum den Streit verursacht hat.

Beispiel: G fordert von S 100,– € als Schadensersatz, weil dessen Hund ihn – den G – gebissen habe. S hält 50,– € für ausreichend. Schließlich einigt man sich auf 70,– €. Später stellt sich heraus, dass nicht der Hund des S den G gebissen hat, sondern der Hund eines Dritten. Hier war streitig nur die Schadenshöhe; der Grund für die Ersatzpflicht des S gehört also zur Vergleichsbasis. Auch hätten sich S und G bei Kenntnis der Wirklichkeit nicht über die Schadenshöhe gestritten (die konnte dem S nämlich gleich bleiben, wenn er für den Schaden nicht aufzukommen hatte). Daher ist der Vergleich nach § 779 I unwirksam (s. auch PdW Schuldrecht II **Fall 184**).

Daneben gelten für den Vergleich auch die **allgemeinen Unwirksamkeitsgründe.** So kann ein Vergleich nach § 138 nichtig sein[15] oder wegen arglistiger Täuschung nach § 123 angefochten werden. Auch § 313 (Geschäftsgrundlage) bleibt anwendbar, da § 779 I nur einen Ausschnitt aus diesem Bereich besonders regelt.[16] Auch soll das Festhalten an einem Vergleich gegen **Treu und Glauben** verstoßen können, wenn sich die Regelung des streitigen Punktes als grob unangemessen erweist (z. B. ein geringfügiger Abfindungsbetrag für eine Körperverletzung, aus der unerwartet dauernde Lähmungen zurückbleiben). S. dazu PdW Schuldrecht II **Fall 185.**

4. Wirkung des Vergleichs

Der Vergleich ist ein **kausaler Schuldvertrag,** d. h. er enthält zunächst schuldrechtliche Verpflichtungen, die keines weiteren Rechtsgrundes bedürfen (s. PdW Schuldrecht II **Fall 183**). Soweit er zur Vornahme sachenrechtlicher Verfügungen oder von Verfügungen gegenüber Dritten verpflichtet, müssen diese Verfügungen besonders ausgeführt werden. Das gilt etwa für die Übereignung von Sachen, die Bestellung einer Hypothek, die Zession an einen Dritten. Bei Unwirksamkeit des Vergleichs bleiben diese Verfügungen nach dem **Abstraktionsprinzip** wirksam; sie müssen eigens nach § 812 rückgängig gemacht werden. 317

Häufig enthält ein Vergleich aber auch Regelungen für das bestehende Schuldverhältnis zwischen den Parteien: Er stellt etwa die Höhe einer Forderung und ihren Inhalt fest und bestimmt ihre Fälligkeit (etwa durch Einräumung von Ratenzahlung); im Übrigen enthält er einen Erlass oder ein negatives Anerkenntnis (vgl. o. Rn. 311). Hier nehmen viele die gleiche Trennung zwischen Verpflichtung und Verfügung an, wie sie eben insbesondere für sachenrechtliche Verfügungen dargelegt wurde. Demgegenüber dürfte es richtiger sein, die in dem Vergleich enthaltenen Inhaltsbestimmungen und -beschränkungen der Forderung **kausal** im Sinne des oben Rn. 313 Gesagten zu verstehen. Dann entfallen die Folgen des Vergleichs ohne weiteres bei dessen Unwirksamkeit; man braucht also keine Kondiktion.

[14] Zur Abgrenzung vgl. *BGH* NJW 1984, 115.
[15] Siehe z. B. *BAG* NJW 1985, 2661.
[16] *BGH* NJW 2000, 2497, 2498.

Regelmäßig bedeutet der Vergleich keine Novation (vgl. u. Rn. 319): Er gibt also der geregelten Forderung keinen neuen Rechtsgrund, sondern ändert das Schuldverhältnis nur insoweit, als in ihm streitige oder ungewisse Punkte geregelt werden. Im Übrigen lässt er aber dessen Inhalt und Rechtsnatur unberührt.[17] So hat z. B. der Verletzte, der sich mit dem Schädiger über den Schadensersatzanspruch verglichen hat, weiterhin einen Anspruch aus § 823 I und nicht etwa einen Anspruch aus dem Vergleich. Doch können die Parteien, wie zudem noch § 782 ergibt, kraft ihrer Gestaltungsfreiheit in dem Vergleich auch einen neuen Anspruch schaffen. Aber zu vermuten ist das nicht.

318 Die wichtigste Wirkung des **Prozessvergleichs** (zur Doppelnatur s. o. Rn. 314) ist neben der unmittelbaren Beendigung des Rechtsstreits seine Vollstreckbarkeit: Er kann wie ein rechtskräftiges Urteil zwangsweise durchgesetzt werden, § 794 I Nr. 1 ZPO. Der Anspruch aus dem Vergleich unterliegt dann einer 30-jährigen Verjährung, § 197 I Nr. 4.

III. Novation

1. Begründung einer neuen Forderung

319 Die Novation (von lat. *novare* = verändern, erneuern) oder **Schuldersetzung** ist im Allgemeinen Schuldrecht nicht besonders geregelt; ihre Zulässigkeit folgt aber schon aus § 311 I (Vertragsfreiheit). Die Novation besteht darin, dass die Parteien durch Vertrag an die Stelle der bestehenden Forderung eine andere setzen. Einen früher in § 607 II a. F. geregelten, aber auch jetzt noch durch Vertrag herbeizuführenden Anwendungsfall bildet das **Vereinbarungsdarlehen:** Wer Geld oder vertretbare Sachen aus einem anderen Rechtsgrund (z. B. aus Kauf) schuldet, kann diese Schuld durch Vertrag mit dem Gläubiger in eine Darlehensschuld umwandeln. Auf die neue Schuld sind dann die §§ 488ff. anwendbar; zudem beginnt eine neue Verjährung (vgl. BT Rn. 573).

Novierende Wirkung haben möglicherweise in gewissem Umfang auch das Kontokorrent nach §§ 355ff. HGB und das Saldoanerkenntnis. Dies ist im Handelsrecht zu erörtern.[18]

2. Abgrenzungen

320 Von der Novation zu unterscheiden ist zunächst der **Änderungsvertrag.** Hier werden, was § 311 I erlaubt, Inhalt und Eigenschaften einer Forderung durch Vertrag geändert, ohne dass die Identität der Forderung berührt wird (z. B. die Parteien eines Kaufvertrags setzen den Kaufpreis herab). So verhält es sich regelmäßig beim (Prozess-)Vergleich. Für die Verjährung ist dann freilich § 212 I Nr. 1 zu beachten: Da in der Änderung zugleich eine Anerkennung der Forderung zu sehen ist, beginnt die Verjährung erneut. Weiter kann eine neue Forderung auch **neben** die alte gesetzt werden **(Leistung erfüllungshalber).** Eine solche Gestaltung wird nach § 364 II sogar vermutet, wenn der Schuldner zur Befriedigung des Gläubigers diesem gegenüber eine neue Verbindlichkeit übernimmt. Dann hat der Gläubiger beide Forderungen (und nicht wie bei der Novation bloß die neue), die zueinander in dem oben Rn. 277f. geschilderten Verhältnis stehen.

IV. Konfusion

321 Eine Forderung kann auch dadurch erlöschen, dass sich Forderung und Schuld in ein und derselben Person vereinigen. Diesen Vorgang bezeichnet man als **Konfusion** (Ver-

[17] *BGH* NJW 2010, 2652 Rn. 15 m. w. N.
[18] Vgl. etwa *Canaris*, Handelsrecht, 24. Aufl., 2006, § 25.

einigung). Das kann etwa geschehen, wenn der Schuldner den Gläubiger (alleine) beerbt: Es geht dann die Forderung des Gläubigers nach § 1922 I auf ihn über mit der Folge, dass er sich selbst etwas schulden würde. Das wird von der h. M. für denklogisch unmöglich gehalten.[19]

Gesetzlich ist die Konfusion nicht allgemein geregelt, wird aber z. B. von § 429 II für die besondere Konstellation der Gesamtgläubigerschaft (dazu u. Rn. 879f) als selbstverständlich vorausgesetzt: Der Schuldner/Gläubiger hat durch die Konfusion gleichsam an sich selbst als Gesamtgläubiger erfüllt, muss aber den anderen nach § 430 BGB Ausgleich leisten.

Das Erlöschen der Forderung ist aber keineswegs ein zwingendes Gebot der Logik, dass sich niemand selbst etwas im Rechtssinne schulden kann. Richtigerweise erlischt die Forderung nur dann durch Konfusion, wenn kein rechtliches Bedürfnis an ihrem Fortbestand existiert.[20] Haben z. B. Dritte ein Recht an der Forderung (z. B. ein Pfandrecht, §§ 1273ff.), so bleibt die Forderung bestehen.[21] All diese Probleme vermeidet man, wann man im Fall der Konfusion lediglich von einer Unklagbarkeit der Forderung ausgeht.[22]

[19] Der Gesetzgeber ging davon aus, dass sich das Erlöschen der Forderung „aus dem Wesen der Obligation selbst ergebe", s. Prot. I S. 376. S. auch *BGH* BeckRS 2010, 12351 Rn. 3, wonach im Schuldrecht der „unumstößliche Grundsatz gilt, dass niemand gegen sich selbst eine Forderung haben kann".

[20] So *Bosak,* JA 2009, 596, 599.

[21] Zu weiteren Ausnahmen s. etwa Staudinger/*Olzen,* Einl. zu §§ 362ff. Rn. 29ff.

[22] So *Wacke,* 2. FS Medicus, 2009, 543.

5. Teil. Die Leistungsstörungen

1. Abschnitt. Das System

Literatur: Grundlegend auch nach der Schuldrechtsreform 2002: *U. Huber,* Leistungsstörungen, 1999; *ders.,* Allgemeine Haftungsprinzipien des Rechts der Leistungsstörungen in der höchstrichterlichen Rechtsprechung, in: 50 Jahre BGH, FG aus der Wissenschaft, 2000, 251; weniger umfassend *Emmerich,* Das Recht der Leistungsstörungen, 6. Aufl., 2005, (dort bei § 1 viele weitere Angaben). *Canaris,* Die Reform des Rechts der Leistungsstörungen, JZ 2001, 499; *ders.,* Das Allgemeine Leistungsstörungsrecht im Schuldrechtsmodernisierungsgesetz, ZRP 2001, 392; *ders.,* Schadensersatz wegen Pflichtverletzung, anfängliche Unmöglichkeit und Aufwendungsersatz im Entwurf des Schuldrechtsmodernisierungsgesetzes, DB 2001, 1815; *ders.,* Die Neuregelung des Leistungsstörungs- und des Kaufrechts – Grundstrukturen und Problemschwerpunkte, in: E. Lorenz (Hrsg.), Karlsruher Forum 2002: Schuldrechtsmodernisierung, 2003; *Fliegner,* Der Leistungsbegriff der §§ 280ff. BGB und Fragen des Haftungsausschlusses, JR 2003, 314; *Gieseler,* Die Struktur des Leistungsstörungsrechts beim Schadensersatz und beim Rücktritt, JR 2004, 133; *Grundmann,* Der Schadensersatzanspruch aus Vertrag, AcP 204 (2004) 569; *U. Huber,* Die Unmöglichkeit der Leistung im Diskussionsentwurf eines Schuldrechtsmodernisierungsgesetzes, ZIP 2000, 2137; *ders.,* Die Pflichtverletzung als Grundtatbestand der Leistungsstörung im Diskussionsentwurf eines Schuldrechtsmodernisierungsgesetzes, ZIP 2000, 2273; *S. Lorenz,* Schadensersatz wegen Pflichtverletzung – ein Beispiel für die Überhastung der Kritik an der Schuldrechtsreform, JZ 2001, 742; *ders.,* Schuldrechtsreform 2002: Problemschwerpunkte drei Jahre danach, NJW 2005, 1889; *ders.,* Schuldrechtsmodernisierung – Erfahrungen seit dem 1. Januar 2002, in: E. Lorenz (Hrsg.), Karlsruher Forum 2005: Schuldrechtsmodernisierung, 2006; *ders.,* 5 Jahre „neues" Schuldrecht im Spiegel der Rechtsprechung, NJW 2007, 1; *Medicus,* Die Leistungsstörungen im neuen Schuldrecht, JuS 2003, 521; *Schulze/Ebers,* Streitfragen im neuen Schuldrecht, JuS 2004, 265; 366; 462; *Stoll,* Notizen zur Neuordnung des Rechts der Leistungsstörungen, JZ 2001, 589; *Zimmer,* Das neue Recht der Leistungsstörungen, NJW 2002, 1.

§ 26. Überblick

Wenn eine geschuldete Leistung gar nicht, nicht rechtzeitig oder nicht ordnungsgemäß erbracht wird und auch keine Surrogation der Erfüllung eintritt (s. dazu oben Rn. 272ff.), spricht man von einer **Leistungsstörung.** Der Gesetzgeber kann die Rechtsfolgen solcher Leistungsstörungen für bestimmte vertragliche und gesetzliche Schuldverhältnisse speziell regeln. Dann spricht man auch vom „Besonderen Leistungsstörungsrecht". Das Recht der Leistungsstörungen ist daher eines der Kernstücke nicht nur des Allgemeinen Schuldrechts, sondern mittelbar auch des Besonderen Schuldrechts, da seine Regelungen zwar nicht in allen, aber in weiten und insbesondere praktisch bedeutsamen Bereichen des Besonderen Schuldrechts Anwendung finden. Augenfälliger Nachweis hierfür sind etwa die Verweisungsregelungen in § 437 (für das Kaufrecht) und § 634 (für das Werkvertragsrecht), welche in Bezug auf die Rechte des Käufers bzw. Bestellers im Fall einer mangelhaften Leistung weitestgehend auf die Regelungen des allgemeinen Leistungsstörungsrechts verweisen. Dabei handelt es sich nach dem eindeutigen Wortlaut dieser Regelungen („... wenn die Voraussetzungen der folgenden Vorschriften vorliegen ...") jeweils um Rechts**grund**verweisungen, d. h. die Tatbestandsvoraussetzungen der verwiesenen Normen müssen vorliegen. Auch in anderen Bereichen des Besonderen Schuldrechts kommt das allgemeine Leistungsstörungsrecht zur Anwendung, sofern und soweit keine vorrangige spezialgesetzliche Regelung besteht. Das gilt etwa für das Dienstvertragsrecht der §§ 611ff., in welchem sich keine speziellen Regelungen über die Schlechtleistung finden. 322

Diese Rückführung der Rechtsbehelfe des Käufers und Bestellers auf das Allgemeine Leistungsstörungsrecht war eines der zentralen Anliegen der Schuldrechtsreform des Jahres 2002. Das Allgemeine Leistungsstörungsrecht betrifft aber nicht nur das Vertragsrecht, sondern grundsätzlich auch gesetzliche Schuldverhältnisse, sofern und soweit diese keine abschließenden Spezialregelungen vorsehen.

I. Die Systematik der gesetzlichen Regelung

323 Regelungen des Leistungsstörungsrechts finden sich in den §§ 275–304, §§ 320–326 sowie in den §§ 311 II, III, 311 a, 313 und 314. Die §§ 275–304 gelten für jede Art von Leistung, gleichviel ob die Leistungspflicht einem Rechtsgeschäft oder dem Gesetz entstammt. Sie betreffen also das Schuldverhältnis im engeren Sinne, wie es § 241 I beschreibt. Die §§ 320ff. stehen hingegen unter der Titelüberschrift „Gegenseitiger Vertrag“. Die dort anzutreffenden Regelungen treten im Falle eines gegenseitigen Vertrags aber nicht etwa an die Stelle der §§ 275ff., sondern **ergänzen** diese Regelungen für den (praktisch wohl wichtigsten) Fall, dass die gestörte Forderung einem gegenseitigen Vertrag entstammt.

Wird etwa ein verschenkter Gegenstand vor seiner Übereignung zerstört, so regelt § 275 I, dass der Schenker von der Leistungspflicht befreit wird. Ob der Schenker zum Schadensersatz verpflichtet ist, unterliegt den Regelungen der §§ 280ff. Da der Gläubiger (der Beschenkte) keine Gegenleistung zu erbringen hat, die Schenkung also kein gegenseitiger Vertrag ist, stellen sich in Bezug auf die Leistungspflichten des **Gläubigers** keine weiteren Fragen. War der Gegenstand hingegen verkauft, ist der Fall mit der ebenfalls § 275 I zu entnehmenden Rechtsfolge, dass der Verkäufer von seiner Leistungspflicht befreit wird, noch nicht vollständig aufgearbeitet. Die Frage, welche Konsequenz die Befreiung auf die Gegenleistungspflicht des Käufers, d. h. die Verpflichtung zur Kaufpreiszahlung hat, ist vielmehr eine spezielle Frage des gegenseitigen Vertrags und daher in den §§ 320ff. (hier: § 326 I) geregelt.

§ 311 a ist eine Sonderregelung für die Folgen anfänglicher Unmöglichkeit der Leistung und gehört systematisch in den Sachzusammenhang der §§ 280–284. In den § 313 (Geschäftsgrundlage) und § 314 (Kündigung von Dauerschuldverhältnissen) geht es darum, dass einer Partei das Festhalten am Vertrag zwar nicht unmöglich, jedoch unzumutbar ist oder wird.

II. Arten von Leistungsstörungen

1. Ausbleiben der Leistung

324 Eine Leistungsstörung liegt zunächst vor, wenn eine Leistung ganz oder teilweise überhaupt nicht erbracht wird. Das kann zwei verschiedene Gründe haben: Entweder **kann** der Schuldner die Leistung nicht erbringen, weil sie ihm unmöglich ist, oder aber die Leistung ist dem Schuldner möglich, er erbringt sie aber dennoch nicht. Auf beide Arten von Leistungsstörungen reagiert das Gesetz unterschiedlich, indem es bestimmte Rechtsbehelfe wie Rücktritt oder Schadensersatz statt der Leistung im Falle der Verspätung der Leistung erst gewährt, wenn dem Schuldner erfolglos eine Frist gesetzt wurde (§§ 281, 323), was im Falle der Unmöglichkeit ja gänzlich sinnlos wäre.

2. Verspätung der Leistung

Die Leistungspflicht ist aber auch dann gestört, wenn der Schuldner die geschuldete Leistung zu spät erbringt und dadurch beim Gläubiger Schäden eingetreten sind. Wird etwa das geschuldete Auto zu spät geliefert und muss sich der Käufer einen Mietwagen nehmen, so stellt sich die Frage, ob und unter welchen Voraussetzungen der

Verkäufer, selbst wenn er das Auto noch liefert oder der Käufer seinen Anspruch auf Leistung im Wege der Zwangsvollstreckung durchsetzt, die hierdurch entstandenen Kosten zu tragen hat.

3. Schlechtleistung

Ebenfalls eine Störung der Leistungspflicht liegt vor, wenn die Leistung vom Schuldner zwar (rechtzeitig) erbracht wird, jedoch nicht der geschuldeten Qualität entspricht. Auch das kann wiederum darauf beruhen, dass die Leistung in der geschuldeten Qualität unmöglich ist (z. B. wenn der „als unfallfrei" verkaufte Gebrauchtwagen tatsächlich einen Vorunfall hatte) oder aber darauf, dass der Schuldner die ihm noch mögliche Leistung in der geschuldeten Qualität nicht rechtzeitig erbringt (z. B. wenn der Verkäufer eines Gebrauchtwagens diesen mit mangelhaften, aber reparablen Bremsen liefert).

4. Verletzung von Nebenpflichten (Schutz- und Obhutspflichten)

Von einer Leistungsstörung kann man schließlich auch dann sprechen, wenn der Schuldner die geschuldete Leistung zwar rechtzeitig und ordnungsgemäß erbringt, dabei aber bestimmte Sorgfaltspflichten in Bezug auf andere Rechtsgüter des Gläubigers verletzt.

Verschmutzt etwa der Automechaniker bei der Reparatur eines Fahrzeugs (Werkvertrag, § 631) dessen Polster, so mag er seine eigentliche Leistungspflicht (Reparatur) wie geschuldet erbracht haben, jedoch hat er dabei die aus dem Werkvertrag nach § 241 II resultierende Pflicht verletzt, auf die sonstigen Rechtsgüter seines Vertragspartners Rücksicht zu nehmen.[1]

5. Gläubigerverzug (Annahmeverzug)

Schließlich kann eine Leistungsstörung auch darin liegen, dass der Schuldner die Leistung rechtzeitig und ordnungsgemäß anbietet, der Gläubiger diese aber nicht annimmt oder – was dem gleichsteht – nicht bereit ist, gleichzeitig die gem. § 320 Zug-um-Zug geschuldete Gegenleistung zu erbringen (§ 298). Dann liegt Gläubiger- oder (gleichbedeutend sog.) Annahmeverzug vor, der die Stellung des Schuldners in verschiedener Hinsicht verbessert (s. §§ 293–304, 323 VI Alt. 2, 326 II 1 Alt. 2).

6. Leistungserschwerung/Unzumutbarkeit

Im Grenzbereich der Unmöglichkeit gibt es Fälle, die regelmäßig anderen Rechtsinstituten zugewiesen werden. So wird von einer Zweckstörung gesprochen, wenn die geschuldete Leistung zwar noch körperlich erbracht werden kann, aber ihren im Vertrag gemeinten Sinn verloren hat (vgl. u. Rn. 405; 565): so etwa, wenn das abzuschleppende Schiff von selbst wieder flott geworden ist oder der zu bewässernde Garten bei einer Überschwemmung ohnehin unter Wasser steht. Mit dem Institut der Geschäftsgrundlage bringt man Fälle in Verbindung, in denen die geschuldete Leistung den Schuldner erheblich mehr belastet als vertraglich vorausgesetzt (§ 313), etwa weil für die Beschaffung ein viel höherer Preis aufgewendet werden muss oder die Gegenleistung durch die Inflation entwertet worden ist (dieser letzte Fall heißt auch Äquivalenzstörung). Ähnliches gilt für die Unzumutbarkeit des Festhaltens an einem Dauerschuldverhältnis, die zu einem außerordentlichen Kündigungsrecht führt, § 314.

[1] S. etwa *OLG Saarbrücken* NJW 2007, 3503.

§ 27. Die Systematik der Pflichtverletzung (§ 280)

Literatur: S. die Angaben vor § 26.

325 Zentralbegriff des Leistungsstörungsrechts ist die **Pflichtverletzung.** Nach § 280 I 1 kann der Gläubiger Schadensersatz verlangen, wenn der Schuldner „eine Pflicht aus dem Schuldverhältnis" verletzt. Nach § 280 I 2 gilt dies nicht, wenn der Schuldner die Pflichtverletzung nicht zu vertreten hat. Aus der negativen Formulierung ergibt sich, dass das Vertretenmüssen vom Gesetz widerleglich vermutet wird, d. h. der **Schuldner** hat den Negativbeweis zu führen, dass er die (vom Gläubiger zu beweisende) Pflichtverletzung **nicht** zu vertreten hat. Im Rücktrittsrecht wird der Begriff der Pflichtverletzung in § 323 III und V 2 wieder aufgenommen, beim Kündigungsrecht begegnet er in § 314 II.

Das Grundanliegen der Einführung des Begriffs der Pflichtverletzung und der Reform des Leistungsstörungsrechts im Jahre 2002 war es, das dem früheren Schuldrecht zugrunde liegende System der Ausdifferenzierung unterschiedlicher Arten von Leistungsstörungen (Unmöglichkeit, Verzug, besonderes Leistungsstörungsrecht) mit jeweils eigenständigen Rechtsfolgen durch einen **einheitlichen Tatbestand der Leistungsstörung** und ein grundsätzlich einheitliches System der Rechtsfolgen (Schadensersatz und Rücktritt) zu ersetzen. Dieses idealtypische System konnte und wollte der Reformgesetzgeber freilich nicht vollständig umsetzen. Bei den Voraussetzungen eines Rücktrittsrechts oder eines Schadensersatzanspruchs ist, wie die §§ 280 II, III, 281–283, 286 und 323f., 326 zeigen, weiterhin nach der Art der Pflichtverletzung und ihrer Ursache (nämlich Unmöglichkeit oder Verzögerung der Leistung bzw. einer Nebenpflichtverletzung) sowie dem geltend gemachten Schaden (Schadensersatz „statt der Leistung" und Schadensersatz „neben der Leistung") zu differenzieren.

Die folgenden Ausführungen begnügen sich zunächst bewusst mit einer schematischen Darstellung des Systems der Pflichtverletzung (s. auch den grafischen Überblick bei Rn. 340). Eine Detailerörterung der einzelnen Problemfelder zur Ausfüllung dieses Systems erfolgt in den späteren Abschnitten.

I. Begriff der Pflichtverletzung; Abgrenzung zum Vertretenmüssen

1. Pflichtverletzung

326 § 280 I spricht von der Verletzung einer Pflicht aus dem **Schuldverhältnis.** Erste Voraussetzung eines Schadensersatzanspruchs ist damit das Bestehen eines Schuldverhältnisses im engeren Sinne, d. h. eines Anspruchs (dazu o. Rn. 8). Dieser kann einem rechtsgeschäftlichen (also i. d. R. vertraglichen), aber auch einem gesetzlichen Schuldverhältnis entstammen (oben Rn. 9).[1]

§ 241 unterteilt die Pflichten aus dem Schuldverhältnis in **Leistungspflichten** (§ 241 I) und **Schutzpflichten** (§ 241 II). Als **Leistungspflicht** kann der Eintritt eines bestimmten **Erfolgs** wie etwa bei der Pflicht zur Übergabe und Übereignung einer (mangelfreien) Sache gem. § 433 I 1, 2 oder die Vornahme einer bestimmten **Tätigkeit** wie bei einem Dienstvertrag (z. B. ärztlicher Behandlungsvertrag, vgl. § 630b) geschuldet sein. Bei Ersterem kann man die geschuldete Leistungshandlung vom dadurch zu be-

[1] Zur analogen Anwendung der §§ 275, 280ff. auf öffentlich-rechtliche (Dauer-)Schuldverhältnisse s. *BGH* NVwZ 2007, 1221 Rn. 9 sowie *BGH* NJW 2014, 2577 Rn. 14.

wirkenden Leistungserfolg trennen. Bei Letzterem ist ein bestimmtes Ergebnis der Leistungshandlung **nicht** Teil des Pflichtenprogramms (s. oben Rn. 111). Die Vornahme der geschuldeten Tätigkeit ist bereits der geschuldete Leistungserfolg. **Schutzpflichten** wiederum halten den Schuldner dazu an, auf Rechtsgüter und Interessen des Gläubigers Rücksicht zu nehmen. Auch hierbei handelt es sich um Verhaltenspflichten: Geschuldet wird nicht, dass der Gläubiger keine Schäden erleidet, sondern dass sich der Schuldner rücksichtsvoll verhält (s. dazu bereits oben Rn. 113).

Eine Pflichtverletzung liegt nach der Konzeption des Gesetzgebers immer dann vor, 327 wenn das Verhalten des Schuldners vom objektiven Pflichtenprogramm des Schuldverhältnisses abweicht.[2] Ist der Schuldner also zur Erreichung eines bestimmten Erfolgs verpflichtet (wie etwa der Verkäufer zu Übergabe und Übereignung einer mangelfreien Sache, § 433 I), so genügt zur Feststellung der Pflichtverletzung, dass der geschuldete Erfolg ausgeblieben ist, der Käufer also z. B. nicht oder nicht rechtzeitig Eigentum und Besitz an der Kaufsache erhalten hat oder die Sache mangelhaft war.[3]

Dies gilt auch im Falle der **Unmöglichkeit:** Trotz der Tatsache, dass § 275 I den Schuldner dann von der Leistungspflicht befreit, bleibt – wie § 275 IV mit seinem Verweis u. a. auf § 280 klarstellt – die Nichtleistung dennoch eine **objektive Pflichtverletzung.**[4] Die Leistungsbefreiung nach § 275 I bezieht sich damit nur auf die **Primärleistungspflicht** (d. h. die eigentlich geschuldete Leistung), sagt aber nichts darüber aus, ob an die Stelle der entfallenen Primärleistungspflicht eine **Sekundärleistungspflicht** (z. B. eine Schadensersatzpflicht) tritt (zu dieser Unterscheidung oben Rn. 112). Alles andere, d. h. die Frage, **warum** es zur Unmöglichkeit gekommen ist, ist hingegen eine Frage des Vertretenmüssens, hinsichtlich derer sich grundsätzlich der Schuldner entlasten muss.

Ist der Schuldner nicht zur Bewirkung eines bestimmten Leistungserfolgs in Form 328 eines Zustandes verpflichtet, sondern besteht der geschuldete Erfolg lediglich in einem bestimmten **Tätigwerden** (etwa im Rahmen eines Dienst- oder Arbeitsvertrags), besteht kein Unterschied zwischen einer erfolgs- oder verhaltensbezogenen Sichtweise: Die Pflichtverletzung kann hier nur darin bestehen, dass sich der Schuldner nicht so **verhalten** hat, wie geschuldet (so etwa bei einer fehlerhaften ärztlichen Behandlung). Das geschuldete Verhalten wiederum bestimmt sich nach dem Maß verkehrserforderlicher Sorgfalt, welches zugleich Maßstab des Verschuldens in § 276 II ist. In einer solchen Situation fallen somit objektive Pflichtwidrigkeit und Verschuldensvorwurf weitgehend zusammen. Ist die Pflichtverletzung nachgewiesen (etwa ein Kunstfehler des Arztes), ist in der Regel zugleich auch der Nachweis des Vertretenmüssens geführt, so dass eine Entlastung des Schuldners nach § 280 I 2 nur in seltenen Fällen (etwa im Falle der Schuldunfähigkeit, §§ 276 I 2, 827, 828) in Betracht kommt.

Gleiches gilt für die Verletzung von **Nebenpflichten** (§ 241 II, dazu o. Rn. 113). Auch 329 hier fallen mangels geschuldeten Erfolgs Pflichtverletzung und Vertretenmüssen in der geschilderten Weise zusammen, weil der Schuldner nicht einen Erfolg in Gestalt des Ausbleibens einer Beschädigung, sondern lediglich sorgsames Verhalten schuldet.

---

2 BT-Drs. 14/6040, S. 135 f.

3 *Looschelders*, AT, Rn. 523; *S. Lorenz*, JuS 2007, 213.

4 Bedenklich deshalb *BGH* NJW 2007, 3777 Rn. 32: Nichterfüllung des Vertrags noch keine Pflichtverletzung!

2. Vertretenmüssen (§ 276)

330 Setzt also der (objektive) Begriff der Pflichtverletzung keine subjektive Verantwortlichkeit des Schuldners im Sinne einer Vorwerfbarkeit voraus, ist Letzteres allein eine Frage des **Vertretenmüssens.** Mit diesem Begriff wird die **Zurechenbarkeit** der (objektiven) Pflichtverletzung an den Schuldner, d. h. dessen Verantwortlichkeit für die Pflichtverletzung beschrieben. Erst beide Elemente gemeinsam begründen die **Schadensersatzverpflichtung** des Schuldners nach § 280 I.

Die Unterscheidung zwischen Pflichtverletzung und Vertretenmüssen ist vor allem hinsichtlich der **Beweislastverteilung** in § 280 I 2 von Bedeutung. Dadurch, dass das Vertretenmüssen zu Lasten des Schuldners vermutet wird, kommt der Gläubiger nicht in die missliche Situation, Vorgänge nachweisen zu müssen, die sich regelmäßig allein in der Sphäre des Schuldners abspielen und ihm daher typischerweise unzugänglich sind. Lediglich bei Verletzungen arbeitsvertraglicher Pflichten durch einen Arbeitnehmer bleibt die Beweislast beim Gläubiger (Arbeitgeber), s. § 619a.

Allerdings setzen nicht alle Rechtsbehelfe des Leistungsstörungsrechts Vertretenmüssen seitens des Schuldners voraus. Nicht erforderlich ist Vertretenmüssen etwa für den **Rücktritt** (§ 323, 324, 326 V), die **Kündigung von Dauerschuldverhältnissen** aus wichtigem Grund (§ 314) sowie für den **Wegfall der Gegenleistungsverpflichtung** im Falle von Unmöglichkeit (§ 326 I 1). In diesem Zusammenhang kann wiederum die Verantwortlichkeit des *Gläubigers* eine Rolle spielen (§ 326 II; s. Rn. 437ff.).

II. Arten der Pflichtverletzung

Pflichten aus einem Schuldverhältnis lassen sich, wie bei Rn. 5 dargelegt, in **leistungsbezogene** und **nichtleistungsbezogene** Pflichten aufteilen. Leistungsbezogene Pflichten werden in § 241 I als das Recht des Gläubigers definiert, eine Leistung zu fordern. Es geht also, allgemein gesprochen, um Verpflichtungen, deren Inhalt im weitesten Sinne darin besteht, die Stellung des Gläubigers zu verbessern, d. h. ihm etwas „zu geben" (**Leistungs-** oder **Äquivalenzinteresse**). Hierunter fallen etwa die Pflicht des Verkäufers, die Sache zu übergeben und zu übereignen (§ 433 I 1) sowie die Pflicht des Käufers zur Kaufpreiszahlung (§ 433 II). Eine solche Pflicht kann auch in einem Unterlassen bestehen (§ 241 I 2), z. B. im Unterlassen von Konkurrenz. Nicht leistungsbezogene Pflichten, wie sie in § 241 II beschrieben werden, haben hingegen keine Verbesserung der Position des Gläubigers zum Gegenstand, vielmehr geht es allein um die Verpflichtung des Schuldners, die bereits vorhandene Position des Gläubigers nicht zu verschlechtern, d. h. um die Wahrung seines *status quo* **(Integritätsinteresse).**

1. Die Verletzung leistungsbezogener Pflichten

a) Ausbleiben der Leistung zum Fälligkeitszeitpunkt

331 Eine leistungsbezogene Pflicht kann dadurch verletzt werden, dass der Schuldner die Leistung zum Fälligkeitszeitpunkt nicht (oder nicht vollständig) erbringt (Bsp.: Das verkaufte Kfz wird zum vereinbarten Termin nicht oder nicht mangelfrei übergeben). Das kann wiederum nur auf zwei Ursachen beruhen: Entweder der Schuldner kann die Leistung endgültig nicht (mehr) erbringen (Bsp.: Das verkaufte Kfz ist zerstört), oder aber der Schuldner „will" sie gerade nicht erbringen oder ist nur vorübergehend gehindert, die Leistung zu erbringen (Bsp.: Der Verkäufer will das Kfz zunächst noch selbst benutzen, hat es vermietet oder ist selbst noch nicht beliefert worden).

aa) Unmöglichkeit der Leistung (§ 275 I–III). Ist dem Schuldner die Leistung unmöglich (§ 275 I) oder liegt ein der Unmöglichkeit gleichgestellter Tatbestand von § 275 II, III vor, so wird er nach dieser Regelung von der Leistungspflicht befreit. Das gilt unabhängig von der Frage des Vertretenmüssens: Das Gesetz reagiert insoweit lediglich darauf, dass eine unmögliche Leistung nun einmal tatsächlich nicht erbracht werden kann. § 275 IV stellt aber durch den Verweis u. a. auf § 280 klar, dass die Befreiungswirkung nur in Bezug auf die **Primärleistungspflicht,** d. h. die Leistung *in natura,* eintritt (zum Begriff s. oben Rn. 112). Damit ist klargestellt, dass die bloße Tatsache der Nichtleistung auch im Falle der Unmöglichkeit eine (objektive) „Pflichtverletzung" i. S. v. § 280 I darstellt. 332

Zwar mag es sprachlogisch zweifelhaft erscheinen, von einer Pflichtverletzung bzgl. einer Pflicht zu sprechen, von deren Erfüllung der Schuldner nach § 275 I–III befreit wurde, jedoch hat der Gesetzgeber durch § 275 IV (und § 283) klar zu erkennen gegeben, dass die Nichterbringung der Leistung auch im Falle von Unmöglichkeit als Pflichtverletzung im Sinne des § 280 I *gilt.*[5]

Ist dem Schuldner die Leistung unmöglich, so sind wiederum nur zwei tatsächliche Konstellationen denkbar: Die Leistung kann bereits bei Vertragsschluss unmöglich gewesen sein **(anfängliche Unmöglichkeit)** oder aber die Unmöglichkeit ist nach Vertragsschluss eingetreten **(nachträgliche Unmöglichkeit).**

Im Falle **nachträglicher Unmöglichkeit** (Bsp.: Das verkaufte Kfz wird nach Vertragsschluss, aber vor Übergabe zerstört) stellt die bloße Tatsache, dass die geschuldete Leistung endgültig ausbleibt, eine objektive Pflichtverletzung dar. War das für 4.000,– € verkaufte Kfz tatsächlich 5.000,– € wert, so kann der Gläubiger (Käufer) den ihm entgangenen Gewinn als Schadensersatz „statt der Leistung" nach § 280 III nur unter den „zusätzlichen Voraussetzungen" der §§ 281, 282 oder 283 verlangen. Im Fall der Unmöglichkeit ist § 283 einschlägig, der aber, sieht man zunächst von dem Verweis in § 283 S. 2 ab, keine weiteren Tatbestandsvoraussetzungen enthält. Der Gläubiger kann damit ohne weiteres Schadensersatz statt der Leistung verlangen, sofern der Verkäufer nicht den Entlastungsbeweis nach § 280 I 2 führt. Hierzu muss er darlegen und beweisen, dass er den Umstand, der die Unmöglichkeit herbeigeführt hat, nicht i. S. v. § 276 „zu vertreten" hat. Ist das Kfz etwa bei einem Autounfall zerstört worden, muss er nachweisen, dass er diesen weder vorsätzlich noch fahrlässig verursacht hat.

Im Falle **anfänglicher Unmöglichkeit** (Bsp: Das verkaufte Kfz war bereits z. Zt. des Vertragsschlusses zerstört) besteht die Besonderheit, dass wegen § 275 I eine Leistungspflicht des Schuldners zu keinem Zeitpunkt bestanden hat. Dies beeinflusst, wie § 311 a I klarstellt, die Wirksamkeit des Vertrags aber in keiner Weise. Es bleibt damit dabei, dass die bloße Nichterbringung der Leistung eine objektive Pflichtverletzung darstellt. In Bezug auf den Schadensersatz statt der Leistung enthält aber § 311 a II eine gegenüber §§ 280 I, III, 283 spezielle Anspruchsgrundlage. Im obigen Beispiel kann der Gläubiger (Käufer) den ihm entgangenen Gewinn als Schadensersatz „statt der Leistung" nicht auf der Grundlage von § 280, sondern nach § 311 a II verlangen. Diese (nur für den Schadensersatz statt der Leistung geltende) Sonderregelung hat ihren Grund im Bezugspunkt des Vertretenmüssens, regelmäßig (d. h. in Abwesenheit

[5] Im Vorfeld der Schuldrechtsreform wurde auch vorgeschlagen, anstelle des Begriffs der Pflichtverletzung denjenigen der „Nichterfüllung" zu verwenden, der dies wohl klarer zum Ausdruck gebracht hätte, s. dazu BT-Drs. 14/6040, S. 134 m. w. N.

einer Garantiehaftung, dazu unten Rn. 389ff.) also im Verschuldensvorwurf: Da der Schuldner im Falle der Unmöglichkeit zu keinem Zeitpunkt zur Primärleistung verpflichtet war, weil bereits im Zeitpunkt des Vertragsschlusses die Voraussetzung von § 275 I vorlag, konnte nach Ansicht des Gesetzgebers das Vertretenmüssen, d. h. der dem Schuldner zu machende Vorwurf einer Sorgfaltspflichtverletzung, nicht an die Herbeiführung der Unmöglichkeit angeknüpft werden. Wenn nämlich der Verkäufer mit dem noch nicht verkauften Kfz unsorgsam umgegangen ist und es deshalb vor Vertragsschluss zerstört wurde, lag zu diesem Zeitpunkt kein vorwerfbares Verhalten des späteren Schuldners gegenüber dem späteren Gläubiger vor. Denn zu einem Zeitpunkt, in welchem er noch nicht zur Leistung verpflichtet war, durfte Ersterer mit der Sache umgehen, wie er wollte (s. § 903 S. 1). § 311a II knüpft deshalb die Schadensersatzpflicht an einen anderen Verschuldensvorwurf: Haftet der Schuldner auf Schadensersatz statt der Leistung, sofern er nicht nachweist, dass er „das Leistungshindernis bei Vertragsschluss nicht kannte und seine Unkenntnis auch nicht zu vertreten hat", so wird ihm nicht vorgeworfen, sich nicht leistungsbereit gehalten zu haben. Der Vorwurf an den Schuldner lautet vielmehr, einen Vertrag geschlossen zu haben, obwohl er wusste oder fahrlässig verkannt hat, dass er ihn nicht wird erfüllen können. Typologisch gesehen liegt damit ein Fall der *culpa in contrahendo* (§§ 280 I, 311 II, 241; s. dazu Rn. 527ff.) vor, an den der Gesetzgeber aber eine Ersatzpflicht auf das Erfüllungsinteresse geknüpft hat. Diese Spezialregelung lässt nach zutreffender Ansicht einen Rückgriff auf die Haftung aus *culpa in contrahendo* **nicht** zu.[6]

Letztere könnte für den Gläubiger gegenüber einem Anspruch aus § 311a II vorteilhaft sein, wenn sein Vertrauensschaden größer ist als der aufgrund der Unmöglichkeit entgangene Gewinn (und nicht über § 284 abgedeckt wird, s. dazu Rn. 450ff.). So etwa, wenn der Gläubiger im Vertrauen auf die Möglichkeit der Leistung ein anderes, lukrativeres Geschäft unterlassen hat. S. dazu PdW Schuldrecht I **Fall 63.**

Hat der Schuldner die Unmöglichkeit weder gekannt noch seine Unkenntnis zu vertreten, soll er nach einer beachtlichen Mm. in der Lit. analog § 122 zumindest auf das **negative Interesse** des Gläubigers haften (d. h. für den Schaden, den jener dadurch erleidet, dass er auf die Möglichkeit der Leistung vertraut).[7] Die wohl h. M. lehnt dies allerdings ab. Eine analoge Anwendung von § 122 widerspreche der bewussten Entscheidung des Gesetzgebers für das Verschuldensprinzip sowie die Gleichbehandlung von anfänglicher und nachträglicher Unmöglichkeit.[8] S. dazu PdW Schuldrecht I **Fall 62.**

§ 280 I, III i.V. m. § 283 einerseits und § 311a II andererseits unterscheiden sich damit vor allem durch die dem Schuldner auferlegten Sorgfaltspflichten auf der Ebene des Vertretenmüssens: **Vor Vertragsschluss hat er sich über sein Vermögen zur Leistung zu informieren, nach Vertragsschluss hat er für die Bewirkung der versprochenen Leistung zu sorgen.**[9] S. dazu PdW Schuldrecht I **Fälle 58–66.**

333 **bb) Verspätung der Leistung.** Ist der Schuldner nicht nach § 275 wegen Unmöglichkeit von der Leistungspflicht befreit, so liegt, wenn er dennoch nicht rechtzeitig leistet,

[6] Palandt/*Grüneberg,* § 311a Rn. 14; Erman/*Kindl,* § 311a Rn. 11; *Canaris,* JZ 2001, 499, 507; a. A. MünchKomm/*Ernst,* § 311a Rn. 21.
[7] *Canaris,* JZ 2001, 499, 505; grundsätzlich zustimmend wohl auch BT-Drs. 14/6040, S. 166.
[8] MünchKomm/*Ernst,* § 311a Rn. 41; *Looschelders,* AT, Rn. 639.
[9] *BGH* NJW 2007, 3777 Rn. 37.

ein Fall der **Verspätung der fälligen Leistung** vor. Diese ist zweifellos Pflichtverletzung i. S. v. § 280 I. Würde sich das Gesetz mit § 280 I begnügen, könnte der Gläubiger unmittelbar jede Art von Schaden ersetzt verlangen. Würde also im obigen Beispiel das Kfz nicht rechtzeitig geliefert, könnte der Käufer unmittelbar aufgrund der Verzögerung (unter Verzicht auf die Vertragsdurchführung) den entgangenen Gewinn i. H. v. 1.000,– € verlangen, obwohl dieser Schaden noch gar nicht endgültig eingetreten ist, da der Schuldner (Verkäufer) ja noch liefern könnte. Da es in Bezug auf den Grundsatz *pacta sunt servanda* nicht gerechtfertigt ist, dem Gläubiger bereits aufgrund einer Verzögerung der Leistung unmittelbar die Möglichkeit zu geben, unter Verzicht auf die Leistung Schadensersatz zu wählen und es dem Schuldner dadurch zu verwehren, seine Leistung *in natura* zu erbringen, soll Schadensersatz statt der Leistung nach § 280 III nur unter den zusätzlichen Voraussetzungen der §§ 281–283 verlangt werden können. Im Falle der Verzögerung der Leistung ist § 281 einschlägig, da die Primärleistung hier, weil möglich, weiterhin „fällig" ist. Der Gläubiger kann dann Schadensersatz statt der Leistung grundsätzlich erst dann verlangen, wenn er dem Schuldner erfolglos eine **angemessene Frist** gesetzt hat. Dem Schuldner muss somit eine **letzte Chance** eingeräumt werden, die Leistung zu erbringen (und sich damit eine vereinbarte Gegenleistung zu verdienen). Erst wenn er diese nicht nutzt, ist es gerechtfertigt, ihn statt der Leistung zum Schadensersatz zu verpflichten. Für das (allerdings vom Vertretenmüssen unabhängige) Rücktrittsrecht gilt nach § 323 derselbe Grundsatz.

Ähnliches gilt für den **Verzögerungsschaden:** Nimmt sich im obigen Beispiel der Käufer des Kfz wegen der verspäteten Lieferung zwischenzeitlich einen Mietwagen, so wäre auch dieser Schaden aufgrund der Pflichtverletzung eingetreten und unmittelbar nach § 280 I ersetzbar. Der Vorbehalt des § 280 III hinsichtlich zusätzlicher Tatbestandsvoraussetzungen der §§ 281–283 gilt insoweit nicht, weil der in Gestalt der Mietwagenkosten eingetretene Schaden keinen Schadensersatz **statt** der Leistung darstellt: Der Käufer will ja auch die Leistung weiterhin (s. dazu bei Rn. 341 ff.). Es handelt sich allerdings um einen Schaden, der (allein) aufgrund der Verzögerung der Leistung eingetreten ist. Für solche Schäden sieht § 280 II vor, dass sie nur unter den weiteren Voraussetzungen des § 286 (Verzug) zu ersetzen sind. Dieser wiederum setzt i. d. R. eine Mahnung seitens des Gläubigers (hier: des Käufers) voraus. Sinn dieses Vorbehalts ist es, den Schuldner vor der erst mit Verzug eintretenden Schadensersatzpflicht zu **warnen.** Für Verspätungsschäden, die vor Verzugseintritt entstanden sind (im Beispiel also die bis zur Mahnung angefallenen Mietwagenkosten), haftet der Schuldner nicht. Folgerichtig ist eine Mahnung nach § 286 II dann entbehrlich, wenn der Schuldner bereits aufgrund anderer Umstände (z. B. aufgrund einer vereinbarten festen Leistungszeit) einer solchen zusätzlichen Warnung nicht mehr bedarf.

b) Nicht vertragsgemäße Leistung: Die Schnittstelle zum Gewährleistungsrecht

Wenn der Schuldner zwar die Leistung erbringt, diese aber nicht so, wie er sie erbrin- 334
gen müsste, insbesondere nicht in der geschuldeten Qualität erbringt, liegt ebenfalls eine Pflichtverletzung vor. Sofern das Gesetz für diesen Fall bei den einzelnen Vertragsarten des Besonderen Teils des Schuldrechts spezielle Regelungen enthält, haben diese Vorrang vor dem allgemeinen Leistungsstörungsrecht. Das gilt z. B. für das Mietrecht oder das Reisevertragsrecht: Hier sieht das Gesetz besondere Regelungen über die Rechtsbehelfe bei der Mangelhaftigkeit der Mietsache bzw. der Reise vor

(s. §§ 536ff., 651cff.). Sofern dies aber, wie insbesondere im Kauf- und Werkvertragsrecht, nicht der Fall ist, gelten auch insoweit die Regelungen des allgemeinen Leistungsstörungsrechts, die dann lediglich durch Detailregelungen ergänzt oder modifiziert werden. So verweisen § 437 für das Kaufrecht und § 634 für das Werkvertragsrecht im Rahmen einer Rechtsgrundverweisung ausdrücklich auf die Regelungen des allgemeinen Leistungsstörungsrechts. Damit ist auch die mangelhafte Leistung stets ein Fall entweder von Unmöglichkeit oder von Verzögerung der (mangelfreien) Leistung. Ausgangspunkt und damit Schnittstelle zu den Regelungen des Allgemeinen Leistungsstörungsrechts ist, dass § 433 I 2 den Verkäufer verpflichtet, dem Käufer die Sache „frei von Sach- und Rechtsmängeln zu verschaffen". Die gleiche Verpflichtung trifft nach § 633 I den Werkunternehmer.

335 **aa) Qualitative Unmöglichkeit.** Wird im obigen Beispiel das Kfz als ein unfallfreies Fahrzeug verkauft, hatte es aber tatsächlich einen Vorunfall, so kann der Verkäufer diese Verpflichtung zu mangelfreier Leistung nicht erfüllen. Dieser Konflikt wird durch das Wort „soweit" in § 275 I aufgelöst: Dem Verkäufer ist es sehr wohl möglich, einen Teil der geschuldeten Leistung (Besitz- und Eigentumsverschaffung am Kfz, § 433 I 1) zu erbringen, nicht aber ist es ihm möglich, die Verpflichtung zur sachmangelfreien Leistung aus § 433 I 2 zu erfüllen. Er ist daher nach § 275 I (nur) von diesem Teil seiner Verpflichtung befreit, so dass ein Fall **teilweiser Unmöglichkeit** (in Bezug auf die **Qualität der Leistung**) vorliegt. Damit treten grundsätzlich auch die weiteren Rechtsfolgen der Unmöglichkeit ein: Im Falle eines anfänglich unbehebbaren Mangels haftet der Verkäufer auf Schadensersatz statt der Leistung nach §§ 437 Nr. 3, 311a II. Er schuldet (ohne das Erfordernis einer Fristsetzung) Schadensersatz statt der Leistung (also z. B. den mangelbedingten Minderwert des Fahrzeugs), wenn er den Mangel und dessen Unbehebbarkeit kannte bzw. seine Unkenntnis zu vertreten hat. Im Falle eines nach Vertragsschluss eingetretenen unbehebbaren Mangels haftet er nach §§ 437 Nr. 3, 280 I, III, 283, wenn er die Unbehebbarkeit des Sachmangels zu vertreten hat.

Allerdings sieht das Gesetz für diesen Fall im Detail bestimmte Sonderregelungen vor. So wird etwa der automatische Wegfall der Gegenleistungsverpflichtung im Falle von Unmöglichkeit nach § 326 I 2 ausgeschlossen und durch ein Rücktrittsrecht (§ 437 Nr. 2, 326 V) und ein daran anknüpfendes Minderungsrecht (§§ 437 Nr. 2, 441) ersetzt bzw. ergänzt (s. Rn. 434). Das Rücktrittsrecht und das Recht zum Schadensersatz statt der Leistung werden bei unerheblichen Mängeln ausgeschlossen bzw. eingeschränkt (§§ 280 I, III, 283 S. 2 oder § 311a II 3 i. V. m. 281 I 3 bzw. §§ 326 V i. V. m. 323 V 2; dazu unten Rn. 434, 449, 498).

Diese Sonderregelungen, die man immer daran erkennt, dass das Gesetz davon spricht, dass der Schuldner die Leistung „nicht wie geschuldet" (§ 281 I 3) oder „nicht vertragsgemäß" bewirkt hat (s. § 326 I 2, § 323 V 2,) haben dazu geführt, dass man insoweit auch von **qualitativer Unmöglichkeit** (als einem besonders geregelten Fall teilweiser Unmöglichkeit) spricht.[10] Im Werkvertragsrecht gilt das gleiche System (s. § 634).

[10] S. *S. Lorenz,* JZ 2001, 742, 743; zu dem Begriff s. bereits BGHZ 127, 297, 314. Dagegen neuerdings *Heyers/Heuser,* NJW 2010, 3057, vgl. hiergegen aber zutr. *Schall,* NJW 2011, 343.

bb) Qualitative Verspätung der Leistung. Ist im Falle der mangelhaften Leistung der Mangel behebbar, ist der Schuldner von der Pflicht zur mangelfreien Leistung *nicht* nach § 275 I befreit. Es besteht also weiter ein Erfüllungsanspruch auf vertragsgemäße Leistung. Damit liegt ein Fall (wiederum teilweiser) Verspätung der Leistung vor, auf welche – wiederum modifiziert – die Regelungen über die Verspätung der (fälligen) Leistung anwendbar sind. Weist also das gelieferte Kfz einen behebbaren Sachmangel (etwa schadhafte Bremsen) auf, so hat der Käufer weiterhin einen Anspruch auf mangelfreie Leistung, der allerdings durch das Kaufrecht in Form des Nacherfüllungsanspruchs (§§ 437 Nr. 1, 439) in gewisser Weise modifiziert wird (s. dazu BT Rn. 121 ff.). Schadensersatz statt der Leistung (in Gestalt der Mängelbeseitigungskosten oder des mangelbedingten Minderwerts[11]) kann der Käufer dann grundsätzlich erst nach Ablauf einer dem Verkäufer gesetzten Nacherfüllungsfrist verlangen (§§ 437 Nr. 3, 280 I, III, 281), gleiches gilt für das Rücktrittsrecht (§ 437 Nr. 2, 323) sowie für das an die Rücktrittsvoraussetzungen angekoppelte Minderungsrecht (§ 437 Nr. 2, 441). 336

Auch hier werden aber die Regelungen über die Rechtsfolgen der Verzögerung der Leistung in bestimmter Hinsicht modifiziert: Im Kauf- und Werkvertragsrecht tritt der Nacherfüllungsanspruch des (§§ 439, 635) an die Stelle des ursprünglichen Erfüllungsanspruchs, die Fristsetzungserfordernisse werden teilweise abgemildert (§§ 440, 636), das Rücktrittsrecht und das Recht zum Schadensersatz statt der „ganzen Leistung“ werden unter denselben Voraussetzungen wie im Falle der Unmöglichkeit bei unerheblichen Mängeln ausgeschlossen bzw. eingeschränkt (§§ 281 I 3, 323 V 2). Aus diesem Grunde kann man analog dem oben Dargelegten von **qualitativer Verspätung** der Leistung sprechen. Wiederum gilt Gleiches im Werkvertragsrecht.

2. Die Verletzung nicht leistungsbezogener Pflichten

Nicht leistungsbezogene Pflichten sind Schutz-, Obhuts- und Rücksichtnahmepflichten, die den Schuldner dazu verpflichten, dem Gläubiger keinen Schaden zuzufügen. 337

a) Schutz-, Obhuts- und Rücksichtnahmepflichten bei einem bestehenden Schuldverhältnis

Wie § 241 II klarstellt, „kann“ ein (gesetzliches wie vertragliches) Schuldverhältnis „nach seinem Inhalt jeden Teil zur Rücksicht auf die Rechte, Rechtsgüter und Interessen des anderen Teils verpflichten.“ Gegenstand dieser Pflichten ist also nicht das Leistungsinteresse, sondern das **Integritätsinteresse** des Gläubigers. 338

Verschmutzt etwa der Automechaniker bei der Reparatur eines Kfz (Werkvertrag, § 631) die Polster des Fahrzeugs, so liegt die Verletzung einer Pflicht i. S. v. § 241 II vor. Nach § 280 I (i. V. m. §§ 249 ff.) haftet der Automechaniker auf Schadensersatz, sofern es ihm nicht gelingt, die Vermutung des Vertretenmüssens aus § 280 I 2 zu widerlegen.

§ 282 und § 324 eröffnen dem Gläubiger unter bestimmten Voraussetzungen („Unzumutbarkeit“) auch bei der Verletzung nicht leistungsbezogener Nebenpflichten die Möglichkeit, Schadensersatz statt der Leistung geltend zu machen oder vom Vertrag zurückzutreten.

[11] Zu den Grenzen der Erstattungsfähigkeit von Mängelbeseitigungskosten s. *BGH* NJW 2015, 468 mit Besprechungsaufsatz von *Gutzeit,* NJW 2015, 445.

b) Schutz- und Obhutspflichten bei der Vertragsanbahnung *(culpa in contrahendo)*

339 Schließlich ergibt sich aus § 311 II i.V.m. § 241 II weiter, dass die genannten Schutz- und Obhutspflichten nicht erst mit Vertragsschluss entstehen, sondern dass bereits mit der Aufnahme rechtsgeschäftlichen Kontakts, insbesondere der Vertragsanbahnung, ein auf Schutzpflichten beschränktes Rechtsverhältnis entsteht. Der Gesetzgeber hat hier im Zuge der Neuregelung des Schuldrechts das seit langem anerkannte Rechtsinstitut des **Verschuldens bei der Vertragsanbahnung** ***(culpa in contrahendo)*** kodifiziert (s. dazu Rn. 527ff.). Der Schadensersatzanspruch wegen einer Verletzung solcher vorvertraglicher Schutzpflichten ergibt sich immer unmittelbar aus § 280 I i.V.m. §§ 311 II, 241 II. Schadensersatz wegen Verzögerung der Leistung oder statt der Leistung (§ 280 II, III) sind nicht denkbar, weil es im vorvertraglichen Stadium noch keine vertraglichen Leistungspflichten geben kann.

Inspiziert also im obigen Beispiel der zu beauftragende Automechaniker vor Vertragsschluss das Kfz des potenziellen Bestellers zum Zweck der Erstellung eines Kostenvoranschlags und verschmutzt er dabei das Polster, verletzt er die Pflicht aus §§ 311 II, 241 II und schuldet, sofern er die Vermutung des Vertretenmüssens (§ 280 I 2) nicht widerlegen kann, Ersatz des entstandenen Schadens nach Maßgabe der §§ 249ff.

340

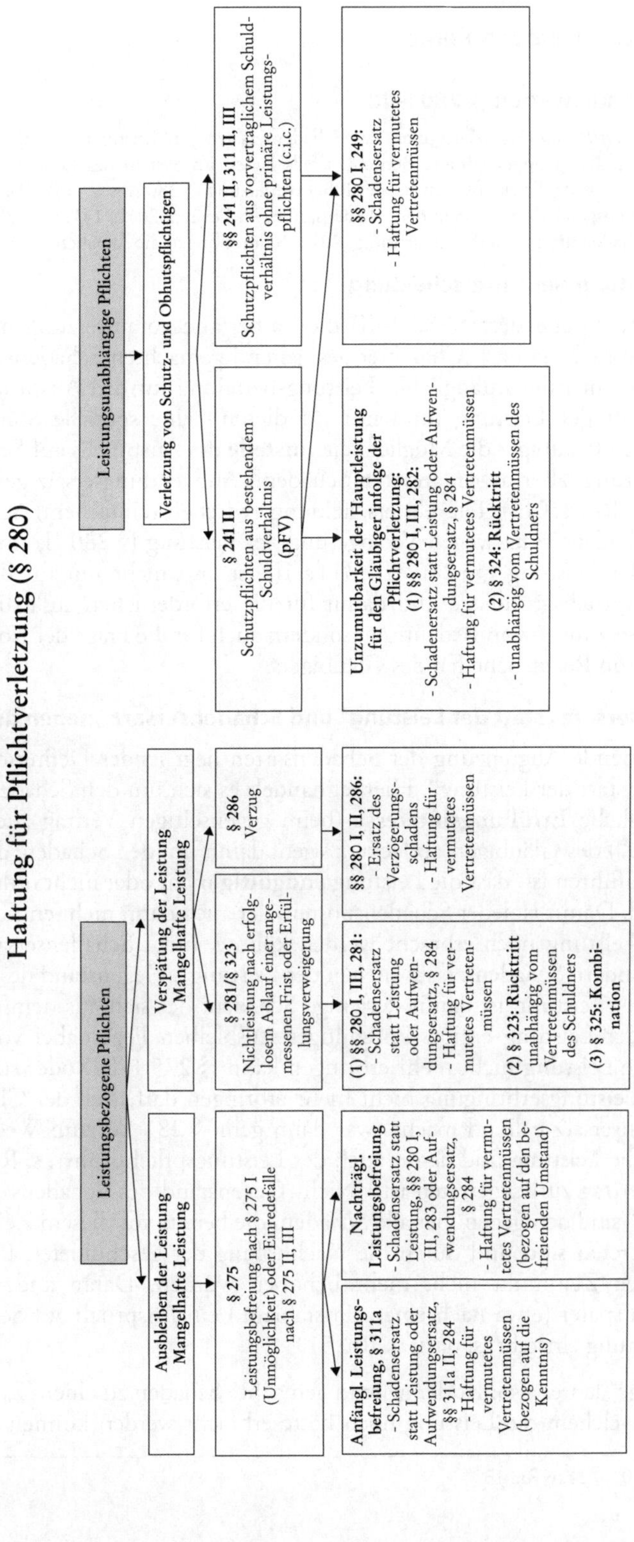
Haftung für Pflichtverletzung (§ 280)
Leistungsbezogene Pflichten
Leistungsunabhängige Pflichten
Ausbleiben der Leistung Mangelhafte Leistung
Verspätung der Leistung Mangelhafte Leistung
Verletzung von Schutz- und Obhutspflichtigen
§ 275 Leistungsbefreiung nach § 275 I (Unmöglichkeit) oder Einredefälle nach § 275 II, III
§ 281/§ 323 Nichtleistung nach erfolglosem Ablauf einer angemessenen Frist oder Erfüllungsverweigerung
§ 286 Verzug
§ 241 II Schutzpflichten aus bestehendem Schuldverhältnis (pFV)
§§ 241 II, 311 II, III Schutzpflichten aus vorvertraglichem Schuldverhältnis ohne primäre Leistungspflichten (c.i.c.)
Anfängl. Leistungsbefreiung, § 311a - Schadensersatz statt Leistung oder Aufwendungsersatz, §§ 311a II, 284 - Haftung für vermutetes Vertretenmüssen (bezogen auf die Kenntnis)
Nachträgl. Leistungsbefreiung - Schadensersatz statt Leistung, §§ 280 I, III, 283 oder Aufwendungsersatz, § 284 - Haftung für vermutetes Vertretenmüssen (bezogen auf den befreienden Umstand)
(1) §§ 280 I, III, 281: Schadensersatz statt Leistung oder Aufwendungsersatz, § 284 - Haftung für vermutetes Vertretenmüssen (2) § 323: Rücktritt unabhängig vom Vertretenmüssen des Schuldners (3) § 325: Kombination
§§ 280 I, II, 286: - Ersatz des Verzögerungsschadens - Haftung für vermutetes Vertretenmüssen
Unzumutbarkeit der Hauptleistung für den Gläubiger infolge der Pflichtverletzung: (1) §§ 280 I, III, 282: - Schadenersatz statt Leistung oder Aufwendungsersatz, § 284 - Haftung für vermutetes Vertretenmüssen (2) § 324: Rücktritt - unabhängig vom Vertretenmüssen des Schuldners
§§ 280 I, 249: - Schadensersatz - Haftung für vermutetes Vertretenmüssen

2. Abschnitt. Grundprobleme

§ 28. Die Schadensarten (§ 280 I–III)

Literatur: *Grigoleit/Riehm,* Die Kategorien des Schadensersatzes im Leistungsstörungsrecht, AcP 203 (2003) 727; *dies.,* Der mangelbedingte Betriebsausfallschaden im System des Leistungsstörungsrechts, JuS 2004, 745; *S. Lorenz,* Schadensarten bei der Pflichtverletzung (§ 280 Abs. 2, 3 BGB), JuS 2008, 203; *ders.,* Das Deckungsgeschäft im System der Schadensarten, FS Leenen, 2012, 147; *J. Teichmann,* Die Abgrenzung der Schadensarten und ihre Bedeutung, 2011. S. im Übrigen die Angaben vor § 26.

I. Die Bedeutung der Unterscheidung

341 Wie dargelegt differenziert § 280 I–III die Tatbestandsvoraussetzungen eines Schadensersatzanspruchs je nach Charakter des geltend gemachten Schadens. Weiter enthält § 311 a II im Falle anfänglicher Leistungsbefreiung für den Anspruch auf Schadensersatz statt der Leistung (und nur für diesen!) eine spezielle Sonderregelung. § 284 gibt dem Gläubiger die Möglichkeit, **anstelle** des Anspruchs auf Schadensersatz statt der Leistung (aber neben anderen Schäden!) Aufwendungsersatz geltend zu machen (s. dazu Rn. 450 ff.). Die Unterscheidung zwischen (einfachem) Schadensersatz (§ 280 I), Schadensersatz wegen Verzögerung der Leistung (§ 280 II) und Schadensersatz statt der Leistung (§§ 280 III, 311 a II) ist also nicht nur für die Wahl der richtigen Anspruchsgrundlage und damit für die erforderlichen zusätzlichen Tatbestandsvoraussetzungen von Bedeutung, sondern auch für die Frage der Kombinationsmöglichkeit von Rechtsbehelfen des Gläubigers.

II. Schadensersatz „statt der Leistung" und Schadensersatz „neben der Leistung"

342 Die entscheidende Abgrenzung der Schadensarten liegt in der Definition des Schadensersatzes „statt der Leistung". Hierbei handelt es sich um den Schadensersatz, der das ursprüngliche **Erfüllungsinteresse** (beim gegenseitigen Vertrag auch **„Äquivalenzinteresse"**) des Gläubigers abdeckt. Es geht damit um den Schaden, der **allein** darauf zurückzuführen ist, dass die Leistung **endgültig** nicht oder nicht ordnungsgemäß erbracht wird. Damit ist jeder Schadensposten, der auch dann nicht entfiele, wenn die geschuldete Leistung noch erbracht werden könnte, nicht Schadensersatz „statt der Leistung", sondern Schadensersatz „neben der Leistung". Gegenstand des Schadensersatzes statt der Leistung ist damit derjenige Schaden, der sich aus dem **endgültigen** Ausbleiben der Leistung ergibt. Endgültiges Ausbleiben liegt dabei vor, wenn der Schuldner die Leistung nicht mehr erbringen kann (§ 275 I–III) oder sie trotz Möglichkeit der Leistungserbringung nicht mehr erbringen darf, weil der Gläubiger statt ihrer Schadensersatz geltend macht (was dann gem. § 281 IV zum Wegfall des Anspruchs auf die Leistung und damit auch der Leistungspflicht führt, s. Rn. 502, 510) oder vom Vertrag zurückgetreten ist.[1] Nicht Gegenstand des Schadensersatzes „statt der Leistung" sind demgegenüber alle Schäden, die bereits vor diesem Zeitpunkt **endgültig** eingetreten sind und durch die Nachholung der geschuldeten Leistung zum letztmöglichen Zeitpunkt nicht mehr behoben würden. Daran ändert sich auch nichts, wenn später (etwa nach einem Fristablauf) ein Anspruch auf Schadensersatz statt der Leistung entsteht, s. dazu u. Rn. 511.

Die „Testfrage" lautet also: Ist der geltend gemachte Schaden zu einem Zeitpunkt entstanden, in welchem die Leistung noch hätte erbracht werden können und wäre er

[1] *BGH* NJW 2010, 2426 Rn. 13.

entfallen, wenn die geschuldete Leistung noch erbracht worden wäre? Ist die Frage zu bejahen, fällt der geltend gemachte Schaden unter die Kategorie des Schadensersatzes „statt der Leistung".

Ein schönes **Beispiel** hierfür liefert *BGH* NJW 2007, 2619 (s. dazu auch bei Rn. 518): Ein verkaufter Zuchtkater leidet unter einer Pilzinfektion und steckt dabei bereits vorhandene Tiere des Käufers an: Der Schaden in Gestalt der Tierarztkosten für eine Behandlung des verkauften Tieres ist Bestandteil des Schadensersatzes **statt der Leistung,** denn der in der Infektion des gekauften Tieres bestehende Schaden würde entfallen, wenn die vom Verkäufer geschuldete Leistung (Lieferung eines mangelfreien Tieres bzw. Nacherfüllung im Wege der Heilung des Tieres, § 439 I) erfolgen würde. Damit sind diese Kosten gem. §§ 437 Nr. 3, 280 I, III i. V. m. 281 grundsätzlich nur dann als Schadensersatz statt der Leistung liquidierbar, wenn der Käufer dem Verkäufer zuvor fruchtlos eine Frist zur Nacherfüllung gesetzt hat (sofern dies nicht im Einzelfall nach § 281 II – etwa aus Gründen des Tierschutzes – entbehrlich war).[2] Die Tierarztkosten für die Behandlung der infizierten anderen Tiere fallen hingegen unter den Schadensersatz **neben der Leistung:** Denn selbst wenn die geschuldete Leistung (Lieferung eines gesunden Tieres oder Heilung des kranken) jetzt noch erfolgen würde, würde dieser Schaden fortbestehen. Er ist also endgültig eingetreten. Er betrifft das sog. **Integritätsinteresse** des Gläubigers (Bestand seiner vorhandenen Rechtsgüter) und nicht das **Erfüllungsinteresse** (= die geschuldete Leistung) aus dem Kaufvertrag (hier: Lieferung eines gesunden Katers). 343

Ob ein bestimmter Schadensposten unter den Schadensersatz statt der Leistung fällt, kann auch vom Zeitpunkt seiner Geltendmachung abhängen: Ein und derselbe Schaden kann, je nach Fallkonstellation und Zeitpunkt der Geltendmachung, Schadensersatz „statt der Leistung" oder Schadensersatz „neben der Leistung" darstellen. Das gilt etwa für den Schaden in Form eines entgangenen Gewinns aus einem Weiterverkauf: Wird der geschuldete Gegenstand nicht rechtzeitig geliefert und entgeht – wie etwa bei Saisonware – dem Käufer deshalb der Gewinn aus einem Weiterverkauf *endgültig,* so ist der entgangene Gewinn nicht Bestandteil des Schadensersatzes „statt der Leistung". Auch hier hilft die obige „Testfrage" weiter: Wäre der Schaden behoben, wenn jetzt die Leistung noch käme? Im Beispielsfall ist die Frage zu verneinen. Die Antwort kann aber, je nachdem zu welchem Zeitpunkt ein solcher Schadensersatz geltend gemacht wird, unterschiedlich ausfallen: Macht der Käufer den entgangenen Gewinn bereits zu einem Zeitpunkt geltend, in welchem er diesen, würde geliefert, noch erzielen könnte, ist der Schaden noch nicht endgültig eingetreten und damit als Schadensersatz statt der Leistung zu qualifizieren. Er wird (sofern nicht die Fristsetzung nach § 281 II ausnahmsweise entbehrlich war) gem. § 281 I nur ersetzt, wenn der Käufer zuvor fruchtlos eine Frist gesetzt hat (s. PdW Schuldrecht I **Fall 36**). 344

III. Schadensersatz „neben der Leistung" und Schadensersatz wegen „Verzögerung der Leistung" (§ 280 II)

Aus der dargelegten Kategorisierung ergibt sich, dass auch der Verzögerungsschaden der Sache nach einen Fall des Schadensersatzes „neben der Leistung" darstellt (s. auch den grafischen Überblick bei Rn. 346): Er ist stets endgültig eingetreten und durch Nacherfüllung nicht zu beheben. Beruht aber – wie im oben genannten Fall der verspäteten Lieferung einer Saisonware – der endgültig entgangene Gewinn (allein) auf einer Verzögerung der Leistung, so ist er dennoch nur unter den weiteren Voraussetzungen des § 286 (Verzug) ersetzbar (dazu unten Rn. 462 ff. sowie PdW Schuldrecht I **Fall 36**). Das bedeutet insbesondere, dass vor Verzugseintritt entstandene Verzöge- 345

[2] Zur Frage der Ersatzfähigkeit der Tierarztkosten unter dem Gesichtspunkt eines Schadensersatzes wegen Verzögerung der Leistung s. u. Rn. 498.

rungsschäden nicht ersatzfähig sind. Während es also bei dem Fristsetzungserfordernis für den Schadensersatz statt der Leistung im Falle der Verzögerung der Leistung (§ 281) „nur" darum geht, ob das Erfüllungsinteresse des Gläubigers *in natura* (d. h. durch die geschuldete Leistung) oder an deren Stelle durch Schadensersatz in Geld befriedigt wird, geht es bei der Abgrenzung zwischen „einfachem" Schadensersatz neben der Leistung und Schadensersatz wegen Verzögerung der Leistung darum, ob das Interesse des Gläubigers *überhaupt* befriedigt wird.

Liefert etwa der Verkäufer ein Kfz zum Fälligkeitszeitpunkt nicht und nimmt sich der Käufer unmittelbar einen Mietwagen, so sind diese Mietwagenkosten Bestandteil des Schadensersatzes wegen Verzögerung der Leistung: Der Schaden ist endgültig eingetreten und fällt somit nicht unter den Schadensersatz „statt der Leistung". Da er allein auf einer Verzögerung der Leistung beruht, handelt es sich um einen Verzögerungsschaden. Mahnt der Käufer erst nach einer Woche, sind die bis dahin angefallenen Mietwagenkosten schlicht nicht ersetzbar, weil die „zusätzlichen Voraussetzungen" des § 286 BGB zum Zeitpunkt des Schadenseintritts (noch) nicht vorlagen. Hieran sieht man deutlich die Warnfunktion des Verzugs (s. Rn. 464). Zur Problematik des „mangelbedingten Betriebsausfalls" s. Rn. 475.

IV. Grafischer Überblick

346 **Schadenskategorien beim Schadensersatz wegen Pflichtverletzung**

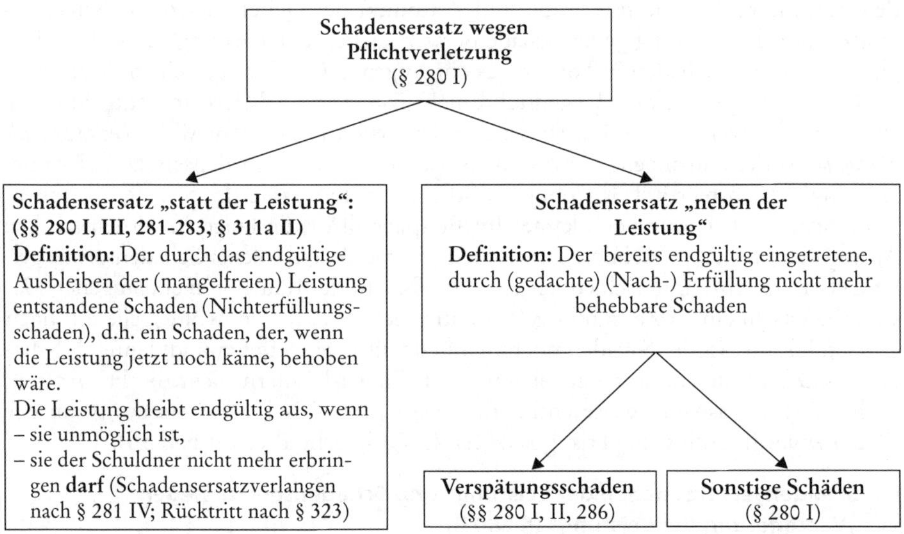

§ 29. Vertretenmüssen (§§ 276–278)

Literatur: Grundlegend *R. von Ihering,* Das Schuldmoment im römischen Privatrecht, 1867, und in neuerer Zeit *Deutsch,* Fahrlässigkeit und erforderliche Sorgfalt, 2. Aufl., 1995, *U. Huber,* Leistungsstörungen, Bd. 1 (1999), § 27 II, II, § 56 IV. Weiter etwa *ders.,* Zum Begriff der Fahrlässigkeit im Zivilrecht, Jura 1987, 505; *ders.,* Die Fahrlässigkeit als Außerachtlassung der äußeren und der inneren Sorgfalt, JZ 1988, 993; *ders.,* Die Fahrlässigkeit im neuen Schuldrecht, AcP 202 (2002) 889; rechtsvergleichend *von Caemmerer,* Das Verschuldensprinzip in rechtsvergleichender Sicht, RabelsZ 42 (1978) 5 – Spezieller etwa *J. Baumann,* Schuldtheorie und Verbotsirrtum im Zivilrecht?, AcP 155 (1956) 495; *Brandes,* Die Haftung für Organisationspflichtverletzung, 1994; *A. Bruns,* Haftungsbeschränkung und Mindesthaftung, 2003 (dazu *M. Schwab,* JZ 2004, 239; *Looschelders,* AcP 204 [2004] 136); *Koziol,* Objektivierung des Fahrlässigkeitsmaßstabs im Schadensersatzrecht?, AcP 196 (1996) 593; *Larenz,* Über Fahrlässigkeitsmaßstäbe im

Zivilrecht, FS Wilburg, 1965, 119; *S. Lorenz,* Grundwissen – Zivilrecht: Vertretenmüssen (§ 276 BGB), JuS 2007, 611; *Matuschke-Beckmann,* Das Organisationsverschulden, 2000; *Meder,* Schuld, Zufall, Risiko (1993); *Pellegrino,* Subjektive oder objektive Vertragshaftung?, ZEuP 1997, 41; *Räcke,* Haftungsbeschränkungen zu Gunsten und zu Lasten Dritter, 1995; *Schlechtriem,* Organisationsverschulden als zentrale Zurechnungskategorie, FS Heiermann, 1995, 281; *Schur,* Leistung und Sorgfalt, 2001 (dazu *Reichard,* AcP 203 [2003] 464); *Stathopoulos,* Bemerkungen zum Verhältnis von Fahrlässigkeit und Rechtswidrigkeit im Zivilrecht, 2. FS Larenz, 1983, 631; *Vollkommer,* Haftungserweiterung durch Neufassung des § 276 BGB?, in: Dauner-Lieb/Konzen/K. Schmidt (Hrsg.), Das neue Schuldrecht in der Praxis, 2003, S. 123; *Walker,* Die eingeschränkte Haftung des Arbeitnehmers unter Berücksichtigung der Schuldrechtsmodernisierung, JuS 2002, 736.

I. Pflichtverletzung und Vertretenmüssen

Bereits oben wurde dargelegt, dass Pflichtverletzung (§ 280 I 1) als jede **objektive** 347 Abweichung des Verhaltens des Schuldners vom geschuldeten Pflichtenprogramm definiert wird (oben Rn. 326f.) und das Erfordernis des Vertretenmüssens die Zurechenbarkeit der (objektiven) Pflichtverletzung an den Schuldner, d. h. dessen *Verantwortlichkeit* für die Pflichtverletzung bezeichnet. Erst beide Elemente gemeinsam begründen die Schadensersatzverpflichtung des Schuldners. Auch der Schuldnerverzug setzt nach § 286 IV Vertretenmüssen voraus.

II. Vertretenmüssen und Verschulden

Was der Schuldner zu vertreten hat, regelt das Gesetz in § 276 unter dem Titel „Ver- 348 antwortlichkeit des Schuldners". Danach hat der Schuldner „**Vorsatz** und **Fahrlässigkeit** zu vertreten, wenn eine strengere oder mildere Haftung weder bestimmt noch aus dem sonstigen Inhalt des Schuldverhältnisses, insbesondere aus der Übernahme einer Garantie oder eines Beschaffungsrisikos, zu entnehmen ist." **Oberbegriff** für Vorsatz und Fahrlässigkeit ist das **Verschulden.**

Die Tatsache, dass Haftung grundsätzlich Vertretenmüssen und dieses wiederum grundsätzlich Verschulden voraussetzt, bezeichnet man auch als das **Verschuldensprinzip.** Dieses ergibt sich weiter daraus, dass bestimmte Haftungsnormen wie insbesondere § 823 bereits tatbestandlich nicht Vertretenmüssen, sondern unmittelbar Vorsatz oder Fahrlässigkeit und damit Verschulden voraussetzen und insoweit den „Umweg" über § 276 I entbehrlich machen.

Rechtspolitischer Hintergrund des Verschuldensprinzips ist die **Sicherung der allgemeinen Handlungsfreiheit:** Wer die im Verkehr erforderliche Sorgfalt anwendet (§ 276 II), soll Schadensersatzpflichten nicht fürchten brauchen. International gibt es freilich eine Tendenz zu einer durch Ausnahmen abgemilderten Garantiehaftung.[1]

Da § 276 I jedoch neben dem Verschulden auch noch andere Fälle der Verantwortlichkeit kennt, darf Vertretenmüssen nicht mit Verschulden gleichgesetzt werden: Vertretenmüssen ist der **weitere Begriff.**

III. Erforderlichkeit des Vertretenmüssens; Beweislast

Ob ein Anspruch Vertretenmüssen voraussetzt, ergibt sich aus der haftungsbegründ- 349 enden Norm selbst. Setzt diese weder Vertretenmüssen noch eine Form des Verschuldens voraus, spricht man von einer „objektiven" Haftung (die freilich ihrerseits auf einem immanenten gesetzlichen Zurechnungsgrund wie etwa einer erlaubten Gefähr-

[1] Vgl. MünchKomm/*Grundmann,* § 276 Rn. 31ff.

dung anderer beruht). Für solche Tatbestände der Gefährdungshaftung wie etwa die Halterhaftung im Straßenverkehr nach § 7 StVG oder die Tierhalterhaftung nach § 833 Alt. 1 gilt das sog. **„Enumerationsprinzip"**, d. h. es handelt sich um grundsätzlich nicht analogiefähige, eng auszulegende Ausnahmetatbestände.[2]

Der haftungsbegründenden Norm ist auch zu entnehmen, wer die **Darlegungs- und Beweislast** für das Vertretenmüssen trägt. Formuliert die Norm, wie etwa §§ 280 I 2, 311 a II 2, 651 f I negativ das fehlende Vertretenmüssen als **Haftungsausschlusstatbestand,** so wird das Vertretenmüssen vermutet, d. h. der Schuldner muss sich entlasten. Formuliert sie hingegen positiv das Vertretenmüssen bzw. Verschulden als Haftungsvoraussetzung, wie etwa § 536a I für die Haftung des Vermieters oder § 619a für die Haftung des Arbeitnehmers, so muss der Gläubiger des Schadensersatzanspruchs dieses darlegen und beweisen.

§ 30. Verschulden des Schuldners

Literatur: S. die Nachweise zu § 29.

I. Verschuldensvoraussetzungen

1. Pflichtwidrigkeit

350 Die klassische *Strafrechts*lehre prüft das Vorliegen einer Straftat in drei Stufen: Tatbestandsmäßigkeit, Rechtswidrigkeit und Schuld. Ähnliches gilt, wenngleich weniger ausgeprägt, auch im *Zivilrecht:* Das Verschulden als subjektiver Tatbestand setzt das Vorliegen eines objektiven Tatbestandes voraus. Denn Verschulden bedeutet subjektive Verantwortlichkeit. Nach ihr kann aber erst dann sinnvoll gefragt werden, wenn es objektiv etwas zu verantworten gibt. Darüber entscheidet das Vorliegen des objektiven Tatbestands einer Pflichtverletzung. Dieser Tatbestand bestimmt regelmäßig zugleich auch, worauf sich das Verschulden beziehen muss (vgl. u. Rn. 366).[1]

Dieser Stufenaufbau findet im Zivilrecht seine deutlichste Parallele bei den Delikten, etwa bei § 823 I: Erst muss z. B. eine Eigentumsverletzung festgestellt werden. Danach geht es um die Rechtswidrigkeit, also darum, ob die Verletzung verboten war. Erst auf dieser Grundlage einer rechtswidrigen Tatbestandserfüllung kann man schließlich fragen, ob der Verletzer das Verbotene, das er getan hat, auch persönlich verantworten muss. Vgl. dazu BT Rn. 1240.

351 Bei **Sonderverbindungen** entfällt zwar die Rechtswidrigkeit als eigene Prüfungsstufe: Die Verletzung *besonderer* Pflichten als solche bedeutet eben keinen Verstoß gegen ein *allgemeines* Rechtsgebot, der die Rechtswidrigkeit herbeiführt. Stattdessen ist aber bei Sonderverbindungen die **Verletzung einer der besonderen Pflichten** (etwa der Vertragspflichten) Voraussetzung für die Frage, ob der Schuldner dafür auch verantwortlich ist.

Wenn z. B. der Verkäufer V die verkaufte Ware nicht liefert, weil er sie wegen einer Einfuhrbeschränkung nicht beschaffen konnte, muss man zunächst fragen, ob der Vertrag zur Beschaffung trotz der Beschränkung verpflichtet. Wenn man schon das verneint, ist die Frage nach einer persönlichen Verantwortung des V für die Nichtbeschaffung irrelevant. Erst nach Bejahung der Beschaffungspflicht kann man weiter fragen, ob V nicht aus besonderen Gründen entschuldigt ist (etwa weil er von dem Beschaffungshindernis

---

[2] BGHZ 169, 109 Rn. 42.

[1] Vgl. zum ganzen *Deutsch,* Fahrlässigkeit und erforderliche Sorgfalt, 2. Aufl., 1995, S. 436ff.

oder einer trotz der Einfuhrbeschränkung bestehenden Beschaffungsmöglichkeit nichts wissen konnte). Wenn ein Vermieter vom Mieter wegen einer Beschädigung des Mietobjekts Schadensersatz verlangt, muss zunächst geprüft werden, ob die Beschädigung nicht bloß auf dem vertragsmäßigen Gebrauch beruht (§ 538). Ist das der Fall, fehlt es bereits an einer Pflichtverletzung.[2] Erst wenn eine andere Ursache in Betracht kommt, kann man nach einem Verschulden des Mieters hieran fragen.

2. Verschuldensfähigkeit

§ 276 I 2 verweist auf die §§ 827, 828. Diese Vorschriften, die sich nach ihrer Stellung im Gesetz zunächst bloß auf das Deliktsrecht beziehen (daher spricht man von **„Deliktsfähigkeit"**), sollen also auch im Recht der Sonderverbindungen gelten: Bestimmte Personen sollen aus Sonderverbindungen nicht für ihr eigenes Handeln verantwortlich gemacht werden können. Dabei ist zu unterscheiden: 352

a) Fehlende Verschuldensfähigkeit

Die **Verschuldensfähigkeit fehlt** regelmäßig dem in §§ 827, 828 I genannten Personenkreis: Das sind Bewusstlose und Personen ohne freie Willensbestimmung (§ 827 S. 1) sowie Kinder bis zur Vollendung des 7. Lebensjahres (§ 828 I). Eine Ausnahme macht § 827 S. 2 jedoch für Personen, die ihre freie Willensbestimmung durch Alkohol „oder ähnliche Mittel" (z. B. Drogenkonsum) verloren haben: Sie sollen haften, als ob ihnen Fahrlässigkeit zur Last fiele; ausgeschlossen soll ihre Verantwortlichkeit nur sein, wenn sie ohne Verschulden in den Zustand der Alkoholisierung usw. gekommen sind. Das ist aber angesichts des strengen Fahrlässigkeitsbegriffs im Zivilrecht (vgl. u. Rn. 358ff.) nur ganz ausnahmsweise denkbar, etwa bei einem unvorhersehbaren Zusammenwirken von Alkohol und Medikamenten. 353

Das ist anders, wo es um die **Wirksamkeit einer Willenserklärung** geht: Für diese Frage unterscheidet § 105 II nicht, wie es zu der Störung der Geistestätigkeit gekommen ist. Verschulden kann eben den für eine Willenserklärung nötigen Willen nicht ersetzen.

Für nicht vorsätzlich herbeigeführte Schäden aus Unfällen mit einem Kraftfahrzeug, einer Schienenbahn oder einer Schwebebahn wird nach § 828 II die Verschuldensfähigkeit auch verneint für Jugendliche, die noch nicht das 10. Lebensjahr vollendet haben. Dem liegt zugrunde, dass die besonderen Gefahren der genannten Verkehrsbereiche etwa für einen Achtjährigen noch nicht überschaubar sind. Zudem ist er, wenn er selbst einen Schaden erleidet, gegen den Vorwurf eines mitwirkenden Verschuldens (§ 254) geschützt; dieser **Schutz des Jugendlichen als Opfer** ist sogar der wesentliche Zweck des § 828 II. Die Norm setzt jedoch nach der Rspr. nach ihrem Sinn und Zweck eine „typische Überforderungssituation" im Straßenverkehr voraus. Das Privileg ist deshalb auf den fließenden Verkehr beschränkt; es gilt also z. B. nicht, wenn ein Kind mit seinem Roller ein ordnungsgemäß geparktes Auto beschädigt[3], wohl aber, wenn ein verkehrsbedingt haltendes Fahrzeug beschädigt wird.[4]

b) Beschränkte Verschuldensfähigkeit

Beschränkt verschuldensfähig sind die in § 828 III genannten Personen: Kinder und Jugendliche zwischen dem vollendeten 7. und dem 18. Lebensjahr. Für sie wird die 354

---

[2] Weshalb § 538 auch ungenau formuliert, weil es dort gerade nicht um das „Vertretenmüssen" i. S. v. § 276 geht, s. dazu BT Rn. 439.
[3] *BGH* NJW 2005, 354.
[4] *BGH* NJW 2007, 2113.

Verantwortlichkeit individuell bestimmt: Es kommt darauf an, ob der Täter „bei der Begehung der schädigenden Handlung die zur Erkenntnis der Verantwortlichkeit erforderliche Einsicht hat". Das hängt erstens von dem Reifegrad des Täters ab, zweitens aber auch von der Art der schädigenden Handlung: Dass man niemanden mit dem Fahrrad anfahren darf, weiß schon ein Achtjähriger; dass eine feuchte Drachenleine eine Hochspannungsleitung kurzschließen kann, dagegen wohl noch nicht.

Nach § 828 III soll es nur auf die Einsicht ankommen (Einsichtsfähigkeit), nicht aber auch darauf, ob der Täter dieser Einsicht zu folgen vermag (Steuerungsfähigkeit). Dieses zusätzliche Erfordernis enthält für die strafrechtliche Verantwortlichkeit der § 3 JGG. Der *BGH* hat es aber abgelehnt, das Erfordernis auch in § 828 zu übernehmen.[5]

c) Billigkeitshaftung

355 Im **Deliktsrecht** gibt es nach § 829 unter besonderen Umständen auch für den Verschuldensunfähigen die Möglichkeit einer **Billigkeitshaftung** (vgl. BT Rn. 1263ff.). Diese Vorschrift wird in der Verweisung durch § 276 I 2 nicht genannt. Trotzdem wenden manche § 829 auch bei Sonderverbindungen entsprechend an.[6] Gegen eine analoge Anwendung spricht aber der systemwidrige Ausnahmecharakter der Regelung.[7]

d) Verschulden des gesetzlichen Vertreters

356 Wenn der Schädiger selbst mangels Verschuldensfähigkeit nicht für sein eigenes Handeln haftet, kann er doch bei Sonderverbindungen nach § 278 für ein Verschulden seiner **gesetzlichen Vertreter** einstehen müssen (vgl. u. Rn. 385). Und deliktisch können die **Aufsichtspersonen** selbst nach § 832 verantwortlich sein (vgl. BT Rn. 1355).

II. Verschuldensformen

1. Vorsatz

357 **Vorsatz** wird im BGB nicht ausdrücklich definiert. Er besteht anerkanntermaßen im „Wissen und Wollen eines rechtswidrigen Erfolgs"[8]: Der Handelnde muss den rechtswidrigen Erfolg vorausgesehen und in seinen Willen aufgenommen haben. **Absicht** ist hierfür nicht erforderlich, ausreichend ist die billigende Inkaufnahme des Erfolges (sog. **bedingter Vorsatz oder Eventualvorsatz;** *dolus eventualis;* zur Abgrenzung gegenüber der Fahrlässigkeit s. Rn. 365).

Anders als im Strafrecht muss der Vorsatz aber auch das **Bewusstsein der Rechtswidrigkeit** des Erfolges umfassen (sog. **Vorsatztheorie**). Wer also in irrtümlicher Annahme eines Rechtfertigungsgrundes handelt, handelt im Zivilrecht nicht wie im Strafrecht lediglich schuldlos (s. § 17 StGB), sondern bereits ohne Vorsatz und damit allenfalls fahrlässig. Ein Rechtsirrtum ist aber nur in den seltenen Fällen seiner Unvermeidbarkeit nicht fahrlässig.[9] Im Zivilrecht ist diese Abgrenzung zwischen Vorsatz und Fahrlässigkeit zudem von ungleich geringerer Bedeutung, als im Strafrecht. Dort sind

[5] *BGH* NJW 1970, 1038; 1984, 1958; vgl. dazu MünchKomm/*Wagner,* § 828 Rn. 10 m.w.N.
[6] Etwa Staudinger/*Löwisch/Caspers,* § 276 Rn. 115; MünchKomm/*Grundmann,* § 276 Rn. 166; Palandt/*Grüneberg,* § 276 Rn. 6.
[7] So z. B. Bamberger/Roth/*Unberath,* § 276 Rn. 6.
[8] S. etwa *BGH* NJW 2009, 681 Rn. 30 sowie bereits Mot. I 280.
[9] S. dazu etwa *BGH* NJW 2008, 840.

grundsätzlich nur vorsätzliche Handlungen strafbar (s. § 15 StGB), während im Zivilrecht regelmäßig Fahrlässigkeit ausreichend ist (s. aber etwa § 826).

2. Fahrlässigkeit

a) Verkehrserforderliche Sorgfalt

(Einfache) Fahrlässigkeit definiert § 276 II als die Außerachtlassung der im Verkehr 358
erforderlichen Sorgfalt. Der Fahrlässigkeitsvorwurf setzt damit **Vorhersehbarkeit der Gefahr** und **Vermeidbarkeit** des schädigenden Erfolges voraus. Durch das Abstellen auf die „erforderliche" und nicht auf die „übliche" Sorgfalt soll die Unerheblichkeit eines „im Verkehr eingerissenen Schlendrians"[10] klargestellt werden.

So hatte sich im Fall von RGZ 128, 39 ein Teilnehmer an einer Treibjagd als unvorsichtiger Schütze erwiesen. Der verklagte Jagdherr hatte ihn aber weiter an der Jagd teilnehmen lassen, und der Kläger war dann durch eben diesen Jagdgast schwer verletzt worden. Der Jagdherr wollte sich mit der „in Jägerkreisen herrschenden Übung" entschuldigen, einen Jagdgast nicht wieder auszuladen. Das RG hält demgegenüber diese Übung als „Verkehrsunsitte" für unbeachtlich und verweist auf den Wortlaut von § 276 (a. a. O. S. 44).

Vor allem aber stellt die Definition der Fahrlässigkeit nicht auf das Maß an Sorgfalt ab, 359
das der individuelle Schuldner aufzubringen vermag: Der Fahrlässigkeitsbegriff des Zivilrechts ist – anders als derjenige des Strafrechts, wo es um *individuelle* Schuld geht – **objektiv.** Es kommt daher nicht darauf an, welche Fähigkeiten und Fertigkeiten der Schuldner individuell besitzt. Maßstab für das Verschulden ist vielmehr, welche Sorgfalt von einem **durchschnittlichen Schuldner in der konkreten Situation** erwartet werden kann. So entschuldigen nicht der Mangel an Erfahrung eines Kraftfahrers, der den Führerschein erst seit einem Tag hat[11], oder die Überbeanspruchung und Erregung eines operierenden Arztes[12], ebenso wenig dessen mangelhafte Ausbildung[13] oder die mangelhafte Schulung eines Tankwagenfahrers.[14]

In vielen Fällen einer individuellen Unzulänglichkeit kann man zwar auch zu einem persönlichen Schuldvorwurf gelangen, indem man dessen Gegenstand verschiebt: Man wirft dem Schuldner nicht vor, er habe die übernommene Tätigkeit falsch ausgeführt, sondern er habe diese übernommen, obwohl ihm die zu der Tätigkeit nötigen Fähigkeiten fehlten. Dieses **Übernahmeverschulden** hilft aber nicht in allen Fällen weiter: Womöglich konnte ja der Schuldner nicht einmal erkennen, welche Fähigkeiten die übernommene Tätigkeit erforderte; möglicherweise hatte der Schuldner auch keine Einsicht in seine Schwächen.[15]

Hier wollen manche den Schuldner als entlastet ansehen, weil persönliche Schuld erfordere, dass das Verlangte vom Schuldner auch geleistet werden könne. Die h. M. einschließlich der Rspr. hält aber zu Recht an der objektiven Fahrlässigkeit fest[16]: Im

---

10 Prot. II 604.
11 *BGH* VersR 1958, 268.
12 *BGH* VersR 1953, 338.
13 *BGH* NJW 2003, 2311, 2313.
14 *BGH* VersR 1995, 427, 428.
15 Vgl. *BGH* JZ 1984, 330 mit Anm. *Giesen:* Berufsanfänger führt auf Weisung seines Chefs eine schwierige Operation durch, s. auch *BGH* NJW 1988, 2298: Assistenzärztin am Anfang ihrer Facharztausbildung.
16 Vgl. *Larenz,* SAT, § 20 III, für Vertragsverletzungen auch *Huber,* Bd. 1, § 27 II 3a; kritisch *Koziol,* AcP 196 (1996) 593.

Zivilrecht geht es weniger als im Strafrecht um persönliche Schuld (ohne sie wird ja z. B. auch nach § 278 für Erfüllungsgehilfen und gesetzliche Vertreter gehaftet, vgl. u. Rn. 369ff.). Entscheidend sind vielmehr die Leichtigkeit und Sicherheit des Verkehrs und damit der Schutz des Opfers. Diese verlangen eine Typisierung der Sorgfaltsanforderungen. Das wird besonders im Straßenverkehr deutlich: Man muss sich darauf verlassen können, dass andere Verkehrsteilnehmer die für sie maßgeblichen Verkehrsregeln beherrschen, Warnzeichen wahrzunehmen vermögen usw. Wenn es durch einen persönlich unfähigen Teilnehmer zu einem Unfall kommt, dann steht dieser Teilnehmer der Schadenstragung näher als derjenige, der sich tadelsfrei verhalten hat.

b) Abstufung nach Verkehrskreisen

360 Freilich wird auch der Sorgfaltsmaßstab der objektiven Fahrlässigkeit in zwei Richtungen **abgestuft:** Erstens nach **Verkehrskreisen,** in denen sich derjenige bewegt, dessen Verhalten zu beurteilen ist. So schuldet der Kraftfahrer die Sorgfalt eines ordentlichen Kraftfahrers, der Fußgänger die (geringere) Sorgfalt eines ordentlichen Fußgängers usw. In diesem Sinn fordert § 347 I HGB die „Sorgfalt eines ordentlichen Kaufmanns". Auch die Typisierung nach Verkehrskreisen orientiert sich aber nicht an dem, was der Einzelne leisten kann: Wenn z. B. ein Arzt eine schwierige, Spezialkenntnisse erfordernde Behandlung übernimmt, muss er die Sorgfalt eines entsprechenden Facharztes aufbringen.[17] Dagegen schuldet ein Heilpraktiker nur geringere Kenntnisse als ein Arzt.[18]

Eine gewisse Anpassung an das persönliche Leistungsvermögen findet sich jedoch bei der zweiten neben dem Gesetzeswortlaut anerkannten Abstufung. Diese privilegiert drei Gruppen, nämlich jugendliche Personen, diejenigen in hohem Alter sowie Behinderte (vgl. § 3 IIa StVO): Solche Personen sollen nur diejenige Sorgfalt aufzubringen haben, die typischerweise von Angehörigen dieser Altersstufe oder dieser Behinderung erwartet werden kann. Ein gegenüber dem Gruppenstandard geringeres Leistungsvermögen einer Einzelperson entschuldigt aber auch hier nicht.

Danach wird die Jugendlichkeit aufbaumäßig an zwei Stellen berücksichtigt: bei der Feststellung der Verschuldensfähigkeit nach § 828 III und bei der Prüfung der Fahrlässigkeit nach § 276 II. Vgl. dazu die in BT Rn. 1268 zu § 829 besprochene Entscheidung BGHZ 39, 28 – Ritterspiel.

c) Grobe und leichte (einfache) Fahrlässigkeit

361 Die wichtigste graduelle Einteilung der Fahrlässigkeit ist die in **grobe und leichte.** Denn manche Schuldner haften nach dem Gesetz nur für Vorsatz und grobe Fahrlässigkeit, so der Schenker (§ 521), der Verleiher (§ 599) und der Notgeschäftsführer (§ 680), zudem allgemein der Schuldner bei Gläubigerverzug (§ 300 I). Daraus lässt sich allerdings keine allgemeine Haftungsbeschränkung für Gefälligkeiten herleiten.[19] Auch im Sachenrecht spielt die grobe Fahrlässigkeit im Rahmen des bösen Glaubens eine bedeutende Rolle (z. B. §§ 932, 937 II, 990 I 1, 1007). Noch wichtiger ist die

[17] Vgl. *BGH* NJW 2001, 1786.
[18] *BGH* VersR 1991, 469, 470.
[19] *BGH* NJW 1992, 2474, 2475; zur Frage der Erstreckung von Haftungsmilderungen auf konkurrierende Ansprüche s. u. Rn. 400f.

Unterscheidung zwischen grober und leichter Fahrlässigkeit wegen § 309 Nr. 7 lit. b: Für grobe Fahrlässigkeit kann die Haftung durch AGB nicht abbedungen werden (unten Rn. 368). Zudem vermindert grobe Fahrlässigkeit nach § 81 II VVG regelmäßig (Ausnahme die Haftpflichtversicherung, § 103 VVG) die Einstandspflicht einer privatrechtlichen Schadensversicherung.

Der **Begriff** der „groben Fahrlässigkeit" selbst ist vom Gesetz nicht näher definiert. Nach der Rechtsprechung handelt grob fahrlässig, wer „die im Verkehr erforderliche Sorgfalt nach den gesamten Umständen in ungewöhnlich hohem Maß verletzt und unbeachtet lässt, was im gegebenen Fall jedem einleuchten müsse". Im Gegensatz zur einfachen Fahrlässigkeit muss es sich „um ein **auch in subjektiver Hinsicht** unentschuldbares Fehlverhalten handeln, das ein gewöhnliches Maß erheblich übersteigt".[20] Es kommt hier – anders als bei der einfachen Fahrlässigkeit – also auch auf das persönliche Leistungsvermögen des Schuldners an. Auch ein objektiv grober Pflichtenverstoß rechtfertigt deshalb für sich allein noch nicht den Schluss auf ein entsprechend gesteigertes persönliches Verschulden, nur weil ein solches häufig damit einherzugehen pflegt.[21]

Für grob fahrlässig sind z. B. gehalten worden das Überholen bei dichtem Nebel[22], das Fehlen jeder Sicherung der Schlüssel fremder Kraftfahrzeuge,[23] das Rückwärtsblicken eines mit 120 km/h fahrenden Kraftfahrzeugführers über längere Zeit[24], das Rauchen im Bett[25] und wohl auch die Handybenutzung oder zumindest das Schreiben von Kurznachrichten (SMS) am Steuer eines Kraftfahrzeugs. Nicht von vorneherein grob fahrlässig ist aber etwa das Einnicken am Steuer (hier kommt es auf den Grund an)[26] oder das Abstellen eines Lkw-Anhängers über Nacht auf einem ungesicherten Parkplatz[27] oder das Wegwerfen von Zigarettenresten.[28] Auch ein „Augenblicksversagen" wird häufig nicht grob fahrlässig sein,[29] doch gilt das nicht ausnahmslos.[30] Nicht einmal die vorsätzliche Nichtbeachtung eines Verkehrszeichens muss zwingend eine grob fahrlässige Herbeiführung eines Schadens bedeuten.[31]

Für grobe Fahrlässigkeit und Vorsatz verwendet das Gesetz den Oberbegriff des **groben Verschuldens** (s. § 309 Nr. 7 lit. b).

d) Sorgfalt in eigenen Angelegenheiten

Innerhalb der Fahrlässigkeit wird weiter die Haftung für diejenige **Sorgfalt, die der Schuldner in eigenen Angelegenheiten anzuwenden pflegt** *(diligentia quam in suis rebus adhiberi solet)* unterschieden. Dieser Maßstab begegnet im Schuldrecht in § 690 (unentgeltlicher Verwahrer) und in § 708 (Gesellschafter); an anderen Stellen des BGB noch in § 1359 (Ehegatten), § 1664 I (Eltern) und § 2131 (Vorerben); zudem in § 346 III 1 Nr. 3 (Rücktritt) sowie in § 4 LPartG. Sie stellt keine generelle Haftungsmilderung für den Schuldner dar, sondern besagt, dass bestimmte Schuldner 362

[20] Vgl. etwa *BGH* NJW 2007, 2988; NJW 2009, 681 Rn. 35.
[21] *BGH* NJW 2009, 681 Rn. 35 (Schneeballwurf im Schulhof trotz entsprechenden Verbots).
[22] *BAG* NJW 1972, 1388.
[23] *BGH* NJW 1974, 900.
[24] *OLG Köln* VersR 1983, 575.
[25] *LG Duisburg* VersR 1985, 827.
[26] *BGH* NJW 1974, 948.
[27] *BGH* MDR 1959, 373.
[28] *BGH* NJW-RR 1988, 920.
[29] *BGH* VersR 1989, 582; *Haberstroh,* VersR 1998, 943.
[30] BGHZ 119, 147.
[31] *BGH* NJW 2005, 2923, 2926.

wie unentgeltliche Verwahrer, Eltern, Ehegatten usw. wegen der fremden Sachen nicht zu besonderer Vorsicht gezwungen sein sollen, d. h. keine größere Sorgfalt wahren müssen als mit eigenen Sachen. Sie sollen aber auch die fremden Sachen nicht schlechter behandeln dürfen als die eigenen (z. B. nicht das eigene Fahrrad in die Garage stellen und das fremde draußen stehen lassen). Ist jemand auch in eigenen Angelegenheiten stets sorgfältig, haftet er auch im Rahmen der *diligentia quam in suis* für jede Fahrlässigkeit. Stets gehaftet wird aber nach § 277 für **grobe Fahrlässigkeit,** sogar wenn der Schuldner auch in eigenen Angelegenheiten grob fahrlässig zu sein pflegt: Ein Mindestmaß an Vorsicht soll er auf die fremden Angelegenheiten verwenden müssen.

e) Sonderfall: Arbeitnehmerhaftung bei betrieblich veranlasster Tätigkeit

363 Eine weitere, durch die Rechtsprechung entwickelte Unterscheidung findet sich im **Arbeitsrecht:** Dort haftet ein Arbeitnehmer für Schäden, die er bei betrieblich veranlassten Tätigkeiten dem Arbeitgeber zufügt, im Falle „leichtester Fahrlässigkeit" nicht, im Falle einfacher, d. h. „normaler" Fahrlässigkeit kommt es zu einer Schadensteilung und nur bei grober Fahrlässigkeit haftet der Arbeitnehmer grundsätzlich vollumfänglich.[32] Zur Beweislast s. § 619a und oben Rn. 330, 349.

3. Die Abgrenzung zwischen Vorsatz und Fahrlässigkeit

a) Begrenzung der Haftung auf Vorsatz

364 **Nur für Vorsatz** wird nach der gesetzlichen Regelung der Sonderverbindungen bloß ganz ausnahmsweise gehaftet, etwa nach §§ 523 I, 524 I (arglistiges Verschweigen durch den Schenker). Doch kann nach § 276 III die Haftung durch Individualvertrag (sonst § 309 Nr. 7 lit. b) auch in anderen Fällen auf Vorsatz des Schuldners beschränkt werden. Noch wichtiger ist die Vorsatzhaftung im Deliktsrecht (§ 826, vgl. BT Rn. 1329ff.). Ähnliche Bedeutung hat die Sonderstellung des Vorsatztäters nach §§ 81 I VVG, 104ff. SGB VII (vgl. u. Rn. 367).

b) Bedingter Vorsatz und bewusste Fahrlässigkeit

365 In diesen (seltenen) Fällen, in welchen der Schuldner nur für Vorsatz haftet, wird die Frage nach der **Abgrenzung** zwischen Vorsatz und Fahrlässigkeit relevant. Sie ist zwar abstrakt leicht zu beantworten: Der Vorsatztäter will die Verwirklichung des Tatbestandes, der Fahrlässigkeitstäter will sie nicht. Praktische Abgrenzungsschwierigkeiten bestehen aber zwischen **bedingtem Vorsatz** (Eventualvorsatz = *dolus eventualis*) und **bewusster Fahrlässigkeit:** In beiden Fällen erkennt der Täter die Möglichkeit der Tatbestandsverwirklichung. Das Unterscheidungskriterium ist dann, ob er diese billigend in Kauf nimmt, d. h. die Tatbestandsverwirklichung zwar nicht unbedingt bezweckt, mit dem Fall ihres Eintritts aber einverstanden ist[33] (Formel: „na wenn schon") oder aber darauf vertraut, das als möglich Erkannte werde nicht eintreten (Formel: „Es wird schon gutgehen"). Regelmäßig wird nur Fahrlässigkeit anzunehmen sein, schon weil sich die für den Eventualvorsatz nötige Billigung der Tatbestandsverwirklichung nicht wird erweisen lassen: Demjenigen z. B., der bewusst betrunken ein Kraftfahr-

[32] S. *BAG* NJW 2004, 2469: Beschädigung eines Dienstfahrzeugs durch einen Arbeitnehmer; s. dazu auch *Walker*, JuS 2002, 736; s. aber auch *BAG* NJW 1999, 966: Haftungserleichterung auch bei grober Fahrlässigkeit bei Missverhältnis zwischen dem Verdienst und dem Schadensrisiko der Tätigkeit.

[33] Vgl. BGHZ 7, 311, 313.

zeug steuert, wird kaum nachzuweisen sein, er habe auch einen Unfall gebilligt. Nur bei § 826 (und ähnlichen Normen, wie etwa den §§ 123, 444) neigt die Rspr. dazu, bei Rücksichtslosigkeit oder grober Leichtfertigkeit die Vorsatz- bzw. Arglisthaftung auch ohne diesen Nachweis der Billigung zu bejahen (z. B. bei leichtfertig erstellten Gutachten „ins Blaue hinein", vgl. BT Rn. 1332).

III. Der Gegenstand von Vorsatz und Fahrlässigkeit

1. Die Bedeutung des Tatbestands

Worauf sich Vorsatz und Fahrlässigkeit beziehen müssen, wird regelmäßig durch den **Tatbestand** der Haftungsnorm bestimmt. So geht es bei § 280 I 2 um die Pflichtverletzung und bei § 286 IV um den Umstand, infolge dessen die rechtzeitige Leistung unterbleibt. Im Deliktsrecht stellt § 823 I auf die Verletzung von Leben, Körper usw. ab und § 823 II auf den Verstoß gegen das Schutzgesetz. Ein absichtlicher Schneeballwurf begründet damit noch keinen Vorsatz bezüglich einer dadurch zugefügten Verletzung, wenn keine Verletzung eines in § 823 I genannten Rechtsguts beabsichtigt war.[34] Nicht Gegenstand des Verschuldens ist hingegen grundsätzlich der eingetretene Schaden (Rechtsfolge!). Er muss also (anders als manche andere europäischen Rechtsordnungen das im Bereich der Vertragshaftung verlangen) auch nicht vorhersehbar gewesen sein. Die Tatsache eines außergewöhnlichen Schadensverlaufes kann daher allenfalls im Rahmen der **haftungsausfüllenden Kausalität,** d. h. im Zusammenhang mit § 249 (dort insbes. im Rahmen der sog. Adäquanztheorie, s. u. Rn. 681) oder aber als Mitverschulden Berücksichtigung finden (s. § 254 II 1). Nur wenn der Schaden zum **Tatbestand** der Haftung gehört (so etwa in § 826, der eine vorsätzliche sittenwidrige *Schädigung* voraussetzt, oder bei einer Haftung aus §§ 823 II i. V. m. 263 StGB), muss sich das Verschulden auch auf diesen beziehen. 366

2. Haftungsprivilegierungen

Deutsch[35] hat bemerkt, dass die Bedeutung von Haftungsprivilegien unangemessen beschränkt werden könne, wenn der Schaden außerhalb des Verschuldens bleibe. 367

Ein anschauliches **Beispiel** hierfür bildet der Fall von BGHZ 154, 11: Der Schüler S hatte (bedingt) vorsätzlich im Unterrichtsraum mit einer Handsäge, die er als Schläger benutzte, Aluminiumkugeln durch den Raum geschleudert. Dabei löste sich das Sägeblatt, traf einen Mitschüler am Kopf und verletzte ihn erheblich am Auge. Der Verletzte verlangte Schadensersatz, der Schädiger berief sich auf das Haftungsprivileg der §§ 104ff. SGB VII, wonach eine Haftung nur im Falle von Vorsatz in Betracht kam, weil der Schaden (teilweise) von der gesetzlichen Unfallversicherung abgedeckt war. Er habe zwar in Bezug darauf, dass ein Mitschüler vom Sägeblatt getroffen werden könnte, (bedingt) vorsätzlich gehandelt, nicht aber diese Art der Verletzung gewollt oder billigend in Kauf genommen.

Diese Argumentation träfe nicht zu, wenn sich das Verschulden des S nur auf das Treffen des Mitschülers mit dem Sägeblatt (das ja eine Körperverletzung darstellt) zu erstrecken bräuchte. Damit wäre aber der **Sinn des Haftungsprivilegs** aus §§ 104ff. SGB VII in Frage gestellt: Vorsatz oder grobe Fahrlässigkeit hinsichtlich der Körperverletzung werden nämlich bei Schülern häufig vorliegen; bloß die schlimmen Folgen sind häufig nicht vorauszusehen. BGHZ 154, 11 hat daher für die §§ 104ff. SGB VII mit Recht verlangt, das Verschulden müsse auch Eintritt und Umfang des Schadens

[34] *BGH* NJW 2009, 681.
[35] NJW 1966, 705.

umfassen.[36] Gleiches gilt für das Haftungsprivileg von Arbeitnehmern.[37] Für die Frage des Regresses des Sozialversicherungsträgers gegen den Schädiger, den § 110 SGB VII nur im Falle des Vorsatzes zulässt, hat der Gesetzgeber in Reaktion auf diese Rspr. eine besondere Regelung getroffen: § 110 I SGB VII regelt ausdrücklich, dass für die Frage des Regresses das Verschulden „sich nur auf das den Versicherungsfall verursachende Handeln oder Unterlassen zu beziehen" braucht.[38]

IV. Abweichende Parteivereinbarungen

368 Die Haftung für Vorsatz und Fahrlässigkeit gilt nach § 276 I nur dann, wenn eine strengere oder mildere Haftung weder bestimmt noch aus dem sonstigen Inhalt des Schuldverhältnisses zu entnehmen ist. Unter „Bestimmung" ist sowohl eine gesetzliche als auch eine vertragliche Regelung zwischen den Parteien des Schuldverhältnisses zu verstehen (selbst im Wege des Vertrags zugunsten Dritter bzw. mit Schutzwirkung für Dritte ist eine solche Haftungsmilderung denkbar, s. dazu u. Rn. 865). Damit lässt das Gesetz haftungsausschließende Vereinbarungen grundsätzlich zu (zur haftungsverschärfenden Vereinbarungen s. Rn. 391 ff.). Lediglich die Haftung für Vorsatz kann dem Schuldner nicht im Voraus erlassen werden (§ 276 III). Deutlich engere Grenzen setzt hier aber das AGB-Recht: Nach § 309 Nr. 7 lit. a ist jede Begrenzung der Haftung für Schäden aus der vorsätzlichen oder fahrlässigen Verletzung von Leben, Körper und Gesundheit durch den Verwender, seinen gesetzlichen Vertreter oder seinen Erfüllungsgehilfen unwirksam. Für sonstige Schäden ist nach § 309 Nr. 7 lit. b ein Haftungsausschluss nur für einfache Fahrlässigkeit möglich (s. dazu auch BT Rn. 196).[39]

§ 31. Verantwortlichkeit für fremdes Verschulden

Literatur: *Huber,* Leistungsstörungen, Bd. 1, 1999, § 27, 6; II § 56 IV 6, zudem *von Caemmerer,* Verschulden von Erfüllungsgehilfen, FS Hauß, 1978, 33; *Kaiser/Rieble,* Haftet der Schuldner für das Ausbleiben seines Erfüllungsgehilfen?, NJW 1990, 218; *E. Lorenz,* Die Haftung für Erfüllungsgehilfen, in: 50 Jahre BGH, Festgabe aus der Wissenschaft, 2000, 295; *S. Lorenz,* Haftung für den Erfüllungsgehilfen (§ 278 BGB) JuS 2007, 983; *Peters,* Die Erfüllungsgehilfen des Verkäufers neu hergestellter Sachen, ZGS 2010, 24; *E. Schmidt,* Zur Dogmatik des § 278 BGB, AcP 170 (1970) 502; *K. Schreiber,* Die Haftung für Hilfspersonen, Jura 1987, 647; *Schroeter,* Untersuchungspflichten und Vertretenmüssen des Händlers bei der Lieferung mangelhafter Ware, JZ 2010, 495; *Spiro,* Die Haftung für Erfüllungsgehilfen, 1984; *Vieweg,* Zur Einführung: Technik und Recht, JuS 1993, 894.

I. Grundgedanken

369 Regelmäßig braucht der Schuldner die Erfüllungshandlungen nicht selbst vorzunehmen (vgl. o. Rn. 153). Vielmehr kann er Gehilfen einsetzen, was in einer arbeitsteiligen Wirtschaft auch weithin geschieht. So braucht der Käufer den Verkäufer nie zu Gesicht zu bekommen: Die Kaufsache übergeben kann ein Besitzdiener (§ 855) des Verkäufers, und dieser Besitzdiener kann auch zugleich als Bote einen Antrag des Verkäufers zur dinglichen Einigung über die Eigentumsübertragung (§ 929) überbringen oder die Einigung als Vertreter des Verkäufers selbst aussprechen. Bei einer Taxifahrt

[36] Kritisch *Ebers,* NJW 2003, 2655.
[37] *BAG* NJW 2003, 377, bestätigend *BAG* NJW 2004, 3360.
[38] S. dazu *BGH* NJW 2009, 681 Rn. 29 f. (Schneeballwurf).
[39] Zu den Konsequenzen dieser Klauselverbote im Rahmen des Verbots geltungserhaltender Reduktion s. *BGH* NJW 2007, 674; zur Geltung auch im kaufmännischen Verkehr s. *BGH* NJW 2007, 3774.

weiß der Fahrgast oft nicht einmal, ob derjenige, der ihn fährt, sein Vertragspartner (also der Inhaber des Taxiunternehmens) ist oder ein angestellter Fahrer.

Müsste der Schuldner nur für eigenes Verschulden einstehen, so könnte er sich der Haftung für Leistungsstörungen weitgehend entziehen: Statt selbst zu leisten, bräuchte er nur Gehilfen einzusetzen. Wenn er diese sorgfältig ausgesucht und angeleitet hat, so dass ihn auch insoweit kein Eigenverschulden bei der Auswahl trifft, käme eine eigene Haftung nach § 276 mangels Vertretenmüssens nicht in Betracht. Dabei würden übrigens auch die Gehilfen selbst wegen der Leistungsstörung nicht haften (sondern bloß unter Umständen aus Delikt): Die Gehilfen sind ja nicht Partner des gestörten Schuldverhältnisses und schulden daher dessen Gläubiger nichts.

Noch deutlicher tritt die eben geschilderte Situation auf, wenn der Schuldner selbst etwa wegen seines geringen Alters nicht handlungsfähig ist: Dann muss sein gesetzlicher Vertreter für ihn handeln (z. B. die Treppe in dem geerbten Mietshaus reparieren lassen). Auch hier träfe den Schuldner selbst keinerlei Haftung, wenn er nicht für den gesetzlichen Vertreter einstehen muss; der Gläubiger wäre also ungeschützt.

II. Abgrenzungen

1. Erfüllungsgehilfe und Verrichtungsgehilfe

Die genannten Beispiele betreffen das Tätigwerden von Hilfspersonen bei der Erfüllung einer Verpflichtung aus einem Schuldverhältnis, d. h. einer Sonderverbindung. Genau dies regelt § 278, der voraussetzt, dass sich der Schuldner **„zur Erfüllung seiner Verbindlichkeit"** einer anderen Person bedient. Aus diesem Grund spricht man im Zusammenhang mit § 278 auch vom **Erfüllungsgehilfen.** 370

Die Verletzung einer Sonderverbindung kann zugleich eine deliktische Schädigung nach § 823 darstellen (z. B. der angestellte Taxifahrer verletzt durch unvorsichtiges Fahren den Fahrgast). Delikte unter Mitwirkung von Hilfspersonen können aber auch unabhängig von einer bestehenden Sonderverbindung vorkommen (z. B. der angestellte Taxifahrer verletzt einen Straßenpassanten). Diese Deliktsfälle regelt § 831: Der Gehilfe ist hier nicht in die Erfüllung einer Verbindlichkeit gegenüber dem Geschädigten eingeschaltet (mit dem verletzten Passanten besteht vor der Verletzung kein Schuldverhältnis i. S. einer Sonderverbindung), sondern „zu einer Verrichtung bestellt". Diese Gehilfen nennt man daher **Verrichtungsgehilfen.** 371

Jemand kann zugleich Erfüllungs- und Verrichtungsgehilfe sein, z. B. ist der angestellte Taxifahrer für die Vertragsansprüche des Fahrgastes Erfüllungsgehilfe (vgl. u. Rn. 375 ff.) und für dessen Deliktsansprüche Verrichtungsgehilfe, im Verhältnis zu Passanten dagegen bloß Verrichtungsgehilfe.

Dabei ist § 831 ganz anders konstruiert als § 278: § 278 stellt auf ein **Verschulden des Erfüllungsgehilfen** ab und nicht auf eines des Schuldners selbst (wenn ein solches vorliegt, genügt ja schon § 276, um die Haftung des Schuldners zu begründen), ist also lediglich eine **Zurechnungsnorm** für fremdes Verschulden. § 831 ist hingegen eine eigene **Anspruchsgrundlage,** die bei der Hilfsperson nur Rechtswidrigkeit verlangt. Das Verschulden muss gem. § 831 I 2 **beim Geschäftsherrn** liegen: Der Geschäftsherr kann nämlich seine Haftung durch den Nachweis abwenden, dass er bei der Auswahl des Gehilfen usw. „die im Verkehr erforderliche Sorgfalt beobachtet" hat, also nicht fahrlässig gewesen ist. Er haftet also nicht für fremdes Verschulden, sondern für eigenes Auswahl- und Überwachungsverschulden. Dieses 372

Verschulden wird aber vermutet, d. h. der Geschäftsherr muss sich insoweit entlasten. Das ist die sog. **„Exkulpation"**; zu Einzelheiten vgl. BT Rn. 1351ff. sowie PdW Schuldrecht I **Fall 96.**

2. Amtshaftung und Repräsentantenhaftung

373 Eine deliktische Haftung für ein Verschulden von Gehilfen findet sich in zwei Sonderfällen: nach § 839 BGB, Art. 34 GG für Amtsträger (insbesondere, aber nicht nur für Beamte, vgl. BT Rn. 1402ff.), und in § 3 HaftpflG für die Tötung oder eine Körperverletzung durch einen Betriebsleiter oder eine ähnlich qualifizierte Person (einen „Repräsentanten") in bestimmten Unternehmen.

3. Organhaftung

374 Einem letzten Haftungstyp entsprechen die §§ 31, 86, 89 I: Hier geht es um die Haftung von juristischen Personen für ihre **Organe.** Diese Vorschriften betreffen den eingetragenen Verein, die Stiftung, den Fiskus usw.; gleiches gilt aber auch bei allen Handelsgesellschaften, dem nichtrechtsfähigen Verein und nach h. M. auch für die BGB-Gesellschaft. Diese Organe müssen einem Dritten durch eine „zum Schadensersatz verpflichtende Handlung" Schaden zugefügt haben. Der Haftungstatbestand wird also zunächst durch das Organ verwirklicht; die Haftung wird dann auf die juristische Person erstreckt. Das passt sicher weithin für das Deliktsrecht: Die Organperson begeht das Delikt und haftet nach den §§ 823ff. regelmäßig (nämlich wenn die verletzte Rechtspflicht auch die Organperson trifft) selbst; die §§ 31 usw. begründen dann eine gleiche Haftung der juristischen Person. Die h. M. wendet § 31 auch auf die Verletzung einer Sonderverbindung an, also auf die Leistungsstörungen. § 31 wird also als vorrangige *lex specialis* zu § 278 verstanden.[1] Praktische Bedeutung hat dieser nur insoweit, als die Haftung wegen Vorsatzes bei Organen nicht nach § 278 S. 2 iVm § 276 III ausgeschlossen werden kann.

III. Haftung für den Erfüllungsgehilfen

1. Das Erfordernis eines Schuldverhältnisses – Abgrenzung zu § 831 (Verrichtungsgehilfe)

375 Nach § 278 hat der *Schuldner* ein Verschulden von Personen, „deren er sich zur Erfüllung einer *Verbindlichkeit* bedient, in gleichem Umfang zu vertreten wie eigenes Verschulden". Durch die Schlüsselbegriffe „Schuldner" und „Verbindlichkeit" wird klargestellt, dass § 278 das Bestehen eines Schuldverhältnisses voraussetzt. Die Zurechnung des Verschuldens einer Hilfsperson kommt damit nur in Betracht, wenn bereits in dem Zeitpunkt, in welchem sich ihre schadensbegründende Handlung auswirkt (nicht notwendig im Zeitpunkt ihrer Vornahme), ein Schuldverhältnis, d. h. eine rechtliche Sonderverbindung, zwischen der Person, der das Verschulden wie eigenes zugerechnet werden soll, und dem Gläubiger besteht.

Dieses Schuldverhältnis muss nicht notwendig vertraglicher Natur sein. Ausreichend ist jede rechtliche Sonderverbindung, gleichgültig auf welcher Rechtsgrundlage sie beruht. So kommt eine Zurechnung insbesondere auch im Rahmen des vorvertraglichen Rechtsverhältnisses der Vertragsanbahnung ***(culpa in contrahendo)*** nach §§ 311 II,

[1] BGHZ 90, 86, 95; 109, 327, 330; MünchKomm/*Grundmann,* § 278 Rn. 10; *Looschelders,* AT, Rn. 504.

241 II sowie bei **gesetzlichen Schuldverhältnissen** in Betracht.[2] In öffentlich-rechtlichen Schuldverhältnissen wird die Regelung entsprechend angewendet.[3]

Soll das Schuldverhältnis aber erst durch eine Handlung der Hilfsperson *begründet* werden, kann diese nicht Erfüllungsgehilfe, sondern allenfalls Verrichtungsgehilfe i. S. v. § 831 sein: Verursacht der angestellte Taxifahrer eines Taxiunternehmers schuldhaft einen Verkehrsunfall und wird dabei ein Insasse des Taxis verletzt, so bestand bereits vor dieser Schädigung ein Schuldverhältnis zwischen dem Unternehmer und dem Fahrgast aus einem (im Wege der Stellvertretung) geschlossenen Beförderungsvertrag (Werkvertrag, § 631). Aus diesem Schuldverhältnis ist der Unternehmer nicht nur zur Beförderung, sondern gem. § 241 II auch dazu verpflichtet, den Gläubiger (Fahrgast) nicht in seiner körperlichen Integrität zu verletzen. Im Rahmen dieses bestehenden Schuldverhältnisses setzt er damit „zur Erfüllung seiner Verbindlichkeit" aus § 241 II eine Hilfsperson (Taxifahrer) ein mit der Folge, dass er sich nach § 278 das Verschulden des Taxifahrers „wie eigenes Verschulden" zurechnen lassen muss. Wird bei dem Unfall hingegen ein zufälliger Passant verletzt, so bestand *vor* dem schädigenden Ereignis kein Schuldverhältnis zwischen dem Taxiunternehmer und dem Passanten. Es geht vielmehr um die Frage, ob und zwischen welchen Personen durch die Handlung des Taxifahrers ein (gesetzliches) Schuldverhältnis *entstanden* ist. Zwar ergibt sich aus § 823 I, dass man niemanden an den dort genannten Rechtsgütern verletzen darf, jedoch handelt es sich dabei um eine gegenüber jedermann bestehende allgemeine Pflicht, nicht aber um ein „Schuldverhältnis", d. h. eine sog. „Sonderverbindung", die über ein „jedermann-Verhältnis" hinausgeht. Ein solches entsteht gem. § 823 I erst durch die verletzende Handlung selbst (als gesetzliches Schuldverhältnis). Gegenüber dem Passanten kommt damit eine Haftung des Taxiunternehmers nur nach § 831 in Betracht.

2. Die Person des Erfüllungsgehilfen

a) Tätigkeit mit Willen des Schuldners

Erfüllungsgehilfe ist jede Person, die „mit Willen des Schuldners rein tatsächlich bei 376
der Erfüllung einer diesem obliegenden Verbindlichkeit tätig wird".[4] Unerheblich sind dabei die Art der Tätigkeit sowie das Rechtsverhältnis zwischen Gehilfen und Schuldner. Auch eine gegenüber dem Schuldner aus Gefälligkeit handelnde Person kann im Verhältnis zum Gläubiger Erfüllungsgehilfe des Schuldners sein. Die Hilfsperson muss nicht einmal von ihrer Gehilfeneigenschaft wissen. Anders als der Begriff des Verrichtungsgehilfen i. S. v. § 831 setzt die Eigenschaft als Erfüllungsgehilfe auch nicht Weisungsabhängigkeit voraus.[5] Auch ein selbstständiger Unternehmer kann damit Erfüllungsgehilfe sein.[6]

[2] S. z. B. *BGH* NJW 2014, 1653 für das Rechtsverhältnis zwischen den Mitgliedern einer Wohnungseigentümergemeinschaft nach WEG.
[3] *BGH* NJW-RR 2007, 457.
[4] S. zuletzt *BGH* NJW 2007, 428.
[5] S. zu dieser Unterscheidung etwa *BGH* NJW 2013, 1002 Rn. 15f.
[6] S. zuletzt *BGH* NJW 2012, 1083 Rn. 14 (Haftung der Deutsche Bahn AG für ein von ihr mit der Schneeräumung am Bahnsteig beauftragtes Unternehmen).

b) Verbindlichkeit des Schuldners

377 Wenn es also entscheidend darauf ankommt, ob die betreffende Person im Rahmen der Erfüllung einer Verbindlichkeit des Schuldners handelt, setzt die Feststellung der Eigenschaft als Erfüllungsgehilfe eine genaue Analyse von Inhalt und Reichweite der Schuldnerverpflichtung voraus. So schuldet etwa im Rahmen eines **Versendungskaufs** (Schickschuld) der Verkäufer lediglich das Absenden, nicht den Transport, so dass der Transporteur insoweit nicht sein Erfüllungsgehilfe ist und er sich dessen Verschulden etwa bei einer Zerstörung der Kaufsache nicht zurechnen lassen muss (anders beim Transport durch eigene Leute, s. dazu PdW Schuldrecht II **Fall 8**).

Auch wird der **Hersteller** einer Sache von der Rspr. und der überwiegenden Meinung in der Lit.[7] **nicht** als Erfüllungsgehilfe des **Verkäufers** angesehen (s. BT Rn. 173; PdW Schuldrecht I **Fall 99**).

Dieses (zutreffende) Ergebnis ist allerdings nicht ganz einfach zu begründen, weil der Verkäufer nach § 433 I 2 zu mangelfreier Leistung verpflichtet ist und sich zur Erfüllung dieser Verpflichtung zweifellos des Herstellers bedient. Zudem ist es im Rahmen von § 278 irrelevant, ob die Person, derer sich der Schuldner zu Erfüllung seiner Verbindlichkeit bedient, vor oder nach Vertragsschluss mit dem Gläubiger tätig wird. Daher haben sich in jüngerer Zeit in der Lit. Stimmen erhoben, die eine Erfüllungsgehilfeneigenschaft des Herstellers im Verhältnis zum Verkäufer aus den eben genannten Gründen bejahen wollen.[8] Richtigerweise ergibt sich aber ein Ausschluss der Erfüllungsgehilfeneigenschaft des Herstellers aus einer historischen Auslegung[9]: Der Gesetzgeber des Schuldrechtsmodernisierungsgesetzes 2002 hatte sich nämlich seinerzeit detailliert mit den Folgen der Einführung eines Erfüllungsanspruchs auf mangelfreie Leistung befasst. Er war damals ausdrücklich davon ausgegangen, dass der Hersteller nicht Erfüllungsgehilfe des Verkäufers sei und es durch die Einführung des Erfüllungsanspruchs auf sachmangelfreie Leistung nach § 433 I 2 nicht „auf dem Umweg über die Gehilfenhaftung zu einer grundlegenden Ausweitung von Schadensersatzpflichten des Verkäufers komme".[10] Selbst wenn man also zugesteht, dass die gesetzliche Systematik eine Zurechnung des Herstellerverschuldens an den Verkäufer erlaubt, muss man angesichts einer so evidenten Fehlleistung des Gesetzgebers beim gesetzgeberischen Ausdruck seines eindeutigen Regelungswillens einer historischen Auslegung den Vorzug geben. Zumindest aber muss eine Haftung des Verkäufers für Herstellerverschulden im Wege einer *teleologischen Reduktion* ausgeschlossen werden.[11] Gleiches gilt für Werkvertrag (§ 631) und Werklieferungsvertrag (§ 651): Auch hier ist der Hersteller des vom Werkunternehmer zur Erstellung des Werks verwendeten Materials nicht dessen Erfüllungsgehilfe.[12]

378 Wichtig ist die Unterscheidung auch für die Abgrenzung zwischen Werk- bzw. Dienstvertrag und Werk- bzw. Dienst*verschaffungs*vertrag: Wer im Rahmen einer geschuldeten Werk- oder Dienstleistung eine Hilfsperson einsetzt, haftet nach § 278 für deren Verschulden. Schuldet er hingegen lediglich die **Vermittlung** einer Person, welche eine bestimmte Werk- oder Dienstleistung erbringen soll, schuldet er nicht die Werk- oder Dienstleistung selbst. Er haftet dann nicht für ein Verschulden der vermittelten Person, wohl aber für eigenes Verschulden bei deren Auswahl (s. dazu auch § 664 I 2 sowie BT Rn. 622). So ist etwa eine Fluggesellschaft als sog. „Leistungsträger" Erfül-

[7] *BGH* NJW 2014, 2183 Rn. 32; NJW 2008, 2837 Rn. 29; NJW 2009, 1660 Rn. 11 jeweils m. w. N.; *Harke,* AT Rn. 244; *Looschelders,* AT, Rn. 502; Staudinger/*Löwisch/Casper,* § 278 Rn. 36.

[8] *Peters,* ZGS 2010, 24; *Schroeter,* JZ 2010, 495; MünchKomm/*Grundmann,* § 278 Rn. 31; *Weller,* NJW 2012, 2312, 2315.

[9] So zutr. *BGH* NJW 2014, 2183 Rn. 32.

[10] S. BT-Drs. 14/6040, S. 210.

[11] *S. Lorenz,* NJW 2013, 207.

[12] *BGH* NJW 2014, 2183 Rn. 32 f.

lungsgehilfe des Reiseveranstalters[13], nicht aber des die Reise lediglich vermittelnden Reisebüros (s. dazu auch § 651a II sowie BT Rn. 814ff.).[14] Das Reisebüro kann freilich in Bezug auf Informationspflichten etc. Erfüllungsgehilfe des Reiseveranstalters sein.[15]

Gleiches gilt, wenn der Schuldner die **Ausführung des Vertrags im Ganzen** einem Dritten übertragen darf **(Substitution):** Dann haftet der Schuldner nicht nach § 278 für die Tätigkeit dieses Substituten, sondern nur für die sorgfältige Auswahl (also bloß für eigenes Verschulden); vgl. PdW Schuldrecht I **Fall 98** sowie BT Rn. 862.

Für die Tätigkeit haftet der Substitut dem Gläubiger in aller Regel selbst: Entweder direkt, wenn der Schuldner ihn im Namen des Gläubigers verpflichtet hat, oder aber über den „Umweg" einer Drittschadensliquidation (dazu u. Rn. 692ff.).[16]

Eine solche Substitution wird in § 664 I 2 für den Auftrag und in § 691 S. 2 für die Verwahrung erwähnt, doch soll sie dort im Zweifel gerade nicht erlaubt sein.

Im Übrigen aber bezieht sich § 278 nicht nur auf das Verschulden bei der Erfüllung 379
von **Leistungspflichten,** sondern auch auf dasjenige bei der Erfüllung von **Schutz- und Sorgfaltspflichten** i. S. v. § 241 II.[17] Für diese genügt, dass der Schuldner einer für ihn tätigen Person die **Möglichkeit zu einer Einwirkung auf die Rechtsgüter des Gläubigers gibt.** Er setzt ihn dann gleichsam als Erfüllungsgehilfen für seine Rücksichtnahmepflichten aus § 241 II ein.

So haftet der Mieter dem Vermieter für die Möbeltransporteure, die ihm Möbel bringen und dabei die Treppe des Mietshauses beschädigen.[18] Ebenso genügt es, wenn ein Mieter oder Entleiher einem Dritten die Nutzung einer Sache des Gläubigers überlässt (dem entspricht auch § 540 II: Haftung des Mieters für den Untermieter). Ein Vermieter haftet der Wohnungseigentümergemeinschaft, wenn sein Mieter den Haustürschlüssel verliert und deshalb die Schließanlage ausgetauscht werden muss. Str. ist, ob der Vermieter für das Verschulden eines Mieter gegenüber einem anderen Mieter nach § 278 einzustehen hat.[19] Diese Frage taucht etwa auf, wenn der Mieter M den Anschlussschlauch seiner Waschmaschine nicht hinreichend sichert, so dass dieser sich löst und das Wasser in die Räume des darunter wohnenden Mieters N läuft und dort dessen Teppich verdirbt: Hier soll der gemeinsame Vermieter nicht aus § 278 für M (und daher mangels eigenen Verschuldens überhaupt nicht) einzustehen haben: N hat nur Deliktsansprüche gegen M wegen Eigentumsverletzung, § 823 I.

Das gilt auch für **vorvertragliche Verhaltenspflichten** aus dem Schuldverhältnis der Vertragsanbahnung. Wer sich also etwa bei Vertragsanbahnung einer Hilfsperson bedient, bedient sich ihrer zugleich zur Erfüllung seiner vorvertraglichen Schutzpflichten aus §§ 311 II, 241 II und muss sich daher deren Verschulden nach Maßgabe von § 278 zurechnen lassen.[20] Man spricht in diesem Zusammenhang auch vom sog. **„Verhandlungsgehilfen".** Dieser Begriff bezeichnet aber keine eigenständige Rechtsfigur, sondern lediglich die Tatsache, dass die Hilfsperson im Rahmen des gesetzlichen Schuldverhältnisses der Vertragsverhandlungen und nicht bei der Erfüllung eines be-

[13] *BGH* NJW 2005, 1420.
[14] S. auch *BGH* NJW-RR 2007, 1501: Maßgeblichkeit des Empfängerhorizonts.
[15] S. *BGH* NJW 2006, 2321.
[16] S. dazu Münchkomm/*Seiler*, § 664 Rn. 9 m. w. N.
[17] S. *BGH* NJW 2012, 1083.
[18] RGZ 106, 133.
[19] Verneinend *BGH* VersR 1969, 754; anders MünchKomm/*Grundmann*, § 278 Rn. 30.
[20] Grundlegend RGZ 78, 239 im „Linoleumrollen-Fall".

reits bestehenden Vertragsverhältnisses tätig wird. Eine hiervon zu unterscheidende Frage ist, ob der Verhandlungsgehilfe dem Dritten auch selbst aus vorvertraglichem Verschulden haftet (s. dazu § 311 III sowie PdW Schuldrecht I **Fall 82**).

380 Nach § 254 II 2 findet § 278 auch im Rahmen des Mitverschuldens eines Geschädigten sowohl bei der Haftungsbegründung als auch bei der Haftungsausfüllung Anwendung. Hier wird der Erfüllungsgehilfe nicht zur Erfüllung einer Verbindlichkeit eingeschaltet, sondern nimmt die Obliegenheit[21] des Geschädigten wahr, Schäden an eigenen Rechtsgütern zu verhindern oder zu minimieren. § 254 II 2 wird dabei überwiegend als auch für § 254 I geltende **Rechtsgrundverweisung** aufgefasst (s. Rn. 755 sowie PdW Schuldrecht I **Fall 206**).

c) Handeln „in Erfüllung" einer Verbindlichkeit des Schuldners

381 Für die Zurechnung des Verschuldens nach § 278 genügt jedoch nicht jedwedes Verhalten der Hilfsperson. Voraussetzung für die Zurechnung nach § 278 ist nach der Rspr. vielmehr ein „unmittelbarer sachlicher Zusammenhang zwischen dem schuldhaften Verhalten der Hilfsperson und den Aufgaben, die ihr im Hinblick auf die Vertragserfüllung zugewiesen waren."[22] Das schuldhafte Handeln des Erfüllungsgehilfen muss also **„bei Erfüllung"** und nicht lediglich **„bei Gelegenheit der Erfüllung"** erfolgen. Damit scheidet eine Zurechnung aus, wenn die Handlung des Gehilfen lediglich *aus Anlass* der Erfüllung geschah, d. h. nur ein äußerer oder zeitlicher Zusammenhang bestand:[23] Als Beispiel für ein Handeln bloß „bei Gelegenheit" wird etwa genannt, dass der mit dem Einsetzen einer Fensterscheibe beauftragte Lehrling beim Kunden einen Diebstahl begeht. Eine Schädigung noch „bei Erfüllung" wird dagegen angenommen, wenn der Lehrling durch ungeschickten Umgang mit einer Leiter weitere Scheiben zerstört.

So hat etwa BGHZ 31, 358, 365f. die Anwendung von § 278 noch in folgendem Fall bejaht: Beim Kläger waren Wasserleitungen eingefroren; dabei war auch eine Elektropumpe beschädigt worden. Mit der Reparatur der Pumpe wurde der Beklagte beauftragt. Dieser betraute seinen „fleißigen, aber geistig sehr schwerfälligen" Gehilfen mit der Montage eines Schutzschalters. Nach Erfüllung dieser Aufgabe wollte der Gehilfe von sich aus eine der eingefrorenen Leitungen mit einer Lötlampe auftauen. Dabei erwischte er jedoch ein leeres Rohr, so dass es zu einem Brand kam. Den hierdurch entstandenen Schaden musste der Beklagte ersetzen, weil der BGH einen örtlichen und sachlichen Zusammenhang aller Arbeiten zur Behebung der Frostschäden bejaht hat.

382 Diese Abgrenzung danach, ob die Hilfsperson in Erfüllung oder nur „bei Gelegenheit" der Verbindlichkeit gehandelt hat, ist aber nicht nur im Einzelfall äußerst unsicher, sondern auch generell ungerechtfertigt: § 278 liegt der Gedanke der Risikoerhöhung zugrunde. Der Schuldner erweitert mit der Einschaltung eines Gehilfen seinen Geschäftskreis im eigenen Interesse und soll folglich das mit der Arbeitsteilung verbundene Personalrisiko tragen.[24] Dieser *ratio* entspricht es, wenn in der neueren Literatur zunehmend darauf abgestellt wird, ob dem Gehilfen erst durch die übertragene Tätigkeit die Gelegenheit gegeben wurde, auf die Rechtsgüter des Gläubigers einzuwirken, sich also gerade die vom Schuldner geschaffene Risikoerhöhung verwirklicht hat. So wird etwa für den Diebstahlsfall argumentiert, der Lehrling habe die Gelegenheit zur

21 Zum Begriff s. oben Rn. 115f.
22 *BGH* WM 2012, 837 Rn. 19.
23 S. z. B. *BGH* NJW-RR 2005, 756.
24 *BGH* NJW 1996, 451.

Wegnahme erst durch seinen Einsatz bei der Erfüllung erhalten; daher müsse der Schuldner auch für den Diebstahl haften. Daher wird man eine Zurechnung nach § 278 für alle diejenigen Schädigungen zu bejahen haben, die dem Gehilfen durch die übertragene Tätigkeit erheblich erleichtert worden sind.[25] Das trifft etwa zu für den Diebstahl von Sachen des Auftraggebers, zu denen der Gehilfe erst durch die ihm übertragene Tätigkeit Zugang erhalten hat.[26] Entsprechend lässt *BGH* NJW 1991, 490 den Mieter nach § 540 II sogar für eine Brandstiftung durch den Untermieter haften. Nicht einzustehen braucht der Schuldner nur für diejenigen Schädigungen, für die es an einer solchen Erleichterung fehlt (z. B. wenn der Lehrling ein vor dem Haus abgestelltes Fahrrad des Kunden mitnimmt). Etwas anders formuliert *BGH* NJW-RR 1989, 723, 725: Ein eigenmächtiges Verhalten des Gehilfen sei nur dann nicht zu verantworten, „wenn dessen Verfehlung sich von dem ihm übertragenen Aufgabenbereich so weit entfernt, dass aus der Sicht eines Außenstehenden ein innerer Zusammenhang zwischen dem Handeln der Hilfsperson und dem allgemeinen Rahmen der ihr übertragenen Aufgaben nicht mehr zu erkennen ist". Vgl. dazu auch PdW Schuldrecht I **Fall 97.**

3. Rechtsfolge

Nach § 278 hat der Schuldner das Verschulden seines Erfüllungsgehilfen (und seines 383
gesetzlichen Vertreters) „in gleichem Umfang zu vertreten wie eigenes Verschulden". Es geht dabei entgegen dem zu engen Wortlaut der Norm nicht lediglich um eine Zurechnung des Verschuldens im engen Sinne, sondern gerade auch um eine Zurechnung des **Verhaltens** als solchen: Maßstab ist, ob das Verhalten des Erfüllungsgehilfen, gedacht als ein Verhalten des Schuldners eine rechtswidrige und schuldhafte Pflichtverletzung darstellen würde. Ob eine bestimmte Verhaltensweise fahrlässig i. S. v. § 276 II ist, bemisst sich damit nicht an der Person des Gehilfen, sondern grundsätzlich an derjenigen des Schuldners.[27] Angesichts des im Zivilrecht geltenden „objektiven Fahrlässigkeitsmaßstabs" (oben Rn. 359) ist das erst dann von Bedeutung, wenn der Schuldner selbst über eine höhere Qualifikation als der Erfüllungsgehilfe verfügt. Ist der Gehilfe hingegen besser qualifiziert als der Schuldner, so sind die Fähigkeiten des Gehilfen als Maßstab für die Fahrlässigkeit heranzuziehen, wenn seine gegenüber dem Normalmaß gesteigerten Fähigkeiten den Vertragsschluss beeinflusst haben.[28] Eine abweichende Literaturansicht will hingegen den Standard zugrunde legen, der für die fachmännische Durchführung der jeweils geschuldeten Tätigkeit erforderlich ist.[29] Dann müsste sich der Schuldner, der einen Gehilfen einsetzt, nicht am Maßstab der eigenen, u. U. höheren Fähigkeiten messen lassen, s. dazu auch PdW Schuldrecht I **Fall 96.** Str. ist auch die Frage der **Verschuldensfähigkeit.** Richtigerweise ist aus dem Wortlaut von § 278 zu schließen, dass der Gehilfe schuldfähig i. S. d. §§ 827, 828 i. V. m. § 276 I 2 sein muss. Ist er dies nicht, haftet der Schuldner i. d. R. schon wegen eigenen Auswahlverschuldens persönlich, so dass sich Schutzlücken nicht ergeben dürften (s. PdW Schuldrecht I **Fall 100** m. w. N.).

---

[25] Ebenso *Looschelders,* AT, Rn. 506.

[26] So im Ergebnis auch *BGH* VersR 1981, 732f., vgl. weiter *BGH* NJW 1991, 3208, 3209f.

[27] BGHZ 114, 263, 272.

[28] BGHZ 114, 263, 272.

[29] *E. Lorenz,* S. 295; *Looschelders,* AT, Rn. 508 m. w. N.

4. Abweichende Parteivereinbarung

384 Anders als für eigenes Verschulden kann die Haftung für Handlungen eines Erfüllungsgehilfen gem. § 278 S. 2 grundsätzlich auch für den Fall des Vorsatzes ausgeschlossen werden. Im Rahmen von AGB gelten freilich die bereits geschilderten Begrenzungen durch § 309 Nr. 7 lit. a, b (s. Rn. 368).

IV. Haftung für den gesetzlichen Vertreter

385 Außer für Gehilfen lässt § 278 den Schuldner auch für seinen **gesetzlichen Vertreter** haften (z. B. Eltern, Vormünder, aber z. B. auch Insolvenzverwalter; nach dem o. bei Rn. 374 Gesagten zudem für Organe). Dieser Vertreter musste neben dem Gehilfen erwähnt werden, weil insoweit ja eine **Einschaltung durch den Schuldner** fehlt (vgl. o. Rn. 376). Vielmehr wird der gesetzliche Vertreter auf Grund der ihm vom Gesetz verliehenen Stellung tätig.

Dabei braucht auch **keine Stellvertretung im technischen Sinn** der §§ 164ff. vorzuliegen, also die Abgabe oder der Empfang einer Willenserklärung. Vielmehr haftet der Schuldner auch für bloße Tathandlungen seines Vertreters (z. B. die Übergabe oder die Reparatur einer Sache). Daher kommt es auch nicht darauf an, ob die Vertretungsmacht nur mehreren Personen gemeinschaftlich zusteht (Gesamtvertretung, so z. B. nach § 1629 I 2 regelmäßig den Eltern): Es genügt schon das Verschulden eines von mehreren Vertretungsberechtigten.[30]

Eine weitere Besonderheit der Haftung für den gesetzlichen Vertreter wird durch die Regelung der Deliktsfähigkeit erzwungen: Der Schuldner selbst (z. B. ein Kind) ist ja oft nicht oder nur beschränkt deliktsfähig (vgl. o. Rn. 352ff.). Hier würde es nicht genügen, ihm nach dem oben bei Rn. 383 Gesagten nur das **Verhalten** seines gesetzlichen Vertreters zuzurechnen: Die Haftung des Schuldners könnte dann immer noch an §§ 827f. scheitern. Daher muss dem selbst nicht oder nur beschränkt verschuldensfähigen Schuldner **auch die Verschuldensfähigkeit seines gesetzlichen Vertreters zugerechnet** werden.

§ 278 S. 2 dürfte auf den gesetzlichen Vertreter **nicht anzuwenden** sein: Diese Vorschrift erklärt § 276 III für unanwendbar und erlaubt damit einen vertraglichen Ausschluss der Haftung auch für Vorsatz. Das ist hinsichtlich von Erfüllungsgehilfen sinnvoll, weil der Schuldner dann immerhin noch für eigenen Vorsatz haftet. Wo ein gesetzlicher Vertreter vorhanden ist, kommt dagegen ein haftbar machender eigener Vorsatz des Schuldners regelmäßig nicht in Betracht. Wenn hier die Haftung für Vorsatz des gesetzlichen Vertreters ausgeschlossen werden könnte, käme es also gerade zu derjenigen Unverbindlichkeit des Schuldverhältnisses, die § 276 III verhindern will. Folglich muss entgegen § 278 S. 2 für den gesetzlichen Vertreter § 276 III in Geltung bleiben.[31]

V. Haftung für Maschinenversagen

386 Statt der Hilfe eines Menschen kann der Schuldner sich zur Erfüllung auch der Hilfe von Maschinen bedienen, und dies geschieht immer häufiger. Man kann daher fragen, ob der Schuldner auch für ein Versagen solcher Maschinen analog § 278 soll einstehen

[30] RGZ 110, 145; BGHZ 98, 148, 151.

[31] Ebenso MünchKomm/*Grundmann*, § 278 Rn. 50.

müssen.[32] Doch scheint eine solche Regel bedenklich, weil sich der Verschuldensbegriff nicht ohne weiteres auf Maschinen übertragen lässt. Auch kann man sich oft den Schuldner nicht gut in der Rolle der Maschine denken, z. B. eines Kraftfahrzeugs oder eines Weckers: Hier geht es eben nicht um *menschliche* Tätigkeiten. Die genannte Analogie ist zudem weithin unnötig. Denn regelmäßig wird das Maschinenversagen auf menschliches Verschulden zurückgehen (vor allem mangelhafte Bedienung oder Wartung). Das Fehlen eines solchen Zusammenhangs müsste dann der Schuldner beweisen, was ihm vielfach nicht gelingen wird. Bei Mängeln der Maschine hilft dem Gläubiger bisweilen auch die Haftung des Herstellers (vgl. u. Rn. 388). Auch könnte man den Schuldner kaum für jede Maschine schlechthin haften lassen: Soll er stets verantwortlich sein, wenn sein Auto nicht anspringt oder sein Wecker versagt? Kriterien für eine sinnvolle Abgrenzung sind hier schwer erkennbar.

§ 32. Verantwortlichkeit ohne Verschulden

Literatur: Grundlegend *Esser,* Grundlagen und Entwicklung der Gefährdungshaftung, 2. Aufl., 1969; *ders.,* Grundfragen der Reform des Schadensersatzrechts, AcP 148 (1943) 121; *ders.,* Die Zweispurigkeit unseres Haftpflichtrechts, JZ 1953, 129; *von Bar,* Verkehrspflichten, 1980, S. 128; *Canaris,* Die Einstandspflicht des Gattungsschuldners und die Übernahme eines Beschaffungsrisikos nach § 276 BGB, FS Wiegand, 2005, 179; *Kramer,* Das Prinzip der objektiven Zurechnung im Delikts- und Vertragsrecht, AcP 171 (1971) 422; *Laufs,* Deliktische Haftung ohne Verschulden? – eine Skizze, FS Gernhuber, 1993, 259; *Meder,* Höhere Gewalt als Entlastungsgrund – ein Beispiel für die Konvergenz zweier Haftungsprinzipien, JZ 1994, 485; *Medicus,* „Geld muss man haben", AcP 188 (1988) 489; *H. Roth,* Zur Reichweite des Beschaffungsrisikos bei der Gattungsschuld, 2. FS Medicus, 2009, 371; *H. P. Westermann,* Der säumige Geldschuldner, FS Gernhuber, 1993, 529; *Will,* Quellen erhöhter Gefahr, 1980 (dazu *Hagen,* AcP 181, 443); *Zöllner,* Gefährdungshaftung wohin?, FS Krejci, Bd. 1, 2001, 1355.

I. Verschuldensunabhängige Haftung und Verschuldenshaftung

Die Übergänge zwischen einer Verschuldenshaftung und einer verschuldensunabhängigen Haftung sind in mehrfacher Hinsicht fließend. 387

1. Haftung für Verschulden

Zunächst stellt bereits der von der h. M. vertretene **objektive Fahrlässigkeitsmaßstab** (oben Rn. 359) ein Abgehen von einem strengen Verschuldensprinzip im Sinne einer individuellen Vorwerfbarkeit dar: Der Schuldner ist für das Vorliegen der verkehrserforderlichen Fähigkeiten ohne Rücksicht auf die Grenzen seines eigenen Könnens verantwortlich. Noch weiter entfernt sich die in § 278 bestimmte Haftung von der persönlichen Vorwerfbarkeit: Der Schuldner muss im Ergebnis das Funktionieren seiner Gehilfen und gesetzlichen Vertreter garantieren.

2. Haftung für vermutetes Verschulden

Eine weitere Einschränkung kann das Verschuldensprinzip durch die Regelung der Beweislast erfahren: Wo sich, wie etwa in § 280 I 2, § 311a II 2 oder in § 831 I, der Schuldner entlasten muss, haftet er ohne Verschulden schon dann, wenn ihm dieser Nachweis misslingt. Je strenger die Anforderungen sind, die an den Entlastungsbeweis gestellt werden, desto mehr nähert sich die Haftung für vermutetes Verschulden im praktischen Ergebnis einer verschuldensunabhängigen Haftung an.

---

32 Bejahend *M. Wolf,* JuS 1989, 899.

II. Gründe für eine verschuldensunabhängige Haftung außerhalb des Leistungsstörungsrechts

388 Die für den Schuldner strengste Art der Haftung ist eine verschuldensunabhängige Haftung. Eine solche Haftung kann aufgrund Gesetzes oder aufgrund Parteiwillens eintreten.

1. Gefährdungshaftung

Die wichtigste Gruppe der gesetzlich angeordneten verschuldensunabhängigen Haftung stellen die sog. **Gefährdungshaftungstatbestände** dar. Ihnen ist gemeinsam, dass eine Person eine potentiell gefährliche, aber erlaubte Einrichtung betreibt oder potentiell gefährliche, aber erlaubte Handlungen vornimmt, die zwar nicht verboten sind, aber typische Gefahren mit sich bringen. Als Ausgleich dafür, dass er den Nutzen aus dem Betrieb dieser Einrichtung oder aus der Vornahme dieser Handlung zieht, soll der Halter oder Betreiber einer gefährlichen Einrichtung bzw. derjenige, der die Handlung vornimmt aber auch für die Realisierung der daraus entspringenden Gefahr gerade stehen. Das gilt etwa für Kraftfahrzeuge (§ 7 StVG), Schienen- und Schwebebahnen (§ 1 HaftPflG), Flugzeuge (§ 22 LuftVG), Strom- und Rohrleitungsanlagen (§ 2 HaftpflG) und andere technische Anlagen, aber auch für bestimmte Tiere (§ 833, vgl. dazu BT Rn. 869–893). Weiter haften Inhaber bestimmter Anlagen für Verletzungen durch Umwelteinwirkungen (§ 1 UmweltHG). Gefährdungshaftungstatbestände für gefährliche Handlungen stellen z. B. dar die Haftung für irrtümliche Selbsthilfe (§ 231, vgl. o. Rn. 20), für die Vollstreckung aus einer noch nicht endgültigen und später aufgehobenen Gerichtsentscheidung (§§ 302 IV 3, 600 II, 717 II, 945, 1065 II 2 ZPO), für die Einleitung schädlicher Abwässer in ein Gewässer (§ 22 I WHG). Nach § 84 AMG haftet ein pharmazeutischer Unternehmer für bestimmte Schäden aus den von ihm in den Verkehr gebrachten *Arzneimitteln.* Das ProdHaftG bestimmt eine verschuldensunabhängige Haftung des Produzenten, Importeurs oder Händlers für Verletzungen durch das Inverkehrbringen *fehlerhafter Produkte* (vgl. BT Rn. 348ff.). § 32 GentechnikG lässt den Betreiber für Verletzungen haften, die von Eigenschaften eines Organismus ausgehen, die „auf gentechnischen Arbeiten beruhen". Diese Fälle haben keinen Bezug zu den Leistungsstörungen; sie sind daher erst in BT Rn. 1363ff. zu behandeln.

2. Aufopferungsansprüche

Neben den gerade erwähnten auf erlaubter Gefährdung beruhenden Haftungsgründen gibt es noch einen ganz andersartigen Haftungsgrund: Wenn jemand die Ausübung eines Rechts zur Wahrung fremder übergeordneter Interessen unterlassen und damit sein Recht gleichsam „aufopfern" muss,[1] soll er wenigstens von demjenigen entschädigt werden, gegen den sich die Rechtsausübung richten würde. Der allgemeinste Anwendungsfall hiervon ist § 904: Der Eigentümer muss eine Einwirkung auf seine Sache dulden, wenn durch diese Einwirkung ein unverhältnismäßig großer Schaden vermieden wird (zu dulden ist z. B. die Zerstörung der Gartenanlagen durch Feuerlöscharbeiten am Nachbarhaus); der Eigentümer wird aber für dieses Opfer entschädigt. Spezielle Anwendungsfälle sind etwa § 906 II 2 (unzumutbare Beeinträchtigung durch Immissionen vom Nachbargrundstück),[2] § 14 BImSchG (Entschädigung für zu duldende Im-

[1] Vgl. *Schmitt-Kammler,* JuS 1995, 473; *Brünning,* JuS 2003, 2.
[2] Vgl. *Neuner,* JuS 2005, 487, 490.

missionen aus genehmigtem Gewerbebetrieb) und § 29 I, II BJagdG (Ersatz von Wildschaden, weil der Grundeigentümer das schädigende Wild nach § 26 BJagdG nur verscheuchen, aber nicht gefährden oder verletzen darf); vgl. BT Rn. 1391 ff.

III. Verschuldensunabhängige Haftung im Leistungsstörungsrecht

Die bisher aufgeführten Gründe einer verschuldensunabhängigen Haftung knüpfen 389
nicht an ein vorbestehendes Schuldverhältnis an und spielen daher im Leistungsstörungsrecht keine Rolle. Im Leistungsstörungsrecht bedeutet verschuldensunabhängige Haftung, dass der Schuldner für den Eintritt des Leistungserfolges zu **garantieren** hat.

1. Gesetzliche Garantiehaftung

Eine gesetzliche Garantiehaftung ordnet im Bereich des Leistungsstörungsrecht § 287 390
S. 2 an: Ist der Schuldner im Verzug, haftet er „wegen der Leistung auch für Zufall" (vgl. u. Rn. 481). Auch die Haftung des Geschäftsführers nach schuldhaft unberechtigter Übernahme der Geschäftsführung (§ 678, vgl. BT Rn. 1121) gehört hierher sowie die Haftung für die finanzielle Leistungsfähigkeit (Rn. 394). Gesetzliche Garantiehaftungstatbestände, die das Leistungsstörungsrecht noch vor dem 1. 1. 2002 kannte, insbesondere die Garantiehaftung des Gattungsschuldners (§ 279 BGB a. F.) sowie die gesetzliche Garantiehaftung für Rechtsmängel (§ 440 I BGB a. F.) hat der Gesetzgeber zugunsten des von ihm vorzugswürdig gehaltenen **Verschuldensprinzips** bewusst aufgegeben.

2. Rechtsgeschäftliche Garantiehaftung

Nach § 276 I kann sich eine verschuldensunabhängige Haftung auch aus dem „Inhalt des Schuldverhältnisses, insbesondere aus der Übernahme einer Garantie oder eines Beschaffungsrisikos" ergeben.

a) Garantie

Die Übernahme einer **Garantie** setzt voraus, dass der Schuldner sich vertraglich ver- 391
pflichtet hat, für eine Leistungsstörung unbedingt einstehen zu wollen. Eine solche Garantie liegt nicht bereits in dem vertraglichen Leistungsversprechen als solchem: Wer sich zu einer Leistung verpflichtet, will damit noch nicht ohne weiteres erklären, unabhängig vom Verschulden auch auf Schadensersatz zu haften, wenn er die Leistung unverschuldet nicht oder nicht wie versprochen erbringen kann. Eine Garantie setzt vielmehr über die vertragliche Leistungsverpflichtung hinaus voraus, dass sich der Schuldner in vertragsmäßig bindender Weise verpflichtet, **für alle Folgen** einer Nicht- oder Schlechterfüllung auch dann einzustehen, wenn ihn kein Verschulden trifft. An das Vorliegen eines solchen Garantiewillens sind angesichts der weitreichenden Folgen für den Schuldner **strenge Anforderungen** zu stellen. Damit ist insbesondere im **Kaufrecht** die **Beschaffenheitsgarantie** von der bloßen **Beschaffenheitsvereinbarung** abzugrenzen: Macht etwa der Verkäufer Angaben über die Beschaffenheit der verkauften Sache, so begründet deren Fehlen zwar einen Sachmangel i. S. v. § 434 I 1 mit der Folge, dass der Käufer die vom Vertretenmüssen unabhängigen Rechtsbehelfe Nacherfüllung, Rücktritt und Minderung (s. § 437 Nr. 1, 2) hat, nicht aber schon eine Beschaffenheitsgarantie mit der Folge, dass der Verkäufer unabhängig von Verschulden zum Ersatz aller Schäden verpflichtet wäre, die sich aus der Mangelhaftigkeit des Kaufgegenstandes ergeben.[3] Zu Recht betont daher BGHZ 170, 86 Rn. 20, dass mit

[3] S. BGHZ 170, 86; vgl. im Einzelnen BT Rn. 80, 204 sowie PdW Schuldrecht II **Fall 46.**

Rücksicht auf deren weitreichende Folgen bei der Annahme einer stillschweigenden Übernahme einer solchen unbedingten Einstandspflicht „Zurückhaltung geboten ist".

b) Beschaffungsrisiko

392 Neben der Übernahme einer Garantie erwähnt § 276 I noch die Übernahme eines **Beschaffungsrisikos.** Dieses ist insbesondere bei der **Gattungsschuld** (vgl. o. Rn. 189, 192) von Bedeutung. Bei dieser steht es dem Schuldner frei, im Rahmen von § 243 I beliebige Stücke zu liefern. Häufig muss er sich diese erst auf dem Markt beschaffen. Das bis zum 1.1.2002 geltende Recht sah hier noch eine **gesetzliche** Garantiehaftung vor: Nach § 279 BGB a. F. hatte der Schuldner, „solange die Leistung aus der Gattung möglich ist, sein Unvermögen zur Leistung auch dann zu vertreten, wenn ihm ein Verschulden nicht zur Last fällt". Das hat der Gesetzgeber bewusst abgeschafft. Eine verschuldensunabhängige Haftung setzt demnach jetzt eine **vertragliche Übernahme** eines Beschaffungsrisikos seitens des Schuldners voraus. Ob eine solche vorliegt und wie weit sie reicht, ist häufig eine Auslegungsfrage (§§ 133, 157). § 276 I regelt nämlich nicht, wann ein Beschaffungsrisiko besteht, sondern setzt die vertraglich bindende Übernahme eines solchen voraus.[4] In der Regel sichert der Schuldner bei der Übernahme einer Gattungsschuld durch sein Leistungsversprechen zugleich konkludent zu, zur Beschaffung in der Lage zu sein, also den nötigen Marktzugang, die nötigen Kenntnisse und auch die nötigen Geldmittel (oder Kredit) zu haben. Vollumfänglich wird man das aber nur bei einer unbeschränkten, also **„marktbezogenen"** Gattungsschuld sagen können. Verpflichtet sich der Schuldner, nur aus einem bestimmten Vorrat zu leisten (beschränkte Gattungsschuld, Vorratsschuld), will er über diese Quelle hinaus kein Beschaffungsrisiko übernehmen. Auch wird der Schuldner selbst bei Übernahme eines Beschaffungsrisikos im Regelfall **keine Garantie für die Mängelfreiheit** des gelieferten Exemplars übernehmen wollen (s. PdW Schuldrecht II **Fall 48**).[5] Die Auslegung des Leistungsversprechens wird im Regelfall weiter ergeben, dass der Schuldner die Garantie für den Beschaffungserfolg nur für den Fall übernehmen will, dass gerade er persönlich zur Beschaffung außerstande ist. Dagegen wird er nicht auch für den Fall garantieren wollen, dass die Beschaffung niemandem gelingen kann, etwa weil die ganze Gattung untergegangen ist, nicht (mehr) produziert wird oder weil alle erfüllungstaugliche Ware vom Markt verschwindet, etwa wegen einer staatlichen Beschlagnahme (s. PdW Schuldrecht I **Fall 64**). Weiter wird der Schuldner im Regelfall nur für typische und vorhersehbare Beschaffungshindernisse garantieren wollen. Auszuscheiden ist daher etwa eine die Leistungshandlung hindernde Krankheit des Schuldners. Ein anderes Beispiel bildet die Vertreibung durch feindliche Truppen[6]: Das hierdurch geschaffene Leistungshindernis hat mit den Eigenarten einer Beschaffungspflicht nichts zu tun. Da sich die Übernahme eines Beschaffungsrisikos aus dem Parteiwillen ergeben muss, sind einschränkende Klauseln wie etwa „Selbstbelieferung vorbehalten" oder „freibleibend entsprechend unserer Verfügbarkeit" rechtlich keine Haftungsausschlussklauseln, die etwa einer AGB-rechtlichen Inhaltskontrolle nach den §§ 307 ff. standhalten müssten. Es handelt sich dann vielmehr schlicht um die

[4] S. aber *Canaris,* FS Wiegand, 2005, 179, 215, wonach § 276 I für Beschaffungsschulden eine *Auslegungsregel* zugunsten der Übernahme eines Beschaffungsrisikos enthalte; ähnlich *H. Roth,* 2. FS Medicus, 2009, 371, 386 f.

[5] S. *S. Lorenz,* NJW 2002, 2497, 2503 f.; ebenso *H. Roth,* 2. FS Medicus, 2009, 371, 389 f.

[6] RGZ 99, 1.

von der negativen Vertragsfreiheit garantierte Nichtvereinbarung einer Garantiehaftung: Der Schuldner ist ja nicht verpflichtet, ein Beschaffungsrisiko zu übernehmen.

Auch für den Fall des **anfänglichen Unvermögens** (zum Begriff s. unten Rn. 408) ent- 393
hielt das frühere Recht eine (in ihrem Ausmaß im Einzelnen umstrittene) gesetzliche Garantiehaftung des Schuldners. Konnte der Verkäufer dem Käufer kein Eigentum an der verkauften Sache verschaffen, weil diese einem (nicht zur Veräußerung bereiten) Dritten gehörte oder bestanden Rechtsmängel, so haftete er nach h. M. verschuldensunabhängig. Beides ist jetzt nicht mehr der Fall: § 311 a II setzt positive Kenntnis oder zu vertretende Unkenntnis des Leistungshindernisses voraus, so dass eine Haftung ohne Verschulden wiederum nur bei der (vertraglichen) Übernahme einer Garantie bzw. eines Beschaffungsrisikos in Betracht kommt. Alleine aus dem bloßen Leistungsversprechen lässt sich seit dem 1.1.2002 auch hier keine vertragliche Garantieübernahme ableiten.[7]

Nach BGHZ 164, 196, 210f. verstößt die vertragliche Auferlegung einer Garantiehaftung für Rechtsmängel in AGB auch unter Unternehmern in AGB gegen die Generalklausel des § 307 I, II Nr. 1, weil sie von wesentlichen Grundgedanken des Haftungsrechts, nämlich dem Verschuldensprinzip, abweicht.

3. Garantiehaftung für Geldschulden und die finanzielle Leistungsfähigkeit

Die Geldschuld (vgl. o. Rn. 171 ff.) ist keine Gattungsschuld. Das ergibt sich schon 394
daraus, dass bei einer echten Geldsummenschuld (objektive) Unmöglichkeit nicht vorstellbar ist. Dass der Schuldner das geschuldete Geld nicht hat, führt also nicht zur Unmöglichkeit der Leistung und damit auch nicht zur Leistungsbefreiung nach § 275 I (anders freilich, wenn der Beauftragte erlangtes Geld nach § 667 herauszugeben hat, sog. **Geldherausgabeschuld,** s. Rn. 180). Bei der Geldschuld geht es nur darum, ob der Schuldner durch die Nichtleistung in (zu vertretenden, § 286 IV) Schuldnerverzug gerät und daher zusätzlich zu dem geschuldeten Geld noch Verzugszinsen zahlen und den Verzögerungsschaden ersetzen muss (§§ 288, 280 II, 286, vgl. u. Rn. 474 ff.). Dagegen kommt es beim gegenseitigen Vertrag für ein Rücktrittsrecht des Geldgläubigers auf ein Vertretenmüssen des Schuldners ohnehin nicht an (vgl. u. Rn. 487).

Man ist sich weitgehend einig, dass der Schuldner nicht nur für Geldschulden, sondern für seine finanzielle Leistungsfähigkeit grundsätzlich immer verschuldensunabhängig einzustehen hat: Es gilt der (etwas ungenaue, aber plakative) Merksatz **„Geld muss man haben“.**[8] Die Rechtsprechung hat diesen Grundsatz für Geldschulden früher u. a. § 279 BGB a. F. entnommen, dabei aber immer auch auf das der geltenden Wirtschaftsordnung zugrunde liegende, im Zwangsvollstreckungs- und Insolvenzrecht niedergelegte Prinzip der **unbeschränkten Vermögenshaftung** hingewiesen[9], auf welches die verschuldensunabhängige Einstandspflicht für die finanzielle Leistungsfähigkeit eigentlich zurückzuführen ist. Im Rahmen von § 276 I kann die unbedingte Einstandspflicht für Geldschulden auch aus dem „Inhalt des Schuldverhältnisses“ hergeleitet werden.[10]

Aus der Existenz des Zwangsvollstreckungs- und Insolvenzrechts ergibt sich: Mehr als der Schuldner besitzt, kann ihm nicht genommen werden; zudem verbleiben

[7] S. dazu *BGH* NJW 2007, 3777.
[8] S. dazu insbesondere *Medicus,* AcP 188 (1988) 489.
[9] S. BGHZ 107, 92, 102 sowie zuletzt *BGH* NJW 2015, 1296 Rn. 18 m.w.N.
[10] *Canaris,* JZ 2001, 499, 519.

ihm die unpfändbaren Sachen (§§ 811 ff. ZPO) und der unpfändbare Teil seines Arbeitseinkommens (§§ 850 ff. ZPO). Im Insolvenzrecht ist zwar ein besonderes Verfahren zu einer Restschuldbefreiung für natürliche Personen vorgesehen (§§ 286 ff. InsO): Der Schuldner kann bei Wohlverhalten nach sechs Jahren Befreiung vom Rest seiner Schulden erlangen. Doch ändert das nichts daran, dass es auf ein Verschulden des Schuldners an dem die Insolvenz begründenden Geldmangel nicht ankommt.

395 Garantiert der Geldschuldner für sein Leistungsvermögen wie ein Gattungsschuldner, weil er durch die Übernahme einer Zahlungsverpflichtung zugleich seine persönliche Leistungsfähigkeit zusichert, so gilt auch eine ähnliche Begrenzung wie dort: Sofern nicht die finanzielle Leistungsfähigkeit, sondern andere Gründe für die Nichtleistung in Frage stehen, ist nicht von einer Garantieübernahme auszugehen. Es bleibt dann vielmehr bei einer Verschuldenshaftung. So kann der Schuldner die Nichtleistung von Geld etwa dann nicht zu vertreten haben, wenn ihn Krankheit oder ähnliche Gründe an der Übermittlung hindern, er kann sich in einem entschuldbaren Irrtum über das Bestehen der Schuld befinden[11] oder ihm können die Geldscheine, mit welchen er zahlen wollte, auf dem Weg zum Gläubiger aus einem von ihm nicht zu vertretenden Grund abhandengekommen (z. B. gestohlen) worden sein.

396 Die verschuldensunabhängige Einstandspflicht für das finanzielle Leistungsvermögen betrifft nicht nur Geldschulden, sondern auch die Erfüllung von **anderen Verpflichtungen,** sofern diese an Geldmangel scheitert. Derjenige, der eine Leistung verspricht, übernimmt das Risiko dafür, dass er sich die zur Erfüllung erforderlichen finanziellen Mittel beschaffen kann. So haftet regelmäßig auch der Stückschuldner verschuldensunabhängig, wenn er bei der Bringschuld den Transport zum Gläubiger nicht bezahlen kann. Der Verkäufer, der den Nacherfüllungsanspruch des Käufers (§ 439 I) nicht erfüllen kann, weil er die Nacherfüllung bei einem Dritten durchführen lassen müsste, haftet ohne Rücksicht auf Verschulden auf Schadensersatz, wenn er das hierfür notwendige Geld nicht aufbringt.

§ 33. Konkurrenzfragen

Literatur: Grundlegend *Schlechtriem,* Vertragsordnung und außervertragliche Haftung, 1972; zudem *Dietz,* Anspruchskonkurrenz bei Vertragsverletzung und Delikt, 1934; *Eichler,* Die Konkurrenz der vertraglichen und deliktischen Haftung im deutschen Recht, AcP 162 (1963) 401; *Georgiades,* Die Anspruchskonkurrenz im Zivilrecht und Zivilprozessrecht, 1968; *L. Horn,* Die Lehre vom Streitgegenstand, JuS 1992, 680; *Rimmelspacher,* Materiellrechtlicher Anspruch und Streitgegenstandsprobleme im Zivilprozeß, 1970; *P. Schlosser,* Konkurrenzen im bilateralen Verhältnis, Jura 1982, 477, ausführlich auch *Gsell,* Substanzverletzung und Herstellung, 2003, 319.

397 Dass sich aus einem Vorgang mehrere Ansprüche gleichen Inhalts ergeben, kann in den verschiedensten Rechtsgebieten vorkommen. Daher lässt sich die Frage nach dem Verhältnis mehrerer Ansprüche oder Anspruchsgrundlagen zueinander im Allgemeinen Teil unterbringen.[1] In das Zivilprozessrecht gehört hingegen die Problematik des **Streitgegenstandes,** also die Frage, wie eine Mehrheit materiellrechtlicher Ansprüche oder Anspruchsgrundlagen prozessual zu behandeln ist: nämlich etwa, ob sie alle mit einer einzigen Klage rechtshängig werden, ob über sie in einem einzigen Urteil ent-

[11] S. z. B. *BGH* NJW 2007, 428.

[1] Vgl. etwa *Wolf/Neuner,* AT, § 21 Rn. 2 ff.

schieden wird, usw.[2] Hier sollen daher nur wenige Punkte behandelt werden, an denen sich materiellrechtliche Konkurrenzprobleme speziell für das Recht der Leistungsstörungen auswirken können.

I. Anspruchskonkurrenz und Anspruchsnormenkonkurrenz

Eine Leistungsstörung stellt nicht selten **zugleich ein Delikt** dar: So kann ein ärztlicher Kunstfehler zugleich eine Verletzung des Behandlungsvertrags (Schlechtleistung, vgl. u. Rn. 517ff.) wie auch ein Delikt bedeuten (Körperverletzung, § 823 I). Ähnlich bildet eine schuldhafte Beschädigung der Mietsache durch den Mieter eine Vertragsverletzung und ein Delikt (Eigentumsverletzung, § 823 I). In solchen Fällen bestehen nach h. M. zwei materiellrechtliche Ansprüche, obwohl der Schuldner nur einmal Schadensersatz leisten muss (und auch womöglich nur einmal verklagt werden kann). Man spricht dann von **Anspruchskonkurrenz.** 398

Demgegenüber will eine neuere Lehre hier nur einen einzigen materiellrechtlichen Anspruch anerkennen, der freilich mehrfach (aus Vertrag und Delikt) begründet ist.[3] Dafür wird die Bezeichnung **Anspruchsnormenkonkurrenz** (Mehrheit von Anspruchsgrundlagen) vorgeschlagen. Diese neuere Lehre kann zwar zu einer Vereinheitlichung des materiellrechtlichen und des prozessualen Anspruchsbegriffs beitragen. Sie stößt aber innerhalb des materiellen Rechts auf erhebliche Schwierigkeiten: Vertrags- und Deliktsansprüche haben in mehrfacher Hinsicht verschiedene Eigenschaften. So ist für Gehilfen vertraglich nach § 278 und deliktisch nach § 831 einzustehen (vgl. o. Rn. 370ff.). Vertragsansprüche verjähren in unterschiedlichen Fristen (vgl. etwa §§ 438, 548, 634a); für Deliktsansprüche dagegen gelten die §§ 195, 199, 852 (vgl. BT Rn. 1430ff.). Regelmäßig führen nur Delikte zu Ansprüchen hinterbliebener Angehöriger (vgl. u. Rn. 741ff.), §§ 844ff. Dagegen sind bestimmte Fälle der Beweislastumkehr (§§ 280 I 2, 286 IV) auf Vertragsansprüche beschränkt.

Die traditionelle Annahme von Anspruchskonkurrenz unterscheidet Vertrags- und Deliktsansprüche. Daher kann sie jeden dieser Ansprüche nach den Regeln desjenigen Rechtsgebiets beurteilen, dem er entstammt. Dagegen führt die Annahme von Anspruchsnormenkonkurrenz nur zu einem einzigen Anspruch; es ist nicht ersichtlich, wie man die Eigenschaften dieses Einheitsanspruchs nach Vertrags- oder Deliktsrecht bestimmen will. Daher ist weiter an der traditionellen Ansicht festzuhalten: Aus jeder Anspruchsgrundlage, deren Voraussetzungen erfüllt sind, erwächst ein eigener materiellrechtlicher Anspruch. Hieraus ergibt sich die Frage nach dem Verhältnis dieser konkurrierenden Ansprüche zueinander.

II. Einflüsse der Ansprüche aufeinander

1. Grundregel

Auszugehen ist von der Regel: Konkurrierende vertragliche und deliktische Ansprüche beeinflussen sich gegenseitig nicht.[4] 399

2. Ausnahmen

Diese Regel gilt ausnahmslos, soweit Einwirkungen des Delikts auf den Vertragsanspruch in Frage stehen: Solche Einwirkungen gibt es nicht. Dagegen wird in einigen Fallgruppen eine Veränderung der deliktischen Haftung **durch das konkurrierende Vertragsrecht** angenommen, weil dieses spezieller ist:

a) Gesetzliche Haftungsmilderungen

Gesetzliche Haftungsmilderungen (vgl. o. Rn. 361: Haftung nur für grobe Fahrlässigkeit; Rn. 362: Haftung nur für die eigenübliche Sorgfalt) gelten nach richtiger Ansicht 400

---

[2] Vgl. *Jauernig/Hess*, § 37.

[3] So etwa *Georgiades;* ebenso *Wolf/Neuner,* AT, § 21 Rn. 8.

[4] Etwa BGHZ 96, 221, 229; *BGH* VersR 1992, 589, 590, auch *Gsell,* S. 332ff.

auch für konkurrierende Ansprüche aus Delikt oder Schutzpflichtverletzung (§ 241 II, unten Rn. 517), wenn diese in einem **sachlichen Zusammenhang** mit dem Grund der Haftungsprivilegierung stehen. Denn diese Milderungen sollen den Schädiger wegen der Uneigennützigkeit seines Handelns oder wegen des Vorliegens einer besonderen Situation (z. B. einer Notlage) begünstigen. Diese Begünstigung wäre weitgehend entwertet, wenn sie nicht auch für konkurrierende Ansprüche gelten würde. Deshalb ist es zutreffend, diese Haftungsmilderungen bei Vorliegen eines Sachzusammenhanges auch auf den konkurrierenden Anspruch anzuwenden.

So wenn jemand bei der Bergung eines verletzten Verkehrsopfers durch Ungeschicklichkeit weiteren Schaden verursacht: Das Haftungsprivileg aus § 680 soll auch gegenüber dem Anspruch des Verletzten aus § 823 I gelten.[5] S. auch PdW Schuldrecht II **Fall 106, 126** sowie den bei Rn. 520, 525 berichteten „Kartoffelpülpe-Fall" BGHZ 93, 23 ff. Eingehend dazu BT Rn. 395 (Schenkung), s. auch BT Rn. 558 (Leihe) und BT Rn. 947 (für die Verwahrung).

b) Vertragliche Haftungsmilderungen

401 Bei vereinbarten Haftungsmilderungen ist es eine Frage der **Auslegung,** ob sich die Vereinbarung auch auf einen konkurrierenden Deliktsanspruch bezieht. Das dürfte regelmäßig zu bejahen sein, wenn der Milderung sonst nur eine geringe Bedeutung bliebe (etwa weil konkurrierende Deliktsansprüche meist zu erwarten sind). Für Haftungsmilderungen durch AGB verlangt die Rspr. aber, dass die Erstreckung auf Deliktsansprüche deutlich ausgedrückt wird.[6] Das entspricht § 305 c II. Zudem verbietet § 309 Nr. 7 lit. a in AGB jede Haftungsmilderung für Schäden an Leben, Körper oder Gesundheit.

c) Verjährung

402 Am zweifelhaftesten ist die Rechtslage bei der **Verjährung:** Wann soll eine kürzere vertragliche Verjährung auch für den konkurrierenden Deliktsanspruch gelten? Die Rspr. hat eine solche Geltung bejaht, wenn neben dem vertraglichen Ersatzanspruch regelmäßig auch ein deliktischer besteht und die kurze vertragliche Verjährung „praktisch bedeutungslos" wäre, sofern der Deliktsanspruch in der längeren Frist nach den §§ 195, 199 verjährte.[7] Das Problem ist durch die Angleichung der Verjährungsfristen zum 1. 1. 2002 zwar entschärft, nicht aber beseitigt worden. Eine Erstreckung einer den Schuldner privilegierenden Verjährungsregel auf den konkurrierenden Deliktsanspruch ist insbesondere bei § 548 (und für die Leihe bei § 606) angenommen worden: Wenn der Mieter die Mietsache verschlechtert habe, bedeute das fast immer zugleich eine unter § 823 I fallende Eigentumsverletzung; § 548 müsse daher auch den Deliktsanspruch erfassen[8], s. dazu BT Rn. 445; für die Leihe s. BT Rn. 563. In *BGH* NJW 2006, 2399 ist der Anwendungsbereich von § 548 auch auf Deliktsansprüche gegen Dritte ausgeweitet worden, die in den Schutzbereich des Mietvertrags einbezogen waren (s. PdW Schuldrecht II **Fall 117**).

---

[5] *BGH* NJW 1972, 475; allgemeiner BGHZ 46, 313, 316.

[6] Vgl. etwa *BGH* BB 1979, 698, 699.

[7] BGHZ 55, 392, 397 f.

[8] BGHZ 54, 264; 61, 227; *BGH* NJW-RR 2004, 1566.

3. Abschnitt. Die Unmöglichkeit der Leistung und gleichgestellte Tatbestände

§ 34. Die Leistungsbefreiung (§ 275)

Literatur: *Arnold,* Die vorübergehende Unmöglichkeit nach der Schuldrechtsreform, JZ 2002, 866; *Beuthien,* Zweckerreichung und Zweckstörung im Schuldverhältnis, 1969; *Canaris,* Die Behandlung nicht zu vertretender Leistungshindernisse nach § 275 Abs. 2 beim Stückkauf, JZ 2004, 214; *ders.,* Die Bedeutung des Kriteriums der Unteilbarkeit der Leistung oder der Gegenleistung im modernisierten Leistungsstörungsrecht, 2. FS Medicus, 2009, 17; *Däubler,* Die vorübergehende Unmöglichkeit der Leistung, FS Heldrich, 2005, 55; *Gsell,* Zeitweilige Unmöglichkeit und prozessuale Durchsetzung des Leistungsanspruchs, FS Buchner, 2009, 267; *Köhler,* Unmöglichkeit und Geschäftsgrundlage bei Zweckstörungen im Schuldverhältnis, 1971; *Kohler,* Bestrittene Leistungsunmöglichkeit und ihr Zuvertretenhaben bei § 275 BGB – Prozesslage und materielles Recht, AcP 205 (2005) 93; *Lobinger,* Die Grenzen rechtsgeschäftlicher Leistungspflichten, 2004; *Löhnig,* Die Voraussetzungen des Leistungsverweigerungsrechts nach § 275 Abs. 2 BGB, ZGS 2005, 459; *Looschelders,* „Unmöglichkeit" und Schadensersatz statt der Leistung, JuS 2010, 849; *Medicus,* Bemerkungen zur „vorübergehenden Unmöglichkeit", FS Heldrich, 2005, 347; *Picker,* Schuldrechtsreform und Privatautonomie – Zur Neuregelung der Schuldnerpflichten bei zufallsbedingter Leistungsstörung nach § 275 Abs. 2 und § 313 BGB, JZ 2003, 1035 (s. dazu *Canaris,* JZ 2004, 214); *Schlüter,* Leistungsbefreiung bei Leistungserschwerungen, ZGS 2003, 346; *Scholl,* Die Unzumutbarkeit der Arbeitsleistung nach § 275 Abs. 3 BGB, Jura 2006, 283; *Schwarze,* „Steht und fällt" – Das Rätsel der relativen Fixschuld, AcP 207 (2007) 437; *Windel,* „Unsinnige", rechtlich unmögliche und verbotswidrige Leistungsversprechen, ZGS 2003, 466.

I. Regelungszweck und Reichweite

§ 275 I–III regeln die Befreiung des Schuldners von der Leistungspflicht in Fällen, in 403 welchen er die Leistung nicht erbringen kann (I) bzw. in welchen die Leistung zwar erbringbar wäre, ihm aber aus bestimmten Gründen nicht zugemutet werden kann (§ 275 II, III), s. dazu den grafischen Überblick bei Rn. 421. Die dort angeordnete Rechtsfolge, dass der Anspruch auf Leistung ausgeschlossen ist (I) bzw. der Schuldner die Leistung verweigern kann, bezieht sich lediglich auf das Recht des Gläubigers, die Leistung *in natura* zu verlangen (Primärleistungspflicht) und ist deshalb grundsätzlich unabhängig vom Vertretenmüssen (s. aber § 275 II). Die Frage, welche **weitere Rechtsfolgen** sich aus der Leistungsbefreiung bzw. der Geltendmachung eines Leistungsverweigerungsrechts in Bezug auf etwaige Gegenleistungsansprüche ergeben (s. § 326) oder ob an die Stelle der Primärleistungspflicht eine andere Pflicht, etwa auf Herausgabe eines Surrogats (s. § 285) oder eine Schadensersatzpflicht (s. §§ 280, 283, 311 a II) als **sekundäre Leistungspflicht** tritt, ist in § 275 nicht geregelt, sondern vielmehr von § 275 IV ausdrücklich vorbehalten.

II. „Echte" Unmöglichkeit (§ 275 I)

1. Physische Unmöglichkeit

Physische (tatsächliche) Unmöglichkeit liegt vor, wenn die geschuldete Leistung nach 404 den Naturgesetzen nicht erbracht werden kann: Die geschuldete Sache ist unwiederbringlich vernichtet worden; die Forderung, deren Abtretung geschuldet wird, ist erloschen; die geschuldete Werkleistung ist technisch nicht realisierbar oder bereits von einem Dritten erbracht.[1]

[1] So etwa in *BGH* NJW 2010, 1282.

Im Falle von Gattungsschulden (§ 243) tritt eine solche Unmöglichkeit freilich erst ein, wenn entweder die gesamte Gattung nicht existiert oder untergegangen ist (Beispiel: Die gesamte Ernte, aus der geliefert werden sollte, wird vernichtet) oder aber bereits Konkretisierung eingetreten war und der Gegenstand untergegangen ist, auf den sich nunmehr das Schuldverhältnis nach § 243 II beschränkt (o. Rn. 195ff.).

405 Auch die sog. **„Zweckerreichung"** oder **„Zweckverfehlung"** ist ein Fall physischer Unmöglichkeit. Sie liegt dann vor, wenn die Leistung zwar physisch noch erbracht werden könnte, aber sinnlos geworden ist, weil der (geschuldete oder durch die Tätigkeit bezweckte) Leistungserfolg bereits anderweitig eingetreten ist oder nicht mehr eintreten kann: So liegt etwa Unmöglichkeit vor, wenn das abzuschleppende Pannenfahrzeug bereits wieder angesprungen ist, die vom Chefarzt persönlich geschuldete Operation bereits erfolgreich durch eine Assistenzarzt vorgenommen wurde[2] oder der Käufer die vom Verkäufer nach § 439 geschuldete Nacherfüllung eines mangelhaften Kaufgegenstandes bereits selbst vorgenommen hat oder diese nicht mehr vorgenommen werden kann, weil der Kaufgegenstand zerstört ist (zum Schicksal der Gegenleistungspflicht in diesen Fällen s. Rn. 440). Von Zweckverfehlung kann man auch im Fall des sog. **absoluten Fixgeschäfts** sprechen (dazu Rn. 411).

Einen Grenzfall bildet die Verpflichtung zur Beratung auf astrologischer oder parapsychologischer Basis. Hier ist zunächst genau zu ermitteln, was Gegenstand der vertraglichen Verpflichtung sein soll. So hat der BGH bei einer Verpflichtung zur Lebensberatung aufgrund magischer Kräfte des Kartenlegens eine im Rechtssinn unmögliche Leistung angenommen, weil der (naturwissenschaftlich unmögliche) Einsatz magischer Kräfte vereinbart gewesen sei.[3] Eine Pflicht zur Zahlung des Honorars hat der BGH aber dennoch aufgrund der Auslegung des Vertrags bejaht (konkludente Abbedingung von § 326 I 1, dazu u. Rn. 431).

Ist hingegen nur astrologisches Kartenlegen nach den dafür geltenden Regeln geschuldet oder handelt es sich bei den angebotenen Leistungen um bloße Jahrmarktvergnügungen, ist die Leistung als solche nicht unmöglich (sondern nützt eben nur nichts). Gleiches gilt bei einer Verpflichtung zur Lebensberatung, bei welcher lediglich irgendwelche esoterischen Handlungen vorgenommen werden, nicht aber der – unmögliche – Einsatz magischer Kräfte versprochen wird.[4] Letztlich gerät man hier schon an die Wertungsfrage, ob solche Verträge Rechtsschutz verdienen.[5] In einem der Vertragsfreiheit verpflichteten System ist das grundsätzlich zu bejahen.

2. Rechtliche Unmöglichkeit

406 Rechtliche Unmöglichkeit liegt vor, wenn die Vornahme der versprochenen Leistung zumindest dem Schuldner verboten oder aus rechtlichen Gründen unmöglich ist.[6] Häufig (aber nicht zwingend) wird dann schon nach § 134 Vertragsnichtigkeit gegeben sein (z. B. bei der Verpflichtung zur Begehung einer Straftat). Rechtliche Unmöglichkeit liegt aber vor, wenn die Leistung an anderen rechtlichen Hindernissen wie etwa dem *numerus clausus* dinglicher Rechte scheitert (so scheitert etwa die Verpflichtung zur Bestellung eines vererblichen Nießbrauchs an § 1061). Auch kann ein (vertraglicher oder gesetzlicher) Auskunftsanspruch an datenschutzrechtlichen Verboten scheitern.

Allein der Umstand, dass der Schuldner sich gegenüber zwei Gläubigern verpflichtet hat, eine Leistung zu erbringen, die er nur einmal erbringen kann (z. B. Doppelverkauf einer Sache), führt hingegen nicht zu

[2] *OLG Koblenz* NJW 2008, 1679.

[3] BGHZ 188, 71 = *BGH* NJW 2011, 756 = JuS 2011, 359 *(Faust)*; s. dazu auch *Schermaier*, JZ 2011, 633 sowie *Bartels*, ZGS 2011, 355.

[4] *BGH* a. a. O. Rn. 11.

[5] Vgl. auch BGHZ 115, 69 („keltisches Horoskop").

[6] *BGH* NJW 2013, 152 Rn. 33.

rechtlicher Unmöglichkeit. Diese kann erst dann eintreten, wenn der Schuldner nach Erfüllung einer der Verpflichtungen mangels Verfügungsmacht über den Gegenstand nicht mehr in der Lage ist, die andere zu erfüllen (subjektive Unmöglichkeit, s. Rn. 408).[7]

Unmöglichkeit ist auch im Falle des Erfordernisses einer behördlichen Zustimmung zu privatrechtlichen Verträgen denkbar. Soweit sich dieses Erfordernis – wie meist – bereits auf den Schuldvertrag selbst erstreckt, braucht man die Rechtsfigur Unmöglichkeit nicht, weil die Verpflichtung mangels Zustimmung schon gar nicht erst entsteht.

Dann ergibt sich nur die nach Treu und Glauben zu entscheidende Frage, welche Anstrengungen die Parteien unternehmen müssen, um die Zustimmung herbeizuführen. Die Rspr. hat sogar vereinzelt eine Pflicht zur Mitwirkung an solchen Vertragsänderungen bejaht, die den Vertrag genehmigungsfähig machen können.[8] Unmöglichkeit kommt nur in Betracht, wenn der Abschluss des Schuldvertrags zustimmungsfrei ist, aber seine Ausführung einer Zustimmung bedarf, die endgültig verweigert wird.

3. Anfängliche und nachträgliche Unmöglichkeit

§ 275 unterscheidet nicht danach, ob das Leistungshindernis bereits bei Vertrags- 407
schluss bestand oder nachträglich eingetreten ist. Da im Falle anfänglicher Unmöglichkeit ein Erfüllungsanspruch zu keinem Zeitpunkt bestand, ist in § 275 I richtigerweise auch nicht vom „Erlöschen“ eines Anspruchs die Rede, sondern von einem „Ausschluss“. Die Unterscheidung zwischen anfänglicher und nachträglicher Unmöglichkeit ist erst bei der Frage der Schadensersatzverpflichtung des Schuldners von Bedeutung (s. §§ 280 I, III, 283 einerseits und § 311 a II andererseits, s. dazu u. Rn. 447 ff.).

4. Objektive und subjektive Unmöglichkeit

§ 275 unterscheidet auch nicht danach, ob die Leistung generell, also für jedermann 408
unmöglich ist (**objektive Unmöglichkeit:** Verkauf einer nicht existenten Sache) oder ob die Leistung nur für den Schuldner unmöglich ist (**subjektive Unmöglichkeit, Unvermögen:** Übereignung einer fremden Sache), sondern stellt beide Fälle ausdrücklich gleich. Subjektive Unmöglichkeit darf freilich nicht vorschnell angenommen werden: So führt etwa die bloße Tatsache, dass ein Verkäufer nicht Eigentümer der verkauften Sache ist und deshalb (derzeit) die Pflicht aus § 433 I 1 zur Besitzverschaffung und Übereignung nicht erfüllen kann, noch nicht zu subjektiver Unmöglichkeit. Sie setzt vielmehr voraus, dass der Schuldner (Verkäufer) auch nicht in der Lage ist, sich die Sache wieder zu beschaffen oder den Verfügungsberechtigten zur Leistung an den Gläubiger zu veranlassen.[9]

Da dies aber den Gläubiger in Beweisnot bringen kann (wie soll er z. B. im Rahmen eines Schadensersatzanspruchs nach §§ 280 I, III, 283 beweisen, dass der Schuldner nicht in der Lage ist, sich den Gegenstand zu beschaffen?) hilft ihm die Rspr. hier mit einer **Beweislastumkehr.** Bei Schuldverhältnissen, die auf die Verschaffung des Eigentums an einer Sache gerichtet sind (also insbesondere bei Kaufverträgen), begründet danach der Umstand, dass der Schuldner die rechtliche Verfügungsmacht über die Sache verloren hat, sein Unvermögen zur Leistung, solange er nicht behauptet und beweist, dass er zur Erfüllung des Vertrags durch Wiedererwerb der Sache willens und in der Lage ist.[10]

[7] *BGH* NJW 2013, 152 Rn. 33.
[8] Etwa *BGH* NJW 1973, 1498.
[9] BGHZ 141, 179, 181; BGHZ 199, 123 Rn. 26.
[10] *BGH* NJW 2007, 2841 Rn. 10; NJW 2015, 1516 Rn. 25.

Ist dies nur unter extremem Aufwand möglich, kommt aber ein Leistungsverweigerungsrecht nach § 275 II in Betracht (s. PdW Schuldrecht I **Fall 9** sowie unten Rn. 414ff.).

5. Vollständige und teilweise Unmöglichkeit; qualitative Unmöglichkeit

409 Die Unmöglichkeit kann die ganze geschuldete Leistung, aber auch nur einen Teil derselben betreffen. Die h. M. nimmt **Teilunmöglichkeit** nur an, wenn die Leistung als solche teilbar ist. Das soll sich primär aus dem Parteiwillen, im Übrigen nach der Verkehrsanschauung ergeben.[11] Ist die Leistung nicht teilbar, liege vollständige Unmöglichkeit vor. Letztere sei immer dann anzunehmen, wenn der **vertraglich festgelegte oder vorausgesetzte Verwendungszweck** des Gläubigers auch nicht teilweise erreicht werden kann, d. h. dem Gläubiger „nur mit der vollen Leistung gedient ist".[12] Um dies zu ermitteln, sei ähnlich wie bei § 139 (Teilnichtigkeit) danach zu fragen, ob der Vertrag mutmaßlich auch über den noch möglichen gebliebenen Teil der Leistung zustande gekommen wäre (was z. B. nicht der Fall ist, wenn von einem verkauften 12-bändigen Lexikon 2 Bände zerstört sind, s. auch PdW Schuldrecht I **Fall 11**). Teilunmöglichkeit ist hingegen denkbar, wenn nur ein Bruchteil der Leistung erbracht werden kann (z. B. von den bestellten fünf Maschinen können nur zwei geliefert werden, weil nach deren Herstellung die Fabrik abgebrannt ist). Teilunmöglichkeit liegt aber auch vor, wenn von **mehreren** miteinander zusammenhängenden, aber **verschiedenartigen Leistungen eine** unmöglich wird (z. B. der Verkäufer, der nach § 433 I 1 Übergabe und Übereignung sowie nach § 433 I 2 Sachmängelfreiheit schuldet, kann zwar Eigentum und Besitz verschaffen, aber nicht sachmangelfrei leisten, weil der Mangel unbehebbar ist). Drittens gehört hierhin, dass eine **einheitliche Leistung nur unvollständig erbracht** werden kann (z. B. das verkaufte Hausgrundstück nur ohne das inzwischen abgebrannte Haus[13]). Liegt Teilunmöglichkeit vor, so ergibt sich aus der Formulierung „soweit" in § 275 I, dass der Schuldner auch nur von dem unmöglichen Teil der Leistung befreit ist, den Rest der Leistung also erbringen muss, der Gläubiger sie also (unter teilweiser Aufrechterhaltung seiner Gegenleistungsverpflichtung, § 326 I 1 Hs. 2, dazu unten Rn. 432) verlangen **darf.**

Hiervon zu unterscheiden ist die Frage, ob der Gläubiger den Rest der Leistung annehmen **muss.** Das ist nach §§ 326 V i. V. m. 323 V 1 dann nicht der Fall, wenn Interessefortfall vorliegt. Der Gläubiger kann also auch vom „Restvertrag" zurücktreten. Dabei ist maßgeblich, ob der Gläubiger mit der verbliebenen Teilleistung seine Vertragsziele zumindest noch teilweise verwirklichen kann (s. dazu sowie zur Problematik der Unteilbarkeit der **Gegenleistung** u. Rn. 432). Da der Gläubiger dies selbst am besten beurteilen kann, ist mit *Canaris* für die Abgrenzung zwischen vollständiger und teilweiser Unmöglichkeit grundsätzlich nicht darauf abzustellen, ob die Leistung rechtlich oder technisch sinnvoll teilbar ist, sondern allein darauf, dass sie faktisch geteilt ist.[14] Dem Gläubiger bleibt es dann unbenommen, trotz „Unteilbarkeit" die restliche Leistung anzunehmen (und die ggf. geschuldete Gegenleistung anteilig zu erbringen), oder aber sich vom gesamten Vertrag (unter der Voraussetzung des Interessefortfalls) zu lösen. Die Kriterien, welche die h. M. im Erfordernis der Teilbarkeit verankert, werden damit in dasjenige des Interessefortfalls nach § 323 V 1 verlagert: Bei Unteilbarkeit liegt stets auch Interessefortfall vor, der den Gläubiger nach §§ 326 V, 323 V 1 zum Gesamtrücktritt **berechtigt,** aber nicht verpflichtet.[15] Das hat gegenüber der

---

[11] S. dazu etwa *BGH* NJW 1990, 3011, 3012: Lieferung von Hard- und Software; *LG Rottweil* NJW 2003, 3139: Kauf einer Einbauküche; aus der Lit. vgl. nur *Looschelders,* AT, Rn. 469 m. w. N.

[12] RGZ 140, 378, 383.

[13] *BGH* NJW 1995, 1737.

[14] *Canaris,* 2. FS Medicus, 2009, 17.

[15] Abweichend *Canaris* a. a. O., 31, der die Kriterien als nicht vollständig deckungsgleich ansieht, weil sich Teilbarkeit, nicht aber Interessefortfall auch aufgrund des Parteiwillens ergeben könne. Die Unteilbarkeit der Leistung sei aber stets ein hinreichender Grund für den Gesamtrücktritt.

h. M. unter im Wesentlichen identischen Kriterien den Vorteil, dass dem Gläubiger, der u. U. ein Interesse am noch möglichen Teil der (an sich unteilbaren) Leistung hat, die Restleistung nicht nach § 275 I vorenthalten wird: Warum soll der Käufer des 12-bändigen Lexikons nicht die noch vorhandenen 10 Bände verlangen können, wenn er ein Interesse daran hat (weil er etwa die verlorenen 2 Bände nicht benötigt oder sich anderweitig beschaffen kann)? Damit bleiben für das Erfordernis der Teilbarkeit nur noch Fälle übrig, in welchen die Vertragszwecke des **Schuldners** durch eine Teilleistung nicht erreicht werden können (z. B. so etwa, wenn im Falle der Schenkung eines denkmalgeschützten Hausgrundstücks zum Zwecke seiner Erhaltung durch den Erwerber das Haus vor der Übereignung abbrennt. Soll hier der Schenker jetzt zur Übereignung von Bauland verpflichtet sein?). Will man mit *Canaris* auch hier nicht am Kriterium der Teilbarkeit festhalten, sind die Schuldnerinteressen über § 313 (Wegfall der Geschäftsgrundlage) oder eine analoge Anwendung von § 139 zu berücksichtigen (was insofern näherliegt, als es dann nicht darauf ankommt, ob das Haus vor oder nach Vertragsschluss abbrennt).

Teilweise Unmöglichkeit ist allerdings nicht nur in Bezug auf die **Quantität** der Leistung, sondern auch in Bezug auf die **Qualität** der Leistung denkbar. Das ist insbesondere im Kauf- und Werkvertragsrecht bei unbehebbaren Sach- und Rechtsmängeln von Bedeutung. Diese sog. **qualitative** Unmöglichkeit ist wegen der dafür bestehenden Sonderregelungen in Bezug auf die Rechte des Gläubigers (s. Rn. 434, 449, 498 sowie PdW Schuldrecht I **Fall 13;** Schuldrecht II **Fall 10**) ein besonders geregelter Unterfall teilweiser Unmöglichkeit.

6. Einstweilige und endgültige Unmöglichkeit

§ 275 I setzt eine **dauernde** Unmöglichkeit voraus. Steht dies nicht fest (zur Beweislast 410
s. u. Rn. 420), liegt also u. U. eine nur einstweilige, vorübergehende Unmöglichkeit vor, entfällt die Leistungspflicht grundsätzlich nicht endgültig. Einig ist man sich aber darüber, dass der Gläubiger, solange der Schuldner die Leistung nicht erbringen kann, diese auch nicht fordern kann. Der Erfüllungsanspruch ist damit für diesen Zeitraum analog § 275 I gehemmt[16], so dass auch eine Verjährung nach § 199 I Nr. 1 noch nicht beginnt[17] und Schuldnerverzug (§ 286) nicht eintreten kann bzw. gehemmt ist (s. u. Rn. 463). Eine Klage wäre als „derzeit unbegründet" abzuweisen[18], eine etwaige Gegenleistung kann nach § 320 verweigert werden.

a) Absolutes Fixgeschäft

Die Leistungszeit kann aber nach der Vereinbarung der Parteien so wesentlich sein, 411
dass die Leistung nur zu einer bestimmten Zeit oder innerhalb eines bestimmten Zeitraums erbracht werden kann, die Verfehlung dieses Zeitpunktes die Leistung also ebenfalls dauernd unmöglich macht. Dann spricht man von einem **absoluten Fixgeschäft.** Ein solches erfordert nicht nur die Festlegung einer genauen Leistungszeit, sondern darüber hinaus Einigkeit der Parteien darüber, dass der Vertrag mit der Einhaltung oder Nichteinhaltung der Leistungszeit „stehen oder fallen" solle. Der Leistungszeitpunkt muss nach Sinn und Zweck des Vertrags und nach der Interessenlage der Parteien so wesentlich sein, dass eine verspätete Leistung keine Erfüllung mehr darstellt, weil sie für den Gläubiger absolut sinnlos ist.[19] Ob die Parteien der vereinbarten Leistungszeit eine so weitgehende Bedeutung beimessen wollten, ist unter Berücksichtigung aller Umstände durch Auslegung zu ermitteln. Beispiele sind etwa die für

[16] Ganz h. M., s. etwa *Gsell,* FS Buchner, 2009, 267; *Medicus,* FS Heldrich, 2005, 347, 349; MünchKomm/*Ernst,* § 275 Rn. 134 m. w. N.; aus der Rspr. s. *BGH* NZG 2010, 1436 Rn. 22.
[17] *BGH* NZG 2010, 1436 Rn. 22.
[18] *BGH* a. a. O.
[19] *BGH* NJW 2009, 2743 Rn. 12.

einen bestimmten Zeitpunkt gebuchte Reise[20] oder der Kauf eines Weihnachtsbaums, der nur bis Weihnachten als ein solcher geliefert werden kann. Auch **Arbeitsleistungen** haben, da eine bestimmte Tätigkeit geschuldet wird, die nicht nachholbar ist, i. d. R. absoluten Fixschuldcharakter. Im Zweifel ist aber auch bei vertraglicher Festlegung der Leistungszeit nicht von einem absoluten Fixgeschäft auszugehen.[21] Absolute Fixgeschäfte sind also außerordentlich selten. Zu fragen ist stets, ob der Gläubiger noch ein Interesse an der Leistung haben kann. Ist das der Fall, wäre es interessenwidrig, ihm den Anspruch nach § 275 I ohne seinen Willen aus der Hand zu schlagen.[22] Dem Gläubiger bleibt ja dann immer noch der (vom Vertretenmüssen unabhängige und meist nach den Regeln des sogleich zu erörternden „relativen Fixgeschäfts" auch ohne Fristsetzung mögliche) Rücktritt nach § 323.

b) Relatives Fixgeschäft

412 In der Regel liegt bei einer vertraglichen Bestimmung der Leistungszeit daher lediglich ein sog. **relatives Fixgeschäft** vor. Ebenso wie ein absolutes Fixgeschäft erfordert auch ein solches über die Festlegung einer genauen Leistungszeit hinaus, dass es für den Schuldner zumindest erkennbar ist, dass der Vertrag mit der Einhaltung oder Nichteinhaltung der Leistungszeit „stehen oder fallen" solle. Der Unterschied zum absoluten Fixgeschäft besteht aber darin, dass nach dem Vertragszweck die Leistung nach Ablauf des Erfüllungszeitraums nicht gänzlich sinnlos wird, sondern der Gläubiger durchaus trotz der Verspätung noch ein Interesse an der Leistung haben kann: Wird etwa beim Kauf eines Autos ein bestimmter fester Liefertermin vereinbart, weil der Käufer damit in den Urlaub fahren will, so kann er, auch wenn dieser Liefertermin ergebnislos verstreicht, ein fortbestehendes Interesse an der Lieferung haben, da er das Fahrzeug wohl nicht ausschließlich zu diesem Zweck verwenden wollte. Ist der zu einem bestimmten Zeitpunkt gebuchte Flug verspätet, kann der Fluggast immer noch ein Interesse an der Beförderung haben.[23] Es wäre daher interessenwidrig, Unmöglichkeit nach § 275 I anzunehmen und dem Gläubiger damit den Erfüllungsanspruch möglicherweise gegen seinen Willen zu nehmen. Daher führt die Versäumung der Leistungsfrist hier nicht zu den Unmöglichkeitsfolgen, sondern dem Gläubiger wird ein **Rücktrittsrecht** nach den Regeln über die **Verspätung der Leistung** eingeräumt mit der Besonderheit, dass er hierzu dem Schuldner keine weitere Nachfrist einräumen muss (§ 323 II Nr. 2, dazu u. Rn. 494). Damit liegt es in der Hand des Gläubigers, an dem Vertrag festzuhalten. § 281 II sieht das für den **Schadensersatz statt der Leistung** – allerdings nicht in gleicher Weise – vor (s. u. Rn. 508).

c) Unzumutbarkeit weiteren Abwartens

413 Bei gewöhnlichen Geschäften steht schließlich nach der Rspr. eine u. U. nur vorübergehende Unmöglichkeit einer endgültigen Unmöglichkeit gleich, wenn durch sie die Erreichung des Vertragszwecks gefährdet wird und den Parteien ein weiteres Abwarten nicht mehr zumutbar ist.[24] Nach dem seit dem 1.1.2002 geltenden Recht besteht dafür freilich aus Gläubigersicht kein Bedürfnis mehr, weil dieser sich gem. § 323 **unab-**

[20] BGHZ 60, 14.

[21] *BGH* NJW 2001, 2878: Kein absolutes Fixgeschäft bei Musikproduktionsvertrag.

[22] S. z. B. *BGH* NJW 2009, 2743: Kein absolutes Fixgeschäft bei einem Flugbeförderungsvertrag.

[23] *BGH* NJW 2009, 2743 Rn. 12.

[24] BGHZ 83, 197, 200; *BGH* WM 2005, 1232; zum neuen Recht ebenso BGHZ 174, 61 Rn. 24 sowie *OLG Karlsruhe* NJW 2005, 989.

hängig vom Vertretenmüssen des Schuldners durch Fristsetzung und Rücktritt vom Vertrag lösen und damit die für ihn unzumutbare Schwebelage durchaus selbst beseitigen kann (was nach früherem Recht nur im Falle des Vertretenmüssens möglich war). Daher wird man richtigerweise nach jetzt geltendem Recht eine u. U. nur vorübergehende Unmöglichkeit nur noch dann einer endgültigen gleichzustellen haben, wenn **aus der Sicht des Schuldners** (der ja nicht wegen der eigenen Leistungsverzögerung nach § 323 zurücktreten kann) ein weiteres Abwarten unzumutbar ist.[25] So etwa, wenn ein Bauunternehmer das versprochene Bauwerk nicht errichten kann, weil unklar ist, ob der Bauherr die notwendige Baugenehmigung wird erlangen können (PdW Schuldrecht I **Fall 15**). Hier kann dem Bauunternehmer, der seine Dispositionsfreiheit wiedererlangen will, ein weiteres Abwarten unzumutbar sein. Ist dies der Fall, steht die vorübergehende Unmöglichkeit der endgültigen Unmöglichkeit gleich. Aus Gründen der Rechtsklarheit wird man aber analog § 323 eine rechtsgestaltende Erklärung des Schuldners zu verlangen haben, der – ähnlich wie bei einem Rücktrittsrecht – erklären muss, dass er durch den Vertrag nicht mehr gebunden sein will. Die dann erfolgende Gleichstellung zeitweiliger mit endgültiger Unmöglichkeit ist aus Rechtssicherheitsgründen endgültig.[26] Sollte die Leistung nach dem maßgeblichen Zeitpunkt unerwartet doch möglich werden, ist dies ohne Belang.

Nach einer anderen Ansicht kann die Lösung vom Vertrag **auch aus Gläubigersicht** nur über diesen Weg erfolgen: Da im Falle zeitweiliger Unmöglichkeit die Leistungspflicht, obwohl keineswegs endgültig weggefallen, so doch suspendiert sei, könne der Gläubiger sie aus diesem Grund auch nicht fordern, solange das Leistungshindernis besteht. Da somit keine „fällige" Leistung i. S. v. § 323 I, 281 I vorliege, komme ein Rücktritt nicht in Betracht.[27]

III. „Normative" Unmöglichkeit: Leistungsverweigerungsrechte bei Leistungserschwerung (§ 275 II, III)

Bereits vor der Schaffung von § 275 II, III war in Rechtsprechung und Literatur anerkannt, dass es Leistungshindernisse geben kann, welche dem Schuldner die Leistung zwar nicht tatsächlich oder rechtlich unmöglich machen, diese aber in einem Maße erschweren, dass dem Schuldner die Leistung nicht mehr zugemutet werden kann. Man spricht in diesem Zusammenhang auch von Anstrengungen, welche die **„Opfergrenze"** überschreiten. Damit sind nicht nur Extremfälle gemeint, in welchen kein vernünftiger Schuldner auf die Idee käme, den Versuch einer Leistungserbringung zu wagen und kein vernünftiger Gläubiger auf die Idee käme, die Leistung *in natura* zu fordern (so etwa die Bergung eines im Meer versunkenen Ringes), sondern auch Fälle, in welchen unvorhergesehene Leistungshindernisse die an sich mögliche Leistung unzumutbar machen. 414

So war in RGZ 57, 116 Baumwollsaatmehl der Marke „Eichenlaub" versprochen worden; die einzige Mühle, die dieses Mehl herstellte, brannte aber mit allen Vorräten ab. Der Schuldner hätte nun versuchen können, sich Teilmengen zu besorgen, die schon vor dem Brand an andere Besteller ausgeliefert worden waren. Doch hat ihn das RG zu einem solchen Ausweichen auf andere Märkte (das auch erheblich höhere Kosten verursacht hätte) nicht für verpflichtet gehalten.

---

25 *Canaris,* in: Karlsruher Forum 2002, 2003, 53.
26 BGHZ 174, 61 Rn. 24.
27 So *Medicus,* FS Heldrich, 2005, 347. Auch BGHZ 174, 61 Rn. 24 beschränkt sich nicht auf die Perspektive des Schuldners.

§ 275 II und III versuchen eine Definition der Grenze, ab welcher der Schuldner zur Überwindung dieser Leistungshindernisse nicht mehr verpflichtet sein soll. Man kann hier auch von „normativer“ Unmöglichkeit sprechen, weil es sich um Fälle handelt, in welchen das Gesetz die Unmöglichkeitsfolgen anordnet, ohne dass tatsächlich Unmöglichkeit vorliegt. Dabei sind wirtschaftliche Gründe (II) und persönliche Gründe (III) zu unterscheiden.

Als spezielle Ausformung von § 275 II und III verstehen sich die Leistungsverweigerungsrechte bei der Nacherfüllung im Kaufrecht (§ 439 III) und im Werkvertragsrecht (§ 635 III). Wie schon ihrem klaren Wortlaut zu entnehmen ist („unbeschadet des § 275 II und III“) verdrängen sie § 275 II und III nicht, sondern senken die „Schwelle“, ab derer der Schuldner die Leistung verweigern kann, zu dessen Gunsten ab (s. dazu BT Rn. 137, 758).

1. Wirtschaftliche Leistungserschwerung

a) Maßgebliche Relation

415 Nach § 275 II kann der Schuldner die Leistung verweigern, „soweit diese einen Aufwand erfordert, der unter Beachtung des Inhalts des Schuldverhältnisses und der Gebote von Treu und Glauben in einem groben Missverhältnis zu dem Leistungsinteresse des Gläubigers steht.“ Schlüssel zum Verständnis der Vorschrift ist die Relation: Das näher beschriebene Missverhältnis muss zwischen dem Aufwand des **Schuldners** zur Erbringung der Leistung und deren Nutzen für den **Gläubiger** bestehen. Grob und unscharf formuliert: Die Leistung muss den Schuldner deutlich mehr **kosten,** als sie dem Gläubiger **nützt.** Dabei ist es vollkommen gleichgültig, ob sich die Verpflichtung des Schuldners aus einem gesetzlichen oder einem rechtsgeschäftlichen Schuldverhältnis ergibt.[28] So ist § 275 II etwa erfüllt, wenn im Falle einer mangelhaften Mietsache ein krasses Missverhältnis zwischen dem Reparaturaufwand des gem. § 535 I zur Mängelbeseitigung verpflichteten Vermieters und dem Nutzen der Reparatur für den Mieter besteht.[29] Irrelevant ist hingegen ein Vergleich zwischen dem Aufwand des Schuldners und **dessen eigenem** Nutzen. Bezugspunkt für die Feststellung eines groben Missverhältnisses ist also nicht das wirtschaftliche oder sonstige Interesse des Schuldners daran, für die Erfüllung der Leistungsschuld keinen unerschwinglichen Aufwand betreiben zu müssen.[30] Es kommt also nicht darauf an, ob sich die Leistung **für den Schuldner** „lohnt“:

Verkauft ein Verkäufer eine Ware zum Stückpreis von 30,– € bei einem angenommenen Einkaufspreis von 20,– € und steigen unvorhergesehen die Weltmarktpreise für die Ware auf 80,– €, so besteht das von § 275 II vorausgesetzte Missverhältnis gerade nicht: Zwar hat der Schuldner nunmehr einen höheren Aufwand, um die Leistung zu erbringen, jedoch steht dieser nicht in einem Missverhältnis zum Leistungsinteresse **des Gläubigers** (Käufers). Denn dieser müsste, wollte er sich die Leistung anderweitig besorgen, ebenfalls einen Stückpreis von 80,– € bezahlen. Hier besteht das Missverhältnis also allein zwischen Aufwand des Schuldners und Nutzen des Schuldners, nicht aber gegenüber dem Gläubiger.

Allein der Umstand, dass die Leistung den Schuldner schwer oder existenzbedrohend belastet, begründet also kein Leistungsverweigerungsrecht. Diese auch als „wirtschaft-

[28] *BGH* NJW 2008, 3122 Rn. 17; NJW-RR 2010, 315 (zur Anwendbarkeit auf einen Beseitigungsanspruch aus § 1004 I).
[29] *BGH* NJW 2005, 3284.
[30] *BAG* NZA 2005, 440.

liche Unmöglichkeit" bezeichneten Fälle können allenfalls von § 313 (Störung der Geschäftsgrundlage) erfasst werden (s. u. Rn. 564 sowie PdW Schuldrecht I **Fall 18**). § 313 führt aber – anders als § 275 II und durchaus sachgerecht – nicht sogleich zu einer Befreiung des Schuldners, sondern primär zu einer Anpassung der Vergütung.

Freilich geht es aber in § 275 II nicht alleine um den wirtschaftlichen Wert der Leistung für den Gläubiger. Dessen „Leistungsinteresse" kann selbstverständlich auch nicht wirtschaftlicher, etwa emotionaler Natur sein (s. PdW Schuldrecht I **Fall 19**).

b) Einzelkriterien für die Bestimmung der „Opfergrenze"

Aus den näheren Kriterien, welche § 275 II für die „Opfergrenze" des Schuldners definiert, wird deutlich erkennbar, dass es sich dabei um eine **eng auszulegende Ausnahmevorschrift** handelt. Bei der Feststellung eines „groben" Missverhältnisses zwischen Schuldneraufwand und Gläubigerinteresse sind nämlich der Inhalt des Schuldverhältnisses und die Gebote von Treu und Glauben zu beachten. Handelt es sich um ein vertragliches Schuldverhältnis und ist das Leistungshindernis vorhersehbar, so wird dieses bereits in der Gegenleistung berücksichtigt sein. Wann die Zumutbarkeitsgrenze überschritten ist, muss im Übrigen von Fall zu Fall unter Berücksichtigung der beiderseitigen Parteiinteressen wertend ermittelt werden.[31] Dass starre Wertverhältnisse im Rahmen von § 275 II unangebracht sind, zeigt auch § 275 II 2, wonach bei den dem Schuldner zuzumutenden Anstrengungen auch zu berücksichtigen ist, ob er das Leistungshindernis zu vertreten hat.[32] Geht es etwa um die Frage, ob ein Vermieter ein abgebranntes Mietobjekt wiederzuerrichten hat, verlangt die Vorschrift von dem Brandstifter größere Anstrengungen als von einem Schuldner, den das Leistungshindernis nur infolge leichter Fahrlässigkeit oder sogar ganz ohne Verschulden getroffen hat. 416

In *BGH* NJW 2005, 2852, wo es um die im Wege der Nacherfüllung gem. § 439 I geschuldete Beseitigung einer anlagebedingten Fehlentwicklung eines verkauften Hundes durch eine (mögliche aber aufwendige) tierärztliche Behandlung ging, hat der BGH im Rahmen von § 275 II ebenfalls zugunsten des Verkäufers ergänzend die Tatsache herangezogen, dass dieser die Fehlentwicklung nicht zu vertreten hatte.

Hilfreich kann § 275 II auch im Falle fraglicher subjektiver Unmöglichkeit sein. So kann, wie oben dargelegt (Rn. 408), im Falle des Verkaufs einer fremden Sache aus der bloßen Tatsache, dass der Verkäufer zunächst kein Eigentum verschaffen kann, noch nicht auf dessen endgültiges Unvermögen geschlossen werden. Steht aber fest, dass der Schuldner (Verkäufer) den Verfügungsberechtigten nur unter einer im Verhältnis zum Wert der Sache für den Gläubiger (Käufer) unverhältnismäßig hohen Gegenleistung zur Leistung an diesen veranlassen kann, kommt ein Leistungsverweigerungsrecht nach § 275 II in Betracht, bei welchem freilich nach § 275 II 2 mitzuberücksichtigen ist, ob der Verkäufer das (vorübergehende) Leistungshindernis kannte und damit zu vertreten hat.

S. dazu *BGH* NJW 1988, 699 (noch zum alten Recht): Keine Verpflichtung des Schuldner, die Löschung einer Auflassungsvormerkung herbeizuführen, da sie ihn das 33-fache des Verkehrswerts des betroffenen Grundstücks kosten würde; s. auch PdW Schuldrecht I **Fall 9.**

---

[31] *BGH* NJW 2005, 3284.

[32] S. dazu beispielhaft die Abwägung in *BGH* NJW-RR 2010, 315 bei Rn. 21 ff.

2. Persönliche Leistungserschwerung: Unzumutbarkeit (§ 275 III)

417 Eine Sonderregelung enthält § 275 III für vom Schuldner **persönlich zu erbringende Leistungen** (also insbesondere Dienstleistungen). Er kann die Leistung verweigern, wenn sie ihm „unter Abwägung des seiner Leistung entgegenstehenden Hindernisses mit dem Leistungsinteresse des Gläubigers nicht zugemutet werden kann". Auch die in dieser Regelung kodifizierte Problematik war bereits vor Schaffung der Vorschrift in Rechtsprechung und Literatur als „psychische" oder „personale" Unmöglichkeit anerkannt. Der entscheidende Unterschied zu § 275 II 1 besteht darin, dass § 275 III den für den Schuldner nötigen Aufwand nicht nennt und auch kein grobes Missverhältnis fordert. Die Begründung hierfür ergibt sich aus dem in der Beratung des § 275 III angeführten Fall: Die Sängerin braucht nicht wie versprochen aufzutreten, wenn sie bei ihrem schwer kranken Kind bleiben will (s. PdW Schuldrecht I **Fall 20**)[33]. Hier kann man das Verlassen des Kindes für den Auftritt schwerlich als „Aufwand" der Sängerin bezeichnen. Und schon gar nicht kann man die Überwindung, die der Mutter ein solches Verlassen abnötigen würde, zu dem (regelmäßig materiellen) Interesse des Veranstalters in Beziehung setzen. Daher bleibt nur der Rückgriff auf die (relativ unbestimmte) Unzumutbarkeit. Weitere Beispielsfälle sind etwa das Fernbleiben eines ausländischen Arbeitnehmers wegen einer strafbewehrten Einziehung zum Militärdienst in seiner Heimat.[34] Auch die Arbeitsverweigerung aus Gewissensgründen kann bei schwerwiegenden Gewissenskonflikten ein Fall von § 275 III sein (etwa die ethisch oder religiös motivierte Weigerung eines angestellten Krankenhausarztes an der Vornahme eines Schwangerschaftsabbruchs mitzuwirken). Entscheidend kommt es auch hier auf die Umstände des Einzelfalls an, bei welchen auch die Interessen des Gläubigers zu berücksichtigen sind. Selbstverständlich kommt hier auch dem objektiven Wertgehalt der Grundrechte (Art. 4 GG) eine wichtige Rolle zu.[35]

Einen interessanten und lehrreichen **Beispielsfall** zum Unmöglichkeitsrecht allgemein und insbesondere zur fehlenden Zumutbarkeit der Leistung bietet *BGH* NJW 2013, 152 (= BGHZ 195, 195): Die Domainvergabestelle DENIC hatte sich gegenüber zwei verschiedenen Gläubigern verpflichtet, diesen durch Eintrag in ihrer Registrierungsdatenbank für deren Internetpräsenz einen bestimmten Domainnamen („gewinn.de") zuzuweisen. Erfüllt die Schuldnerin hier einen der Verträge, wird ihr die Leistung an den anderen Gläubiger weder tatsächlich noch rechtlich unmöglich, da sie die Zuweisung jederzeit ändern kann (dazu o. Rn. 406). Erfüllt sie diesen Anspruch, wird sie aber sogleich wieder (erfolgreich) von dem anderen Gläubiger auf Erfüllung in Anspruch genommen werden. Es droht also ein dauerhaftes „Hin und Her" von Erfüllungsansprüchen. Der BGH hat hier offengelassen, ob dieser Fall unter § 275 III fällt (was wohl zu bejahen ist). Jedenfalls ergebe sich aus dem Regelungskonzept von § 275 II und III, dass eine Begrenzung der Leistungspflicht aufgrund von Abwägungen insbesondere im Hinblick auf die Zumutbarkeit für den Schuldner vorzunehmen sei. Unter Rückgriff auf das (übergeordnete) Prioritätsprinzip hat der BGH der Schuldnerin dann ein Leistungsverweigerungsrecht gegenüber demjenigen Gläubiger zugestanden, dessen Anspruch später entstanden war.

[33] BT-Drs. 14/6040, S. 130.

[34] *BAG* NJW 1983, 2782: drohende Todesstrafe!

[35] S. dazu insb. *Canaris,* Grundrechte und Privatrecht, AcP 84 (1984) 201; *ders.,* JuS 1989, 161.

IV. Rechtsfolgen, Beweislast

1. Unmittelbare Rechtsfolgen: Wegfall der Primärleistungspflicht, Begriff der Leistungsgefahr

Für die Wirkungen der rechtserheblichen Unmöglichkeit in Bezug auf die **primäre Leistungspflicht** unterscheidet § 275: Nach Abs. 1 fällt der Anspruch auf die Leistung bei nachträglicher Unmöglichkeit von selbst weg (also ***ipso iure***), im Falle anfänglicher Unmöglichkeit entsteht er gar nicht erst (was aber nach § 311 a I keinen Einfluss auf die Wirksamkeit des Vertrags hat). In den Fällen der Abs. 2 und 3 ist er erst ausgeschlossen, wenn der Schuldner eine entsprechende **Einrede** erhebt (also ***ope exceptionis***). Dahinter steht folgender Gedanke: Bei schlechthin unüberwindbaren Hindernissen kommt ein Wahlrecht des Schuldners zwischen Leistungserbringung und Leistungsverweigerung ohnehin nicht in Betracht. Dagegen kann man ihm bei Hindernissen, die er zwar überwinden kann, aber nach § 275 II nicht zu überwinden braucht, die Wahl lassen: Entweder er beruft sich darauf, er könne die geschuldete Leistung mit den dafür erforderlichen Anstrengungen nicht erbringen. Oder aber er überwindet die Hindernisse, vielleicht um die Gegenleistung zu verdienen oder um (in der Hoffnung auf weitere Aufträge) seine besondere Leistungsfähigkeit zu beweisen. Entsprechendes gilt auch für die in Abs. 3 geregelte persönlich zu erbringende Leistung. Solche Wahlsituationen kommen nicht selten vor: etwa der an einer fiebrigen Erkältung erkrankte Dienstverpflichtete, der sich wegen seines leichten oder mittleren Fiebers krankschreiben lassen oder trotzdem zur Arbeit gehen kann.[36] 418

Wird der Schuldner im Falle der Unmöglichkeit unabhängig von der Frage des Vertretenmüssens befreit, so spricht man auch von der **Leistungs- oder Sachgefahr:** Das Risiko, im Falle der Unmöglichkeit die Leistung nicht zu erhalten, trägt stets der **Gläubiger.**

2. Mittelbare Rechtsfolgen: Sekundärleistungspflichten

§ 275 IV stellt demgegenüber mit dem Verweis auf die §§ 280, 283 bis 285, 311 a und 326 klar, dass die Absätze 1–3 nur die Rechtsfolgen in Bezug auf die **Primärleistungspflicht** regeln. In Bezug auf **sekundäre Leistungspflichten** wie insbesondere **Schadensersatzpflichten** (§§ 280, 283, 311 a) bleibt es aber dabei, dass die bloße Nichtleistung trotz Leistungsbefreiung eine (objektive) Pflichtverletzung i. S. v. § 280 I 1 darstellt (s. dazu bereits oben Rn. 327). Vorbehalten bleibt auch die Frage, ob der Gläubiger im Falle der Unmöglichkeit einen etwaigen vom Schuldner erlangten Ersatz (wie etwa eine Versicherungsleistung) herausverlangen kann (§ 285) und wie sich der Wegfall der Leistungspflicht im Falle eines gegenseitigen Vertrags auf eine Gegenleistungspflicht des Gläubigers auswirkt. Diese Frage der sog. **Gegenleistungs**- oder **Preisgefahr,** ob also z. B. ein Käufer im Falle des Wegfalls seines Erfüllungsanspruchs weiterhin zur Zahlung des Kaufpreises verpflichtet ist oder nicht, regelt § 326 (s. u. Rn. 427 ff.). 419

[36] Vgl. *Scholl,* Jura 2006, 283.

3. Beweislast

420 Aus diesen Rechtsfolgen ergibt sich auch die Verteilung der **Beweislast:** Es gilt die (ungeschriebene) Grundregel, dass derjenige, der eine für sich günstige Rechtsfolge behauptet, das Vorliegen der hierfür notwendigen gesetzlichen Tatbestandsvoraussetzungen darzulegen und zu beweisen hat. Das kann bei § 275 je nach Fallkonstellation und Rollenverteilung Unterschiedliches bedeuten: Beruft sich der auf die Primärleistung (Rn. 112) in Anspruch genommene **Schuldner** auf eine Leistungsbefreiung nach § 275, so hat er darzulegen und zu beweisen, dass (ihm) die Leistung unmöglich ist bzw. die Tatbestandsvoraussetzungen eines Leistungsverweigerungsrechts vorliegen (s. PdW Schuldrecht I **Fall 9**). Macht hingegen der **Gläubiger** als Sekundäranspruch einen Schadensersatzanspruch aus §§ 280 I, III, 283 bzw. § 311 a II geltend, hat er die Unmöglichkeit zu beweisen (zur Beweiserleichterung im Falle subjektiver Unmöglichkeit s. aber oben Rn. 408). Ist ihm das nicht möglich, kann er zur Sicherheit „zweispurig" vorgehen: Wenn er nämlich dem Schuldner „sicherheitshalber" eine Frist setzt, ist nach deren Ablauf ein Anspruch auf Schadensersatz statt der Leistung jedenfalls begründet: Nämlich entweder aus §§ 280 I, III, 281 oder aber aus §§ 280 I, III, 283 bzw. § 311 a II, sofern der Schuldner nicht den Nachweis mangelnden Vertretenmüssens (§§ 280 I 2, 311 a II) führt. Ein Rücktrittsrecht ist dann (unabhängig vom Vertretenmüssen) entweder aus § 323 oder aber aus § 326 V i. V. m. § 323 gegeben. In dieser Situation kann also offen bleiben, ob Leistungsbefreiung nach § 275 vorlag oder nicht.[37]

[37] Zu den weiteren prozessualen Konsequenzen eingehend *Kohler,* AcP 205 (2005) 93.

421

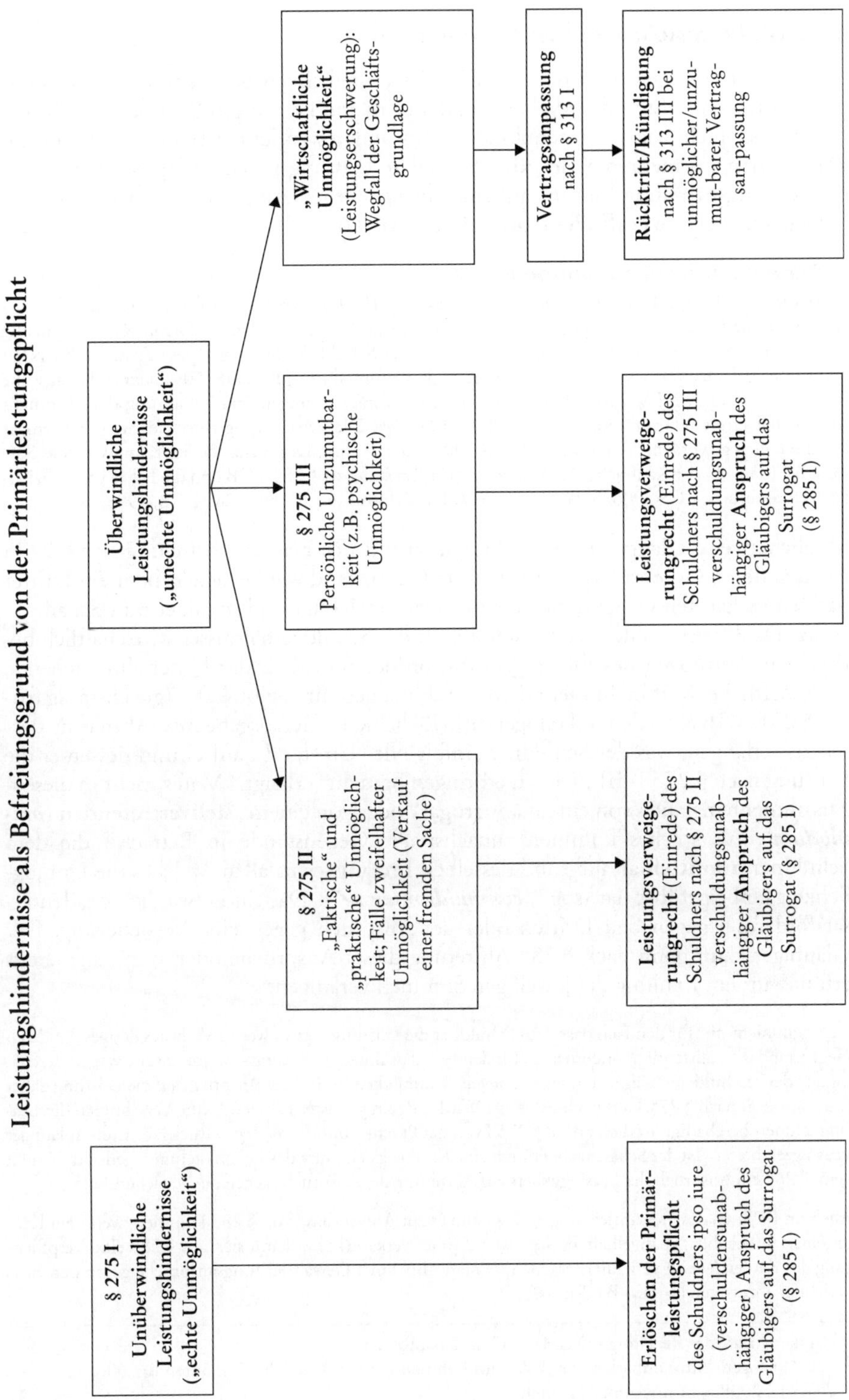
Leistungshindernisse als Befreiungsgrund von der Primärleistungspflicht
§ 275 I
Unüberwindliche Leistungshindernisse („echte Unmöglichkeit“)
Überwindliche Leistungshindernisse („unechte Unmöglichkeit“)
§ 275 II
„Faktische“ und „praktische“ Unmöglichkeit; Fälle zweifelhafter Unmöglichkeit (Verkauf einer fremden Sache)
§ 275 III
Persönliche Unzumutbarkeit (z.B. psychische Unmöglichkeit)
„Wirtschaftliche Unmöglichkeit“
(Leistungserschwerung): Wegfall der Geschäftsgrundlage
Vertragsanpassung
nach § 313 I
Rücktritt/Kündigung
nach § 313 III bei unmöglicher/unzumut-barer Vertrag-san-passung
Erlöschen der Primärleistungspflicht
des Schuldners ipso iure (verschuldensunabhängiger) Anspruch des Gläubigers auf das Surrogat (§ 285 I)
Leistungsverweigerungrecht (Einrede) des Schuldners nach § 275 II verschuldungsunabhängiger Anspruch des Gläubigers auf das Surrogat (§ 285 I)
Leistungsverweigerungrecht (Einrede) des Schuldners nach § 275 III verschuldungsunabhängiger Anspruch des Gläubigers auf das Surrogat (§ 285 I)

§ 35. Die Rechtsfolgen der Leistungsbefreiung

Soeben wurde betont, dass nach § 275 die Unmöglichkeit den Schuldner von selbst oder mittels einer Einrede lediglich von der primären Leistungspflicht befreit. Das bedeutet aber nicht, dass der Schuldner nichts anderes zu leisten bräuchte. In der Tat können sich aus mehreren Gründen sekundäre Leistungspflichten ergeben bzw. kann die Leistungsbefreiung Einfluss auf eine etwaige Gegenleistungspflicht haben (s. zum Folgenden auch die **grafische Übersicht** bei Rn. 460).

I. Der Anspruch auf das Surrogat (§ 285)

Literatur: *Bollenberger,* Das stellvertretende Commodum, 1999; *Eckardt,* Der Anspruch des Grundstückskäufers auf die Feuerversicherungssumme als Fehlersurrogat, BB 1994, 1946; *S. Lorenz,* Zur Abgrenzung von Teilleistung, teilweiser Unmöglichkeit und teilweiser Schlechtleistung im neuen Schuldrecht, NJW 2003, 3097; *Lehmann/Zschache,* Das stellvertretende Commodum, JuS 2006, 50; *Löwisch,* Herausgabe von Ersatzverdienst, NJW 2003, 2049; *von Olshausen,* Voraussetzungen und Verjährung des Anspruchs auf das stellvertretende commodum, ZGS 2002, 194; *Sieg,* Die Versicherungsentschädigung als Surrogat für unmöglich gewordene Sachleistung, VersR 1996, 167; *Tiedtke,* Der Anspruch des Käufers auf das Surrogat bei Mängeln der Kaufsache, NJW 1992, 3213; *Wackerbarth,* § 285 BGB und die Lehre vom effizienten Vertragsbruch, ZGS 2006, 369; *A. Wieczorek,* Die Erlösherausgabe bei § 281 BGB, 1995.

422 Möglicherweise erlangt der Schuldner aufgrund der Leistungsbefreiung nach § 275 einen anderen Gegenstand: Der verkaufte Gegenstand war versichert oder ein Dritter hat den verkauften Gegenstand zerstört oder beschädigt und schuldet nun Schadensersatz. Da der geschuldete Gegenstand kraft des Schuldverhältnisses wirtschaftlich bereits dem Vermögen des Gläubigers zugeordnet war, d. h. der hinter ihm stehende wirtschaftliche Wert nicht mehr dem Schuldner gebührt[1], gibt § 285 (gleichsinnig früher § 281 BGB a. F.) dem Gläubiger die Möglichkeit, Herausgabe bzw. Abtretung dessen zu verlangen, was der Schuldner „infolge des Umstands, auf Grund dessen er die Leistung nach § 275 I–III nicht zu erbringen braucht" erlangt.[2] Man spricht in diesem Zusammenhang auch von einem **„Surrogat"** oder von einem „**stellvertretenden *commodum***". Als solches kommen zunächst alle Gegenstände in Betracht, die dem Schuldner **unmittelbar** aufgrund desselben Ereignisses zufallen, welches die Unmöglichkeit herbeigeführt hat (sog. ***„commodum ex re"***). Das sind etwa die Schadensersatzforderung gegen den Dritten oder der Anspruch gegen eine Versicherung. Der Gläubiger kann dann nach § 285 Abtretung dieser Ansprüche oder, wenn sie bereits erfüllt wurden, Zahlung der jeweiligen Summen verlangen.

423 § 285 gilt nicht nur für den Fall, dass dem Schuldner die Leistung – etwa wegen Verlustes des geschuldeten Gegenstandes – vollständig, sondern auch für den Fall, dass ihm die Leistung – beispielsweise wegen Beschädigung des geschuldeten Gegenstandes – „teilweise" unmöglich ist und der Anspruch auf die Leistung daher (nur) insoweit nach § 275 I ausgeschlossen ist: Wird z. B. ein geleastes Fahrzeug ohne Verschulden des Leasingnehmers beschädigt, ist dieser nach § 275 I von der Pflicht zur *unbeschädigten* Rückgabe nach Ablauf der Leasingzeit befreit. Ist der Schaden aber durch eine Kaskoversicherung des Leasingnehmers gedeckt, besteht gem. § 285 ein Anspruch des Leasinggebers auf Abtretung des Anspruchs gegen die Versicherung.[3]

Auch im Rahmen des Gewährleistungsrechts kann es zur Anwendung von § 285 kommen, wenn ein Käufer einen unbehebbar mangelhaften Gegenstand weiterverkauft. Hier kann sich aus § 285 eine Verpflichtung des Käufers/Weiterverkäufers ergeben, seinem Abnehmer Gewährleistungsansprüche gegen den Erstverkäufer abzutreten (s. dazu BT Rn. 188).

---

[1] Zu dieser *ratio* der Regelung s. BGHZ 167, 312 bei Rn. 25.
[2] Zur (analogen) Anwendbarkeit von § 285 im Rahmen von § 346 II 1 Nr. 2 s. unten Rn. 600.
[3] *BGH* JZ 2008, 411 m. Anm. *Martinek.*

Die Herausgabepflicht von Surrogaten erfasst aber nicht nur die unmittelbar aus dem zur Leistungsbefreiung führenden Umstand entstandenen Surrogate, sondern darüber hinaus auch solche, bei welchen ein nur **wirtschaftlicher Zusammenhang** besteht. So etwa im Fall des Doppelverkaufs: Hat ein Verkäufer denselben Gegenstand, den er an K1 verkauft hat, ein weiteres Mal und für einen höheren Kaufpreis an K2 verkauft und an diesen auch übereignet, so ist ihm die Übereignung an K1 unmöglich geworden (sofern er den Gegenstand nicht mehr beschaffen oder K1 nicht zur Übereignung an K2 veranlassen kann, o. Rn. 408). Den Verkaufserlös hat er aber nicht aufgrund dieser Übereignung, sondern allein aufgrund des Kaufvertrags mit K2 erzielt (Trennungsprinzip). Nimmt man § 285 beim Wort, hätte K1 daher keinen Anspruch auf Herausgabe dieses Erlöses, da dieser strenggenommen nicht „infolge des Umstands", aufgrund dessen die Leistung unmöglich wurde, erlangt ist. Die h. M. lässt aber auch einen bloß wirtschaftlichen Zusammenhang genügen und wendet § 285 deshalb auch auf das sog. **„rechtsgeschäftliche Surrogat"** (auch: ***„commodum ex negotiatione cum re"***) an, so dass auch der Erlös, den der Schuldner aus einem Rechtsgeschäft mit der Sache erzielt hat, von § 285 erfasst wird (PdW Schuldrecht I **Fall 30**).[4] 424

Das ist nicht unproblematisch, kommt es doch dabei weder auf ein Vertretenmüssen des Schuldners noch auf die Tatsache an, ob der Gläubiger den Erlös selbst hätte erzielen können (weil dieser z. B. auf ein besonderes Verkaufsgeschick des Schuldners zurückzuführen ist). Verwirrend ist auch, dass die (nicht unbestr.) h. M. bei anderen gesetzlichen Surrogationsregeln das rechtsgeschäftliche Surrogat gerade von der Herausgabepflicht ausschließt (so z. B. bei § 818 I[5]).

Notwendig ist dabei allerdings stets eine **wirtschaftliche Identität** zwischen dem geschuldeten und dem vom Schuldner aufgrund der Unmöglichkeit erlangten Gegenstand. Gemeint ist damit, dass der Gläubiger den Leistungsgegenstand auf dieselbe Weise hätte nutzen dürfen.

In BGHZ 167, 312 wurde dies für einen Fall der Doppelvermietung verneint:[6] Ein Vermieter hatte eine als Parkplatz vermietete Fläche ein weiteres Mal an Dritte als Gewerbefläche vermietet. Der BGH verneinte einen Anspruch des Erstmieters auf Herausgabe des Mieterlöses aus § 285 mit der Begründung, dass das vom Vermieter Erlangte nicht mit dem übereinstimme, was er dem Mieter schulde, da der Mieter selbst die Fläche nur als Parkplatz, nicht aber als Gewerbefläche hätte nutzen dürfen. Wäre der Mieter hierzu befugt gewesen oder hätte der Vermieter die Fläche ein weiteres Mal als Parkplatz vermietet, wäre ein Anspruch auf Herausgabe des erzielten Erlöses aus § 285 daher zu bejahen gewesen.

Im Falle anfänglicher Unmöglichkeit ist § 285 ebenfalls anwendbar. Zwar war hier der Schuldner bereits bei Entstehen des Schuldverhältnisses von der Leistungspflicht befreit, so dass er, nimmt man § 285 wörtlich, das Surrogat nicht für den (zu keinem Zeitpunkt) „geschuldeten" Gegenstand erlangt hat, jedoch handelt es sich hierbei offensichtlich um ein bloßes Redaktionsversehen. Die Vorschrift ist also zu lesen: „erlangt der Schuldner … für den geschuldeten **oder versprochenen** Gegenstand einen Ersatz …" (s. PdW Schuldrecht I **Fall 29**). 425

Macht der Gläubiger – was er nicht muss – den Anspruch auf das Surrogat geltend, darf er aber nicht besser stehen als im Falle der Vertragserfüllung. Er muss sich deshalb nach § 285 II den Wert des Surrogats auf einen etwaigen Schadensersatzanspruch statt 426

[4] BGHZ 75, 206.
[5] S. BGHZ 158, 63, 67 sowie BT Rn. 1168.
[6] S. dazu *Helms*, ZEuP 2008, 150.

der Leistung anrechnen lassen. Zur Aufrechterhaltung einer Gegenleistungspflicht des Gläubigers bei Inanspruchnahme des Surrogats gem. § 326 III u. Rn. 445.

II. Das Schicksal der Gegenleistungspflicht bei Unmöglichkeit im gegenseitigen Vertrag (funktionelles Synallagma)

Literatur: S. die Angaben zu § 36 sowie *Canaris,* Die von beiden Parteien zu vertretende Unmöglichkeit, FS E. Lorenz, 2004, 147; *ders.,* Teleologie und Systematik der Rücktrittsrechte nach dem BGB, FS Kropholler, 2008, 3; *ders.,* Gläubigerverzug und Unmöglichkeit, FS Prölss, 2009, 21; *ders.,* Der Fortbestand des Anspruchs auf die Gegenleistung nach § 326 Abs. 2 BGB wegen Verantwortlichkeit des Gläubigers, FS Picker, 2010, 113; *Dötterl,* Wann ist der Gläubiger für die Unmöglichkeit verantwortlich?, 2008; *Koller,* Die Risikozurechnung bei Vertragsstörungen in Austauschverträgen, 1979; *S. Lorenz,* Die Rechte des Käufers bei Teillieferungen, teilweiser Mangelhaftigkeit und „unerheblichen" Sachmängeln, DAR 2007, 506; *ders.,* Vertragserhaltung im Kaufrecht, FS Wolfsteiner, 2007, 121; *Meincke,* Rechtsfolgen nachträglicher Unmöglichkeit der Leistung beim gegenseitigen Vertrag, AcP 171 (1971) 19; *M. Müller/D. Mattes,* Notwendigkeit einer richtlinienkonformen Bestimmung der Leistung in § 323 bei Teilschlechtleistung und Teilleistung, AcP 204 (2004) 732; *Peukert,* § 326 I 2 und die Minderung als allgemeiner Rechtsbehelf, AcP 205 (2005) 430; *Ramming,* Vorzeitiges Rücktrittsrecht und Schadensersatz statt der Leistung, ZGS 2002, 412; *Rauscher,* Die von beiden Seiten zu vertretende Unmöglichkeit im neuen Schuldrecht, ZGS 2002, 333; *Stoppel,* Die beiderseits zu vertretende Unmöglichkeit, Jura 2003, 224; *Teubner,* Gegenseitige Vertragsuntreue, 1975.

427 Geht es um die Unmöglichkeit einer Leistung aus einem einseitig verpflichtenden vertraglichen oder gesetzlichen Schuldverhältnis, stellen sich neben den behandelten Fragen, ob und inwieweit der Schuldner von der Leistungspflicht befreit ist und ob der Gläubiger wegen des Ausbleibens der Leistung Schadensersatz verlangen kann, keine weiteren Fragen. Anders ist dies im Falle eines **gegenseitigen Vertrags.** Hier muss das Gesetz die Frage beantworten, wie sich die Befreiung des Schuldners gegenüber dem Gläubiger auf dessen Gegenleistungsverpflichtung auswirkt: Muss der Käufer noch bezahlen, wenn die Kaufsache untergegangen ist?

1. Von keinem Beteiligten zu vertretende Unmöglichkeit

a) Gegenleistungsgefahr

428 Nach § 326 I 1 entfällt der Anspruch auf die Gegenleistung, wenn der Schuldner seinerseits nach § 275 I–III von der Leistungspflicht befreit ist. Im Umkehrschluss aus § 326 II 1, der den Fall regelt, in welchem der Gläubiger für die Unmöglichkeit verantwortlich ist, ergibt sich, dass § 326 I 1 sowohl für den vom Schuldner zu vertretenden als auch für den „zufälligen" Untergang gilt. Mit „Zufall" ist damit ein von keinem der Beteiligten des Schuldverhältnisses zu vertretender Wegfall der Leistungspflicht nach § 275 I–III gemeint. Auch ein Untergang des Leistungsgegenstandes, der auf dem Verschulden eines unbeteiligten Dritten beruht, dessen Verhalten sich keiner der Beteiligten zurechnen lassen muss, ist also in diesem Sinne ein „zufälliges" Ereignis.

Die Frage, wer das so definierte Zufallsrisiko trägt, bezeichnet man als **Gefahrtragung.** Da es hier um die Frage geht, wer das Risiko trägt, dass im Falle einer zufälligen Unmöglichkeit die **Gegenleistung** ausbleibt, spricht man in diesem Zusammenhang von der **Gegenleistungsgefahr** oder **Preisgefahr** (in Abgrenzung zur **Leistungs**- oder **Sachgefahr,** s. dazu Rn. 418). Diese Gegenleistungsgefahr trägt nach § 326 I 1 grundsätzlich der Schuldner: Kann er seine Leistung nicht erbringen, bekommt er auch die Gegenleistung nicht.

Beispiel: (s. PdW Schuldrecht I **Fall 21**): Wird das verkaufte Auto nach Vertragsschluss zerstört, wird der Verkäufer nach § 275 I von der Leistungspflicht frei. Da der Käufer jetzt die Leistung nicht mehr erhält, trägt er die **Leistungsgefahr** (und zwar unabhängig vom Vertretenmüssen des Verkäufers). Ist der Untergang „zufällig", verliert der Verkäufer nach § 326 I 1 aber auch den Anspruch auf die Gegenleistung. Er trägt damit die **Gegenleistungsgefahr.**

Dies ist Ausdruck des sog. **funktionellen Synallagma,** d. h. der Abhängigkeit von Leistung und Gegenleistung bei der Durchführung eines Vertrags (s. o. Rn. 106). 429

Von dieser (allgemeinen) Gefahrtragungsregelung gibt es aber **Ausnahmen:** Die wichtigste Ausnahme im Allgemeinen Leistungsstörungsrecht ist § 326 II 1 Alt. 2: Befindet sich der Gläubiger zum Zeitpunkt des Eintritts der Leistungsbefreiung im **Annahmeverzug,** so bleibt der Anspruch des Schuldners auf die Gegenleistung bestehen, wenn der Schuldner die Leistungsbefreiung seinerseits nicht zu vertreten hat. Da der Schuldner im Annahmeverzug des Gläubigers nach § 300 I überdies von der Haftung für einfache Fahrlässigkeit befreit ist (s. Rn. 553), geht mit Eintritt des Annahmeverzuges nicht nur die Preisgefahr über, sondern der Gläubiger muss die geschuldete Gegenleistung selbst dann erbringen, wenn die Leistungsbefreiung auf (einfacher) Fahrlässigkeit des Schuldners beruht.

Beispiel: (s. PdW Schuldrecht I **Fall 23**): Die Parteien haben im obigen Beispiel eine Bringschuld vereinbart. Der Verkäufer will das Auto zum vereinbarten Zeitpunkt beim Käufer übergeben, trifft diesen aber nicht an. Auf dem Rückweg wird das Fahrzeug durch einen von ihm fahrlässig verursachten Unfall zerstört. Wegen des Annahmeverzugs des Käufers (§ 293) hat der Verkäufer jetzt einfache Fahrlässigkeit nicht mehr zu vertreten (§ 300 I). Damit liegen die Voraussetzungen des § 326 II 1 Alt. 2 (Annahmeverzug seitens des Gläubigers und fehlendes Vertretenmüssen seitens Schuldners) vor, der Käufer hat den Kaufpreis trotz der Leistungsbefreiung des Verkäufers (§ 275 I) zu entrichten. Ein Rücktrittsrecht des Käufers nach § 326 V ist gem. § 323 VI Alt. 2 ausgeschlossen (s. dazu Rn. 500).

Weitere wichtige Ausnahmen finden sich im Kaufrecht (§§ 446, 447, s. aber § 474 IV) 430
und im Werkvertragsrecht (§ 644). Zu den Einzelheiten vgl. vor allem BT Rn. 44 ff.; doch sei schon hier an einem praktisch wichtigen Fall die Wirkung dieser Vorschriften verdeutlicht: Wenn eine unter Eigentumsvorbehalt verkaufte Sache (vgl. § 449 I) nach der Übergabe, aber vor vollständiger Kaufpreiszahlung durch Zufall untergeht, kann der Verkäufer seine Pflicht zur Eigentumsverschaffung (§ 433 I 1) nicht mehr erfüllen. Nach § 326 I 1 bräuchte also auch der (an bloßer Übergabe ohne Eigentumsverschaffung kaum interessierte) Käufer die restlichen Kaufpreisraten nicht zu zahlen und er könnte nach § 326 IV i. V. m. §§ 346–348 die schon gezahlten Raten zurückverlangen. Das wäre aber unbillig, weil die Sache mit der Übergabe bereits in den Gefahrenbereich des Käufers gelangt ist. Daher lässt § 446 S. 1 die Preisgefahr schon mit der Übergabe und unabhängig vom Zeitpunkt der Übereignung auf den Käufer übergehen: Der Käufer muss also die ihm übergebene Sache auch dann vollständig bezahlen, wenn die Eigentumsübertragung auf ihn durch Zufall unmöglich geworden ist. Ähnliche Motive stehen hinter § 447 im Falle des Versendungsverkaufs: Wenn der Verkäufer die Ware auf Verlangen des Käufers versendet, ohne zum Transport verpflichtet zu sein (Schickschuld), verlässt sie mit dem Absenden seine Risikosphäre. Freilich gilt diese Vorschrift im Falle eines Verbrauchsgüterkaufs nur unter engen, im Regelfall nicht vorliegenden Voraussetzungen (§ 474 IV).

§ 326 I ist überdies **dispositives Recht,** d. h. die Parteien können dessen Anwendbar- 431
keit (auch konkludent) abbedingen. Die Vertragsfreiheit lässt es also auch zu, dass sich eine Partei gegen Entgelt dazu verpflichtet, Leistungen zu erbringen, deren verspro-

chene Wirkungen nach den Erkenntnissen der Wissenschaft nicht erweislich sind, sondern auf irrationalen Vorstellungen der Parteien beruhen.[7] Eine solche Vereinbarung kann jedoch nicht durch AGB erfolgen, da § 326 I zweifellos Leitbildfunktion i. S. v. § 307 II Nr. 1 zukommt

So hat BGHZ 188, 71 grundsätzlich die Möglichkeit bejaht, wirksam eine Gegenleistungsverpflichtung für eine auf Kartenlegen und dem Einsatz „magischer Kräfte" beruhende Lebensberatung *(„life coaching")* zu vereinbaren (s. dazu bereits oben Rn. 405).

b) Teilweise Unmöglichkeit

432 Liegt eine nur **teilweise Unmöglichkeit** vor, ist der Schuldner nur in Bezug auf den unmöglichen Teil von der Leistung befreit (s. o. Rn. 409). Werden etwa von 100 zum Gesamtpreis von 1.000,– € verkauften Flaschen Wein 20 Flaschen zerstört, beschränkt sich die Verpflichtung des Schuldners (Verkäufers) auf den noch möglichen Teil der ursprünglich geschuldeten Leistung, d. h. auf die verbliebenen 80 Flaschen. Bietet er sie an, liegt darin rechtlich nicht das Angebot einer Teilleistung, welche der Gläubiger (Käufer) nach § 266 zurückweisen könnte, sondern ein Angebot der (wegen § 275 I allein noch geschuldeten) Gesamtleistung[8] (s. dazu PdW Schuldrecht I **Fall 12**). Konsequent wird der Gläubiger von seiner Gegenleistungspflicht auch nur anteilig befreit (§ 326 I 1 Hs. 2). Die Berechnung erfolgt dabei entsprechend den Grundsätzen der kaufrechtlichen Minderung (s. den Verweis auf § 441 III). Die nur entsprechende Anwendung von § 441 III eröffnet dabei die Möglichkeit zu einer dem jeweiligen Vertragstypus entsprechenden Berechnung.[9]

In Bezug auf den noch möglichen (oder bereits erbrachten) Teil der Leistung gibt § 326 V dem Gläubiger aber ein **Rücktrittsrecht.** Die Regelung ordnet eine entsprechende Anwendung der Rücktrittsregelung des § 323 an mit der Maßgabe, dass eine Fristsetzung entbehrlich ist. Nimmt man aus § 323 die mit der Fristsetzung zusammenhängenden Tatbestandsvoraussetzungen ebenso wie das durch die „entsprechende Anwendung" hinfällige Erfordernis der Fälligkeit der (wegen § 275 I gerade nicht mehr fälligen) Leistung heraus, bleiben noch die Rücktrittsvoraussetzung des § 323 V 1 sowie die Rücktrittsausschlussgründe des § 323 V, VI. Im Falle einer teilweise unmöglichen Leistung setzt der Rücktritt vom „Restvertrag" damit nach § 323 V 1 voraus, dass der Gläubiger darlegt und beweist, dass sein Interesse an der verbliebenen Restleistung gerade wegen der teilweisen Unmöglichkeit weggefallen ist, d. h. die konkreten Zwecke des Gläubigers mit der erbrachten Leistung auch nicht teilweise verwirklicht werden können. Dazu muss – entgegen dem Wortlaut des hier ja nur entsprechend anwendbaren § 323 V („Hat der Schuldner eine Teilleistung bewirkt …") – die verbliebene Restleistung noch nicht erbracht sein (zur abweichenden Rechtslage bei der **Verzögerung** der Leistung s. u. Rn. 497).

§§ 326 V i. V. m. 323 V 1 setzt aber nicht nur die Teilbarkeit der unmöglich gewordenen Leistung, sondern auch die **Teilbarkeit der geschuldeten Gegenleistung** voraus. Ist das nicht der Fall, kommt nämlich die vom Gesetz vorausgesetzte Aufspaltung des Vertrags von vorneherein nicht in Betracht, weil eine Herabsetzung der Gegenleistung nicht möglich ist. Es kann dann nur ein Gesamtrücktritt erfolgen, für welchen der Gläubiger keinen Interessefortfall nachweisen muss.[10] So hatte sich in *BGH* NJW 2010, 146 ein

[7] BGHZ 188, 71 Rn. 17 = *BGH* NJW 2011, 756 = JuS 2011, 359 *(Faust)*; s. dazu auch *Schermaier*, JZ 2011, 633 sowie *Bartels*, ZGS 2011, 355.

[8] *S. Lorenz*, NJW 2003, 3097.

[9] S. etwa *BGH* NJW 2010, 1282 für den Fall einer Teilunmöglichkeit beim Werkvertrag.

[10] Eingehend zuletzt *Canaris*, 2. FS Medicus, 2009, 17, 36.

Handwerker als Gegenleistung für die Übereignung einer Eigentumswohnung teilweise zur Zahlung, teilweise zur Erbringung bestimmter Werkleistungen verpflichtet (Kaufvertrag mit anderstypischer Gegenleistung, s. dazu BT Rn. 1085). Wird die Erbringung einer solchen Werkleistung unmöglich (oder tritt, wie im entschiedenen Fall, der Verkäufer nach erfolgloser Fristsetzung zu deren Vornahme nach § 323 I zurück), so kann der Gl. grundsätzlich vom ganzen Vertrag zurücktreten, weil er seine unteilbare Gegenleistung (Übereignung der Eigentumswohnung) nicht auf den Teil beschränken kann, welcher der Teilleistung des Käufers entspricht. Er kann sie nur ganz erbringen oder ganz davon absehen.[11]

Man kann dies auch als einen Ausdruck des **Grundsatzes der Vertragserhaltung** bezeichnen: Der Gläubiger darf eine teilweise Leistungsstörung nicht ohne weiteres zum Anlass nehmen, sich vom **ganzen** Vertrag zu lösen, den er u. U. aus ganz anderen Gründen bereut. Sofern er nicht besondere Umstände darlegt und beweist, die einen solchen Interessefortfall begründen (etwa weil er aus besonderen Gründen nur mit allen 100 Flaschen seinen Vertragszweck erreichen kann), muss im Beispielsfall von Rn. 432 der Käufer die verbliebenen Flaschen also weiterhin abnehmen und bezahlen. 433

Selbstverständlich bleibt dem Käufer in einem solchen Fall aber die Möglichkeit erhalten, beim Ausbleiben dieses dann noch (allein) geschuldeten Teils der Leistung nach § 323 aus dem Gesichtspunkt der (vollständigen) Verspätung der Leistung vorzugehen (s. dazu Rn. 486ff.). Er kann also dem Verkäufer eine Frist zur Erbringung der Restleistung setzen und nach deren fruchtlosen Ablauf ohne die Beschränkung des § 323 V 1 den Rücktritt erklären.

c) Qualitative Unmöglichkeit: Die „Sperre" des § 326 I 2

Bereits oben wurde dargelegt, dass auch die **mangelhafte Leistung** einen Fall teilweiser Unmöglichkeit darstellen kann, wenn etwa die verkaufte Sache einen unbehebbaren Sachmangel aufweist (**qualitative Unmöglichkeit,** oben Rn. 409). Auch hier gilt zunächst, dass der Schuldner (ein Verkäufer oder ein Werkunternehmer) nach § 275 I nur in Bezug auf die geschuldete Qualität von der Leistungspflicht befreit wird. Hatte etwa das verkaufte Kfz einen Vorunfall, was auch bei fachgerechter Reparatur des dabei entstandenen Schadens als solches einen Sachmangel i. S. v. § 434 I darstellt[12], so muss der Verkäufer das Kfz dennoch liefern, ist aber von der Pflicht zur mangelfreien Leistung befreit. Nach § 326 I 1 käme es in diesem Fall ebenfalls zu einer automatischen Reduzierung des Kaufpreises. Da das Gesetz aber dem Gläubiger (Käufer) in einem solchen Fall die Wahl zwischen der Auflösung des Vertrags und der Minderung des Kaufpreises und/oder Schadensersatz belassen will, schaltet § 326 I 2 den Automatismus von § 326 I 1 Hs. 2 aus. Der Effekt der Regelung ist in einem ersten Schritt also **rein negativ:** Die Pflicht zur Kaufpreiszahlung bleibt zunächst vollständig aufrechterhalten, da § 326 I 1 „nicht gilt". 434

An die Stelle der durch § 326 I 2 verhinderten automatischen Reduzierung der Gegenleistungspflicht tritt wiederum nach § 326 V ein **Rücktrittsrecht** in entsprechender Anwendung von § 323 mit der Maßgabe der Entbehrlichkeit einer Fristsetzung (es wäre ja auch vollkommen sinnlos, verlangte man von dem Käufer, dem Verkäufer eine Frist zur Beseitigung eines Mangels zu setzen, den niemand beseitigen kann). Bestünde die Regelung des § 323 V nur aus dem in S. 1 angeordneten Erfordernis des Interessefortfalls, müsste jetzt wiederum der Gläubiger (Käufer) darlegen und beweisen, warum er mit der mangelhaften Sache seine Vertragszwecke nicht erreichen kann (Interessefortfall). Der Gesetzgeber wollte aber dem in seinen berechtigten Qualitäts-

[11] *BGH* NJW 2010, 146 Rn. 17.
[12] S. *BGH* NJW 2008, 53 und BT Rn. 61, 83.

erwartungen enttäuschten Gläubiger (hier dem Käufer) nicht zumuten, darzulegen und zu beweisen, warum er an der mangelhaften Leistung kein „Interesse" hat. Häufig dürfte ein solcher Interessefortfall auch gar nicht vorliegen: Ein Kfz mit einem fachmännisch reparierten und damit restlos beseitigten Unfallschaden kann man ebenso benutzen wie ein unfallfreies Fahrzeug. Gleiches gilt für ein Fahrzeug mit einer anderen als der bestellten Lackfarbe. § 323 V 2 **erleichtert** deshalb dem Gläubiger im Falle einer „nicht vertragsgemäß" bewirkten (= mangelhaften) Leistung in zweifacher Hinsicht den Rücktritt vom Vertrag: Erstens setzt ein Rücktritt nicht Interessefortfall voraus, sondern ist erst dann ausgeschlossen, wenn „die Pflichtverletzung", d. h. der Mangel „unerheblich" ist und zweitens trägt – wie sich aus der negativen Formulierung von § 323 V 2 ergibt – der Schuldner (Verkäufer oder Werkunternehmer) die Darlegungs- und Beweislast für die Unerheblichkeit.

Nach *BGH* NJW 2006, 1960 soll bei der Frage, ob „die Pflichtverletzung" unerheblich ist, nicht nur der Mangel selbst zu berücksichtigen sein, sondern auch das sonstige Verhalten des Verkäufers. Im Falle einer arglistigen Täuschung über einen als solchen unerheblichen Mangel soll demnach das Rücktrittsrecht nicht nach § 323 V 2 ausgeschlossen sein, weil eine vorvertragliche Pflichtverletzung hinzukommt. Dies wird in der Literatur überwiegend und zu Recht kritisiert:[13] § 323 betrifft nur Leistungspflichten, so dass sich auch das Kriterium der Unerheblichkeit in § 323 V 2 auch nur auf eine solche beziehen kann.[14]

Wann Unerheblichkeit vorliegt, kann nur durch eine **umfassende Interessenabwägung** aufgrund der Umstände des jeweiligen Einzelfalls beurteilt werden.[15] So hat z. B. *BGH* NJW 2007, 2111 eine Abweichung des Benzinverbrauchs eines Fahrzeugs von den Herstellerangaben von unter 10% für unerheblich gehalten und ein Rücktrittsrecht ausgeschlossen. Als grobe Faustregel soll nach neuester Rspr. bei einem behebbaren Mangel i. d. R. nicht mehr von Unerheblichkeit ausgegangen werden, wenn der Mängelbeseitigungsaufwand 5% des Kaufpreises übersteigt.[16] Ist der Mangel unbehebbar oder seine Ursache unklar, kommt es letztlich auf die Gebrauchsbeeinträchtigung für den Gläubiger an. Dabei wird in der Regel ein Verstoß gegen eine Beschaffenheitsvereinbarung die Erheblichkeit der Pflichtverletzung indizieren:[17] Was ausdrücklich als Eigenschaft des Vertragsgegenstands vereinbart ist, ist nach dem Parteiwillen in der Regel auch nicht unerheblich (s. dazu auch BT Rn. 154 ff).

Liegt Unerheblichkeit vor, bleibt dem Gläubiger (Käufer oder Besteller) aber auf jeden Fall das Minderungsrecht erhalten, s. §§ 441 I 2, 638 I 2.

435 Wird also bei der mangelhaften Leistung dem Gläubiger die Lösung vom Vertrag deutlich leichter gemacht als bei einer Teilleistung, ist die Abgrenzung zwischen **Teilunmöglichkeit** und **qualitativer Unmöglichkeit** (= mangelhafte Leistung) von enormer praktischer Bedeutung. Problematisch ist in diesem Zusammenhang die Reichweite der Gleichstellung von Minderleistung (sog. **„Mankolieferung"**) und Sachmangel im Kauf- und Werkvertragsrecht (s. §§ 434 III, 633 II 3): Nimmt nämlich der Käufer in obigem Fallbeispiel die 80 Flaschen Wein in der Annahme entgegen, es handele sich um die ganze Leistung (sog. „verdeckte Mankolieferung"), ist dies nach (dem erst ab diesem Zeitpunkt geltenden) § 434 III einem Sachmangel gleichstellt. Das hat zunächst zur Folge, dass wegen § 326 I 2 keine automatische Reduzierung des Kaufpreises eintritt, sondern der Käufer nach §§ 326 V, 323 in Bezug auf den unmöglichen Teil der Leistung den Rücktritt erklären kann. Bezieht man die Gleichstellung auch auf § 323 V, würde dies aber

[13] S. *S. Lorenz,* NJW 2006, 1925 m. w. N.; zustimmend aber etwa BeckOK BGB/*Faust,* § 437 Rn. 27.
[14] S. dazu ausführlich *S. Lorenz,* FS Wolfsteiner, 2007, 121.
[15] So zuletzt *BGH* NJW 2014, 3229 Rn. 14 m. w. N.
[16] *BGH* NJW 2014, 3229 Rn. 30.
[17] *BGH* NJW-RR 2010, 1289 (falsche Lackfarbe eines Kfz).

weiter bedeuten, dass ein Rücktritt auch bezüglich der gelieferten 80 Flaschen gem. § 323 V 2 schon dann möglich wäre, wenn die Minderlieferung nicht unerheblich wäre (was zweifellos der Fall ist). Der Käufer müsste also nicht gem. § 323 V 1 Interessefortfall nachweisen. Das hätte zur Folge, dass für § 323 V 1 im Kauf- und Werkvertragsrecht ein nur geringer Anwendungsbereich verbliebe, was schwerlich dem Willen des Gesetzgebers entsprechen dürfte. Weiter käme es zu schweren Wertungswidersprüchen zu Regelungsbereichen, in welchen eine solche Gleichstellung fehlt. Nach zutreffender Ansicht gilt daher die Gleichstellung von Mankolieferung und Sachmangel nicht im Zusammenhang mit § 323 V. Es ist also in jedem Fall § 323 V 1 mit dem Erfordernis des Interessefortfalls und nicht § 323 V 2 mit dem (milderen) Erfordernis der „Erheblichkeit" anzuwenden.[18] S. auch BT Rn. 101ff. sowie PdW Schuldrecht II **Fälle 26, 27.**

2. Vom Schuldner zu vertretende Unmöglichkeit

Ist die Leistungsbefreiung vom Schuldner zu vertreten (z. B. der Verkäufer zerstört das Fahrzeug nach Vertragsschluss, aber vor Übergabe schuldhaft bei einem Autounfall), verbleibt es ebenfalls bei der Regelung des § 326 I 1, d. h. die Gegenleistungspflicht des Gläubigers fällt auch in diesem Fall weg; eine bereits erbrachte Gegenleistung kann er zurückfordern. Daneben kann er nach §§ 280 I, III, 283 Schadensersatz statt der Leistung verlangen (unten Rn. 447ff.). 436

3. Vom Gläubiger zu verantwortende Unmöglichkeit

a) „Verschulden gegen sich selbst" und vertragliche Risikoübernahme

Nach § 326 II 1 Alt. 1 behält der Schuldner hingegen trotz der Befreiung von der eigenen Leistungspflicht den Anspruch auf die Gegenleistung, wenn der **Gläubiger** „allein oder weit überwiegend" für den Umstand **verantwortlich** ist, der zur Leistungsbefreiung geführt hat (z. B. der Käufer zerstört bei einer nach Vertragsschluss, aber vor Übergabe stattfindenden Probefahrt das verkaufte Auto). 437

Das Gesetz bedient sich hier bewusst nicht des Ausdrucks „Vertretenmüssen", weil die §§ 276, 278 nur das Vertretenmüssen des Schuldners, nicht aber dasjenige des Gläubigers regeln. Was der Gläubiger zu „verantworten" hat, ist auch nicht in § 326 II 1 selbst geregelt. In Literatur und Rspr. werden hierzu unterschiedliche Lösungsansätze verfolgt, die sich im Ergebnis häufig sehr nahe kommen. Die wohl h. M. wendet die §§ 276, 278 analog an und spricht von einem „Verschulden gegen sich selbst".[19]

Diese zur Analogie zu §§ 276, 278 führende „schadensersatzrechtliche Deutung" von § 326 II 1 rechtfertigt sich insbesondere durch die Überlegung, wie die Problematik bei einem Fehlen der Regelung zu lösen wäre: Dann würde bei einer Verantwortlichkeit des Gläubigers für die Unmöglichkeit zwar der Gegenleistungsanspruch wegfallen, jedoch würde der Gläubiger damit zugleich eine Nebenpflicht nach § 241 II gegenüber dem Schuldner verletzen und im Wege des Schadensersatzes nach §§ 280 I, 249 für den Wegfall des Zahlungsanspruchs haften.[20] S. zu dieser Lösung bei beiderseits zu vertretender Unmöglichkeit auch u. Rn. 443.

Damit ist wie bei § 276 in erster Linie auf die **vertragliche Vereinbarung,** d. h. auf die (ausdrückliche oder konkludente) vertragliche **Risikoübernahme** für das Leistungshindernis abzustellen (s. auch § 276 I 1 letzter Hs.).

Eine solche (konkludente) vertragliche Übernahme wurde etwa bejaht in *BGH* NJW 2002, 595 (s. auch PdW Schuldrecht I **Fall 25**): Ein für die Konzerttournee einer Popgruppe („Tic-Tac-Toe") vom Konzert-

[18] S. *S. Lorenz,* NJW 2003, 3097; *Looschelders,* BT, Rn. 629; zur Gegenansicht s. etwa *Grigoleit/Riehm,* ZGS 2002, 115; *Brox/Walker,* § 4 Rn. 96.

[19] S. etwa MünchKomm/*Ernst,* § 326 Rn. 49ff.; *S. Lorenz,* NJW 2006, 1175; eingehend zuletzt *Canaris,* FS Picker, 2010, 113.

[20] So überzeugend *Canaris,* FS Picker, 2010, 113, 114f.

veranstalter mit der Ausleuchtung der Bühne beauftragter Unternehmer konnte die geschuldete Leistung nicht erbringen, weil die Konzerte aufgrund des Auseinanderbrechens der Popgruppe kurzfristig abgesagt werden mussten. Damit war ihm die geschuldete Leistung unmöglich geworden. Er machte gegen den Veranstalter den vereinbarten Lohn geltend. Der BGH sah hier eine konkludente vertragliche Risikoübernahme und damit eine Verantwortlichkeit des Veranstalters als gegeben an, weil es nur diesem möglich war, das Risiko des Auseinanderbrechens der Gruppe vor Beginn der Tournee abzuschätzen und bejahte das Fortbestehen des Werklohnanspruchs.

Ganz ähnlich argumentiert (unter Berufung auf *BGH* NJW 2002, 595) auch *BGH* JZ 2011, 527 Rn. 18 (m. Anm. *Jakl*): Der Gläubiger eines Internetprovidervertrags in Form eines „Access-Provider-Vertrags" (Dienstvertrag, s. dazu BT Rn. 15, 619) war in eine Gemeinde umgezogen, in welcher das Telekommunikationsunternehmen aufgrund fehlender Leitungen den geschuldeten DSL-Internetzugang nicht mehr verschaffen konnte. Da der Umzug des Gläubigers, der die Unmöglichkeit der vertraglich vereinbarten Leistung herbeigeführt hatte, in die vertragliche Risikosphäre des Gläubigers fiel, blieb die Gegenleistungspflicht nach § 326 II aufrechterhalten (s. dazu unter dem Aspekt von § 313 auch u. Rn. 568).

Keinen Fall des „Verschuldens gegen sich selbst", sondern einer objektiven Verantwortlichkeit (Gefahrtragung) stellt hingegen die unten bei Rn. 557 zu erörternde Aufrechterhaltung des Gegenleistungsanspruchs nach § 326 II 1 Alt. 2 dar, wenn sich der Gläubiger zum Zeitpunkt des Eintritts der Unmöglichkeit im **Annahmeverzug** befand: Annahmeverzug setzt kein Vertretenmüssen voraus.

438 Liegt keine vertragliche Risikoübernahme vor, so hat der Gläubiger eine Leistungsstörung jedenfalls dann analog § 276 zu vertreten, wenn er schuldhaft eine allgemeine deliktische oder vertragliche Pflicht verletzt, beispielsweise Mitwirkungs-, Sorgfalts- und Obhutspflichten (§ 241 II). Bei der Verletzung vertraglicher Pflichten haftet er auch analog § 278 für das Verhalten von Personen, die er im Gefahrenbereich des Schuldners einsetzt. Schließlich wird auch eine Obliegenheit (zum Begriff s. Rn. 115) des Gläubigers bejaht, die Leistung des Schuldners nicht durch eigenes Handeln, das seiner freien Entscheidung entspringt, unmöglich zu machen. Vereitelt der Gläubiger also durch eigenes zurechenbares Handeln die Leistung (z. B. indem er die geschuldete Werkleistung oder eine Nacherfüllung selbst vornimmt oder eine zur Erbringung der Leistung notwendige Mitwirkungshandlung unterlässt), so hat er die Unmöglichkeit zu verantworten, auch wenn keine vertragliche Pflicht besteht, die Leistung nicht selbst zu erbringen.[21]

Auch hier hilft die oben dargestellte „schadensersatzrechtliche Deutung" von § 326 II 1 weiter: Wenn sich z. B. der Besteller einer Werkleistung (Gläubiger) entschließt, den Auftrag nochmals an einen anderen Werkunternehmer zu vergeben und dieser dann die Arbeiten ausführt[22], steht ihm das zwar frei, weil der Werkunternehmer (Schuldner) keinen Anspruch hat, die Werkleistung tatsächlich zu erbringen (s. auch § 649). Er verletzte aber zugleich Vermögensinteressen des Schuldners i. S. v. § 241 II, wenn der Gegenleistungsanspruch nach § 326 I zum Wegfall käme. Daher ist er i. S. v. § 326 II 1 auch für die Unmöglichkeit „verantwortlich".[23]

439 In den Fällen anfänglicher Unmöglichkeit ist die „Verantwortlichkeit" des Gläubigers in Analogie zu § 311 a II (dazu u. Rn. 447) beurteilen, wenn das Leistungshindernis seiner Sphäre entstammt: Maßgeblich für die Frage der Aufrechterhaltung der Gegenleistungspflicht ist dann, ob er bei Vertragsschluss die aus seiner Sphäre stammenden

[21] *Canaris,* FS Picker, 2010, 113, 121; *Maultzsch,* JZ 2011, 429 und eingehend Soergel/*Gsell,* § 326 Rn. 47 ff.

[22] So die Fallgestaltung in *BGH* NJW 2007, 3488 m. Anm. *S. Lorenz.*

[23] S. auch *Canaris,* FS Picker, 2010, 113, 124.

Leistungshindernisse kannte oder fahrlässig verkannt hat. Stammt das Leistungshindernis hingegen aus der Sphäre des Schuldners, ist § 326 II nicht einschlägig.[24]

Beispiele: (1) Ein Bauherr, der einen Unternehmer mit der Errichtung eines Hauses auf seinem Grundstück beauftragt hat, verkennt fahrlässig, dass eine Baugenehmigung für das im Außenbereich liegende Grundstück nicht zu erlangen ist. Analog § 311 a II 2 ist er für das Leistungshindernis i. S. v. § 326 II „verantwortlich" und – abzüglich ersparter Aufwendungen des Unternehmers – zur Entrichtung des Werklohns verpflichtet.

(2) Ein Käufer verkennt bei Vertragsschluss fahrlässig, dass die von ihm gekaufte Sache bereits zerstört ist. Da das Leistungshindernis aus der Sphäre des Verkäufers (Schuldners) stammt, kommt eine Aufrechterhaltung der Gegenleistungspflicht nach § 326 II nicht in Betracht. Es fehlt jede Legitimation, den Gläubiger allein wegen dieser fahrlässigen Unkenntnis von Leistungshindernissen der anderen Seite an der Gegenleistungspflicht festzuhalten.[25] Denkbar ist aber eine Haftung aus *culpa in contrahendo* aus §§ 280 I, 311 II, 241 II für einen auf Seiten des Verkäufers entstandenen Vertrauensschaden (z. B. Vertragskosten).[26]

b) „Sphärentheorie"

Eine noch weit darüber hinausgehende allgemeine **„Sphärentheorie"**, wonach der Gläubiger jeden Umstand zu verantworten habe, der aus seiner „Sphäre" stammt, wird hingegen zu Recht weitestgehend abgelehnt.[27] Sie spielt vor allem in den Fällen der Unmöglichkeit durch „Zweckerreichung" (oben Rn. 405) eine Rolle: Bestellt jemand einen Abschleppwagen, um sein Auto wegen eines Motorschadens abschleppen zu lassen, springt aber der Motor bei Ankunft des Abschleppers plötzlich wieder an, liegt Unmöglichkeit im Sinne einer Zweckerreichung vor: Zwar kann auch das funktionierende Auto noch abgeschleppt werden, jedoch wäre eine solche Leistung vollkommen sinnlos und damit nicht Gegenstand des Vertrags. Nach § 326 I 1 scheint dann der Abschleppunternehmer den Anspruch auf die Gegenleistung zu verlieren. Dem kann man auf den ersten Blick nur durch Schadensersatzansprüche aus Verschulden bei der Vertragsanbahnung (§§ 280 I, 311 II, 241 II) begegnen, wenn der Gläubiger der gestörten Leistung beim Vertragsschluss unsorgsam war: Etwa, wenn der Besteller des Abschleppwagens nur vergessen hatte, mit dem Reservekanister Benzin nachzufüllen. Fehlt es aber an einem Verschulden, ginge der Schuldner in Bezug auf die ihm versprochene Gegenleistung gem. § 326 I leer aus, obwohl die Zweckstörung aus dem Verantwortungsbereich des Gläubigers stammt. Das ist vom Sinn des § 326 I nicht gedeckt. Denn in den eigentlichen Unmöglichkeitsfällen erhält der Schuldner deshalb die Gegenleistung nicht, weil er schon die Leistung aus einem typischerweise auf seiner Seite liegenden – wenn auch unverschuldeten – Grund nicht erbringen kann; der Schuldner „kommt mit leeren Händen zum Gläubiger und fordert dennoch die Gegenleistung".[28] Die Zweckstörung aber stammt typischerweise von der Seite des Gläubigers. Auch stellt sich die Zweckstörung für den Schuldner häufig erst später heraus als die Unmöglichkeit, so dass der Schuldner schon höhere Aufwendungen hat: Es bedeutet einen Unterschied, ob der bestellte Abschleppwagen schon gar nicht erst losfahren kann, weil er selbst einen Motorschaden hat (Unmöglichkeit) oder ob er das abzuschleppende Fahrzeug an Ort und Stelle funktionierend antrifft und deshalb 440

[24] So überzeugend *Canaris,* FS Picker, 2010, 113, 124f.

[25] So zutreffend *Looschelders,* AT, Rn. 702, der aber einen Rückgriff auf § 311 a II 2 generell ablehnt.

[26] *Canaris,* FS Picker, 2010, 113, 125.

[27] S. *Canaris,* FS Picker, 2010, 113, 118ff.; *Looschelders,* AT, Rn. 700; *Harke,* AT, Rn. 252, jeweils m. w. N.

[28] So treffend *Köhler,* Unmöglichkeit und Geschäftsgrundlage bei Zweckstörungen im Schuldverhältnis, 1971, 30.

nicht abschleppen kann (Zweckstörung). Daher wird für die Zweckstörung mit Recht eine **Abweichung von § 326 I** befürwortet. Diese kann entweder durch ein weites Verständnis der „vom Gläubiger zu verantwortenden Umstände" vermittelt werden: Wenn man nämlich den Gläubiger für die Zweckeignung seiner „Sphäre" verantwortlich sein lässt, kommt man zu § 326 II. Danach muss also der Gläubiger der zweckgestörten Leistung die Gegenleistung erbringen und darf nur das abziehen, was der Schuldner erspart oder anderweitig erworben bzw. zu erwerben böswillig unterlassen hat. Eine andere Lösung gelangt zu ähnlichen Ergebnissen durch die – teils analoge – Anwendung von Spezialvorschriften (§§ 645, 615, 537)[29]. Dies ist dogmatisch vorzugswürdig, kommt aber im Ergebnis letztlich einer allgemeinen Sphärentheorie doch recht nahe. Von ihr unterscheidet sie sich letztlich nur dadurch, dass die entsprechenden Wertungsgesichtspunkte nicht in einer Erweiterung des Begriffs der „Verantwortlichkeit" i. S. v. § 326 II 1 Alt. 1, sondern in einer analogen Anwendung der genannten Vorschriften verankert werden.[30] S. dazu auch PdW Schuldrecht I **Fall 26.**

Im oben aufgestellten Beispielsfall des Abschleppwagens bedeutet dies, dass der Unternehmer in analoger Anwendung von § 645 I eine anteilige Vergütung für die erbrachten Tätigkeiten (An- und Abfahrt) erhält: Der jetzt nicht mehr abzuschleppende Wagen wird wie ein „vom Besteller gelieferter Stoff" angesehen.

c) Rechtsfolgen

441 Bleibt danach der Gegenleistungsanspruch des Schuldners der unmöglich gewordenen Leistung aufrechterhalten, so muss er sich jedoch nach § 326 II 2 auf diesen dasjenige anrechnen lassen, was er durch die Leistungsbefreiung **erspart** oder durch anderweitige Verwendung seiner Arbeitskraft erwirbt oder böswillig **zu erwerben unterlässt.** Böswilligkeit setzt dabei keine Schädigungsansicht voraus. Ausreichend ist vielmehr, dass der Schuldner eine zumutbare Tätigkeit nicht übernimmt und sich der nachteiligen Folgen für den Gläubiger bewusst ist.[31] Der Schuldner darf sich also nicht auf Kosten des Gläubigers „auf die faule Haut legen".

Erspart sich also im oben bei Rn. 437 geschilderten Fall *BGH* NJW 2002, 595 der Beleuchtungsunternehmer für die Zeit der ursprünglich geplanten Tournee Ausgaben für Transport und Material, so muss er sich diese Ersparnis auf den vereinbarten (Werk-)Lohn anrechnen lassen. Bekommt er zufällig ein anderweitiges Engagement oder nimmt er ein solches nicht an, obwohl ihm das möglich und zumutbar ist, so muss er sich den dort erzielten oder erzielbaren Werklohn anrechnen lassen.

442 Besonders umstritten ist eine solche Anrechnungspflicht im Kauf- und Werkvertragsrecht, wenn der Käufer bzw. Besteller die nach § 439 I bzw. § 635 I geschuldete Mängelbeseitigung durch den Verkäufer bzw. den Werkunternehmer dadurch vereitelt, dass er den Gegenstand schuldhaft zerstört oder den Mangel voreilig selbst beseitigt. Der BGH verneint eine solche zumindest für den Fall der Selbstvornahme, eine starke Literaturansicht hält hingegen § 326 II 2 zumindest für analog anwendbar.[32] S. dazu BT Rn. 139ff. sowie PdW Schuldrecht II **Fall 32.**

---

29 *Looschelders,* AT, Rn. 700.

30 So zutreffend *Canaris,* FS Prölss, 2009, 21, 44f.

31 Soergel/*Gsell,* § 326 Rn. 78; *Canaris,* FS Picker, 2010, 113, 130.

32 S. *BGH* NJW 2005, 1348 für das Kaufrecht, für das Mietrecht s. *BGH* NJW 2008, 1216; vgl. hiergegen bereits *S. Lorenz,* NJW 2003, 1417 sowie zuletzt *Canaris,* FS Picker, 2010, 113, 130ff., der die Rspr. des *BGH* zutreffend als „unhaltbar" charakterisiert.

4. Beiderseits zu vertretende Unmöglichkeit

Weder im früheren noch im jetzt geltenden Recht ist der Fall geregelt, dass die Unmöglichkeit der Leistung sowohl vom Schuldner als auch vom Gläubiger zu vertreten ist. 443

So ging es in dem Fall von *BGH* VersR 1981, 426 um eine mit einem Kran ausgerüstete Fähre, die für den Bau einer Moselbrücke vermietet worden war. Diese Fähre versank (= Unmöglichwerden der Leistung des Vermieters, vgl. § 536), weil der Vermieter eine mangelhafte Befestigung erlaubt und der Mieter die Fähre außerdem über mehrere Tage ohne Aufsicht gelassen hatte.

Über solche Fälle ist schon vor der Neuregelung des Schuldrechts viel nachgedacht worden und sie sind nach wie vor umstritten.[33] In § 326 II 1 selbst ist das Problem nur ansatzweise geregelt. Danach bleibt die Gegenleistungspflicht jedenfalls bei einer „weit überwiegenden" Verantwortlichkeit des Gläubigers aufrechterhalten. Damit sind jedoch lediglich Fälle gemeint, in welchen die Verantwortung des Gläubigers so überwiegt, dass diejenige des Schuldners nach § 254 ohnehin unbeachtlich wäre (Richtgröße: Mindestens 90% Verantwortungsanteil des Gläubigers).[34] Im Übrigen ist dort aber keine Aussage darüber getroffen, wie beide Verschuldensanteile in anderen Fällen zu berücksichtigen sind.

Nahezu alle zu diesem Problem vertretenen Ansichten verfolgen das Ziel, nach dem Rechtsgedanken des § 254 zu einer Verteilung des durch die Unmöglichkeit eingetretenen Verlustes nach den jeweiligen Mitverantwortungsanteilen zu kommen, stoßen dabei aber auf konstruktive Schwierigkeiten.

Die überzeugendste Lösung verfährt wie folgt (s. dazu die Grafik bei Rn. 460 sowie PdW Schuldrecht I **Fall 28**): Da unterhalb einer „weit überwiegenden Verantwortlichkeit" des Gläubigers § 326 II 1 nicht erfüllt ist, bleibt es trotz der Mitverantwortlichkeit des Gläubigers dabei, dass der Gegenleistungsanspruch des Schuldners nach § 326 I 1 **vollständig** wegfällt. Der Gläubiger hat aber durch sein (Mit)verschulden an der Unmöglichkeit zugleich eine Schutzpflicht nach § 241 II (dazu Rn. 517ff.) verletzt, weil er damit den Gegenleistungsanspruch des Schuldners nach § 326 I 1 zum Erlöschen gebracht hat. Dafür haftet er nach § 280 I in Höhe genau dieses Entgelts auf Schadensersatz, jedoch ist dieser Schadensersatzanspruch in Höhe des Mitverschuldensanteils des Schuldners nach § 254 I anteilig zu kürzen. Der Gläubiger wiederum hat – neben dem Wegfall seiner Gegenleistungspflicht – wegen der (auch) vom Schuldner zu vertretenden Unmöglichkeit der Leistung aus §§ 280 I, III, 283 einen Anspruch auf Schadensersatz statt der Leistung in Höhe der Differenz zwischen der vereinbarten Gegenleistung und dem Wert des untergegangenen Leistungsgegenstandes (s. dazu Rn. 448). Dieser Anspruch ist nach § 254 I seinerseits um seinen eigenen Mitverschuldensanteil zu kürzen und mit dem (nach § 254 I gekürzten) Anspruch des Schuldners aus §§ 280 I, 241 II zu verrechnen. 444

Beispiel: V verkauft K seinen Pkw, der einen Wert von 4000.- € hat, für 3000.- € an K. Bei der Anlieferung des Pkw wird dieser aufgrund eines Unfalls zerstört, für den V und K gleichermaßen verantwortlich sind. Der Zahlungsanspruch des V fällt nach § 326 I 1 vollständig weg, da keine überwiegende Verant-

[33] S. etwa *Rauscher,* ZGS 2002, 333; *Looschelders,* JuS 1999, 949; *Canaris,* FS E. Lorenz, 2004, 147; *Lorenz/Riehm,* Rn. 350.

[34] BT-Drs. 14/6040, S. 187; *Canaris,* FS Picker, 2010, 113, 126.

wortlichkeit des K i. S. v. § 326 II 1 vorliegt. Da K aber eine Nebenpflicht aus § 241 II in Bezug auf der Zerstörung des Fahrzeugs verletzt hat, schuldet er ihm nach §§ 280 I, 249 I den Ersatz des hieraus entstandenen Schadens. Dieser besteht im Wegfall des Kaufpreisanspruchs (3000.- €). Nach § 254 I ist dieser Anspruch um den Mitverschuldensanteil des V hälftig zu kürzen, was zu einem Schadensersatzanspruch i. H. v. 1500.- € führt. K hat seinerseits einen Anspruch auf Schadensersatz statt der Leistung aus §§ 280 I, III, 283, der sich nach der Differenztheorie (u. Rn. 448) auf 1000.- € beläuft (entgangener Gewinn). Dieser Anspruch ist wiederum um den Mitverschuldensanteil des K nach § 254 I hälftig auf 500.- € zu kürzen. Saldiert führt das zu einem Schadensersatzanspruch des V i. H. v. 1000.- €.

5. Inanspruchnahme des Surrogats

445 Nimmt der Gläubiger gem. § 285 ein Surrogat für die geschuldete Leistung in Anspruch (s. dazu oben Rn. 422), bleibt er nach § 326 III auch zu einer für den ursprünglich geschuldeten Gegenstand vereinbarten Gegenleistung verpflichtet. Diese mindert sich aber verhältnismäßig, soweit der Wert des Surrogats hinter dem Wert des geschuldeten Gegenstands zurückbleibt (§ 326 III 2 i. V. m. § 441 III).

6. Rückforderung der bereits erbrachten Gegenleistung

446 Ist die Gegenleistungsverpflichtung des Gläubigers nach § 326 I–III (anteilig oder vollständig) weggefallen und hatte der Gläubiger seine Gegenleistung bereits erbracht, so gibt ihm § 326 IV durch Rechtsfolgenverweis auf die §§ 346–348 einen Anspruch auf Rückerstattung dieser Gegenleistung. Das Gesetz überlässt die Rückforderung also nicht dem (schuldnerfreundlicheren) Bereicherungsrecht mit der Möglichkeit eines anspruchsmindernden Wegfalls der Bereicherung (§ 818 III).

III. Schadensersatz statt der Leistung

Literatur: *Canaris,* Grundlagen und Rechtsfolgen der Haftung für anfängliche Unmöglichkeit, FS Heldrich, 2005, 11; s. im Übrigen die Angaben vor Rn. 427.

1. Grundlagen

447 Da im Falle der Unmöglichkeit die Leistung ausbleibt, muss sich der Gläubiger den Gegenstand u. U. anderweitig besorgen. Denkbar ist auch, dass ihm ein bei Durchführung des Vertrags möglicher Gewinn entgeht oder durch das Ausbleiben der Leistung andere Folgeschäden eintreten.[35] So etwa, wenn es aufgrund der Nichtlieferung einer geschuldeten Maschine zu Produktionsausfällen und damit zu Einnahmeverlusten kommt. Will er das **Leistungsinteresse** ersetzt haben, so macht er „Schadensersatz statt der Leistung" geltend (zur Abgrenzung der Schadensarten im Einzelnen s. Rn. 341 ff.).

Anspruchsgrundlage ist im Falle **anfänglicher Unmöglichkeit** § 311 a II. Der Schuldner ist – ohne ein im Falle der Unmöglichkeit ja sinnloses Fristsetzungserfordernis – zum Schadensersatz statt der Leistung (oder Aufwendungsersatz i. S. v. § 284, dazu Rn. 450 ff.) verpflichtet, sofern er nicht nachweisen kann, dass er die (endgültige) Unmöglichkeit nicht kannte und seine diesbezügliche Unkenntnis auch nicht zu vertreten hat. Zu vertreten hat er seine Unkenntnis nach § 276, wenn diese auf Fahrlässigkeit beruhte oder aber er eine Garantie für sein Leistungsvermögen übernommen hatte (s. Rn. 332; dort auch zur Frage der analogen Anwendung von § 122 bei fehlendem Vertretenmüssen).[36]

---

[35] S. *BGH* NJW 2008, 911 m. Anm. *Gsell:* Nutzungsausfallschaden.

[36] Einzelheiten zum Vertretenmüssen s. bei Rn. 347 ff.

Im Falle **nachträglicher Unmöglichkeit** ergibt sich der Anspruch auf Schadensersatz statt der Leistung aus §§ 280 I, III, 283 (s. dazu bereits o. Rn. 332). Der Schuldner haftet ebenfalls ohne das Erfordernis einer Fristsetzung, sofern er nicht nachweist, dass er den Umstand, der zur Leistungsbefreiung geführt, nicht zu vertreten hat (§ 280 I 2). Das ist dann der Fall, wenn dieser Umstand von ihm weder vorsätzlich noch fahrlässig verursacht wurde und er auch keine Garantie für sein Leistungsvermögen übernommen hat. Der Umstand, der zur Leistungsbefreiung geführt hat, ist im Falle des § 275 I die Unmöglichkeit selbst. Obwohl im Fall von § 275 II, III die Leistungsbefreiung nicht *ipso iure,* sondern erst durch Geltendmachung der Einrede eintritt (s. Rn. 418), ist in diesem Zusammenhang der Umstand, auf den sich das Vertretenmüssen beziehen muss, nicht die Erhebung der Einrede (dann läge immer Vorsatz vor!), sondern **der die Einrede begründende Umstand.** Wenn die Voraussetzungen des Leistungsverweigerungsrechts bereits bei Vertragsschluss vorlagen, ist Haftungsgrundlage § 311 a II, so dass es darauf ankommt, ob der Schuldner dessen tatsächliche Voraussetzungen bekannt waren oder er seine diesbezügliche Unkenntnis zu vertreten hat. Sind die Voraussetzungen nach Vertragsschluss eingetreten, ist Haftungsgrundlage §§ 280 I, III, 283 mit der Folge, dass sich das Vertretenmüssen auf den Eintritt der tatsächlichen Voraussetzungen des Leistungsverweigerungsrechts bezieht.

2. Inhalt des Schadensersatzanspruchs

Im Wege des Schadensersatzes statt der Leistung ist das **Erfüllungsinteresse** des Gläubigers zu ersetzen, d. h. er ist so zu stellen, wie er im Falle der Leistung stünde. Dabei hat der Gläubiger einmal die Möglichkeit, die selbst erbrachte Leistung zurückzufordern oder (wenn er sie noch nicht erbracht hat) zu behalten und Schadensersatz statt der Leistung nur in Höhe der Wertdifferenz zwischen der unmöglich gewordenen Leistung und der selbst erbrachten bzw. geschuldeten zu verlangen (sog. **Differenztheorie**). Das entspricht wirtschaftlich einer (nach § 325 zulässigen) Kombination von Rücktritt und Schadensersatz, verlangt aber keine Rücktrittserklärung. Er kann aber auch dem Schuldner die bereits erbrachte Leistung belassen bzw. anbieten und im Gegenzug Schadensersatz in Höhe des Wertes der gesamten unmöglich gewordenen Leistung verlangen (sog. **Surrogationstheorie**). Das kommt freilich nur dann in Betracht, wenn seine Gegenleistung nicht in einer Geldleistung bestand, also etwa im Falle eines Tauschs (s. dazu PdW Schuldrecht I **Fall 38;** zur Rechtslage im Falle der Verzögerung der Leistung s. Rn. 513). 448

Im Falle **teilweiser Unmöglichkeit** (s. o. Rn. 432) kann der Gläubiger zunächst unproblematisch Schadensersatz statt der Leistung in Bezug auf den unmöglichen Teil der Leistung verlangen (sog. **„kleiner Schadensersatz“**). Schadensersatz statt der **ganzen** Leistung, d. h. entgangenen Gewinn in Bezug auf die gesamte Leistung unter Zurückweisung bzw. Rückgabe der noch möglichen Restleistung kann er gem. §§ 283 S. 2 bzw. 311 a II 3 jeweils i. V. m. § 281 I 2 nur verlangen, wenn er nachweist, dass er an der Restleistung kein „Interesse“ hat. Der im Grundsatz zulässige Schadensersatz statt der ganzen Leistung wird also, weil er wirtschaftlich eine Kombination von Rücktritt und Schadensersatz darstellt, an dieselben Voraussetzungen gekoppelt wie nach § 326 V i. V. m. § 323 V 1 der Gesamtrücktritt bei Teilunmöglichkeit (dazu oben Rn. 432). Auch hier gilt daher der oben erwähnte Grundsatz der **Vertragserhaltung:** Der Leistungsaustausch soll so weit wie möglich und zumutbar aufrechterhalten werden. Da sowohl § 283 S. 2 als auch § 311 a II 3 auf die direkt nur für die Verspätung 449 der Leistung geltende Regelung in § 281 I 2 verweisen, gilt diese Einschränkung gleichermaßen für die nachträgliche wie für anfängliche Teilunmöglichkeit.

Werden von den zu einem Gesamtpreis von 1.000,– € verkauften 100 Flaschen Wein aufgrund eines vom Verkäufer zu vertretenden Umstands 20 Flaschen zerstört und hätte der Käufer die Flaschen mit einem Gewinn von 10,– €/Flasche weiterverkaufen können, kann er daher Schadensersatz statt der Leistung i. H. v. 200,– € als „kleinen Schadensersatz" verlangen. Schadensersatz statt der **ganzen** Leistung, d. h. entgangenen Gewinn in Bezug auf alle Flaschen i. H. v. 1.000,– € unter Zurückweisung der Lieferung der noch vorhandenen Flaschen bzw. gegen deren Rückgabe (§ 281 V) kann er nur verlangen, wenn er nachweist, dass er an der Restleistung kein „Interesse" hat.

Auch für den Fall **qualitativer** Unmöglichkeit erfolgt eine Gleichschaltung mit den Rücktrittsvoraussetzungen (s. o. Rn. 434): Der Gläubiger kann ohne weiteres „kleinen" Schadensersatz verlangen. Schadensersatz statt der **ganzen** Leistung ist aber nach §§ 283 S. 2 bzw. § 311 a II 3 jeweils i. V. m. § 281 I 3 ausgeschlossen, wenn „die Pflichtverletzung" unerheblich ist. Mindert also die geringfügige Abweichung des Benzinverbrauchs von den Herstellerangaben den Wert des gekauften Fahrzeugs, so kann der Käufer Schadensersatz statt der Leistung nicht in der Form geltend machen, dass er das Fahrzeug zurückgibt und dessen hypothetischen Wert in mangelfreiem Zustand als Schadensersatz fordert, sondern lediglich die Wertdifferenz zwischen Ist-Wert und Sollwert liquidieren.[37] S. dazu auch BT Rn. 154, 180 sowie PdW Schuldrecht I **Fall 39.**

IV. Aufwendungsersatz (§ 284)

Literatur: *Ellers,* Zu Voraussetzungen und Umfang des Aufwendungsersatzanspruchs gemäß § 284 BGB, Jura 2006, 201; *Emmerich,* Aufwendungsersatz und Rentabilitätsvermutung, FS Gerhard Otte, 2005, 101; *Fleck,* Begriff und Funktion der „Billigkeit" bei § 284 BGB, JZ 2009, 1045; *Grigoleit,* Neuregelung des Ausgleichs „frustrierter" Aufwendungen (§ 284 BGB): Das ausgefallene Musical, ZGS 2002, 122; *Gsell,* Aufwendungsersatz nach § 284 BGB, NJW 2006, 125; *S. Lorenz,* Schadensersatz statt der Leistung, Rentabilitätsvermutung und Aufwendungsersatz im Gewährleistungsrecht, NJW 2004, 26; *ders.,* Grundwissen – Zivilrecht: Aufwendungsersatz (§ 284 BGB), JuS 2008, 673; *Stoppel,* Der Ersatz frustrierter Aufwendungen ..., AcP 204 (2004) 81; *Tröger,* Investitionsschutz nach § 284 BGB, ZGS 2005, 462; *Weitemeyer,* Rentabilitätsvermutung und Ersatz frustrierter Aufwendungen unter der Geltung von § 284 BGB, AcP 205 (2005) 275.

1. Das Problem

450 Nicht selten macht ein Gläubiger in Erwartung der Leistungen Aufwendungen, die sich durch das endgültige Ausbleiben der Leistung letztlich als sinnlos („frustriert") erweisen. Vielfach stellen solche Vermögensopfer, obwohl frustriert, aber keinen *Vermögens*schaden dar. Das ist etwa der Fall, wenn der Gläubiger mit der Leistung rein ideelle Zwecke verfolgt hat und den Aufwendungen daher auch im Falle der Leistung kein Vermögensvorteil gegenübergestanden wäre.

Dies zeigt sich etwa am „Stadthallenfall" BGHZ 99, 182: Die einer politischen Partei zur Abhaltung eines Parteitags vermietete Halle wurde dieser vertragswidrig nicht zur Verfügung gestellt, wodurch sich die Aufwendungen der Partei zur Vorbereitung des Parteitags als fruchtlos erwiesen. Im Wege des Schadensersatzes statt der Leistung ist der Gläubiger nach § 249 I so zu stellen, wie wenn die Leistung erfolgt wäre. Da hier die Aufwendungen bei vertragsgemäßem Verhalten ebenfalls angefallen und nicht durch Eintrittspreise, Spenden oder dergl. amortisiert worden wären, liegt hier von vorneherein kein ersatzfähiger Vermögensschaden vor. Einem Anspruch auf Geldersatz für einen Nichtvermögensschaden steht § 253 entgegen (s. Rn. 673).

[37] *BGH* NJW 2007, 2111.

Auch Aufwendungen auf eine gekaufte Sache aus „Liebhaberei" müssen nicht stets zu dessen Werterhöhung führen. Selbst wenn aber der Gläubiger kommerzielle Zwecke verfolgt, kann das Vorliegen eines Vermögensschadens zweifelhaft und für den auch insoweit beweispflichtigen Gläubiger äußerst schwierig nachweisbar sein.

Dafür steht etwa der „Diskothekenfall" BGHZ 114, 193: Der Käufer einer Diskothek hatte u. a. in die Neueinrichtung des Lokals investiert, konnte es dann aber entgegen einer entsprechenden Zusicherung des Verkäufers mangels Betriebsgenehmigung nicht betreiben. Er macht nun Schadensersatz in Höhe seiner Investitionen geltend. Dabei muss er den Nachweis führen, dass diesen im Falle des Betriebs der Diskothek ein Vermögensvorteil gegenübergestanden hätte.

Vor Einführung von § 284 zum 1. 1. 2002 hat die Rspr. nur in sehr engen Grenzen eine Vermutung anerkannt, dass bestimmte unmittelbare erwerbsbezogene Aufwendungen auf die Kaufsache (z. B. Beurkundungskosten, Erschließungskosten) durch den erwarteten Vorteil der Gegenleistung wieder eingebracht würden (sog. Rentabilitätsvermutung, s. PdW Schuldrecht I **Fall 42**). Im „Stadthallenfall" hat der BGH damit einen Schadensersatzanspruch mangels Schadens, im Diskothekenfall mangels eines ausreichenden Schadensnachweises verneint.

2. Die Funktion von § 284

Genau hier setzt § 284 an: In bewusster Abkehr von der geschilderten Rechtsprechung[38] kann der Gläubiger **anstelle** des Schadensersatzes statt der Leistung Ersatz vergeblicher Aufwendungen verlangen. Wichtig ist das für den Gläubiger dann, wenn ein Vermögensschaden entweder gar nicht entstanden oder schwer nachweisbar ist. Die früher von der Rechtsprechung angewandte Rentabilitätsvermutung in Bezug auf unmittelbare Erwerbsaufwendungen kann daneben weiter angewendet werden[39], s. PdW Schuldrecht I **Fall 42.** Funktional ist § 284 jedenfalls eine schadensrechtliche Norm, d. h. sie steht in sachlichem Zusammenhang mit den §§ 249 ff. Deshalb sind schadensrechtliche Vorschriften wie insbesondere § 254 (Mitverschulden) im Rahmen von § 284 zumindest analog anwendbar.[40] 451

3. Voraussetzungen

a) Anspruch auf Schadensersatz statt der Leistung

Zunächst muss dem Grunde nach (d. h. unter Ausblendung der Frage des Vorhandenseins eines Schadens) ein Anspruch auf Schadensersatz statt der Leistung aus §§ 280 I, III, 281–283 oder § 311 a II gegeben sein. Da ein solcher vom (gesetzlich vermuteten) Vertretenmüssen abhängig ist, gilt somit auch für den Aufwendungsersatzanspruch das **Verschuldensprinzip** (Rn. 348).[41] 452

b) Vergebliche Aufwendungen

Aufwendungen sind freiwillige Vermögensopfer, die der Gläubiger im Vertrauen auf den Erhalt der (vertragsgemäßen) Leistung erbracht hat. Als solche kommen neben Aufwendungen auf den Leistungsgegenstand selbst oder für dessen Verwendung insbesondere Kosten der Vertragsdurchführung, Finanzierungskosten und dergleichen in 453

---

[38] S. dazu BT-Drs. 14/6040, S. 143 ff.

[39] *LG Bonn* NJW 2004, 74.

[40] S. nur *Fleck,* JZ 2009, 1045, 1046; *Stoppel,* AcP 204 (2004) 81, 106 m. w. N.

[41] S. dazu *BGH* NJW 2008, 2837 Rn. 33.

Betracht. Grundsätzlich darf der Gläubiger ab dem Zeitpunkt des Vertragsschlusses allein aufgrund des Leistungsversprechens des Schuldners auf den Erhalt der Leistung vertrauen. *Vorvertragliche* Aufwendungen sind aber, da sie nicht im Vertrauen auf den Erhalt der Leistung, sondern allenfalls im Vertrauen auf das Zustandekommen des Vertrags getätigt werden, nicht nach § 284, sondern allenfalls nach §§ 280 I, 311 II, 241 *(culpa in contrahendo)* ersetzbar.[42]

454 **Vergeblich** ist eine Aufwendung, wenn sie sich wegen der Pflichtverletzung des Schuldners gemessen am **Leistungszweck** (Vertragszweck) des Gläubigers als nutzlos erweist. Dies hat der Gläubiger darzulegen und zu beweisen. Dem Schuldner steht dann der Gegenbeweis offen, dass der Zweck dieser Aufwendungen auch ohne seine Pflichtverletzung verfehlt worden wäre (sog. Reserveursache, überholende Kausalität, s. Rn. 687 ff.).

455 Dieser Vertragszweck des Gläubigers kann sowohl **ideeller** als auch **kommerzieller** Natur sein.[43] Bei der Verfolgung *ideeller Zwecke* ist die wirtschaftliche Rentabilität der Aufwendungen irrelevant, bei der Verfolgung *kommerzieller Zwecke* kann der Schuldner hingegen die durch § 284 begründete sog. Rentabilitätsvermutung mit wirtschaftlichen Kriterien widerlegen (s. dazu auch PdW Schuldrecht I **Fall 42**).

Im oben geschilderten Stadthallenfall BGHZ 99, 182 müsste also der Vermieter beweisen, dass der (ideelle) Zweck des Gläubigers (Abhalten eines Parteitags) auch bei Zurverfügungstellung der Halle nicht erreicht worden wäre (weil etwa der Parteitag aus anderen, von ihm nicht zu vertretenden Gründen nicht hätte stattfinden können). Im Diskothekenfall BGHZ 114, 193 kann der Schuldner den Anspruch des Gläubigers auf Ersatz seiner Investitionen abwenden, wenn er nachweist, dass diese sich wirtschaftlich nicht amortisiert hätten. Wollte der Gläubiger die Diskothek hingegen unter Inkaufnahme wirtschaftlicher Verluste aus rein ideellen Zwecken (etwa zur Jugendfürsorge) betreiben, hilft auch dieser Gegenbeweis nicht weiter.

456 Die Vergeblichkeit der Aufwendung kann dabei auch eine nur teilweise sein. So hat etwa BGHZ 163, 381 dem Käufer eines mangelhaften Kfz Aufwendungsersatz in Höhe eingebauter Zusatzausstattung sowie der Überführungs- und Zulassungskosten nur zeitanteilig zugesprochen, weil der Käufer das Fahrzeug über eine gewisse Zeit offenbar ohne nennenswerte Einschränkungen nutzen konnte.

4. Anspruchsinhalt und -höhe

457 Der Gläubiger kann Wertersatz seiner Aufwendungen verlangen, sofern er diese „billigerweise“ machen durfte.[44] Durch diese Objektivierung soll verhindert werden, dass der Gläubiger das Risiko vollkommen unangemessener, wirtschaftlich unvernünftiger Aufwendungen auf den Schuldner abwälzt. In einem Fall unangemessener Aufwendung wird man aber dem Gläubiger den Anspruch auf Aufwendungsersatz nicht vollkommen versagen dürfen, sondern analog § 254 II 1 Alt. 2 auf den Betrag einer angemessenen Aufwendung zu reduzieren haben (für einen Beispielsfall s. PdW Schuldrecht I **Fall 40**). Liegt ein Mitverschulden des Gläubigers bereits in Bezug auf das haftungsbegründende Ereignis vor, führt eine analoge Anwendung von § 254 I zur anteiligen Kürzung auch eines Aufwendungsersatzanspruches.

---

[42] Zum Ersatz von Maklerkosten s. aber *BGH* NJW 2006, 1198 sowie PdW Schuldrecht I **Fall 42** m. w. N.

[43] BGHZ 163, 381.

[44] Vgl. zu diesem Kriterium insbesondere *Fleck,* JZ 2009, 1045 m. w. N.

Wenn der Gläubiger zum Zeitpunkt der Vornahme der Aufwendung bereits damit rechnen muss, dass die vertragsgemäße Leistung ausbleiben wird, ist § 254 II analog anzuwenden, was zu einer Kürzung oder ggf. zum Wegfall des Anspruchs aus § 284 führen kann.

Außerhalb dieser Grenzen ist der Anspruch auf Ersatz der Aufwendungen aber nicht durch das Erfüllungsinteresse am Vertrag begrenzt, d. h. der Aufwendungsersatzanspruch kann den Wert der geschuldeten Leistung (auch deutlich) übersteigen. Auch darf der Begriff der „Aufwendung" nicht mit jenem der „Verwendung" i. S. v. § 347 II gleichgestellt werden (s. dazu Rn. 612). Anders als im Falle des Rücktritts, in welchem gem. § 347 II (verschuldensunabhängig!) Ersatz für notwendige und nützliche *Verwendungen* zu leisten ist, müssen die Aufwendungen i. S. v. § 284 gerade nicht notwendig oder zumindest nützlich, sondern lediglich *vergeblich* gewesen sein. Auf eine Bereicherung des Schuldners kommt es dabei nicht an. 458

So war es etwa in BGHZ 163, 381 vollkommen irrelevant, dass die wegen des späteren mangelbedingten Rücktritts vergeblichen Aufwendungen eines Käufers eines Kfz in Gestalt von installierter Zusatzausstattung rücktrittsrechtlich als „nützliche" Verwendungen nach § 347 II lediglich zu einem Verwendungsersatzanspruch geführt hätten (was aber eine Werterhöhung des Kfz vorausgesetzt hätte).

5. Konkurrenzverhältnis zu Schadensersatz und Rücktritt

Der Anspruch auf Aufwendungsersatz kann nur „anstelle" des Schadensersatzes statt der Leistung verlangt werden. Im Umkehrschluss daraus folgt, dass Aufwendungsersatz aber durchaus zusätzlich zum Verzögerungsschaden (§ 280 II) und dem einfachen Schadensersatz „neben der Leistung" geltend gemacht werden kann. Auch ein Rücktrittsrecht wird durch den Aufwendungsersatz nicht verdrängt (s. § 325). 459

Damit kommt der Abgrenzung der Schadensarten (dazu Rn. 341 ff.) auch im Rahmen von § 284 eine besondere Bedeutung zu: Bei der wirtschaftlichen Überlegung des Gläubigers, ob Schadensersatz statt der Leistung oder Aufwendungsersatz geltend gemacht werden soll, muss nicht nur berücksichtigt werden, ob der (nachweisbare) Vermögensschaden größer oder kleiner war als etwaige Aufwendungen, sondern es muss zusätzlich die wirtschaftliche Situation beachtet werden, die sich durch eine mögliche Kombination von Aufwendungsersatz, Schadensersatz „neben der Leistung" und Rücktritt ergeben kann. Für den Gläubiger ist die Möglichkeit des Aufwendungsersatzes daher eine „Rechenaufgabe": Er muss feststellen, ob ihm dieser oder der Schadensersatz statt der Leistung den höheren Anspruch gewährt.

Ein hervorragendes Beispiel hierfür liefert wiederum BGHZ 163, 381: Da der Aufwendungsersatz mit nicht auf Schadensersatz „statt der Leistung" gerichteten Schadensersatzansprüchen kombinierbar ist, konnte der Käufer neben dem Aufwendungsersatz für die eingebaute Zusatzausstattung sowie die Überführungs- und Zulassungskosten auch Schadensersatz für die Kosten eines Mängelgutachtens (Schadensersatz neben der Leistung!) verlangen.

460

Rechtsfolgen der Leistungsbefreiung nach § 275 (Unmöglichkeit) in Bezug auf die Gegenleistung nach § 326 („funktionelles Synallagma")

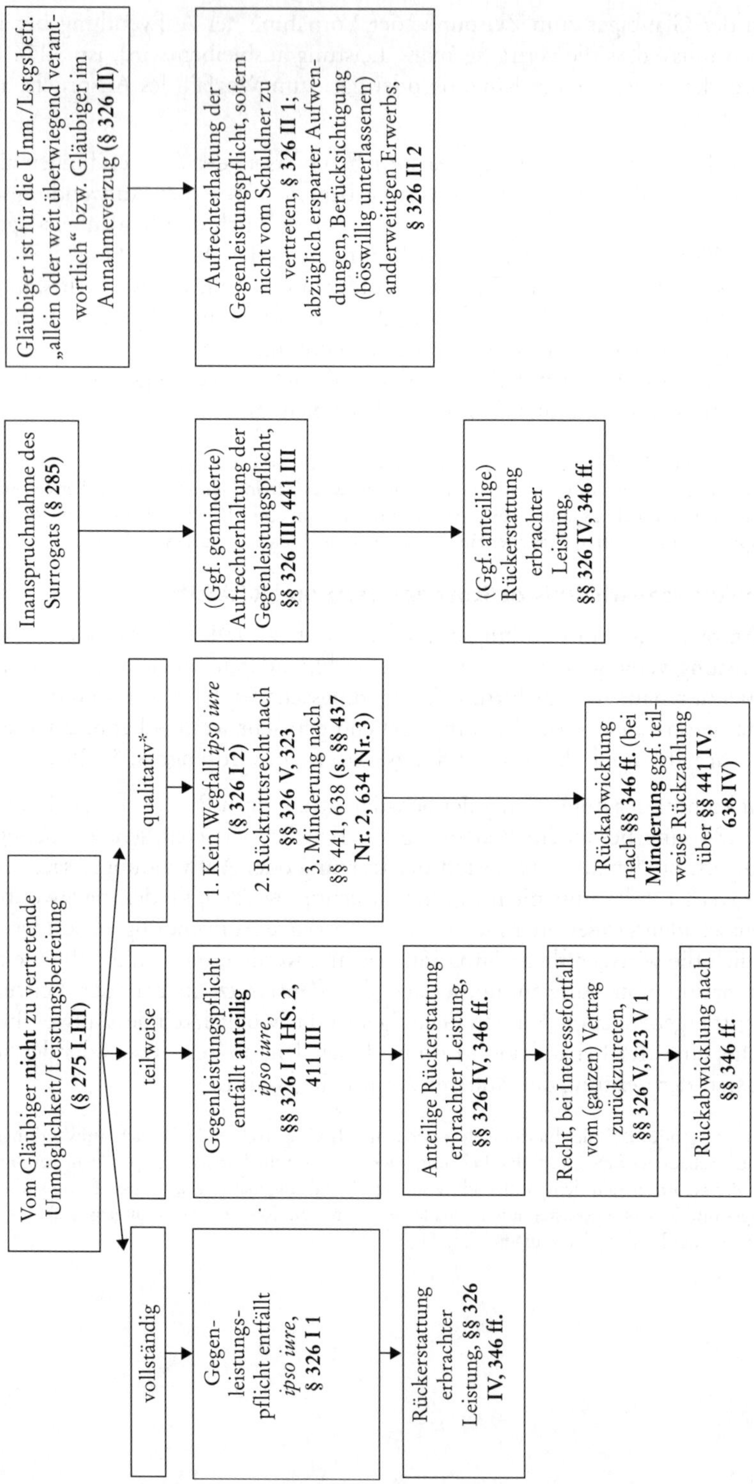

* Liegt etwa vor bei nicht nachbesserungsfähigem Sachmangel (s. die Verweisung auf § 311a in § 437 Nr. 3)

Beiderseits zu vertretende (nachträgliche) Unmöglichkeit

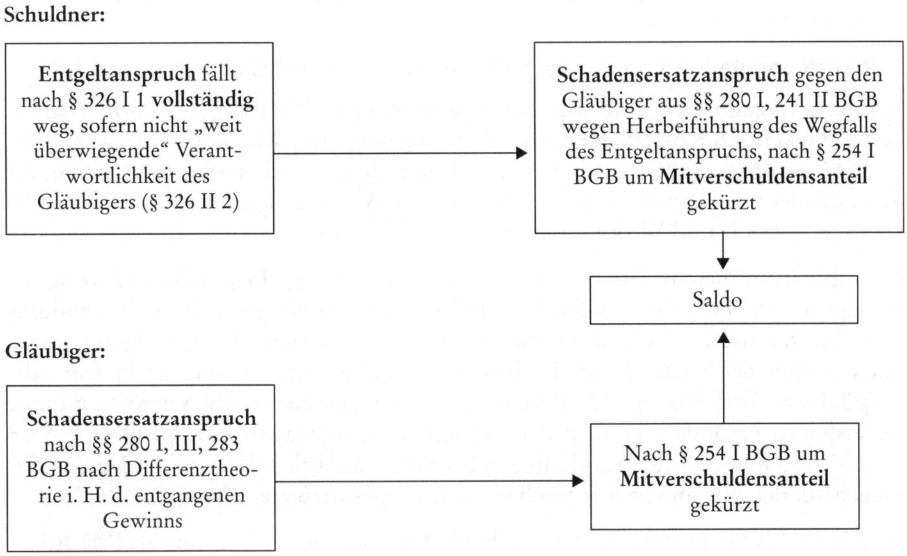

4. Abschnitt. Die Verspätung der Leistung

Erbringt der Schuldner, ohne dass ein Fall des § 275 vorliegt, die Leistung nicht recht- 461
zeitig, so verletzt er ebenfalls eine Pflicht aus dem Schuldverhältnis. Ist ihm die Leistung möglich, ist er – abgesehen von den geschilderten Fällen, in welchen vorübergehende Leistungshindernisse einem endgültigen gleichstehen (s. o. Rn. 410ff.) – von der Leistungspflicht jedenfalls nicht endgültig befreit. Der Erfüllungsanspruch (Primäranspruch) ist also weiter fällig und kann klageweise durchgesetzt werden. Ist ihm die Leistung zeitweilig unmöglich, ist der Anspruch lediglich gehemmt (s. o. Rn. 410). Die entscheidende tatbestandliche Abgrenzung von Unmöglichkeits- und Verspätungsfällen liegt darin, dass sämtliche im Fall der Verspätung einschlägige Normen (§§ 281, 286, 323) einen „fälligen" Primäranspruch voraussetzen, was im Falle einer Leistungsbefreiung nach § 275 I–III gerade nicht der Fall ist. Unmöglichkeit und Verspätung schließen sich also tatbestandlich aus (s. zum Folgenden den **grafischen Überblick** bei Rn. 516).

§ 36. Der Schuldnerverzug (§ 286)

Literatur: *Canaris,* Begriff und Tatbestand des Verzögerungsschadens ..., ZIP 2003, 321; *ders.,* Grundprobleme des Schuldnerverzugs nach dem BGB, FS Koziol, 2010, 45; *ders.,* der Einfluss der Leistung auf den Verzug des Schuldners, FS Hopt, 2010, 47; *Derleder/Hoolmanns,* Vom Schuldnerverzug zum Gläubigerverzug und zurück, NJW 2004, 2787; *Derleder/Zänker,* Der ungeduldige Gläubiger und das neue Leistungsstörungsrecht, NJW 2003, 2777; *Gsell,* EG-Verzugsrichtlinie und Reform der Reform des Verzugsrechts in Deutschland, ZIP 2000, 1861; *Jaensch,* Schadensersatz beim vorweggenommenen Vertragsbruch und relativen Fixgeschäft, ZGS 2004, 134; *Knütel,* Zum „Zufall" in § 287 S. 2 BGB, NJW 1993, 900;

Kohler, Das Vertretenmüssen beim verzugsrechtlichen Schadensersatz, JZ 2004, 961; *Krause,* Die Leistungsverzögerung im neuen Schuldrecht, Jura 2002, 217; 299; *Oepen,* Probleme des modernisierten Verzugstatbestandes, ZGS 2002, 349; *Verse,* Das Gesetz zur Bekämpfung von Zahlungsverzug im Geschäftsverkehr, ZIP 2014, 1809.

I. Begriff und Bedeutung des Rechtsinstituts, europarechtlicher Hintergrund

462 Schuldnerverzug ist die vom Schuldner zu vertretende Nichtleistung trotz Möglichkeit, Fälligkeit, Durchsetzbarkeit und Mahnung oder eines Mahnungssurrogats. Er ist in § 286 geregelt. § 286 ist keine Anspruchsgrundlage, sondern eine **Wirknorm,** die Tatbestandsvoraussetzung verschiedener anderer Anspruchsgrundlagen (z. B. §§ 280 I, II oder § 288 I) und Wirknormen (wie z. B. § 287) ist.

Man spricht in diesem Zusammenhang auch von der sog. **Tatbestandswirkung** des Verzugs, die sich an vielen Stellen des BGB findet. So hängen z. B. die Verwirkung einer Vertragsstrafe (§ 339 S. 1), das Recht des Vermieters zur Kündigung wegen Nichtzahlung der Miete (§ 543 II 1 Nr. 3 lit. a) und die Erweiterung der Haftung des bösgläubigen Besitzers (§ 990 II) vom Verzug des Schuldners ab. Sofern bestimmte Rechtsfolgen besondere Formen des Verzugs voraussetzen (so z. B. § 543 II 1 Nr. 3 lit. a: Verzug mit zwei aufeinanderfolgenden Raten, ähnlich § 498 S. 1 Nr. 1 beim Verbraucherdarlehen), spricht man auch von einem **qualifizierten Verzug.**

Zweck des Rechtsinstituts ist, dass die bloße Verzögerung der Leistung als **Pflichtverletzung** i. S. v. § 280 I noch nicht ausreichen soll, um nachteilige Rechtsfolgen für den Schuldner zu bewirken. Diese sollen erst dann eintreten, wenn der Schuldner durch eine Mahnung oder ein diese ersetzendes Mahnungssurrogat hiervor gewarnt ist, also die Voraussetzungen des Verzugs vorliegen (s. insbes. § 280 II).[1]

Die gesetzliche Regelung des Verzugs in den §§ 286ff. dient teilweise auch der Umsetzung der Zahlungsverzugsrichtlinien der EU.[2] Insofern besteht damit ein Gebot **richtlinienkonformer Auslegung.** Diese betrifft zwar nur Zahlungsansprüche zwischen Unternehmern. Da der Gesetzgeber die Richtlinie jedoch „überschießend" umgesetzt, d. h. sich auch außerhalb des persönlichen Anwendungsbereichs der Richtlinie an dieser orientiert hat, ist sie für die Auslegung der §§ 286ff. auch über das Verhältnis zwischen Unternehmern hinaus zu beachten.

II. Voraussetzungen

1. Wirksamer, fälliger und durchsetzbarer Anspruch

463 § 286 setzt zunächst einen **wirksamen** und **fälligen** Primäranspruch voraus. Insbesondere darf kein Unmöglichkeitsfall nach § 275 I vorliegen, weil dann kein Primäranspruch mehr besteht. Im Falle **zeitweiliger Unmöglichkeit** tritt ebenfalls kein Verzug ein bzw. wird ein solcher unterbrochen, da der Erfüllungsanspruch für diesen Zeitraum analog § 275 I suspendiert und damit nicht fällig ist (s. o. Rn. 410). Tritt die Un-

[1] Nach *Canaris,* FS Koziol, 2010, 47, 51 soll aus § 280 II folgern, dass die bloße Verzögerung der Leistung noch nicht einmal eine Pflichtverletzung i. S. v. § 280 I 1 darstellt.

[2] Richtlinie 2000/35/EG des Europäischen Parlaments und des Rates vom 29. Juni 2000 zur Bekämpfung von Zahlungsverzug im Geschäftsverkehr, Abl. Nr. L 200 S. 35, mit Wirkung vom 16.3.2013 aufgehoben durch die Richtlinie 2011/7/EU des Europäischen Parlaments und des Rates vom 16.2.2011 zur Bekämpfung von Zahlungsverzug im Geschäftsverkehr (Neufassung), Abl. EU L 48 S. 1. Letztere wurde (verspätet) umgesetzt durch das am 29.7.2014 in Kraft getretene Gesetz zur Bekämpfung von Zahlungsverzug im Geschäftsverkehr (BGBl. 2014 I 1218).

möglichkeit während des Schuldnerverzugs ein (z. B. die vom Schuldner nach Fälligkeit und Mahnung nicht gelieferte Sache wird bei ihm zerstört, vgl. u. Rn. 481), so gilt ab diesem Zeitpunkt nur noch Unmöglichkeitsrecht. Lediglich § 290 bestimmt eine zusätzliche Verzinsungspflicht.

Fälligkeit tritt, sofern keine abweichende Vereinbarung vorliegt, nach § 271 I grundsätzlich sofort ein (s. Rn. 170), lediglich beim Verbrauchsgüterkauf gilt eine Sonderregelung in Gestalt von § 474 III (s. unten Rn. 487 und BT Rn. 233 a).

Umstritten ist die Wirkung von **Einreden.**[3] Deren bloße Existenz kann Fälligkeit und Verzug nicht in jedem Falle schlechthin ausschließen, weil sich der Schuldner auf Einreden ja berufen muss. Hat er dies getan, braucht er freilich nicht (oder nicht ohne weiteres) zu leisten und kommt damit auch nicht in Verzug. Ob die Erhebung der Einrede aber den Verzug auch für die Vergangenheit ausschließt, wenn der Schuldner sie erst nach Eintritt der Verzugsvoraussetzungen im Übrigen erhebt, kann nicht generell entschieden werden, sondern hängt von der jeweiligen Einredenorm ab. So wirkt etwa die Einrede der **Verjährung** (§ 214 I) zurück, d. h. ihre Erhebung beseitigt die Verzugsfolgen auch für die Vergangenheit, und zwar auch für die Zeit vor Verjährungseintritt (s. auch § 217). Die Einrede des **allgemeinen Zurückbehaltungsrechts** nach § 273 gibt dem Gläubiger hingegen nach § 273 III die Möglichkeit, diese durch Sicherheitsleistung abzuwenden (s. Rn. 234). Da ihm dieses Recht nicht rückwirkend genommen werden darf, kann die Einrede nicht zurückwirken, d. h. die bis dahin eingetretenen Verzugsfolgen (etwa der Anspruch auf Verzugszinsen und Ersatz des Verspätungsschadens) bleiben aufrechterhalten. Für die Zukunft fällt der Verzug aber weg. *BGH* NJW 1971, 421 verlangt dafür aber seitens des Schuldners nicht nur die Erhebung der Einrede, sondern zugleich das Angebot der Leistung Zug-um-Zug (s. PdW Schuldrecht I **Fall 52**). Ähnlich wird man dies im Falle der Einreden nach § 275 II, III sowie nach § 439 III zu sehen haben: Die Pflicht des Schuldners zur Erbringung der Primärleistung endet erst mit Erhebung der Einrede. Es gibt keinen Grund, dem Schuldner die Folgen eines zunächst eingetretenen Verzugs wieder abzunehmen.[4] Gänzlich anders verhält es sich hingegen mit den Einreden aus **gegenseitigen Leistungspflichten,** d. h. bei der **Einrede des nicht erfüllten Vertrags** aus § 320 und der Unsicherheitseinrede aus § 321. Nach zutreffender Ansicht hindert hier bereits das bloße Bestehen der Einrede den Verzugseintritt. Hier kommt der Schuldner erst in Verzug, wenn der Gläubiger ihm die seinerseits geschuldete Leistung in Annahmeverzug begründender Weise anbietet.[5] Dass der Gläubiger zur Erbringung der Gegenleistung **imstande und bereit** ist, genügt alleine noch nicht (s. dazu PdW Schuldrecht I **Fall 51**).[6]

[3] S. dazu zuletzt *Canaris,* FS Koziol, 2010, 47, 54.

[4] A. A. *Canaris,* FS Koziol, 2010, 47, 54, 60; Palandt/*Grüneberg,* § 275 Rn. 32; MünchKomm/*Ernst,* § 275 Rn. 98 (alle für Rückwirkung).

[5] S. etwa BGHZ 116, 244, 249 (zu § 320) und *BGH* NJW 2010, 1272 Rn. 23 (zu § 321) sowie oben Rn. 246, 248.

[6] *Looschelders,* AT, Rn. 450.

2. Mahnung oder Mahnungsersatz

a) Mahnung

464 Da der Verzug erhebliche nachteilige Rechtsfolgen für den Schuldner nach sich zieht, sollen ihn diese nicht allein schon im Falle der Nichtleistung bei Fälligkeit treffen (er weiß ja nicht, wie wichtig der Leistungszeitpunkt für den Schuldner ist), sondern er soll zuvor noch besonders **gewarnt** werden. Diese Funktion erfüllt das Erfordernis der **Mahnung:** Schuldnerverzug tritt erst ein, wenn der Schuldner nach Fälligkeit gemahnt worden ist. Mahnung ist die an den Schuldner gerichtete, empfangsbedürftige, eindeutige und bestimmte Aufforderung, mit welcher der Gläubiger unzweideutig zum Ausdruck bringt, dass er die geschuldete Leistung verlangt.[7] Ein Hinweis auf den dadurch eintretenden Verzug oder die Verzugsfolgen ist dabei nicht erforderlich. Auch Höflichkeit schadet nicht.[8]

Weil Verzug auch dann eintritt, wenn der mahnende Gläubiger sich dieser Rechtsfolge gar nicht bewusst ist, ist die Mahnung kein Rechtsgeschäft, sondern lediglich eine **geschäftsähnliche Handlung.**[9] Auf eine solche sind aber die Vorschriften über die Willenserklärung entsprechend anwendbar.[10] Daher kann ein beschränkt geschäftsfähiger Minderjähriger nach § 107 wirksam mahnen, weil er hierdurch lediglich einen rechtlichen Vorteil hat (s. PdW Schuldrecht I **Fall 45**). Umgekehrt muss eine Mahnung gegen einen minderjährigen Schuldner nach § 131 I, II 1 dessen gesetzlichem Vertreter zugehen (beachte dabei § 1629 I 2 Hs. 2: Zugang an *einen* gesetzlichen Vertreter ist ausreichend). Auch eine Mahnung durch einen Stellvertreter ist analog § 164 BGB möglich.[11]

Eine Mahnung **vor Fälligkeit** ist unwirksam und bleibt es auch nach dem Fälligkeitszeitpunkt. Dagegen soll – insoweit entgegen dem Wortlaut von § 286 – die Mahnung mit der fälligkeitsbegründenden Handlung (etwa einer Rechnungsstellung) verbunden werden, d. h. **gleichzeitig** mit der Fälligkeit erfolgen können.[12] Übersendet der Gläubiger also etwa eine Rechnung mit dem Vermerk „zahlbar sofort", so kann darin zugleich eine Mahnung liegen. Gibt er dem Schuldner ein Zahlungsziel („zahlbar binnen 10 Tagen"), kann darin zugleich eine aufschiebend **befristete Mahnung** (analog §§ 163, 158 I zulässig!) gesehen werden.[13]

Ob allerdings nach der Verkehrsanschauung das erstmalige Zusenden einer Rechnung unter Angabe eines Zahlungsziels üblicherweise bereits als Mahnung oder lediglich als Stundung *verstanden* werden darf, ist zweifelhaft.[14] Zumindest gegenüber Verbrauchern lässt die jüngere Rspr. eine solche befristete Mahnung unter Hinweis auf § 286 III nur zu, wenn der Verbraucher zugleich auf die Folge des Verzugseintritts hingewiesen wird.[15]

---

[7] *BGH* NJW 2008, 50 m. w. N.

[8] *BGH* NJW 1998, 2132.

[9] Zu diesem Begriff vgl. *Köhler,* § 5 Rn. 7; *Medicus,* BGB AT, Rn. 195ff.

[10] BGHZ 47, 352, 357; *BGH* NJW 2011, 2120 Rn. 13.

[11] S. dazu sowie zur Möglichkeit einer Zurückweisung nach § 174 bei Nichtvorlage einer Vollmachtsurkunde *BGH* NJW 2011, 2120 Rn. 13.

[12] *BGH* NJW 2008, 50.

[13] *BGH* NJW 2006, 3271 Rn. 10.

[14] In letzterem Sinne *BGH* NJW 2008, 50 mit kritischer Anm. *Gsell;* dem *BGH* zustimmend *Looschelders,* JA 2008, 228f.; anders *BGH* NJW 2006, 3271.

[15] *BGH* NJW 2008, 50.

Die Mahnung muss weiter ausreichend **bestimmt** sein. Dem Schuldner muss klar sein, welche Leistung von ihm verlangt wird. Unwirksam ist deshalb etwa eine bedingte Mahnung („für den Fall, dass Sie uns etwas schulden, mahnen wir Sie hiermit") oder die Mahnung einer anderen als der geschuldeten Leistung. Wenn der Gläubiger zwar die Forderung eindeutig bezeichnet, aber mehr fordert, als geschuldet, soll es für die Wirksamkeit der Mahnung darauf ankommen, ob der Schuldner nach Treu und Glauben „die Erklärung als Aufforderung zur Bewirkung der tatsächlich geschuldeten Leistung verstehen muss und der Gläubiger auch zur Annahme der gegenüber seinen Vorstellungen geringeren Leistung bereit ist".[16] Das gilt nicht nur bei Geldforderungen.[17]

Nach § 286 I 2 stehen der Mahnung die **Erhebung einer Leistungsklage** (Zustellung der Klageschrift, § 253 ZPO) und die Zustellung eines **Mahnbescheids** (§§ 688 ff. ZPO) gleich: Das sind sogar besonders eindrucksvolle (aber wegen des aus § 93 ZPO folgenden Kostenrisikos für den Gläubiger auch gefährliche) Arten der Aufforderung zur Leistung. 465

b) Zeitbestimmung

Nach § 286 II Nr. 1, 2 ist die Mahnung entbehrlich, wenn für die Leistung eine Zeit nach dem Kalender bestimmt ist *(dies interpellat pro homine)* oder wenn sich der Zeitpunkt von einem bestimmten Ereignis an nach dem Kalender berechnen lässt (z. B. „3 Wochen nach Lieferung" oder „nach Zugang der Rechnung"). Gemeint sind hier freilich nur **vertragliche** Zeitbestimmungen. Einseitige Zeitbestimmungen des Gläubigers begründen als solche – von den seltenen Voraussetzungen des § 315 I abgesehen – keinen Verzug nach dieser Regelung. Sie können aber, wenn sie zumindest gleichzeitig mit der Fälligkeit erfolgen, eine aufschiebend befristete Mahnung darstellen (oben Rn. 464). 466

c) Ernsthafte und endgültige Erfüllungsverweigerung

Nach § 286 II Nr. 3 ist eine Mahnung entbehrlich, wenn der Schuldner die Leistung ernsthaft und endgültig verweigert (insbesondere weil er seine Leistungspflicht bestreitet). Man spricht hier von **Erfüllungsverweigerung** oder (bei Verträgen) **Vertragsaufsage.** Da es sich um eine Ausnahmeregelung handelt, sind an die Erfüllungsverweigerung strenge Maßstäbe zu setzen. Die Verweigerung muss gleichsam als „letztes Wort" des Schuldners aufzufassen sein, d. h. es muss ausgeschlossen erscheinen, dass er sich von einer Mahnung umstimmen lässt. Die Erfüllungsverweigerung ersetzt aber keineswegs das Erfordernis der Fälligkeit. Erfolgt sie vor dem Fälligkeitszeitpunkt (sog. **„antizipierte Erfüllungsverweigerung"**), tritt Verzug dennoch erst mit Fälligkeit ein.[18] Zur Bedeutung der antizipierten Erfüllungsverweigerung für das Rücktrittsrecht (§ 323 IV) und für den Schadensersatz statt der Leistung s. u. Rn. 493, 507. 467

d) „Besondere" Gründe

Nach § 286 II Nr. 4 ist die Mahnung weiter entbehrlich, wenn der Eintritt des Verzugs aus „besonderen Gründen unter Abwägung der beiderseitigen Interessen" gerechtfertigt ist. Dies liegt etwa dann vor, wenn sich der Schuldner einer Mahnung entzieht 468

[16] *BGH* NJW 1999, 3115; s. auch NJW 2006, 3271.
[17] *BGH* NJW 2006, 769: Werkvertraglicher Nacherfüllungsanspruch.
[18] Vgl. *BGH* NJW-RR 2008, 210 und dazu *Gsell,* LMK 2007, 247919.

(z. B. der unterhaltspflichtige Ehegatte verlässt den anderen mit unbekanntem Ziel) oder dem Gläubiger eine Mahnung aufgrund des Verhaltens des Schuldners nur mit erheblichem Aufwand möglich ist.[19] Entbehrlich ist die Mahnung auch dann, wenn der Schuldner einer solchen zuvorkommt, indem er selbst einseitig die alsbaldige Leistung ankündigt oder zusichert und damit dem Gläubiger das Bedürfnis nimmt, eine Mahnung auszusprechen (sog. **Selbstmahnung**).[20] Überflüssig ist die Mahnung schließlich auch bei evidenter **besonderer Dringlichkeit** der Leistung (z. B. der Klempner wird zu einem Wasserrohrbruch gerufen). Vgl. zum Ganzen PdW Schuldrecht I **Fall 46.** Durch AGB kann sich der Gläubiger aber von dem Mahnungserfordernis nicht freimachen: § 309 Nr. 4.

e) Entgeltforderungen

469 Für **Entgeltforderungen** (also nur solche Geldforderungen, die als Gegenleistung für die Lieferung von Gütern oder die Erbringung von Dienst- und Werkleistungen geschuldet sind, nicht aber z. B. Schadensersatzansprüche oder Bereicherungsansprüche)[21] sieht § 286 III einen weiteren Verzugsgrund vor: Der Schuldner kommt **spätestens** (ein früherer Verzugseintritt nach § 286 I, II ist also möglich!) 30 Tage nach Fälligkeit und dem Zugang einer Rechnung oder gleichwertigen Zahlungsaufforderung in Verzug. Gegenüber einem Verbraucher (§ 13) gilt dies nur, wenn er auf diese Folge besonders hingewiesen worden war. Ist er nicht Verbraucher und ist der Zeitpunkt des Zugangs der Rechnung oder der Zahlungsaufforderung unsicher, kommt er nach § 286 III 2 spätestens 30 Tage nach Fälligkeit und Empfang der Gegenleistung in Verzug.

3. Nichtleistung

470 Schuldnerverzug setzt weiter die Nichtleistung nach Mahnung voraus. Maßgebend ist insoweit nach h. M. die Vornahme der Leistungs**handlung** (also etwa das vereinbarte Abschicken der verkauften Sache), nicht der Eintritt des Leistungserfolgs (also etwa die Eigentumsverschaffung durch den Verkäufer, § 433 I 1).

Eine Zahlung durch Banküberweisung (s. Rn. 174) wurde daher von der Rspr. bisher als rechtzeitig angesehen, wenn der Überweisungsauftrag vor Ablauf der Zahlungsfrist beim Geldinstitut des Schuldners eingeht, das Konto des Schuldners gedeckt ist und das Geldinstitut den Überweisungsauftrag fristgerecht annimmt. Im Geschäftsverkehr ist diese Auslegung jedoch in Bezug auf die Zahlungsverzugsrichtlinie 2000/35/EG nach der Rspr. des EuGH nicht europarechtskonform. Maßgeblicher Zeitpunkt ist hier vielmehr die Gutschrift des Betrags auf dem Empfängerkonto.[22]

Stellt man mit der Gegenansicht (und mit dem EuGH!) auf das Eintreten eines geschuldeten Leistungs**erfolgs** ab, liegt Nichtleistung noch bis zu dem Erfolgseintritt vor. Hat der Schuldner aber die nötigen Leistungshandlungen so rechtzeitig vorgenommen, dass bei normalem Verlauf der Leistungserfolg rechtzeitig eingetreten wäre, scheitert der Eintritt des Verzugs dann aber am Erfordernis des Vertretenmüssens (vgl. u. Rn. 471), wenn der Schuldner für die Verzögerung des Erfolgseintritts nicht verant-

---

[19] S. z. B. *BGH* NJW 2011, 2871 Rn. 20: Schuldner verlässt SB-Tankstelle ohne zu bezahlen.

[20] *BGH* NJW 2008, 1216 Rn. 16.

[21] S. zu diesem Begriff jetzt *BGH* WM 2010, 1760: Kein Erfordernis einer synallagmatischen Verknüpfung (dazu o. Rn. 108).

[22] *EuGH* NJW 2008, 1935 und dazu *Herresthal*, ZGS 2008, 259 sowie *M. Schwab*, NJW 2011, 2833; *Heyers*, JZ 2012, 398.

wortlich ist (z. B. weil er sich der bummelnden Transportperson nicht als Erfüllungsgehilfen bedient). Insbesondere aber scheidet Schuldnerverzug aus, wenn die Ursache für den Nichteintritt des Erfüllungserfolgs beim Gläubiger liegt (z. B. weil dieser die ordentlich angelieferte Sache nicht annimmt): Dann kommt allein Gläubigerverzug in Betracht.

Im Übrigen tritt nach zutreffender Ansicht Verzug unmittelbar mit dem Zugang der Mahnung bzw. dem nach § 286 II maßgeblichen Zeitpunkt ein. Der Schuldner hat also grundsätzlich nicht noch eine letzte Gelegenheit, durch sofortige Leistung die Verzugsfolgen zu vermeiden. Nach § 242 wird man dies anders zu sehen haben, wenn fälligkeitsbegründende Handlung und Mahnung zeitlich zusammenfallen.

4. Vertretenmüssen

Nach § 286 IV setzt Schuldnerverzug **Vertretenmüssen** – also regelmäßig Verschul- 471
den – des Schuldners voraus (s. dazu o. Rn. 347ff). Bei Geldschulden ist aber zu beachten, dass der Schuldner für einen Mangel an finanziellen Mitteln stets, d. h. auch ohne Verschulden einzustehen hat (o. Rn. 394ff.).

Die negative Fassung des Wortlauts von § 286 IV regelt ebenso, wie es § 280 I 2 für jede Pflichtverletzung tut (vgl. o. Rn. 330), die **Behauptungs- und Beweislast:** Da das Leistungshindernis regelmäßig in der Sphäre des Schuldners liegt, soll dieser die Gründe für das Fehlen seiner Verantwortung zu behaupten und zu beweisen haben. Unaufklärbarkeit schadet also auch hier dem Schuldner.

Dass das Vertretenmüssen in § 286 IV als Verzugsvoraussetzung normiert wird, ist im Rahmen eines Anspruchs auf Ersatz des Verzögerungsschadens nach §§ 280 I, II, 286 grundsätzlich unnötig, da bereits § 280 I 2 (mit gleicher Beweislast) das Erfordernis des Vertretenmüssens enthält (anders nur, wenn Vertretenmüssen nur zum Zeitpunkt der Fälligkeit, nicht aber z. Zt. des Eintritts der übrigen Verzugsvoraussetzungen vorliegt, s. dazu PdW Schuldrecht I **Fall 50**). Eigenständige Bedeutung kommt dem Erfordernis des Vertretenmüssens in § 286 IV aber zu, wenn es um die **Tatbestandswirkung** des Verzugs in anderen Normen (z. B. §§ 287, 288, § 543 II 1 Nr. 3) geht. Fällt das Vertretenmüssen nach Verzugseintritt weg, ist dies nach § 287 S. 2 grundsätzlich irrelevant (s. dazu PdW Schuldrecht I **Fall 49**).

5. Grenzen von Parteivereinbarungen

§ 286 ist grundsätzlich dispositives Recht, d. h. die Parteien können die Voraussetzun- 472
gen für den Verzugseintritt in den allgemeinen Grenzen vertraglich abmildern oder verschärfen. Gleiches gilt für die sogleich zu erörternden Rechtsfolgen des Verzugs. Eine Grenze setzt § 286 V für eine abweichende Vereinbarung über den Eintritt des Verzugs durch einen Verweis auf § 271 a I–V (dazu oben Rn. 168). § 288 VI begrenzt die Zulässigkeit von Vereinbarungen über den Ersatz von Verzugszinsen (u. Rn. 480).

III. Rechtsfolgen des Schuldnerverzugs

Der Schuldnerverzug lässt den Erfüllungsanspruch selbst unberührt (allenfalls kann 473
der Gläubiger diesen nach § 323 oder § 280 I, III, 281 beenden).

1. Ersatz von Verzögerungsschäden

474 Nach §§ 280 I, II, 286 kann der Gläubiger (erst) ab Eintritt des Verzugs Ersatz der aufgrund des Verzugs eingetretenen Verzögerungsschäden verlangen **(Schadensersatz wegen Verzögerung der Leistung).** Gegenstand dieses Schadensersatzes sind in Abgrenzung zum Schadensersatz statt der Leistung alle Schäden, die endgültig eingetreten sind, d. h. durch eine Nachholung der Leistung nicht mehr behoben würden und **allein** auf die Verzögerung der Leistung zurückzuführen sind (s. Rn. 475). Der Gläubiger kann nach § 249 I verlangen, so gestellt zu werden, als ob rechtzeitig erfüllt worden wäre. Das kann mannigfache Schadensposten umfassen: Die verspätete Lieferung von Rohstoffen oder Ersatzteilen mag zu Produktionsausfall führen, wegen der verspäteten Lieferung von Ware an einen Händler kann diesem der Gewinn aus dem Weiterverkauf (endgültig) entgehen; in beiden Fällen können sogar auf die Dauer Kunden zur Konkurrenz abwandern. Solche Schäden sind in dem sehr weiten Rahmen der Adäquanz (vgl. u. Rn. 681) auch dann zu ersetzen, wenn ihr Betrag den Wert der verzögerten Leistung weit übersteigt. Auch **Rechtsverfolgungskosten** einschließlich Inkassokosten sind grundsätzlich ersetzbar, sofern sie durch den Verzug entstanden sind und sich der Gläubiger zu diesen veranlasst sehen durfte.[23]

Beispiel (nach *BGH* NJW 2011, 2871): K tankt an der Selbstbedienungstankstelle des V und fährt davon, ohne zu bezahlen. V beauftragt einen Privatdetektiv mit der Ermittlung des K sowie einen Rechtsanwalt mit der Eintreibung des Kaufpreises. Da eine Mahnung hier nach § 286 II Nr. 4 entbehrlich war (dazu o. Rn. 468), befand sich K mit Verlassen der Tankstelle in Verzug.[24] Die Kosten für Privatdetektiv und Rechtsanwalt sind daher nach §§ 280 I, II, 286 als Verzugsschaden ersetzbar, weil sie durch den Verzug entstanden sind. Dass sie (auch) auf einem eigenen Willensentschluss des V beruhen, ist unschädlich, da sich V zu diesem Vorgehen herausgefordert sehen durfte.

Das erfasst aber nicht die Kosten derjenigen Mahnung, die den Verzug erst begründet hat (s. PdW Schuldrecht I **Fall 53**): Die verzugsbegründende erste Mahnung sollte also im Interesse des Gläubigers nicht kostenaufwendig sein, d. h. ein Anwalt sollte erst mit weiteren Mahnungen betraut werden. Eine gewisse Milderung verschafft hier allerdings die Kostenpauschale nach § 288 V (dazu u. Rn. 479). Vor Verzugseintritt entstandene Verzögerungsschäden sind nicht ersetzbar. Wird also das verkaufte Kfz zum Fälligkeitszeitpunkt nicht geliefert und nimmt sich der Käufer ohne (erforderliche) Mahnung unmittelbar einen Mietwagen, so bekommt er die bis zum Verzugseintritt angefallenen Kosten auch dann nicht ersetzt, wenn er die Mahnung später nachholt.

475 Unter den Schadensersatz wegen Verzögerung der Leistung fallen nach zwar nicht unbestrittener, aber überwiegender und zutreffender Ansicht nur diejenigen Schäden, die *ausschließlich* auf die Verzögerung der Leistung zurückzuführen sind. Das ist für den sog. **„mangelbedingten Betriebsausfall"** von Bedeutung (s. dazu BT Rn. 183f): Liefert z. B. ein Verkäufer eine mangelhafte Sache, so ist der durch die Funktionsunfähigkeit entstehende Schaden (z. B. der Produktionsausfall, weil die gelieferte Maschine nicht funktioniert), nach zutr. Ansicht kein Verzögerungsschaden, sondern Gegenstand eines „einfachen" Schadensersatzes „neben der Leistung" nach § 280 I, der nicht durch die Verzögerung der mangelfreien Leistung (so die Gegenansicht), sondern

[23] Vgl. *Löwisch,* NJW 1986, 1725; *Rentsch/Bersiner,* BB 1986, 1245 und u. Rn. 686 zur psychisch vermittelten Kausalität.

[24] Zum Zeitpunkt des Vertragsschlusses, der hier bereits an der Zapfsäule erfolgt, s. *BGH* a. a. O. Rn. 14ff.

durch die Verletzung der Pflicht zu mangelfreier Leistung aus § 433 I 2 verursacht wurde.[25] Der Schaden ist also – sofern der Schuldner nicht den Nachweis fehlenden Vertretenmüssens nach § 280 I 2 führen kann – unabhängig von den Verzugsvoraussetzungen, insbesondere ohne das Erfordernis einer Mahnung ersetzbar. Das ist schon deshalb gerechtfertigt, weil sich der Gläubiger bei der Lieferung einer mangelhaften Sache schwer durch eine Mahnung schützen kann: Eine Nichtleistung kann er leicht feststellen, eine Mahnung ist ihm zumutbar. Die Mangelhaftigkeit der Leistung deckt er vielleicht selbst erst sehr spät auf.

Entsteht ein solcher mangelbedingter Betriebsausfallschaden deshalb, weil der Käufer nicht rechtzeitig Nacherfüllung (§ 439) verlangt, kann die Ersatzfähigkeit des Schadens gem. § 254 II (Mitverschulden) wegfallen.[26] S. dazu auch BT Rn. 183f. sowie PdW Schuldrecht I **Fall 47** und PdW Schuldrecht II **Fall 43.**

Wichtig ist auch die Abgrenzung des Verzögerungsschadens vom **Schadensersatz statt der Leistung** nach § 280 I, III, 281: Tritt der Gläubiger wegen der Verzögerung der Leistung (oder der Nacherfüllung) schließlich nach § 323 zurück, so fallen der Erfüllungsanspruch und damit auch der Verzug *ex nunc* weg (s. u. Rn. 485, 502). Gleiches gilt nach § 281 IV, wenn der Gläubiger Schadensersatz statt der Leistung verlangt (s. u. Rn. 510). Ein nach diesem Zeitpunkt eintretender weiterer Nutzungsausfallschaden ist deshalb nicht mehr als Verzögerungsschaden, sondern als **Schadensersatz statt der Leistung** aus §§ 280 I, III, 281 ersetzbar. Er geht nämlich ab diesem Zeitpunkt nicht mehr auf die Verzögerung der Leistung, sondern deren endgültiges Ausbleiben zurück („rücktrittsbedingter Betriebsausfall").[27] Der bis zum Rücktritt entstandene Nutzungsausfallschaden bleibt aber als Verzögerungsschaden nach § 280 I, II, 286 weiterhin ersetzbar, s. dazu u. Rn. 485 sowie BT Rn. 184. 476

2. Verzugszinsen

Für **Geldschulden** enthält § 288 eine Sonderbestimmung: Der Gläubiger kann unabhängig von einem ihm wirklich entstandenen Schaden Verzugszinsen oder die Weiterzahlung höherer vereinbarter **Zinsen** (§ 288 III) verlangen. Bei einem Darlehensvertrag gilt der Vertragszins nach der Rspr. aber grundsätzlich nur bis zum Zeitpunkt der Fälligstellung des Darlehens. Ab diesem Zeitpunkt kann der Darlehensgeber lediglich den Verzugszins oder einen konkret nachgewiesenen weitergehenden Schaden i. S. v. § 288 IV geltend machen.[28] Für Verbraucherdarlehensverträge ist dies in § 497 I ausdrücklich angeordnet. Hier kann der Verbraucher überdies nach § 497 I 2 einen geringeren Schaden nachweisen (was ihm kaum je gelingen dürfte). 477

Der **Zinssatz** beträgt nach § 288 I 2 jährlich 5 Prozentpunkte über dem Basiszinssatz (§ 247). Bei reinen **Unternehmergeschäften** beträgt er für **Entgeltforderungen** (zum Begriff o. Rn. 469) 9 Prozentpunkte über dem Basiszinssatz (§ 288 II). Dieser exorbitant hohe Zinssatz geht auf die EU-Zahlungsverzugsrichtlinien (oben Rn. 462) zurück. Ihm liegt offenbar keine Ausgleichsfunktion für einen Schaden des Gläubigers, sondern ein Straf- und Präventionsgedanke zugrunde.

---

[25] S. *BGH* NJW 2009, 2674; aus der Lit. s. insb. *Canaris,* ZIP 2003, 321; *Mankowski,* JuS 2006, 481, 486 m.w.N.

[26] S. *Canaris,* ZIP 2003, 321.

[27] BGHZ 174, 290 = NJW 2008, 911 m. Anm. *Gsell; BGH* NJW 2010, 2426; zur Abgrenzung der Schadensarten s. o. Rn. 341 ff.

[28] *BGH* NJW 2003, 1801.

478 Der Zinsanspruch schließt nach § 288 IV die Geltendmachung eines **weitergehenden Schadens** nicht aus. In Betracht kommt insbesondere, dass der Gläubiger selbst anderswo höhere Zinsen zahlen muss oder solche durch die Anlage des rechtzeitig gezahlten Geldes hätte verdienen können.[29]

Von einer Zinsschuld können wegen des Zinseszinsverbots (§ 248 I, vgl. o. Rn. 184) keine weiteren Verzugszinsen gefordert werden; der Anspruch auf den Ersatz eines konkreten Verzögerungsschadens besteht aber auch insoweit, § 289 S. 2. Bei Verbraucherdarlehensverträgen ist dieser Schaden aber auf die Höhe des gesetzlichen Zinssatzes (§ 246: 4%) begrenzt (§ 497 II 2).

3. Pauschale

479 Nach dem m.W.v. 29.7.2014 neu eingeführten § 288 V kann der Gläubiger (auch als Verbraucher) einer Entgeltforderung von einem unternehmerischen Schuldner zusätzlich die Zahlung einer Unkostenpauschale i. H. v. 40,– € verlangen.[30] Nach Abs. 5 S. 2 löst jeder Verzug mit einer Abschlags- oder Ratenzahlung diese Pauschale aus. Diese ist allerdings auf einen Schadensersatzanspruch für Kosten der Rechtsverfolgung anzurechnen. Damit deckt die Pauschale insbesondere die Bearbeitungskosten der verzugsbegründenden Mahnung ab, die als Verzugsschaden nicht ersetzbar sind (oben Rn. 474).

4. Abweichende Vereinbarungen

480 Nach § 288 VI 1 ist ein im Voraus vereinbarter Ausschluss des Anspruchs eines Entgeltgläubigers auf Verzugszinsen unwirksam. Eine Beschränkung ist nach § 288 VI 2 unwirksam, wenn sie „grob unbillig" ist, wobei nach S. 3 eine Vereinbarung über den Ausschluss der Pauschale (Rn. 479) oder des Ersatzes von Rechtsverfolgungskosten (Rn. 474) im Zweifel als „grob unbillig" anzusehen sind. Das gilt nach S. 4 allerdings nicht, wenn der Schuldner Verbraucher ist. Dadurch werden Verbraucher geschützt, die Entgeltschuldner von Unternehmen oder öffentlichen Auftraggebern sind: Sie können vertraglich Verzugszinsen und Auslagenpauschale abbedingen (was freilich praktisch kaum vorkommen wird).

5. Haftungsverschärfung

481 Während des Verzugs treten gem. § 287 S. 1 etwaige **Haftungsmilderungen außer Kraft.** Ein Schuldner, der sonst (z. B. gem. § 521 oder § 599) für einfache Fahrlässigkeit nicht haften würde, hat jetzt also mindestens jede Fahrlässigkeit zu vertreten. Dies gilt nicht nur bei gesetzlichen, sondern auch bei vertraglichen Haftungserleichterungen, sofern die Parteien nicht auch § 287 S. 1 abbedungen haben.[31] Noch wichtiger ist aber § 287 S. 2, der die Verantwortlichkeit des Schuldners weiter steigert: Für eine während des Verzugs eintretende Unmöglichkeit, Erschwerung oder Verschlechterung der Leistung haftet der Schuldner auch **für Zufall,** wenn er nicht nachweist, dass der Schaden auch bei rechtzeitiger Leistung eingetreten wäre. Das bedeutet eine **Garantiehaftung** des Schuldners im Verzug (vgl. o. Rn. 390), die aber durch die Beachtlichkeit der (hier ausnahmsweise gesetzlich geregelten) hypothetischen Kausalität gemildert wird. Dahinter steht der Gedanke, dass der Leistungsgegenstand auch un-

[29] Dazu *Kindler,* WM 1997, 2017.
[30] S. dazu *Dornis,* WM 2014, 677.
[31] MünchKomm/*Ernst,* § 287 Rn. 2.

verschuldeten Gefahren aus der Sphäre des Schuldners nicht mehr ausgesetzt gewesen wäre, wenn dieser rechtzeitig geleistet hätte (dann allerdings den Gefahren aus der Sphäre des Gläubigers), s. PdW Schuldrecht I **Fall 45, 46.**

Beispiel: S schuldet dem G die Lieferung eines alten Schrankes zum 2. 5. Weil S den Maibeginn allzu heftig gefeiert hat, ist er am 2. 5. zur Lieferung außerstande. In der Nacht vom 2. zum 3. 5. verbrennt der Schrank bei S. Wenn sich die Ursache des Brandes nicht aufklären lässt, haftet S schon nach §§ 280 I, III, 283, weil sein Vertretenmüssen nach § 280 I 2 vermutet wird und nicht widerlegt ist. Wenn dagegen feststeht, dass S die Brandursache nicht nach § 276 zu vertreten hat, greift § 287 S. 2 ein. Dabei steht der Haftung des S auch nicht im Wege, dass die Brandursache ganz unwahrscheinlich gewesen sein mag: § 287 S. 2 lässt ihn für die „während" des Verzugs eintretende Unmöglichkeit haften; er verlangt also keinen kausalen (schon gar keinen adäquaten), sondern nur einen zeitlichen Zusammenhang. S kann seine Haftung hier allein durch den Nachweis abwenden, der Schrank wäre auch bei G verbrannt. Der geschuldete Schadensersatz richtet sich hier nach den §§ 280 I, III, 283, also nach Unmöglichkeitsrecht (Schadensersatz statt der Leistung, vgl. o. Rn. 447). Doch gilt nach § 290 wegen des bestehenden Verzugs eine besondere Verzinsungspflicht.

6. Fortbestand von Unterhaltsansprüchen

Eine besonders wichtige Wirkung hat der Schuldnerverzug schließlich bei familien- 482
rechtlichen **Unterhaltsansprüchen.** Zwar erlöschen diese regelmäßig mit dem Ablauf desjenigen Zeitraums, für den der Unterhalt bestimmt ist (*in praeteritum non vivitur* = in der Vergangenheit wird nicht gelebt). Aber davon gilt eine Ausnahme bei Verzug (und Rechtshängigkeit), § 1613 I, II Nr. 2.

Dabei kann besonders hier die Verzugsvoraussetzung einer Mahnung fraglich werden: Liegt diese z. B. schon darin, dass eine Tochter ihren Eltern sagt, sie wolle studieren und habe dazu kein Geld? *BGH* NJW 1984, 868 verlangt in solchen Fällen eine derart genaue Angabe, dass dem Schuldner klar ist, welcher Betrag gefordert wird; danach ist im Beispiel eine Mahnung zu verneinen.

7. Interessefortfall

Der Schuldnerverzug kann schließlich dazu führen, dass der Gläubiger das Interesse an 483
der Leistung verliert (z. B. weil er die geschuldete Sache nicht mehr verwenden kann oder sich anderweitig Ersatz beschafft hat oder seine Dispositionsfreiheit wiedergewinnen will). Dem tragen § 323 durch die Gewährung eines **Rücktrittsrechts** und § 281 I 1 durch die Möglichkeit, **Schadensersatz statt der Leistung** zu verlangen, Rechnung. Diese Regelungen mögen zwar teilweise ähnlich formuliert sein wie § 286, setzen aber tatbestandlich nicht Verzug i. S. v. § 286 voraus: § 323 deshalb nicht, weil die Möglichkeit des Rücktritts unabhängig davon gewährt werden soll, ob der Schuldner die Leistungsverzögerung zu vertreten hat. Auch § 281 regelt (im Zusammenspiel mit § 280 I, III) den Schadensersatz statt der Leistung eigenständig, wenngleich in den von diesem Tatbestand erfassten Situationen regelmäßig auch zugleich Verzug i. S. v. § 286 vorliegen wird. Beide Rechtsbehelfe werden deshalb eigenständig erörtert (s. Rn. 486ff., 505ff.).

8. Rechtshängigkeit ohne Schuldnerverzug

Zwar ersetzen nach § 286 I 2 Klagerhebung oder Mahnbescheid die Mahnung (vgl. 484
o. Rn. 465). Dennoch führen sie nicht immer zum Schuldnerverzug, weil z. B. das Vertretenmüssen des Schuldners an der Verzögerung fehlen kann. Für die Fälle, in denen der Schuldner die verlangte Leistung ohne Schuldnerverzug wirklich schuldet und diese auch fällig ist, bestimmen die §§ 291, 292 eine hinter den Verzugsfolgen zurückbleibende **Rechtshängigkeitshaftung:** Eine Geldschuld ist zu verzinsen, § 291 (sog.

Prozesszinsen); Nach Rechtshängigkeit des Anspruchs auf Herausgabe eines bestimmten Gegenstandes soll das Eigentümer-Besitzer-Verhältnis angewendet werden, § 292, also die §§ 987–1003.

Die §§ 987 ff. gelten hier nicht schon ohne weiteres. Denn erstens beschränken sie sich auf Sachen, während § 292 weiter von „Gegenstand“ spricht. Zweitens muss für die direkte Anwendung der §§ 987 ff. eine Vindikationslage bestehen (d. h. der Kläger muss Eigentümer und der Beklagte nichtberechtigter Besitzer sein), woran es bei § 292 häufig fehlt. Und drittens können die §§ 987 ff. durch andere Rückabwicklungsverhältnisse verdrängt werden, was gerade in den Fällen von § 292 naheliegt.

IV. Beendigung des Schuldnerverzugs

485 Der Verzug wird beendigt durch die **Erbringung der Leistung** (wobei auf die Leistungshandlung abzustellen ist, str., s. Rn. 470), durch den **Annahmeverzug** (unten Rn. 544 ff.) des Gläubigers gem. §§ 293 ff.[32], durch **Rücknahme der Mahnung,** durch eine **Stundung** (Wegfall der Fälligkeit), das Entstehen bzw. die Geltendmachung einer **Einrede** (s. Rn. 463 sowie PdW Schuldrecht I **Fall 52**) sowie durch das **Erlöschen der Forderung** z. B. durch Anfechtung (§ 142 I), Aufrechnung (§ 389), Rücktritt (§ 346 I), Geltendmachung des **Schadensersatzes statt der Leistung** (§ 281 IV), aber auch durch **nachträgliche Unmöglichkeit** der Leistung (§ 275 I). Die Beendigung wirkt i. d. R. lediglich ***ex nunc,*** d. h. bisher eingetretene Verzugsfolgen wie insbesondere ein Anspruch auf Ersatz von Verzögerungsschäden bleiben grundsätzlich bestehen. Lediglich im Falle der **Anfechtung** gem. §§ 119 ff. beseitigt die Rückwirkungsfiktion des § 142 I auch die Verzugsfolgen rückwirkend. Zum Einfluss der Verzugsbeendigung auf das Rücktrittsrecht nach § 323 s. Rn. 503.

§ 37. Das Rücktrittsrecht wegen Verspätung der Leistung (§ 323)

Literatur: *Canaris,* Teleologie und Systematik der Rücktrittsrechte nach dem BGB, FS Kropholler, 2008, 3; *Dubovitskaya,* Fristsetzung im Schuldrecht: Neue Obliegenheit für den säumigen Schuldner? JZ 2012, 328; *Gsell,* Das Verhältnis von Rücktritt und Schadensersatz, JZ 2004, 643; *Herresthal,* Das ungeschriebene Tatbestandsmerkmal der Durchsetzbarkeit in den §§ 281 I, 323 I BGB, Jura 2008, 561; *S. Lorenz,* Arglist und Sachmangel – Zum Begriff der Pflichtverletzung in § 323 V 2 BGB, NJW 2006, 1925; *Müller/Matthes,* Notwendigkeit einer richtlinienkonformen Bestimmung der Leistung in § 323 V bei Teilleistung und Teilschlechtleistung, AcP 204 (2004) 732; *M. Jacobs,* Erfüllungsverlangen und Erfüllbarkeit nach Ablauf der Nachfrist, FS Otto, 2008, 137; *Riehm,* Irrungen und Wirrungen zur Fristsetzung und ihrer Entbehrlichkeit, NJW 2014, 2065; s. im Übrigen die Angaben vor Rn. 462.

I. Voraussetzungen

486 Erbringt der Schuldner in einem **gegenseitigen Vertrag** eine **fällige** Leistung nicht, kann der Gläubiger nach § 323 zurücktreten, wenn er dem Schuldner zuvor eine angemessene Frist zur Leistung oder zur Nacherfüllung gesetzt hat und diese Frist erfolglos verstrichen ist.

487 Im Gegensatz zum Anspruch auf Schadensersatz setzt der Rücktritt **kein Vertretenmüssen** auf Seiten des Schuldners voraus.

Dieser wichtige Grundsatz hat durch die Einführung der speziellen Fälligkeitsregelung im Verbrauchsgüterkauf in § 474 III 1 (s. dazu BT Rn. 233 a) eine vom Gesetzgeber wohl nicht bedachte Einschränkung erfahren. Da Verkäufer und Käufer nicht „sofort“, sondern nur „unverzüglich“ leisten müssen und „unverzüglich“ durch § 121 I 1 als ohne *schuldhaftes* Zögern definiert wird, werden der Fälligkeitszeitpunkt und damit mittel-

[32] *BGH* NJW 2007, 2761.

bar auch der Rücktritt von einem Verschuldenselement abhängig gemacht.[1] Zudem müsste nach dem Wortlaut von § 474 III 1 der Gläubiger das Verschulden des Schuldners beweisen. In der Literatur wird dennoch eine Beweislastumkehr befürwortet.[2] Abgemildert wird das Problem zumindest dadurch, dass der Unternehmer/Verkäufer die Sache spätestens, d. h. unabhängig von einem Verschulden, 30 Tage nach Vertragsschluss übergeben muss und der Käufer einen Mangel an Geld stets zu vertreten hat (dazu o. Rn. 394).[3]

1. Nichterbringung einer Leistung

§ 323 betrifft die nicht rechtzeitige Erfüllung von **Leistungspflichten** aus einem **gegenseitigen,** d. h. zweiseitig verpflichtenden **Vertrag.** Dabei kommt es für die Anwendbarkeit von § 323 nicht darauf an, ob es sich bei der jeweiligen Leistungspflicht um eine im synallagmatischen Verhältnis stehende Hauptpflicht oder lediglich um eine Nebenleistungspflicht handelt (zu dieser Unterscheidung s. o. Rn. 108f.). Ist die verletzte Pflicht jedoch nicht die einzige Pflicht des Schuldners aus dem Vertrag, dann ist ihre Nichterfüllung notwendig eine nur teilweise Nichterfüllung der gesamten Vertragsverpflichtung des Schuldners. Ein Rücktrittsrecht kann dann nach § 323 V 1 eingeschränkt sein (dazu unten Rn. 497). Nebenpflichten i. S. v. § 241 II, d. h. Schutz- und Obhutspflichten, die nicht auf einen positiven Leistungserfolg gerichtet sind, werden nicht von § 323, sondern von § 324 erfasst. Wegen der Verletzung solcher Pflichten kann der Gläubiger also erst zurücktreten, wenn ihm deshalb das Festhalten am Vertrag unzumutbar ist (s. dazu Rn. 526). 488

Für **in Vollzug gesetzte Dauerschuldverhältnisse** gilt hingegen § 314: Das Rücktrittsrecht wird zur Vermeidung der Rückabwicklung bereits erbrachter Leistungen durch ein den bisherigen Leistungsaustausch unberührt lassendes **Recht zur außerordentlichen Kündigung** ersetzt (s. Rn. 658). Für Teilzahlungsdarlehen und Teilzahlungsverträge bestehen Sonderregelungen in § 498 bzw. § 508 S. 1: Außerordentliche Kündigung bzw. Rücktritt stellen hier besondere Voraussetzungen an den Zahlungsrückstand sowie an die Fristsetzung.

2. Fälligkeit und Durchsetzbarkeit

§ 323 I setzt ebenso wie der Verzug (§ 286) die Nicht- oder Schlechterfüllung einer **fälligen Leistungspflicht** voraus. Neben der in § 271 und für den Sonderfall des Verbrauchsgüterkaufs in § 474 III geregelten Fälligkeit (dazu oben Rn. 166ff. sowie Rn. 487) verlangt § 323 als ungeschriebene Tatbestandsvoraussetzung auch die **Durchsetzbarkeit** der Leistungspflicht. Für die Problematik der Einreden gilt damit das zum Verzug dort Ausgeführte (s. Rn. 463): Der Gläubiger muss seinerseits leistungsfähig und leistungsbereit sein und seine Leistung in einer den Annahmeverzug begründenden Weise anbieten, sofern der Schuldner nicht zur Vorleistung verpflichtet ist.[4] Nach § 323 IV kann das Rücktrittsrecht bereits vor Fälligkeit ausgeübt werden, „wenn offensichtlich ist, dass die Voraussetzungen des Rücktritts eintreten werden". Das betrifft insbesondere den Fall des sog. **„antizipierten Vertragsbruchs"**, also die ernsthafte und endgültige Erfüllungsverweigerung bereits vor Fälligkeit (zum Verzug s. oben Rn. 467). Denkbar sind aber auch Fälle verweigerter notwendiger Mitwirkung an der Leistungserbringung oder etwa offensichtlich bevorstehende Leistungshinder- 489

1 S. dazu *Kohler,* NJW 2014, 2817.

2 *Kohler,* NJW 2014, 2817, 2820; BeckOK BGB/*Faust,* § 474 Rn. 38; MünchKomm/*S. Lorenz,* § 474 Rn. 35.

3 MünchKomm/*S. Lorenz,* § 474 Rn. 38.

4 BGHZ 116, 244, 249.

nisse wie z. B. ein Importverbot, das den Schuldner mit Sicherheit an der Leistung hindern wird (besteht das Leistungshindernis bereits, liegt hingegen ein Fall von §§ 275, 326 V vor). Es muss also feststehen, dass der Schuldner weder zum Fälligkeitstermin noch zum Ablauf einer frühestens dann zu setzenden Nachfrist wird leisten können (s. PdW Schuldrecht I **Fall 54**).

Das Rücktrittsrecht § 323 IV kann allerdings nach Fälligkeit nicht mehr ausgeübt werden. Die Frage einer Entbehrlichkeit der Fristsetzung nach Eintritt der Fälligkeit unterliegt dann allein § 323 II.[5]

3. Fristsetzung

a) Inhalt, Rechtsnatur und Dauer

490 Ähnlich wie beim Mahnungserfordernis des Verzugs soll der Schuldner jedoch nicht ungewarnt mit einem Rücktrittsrecht konfrontiert werden, sondern zuvor eine letzte Chance erhalten, die Leistung zu erbringen. Aus diesem Grund setzt der Rücktritt regelmäßig den fruchtlosen Ablauf einer angemessenen Nachfrist voraus, die der Gläubiger dem Schuldner zur Leistung bzw. Nacherfüllung (im Falle einer mangelhaften Leistung im Kauf- und Werkvertragsrecht, §§ 439, 635) setzen muss. Die Fristsetzung muss die Aufforderung zur Erbringung einer genau bezeichneten Leistung binnen einer angemessenen Frist enthalten, wobei Beginn und Ende dieser Frist für den Schuldner ohne weiteres erkennbar sein müssen. An Letzteres stellt die Rspr. allerdings nur sehr geringe Anforderungen: Die Frist müsse weder nach dem Kalender bestimmt sein noch in konkreten Zeiteinheiten gesetzt werden. Ausreichend sei vielmehr, wenn der Gläubiger durch das Verlangen nach „sofortiger", „unverzüglicher" oder „umgehender" Leistung oder vergleichbare Formulierungen deutlich macht, dass dem Schuldner für die Erfüllung nur ein begrenzter Zeitraum zur Verfügung steht. Der Zweck des Fristsetzungserfordernisses, dem Schuldner vor Augen zu führen, dass er die Leistung nicht zu einem beliebigen Zeitpunkt bewirken könne, sondern ihm hierfür eine zeitliche Grenze gesetzt sei, werde hierdurch hinreichend erfüllt. Die Ungewissheit für den Schuldner, welcher genaue Zeitraum ihm für die Leistung bzw. Nacherfüllung zur Verfügung steht, stehe dem nicht entgegen. Diese werde nämlich auch bei einer zu kurz bemessenen Frist hingenommen (dazu sogleich bei Rn. 491).[6]

Der **Charakter** der Fristsetzung ist umstritten. Manche sehen in ihr ein Rechtsgeschäft, richtigerweise dürfte sie ebenso wie die Mahnung als rechtsgeschäftsähnliche Handlung zu qualifizieren sein. Ein praktischer Unterschied ergibt sich daraus nicht, denn die Regelungen über die Willenserklärungen sind zumindest analog anwendbar. Die Möglichkeit der Fristsetzung steht als unselbständiges Nebenrecht dem jeweiligen Forderungsinhaber zu. Im Falle der Zession ist also der Zessionar zur Fristsetzung berechtigt (nicht aber notwendiger Weise zum Rücktritt nach erfolglosem Fristablauf, der allein der Vertragspartei zusteht, str.).

Für den **Zeitpunkt** der Fristsetzung gilt ebenfalls das zur Mahnung Ausgeführte: Die Fristsetzung setzt Fälligkeit voraus, kann aber mit der fälligkeitsbegründenden Handlung zusammenfallen (s. Rn. 464). Eine Fristsetzung vor Fälligkeit ist grundsätzlich auch dann unwirksam, wenn später noch Fälligkeit eintritt, denn § 323 IV regelt die Möglichkeit des vorfälligen Rücktritts abschließend.[7]

---

5 *BGH* NJW 2012, 3714 Rn. 17.

6 *BGH* NJW 2009, 3153 Rn. 10 f.; *BGH* BeckRS 2015, 07407 Rn. 11.

7 *BGH* NJW 2012, 3714 Rn. 16.

Die **Angemessenheit** der Frist ist im Wesentlichen eine Frage des Einzelfalls.[8] Maßgebend können der Umfang und die Schwierigkeit der Leistung oder der Bedarf des Gläubigers sein. Die Frist muss aber jedenfalls nicht so bemessen sein, dass der Schuldner jetzt erst mit seinen Leistungsbemühungen beginnen kann, denn sie soll nur eine letzte Gelegenheit gewähren, eine schon begonnene Erfüllung zu vollenden.[9] Ist die gesetzte Frist nicht angemessen, wird eine angemessene Frist in Lauf gesetzt; es hat dies aber nicht zur Folge, dass die Fristsetzung unwirksam ist und der Gläubiger eine neue Frist bestimmen müsste; s. PdW Schuldrecht I **Fall 54.** Ist die gesetzte Frist länger als eigentlich nötig, bleibt es bei der gesetzten Frist. 491

b) Entbehrlichkeit der Fristsetzung

Nach § 323 II enthält drei Tatbestände, welche die Entbehrlichkeit der Fristsetzung begründen. Der Gläubiger *kann* dann ohne Fristsetzung unmittelbar zurücktreten. Setzt er dennoch eine Frist, ist er allerdings nach § 242 an diese gebunden, d. h. er kann dann nicht vor (erfolglosem) Ablauf dieser Frist zurücktreten.[10] 492

aa) Ernsthafte und endgültige Erfüllungsverweigerung (Nr. 1). In Nr. 1 erscheint wieder (wie auch in den §§ 281 II, 286 II Nr. 3, oben Rn. 467) die ernsthafte und endgültige **Erfüllungsverweigerung:** Wenn der Schuldner erklärtermaßen nicht leisten will, bedarf er auch keiner Frist. Wie bei § 286 II Nr. 3 sind aber an das Vorliegen einer solchen Erfüllungsverweigerung strenge Anforderungen zu stellen. Sie liegt nach einer in der Rspr. gebräuchlichen Formel nur vor, wenn der Schuldner **unmissverständlich** und **eindeutig** zum Ausdruck bringt, er werde seinen Vertragspflichten unter keinen Umständen nachkommen. Dafür reicht z. B. das bloße Bestreiten des Anspruchs nicht aus, sondern es müssen weitere Umstände hinzutreten, „welche die Annahme rechtfertigen, dass der Schuldner seinen Vertragspflichten unter keinen Umständen nachkommen will und es damit ausgeschlossen erscheint, dass er sich von einer Fristsetzung hätte umstimmen lassen".[11] Die Verweigerung muss also gleichsam „das letzte Wort" des Schuldners zu seiner Leistungsbereitschaft sein.[12] 493

bb) Relatives Fixgeschäft (Nr. 2). Nach dem (zum 13.6.2014 neu gefassten) § 323 II Nr. 2 ist die Fristsetzung weiter entbehrlich, wenn der Schuldner die Leistung nicht zu einem im Vertrag bestimmten Termin oder innerhalb einer vertraglich bestimmten Frist geleistet hat, obwohl die rechtzeitige Leistung „nach einer Mitteilung des Gläubigers an den Schuldner vor Vertragsschluss oder auf Grund anderer den Vertragsabschluss begleitenden Umstände für den Gläubiger wesentlich ist". Das ist das bereits oben bei Rn. 412 erwähnte **relative Fixgeschäft.** „Wesentlichkeit" der rechtzeitigen Leistung bedeutet, dass die Erfüllung des Vertrags für den Gläubiger mit Einhaltung des vereinbarten Erfüllungstermins oder -zeitraums gleichsam „steht und fällt". Darunter ist aber nicht zu verstehen, dass die Leistung für den Gläubiger mit Überschreitung der Leistungszeit in jeglicher Hinsicht sinnlos ist, denn dann läge ein **absolutes Fixgeschäft** und damit ein Fall von Unmöglichkeit nach § 275 I vor (dazu oben 494

[8] Zu der daraus folgenden Rechtsunsicherheit für den Gläubiger und zu möglichen Alternativmodellen s. *Dubovitskaya,* JZ 2012, 328.

[9] *BGH* NJW 1985, 320, 323.

[10] *BGH* NJW 2010, 1805 Rn. 10.

[11] *BGH* NJW 2011, 3435 Rn. 24.

[12] *BGH* NJW 2013, 1431 Rn. 36.

Rn. 411). Es geht vielmehr um Fälle, in welchen zwar die rechtzeitige Erfüllung für den Gläubiger von entscheidender Bedeutung ist, es aber nicht von vorneherein ausgeschlossen erscheint, dass er die Leistung auch noch zu einem späteren Zeitpunkt in Anspruch nehmen will. In dieser Situation ist es sehr viel sinnvoller, dem Gläubiger die Entscheidung zu überlassen, weiter Erfüllung des Vertrags zu verlangen oder aber sofort zurückzutreten und so seine Dispositionsfreiheit wiederzugewinnen.

Beispiel: K bestellt bei V ein Wohnmobil, das spätestens am 1.7. geliefert werden sollen, weil K dann damit in Urlaub fahren will. Wenn V den Liefertermin nicht einhält, ist es dennoch nicht ausgeschlossen, dass K weiterhin ein Interesse an der Lieferung des Wohnmobils hat (das er ja auch noch zu anderen Anlässen nutzen kann). Er kann daher entweder am Erfüllungsanspruch festhalten oder aber unmittelbar nach § 323 II Nr. 2 zurücktreten.

Im Gegensatz zur bis zum 13.6.2014 geltenden Vorgängerregelung muss dabei nur über den Leistungszeitpunkt oder -zeitraum, nicht aber über die Wesentlichkeit der rechtzeitigen Leistung eine vertragliche Einigung getroffen werden. Ausreichend ist hinsichtlich der „Wesentlichkeit" der Einhaltung des vereinbarten Termins vielmehr eine einseitige Mitteilung des Gläubigers an den Schuldner oder die Erkennbarkeit aus den den Vertragsschluss begleitenden Umständen. Will sich der Gläubiger schützen, darf er eben schlicht keine verbindlichen Liefertermine vereinbaren.[13]

Eine **Sonderregelung** für relative Fixgeschäfte findet sich in der nur für Kaufleute geltenden Regelung des **Fixhandelskaufs** in § 376 HGB. Der Unterschied zu § 323 II Nr. 2 besteht tatbestandlich vor allem darin, dass es allein auf die Vereinbarung eines Liefertermins oder -zeitraums ankommt, nicht aber auf die besondere Erkennbarkeit der Wesentlichkeit des Termins für den Käufer (diese wird bei Kaufleuten vorausgesetzt). Weiter gilt die Regelung nicht nur für den Rücktritt, sondern auch für den Schadensersatzanspruch des Käufers. Anders als bei § 323 II Nr. 2, der den Erfüllungsanspruch des Gläubigers unberührt lässt (s. dazu unten Rn. 502f.), kann der Käufer bei Überschreitung des Liefertermins Erfüllung nur verlangen, wenn er dies dem Verkäufer sofort nach Verstreichen des Liefertermins anzeigt. *Ratio* dieser Regelung ist die Schnelligkeit und Sicherheit des Handelsverkehrs. Dabei handelt es sich nach h. M. bei § 376 HGB um eine spezielle Vorschrift, die § 323 II Nr. 2 verdrängt.[14] Der Käufer hat also nicht die Wahl, alternativ nach § 323 II Nr. 2 vorzugehen.

495 **cc) Besondere Umstände (Nr. 3).** Nach § 323 II Nr. 3 ist eine Fristsetzung entbehrlich, wenn im Falle einer „nicht vertragsgemäßen" (= mangelhaften) Leistung besondere Umstände vorliegen, die unter Abwägung der beiderseitigen Interessen einen sofortigen Rücktritt rechtfertigen. Die Beschränkung dieses Entbehrlichkeitstatbestands auf den Fall der mangelhaften Leistung wurde erst in Umsetzung der VerbraucherrechteRl. zum 13.6.2014 eingeführt und ist zu recht scharf kritisiert worden.[15]

Hintergrund ist, dass Art. 18 II Unterabs. 2 VerbraucherrechteRl. einen fristlosen Rücktritt nur im Falle einer mangelhaften Leistung vorsieht und der Gesetzgeber wegen des vollharmonisierenden Charakters der RL darüber nicht hinausgehen durfte. Da die RL allerdings nur im Verhältnis Unternehmer/Verbraucher gilt, bleibt es außerhalb dieses Bereiches (also bei Geschäften zwischen Unternehmern oder zwischen Verbrauchern) möglich, eine Entbehrlichkeit der Fristsetzung auf § 242 zu stützen.[16] Ob dies auch unter

[13] *Riehm,* NJW 2014, 2065, 2068.

[14] Baumbach/Hopt/*Hopt,* HGB, 36. Aufl. 2014, § 376 Rn. 3; *Roth,* in: Koller/Roth/Morck, HGB, 7. Aufl. 2011, § 376 Rn. 2; a. A. *Canaris,* HandelsR § 29 Rn. 35; *ders.,* FS Konzen, 2006, 43, 49.

[15] S. dazu sowie zum unionsrechtlichen Hintergrund vor allem *Riehm,* NJW 2014, 2065, 2068, der zutreffend einen Wertungswiderspruch zu § 281 II feststellt.

[16] BT-Drs. 17/12637, S. 59; *Looschelders,* AT, Rn. 679a; i. E. gleichsinnig, aber für analoge Anwendung von § 281 II Alt. 2, *Riehm,* NJW 2014, 2065, 2068; kritisch *Wendehorst,* NJW 2014, 577, 583.

Verbrauchern möglich ist, weil der Grundsatz von Treu und Glauben auch im Unionsrecht anerkannt ist, ist unklar.[17]

Wenn also eine Leistung nicht mangelhaft ist, sondern schlicht ausbleibt, ist Nr. 3 **nicht anwendbar.** Angesichts der zugleich erfolgten Absenkung der Voraussetzung an das relative Fixgeschäft in § 323 II Nr. 2 (oben Rn. 494) sind allerdings praktische Regelungslücken kaum zu erwarten.[18] Zum möglichen Wertungswiderspruch zu § 281 II Alt. 2 unten Rn. 508.

Die Regelung wird etwa angewandt im Falle einer arglistigen Täuschung eines Verkäufers über einen behebbaren Sachmangel: Hier gestattet die Rspr. unter Berufung auf diese Regelung dem Käufer den unmittelbaren Rücktritt, ohne dem Verkäufer zunächst die Chance zur Nacherfüllung (§ 439) geben zu müssen. „Besonderer Umstand" ist dabei nach dem BGH neben der Zerstörung der Vertrauensbasis, dass der Verkäufer durch die arglistige Täuschung das Recht zu einer zweiten Chance verwirkt hat.[19] S. dazu auch BT Rn. 144, 153.

Wichtig ist § 323 II Nr. 3 auch im Zusammenhang mit dem **Verbrauchsgüterkauf** (§§ 474ff.): Nach Art. 3 V der VerbrGKRl. sind für Rücktritt und Minderung zwar ein Nacherfüllungsverlangen und die Nichtvornahme der Nacherfüllung binnen angemessener Frist, nicht aber eine Frist*setzung* durch den Verbraucher erforderlich. § 323 II Nr. 3 bietet hier die Möglichkeit zu richtlinienkonformer Auslegung: Hat ein Verbraucher Nacherfüllung verlangt und erfolgt diese nicht innerhalb einer angemessenen Frist, kann er ohne das Erfordernis einer Fristsetzung vom Vertrag zurücktreten (oder gem. § 441 den Kaufpreis mindern), s. dazu BT Rn. 149 sowie PdW Schuldrecht II **Fall 35.** Durch die geringen Anforderungen, die der BGH an eine Fristsetzung stellt (o. Rn. 490), dürfte das Problem freilich kaum relevant werden.

c) Erfolglosigkeit

Schließlich muss die Frist erfolglos ablaufen. Ein Rücktrittsrecht entsteht also nicht, 496
wenn der Schuldner die geschuldete Leistung innerhalb der Nachfrist erbringt. Das gilt auch dann, wenn der Gläubiger trotz Entbehrlichkeit der Fristsetzung eine Frist gesetzt hat (s. Rn. 492).[20] Erlischt der Anspruch **vor Ablauf der Frist** aus anderen Gründen als durch Erfüllung (weil etwa Unmöglichkeit und damit Leistungsbefreiung nach § 275 I eintritt), kann ein Rücktrittsrecht nach § 323 nicht mehr entstehen, es treten dann vielmehr die Rechtsfolgen nach § 326 ein (dazu oben Rn. 427ff.). Nach § 352 wird sogar der **bereits erklärte Rücktritt** unwirksam, wenn der Schuldner **unverzüglich** nach dem Rücktritt die **Aufrechnung erklärt.**

4. Rücktrittsausschlussgründe

a) Erfolgte Teilleistungen

Eine besondere Regelung über Teilleistungen enthält § 323 V 1, der bereits im Zusam- 497
menhang mit der teilweisen Unmöglichkeit erörtert wurde (oben Rn. 432f.). Hat der Schuldner eine Teilleistung erbracht (was eine tatsächlich oder rechtlich teilbare Leistung voraussetzt), so hat der Gläubiger selbstverständlich nach § 323 das Recht zu einem Teilrücktritt in Bezug auf den ausgebliebenen Teil der Leistung (Grundsatz des **Teilrücktritts**). Ein **Gesamtrücktritt,** der auch die bereits erhaltene Teilleistung erfasst, setzt darüber hinaus nach § 323 V 1 **Interessefortfall** voraus (Grundsatz der Ver-

[17] Bejahend *Looschelders,* AT, Rn. 679a.

[18] So die Einschätzung des Gesetzgebers in BT-Drs. 17/2673, S. 59.

[19] *BGH* NJW 2007, 835; zuletzt *BGH* NJW 2010, 1805; ähnlich für den Fall der Verletzung einer Nebenleistungspflicht *BGH* NJW 2010, 2503 (Täuschung eines vorleistungspflichtigen Lieferanten durch Vorlage einer falschen Abnahmebescheinigung).

[20] *BGH* NJW 2010, 1805 Rn. 10.

tragserhaltung, s. Rn. 433). Diese Hürde kann der Gläubiger vermeiden, indem er die angebotene Teilleistung nach § 266 ablehnt[21]: Dann ist keine Teilleistung „erbracht", der Gläubiger kann bzgl. der ganzen Leistung eine Frist setzen und nach deren fruchtlosem Ablauf vom **gesamten** Vertrag zurücktreten, ohne Interessefortfall nachweisen zu müssen.

Beispiel (s. auch PdW Schuldrecht I **Fall 39**): Wenn – in Abwandlung des Beispiels bei Rn. 432 – der Verkäufer von 100 verkauften Flaschen Wein nur 80 liefert, obwohl ihm die vollständige Lieferung möglich wäre, bietet er eine Teilleistung i. S. v. § 266 an. Der Gläubiger kann diese nach § 266 zurückweisen, eine Frist nach § 323 I setzen und nach deren Ablauf ohne Weiteres vom gesamten Vertrag zurücktreten. Nimmt er die 80 Flaschen hingegen an, kann er nach fruchtlosem Ablauf einer Frist grundsätzlich nur hinsichtlich der nicht gelieferten 20 Flaschen, d. h. teilweise, zurücktreten. Ein **Gesamtrücktritt** ist nur dann möglich, wenn Interessefortfall i. S. v. § 323 V 1 vorliegt (dazu o. Rn. 432).

Auch hier setzt aber wie im Falle der Unmöglichkeit die Einschränkung des Rücktrittsrechts voraus, dass auch die Leistung des **Gläubigers** teilbar ist (oben Rn. 432). Ist das nicht der Fall, kann der Gläubiger auch im Falle einer Teilleistung des Schuldners ohne Nachweis des Interessefortfalls vom gesamten Vertrag zurücktreten. Der Verkäufer einer unteilbaren Sache kann also auch dann ohne Nachweis des Interessefortfalls nach § 323 I vom gesamten Vertrag zurücktreten, wenn der Käufer einen Teil der Gegenleistung nicht entrichtet.[22] *Canaris* will hier aber § 323 V 2 (dazu sogleich Rn. 498) analog anwenden und dem Verkäufer den Rücktritt wegen Unerheblichkeit der Pflichtverletzung versagen, wenn der Zahlungsrückstand gering und es dem Gläubiger deshalb zuzumuten ist, den Anspruch auf die Restzahlung unter Verzicht auf das Druckmittel des Rücktritts klageweise durchzusetzen.[23] Das ist insofern problematisch, als § 320 II in einem solchen Fall dem Gläubiger auch die Einrede des nichterfüllten Vertrags verweigert (s. Rn. 245). Er muss dann die Leistung trotz nur teilweise erhaltender Gegenleistung erbringen, ohne zumindest das „Druckmittel" des Rücktrittsrechts nach § 323 I zu behalten. Das dürfte nicht zumutbar sein.

b) Mangelhafte Leistung

498 Liefert ein Verkäufer einen Gegenstand, der einen behebbaren **Sach**- oder **Rechtsmangel** aufweist, so ist dies ebenfalls eine Teilleistung, allerdings in Bezug auf die Qualität der Leistung (**qualitative Verspätung,** s. Rn. 336). Wie bereits im Zusammenhang mit der qualitativen Unmöglichkeit der Leistung erörtert, setzt § 323 V 2 hier den Maßstab zugunsten des Käufers herab: Der Rücktritt (nicht aber die Minderung, s. § 441 I 2) ist erst dann ausgeschlossen, wenn „die Pflichtverletzung", d. h. im Regelfall der Mangel „unerheblich" ist, was als Einwendung vom Verkäufer darzulegen und zu beweisen ist (s. dazu oben Rn. 434 sowie BT Rn. 154ff.).

c) Überwiegende Verantwortlichkeit des Gläubigers

499 In Parallele zu dem in den Unmöglichkeitsfällen einschlägigen § 326 II 1 Alt. 1 schließt § 323 VI auch für den Fall der Verzögerung der Leistung den Rücktritt aus, wenn der Gläubiger für den Umstand, der ihn zum Rücktritt berechtigen würde, „allein oder weit überwiegend verantwortlich ist". Bei einer solchen Verteilung der Ver-

---

[21] Zur abweichenden Rechtslage im Fall von Teilunmöglichkeit Rn. 432; zum Ablehnungsrecht nach § 266 s. o. Rn. 147ff.

[22] S. die o. bei Rn. 432 berichtete Entscheidung *BGH* NJW 2010, 146.

[23] *Canaris,* 2. FS Medicus, 2009, 17, 36f.

antwortlichkeit wäre es offenbar ungerecht, wenn der Gläubiger den Vertrag beenden könnte. Als Beispiel diene der Fall, dass die Verzögerung der Leistung durch den Schuldner auf unrichtigen Angaben des Gläubigers beruht (s. dazu im Einzelnen o. Rn. 437). Das „Überwiegen" der Verantwortlichkeit des Gläubigers bedeutet auch hier, dass ein Schadensersatzanspruch gegen den Schuldner vollständig an § 254 I scheitern würde (zur gleichen Problematik im Zusammenhang mit § 326 II 1 s. Rn. 443).

d) Annahmeverzug des Gläubigers

Die zweite Fallgruppe für den Ausschluss des Rücktrittsrechts in § 323 VI liegt ähnlich: Ein vom Schuldner nicht zu vertretender Umstand tritt während eines Annahmeverzugs des Gläubigers ein. Hier ist der Rücktritt deshalb ausgeschlossen, weil der Schuldner ohne den Gläubigerverzug schon erfüllt hätte und deshalb von dem Umstand nicht betroffen worden wäre. Auch hierfür findet sich eine Parallele in § 326 II 1 Alt. 2. 500

Ein **Beispiel** hierfür bildet etwa folgender Fall: Der Schuldner will dem Gläubiger die Leistung zu dem verabredeten Termin (§ 299!) anbieten; der Gläubiger ist jedoch nicht zu Hause. Auf dem Rückweg gerät der Schuldner ohne sein Verschulden in einen Unfall; dabei wird die geschuldete Sache beschädigt. Könnte der Gläubiger hier zurücktreten, so bräuchte er die beschädigte Sache nicht mehr zu bezahlen; er könnte so die Folgen seiner eigenen Säumnis auf den Schuldner abwälzen.

II. Rechtsfolgen

1. Rücktrittsrecht, Verhältnis zum Schadensersatz statt der Leistung

Mit fruchtlosem Ablauf der Nachfrist oder im Zeitpunkt des Eintritts eines Tatbestandes, der die Fristsetzung nach § 323 II entbehrlich macht, entsteht das Rücktrittsrecht des Gläubigers. Erklärt der Gläubiger den Rücktritt, erlöschen die beiderseitigen primären Leistungspflichten[24] mit *ex nunc*-Wirkung (dazu u. Rn. 595). Bereits ausgetauschte Leistungen sind nach den §§ 346ff. zurückzugewähren, wobei auch Nutzungs- und Verwendungsersatzansprüche entstehen (s. dazu Rn. 596ff., 611ff.). Liegt zusätzlich Vertretenmüssen seitens des Schuldners vor, kommt auch ein Anspruch auf Schadensersatz statt der Leistung aus §§ 280 I, III, 281 in Betracht, der mit dem Rücktritt kombiniert werden kann (§ 325). 501

2. Das Schicksal des Erfüllungsanspruchs

Das Rücktrittsrecht ist ein **Gestaltungsrecht** (§ 349), das der Gläubiger nicht ausüben muss. Auch der Anspruch auf Schadensersatz statt der Leistung ersetzt nicht ohne weiteres den Erfüllungsanspruch. Der Gläubiger kann also trotz Fristablaufs weiterhin auf Vertragserfüllung bestehen (und daneben einen etwaigen Verzögerungsschaden geltend machen, s. dazu Rn. 474). Der Erfüllungsanspruch erlischt erst mit der *Erklärung* des Rücktritts oder der *Geltendmachung* von Schadensersatz statt der Leistung (§ 281 IV). Zur abweichenden Rechtslage beim Fixhandelskauf s. oben Rn. 494. 502

Im Gegensatz zu Rücktrittserklärung und Schadensersatzverlangen (§ 281 IV) hat ein nach Ablauf der Nachfrist erklärtes Erfüllungsverlangen **keinen gestaltenden Charakter:** Der Gläubiger, der nach Fristablauf zunächst weiter Erfüllung verlangt, kann bis zur Erfüllung grundsätzlich jederzeit **ohne erneute Fristsetzung** dennoch den

[24] Zum Begriff s. o. Rn. 112.

Rücktritt erklären oder Schadensersatz statt der Leistung verlangen.[25] Die Grenze ist auch hier § 242: Der Gläubiger wird dem Schuldner die für die Vorbereitung und Erfüllungshandlung notwendige Zeit auch tatsächlich einzuräumen haben.[26]

503 Noch schwieriger wird die Situation für den Schuldner, wenn sich der Gläubiger nach Ablauf der Nachfrist **überhaupt nicht** erklärt. Der Schuldner kommt dann in eine Schwebelage, weil er nicht weiß, ob er weitere Leistungsanstrengungen erbringen soll (etwa um einen drohenden Verzugsschaden gering zu halten) oder ob der Gläubiger zurücktreten und/oder Schadensersatz statt der Leistung verlangen wird (so dass weitere Erfüllungsbemühungen vergeblich sind). Bedauerlicherweise hat der Schuldner hier keine Möglichkeit, den Gläubiger zu einer Entscheidung zu zwingen. § 350, der es erlaubt, einem Rücktrittsberechtigten eine Frist zur Entscheidung zu setzen, gilt nämlich nur für vertragliche Rücktrittsrechte. Und auch § 264, der bei der Wahlschuld Ähnliches gestattet, ist nach Auffassung der Rechtsprechung nicht anwendbar: Die verschiedenen Rechtsbehelfe des Gläubigers nach Ablauf der Frist stellen nämlich keine **Wahlschuld** dar, sondern stehen im Verhältnis sog. **„elektiver Konkurrenz"** (zu den Begriffen s. o. Rn. 201).[27] Auch eine analoge Anwendung von §§ 281 IV, 314 III oder § 350 schließt der BGH aus.[28] Damit bleibt dem Schuldner nur übrig, dem Gläubiger die Leistung anzubieten: Nimmt er sie an, erlischt das Rücktrittsrecht.[29] Nimmt er sie nicht an, ohne zugleich den Rücktritt zu erklären, gerät er in Annahmeverzug. Damit aber fallen – wie im Falle des Verzugs – die Verspätungsfolgen weg, das Rücktrittsrecht erlischt ebenfalls.[30] In Extremfällen kann der Gläubiger auch nach § 242 das Rücktrittsrecht verwirken.[31] S. dazu PdW Schuldrecht I **Fall 56.**

§ 38. Schadensersatz wegen Verspätung der Leistung

Literatur: S. die Hinweise zu §§ 36, 37 sowie *Dauner-Lieb,* Zur Reichweite des (Nach-)Erfüllung beim Kauf – Wundersame Vermehrung der Nachfristsetzungen gem. §§ 281, 323?, FS Canaris, Bd. I, 2007, 143; *Faust,* Pflichtverletzung und Vertretenmüssen als Voraussetzung des Anspruchs auf Schadensersatz statt der Leistung, FS Canaris, Bd. I, 2007, 219; *Finn,* Kann der Gläubiger die (Nach-) Erfüllung zwischen Fristablauf und Schadensersatzverlangen zurückweisen?, ZGS 2004, 32; *Gsell,* Mängelleistung und verzögerte Nacherfüllung als einheitliche Pflichtverletzung im neuen Schuldrecht, FS Canaris, Bd. I, 2007, 337; *Haberzettl,* Der Ersatz von Schäden aus Deckungsgeschäften während der Leistungsverzögerung, NJW 2007, 1328; *Heiderhoff/Skamel,* Teilleistung im Kaufrecht, JZ 2006, 383; *Jaensch,* Schadensersatz beim vorweggenommenen Vertragsbruch und relativen Fixgeschäft, ZGS 2004, 134; *Katzenstein,* Der Schadensersatz statt der Leistung nach §§ 280 Abs. 1 und 3, 281 bis 283 BGB, Jura 2005, 217; *S. Lorenz,* Einmal Vertretenmüssen – immer Vertretenmüssen? – Zum Verhältnis von Fristablauf und Vertretenmüssen beim Schadensersatz statt der Leistung –, FS U. Huber, 2006, 423; *ders.,* Das Deckungsgeschäft im System der Schadensarten, FS Leenen, 2012, 147.

I. Ersatz des Verzögerungsschadens (§ 280 I, II, 286)

504 Voraussetzungen und Inhalt eines Anspruchs auf Ersatz der erlittenen Verzögerungsschäden wurden oben im Zusammenhang mit dem Verzug erörtert (s. Rn. 474 ff.).

[25] *BGH* NJW 2006, 1198.
[26] *Althammer,* NJW 2006, 1179; *Jacobs,* FS Otto, 2008, 137, 153 f.
[27] *BGH* NJW 2006, 1198; *Jacobs,* FS Otto, 2008, 137, 143.
[28] Krit. *Schwab,* JZ 2006, 1030; zustimmend *Jacobs,* FS Otto, 2008, 137, 144.
[29] S. nur *Jacobs,* FS Otto, 2008, 137, 141 m. w. N.
[30] Zutr. *Jacobs,* FS Otto, 2008, 137, 146 ff. m. w. N.
[31] S. dazu *S. Lorenz,* NJW 2005, 1892; *H. Hanau,* NJW 2007, 2806; *Jacobs,* FS Otto, 2008, 137, 148 f.

II. Schadensersatz statt der Leistung (§ 280 I, III, 281)

Im Falle der Verspätung der Leistung kann der Gläubiger unter den Voraussetzungen der §§ 280 I, III, 281 Schadensersatz statt der Leistung verlangen. § 281 hat dabei eine ähnliche Struktur wie das Rücktrittsrecht nach § 323, insbesondere soll durch das Fristsetzungserfordernis auch (und gerade) hier der Schuldner eine zweite Chance zur Erfüllung bekommen. Neben Unterschieden im Detail besteht der wichtigste strukturelle Unterschied zum Rücktrittsrecht im Erfordernis des **Vertretenmüssens:** Nur so rechtfertigt sich rechtspolitisch die für den Schuldner im Vergleich zum Rücktritt deutlich einschneidendere Rechtsfolge „Schadensersatz". Daraus erklärt sich auch, dass der Gesetzgeber trotz weitgehender (aber keineswegs vollständiger!) Identität der Tatbestandsmerkmale für Rücktritt und Schadensersatz statt der Leistung zwei getrennte Normen geschaffen hat. 505

1. Voraussetzungen

a) Nichterbringung einer Leistungspflicht

Ebenso wie § 323 betrifft § 281 die nicht rechtzeitige Erfüllung von **Leistungspflichten.** Allerdings müssen diese anders als bei § 323 nicht zwingend vertraglicher Natur sein. § 281 ist also auch auf die Verletzung von Leistungspflichten aus gesetzlichen Schuldverhältnissen, einseitigen Rechtsgeschäften (z. B. im Falle eines Vermächtnisanspruchs, § 2174) und Rückabwicklungsschuldverhältnissen (s. § 346 IV und dazu Rn. 613) anwendbar, sofern nicht – wie bei manchen gesetzlichen Schuldverhältnissen – abschließende Sondervorschriften bestehen. Lediglich leistungsunabhängige Nebenpflichten i. S. v. § 241 II, d. h. Schutz- und Obhutspflichten werden nicht von § 281, sondern von § 282 erfasst. Schadensersatz statt der Leistung wegen der Verletzung solcher Pflichten kann der Gläubiger also nur verlangen, wenn ihm deshalb das Festhalten am Vertrag unzumutbar ist. 506

b) Fälligkeit und Durchsetzbarkeit

In Bezug auf das Erfordernis von Fälligkeit und Durchsetzbarkeit (Bedeutung von Einreden) gilt ebenfalls das zum Rücktrittsrecht (s. Rn. 489) sowie zum Verzug (s. Rn. 463) Ausgeführte. Allerdings sieht § 281 im Gegensatz zu § 323 IV nicht die Möglichkeit vor, bereits vor Eintritt der Fälligkeit Schadensersatz statt der Leistung zu verlangen. Dabei handelt es sich keineswegs um einen Redaktionsfehler oder eine unbewusste Gesetzeslücke, die man mit einer Analogie zu § 323 IV ausfüllen könnte[1]: Es besteht kein Anlass, dem Gläubiger zu einem Zeitpunkt, in welchem er die Leistung noch nicht verlangen kann, bereits das *Erfüllungsinteresse* im Wege des Schadensersatzes zuzusprechen. 507

In Bezug auf einen Anspruch auf Schadensersatz statt der Leistung kann es deshalb für den Gläubiger auch äußerst nachteilig sein, wenn er von der Möglichkeit des vorfälligen Rücktritts nach § 323 IV Gebrauch macht: Da mit dem Rücktritt die Fälligkeit der Leistungspflicht wegfällt, können dann die Voraussetzungen eines Anspruchs auf Schadensersatz statt der Leistung nach §§ 280 I, III, 281 nämlich nicht mehr eintreten. Die Vertragsaufsage vor Fälligkeit (**antizipierter Vertragsbruch,** oben Rn. 489) stellt aber zugleich eine Pflichtverletzung nach § 241 II dar, die nach § 282 dann zu

[1] So aber z. B. *Looschelders,* AT, Rn. 591; wie hier *Harke,* AT, Rn. 180.

einem Anspruch auf Schadensersatz statt der Leistung führt, wenn dem Gläubiger die Leistung durch den Schuldner nicht mehr zuzumuten ist. Daher erübrigt sich letztlich auch die in der Literatur für diesen Fall vorgeschlagene analoge Anwendung von § 323 IV oder § 281 II. In anderen Fällen, in welchen § 323 IV einen vorfälligen Rücktritt zulässt, ohne dass eine zu vertretende Verletzung einer Leistungstreuepflicht feststeht, muss sich der Gläubiger mit der Rücktrittsbefugnis begnügen oder aber die Fälligkeit abwarten, will er sich die Möglichkeit eines Schadensersatzanspruchs nach §§ 280 I, III, 281 erhalten.[2]

c) Fristsetzung

508 Auch in Bezug auf das Fristsetzungs- bzw. Abmahnerfordernis enthalten § 281 I–III und § 323 I–III gleiche Kriterien. Die im Zusammenhang mit § 323 gemachten Ausführungen zu Inhalt, Rechtsnatur und Dauer der Fristsetzung (s. Rn. 490ff.) gelten gleichermaßen für § 281. Gleiches gilt für die Tatbestände der Entbehrlichkeit der Fristsetzung. In § 281 II fehlt allerdings – bewusst – das in § 323 II Nr. 2 bestimmte **relative Fixgeschäft** (dazu o. Rn. 494). Das Vorliegen eines solchen begründet also alleine noch nicht die Entbehrlichkeit einer Fristsetzung durch den Gläubiger.[3] Die unterschiedliche Behandlung gegenüber dem Rücktrittsrecht erklärt sich aus der für den Schuldner deutlich schwerwiegenderen Rechtsfolge der Schadensersatzverpflichtung. Das schließt aber nicht aus, die Vereinbarung eines relativen Fixgeschäfts bei der Frage des Vorliegens „besonderer Umstände" i. S. v. § 281 II Alt. 2 mit zu berücksichtigen.[4]

Anders als in § 323 II Nr. 3 ist allerdings der Fristsetzungsentbehrlichkeitstatbestand der „besonderen Umstände" in § 281 II nicht auf den Fall der mangelhaften Leistung beschränkt (dazu oben Rn. 495). Damit kann in (wohl eher seltenen) Fällen der schlichten Verspätung der Leistung ein Wertungswiderspruch eintreten, wenn zwar für den Schadensersatz statt der Leistung, nicht aber für den Rücktritt eine Fristsetzung entbehrlich ist. In diesem Fall wird man im Wege richtlinienkonformer Auslegung einen Anspruch auf Schadensersatz statt der Leistung ausschließen müssen, weil dieser wirtschaftlich den Effekt eines Rücktritts beinhaltet und die VerbraucherrechteRl. das Recht zum fristlosen Rücktritt aus „besonderem Grund" auf den Fall der Mangelhaftigkeit der Leistung beschränkt.[5]

d) Vertretenmüssen

509 Die Haftung auf Schadensersatz statt der Leistung setzt nach § 280 I 2 Vertretenmüssen voraus. Das Gesetz vermutet dieses Vertretenmüssen. Dabei ist nicht erforderlich, dass Vertretenmüssen bereits zum Zeitpunkt der Fälligkeit vorliegt. Es ist zur Begründung eines Anspruchs auf Schadensersatz statt der Leistung ausreichend, wenn der Schuldner die Nichtleistung zum Zeitpunkt des Ablaufs der Nachfrist zu vertreten hat. Nach h. M. gilt dies auch im umgekehrten Fall, wenn der Schuldner also zwar die Nichtleistung zum Fälligkeitszeitpunkt, nicht aber diejenige z. Zt. des Ablaufs der Nachfrist zu vertreten hat[6]: Die Nichterfüllung wird also über den gesamten Zeitraum von Fälligkeit bis zum fruchtlosen Ablauf der Nachfrist als eine Handlungseinheit angesehen.[7] Dabei ist zu beachten, dass der Schuldner, der die Nichtleistung im Zeitpunkt der Fälligkeit zu vertreten hat, spätestens mit dem Zeitpunkt der Fristsetzung

---

[2] MünchKomm/*Ernst,* § 281 Rn. 66.
[3] MünchKomm/*Ernst,* § 281 Rn. 59.
[4] *Looschelders,* AT, Rn. 679.
[5] So zutreffend *Riehm,* NJW 2014, 2065, 2068.
[6] *Huber,* FS Schlechtriem, 2003, 528; MünchKomm/*Ernst,* § 281 Rn. 47f.
[7] S. dazu auch *Faust,* FS Canaris, Bd. I, 2007, 219; *Gsell,* ebenda, 337ff.

(die ja auch die Erfordernisse einer Mahnung mit enthält) nach § 286 in Verzug gerät und damit nach § 287 S. 2 auch für Zufall haftet (s. Rn. 481). Ein Wegfall des Vertretenmüssens nach diesem Zeitpunkt ist daher unbeachtlich. Schon aus diesem Grund ist die Frage nur in dem seltenen Fall relevant, dass das Vertretenmüssen zwischen Fälligkeit und Eintritt der objektiven Verzugsvoraussetzungen wegfällt (s. dazu PdW Schuldrecht I **Fälle 49, 50**). Von praktischer Bedeutung kann die Frage im Kaufrecht (und Werkvertragsrecht) werden, wenn der Verkäufer zwar die Lieferung einer mangelhaften Sache, nicht aber die Nichtvornahme der Nacherfüllung (§ 439) zu vertreten hat (s. dazu BT Rn. 175 sowie PdW Schuldrecht II **Fall 45**).

2. Rechtsfolgen

a) Fortbestehen des Erfüllungsanspruchs

Ebenso wie im Rahmen von § 323 lässt der fruchtlose Ablauf der Nachfrist den Erfüllungsanspruch des Gläubigers unberührt. Damit hat dieser nach Fristablauf die Möglichkeit, weiterhin den Erfüllungsanspruch und daneben einen entstandenen Verzögerungsschaden geltend zu machen. Erst mit **Geltendmachung** des Schadensersatzanspruchs statt der Leistung erlischt nach § 281 IV der Erfüllungsanspruch (sofern der Gläubiger nicht bereits zuvor den Rücktritt erklärt hat, der gem. § 325 den Schadensersatz statt der Leistung nicht ausschließt). Damit entsteht die oben Rn. 503 geschilderte (missliche) Schwebelage für den Schuldner. 510

b) Schadensersatz statt der Leistung

Gegenstand des Schadensersatzes statt der Leistung ist der Schaden, der allein auf das endgültige Ausbleiben der Leistung zurückzuführen ist, d. h. der Schaden, der allein dadurch entsteht, dass **nunmehr** die Leistung nicht mehr erfolgt (dazu schon o. Rn. 342ff.). Das endgültige Ausbleiben der Leistung steht ab dem Zeitpunkt eines Rücktritts bzw. mit dem Schadensersatzverlangen fest (§ 281 IV).[8] Ein bereits vor diesem Zeitpunkt endgültig eingetretener Schaden wie etwa ein Verzögerungsschaden nach §§ 280 I, II, 286 bleibt als solcher ersetzbar und verliert seinen Charakter dadurch nicht. Anders als nach früherem Recht darf also der bis zum Schadensersatzverlangen entstandene Schaden nicht nach § 249 I in den Schadensersatz statt der Leistung integriert werden, weil sonst die Voraussetzungen der §§ 280 I, II, 286 übergangen werden könnten.[9] 511

Beispiel: Liefert der Verkäufer eines Kfz dieses bei Fälligkeit nicht aus und nimmt sich der Käufer einen Mietwagen, so sind die dafür aufgewendeten Kosten Schadensersatz wegen Verzögerung der Leistung (§§ 280 I, II, 286). Daher sind erst die ab Verzugseintritt (i. d. R. ab Mahnung) anfallenden Mietwagenkosten ersetzbar. Setzt er eine Nachfrist und verlangt er nach deren fruchtlosen Ablauf Schadensersatz statt der Leistung, so kann er als Schadensersatz statt der Leistung etwa die Mehrkosten eines Deckungskaufs verlangen. Ab diesem Zeitpunkt anfallende Mietwagenkosten sind ebenfalls Bestandteil des Schadensersatzes statt der Leistung, weil dann wegen § 281 IV feststeht, dass die Leistung endgültig ausbleibt (s. dazu Rn. 342).[10] Freilich kommt insoweit ein Mitverschulden nach § 254 II in Betracht, wenn sich der Käufer nicht binnen angemessener Frist ein Ersatzfahrzeug beschafft.[11] Die bislang als Schadensersatz wegen Ver-

[8] *BGH* NJW 2010, 2426 Rn. 13.

[9] MünchKomm/*Ernst*, § 281 Rn. 112f.; *Grigoleit/Riehm*, AcP 203 (2003) 727, 750; *S. Lorenz*, in: Karlsruher Forum 2005, 46; *Klöhn*, JZ 2010, 46, 47; unzutreffend daher *BGH* JZ 2010, 44f. m. krit. Anm. *Klöhn* a. a. O.

[10] BGHZ 174, 290 Rn. 8.

[11] *BGH* NJW 2010, 2426 Rn. 32.

zögerung der Leistung eingetretenen Schäden bleiben weiter nach den dafür geltenden Regeln und deren Voraussetzungen ersetzbar. Das gilt auch, wenn der Käufer zusätzlich den Rücktritt erklärt hat (s. § 325).[12] Würde man hingegen den Schadensersatz statt der Leistung so verstehen, dass der Käufer so zu stellen ist, wie er bei rechtzeitiger Leistung gestanden hätte (§ 249 I)[13], wären auch die Mietwagenkosten vor Verzugseintritt ersetzbar. Das stünde im Widerspruch zu §§ 280 I, II, 286.

512 Damit sind die Kosten eines endgültigen Deckungsgeschäfts wie z. B. einer Ersatzbeschaffung jedenfalls dann Gegenstand des **Schadensersatzes statt der Leistung,** wenn es nach dem Wegfall des Erfüllungsanspruchs vorgenommen wurde, der Gläubiger also bereits zurückgetreten war oder Schadensersatz statt der Leistung verlangt hatte (§ 281 IV).[14] Das bedeutet entgegen der Ansicht des BGH[15] aber nicht zwingend, dass diese Kosten eines vor diesem Zeitpunkt vorgenommenen Deckungsgeschäfts nicht als Verzögerungsschaden (§§ 280 I, II, 286) ersetzbar wären.[16] Der Schaden in Gestalt der Kosten des Deckungsgeschäfts ist nämlich zweifellos mittelbare Folge der Verzögerung der Leistung und durch eine spätere Erfüllung nicht mehr behebbar. Insofern liegt also ein endgültig eingetretener Schaden in Form des Verzögerungsschadens vor, der unter den Voraussetzungen der §§ 280 I, II, 286, d. h. ab Verzugseintritt ersetzbar ist (zur Abgrenzung der Schadensarten s. o. Rn. 341 ff.). Da der Schaden aber auf einen eigenen Willensentschluss des Gläubigers (nämlich die Vornahme des Deckungsgeschäfts) zurückgeht und nur mittelbar auf der Verzögerung beruht, kommt es im Rahmen der Kausalität maßgeblich darauf an, ob sich der Gläubiger zu einem solchen Vorgehen **herausgefordert** sehen durfte (psychisch vermittelte Kausalität, u. Rn. 686).

Das ist einmal dann der Fall, wenn die nach § 323 bzw. § 281 gesetzte Frist bereits abgelaufen und ein Rücktrittsrecht oder ein Anspruch auf Schadensersatz statt der Leistung bereits entstanden war, denn dann kann der Gläubiger das Austauschverhältnis durch Rücktrittserklärung beenden, muss also letztlich die Leistung nicht mehr entgegennehmen (s. dazu o. Rn. 503).

Im **Ergebnis** kann also der Gläubiger die Kosten eines Deckungsgeschäfts immer und nur dann als Schadensersatz geltend machen, wenn das Deckungsgeschäft zu einem Zeitpunkt vorgenommen wurde, in welchem ein Rücktrittsrecht nach § 323 oder ein Anspruch auf Schadensersatz statt der Leistung nach § 281 I bereits **entstanden** waren: Wurde das Deckungsgeschäft vor Ausübung des Rücktrittsrechts bzw. einem Schadensersatzverlangen vorgenommen, aus §§ 280 I, II, 286 als Schadensersatz wegen Verzögerung der Leistung, wurde es nach diesem Zeitpunkt vorgenommen, als Schadensersatz statt der Leistung (§§ 280 I, III, 281).

Gleiches gilt, wenn die Kosten für ein nach Verzugseintritt, aber vor Fristablauf getätigtes Deckungsgeschäft geringer sind als der sonst entstehende Verzögerungsschaden. Auch hier darf (und muss!) sich der Gläubiger im Hinblick auf seine Schadensminderungsobliegenheit (§ 254 II) zur Vornahme eines Deckungsgeschäfts herausgefordert fühlen, sodass dessen Kosten als Verzögerungsschaden nach §§ 280 I, II, 286 ersetzbar sind.[17]

---

12 BGHZ 174, 290 Rn. 9.

13 So in der Tat *BGH* JZ 2010, 44 Rn. 20, s. dazu die treffende Kritik von *Klöhn,* JZ 2010, 46f.

14 Auf den Fristablauf abstellend hingegen *Haberzettl,* NJW 2007, 1328, 1331. Hiergegen spricht aber, dass der Gläubiger, solange er nicht zurückgetreten ist oder Schadensersatz statt der Leistung verlangt hat, am Erfüllungsanspruch festgehalten hat, s. MünchKomm/*Ernst,* § 281 Rn. 112.

15 *BGH* NJW 2013, 2959.

16 Eingehend hierzu *S. Lorenz,* FS D. Leenen, 2012, 147.

17 MünchKomm/*Ernst,* § 286 Rn. 118; *Faust,* FS U. Huber, 2006, 239, 256; *Haberzettl,* NJW 2007, 1328, 1331; *Klöhn,* JZ 2010, 46, 47.

Liegen diese besonderen Voraussetzungen nicht vor, sind die Kosten eines verfrühten Deckungsgeschäfts grundsätzlich auch dann nicht ersetzbar, wenn die Frist später fruchtlos abläuft.[18] Bis zu diesem Zeitpunkt sind nur die Kosten vorläufiger Ersatzbeschaffungen (z. B. Miete eines Ersatzgegenstandes) als Schadensersatz wegen Verzögerung der Leistung nach §§ 280 I, II, 286 ersatzfähig. Es bleibt dem Gläubiger aber weiter die Möglichkeit einer abstrakten Schadensberechnung, d. h. die Geltendmachung entgangenen Gewinns.

Beispiel: Ausgangsfall: S liefert auch nach Verzugseintritt die an G für 10.000,– € verkaufte Maschine nicht. G setzt dem S eine Nachfrist.

Variante (1): Nachdem die Frist ergebnislos abläuft, erklärt G den Rücktritt, nimmt anschließend einen Deckungskauf zum Marktpreis von 11.000,– € vor und verlangt von S die Mehrkosten i. H. v. 1.000,– €: Hier geht der eingetretene Schaden (Mehrkosten des Deckungsgeschäfts) auf das endgültige Ausbleiben der Leistung zurück, da der Erfüllungsanspruch mit Rücktritt weggefallen war. Er ist damit als Schadensersatz statt der Leistung nach § 280 I, III i. V. m. § 281 BGB ersetzbar.

Variante (2): G macht den Deckungskauf nach Ablauf der Frist, aber vor Erklärung von Rücktritt oder Schadensersatzverlangen: Der eingetretene Schaden geht nicht auf das endgültige Ausbleiben der Leistung zurück und ist daher nicht Gegenstand des Schadensersatzes statt der Leistung. G kann aber nach § 280 I, II i. V. m. § 286 BGB Ersatz der Kosten des Deckungskaufs verlangen, da er wegen des Fristablaufs Schadensersatz statt der Leistung verlangen und Rücktritt erklären konnte und daher die Leistung nicht mehr von S annehmen musste.

Variante (3): G führt den Deckungskauf noch vor Ablauf der Frist durch: Der eingetretene Schaden geht nicht auf das endgültige Ausbleiben der Leistung zurück. Es handelt sich um Schadensersatz wegen Verzögerung der Leistung, jedoch ist der eingetretene Schaden dem S nicht zurechenbar, weil G sich vor Ablauf der Frist nicht zu einem Deckungskauf herausgefordert sehen durfte.

Variante (4): G macht den Deckungskauf noch vor Ablauf der Frist, im Anschluss daran läuft diese ergebnislos ab: Der Fall ist wie Variante (3) zu lösen; der nachträgliche Ablauf der Frist ändert insoweit nichts an der rechtlichen Beurteilung.

Variante (5): Der Deckungskauf erfolgt noch vor Ablauf der Frist, jedoch wird durch den Deckungskauf des G ein sonst eintretender Produktionsausfallschaden i. H. v. 20.000,– € verhütet: Hier kann G nach § 280 I, II i. V. m. § 286 BGB Ersatz der Kosten des Deckungskaufs verlangen, da er sich schon angesichts seiner Schadensminderungsobliegenheit (§ 254 II BGB) zu einem Deckungskauf herausgefordert fühlen darf.

Die hier vertretene Sichtweise entspricht allerdings **nicht** derjenigen des *BGH.* Dieser stellt entscheidend auf den Umstand ab, dass es sich bei dem Ersatz des durch ein Deckungsgeschäft verursachten Schadens um das Erfüllungsinteresse des Gläubigers handelt, dessen Ersatz allein über den Schadensersatz statt der Leistung nach §§ 280 I, III, 281 verlangt werden könne.[19] Damit sind jedenfalls die Kosten vor Fristablauf vorgenommener Deckungsgeschäfte nicht ersatzfähig. Dem folgt die wohl überwiegende Ansicht in der Literatur, die allerdings einen solchen Anspruch – im Ergebnis sicher zutreffend – bereits dann gewähren will, wenn das Deckungsgeschäft zwischen Fristablauf und Rücktritt bzw. Schadensersatzverlangen vorgenommen wurde.[20]

[18] A. A. Staudinger/*Schwarze,* 2009, § 281 Rn. B 140; wie hier MünchKomm/*Ernst,* § 286 Rn. 118 und im Ausgangspunkt auch *Haberzettl,* NJW 2007, 1328, 1331.

[19] *BGH* NJW 2013, 2959; zustimmend *Looschelders,* AT, Rn. 531; *ders.,* JA 2013, 865, 866; *Gsell* LMK 2013, 353035.

[20] *Looschelders,* AT, Rn. 531 m. w. N.

513 Für den **Inhalt** des Schadensersatzanspruchs gelten im Übrigen ebenso wie im Falle der Unmöglichkeit grundsätzlich die **Surrogations-** und **Differenztheorie** (dazu oben Rn. 448). Dabei ist zu unterscheiden, ob die vom Gläubiger geschuldete Gegenleistung eine Geld- oder eine Sachleistung ist:

Beispiel: (PdW Schuldrecht I **Fall 56**): K kauft von V dessen Pkw im Wert von 5.000,– € zum Preis von 4.500,– €. Die Lieferfrist und die von K gesetzte Nachfrist verstreichen ergebnislos. K kann als Schadensersatz statt der Leistung entgangenen Gewinn i. H. v. 500,– € verlangen **(Differenztheorie).** Ein Vorgehen nach der **Surrogationstheorie** (Zahlung von 4.500,– € gegen Schadensersatz i. H. v. 5.000,– €) ist sinnlos, weil zum selben Ergebnis führend. **Naturalrestitution** nach § 249 I durch Lieferung des Fahrzeugs als Schadensersatz ist ausgeschlossen, weil der Erfüllungsanspruch nach § 281 IV erloschen ist und § 281 eben nur einen Anspruch auf Schadensersatz **statt** der Leistung gewährt.

Variante (s. PdW Schuldrecht I **Fall 37**): Das Kfz hatte einen Wert von 4.000,– €. K zahlt nicht, V setzt dem K unter Angebot der Leistung eine letzte Zahlungsfrist, die ergebnislos verstreicht. V kann nunmehr entgangenen Gewinn von 500,– € verlangen **(Differenztheorie).** Er kann aber auch die Leistung erbringen und Schadensersatz i. H. v. 4.500,– € verlangen **(Surrogationstheorie).** Zwar entspricht dieser Schadensersatz im Ergebnis der geschuldeten Gegenleistung, jedoch wird das Vertrauen des Geldschuldners, die Leistung nicht mehr annehmen zu müssen, durch § 281 IV nicht geschützt. Die Regelung besagt lediglich, dass K die Übereignung nicht mehr *verlangen* darf, nicht aber, dass V sie nicht mehr *erbringen* darf. Hatte V den Pkw bereits übereignet, hat er die Wahl, diesen bei V zu belassen und Schadensersatz i. H. v. 4.500,– € zu verlangen oder aber ihn zurückzufordern und Schadensersatz i. H. v. 500,– € zu fordern.

c) Teilleistungen und mangelhafte Leistungen

514 Erbringt der Schuldner nur eine Teilleistung, kann der Gläubiger unproblematisch in Bezug auf den ausgebliebenen Teil der Leistung Schadensersatz statt der Leistung verlangen („kleiner Schadensersatz"). Schadensersatz statt der **ganzen Leistung** (auch: „großer Schadensersatz") in der Weise, dass der Gläubiger den bereits erhaltenen Teil der Leistung zurückerstattet (s. § 281 V), bedeutet hingegen wirtschaftlich gesehen eine Kombination von Rücktritt und Schadensersatz statt der Leistung. Das ist an sich unproblematisch, weil § 325 die Kombination beider Rechtsbehelfe zulässt. Allerdings könnten damit die Schranken, die § 323 V für den Gesamtrücktritt bei Teilleistungen und mangelhaften Leistungen aufstellt (oben Rn. 497), umgangen werden. Aus diesem Grund stellt § 281 I 2, 3 an den Schadensersatz statt der **ganzen Leistung** dieselben Anforderungen wie an einen Gesamtrücktritt: Bei einer **Teilleistung** muss der Gläubiger **Interessefortfall** nachweisen, bei einer **mangelhaften Leistung** darf „die Pflichtverletzung" **nicht unerheblich** sein. Der Gläubiger kann dem ebenso wie im Rahmen von § 323 V dadurch entgehen, dass er die angebotene Teilleistung nach § 266 ablehnt, s. dazu oben Rn. 497 sowie PdW Schuldrecht I **Fall 39.**

d) Aufwendungsersatz

515 Alternativ zum Schadensersatz statt der Leistung kann der Gläubiger auch Aufwendungsersatz nach § 284 verlangen (s. Rn. 450ff.).

516

Rechtsfolgen der Verspätung der Leistung

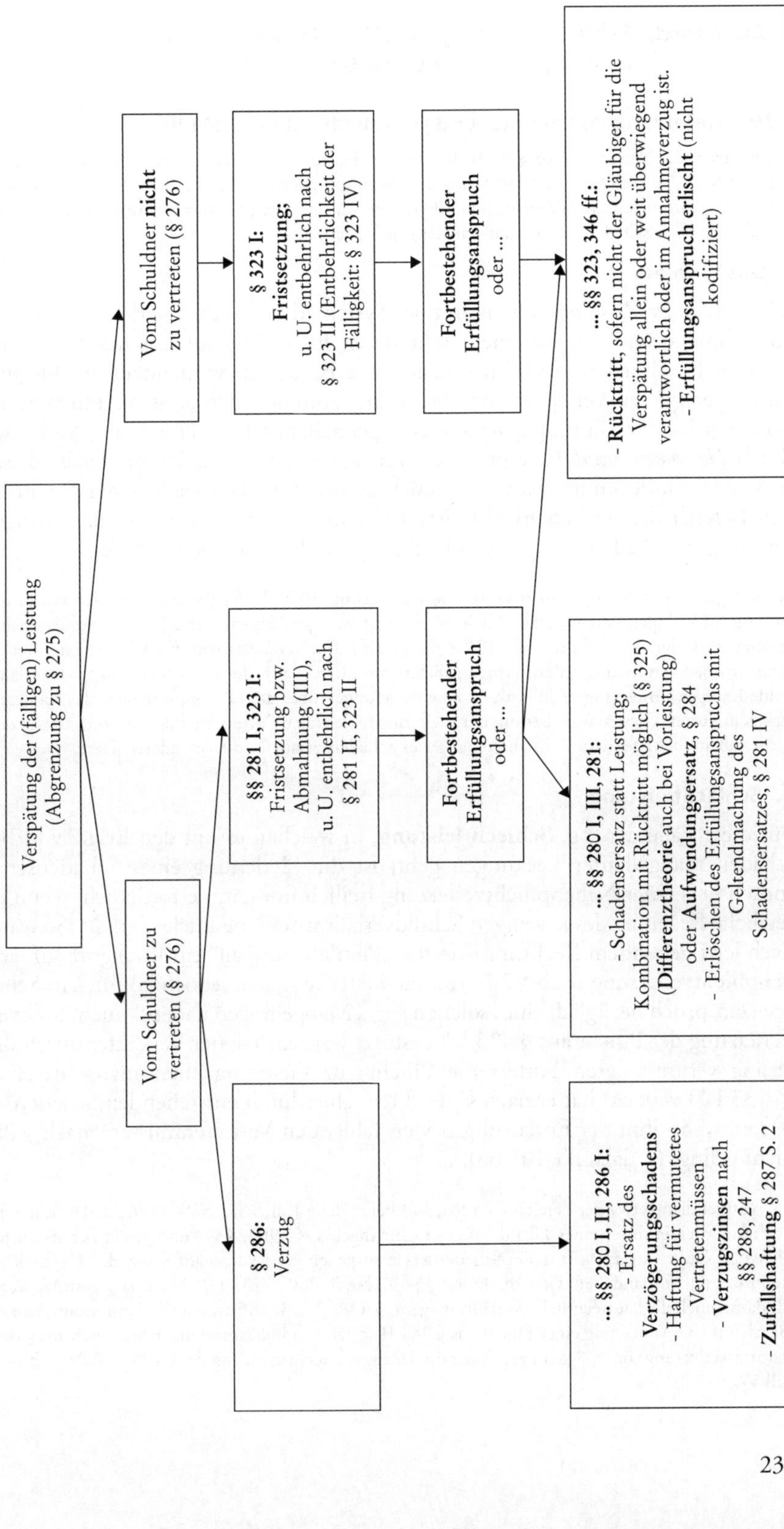

5. Abschnitt. Schlechtleistung und Verletzung von nicht leistungsbezogenen Nebenpflichten

§ 39. Verletzung von Schutz- und Obhutspflichten (§ 241 II)

Literatur: S. die Nachweise vor § 26 sowie *Grigoleit,* Leistungspflichten und Schutzpflichten, FS Canaris, Bd. I, 2007, 275; *Madaus,* Die Abgrenzung der leistungsbezogenen von den nicht leistungsbezogenen Nebenpflichten im neuen Schuldrecht, Jura 2004, 289; *Mankowski,* Die Anspruchsgrundlage für den Ersatz von „Mangelfolgeschäden" (Integritätsschäden), JuS 2006, 481.

I. Das Problem

517 Wie bereits im Zusammenhang mit der Systematik der Pflichtverletzung (Rn. 325 ff.) ausgeführt, resultieren aus einem Schuldverhältnis nicht nur Leistungspflichten, sondern auch Schutz- und Obhutspflichten in Bezug auf vorhandene Rechtsgüter des Gläubigers, deren Verletzung den Schuldner zum Schadensersatz verpflichtet. Entwickelt wurde diese Haftung lange vor ihrer gesetzlichen Verankerung in §§ 241 II, 280 I durch *Hermann Staub* (Die positiven Vertragsverletzungen, 1904). Anlass dieser „juristischen Entdeckung" waren die Lücken, die das BGB nach seiner Schaffung für den Bereich der sog. **„Schlechtleistung"** enthielt. So etwa, wenn eine mangelhafte Leistung zu Schäden an sonstigen Rechtsgütern des Gläubigers führte.

Grundlegend für diese sog. „**positive Vertragsverletzung** (pVV)" oder (besser) „**positive Forderungsverletzung** (pFV)" (denn die verletzte Pflicht muss nicht zwingend einem vertraglichen Schuldverhältnis entstammen!) ist der „Pferdefutter-Fall" (RGZ 66, 289 ff.): Ein Verkäufer von Pferdefutter hatte mit giftigem Rizinussamen verunreinigten Futtermais geliefert, wodurch Pferde des Käufers eingingen. Das damals geltende Kaufgewährleistungsrecht enthielt zwar Regelungen über das Leistungsinteresse des Käufers an fehlerfreiem Futter. Diesem war aber mit der Lieferung fehlerfreien Futters oder der Rückerstattung des Kaufpreises allein nicht gedient, vielmehr verlangte er Schadensersatz für die verendeten Tiere.

1. Schlechtleistung

518 Für diese Fälle der sog. **Schlechtleistung,** in welchen es um den Ersatz von Begleitschäden mangelhafter Leistungen geht, ist die Herleitung eines Schadensersatzanspruchs aus einer Nebenpflichtverletzung freilich nur dann erforderlich, wenn die gesetzliche Regelung des jeweiligen Schuldverhältnisses eine Lücke enthält. So wäre etwa nach jetzt geltendem Recht im zitierten „Pferdefutter-Fall" ein Rückgriff auf eine Nebenpflichtverletzung nach § 241 II zwar weiter möglich, jedoch könnte ein Schadensersatzanspruch bezüglich eines solchen sog. „Mangelfolgeschadens" auch direkt auf die Verletzung der Pflicht aus § 433 I 2 gestützt werden: Da der Verkäufer durch die Lieferung verunreinigten Futters die Pflicht zur Lieferung einer mangelfreien Sache (§ 433 I 2) verletzt, hat er nach § 280 I den „hierdurch entstehenden Schaden" zu ersetzen, wenn ihm der Entlastungsbeweis fehlenden Vertretenmüssens nach § 280 I 2 nicht gelingt (s. dazu BT Rn. 66).

Als Beispiel diene etwa der bereits oben Rn. 343 behandelte Fall *BGH* NJW 2007, 2619: Ein verkaufter Zuchtkater leidet unter einer Pilzinfektion (Sachmangel, s. §§ 90 a, 434) und steckt bereits vorhandene Tiere des Käufers an: Hier kann ein Schadensersatzanspruch des Käufers auf Ersatz der Tierarztkosten für die infizierten vorhandenen Tiere direkt auf §§ 437 Nr. 3, 280 I, 433 I 2, 249 I, II 1 gestützt werden. Es gilt damit auch die kaufrechtliche Verjährung gem. § 438 I Nr. 3, und zwar auch dann, wenn man den Anspruch auf eine Verletzung einer Pflicht aus § 241 II stützt. Ein konkurrierender Anspruch aus § 823 I (Eigentumsverletzung) unterläge hingegen der dreijährigen Regelverjährung des § 195, s. PdW Schuldrecht II **Fall 57.**

2. Zweckgerechte Durchführung des Schuldverhältnisses, Vertragsaufsage

Begleitende Nebenpflichten können sich aber auch, obschon selbst keine Leistungspflichten, auf den **Leistungsgegenstand selbst** beziehen. Hierbei geht es etwa um die richtige Beratung über die Verwendung einer gekauften Sache, die Bereithaltung eines Reparatur- und Ersatzteilservices nach Erfüllung eines Kaufvertrags. Solche Pflichten können auch nach (scheinbar) vollständiger Abwicklung der primären Vertragspflichten weiter bestehen, etwa in Form von Verpflichtungen, den Leistungserfolg nicht nachträglich zu vereiteln *(culpa post contractum finitum),* aber auch in der Fortwirkung der vertraglichen Schutzpflichten bis zum Ende des rechtsgeschäftlichen Kontakts. Auch kann sich aus § 241 II die Verpflichtung ergeben, sich leistungsbereit zu halten, also etwa einen geschuldeten Gegenstand pfleglich zu behandeln. Auch die sog. *Vertragsaufsage,* d. h. die ernsthafte und endgültige Erfüllungsverweigerung durch den Schuldner kann eine solche Pflichtverletzung darstellen. Sie ist freilich heute als eigenständiges Rechtsinstitut von geringerer Bedeutung, weil sie sowohl durch § 323 II Nr. 1 als auch durch § 281 II Alt. 1 eine Fristsetzung entbehrlich macht. *Selbständige* Bedeutung hat die Vertragsaufsage lediglich für den Schadensersatz statt der Leistung im Falle einer Erfüllungsverweigerung *vor* Eintritt der Fälligkeit, weil § 281 eine § 323 IV entsprechende Regelung nicht enthält (s. Rn. 507). 519

3. Verletzung von Schutzpflichten

Neben diesen Fällen der Schlechtleistung war das Rechtsinstitut der „positiven Forderungsverletzung" aber insbesondere bei der Verletzung von Schutz- und Obhutspflichten von Bedeutung, wenn der Schuldner zwar die Primärleistung rechtzeitig und fehlerfrei erbringt, dabei aber andere, nicht mit der Primärleistung zusammenhängende Rechtsgüter des Gläubigers verletzt. 520

S. dazu BGHZ 93, 23 („Kartoffelpülpe"): Ein Hersteller von Kartoffelchips liefert ein Abfallprodukt aus seiner Produktion (Kartoffelpülpe) als Futtermittel an einen Landwirt, klärt ihn aber nicht über die notwendige Dosierung des Futters auf. Aufgrund einer Überdosierung gehen Tiere des Landwirts ein bzw. erreichen nicht das normale Schlachtgewicht.

II. Die Verankerung der Pflichten in § 241 II

Im Rahmen der Schuldrechtsreform des Jahres 2002 hat der Gesetzgeber – ohne insoweit vom bisherigen Rechtszustand abweichen zu wollen – die Grundsätze der „positiven Forderungsverletzung" in § 241 II kodifiziert: Danach „kann" das Schuldverhältnis „nach seinem Inhalt jeden Teil zur Rücksicht auf die Rechte, Rechtsgüter und Interessen des anderen Teils verpflichten". Gegenstand dieser Pflichten ist primär das **Integritätsinteresse** des Gläubigers: Der Schuldner hat sich so zu verhalten, dass dem Gläubiger bei der Durchführung des Schuldverhältnisses keine Schäden an Eigentum, Gesundheit oder sonstigen Rechtsgütern entstehen. Diese Pflicht zur Wahrung des ***status quo*** besteht auch noch nach Erbringung der eigentlichen Leistung. Durch das Wort „kann" sowie die Bezugnahme auf den Inhalt des jeweiligen Schuldverhältnisses drückt sich der Hinweischarakter der Norm aus: Grundlage der Nebenpflicht ist nicht § 241 II, sondern das jeweilige Schuldverhältnis selbst. Dieses bestimmt auch Umfang und Intensität der Nebenpflichten. Die Bezugnahme auf „Rechte, Rechtsgüter und Interessen" ist dabei bewusst weit gefasst, um den Umständen des Einzelfalls und dem Charakter des jeweiligen Schuldverhältnisses gerecht werden zu können. Dabei kann es sich sowohl um ein vertragliches als auch um ein gesetzliches Schuldverhältnis 521 (etwa ein familienrechtliches Rechtsverhältnis oder ein gesetzliches Rückabwicklungsverhältnis nach § 346 I oder § 812 I) handeln.

522 Die nicht leistungsbezogenen Pflichten zur Rücksichtnahme auf die Rechtssphäre des anderen Teils aus § 241 II entstehen (anders als die Leistungspflichten) nicht erst mit dem Vertragsschluss, sondern schon mit dem Beginn der Vertragsanbahnung (§ 311 II Nr. 2, s. oben Rn. 339 sowie unten Rn. 527ff.). Sie enden auch nicht mit dem Scheitern des Vertragsschlusses oder der Erfüllung der Leistungspflichten, sondern erst dann, wenn die Parteien wieder auseinandergegangen sind (vgl. o. Rn. 5). Der Kaufinteressent wird also noch solange geschützt, bis er das Warenhaus wirklich verlassen hat. Vor allem *Canaris*[1] hat alle diese Pflichten zu einem **einheitlichen gesetzlichen Schutzpflichtverhältnis** zusammengefasst, welches den Vertrag von seinem Werden bis zur endgültigen Beendigung des vertraglichen Kontakts überwölbt. Die gesetzliche Zusammenfassung dieser Pflichten durch § 241 II bestätigt diese Sichtweise. Doch stützt die wohl h. M. die Haftung nach dem Vertragsschluss immer noch allein auf den wirksamen Vertrag: Dessen Auslegung muss ja etwa ergeben, inwieweit Haftungsmilderungen auch für eine Verletzung von Schutzpflichten gelten sollen (vgl. o. Rn. 400f., u. Rn. 525).

523 Aber auch ein Bezug der Nebenpflichten aus § 241 II zum **Leistungsinteresse** des Gläubigers ist denkbar: So ergibt sich aus § 241 II eine Pflicht zur Vertragstreue, d. h. die Pflicht, die Erreichung des Vertragszwecks etwa durch unsachgemäßen Umgang mit dem geschuldeten Gegenstand nicht zu gefährden (s. dazu etwa die oben Rn. 443f. behandelte Problematik der beiderseits zu vertretenden Unmöglichkeit).

524 Sehr zweifelhaft und str. ist die der Schadensersatzpflicht aus der Verletzung einer Pflicht nach § 241 II vorgelagerte Frage, ob der Gläubiger zur Verhinderung des Schadenseintritts von dem Schuldner die **Erfüllung** der Schutz- und ähnlichen Nebenpflichten verlangen und diese notfalls **einklagen** kann.

Beispiel: Der Verkäufer behandelt den verkauften Gegenstand noch vor dem vereinbarten Liefertermin schlecht, indem er ihn etwa der Witterung aussetzt und damit die spätere Leistung an den Käufer gefährdet. Kann dieser nach § 241 II verlangen, eine gewisse Behandlung der verkauften Sache zu unterlassen, um die Realisierung des noch nicht fälligen Hauptanspruchs nicht zu gefährden?

Die wohl überwiegende Ansicht in der Literatur lehnt eine generelle Klagbarkeit der Pflichten aus § 241 II ab. Dabei wird insbesondere betont, dass eine vorbeugende Klage das vertrauensvolle Miteinander der Beteiligten gefährde. Der Schuldner könne auch ein legitimes Interesse daran haben, bewusst ein Risiko einzugehen, solange er nur in der Lage ist, einen eventuellen Schaden zu beseitigen. Deshalb seien Schutz- und Obhutspflichten aus § 241 II nur in denjenigen Ausnahmefällen isoliert einklagbar, in welchen ein besonderes Präventionsinteresse vorliege. Dies ist z. B. dann der Fall, wenn auf Grund eines eindeutigen Fehlverhaltens des Schuldners eine ernsthafte Gefährdung des Leistungserfolges oder existenzgefährdende Schäden drohen und dem Gläubiger – weil er auf die Primärleistung angewiesen ist – mit Schadensersatz wenig gedient ist.[2]

[1] JZ 1965, 475.
[2] So insbesondere *Krebs,* Sonderverbindung und außerdeliktische Schutzpflichten, 2000; s. zum Ganzen auch die Nachweise bei Staudinger/*Olzen,* § 241 Rn. 544ff. sowie den Überblick bei *Madaus,* Jura 2004, 289, 290 m.w.N.

III. Die Rechtsfolgen einer Pflichtverletzung

1. Schadensersatz neben der Leistung

§ 280 I verpflichtet den Schuldner zum Ersatz des durch die Pflichtverletzung entstandenen Schadens. Da es im Rahmen von § 241 II nicht um die Verletzung von Leistungspflichten geht, handelt es sich im Regelfall um (einfachen) **Schadensersatz „neben der Leistung“.** Es müssen also weder zusätzliche Voraussetzungen i. S. v. § 280 II, III vorliegen noch kommt als Anspruchsgrundlage § 311 a II in Betracht. 525

S. PdW Schuldrecht I **Fall 68:** Ein Maler, der die Wohnung des Gläubigers anstreicht, erbringt zwar die Hauptleistung korrekt, beschädigt aber das Mobiliar des Bestellers. Der (auf den Ersatz des Integritätsinteresses gerichtete) Schadensersatzanspruch ergibt sich unmittelbar aus §§ 280 I, 241 II.

Ein Schadensersatzanspruch setzt nach § 280 I 2 (vermutetes) Vertretenmüssen voraus. Da der Schuldner nach § 276 I Vorsatz und (jede) Fahrlässigkeit nur dann zu vertreten hat, wenn nicht eine strengere oder mildere Haftung bestimmt ist, kann sich eine Haftungsmilderung für die Verletzung einer Pflicht aus § 241 II auch aus dem Rechtsverhältnis selbst, insbesondere aus einer Haftungsmilderung in Bezug auf die Hauptleistungspflicht ergeben. Ob eine solche Haftungsmilderung tatsächlich auf die Verletzung von Nebenpflichten „durchschlägt“, ist eine Frage der Auslegung der jeweiligen, die Haftungsmilderung anordnenden Norm. Maßgebend ist, ob ein **Sachzusammenhang** mit dem Vertragsgegenstand besteht (s. dazu Rn. 400 f.).

So hat BGHZ 93, 23 im oben Rn. 520 geschilderten „Kartoffelpülpe-Fall“ die Haftungsmilderung des § 521 (Begrenzung auf grobe Fahrlässigkeit und Vorsatz) auf einen Anspruch aus Verletzung einer vertraglichen Nebenpflicht angewendet und so eine Haftung des nur fahrlässig handelnden Schenkers verneint, weil die verletzte Sorgfaltspflicht (fehlerhafte Aufklärung über die Verwendung der verschenkten Pülpe) in „Zusammenhang mit dem Vertragsgegenstand“ stand. Anders wäre wohl zu entscheiden gewesen, wenn der Fahrer bei der Anlieferung der Pülpe ein Tier des Landwirts überfahren hätte (s. auch PdW Schuldrecht II **Fälle 106, 126**).

2. Rücktritt und Schadensersatz statt der Leistung

Im Einzelfall kann sich aber auch im Falle einer solchen Schutzpflichtverletzung für den Gläubiger das Bedürfnis ergeben, nicht nur den durch die Pflichtverletzung entstandenen Schaden zu liquidieren, sondern wegen der Nebenpflichtverletzung auch von der Vertragsdurchführung selbst Abstand zu nehmen und/oder Schadensersatz statt der Leistung zu verlangen. 526

S. PdW Schuldrecht I **Fall 70:** Beschädigt der Maler fortwährend das Mobiliar des Bestellers, so dass weitere Schäden zu befürchten sind, raucht er trotz Abmahnung fortwährend in den Räumen des Bestellers oder belästigt er dessen Familienangehörige, so ist dem Besteller, insbesondere wenn weitere Beschädigungen drohen, mit dem bloßen Schadensersatz- oder Unterlassungsanspruch alleine nicht gedient.

§ 324 gestattet in solchen Fallkonstellationen trotz fehlerfreier Erfüllung der Leistungspflicht dem Gläubiger unabhängig von einem Vertretenmüssen des Schuldners den Rücktritt, wenn ihm das Festhalten am Vertrag „nicht mehr zuzumuten ist“. Bei Dauerschuldverhältnissen tritt an die Stelle des Rücktritts die Kündigung nach § 314, die ebenfalls auf die Unzumutbarkeit der weiteren Vertragsdurchführung abstellt (s. dazu PdW Schuldrecht I **Fall 71**). Das im jeweiligen Einzelfall ausfüllungsbedürftige Kriterium der Zumutbarkeit umfasst sowohl die Frage der „Wesentlichkeit“ der Pflichtverletzung als auch die Frage, ob der Gläubiger den Schuldner abgemahnt oder ihm eine Frist gesetzt hat. So wird etwa bei einer objektiv unwesentlichen Pflichtverletzung eine Abmahnung des Gläubigers erforderlich sein, um „Unzumutbarkeit" zu begründen, während bei einer wesentlichen Pflichtverletzung u. U. schon eine einmalige Pflichtverletzung ausreichend sein kann.

So wird man im Beispielsfall des rauchenden Malers angesichts der zumindest nicht evidenten Wesentlichkeit der Pflichtverletzung erst bei einer Fortsetzung des Verhaltens trotz Abmahnung eine wesentliche Pflichtverletzung annehmen können. Belästigt hingegen der Maler z. B. Familienangehörige des Bestellers, kann Unzumutbarkeit bereits unmittelbar mit der Pflichtverletzung vorliegen.

Will der Gläubiger überdies Schadensersatz statt der Leistung geltend machen (im Beispielsfall etwa in Gestalt der notwendigen Mehrkosten der Beauftragung eines anderen Malers), kann er diesen unter der gleichen Voraussetzung nach §§ 280 I, III, 282 verlangen, sofern der Schuldner die Vermutung des Vertretenmüssens (§ 280 I 2) nicht widerlegen kann.

Der Schadensersatz anstelle der Leistung aus §§ 280 I, III, 282 sowie das Rücktrittsrecht nach § 324 treten neben den unmittelbar nach § 280 I zu ersetzenden Schaden.

Im Beispielsfall wäre der Maler daher nach §§ 280 I zum Ersatz der Schäden am Mobiliar und nach §§ 280 I, III, 282 zum Ersatz der durch die Beauftragung eines anderen Malers entstandenen Mehrkosten verpflichtet (s. PdW Schuldrecht I **Fall 72**).

§ 40. Verletzung vorvertraglicher Pflichten – Verschulden bei Vertragsverhandlungen (§ 311 II, III)

Literatur: Grundlegend *R. von Ihering,* Culpa in contrahendo, Jahrbuch für Dogmatik 4 (1861) 1, Nachdruck 1969 mit Nachwort *Eike Schmidt.* – Rechtsvergleichend *Nirk,* Rechtsvergleichendes zur Haftung für culpa in contrahendo, RabelsZ 18 (1953) 310; s. im Übrigen etwa *Ballerstedt,* Zur Haftung für culpa in contrahendo bei Geschäftsabschluss durch Stellvertreter, AcP 151 (1950/51) 501; *Canaris,* Die Vertrauenshaftung im Deutschen Privatrecht, 1971; *ders.,.* Schutzgesetze – Verkehrspflichten – Schutzpflichten, 2. FS Larenz, 1983, 27, 85; *ders.,* Täterschaft und Teilnahme bei culpa in contrahendo, FS Giger, 1989, 91; *ders.,* Wandlungen des Schuldvertragsrechts – Tendenzen zu seiner „Materialisierung", AcP 200 (2000) 273; *ders.,* Die Vertrauenshaftung im Lichte der Rechtsprechung des Bundesgerichtshofs, in: 50 Jahre Bundesgerichtshof, FG aus der Wissenschaft, Bd. I, 2000, 129; *ders.,* Die Reform des Rechts der Leistungsstörungen, JZ 2001, 499; *Fleischer,* Konkurrenzprobleme um die culpa in contrahendo: Fahrlässige Irreführung versus arglistige Täuschung, AcP 200 (2000) 91; *Grigoleit,* Neuere Tendenzen zur schadensrechtlichen Vertragsaufhebung, NJW 1999, 900; *Grunewald,* Die Loslösung vom nicht erwartungsgerechten Vertrag, FS Wiedemann, 2005, 75; *Heinrichs,* Bemerkungen zur c. i. c. nach der Reform – Die Tatbestände des § 311 II BGB, FS Canaris, Bd. 1, 2007, 421; *Kersting,* Die Rechtsfolge vorvertraglicher Informationspflichtverletzung – Vertragsaufhebung oder Minderung aus c. i. c.?, JZ 2008, 714; *Lieb,* Vertragsaufhebung oder Geldersatz?, FS Rechtswissenschaftliche Fakultät der Universität Köln, 1988, 251; *ders.,* Culpa in contrahendo und rechtsgeschäftliche Entscheidungsfreiheit, 1. FS Medicus, 1999, 337; *S. Lorenz,* Der Schutz vor dem unerwünschten Vertrag, 1997; *ders.,* Vertragsaufhebung wegen culpa in contrahendo: Schutz der Entscheidungsfreiheit oder des Vermögens?, ZIP 1998, 1053; *Mankowski,* § 324 BGB ist keine Lösung für die fahrlässige Täuschung, ZGS 2003, 91; *M. Schwab,* Grundfälle zur c. i. c ..., JuS 2002, 778; 872; zur **Dritthaftung** (u. Rn. 541) vgl. *Brors,* Vertrauen oder Vertrag – gibt es eine Haftung für Wertgutachten nach § 311 Abs. 3 BGB?, ZGS 2005, 142; *Canaris,* Die Haftung des Sachverständigen zwischen Schutzwirkungen für Dritte und Dritthaftung aus culpa in contrahendo, JZ 1998, 603; *Finn,* Die Haftung des Wirtschaftsprüfers für fehlerhafte Wertgutachten gegenüber Dritten, NJW 2004, 3752; *Kersting,* Die Dritthaftung für Informationen im Bürgerlichen Recht, 2007; *Koch,* § 311 Abs. 3 als Grundlage einer vertrauensrechtlichen Auskunftshaftung, AcP 204 (2004) 59.

I. Überblick

1. Herkunft des Rechtsinstituts

Die Lehre vom Verschulden bei Vertragsverhandlungen *(culpa in contrahendo – c. i. c.)* 527
ist 1861 durch *Rudolph von Ihering* „entdeckt" und auf verschiedene Texte des römischen Rechts gestützt worden. Dabei ging es im Wesentlichen um Fälle, in denen ein am Vertragsabschluss Beteiligter dadurch Schaden erleidet, dass die Vertragswirksamkeit an Gründen scheitert, die dem anderen Beteiligten typischerweise bekannt sein konnten.

Das BGB hatte hieraus zwar keine allgemeine Regel gebildet. Es hatte aber in bestimmten Fallgruppen, die dem durch *von Ihering* untersuchten Material entsprachen, eine (freilich teils verschuldensunabhängige) Schadensersatzpflicht angeordnet. Es waren dies im Wesentlichen § 122 (Vertrauen auf eine nicht ernstliche oder angefochtene Willenserklärung), § 179 (Vertrauen auf eine nicht vorhandene Vertretungsmacht), die seit dem 1.1.2002 aufgehobenen §§ 307, 309 a. F. (Vertrauen auf die anfängliche Möglichkeit der Leistung) und § 663 (Nichtanzeige der Ablehnung eines Antrags nach dem Erbieten zu Geschäftsbesorgungen).

Rechtsprechung und Lehre hatten diese Ansätze im BGB zu folgenden Regeln verallgemeinert: Bereits mit der Aufnahme von **rechtsgeschäftlichem** (und nicht lediglich sozialem) Kontakt z. B. durch Vertragsverhandlungen entsteht zwischen den Parteien ein **gesetzliches Schuldverhältnis,** d. h. eine Sonderverbindung (vgl. o. Rn. 5), die vom tatsächlichen Zustandekommen eines Vertrags und dessen Wirksamkeit weitgehend unabhängig ist. Dieses Schuldverhältnis begründet zwar noch keine primären Leistungspflichten, verpflichtet aber zur gegenseitigen Rücksichtnahme. Bei schuldhafter Verletzung dieser Pflichten werde auf Schadensersatz gehaftet; für ein Verschulden von Gehilfen ist nach § 278 einzustehen (dazu o. Rn. 375 ff.). Den inneren Grund für die Auferlegung solcher Schutz- und Rücksichtnahmepflichten sah man in der Pflicht, das in Anspruch genommene Vertrauen des jeweils anderen Teils nicht zu enttäuschen.[1]

Mit dem am 1.1.2002 in Kraft getretenen Schuldrechtsmodernisierungsgesetz hat der Gesetzgeber dieses auch richterrechtlich seit langem anerkannte Rechtsinstitut in § 311 II, III gesetzlich geregelt, ohne dass er die Absicht hatte, sachliche Änderungen herbeizuführen. Die in der Rechtsprechung entwickelten Fallgruppen behalten daher auch weiterhin ihre Relevanz. Gleichzeitig war es aber auch nicht Absicht des Gesetzgebers, das sehr dynamische Rechtsinstitut der *culpa in contrahendo* durch die Kodifizierung auf den Stand von 2002 gleichsam einzufrieren. S. dazu auch PdW Schuldrecht I **Fall 74.**

2. Die gesetzliche Regelung

Da der Gesetzgeber des Jahres 2002 bereits in § 280 I eine allgemeine Anspruchs- 528
grundlage für den Anspruch auf Schadensersatz wegen Pflichtverletzung geschaffen hatte, musste er für die Kodifizierung der bis dahin in Wissenschaft und Rechtsprechung entwickelten Haftung aus *culpa in contrahendo* keine eigene Anspruchsgrundlage schaffen. Ausreichend war eine gesetzliche Regelung, dass bereits durch die An-

[1] BGHZ 60, 221, 226; *BGH* NJW 1981, 1035, 1036.

bahnung eines Vertrags ein **gesetzliches Schuldverhältnis** entsteht, das bestimmte Schutz- und Rücksichtnahmepflichten zwischen den Parteien begründet. Werden diese dann verletzt, so liefert § 280 I eine Anspruchsgrundlage auf den Ersatz des daraus entstandenen Schadens.

Da es im vorvertraglichen Stadium noch keine Leistungspflichten geben kann, handelt es sich dabei immer um „einfachen" Schadensersatz nach § 280 I. Schadensersatz wegen Verzögerung der Leistung (§ 280 II) oder statt der Leistung (§ 280 III) sind bei der vorvertraglichen Pflichtverletzung nicht denkbar.

529 Diese pflichtenbegründende Regelung findet sich in § 311 II. Danach entsteht ein allein auf die Wahrung von Schutzpflichten gerichtetes Schuldverhältnis nach § 241 II auch durch die Aufnahme von Vertragsverhandlungen, die Anbahnung eines Vertrags mit der Möglichkeit zur Einwirkung auf Rechte, Rechtsgüter oder Interessen des Partners oder dem Anvertrauen solcher Rechtsgüter sowie „ähnliche geschäftliche Kontakte". Damit ist letztlich jeder rechtsgeschäftliche Kontakt umfasst. Neben echten Vertragsverhandlungen (Nr. 1) kommt eine Vertragsanbahnung (Nr. 2) schon allein dadurch in Betracht, dass etwa ein Kunde einen Laden betritt und seine Rechtsgüter (wie z. B. seine Gesundheit) damit der Einwirkung des anderen Teils (etwa durch ein umstürzendes Regel oder einen glatten Boden) aussetzt. Dabei genügt es, dass dies im Hinblick auf eine „etwaige" rechtsgeschäftliche Beziehung erfolgt. Der Kunde, der den Laden betritt, muss also noch keine feste Kaufabsicht gehabt haben. Nur wenn ein Vertragsschluss keineswegs beabsichtigt ist (etwa bei demjenigen, der ein Kaufhaus nur aufsucht, um sich dort aufzuwärmen oder einen Diebstahl zu begehen), kommt wohl kein vorvertragliches Schuldverhältnis zustande (str.).[2] Vgl. dazu PdW Schuldrecht I **Fall 75.**

Ein „Anvertrauen" kann z. B. vorliegen, wenn im Rahmen der Anbahnung eines Vertrags Geschäftsgeheimnisse oder Ideen mitgeteilt werden. Missbraucht der andere Teil diese für eigene Zwecke, haftet er aus §§ 280 I, 311 II Nr. 2, 241 II.[3]

So hatte etwa im Fall *BGH* NJW 2005, 1503 der Kläger die Absicht, unter dem Domainnamen „literaturhaus.de" einen Internetauftritt zu schaffen. Er trat mit dem Beklagten Web-Designer in Kontakt, um einen Vertrag zur Gestaltung des Internetauftritts zu schließen, der dann nicht zustande kam. Während der Vertragsverhandlungen registrierte der Beklagte den ihm im Zuge der Vertragsverhandlungen genannten Domainnamen für eigene Zwecke.

Der weitere Tatbestand der „ähnlichen rechtsgeschäftlichen Kontakte" (Nr. 3) dient als Auffangtatbestand, der das Rechtsinstitut einer weiteren Entwicklung zugänglich machen soll. Hierunter fällt etwa die in der Rspr. entwickelte Haftung von Experten und Gutachtern (z. B. Wirtschaftsprüfern) gegenüber Dritten, denen das Gutachten vorgelegt wird und für deren rechtsgeschäftliche Entscheidung es von wesentlicher Bedeutung ist. Auch die Haftung für unrichtige Bankauskünfte außerhalb eines Beratungsvertrags wird hierunter zu fassen sein.

530 Für den **Inhalt der Haftung** bei der Verletzung einer vorvertraglichen Pflicht aus §§ 280 I, 311 II, III, 241 II wird regelmäßig dargelegt, dass diese auf Ersatz des **negativen Interesses,** d. h. des **Vertrauensschadens** gerichtet ist. Das ist in der großen Mehrzahl der Fälle durchaus zutreffend, kann aber in manchem Fallgruppen, in wel-

[2] Siehe dazu etwa MünchKomm/*Emmerich,* § 311 Rn. 64.
[3] Siehe z. B. *BGH* NJW 2005, 1503.

chen auch eine Haftung auf das **positive Interesse,** d. h. das Erfüllungsinteresse anerkannt ist, als Regel verwirrend sein. Besser ist es, schlicht auf die Differenzhypothese des § 249 I abzustellen: Der Geschädigte ist so zu stellen, wie er stünde, wenn das schädigende Ereignis nicht eingetreten wäre. Das kann in den sogleich zu erörternden unterschiedlichen Fallgruppen gelegentlich auch zu einem Anspruch auf das positive Interesse führen.

Obwohl die Haftung aus Verschulden bei Vertragsverhandlungen keine vertragliche, 531
sondern eine Haftung aus einem **gesetzlichen Schuldverhältnis** ist, hat sie doch durch die Anknüpfung an eine vorvertragliche Sonderverbindung vertragsähnlichen Charakter. Daher ist auch hier vorrangig der Schutz nicht (voll) Geschäftsfähiger vorrangig. Diese haften damit nicht aus § 311 II, 241 II. Eine Ausnahme gilt nur dann, wenn ein beschränkt Geschäftsfähiger mit Zustimmung seines gesetzlichen Vertreters eine rechtsgeschäftliche Beziehung anbahnt.[4] S. dazu auch PdW Schuldrecht I **Fall 81.**

II. Fallgruppen

§ 311 II, III decken dabei seit jeher ganz unterschiedliche Anwendungsfälle ab. Sie unterscheiden sich nach dem **Verhältnis des Schadens zu dem Vertrag:** Der spätere Vertragsschluss kann für den Schaden ganz gleichgültig sein (dazu sogleich Rn. 532f.); der Schaden kann sich aber auch entweder aus dem Fehlen eines wirksamen Vertrags (dazu u. Rn. 534f.) oder umgekehrt aus der Belastung mit einem wirksamen, aber unerwünschten Vertrag ergeben (dazu u. Rn. 536ff.).

1. Körper- und Eigentumsschäden („deliktsähnliche" Fälle)

Wenn im Zusammenhang mit einem rechtsgeschäftlichen Kontakt ein Beteiligter 532
durch den anderen an seinem Körper oder Eigentum verletzt wird, ergibt sich zunächst unproblematisch ein deliktischer Schadensersatzanspruch aus § 823 I. Dieser hat aber für den Geschädigten gegenüber einem Anspruch aus § 280 I bedeutende Nachteile. So hat für einen Anspruch nach § 823 I der Geschädigte das Verschulden (Vorsatz oder Fahrlässigkeit) des Schädigers zu beweisen, während im Rahmen von § 280 I das Vertretenmüssen vermutet wird (§ 280 I 2, oben Rn. 330). Noch wichtiger ist aber, dass im Rahmen eines Schadensersatzanspruchs keine Zurechnung des Verschuldens von Hilfspersonen nach § 278 eingreift, sondern der Geschäftsherr lediglich nach § 831 für vermutetes Auswahl- und Überwachungsverschulden haftet, sich also (meist relativ einfach) exkulpieren kann (dazu oben Rn. 372). Im Zusammenhang mit dem Rechtsverhältnis der Vertragsanbahnung beinhaltet das durch §§ 311 II Nr. 2, 241 II begründete Schuldverhältnis aber auch die Pflicht, den anderen Teil nicht an Körper oder Eigentum zu verletzen. Im Rahmen dieses Schuldverhältnisses hat der Schuldner nach § 278 für seine Hilfspersonen ohne Exkulpationsmöglichkeit einzustehen (s. dazu oben Rn. 370ff.). Zudem wird das Vertretenmüssen nach § 280 I 2 vermutet. Der Rückgriff auf die Haftung aus *culpa in contrahendo* dient hier also vor allem dazu, als unbillig empfundene **Härten des Deliktsrechts auszugleichen.**

Erstmals bejaht wurde diese Haftung in dem berühmten **Linoleumrollen-Fall** des Reichsgerichts (RGZ 78, 239): Ein ungeschickter Angestellter hatte eine schwere Linoleumrolle umgeworfen, wodurch ein im Geschäft befindlicher Kunde verletzt wurde. Hier besteht mit Betreten des Geschäfts nach § 311 II Nr. 2

[4] *Canaris,* NJW 1964, 1987.

ein Rechtsverhältnis der Vertragsanbahnung zwischen dem Kunden und dem Geschäftsinhaber, das allein auf die Wahrung der Schutzpflichten nach § 241 II ausgerichtet ist. Für die Wahrung dieser Schutzpflichten sind die Angestellten des Geschäftsinhabers Erfüllungsgehilfen nach § 278, so dass der Geschäftsinhaber dem Kunden hier nach §§ 280 I, 311 II Nr. 2, 241 II auf Schadensersatz haftet. S. dazu auch PdW Schuldrecht I **Fall 75.**

2. Vermögensschäden

533 Wird ein an Vertragsverhandlungen Beteiligter nicht an einem durch § 823 I geschützten Rechtsgut verletzt, sondern lediglich an seinem Vermögen, kommt eine deliktische Haftung nicht in Betracht. Solche Vermögensverletzungen liegen etwa vor, wenn ein Beteiligter Aufwendungen macht, die sich wegen des Scheiterns der Vertragsverhandlungen oder wegen der Nichtigkeit des Vertrags als nutzlos erweisen. Denkbar ist auch, dass ein Beteiligter den Abschluss eines gewinnbringenden anderen Vertrags unterlassen hat, weil er sich auf den Erfolg der – dann schließlich doch gescheiterten – Vertragsverhandlungen verlassen hat. Oder ein Beteiligter schließt im Vertrauen auf die Angaben des anderen einen Vertrag; diese Angaben erweisen sich jedoch als unrichtig, der Vertrag ist daher ungünstig. In allen diesen Fällen gewährt das *Deliktsrecht* Ersatzansprüche nur, wenn die Schädigung durch den Verstoß gegen ein Schutzgesetz (§ 823 II) oder vorsätzlich und sittenwidrig (§ 826) erfolgt ist, vgl. BT Rn. 1231 ff. Daran fehlt es aber regelmäßig, oder es ist zumindest der nötige Vorsatz nicht nachweisbar. Wenn hier überhaupt Schadensersatz geschuldet sein soll, muss der Anspruch also aus dem Recht der Sonderverbindung begründet werden.

a) Vertragsunwirksamkeit

Wenn kein wirksamer Vertrag zustande gekommen ist, kann die Schadensersatzpflicht nur aus Verschulden bei Vertragsverhandlungen stammen. Dabei gibt es wieder zwei Fallgruppen:

534 **aa) Abbruch von Vertragsverhandlungen.** Beim **Abbruch von Vertragsverhandlungen** liegt grundsätzlich keine Verletzung einer Pflicht aus §§ 311 II, 241 II vor. Die Vertragsabschlussfreiheit (oben Rn. 60) erlaubt es den Verhandelnden nämlich grundsätzlich, Vertragsverhandlungen auch im fortgeschritten Stadium willkürlich abzubrechen. Das gilt auch dann, wenn eine Partei bereits erhebliche Aufwendungen gemacht oder auf andere Abschlussmöglichkeiten verzichtet hat: Solche Aufwendungen im Vorfeld eines Vertrags erfolgen auf eigenes Risiko.[5] Eine Haftung kommt aber einmal dann in Betracht, wenn eine Partei Vertragsverhandlungen nur zum Schein führt, d. h. diese beginnt oder zu einem Zeitpunkt weiterführt, in welchem jegliche Abschlussbereitschaft fehlt und die andere Partei in Erwartung des Vertragsschlusses Vermögensdispositionen trifft, die sie sonst nicht getroffen hätte.

Nicht unbedenklich ist aber, dass nach der Rspr. eine Haftung aus *c. i. c.* auch schon dann eingreifen soll, wenn eine Partei Vertragsverhandlungen ohne triftigen Grund abbricht, nachdem sie zunächst das Vertrauen des anderen Teils geweckt hatte, der Vertrag werde mit Sicherheit zustande kommen.[6]

In dieser Fallgruppe ist allerdings angesichts der hohen Bedeutung der Vertragsfreiheit nur in extremen Ausnahmefällen ein vorvertragliches Verschulden zu sehen: Wer sich einen künftigen Vertragsabschluss si-

[5] *BGH* NJW 1996, 1884, 1885; NJW 2006, 1963 Rn. 9; NJW 2013, 928 Rn. 7 m.w.N.
[6] *BGH* NJW 2013, 928 Rn. 7 m.w.N.

chern will, kann sich um einen bindenden Antrag (§§ 145ff.) bemühen. Er kann auch bereits einen Vorvertrag schließen. Beides setzt freilich voraus, dass der Inhalt des endlich abzuschließenden (Haupt)Vertrags im Wesentlichen feststeht. Aber solange es an Einigkeit über diesen wesentlichen Inhalt fehlt, wird ein Partner auch kaum auf eine Einigung und damit auf einen Vertragsabschluss vertrauen dürfen. Das gilt insbesondere dann, wenn der Vertragsschluss formpflichtig ist (z. B. nach § 311 b I). Gesetzliche Formerfordernisse sollen nämlich i. d. R. vor Übereilung schützen (vgl. o. Rn. 83). Dieser Schutz würde aber weithin aufgehoben und zu einem faktischen Kontrahierungszwang führen, wenn derjenige, der „im letzten Moment" von seinem Vertragsvorhaben Abstand nimmt, eine Haftung aus *c. i. c.* befürchten müsste. Anders gesagt: Wer weiß, dass zur Vertragswirksamkeit noch eine Form einzuhalten ist, wird in seinem Vertrauen auf einen künftigen Vertragsabschluss nicht geschützt. Bei formgebundenen Verträgen kann damit eine Haftung wegen Abbruchs von Vertragsverhandlungen nur bei einer vorsätzlichen Treuepflichtverletzung des Abbrechenden wie z. B. beim arglistigen Vorspiegeln einer tatsächlich nicht vorhandenen Abschlussbereitschaft bejaht werden.[7] S. dazu auch PdW Schuldrecht I **Fall 79.**

Der Schadensersatzanspruch ist dann nach § 249 I auf Ersatz des Schadens gerichtet, den der andere Teil dadurch erlitten hat, dass er auf das Zustandekommen des Vertrags vertraut hat (negatives Interesse), denn „der zum Ersatz verpflichtende Umstand" ist in dieser Fallgruppe nicht der Nichtabschluss des Vertrags (dann könnte das Erfüllungsinteresse aus dem erwarteten Vertrag verlangt werden), sondern die Erweckung von enttäuschtem Vertrauen auf dessen Zustandekommen. Dieser Schaden kann in Vermögensaufwendungen bestehen (Beispiel: Der Eigentümer hatte in Erwartung des Abschlusses des Mietvertrags auf Wunsch des Interessenten Umbaumaßnahmen vorgenommen, die sich nunmehr als wertlos erweisen). Denkbar ist auch, dass der Geschädigte einen anderen gewinnbringenden Vertragsschluss unterlassen hat. Dann ist der hieraus entstehende Schaden zu ersetzen.

bb) Herbeiführung eines unwirksamen Vertrags. Während in den eben behandel- 535
ten Fällen die Vertragsverhandlungen schon vor einem Abschluss gescheitert waren, gibt es noch eine andere Denkmöglichkeit: Es kommt wenigstens **scheinbar zu einem Vertragsabschluss,** doch ist der Vertrag **unwirksam;** eine Partei erkennt das nicht und erleidet dadurch Schaden. Fälle dieser Art sind in den §§ 122, 179 geregelt. Dabei ist die Rechtsfolge (außer bei § 179 I) einheitlich: Verpflichtung zum Ersatz des negativen Interesses, begrenzt durch das positive Interesse. Der Ersatzanspruch ist jeweils ausgeschlossen, wenn der Geschädigte den Unwirksamkeitsgrund kannte oder kennen musste.

Die Rspr. hat diese Verschuldenshaftung auf weitere Fälle wie etwa die schuldhafte Herbeiführung eines versteckten Totaldissenses ausgedehnt. Leitfall ist die „Weinsteinsäureentscheidung" in RGZ 104, 265: Zwei Parteien hatten so ungeschickt miteinander telegrafiert, dass der Anschein eines Kaufabschlusses über 100 kg der Säure entstanden war. Später stellte sich aber heraus, dass *beide verkaufen* wollten. Nach Ansicht des RG ergab sich das auch durch Auslegung der Erklärungen; ein Vertragsabschluss scheiterte daher an Dissens (nicht etwa musste eine Partei ihre Erklärung wegen Inhaltsirrtums nach § 119 I anfechten; dann hätte sich die Ersatzpflicht nach § 122 gerichtet). Das RG hat hier in der schuldhaft undeutlichen Ausdrucksweise einen Grund für die Haftung auf das negative Interesse gesehen. Ähnlich entscheidet etwa BGHZ 18, 248, 252: Dort hatte es eine Partei schuldhaft versäumt, die andere über das Erfordernis einer devisenrechtlichen Genehmigung für das Geschäft zu un-

[7] *BGH* NJW 1996, 1884, 1885; NJW 2013, 928 (zur Verweigerung der Genehmigung durch einen vollmachtlos Vertretenen).

terrichten. Die **allgemeine Regel** lautet danach: Auf das negative Interesse – begrenzt durch das positive – haftet, wer schuldhaft die andere Partei nicht über bestimmte Umstände informiert, die der Wirksamkeit des Geschäfts entgegenstehen. S. dazu auch PdW Schuldrecht I **Fall 78.**

Doch ist damit noch nicht viel gewonnen. Denn „schuldhaft" kann das Unterlassen einer Information nur sein, wenn zu ihr *eine Pflicht* bestand. Man muss also zunächst fragen, unter welchen Voraussetzungen eine solche Pflicht anzunehmen ist. Das wird *erstens* für solche Unwirksamkeitsgründe zu bejahen sein, die allein aus der eigenen Sphäre stammen. So rührte im Fall von BGHZ 18, 248 die Genehmigungspflicht daher, dass ein Beteiligter Ausländer war: Dieser ist dann mit Recht für informationspflichtig gehalten worden. *Zweitens* kann die eine Partei zur Information der anderen verpflichtet sein, wenn sie dieser aus Gesetz, Vertrag oder vorangegangenem Tun Betreuung schuldet: Hier ist die Information ein Teil dieser Betreuung. Darüber hinaus aber lässt sich eine allgemeine Informationspflicht nicht bejahen. Insbesondere braucht etwa beim Grundstückskauf der Verkäufer den Käufer nicht generell auf das Formerfordernis des § 311 b I hinzuweisen; bei Versäumung der Form besteht also regelmäßig kein Anspruch auf Ersatz des Vertrauensschadens. Anders liegt es aber z. B., wenn der Verkäufer den Käufer vertraglich betreuen soll (etwa im Rahmen einer „Baubetreuung") oder wenn der Verkäufer zunächst die Erfüllung der Form durch eine falsche Auskunft verhindert hat (vorangegangenes Tun). Hierüber geht die Rspr. bisweilen durch Gewährung eines Erfüllungsanspruchs hinaus, wenn sie unter besonderen Voraussetzungen nach Treu und Glauben den Formmangel für unbeachtlich (nämlich die „Berufung auf diesen Mangel für unzulässig") hält.[8]

b) Vertragswirksamkeit

536 Ein durch eine vorvertragliche Pflichtverletzung entstandener Schaden kann aber auch darin bestehen, dass eine Partei wegen eines Verschuldens der anderen (z. B. wegen schlechter Beratung, Falschangaben oder unterlassener Aufklärung) mit einem wirksamen Vertrag belastet wird, der ihr lästig ist.[9]

Entscheidend ist dabei zunächst der **Umfang** solcher vorvertraglicher Pflichten. Unproblematisch wird eine Haftung begründet durch fahrlässige oder vorsätzliche **positive Falschangaben** im Vorfeld des Vertragsschlusses, sofern nicht einer der – seltenen – Fälle eines „Rechts auf Lüge" besteht, die auch im Rahmen der Anfechtung wegen arglistiger Täuschung nach § 123 I anerkannt sind.[10] Liegt der Schwerpunkt hingegen auf einem **Unterlassen,** so kommt eine Haftung nur bei Verletzung einer vorvertraglichen **Aufklärungspflicht** in Betracht. Dabei gilt wiederum derselbe Maßstab wie bei § 123 I: Es gibt keine allgemeine Pflicht, dem anderen Teil bei der Anbahnung eines Vertrags ungefragt alle Tatsachen mitzuteilen, die für dessen Entscheidung von Bedeutung sind. Eine Aufklärungspflicht wird aber dann bejaht, wenn ein Umstand für die Entschließung des Gegners von erkennbar entscheidender Bedeutung ist und dieser nach der Verkehrssitte Aufklärung darüber erwarten darf.[11] Für Letzteres wiederum ist von entscheidender Bedeutung, ob der Verhandlungspartner auf die

[8] Vgl. *Wolf/Neuner,* AT, § 44 Rn. 61 ff.; *Köhler,* § 12 Rn. 16 ff.; *Medicus,* BGB AT, Rn. 628 ff.
[9] Dazu umfassend *S. Lorenz,* Der Schutz vor dem unerwünschten Vertrag, 1997.
[10] S. dazu nur *Köhler,* § 7 Rn. 40.
[11] *BGH* NJW 2012, 296 Rn. 38 m. w. N.

Sachkunde des anderen angewiesen ist oder ob er sich die Information selbst beschaffen oder zumindest beim anderen Teil nachfragen kann (was bei diesem dann zwar keine Aufklärungspflicht, aber die allgemeine Wahrheitspflicht auslöst). Eine darüber hinausgehende Aufklärungspflicht kann bestehen, wenn zwischen den Beteiligten ein besonderes Treue- oder Vertrauensverhältnis besteht.

So muss etwa ein Gläubiger weder den Bürgen über die prekäre Vermögenslage des Hauptschuldners informieren noch dessen Bonität selbst überprüfen[12] oder auf das Risiko einer Bürgschaft hinweisen.[13] Der Bürge ist ja ohne weiteres in der Lage, den Gläubiger danach zu fragen oder selbst Erkundigungen einzuziehen. Verharmlost der Gläubiger dann das Risiko, liegt eine Täuschung durch aktives Tun vor.[14] Verweigert er die Antwort, kann der Bürge daraus seine Schlüsse ziehen.

Neben vorvertraglichen Informations- und Wahrheitspflichten dürfte sich aus §§ 311 II, 241 II auch eine vorvertragliche Pflicht herleiten lassen, die rechtsgeschäftliche Entscheidungsfreiheit des anderen Teils nicht auf unzulässige Weise unlauter, etwa durch „Überrumpelung" oder ähnliche Maßnahmen zu beeinflussen. Unter ganz engen Voraussetzungen kann auch die Annahme eines bindenden Vertragsangebots eine vorvertragliche Pflichtverletzung darstellen, wenn dieses auf einem vom Annehmenden erkannten (und nicht nach § 119 I zur Anfechtung berechtigenden) sog. „Kalkulationsirrtum" beruht und zu einer nicht auch nur annähernd äquivalenten Gegenleistung führen würde.[15]

Ein Schadensersatzanspruch aus Verschulden bei Vertragsverhandlungen richtet sich 537
hier gemäß § 249 I auf die Herstellung des Zustandes, der ohne das Verschulden bestünde. Das führt zu einem Anspruch auf **Aufhebung** des Vertrags sowie – vorgelagert – zu einem Anspruch, aus dem „unerwünschten" Vertrag nicht in Anspruch genommen zu werden.[16] Die Rspr. gestattet es dem Geschädigten sogar, im Rahmen des Schadensersatzanspruchs eine Reduktion der Gegenleistung und damit ggf. eine Rückzahlung des „zu viel Gezahlten" zu verlangen, wenn er sich bei hinreichender Aufklärung nur zu einer geringeren Gegenleistung auf den Vertrag eingelassen hätte.[17] Das führt zu einer Art **Minderung** aufgrund vorvertraglicher Pflichtverletzung.[18] S. dazu auch PdW Schuldrecht I **Fall 76, 77.**

Dabei hilft die Rspr. überdies mit **Beweiserleichterungen:** Den Nachweis, dass der Geschädigte bei pflichtgemäßer Aufklärung nicht oder nicht zu den vereinbarten Bedingungen kontrahiert hätte, wird (widerleglich) vermutet (sog. **Vermutung aufklärungsrichtigen Verhaltens**).[19] Und bei der Herabsetzung der Gegenleistung auf einen objektiv angemessenen Preis soll es nicht darauf ankommen, ob sich der andere Teil seinerseits auf einen Vertragsschluss zu diesen Bedingungen eingelassen hätte.[20] Letzteres ist im

---

[12] BGHZ 106, 269; einschränkend hinsichtlich von Mitteilungspflichten des Verkäufers auch *BGH* NJW 1993, 1643.

[13] *BGH* NJW 1983, 1850; ZIP 1991, 787, 789; 1997, 1058 (ein Sonderfall bei *OLG Düsseldorf* BB 1984, 875).

[14] *BGH* NJW 2006, 847.

[15] *BGH* NJW 2015, 1513 Rn. 11 ff.

[16] Dazu ausführlich *Canaris,* AcP 200 (2000) 273, 304; *Fleischer,* ebenda, 91; *B. Mertens,* ZGS 2004, 67; nach a. A. soll nur ein Anspruch auf Schadensersatz in Geld gegeben sein, so etwa *Lieb,* FS Rechtswissenschaftliche Fakultät, Universität Köln, 1988, 251.

[17] *BGH* NJW 2012, 846.

[18] Dazu *Tiedtke,* JZ 1989, 569; *S. Lorenz,* NJW 1999, 1001.

[19] *BGH* NJW 2001, 2163, 2165; NJW 2012, 2427 Rn. 28; NJW 2013, 1807 Rn. 19; WM 2014, 661 Rn. 10, jeweils m. w. N.

[20] *BGH* NJW 2001, 2875, 2877; NJW 2012, 846 Rn. 12.

Hinblick auf die Privatautonomie nicht unproblematisch. Macht der Geschädigte jedoch geltend, dass es ihm ohne die vorvertragliche Pflichtverletzung gelungen wäre, mit dem Schädiger oder einem Dritten einen günstigeren Vertrag abzuschließen, so kann er den daraus entgangenen Gewinn nur verlangen, wenn er dies nachweist.

538 Das **Hauptproblem** der auf Aufhebung des Vertrags gerichteten Haftung aus *c. i. c.* ist deren **Verhältnis zu anderen Rechtsinstituten.** Dabei geht es einmal um das **Konkurrenzverhältnis zu § 123 I:** Wenn dort für die Anfechtung eines Vertrags eine vorsätzliche Täuschung verlangt und überdies die Anfechtung nur binnen Jahresfrist erfolgen kann (§ 124), ist es nicht unproblematisch, dass über den Schadensersatzanspruch aus §§ 280 I, 311 II, 241 II bereits im Falle einer nur fahrlässigen Täuschung durch einen Anspruch auf Vertragsauflösung zwar nicht technisch (über ein Gestaltungsrecht), aber im Ergebnis dasselbe erreicht wird wie mit einer Anfechtung (und dafür auch noch die längere Regelverjährung des § 195 gilt). Dennoch lässt die Rspr. dies unter Berufung auf den unterschiedlichen Schutzzweck beider Rechtsinstitute zu: Die §§ 311 II, 241 II schützten das Vermögen, während § 123 I die freie Willensbestimmung schütze.[21]

Diese Abgrenzung vermag allerdings als Begründung kaum zu überzeugen. Die vorvertraglichen Pflichten aus §§ 311 II, 241 II umfassen nämlich nicht nur das Vermögen, sondern auch ganz allgemein die „Interessen" des anderen Teils, wozu auch dessen **rechtsgeschäftliche Entscheidungsfreiheit** gehört. Auch zielt der Anspruch auf Vertragsaufhebung auf Naturalrestitution nach § 249 I, und diese ist keineswegs auf Vermögensschäden beschränkt (§ 253 I schließt eben nur die Geldentschädigung aus!).[22] Auch der BGH selbst nimmt es im vorliegenden Zusammenhang mit dem Erfordernis eines Vermögensschadens nicht ganz ernst, indem er bei der Annahme eines Vermögensschadens auf einen subjektiven Vermögensbegriff zurückgreift, der auch die Sinnhaftigkeit des Vertrags für den anderen Teil berücksichtigt.[23] Richtigerweise wird man daher das Nebeneinander von *c. i. c.* und Irrtumsanfechtung heute auf **Gewohnheitsrecht** zu stützen haben. S. dazu PdW Schuldrecht I **Fall 76.**

Anders lösen Rspr. und Literatur die Konkurrenz zum kaufrechtlichen (und auch zum werkvertraglichen) **Gewährleistungsrecht:** Bei einer **fahrlässigen** falschen oder unterlassenen Aufklärung über Umstände, die einen Sach- oder Rechtsmangel der verkauften Sache begründen, ist die Haftung aus *c. i. c.* durch die insoweit abschließenden Regelungen des Gewährleistungsrechts verdrängt. Ansprüche aus **vorsätzlicher** vorvertraglicher Pflichtverletzung sind hingegen mangels Schutzwürdigkeit des Verkäufers **nie** durch die Rechtsbehelfe des Gewährleistungsrechts verdrängt (s. dazu BT Rn. 272ff).

III. Die Parteien des vorvertraglichen Rechtsverhältnisses

539 Grundsätzlich bestehen die Sorgfaltspflichten in der Vertragsanbahnung nur zwischen denjenigen Personen, die Parteien des angebahnten Vertrags werden sollen. Nach § 311 III 1 *kann* aber ein vorvertragliches Schuldverhältnis mit Pflichten aus § 241 II auch zu Personen entstehen, die nicht selbst Vertragspartei werden sollen.

Diese im Jahre 2002 eingeführte Regelung bezweckt, den bereits vorher von Rspr. und Literatur entwickelten Fallgruppen der Einbeziehung Dritter eine gesetzliche Verankerung zu geben. Für die Anwendung der als solcher nicht besonders aussagekräftigen Regelung muss und kann daher auf die dort entwickelten Grundsätze zurückgegriffen werden.

---

21 *BGH* NJW 1998, 302.
22 Vgl. *Canaris,* AcP 200 (2000) 273, 304.
23 BGHZ 161, 361, 367.

Dabei können Dritte unter bestimmten Voraussetzungen aus einer Verletzung des vorvertraglichen Schuldverhältnisses eigene Schadensersatzansprüche herleiten (1.) oder aber selbst wegen einer Verletzung solcher Pflichten haften, wenn sie in bestimmter Weise an der Vertragsanbahnung beteiligt sind (2.).

1. Einbeziehung Dritter in den Schutzbereich des vorvertraglichen Schuldverhältnisses

In der Rspr. ist seit langem anerkannt, dass bestimmte Personen in den Schutzbereich 540 eines Vertrags einbezogen werden können mit der Folge, dass sie aus dem Vertrag zwar keine eigenen Primäransprüche herleiten können, sich aber die Nebenpflichten aus § 241 II auch auf sie erstrecken. Bei einer Verletzung solcher Schutzpflichten erwerben sie dann eigene Schadensersatzansprüche aus §§ 280 I, 241 II, 249ff. Diese, später zu erörternden Grundsätze des **Vertrags mit Schutzwirkung für Dritte** (dazu u. Rn. 864ff.), werden auch auf das vorvertragliche Schuldverhältnis aus §§ 311 II, 241 II übertragen. Dies setzt – wie beim Vertrag mit Schutzwirkung für Dritte – voraus, dass der Dritte bestimmungsgemäß in den rechtsgeschäftlichen Kontakt einbezogen ist, eine Partei des vorvertraglichen Schuldverhältnis ein Interesse an deren Schutz hat, dies für den anderen erkennbar ist und der Dritte schutzbedürftig ist, d. h. wegen der Schädigung keine im Wesentlichen gleichwertigen eigenen Ansprüche hat (dazu u. Rn. 868ff.).

Dafür steht der ***Gemüseblatt-Fall* BGHZ 66, 51:** Ein minderjähriges Mädchen hatte ihre Mutter zum Einkaufen in einen Supermarkt begleitet und war dabei auf einem herumliegenden Gemüseblatt ausgerutscht, wobei sie sich am Knie verletzte. Obwohl sie selbst keinerlei Kaufabsicht hatte, sprach ihr der BGH eigene Schadensersatzansprüche aus *c. i. c.* gegen den Supermarktbetreiber zu. Der besondere Vorteil dieser Konstruktion besteht – wie immer in der „deliktsähnlichen" Fallgruppe der *c. i. c.* (oben Rn. 532), darin, dass sich der Supermarktbetreiber ein Verschulden seiner Gehilfen nach § 278 I zurechnen lassen muss. Im Rahmen eines der Tochter auch zustehenden deliktsrechtlichen Anspruchs aus § 831 wäre ihm wiederum die dortige Exkulpationsmöglichkeit zugutegekommen. Der Rückgriff auf die *c. i. c.* dient also auch hier vor allem dem Ausgleich der Härten des Deliktsrechts.

2. Die Haftung Dritter (§ 311 III 2)

a) Sachwalterhaftung

Bereits vor der gesetzlichen Regelung in § 311 III war in Rspr. und Literatur aner- 541 kannt, dass unter bestimmten Voraussetzungen auch Dritte, die nicht selbst Vertragspartei werden sollen, aus *c. i. c.* **haften** können. Es handelt sich dabei um eng auszulegende Ausnahmetatbestände. Zumeist geht es hier um Stellvertreter oder auch bloße Abschlussgehilfen oder Vermittler (z. B. Makler), die ohne vertragliche Verbindung zum anderem Teil an den Vertragsverhandlungen beteiligt sind und dabei „in besonderem Maße" Vertrauen für sich selbst in Anspruch genommen und dadurch die Vertragsverhandlungen oder den Vertragsabschluss „erheblich beeinflusst" (und enttäuscht) haben.[24] Solche Dritte werden auch als „Sachwalter" bezeichnet und demgemäß hat sich der Ausdruck der **Sachwalterhaftung** eingebürgert. Diese Fallgruppe ist seit 2002 in § 311 III 2 als Regelbeispiel verankert.

Als Sachwalter bezeichnet die Rechtsprechung des BGH eine Person, die „weder Vertragspartner noch dessen Vertreter ist, (...) [aber] auf der Seite des Vertragspartners an dem Zustandekommen des Vertragsschlusses beteiligt ist und dabei über das bei der Anbahnung von Geschäftsbeziehungen immer vorauszu-

[24] S. etwa *BGH* NJW-RR 2003, 1037.

setzende normale Verhandlungsvertrauen in besonderem Maße Vertrauen für sich persönlich in Anspruch nimmt und dadurch dem anderen Verhandlungspartner eine zusätzliche, gerade von ihm persönlich ausgehende Gewähr für Bestand und Erfüllung des in Aussicht genommenen Rechtsgeschäfts bietet".[25] So etwa, wenn der angestellte Gehilfe beim Verkauf eines gebrauchten Kfz darlegt, er sei Automechaniker und habe sich selbst von der Qualität des Fahrzeugs überzeugt und könne es wegen seiner besonderen Sachkompetenz zu dem angebotenen Preis besonders empfehlen. Hat der Dritte hingegen mit dem anderen Teil einen (stillschweigenden) selbständigen Beratervertrag abgeschlossen, haftet er bei einer Falschberatung unmittelbar aus § 280 I. Auch die Haftung von Prospektverantwortlichen (Initiatoren, Gründer und Gestalter) einer Anlagegesellschaft für Falschangaben in einem Anlageprospekt wird auf § 311 III 2 gestützt.[26]

Die Eigenhaftung von Personen, die **aufgrund besonderer beruflicher Sachkunde** Einfluss auf Vertragsverhandlungen nehmen, ohne an diesen unmittelbar beteiligt zu sein, wird von der Rspr. hingegen nicht auf § 311 III 2, sondern auf den Vertrag mit Schutzwirkung für Dritte gestützt (s. dazu Rn. 871). Das betrifft etwa die Haftung von Sachverständigen, Steuerberatern oder Wirtschaftsprüfern aus Gutachten und Testaten, die bestimmungsgemäß Dritten vorgelegt werden und für deren Entscheidung z. B. für eine Geldanlage von Bedeutung sind. Eine im Vordringen begriffene Ansicht in der Literatur, die sich auch auf die Gesetzesmaterialien zu § 311 III stützen kann[27], will auch in dieser Fallgruppe die Haftung des Dritten mit der Inanspruchnahme besonderen persönlichen Vertrauens begründen.[28]

b) Unmittelbares wirtschaftliches Eigeninteresse

542 Eine weitere von der Rspr. entwickelte Fallgruppe der Eigenhaftung Dritter aus *c. i. c.* betrifft den Fall, dass ein an der Vertragsanbahnung als Verhandlungsgehilfe, Stellvertreter oder Vermittler Beteiligter ein **eigenes unmittelbares wirtschaftliches Interesse** am Vertragsschluss hat. Diese Fallgruppe wird von der neueren Rspr. allerdings zu recht sehr restriktiv gehandhabt und nur dann bejaht, wenn der Verhandlungsgehilfe/Stellvertreter mit dem Vertrag bei **wirtschaftlicher Betrachtungsweise ein eigenes Geschäft** besorgt *(„procurator quasi in rem suam")*.[29] Ein nur mittelbares wirtschaftliches Interesse (etwa eines Maklers an einer Provision) ist nicht ausreichend. Wenngleich diese Fallgruppe nicht vom Regelbeispiel des § 311 III 2 erfasst ist, kann sie weiterhin unter § 311 III 1 relevant sein.[30]

Eine solches unmittelbares eigenes wirtschaftliches Interesse kann etwa vorliegen, wenn ein Gebrauchtwagenhändler aus steuerlichen Gründen oder zur Umgehung von § 475 (s. dazu BT Rn. 241) einen Gebrauchtwagen nicht im eigenen Namen, sondern im Namen des Vorbesitzers verkauft, dabei aber allein den wirtschaftlichen Nutzen aus dem Vertrag trägt.[31] Nicht ausreichend ist das allgemeine Interesse des Geschäftsführers einer GmbH am wirtschaftlichen Erfolg seines Unternehmens oder das Interesse des beim Grundstücksverkauf seine Ehefrau vertretenden Ehemanns an deren wirtschaftlichem Wohlergehen.[32]

---

[25] *BGH* NJW 1989, 293, 294; NJW-RR 2006, 993.
[26] BGHZ 177, 25 Rn. 12 m.w.N.
[27] S. BT-Drs. 14/6040, S. 163.
[28] S. insbesondere *Canaris,* JZ 1995, 441 ff.; *ders.* JZ 2001, 499, 520; ebenso *Looschelders,* AT, Rn. 179.
[29] S. etwa *BGH* NJW 2002, 208, 212 m.w.N.
[30] *Looschelders,* AT, Rn. 176.
[31] BGHZ 79, 281, 286.
[32] *BGH* NJW 1987, 2511, 2512.

c) Haftungsausfüllung

Die dargestellten Fälle der Haftung Dritter spielen in aller Regel in der o. g. Fallgruppe der Vertragswirksamkeit eine Rolle (Rn. 536ff.), d. h. in Fällen, in welchen aufgrund einer Pflichtverletzung des Dritten (Falschangaben oder Aufklärungspflichtverletzungen) ein für den anderen Teil „unerwünschter", meist wirtschaftlich nachteiliger Vertrag zustande kommt. Da der Dritte nicht im Wege des Schadensersatzes zu einer Vertragsaufhebung verpflichtet sein kann (die ja gar nicht in seiner Macht steht), kann der Geschädigte hier nach § 249 I die Freistellung von der Vertragsverpflichtung oder die Erstattung seiner Vertragsleistung verlangen, hat dann aber im Gegenzug die Ansprüche aus dem Vertrag an den Schädiger abzutreten bzw. das Erlangte an diesen herauszugeben.[33] Einen Anspruch auf das „zu viel Gezahlte", d. h. die oben dargelegte „Minderung" durch *c. i. c.,* kann er ohne weiteres gegen den Dritten geltend machen. 543

6. Abschnitt. Sonstige Leistungsstörungen

§ 41. Der Gläubigerverzug (§§ 293ff.)

Literatur: *Canaris,* Gläubigerverzug und Unmöglichkeit, FS Prölss, 2009, 21; *Grunewald,* Der Umfang der Haftungsmilderung für den Schuldner im Annahmeverzug des Gläubigers, FS Canaris, Bd. I, 2007, 329; *Hönn,* Zur Dogmatik der Risikotragung im Gläubigerverzug bei Gattungsschulden, AcP 177 (1977) 385; *Hüffer,* Leistungsstörungen durch Gläubigerhandeln, 1976; *Oertmann,* Leistungsunmöglichkeit und Annahmeverzug, AcP 116 (1918) 1; *Schünemann/Schacke,* Der Annahmeverzug, JuS 1992, L 1; *Wertheimer,* Der Gläubigerverzug im System der Leistungsstörungen, JuS 1993, 646.

I. Voraussetzungen

Gläubigerverzug (Annahmeverzug) ist die Nichtannahme der ordnungsgemäß angebotenen, noch möglichen Leistung durch den Gläubiger. Wichtigstes Charakteristikum ist in Abgrenzung zum Schuldnerverzug, dass Gläubigerverzug weder eine Pflichtverletzung seitens des Gläubigers (d. h. eine echte Verpflichtung zur Annahme der angebotenen Leistung) noch Vertretenmüssen voraussetzt. Gläubigerverzug ist damit eine sog. **Obliegenheitsverletzung** (zum Begriff s. o. Rn. 115): Es besteht grundsätzlich keine einklagbare Verpflichtung zur Annahme der Leistung, deren Nichtannahme hat aber nachteilige Folgen für den Gläubiger. Besteht ausnahmsweise eine echte (gesetzliche oder vertragliche) **Rechtspflicht** zur Annahme der Leistung (so etwa in Bezug auf die Abnahmepflicht des Käufers sowie des Bestellers, §§ 433 II, 640 I, auch aus § 241 II können sich echte **Mitwirkungspflichten** ergeben), so können Schuldner- und Gläubigerverzug zugleich vorliegen. 544

1. Notwendigkeit der Mitwirkung des Gläubigers

Manche Leistungen kann der Schuldner ohne jede Mitwirkung des Gläubigers erbringen, z. B. die Befolgung eines Wettbewerbsverbots. Dann ist Gläubigerverzug nicht denkbar. 545

Dagegen ist der Schuldner in den weitaus meisten Fällen auf eine Mitwirkung des Gläubigers angewiesen: Bei der Übereignung einer beweglichen Sache muss der Gläubiger den Besitz annehmen und an der dinglichen Einigung mitwirken (§ 929). Bei der Übereignung von Grundstücken bedarf es seiner Mitwirkung zur Auflassung und

[33] *BGH* NJW-RR 2009, 603 (zur Pflichtverletzung aus einem Beratungsvertrag).

regelmäßig auch zur Eintragung (§ 925). Bei vielen Werkleistungen muss der Gläubiger dem Schuldner erst die Möglichkeit zur Erfüllung eröffnen, z. B. ihm die zu transportierende Ware geben oder ihn an die zu reparierende Maschine heranlassen. Ähnlich verhält es sich bei an der Person des Gläubigers zu verrichtenden Dienstleistungen (z. B. Unterricht, ärztliche Behandlung). Bei solchen Leistungen mit nötiger Mitwirkung des Gläubigers ist eine Leistungsstörung dadurch denkbar, dass das Ausbleiben dieser Mitwirkung schon die Leistungshandlung des Schuldners oder doch das für die Erfüllung erforderliche „Bewirken" der Leistung (§ 362 I) verhindert. Dann spricht man von **Gläubigerverzug.**

2. Erfüllbarkeit

546 Gläubigerverzug kommt erst in Betracht, wenn der Schuldner erfüllen darf, also **Erfüllbarkeit** eingetreten ist. Sie liegt nach § 271 II im Zweifel sofort vor (vgl. o. Rn. 166ff.).[1] Doch gilt nach § 299 eine Sonderregelung für den Fall, dass die Leistungszeit unbestimmt oder der Schuldner zu vorzeitiger Leistung berechtigt ist: Dann soll der Gläubiger durch eine bloß **vorübergehende Annahmeverhinderung** nicht in Verzug kommen, wenn der Schuldner ihm die Leistung nicht angemessene Zeit vorher angekündigt hat. Denn eine dauernde Annahmebereitschaft ist dem Gläubiger regelmäßig nicht zumutbar.

Beispiel: K hat beim Möbelhaus V Möbel bestellt, die „im Laufe der übernächsten Woche" geliefert werden sollen. Hier braucht K nicht während dieser ganzen Woche zu Hause zu bleiben, sondern kann die Mitteilung eines genaueren Liefertermins durch V abwarten. § 299 wäre weiter dann anwendbar, wenn V zwar einen bestimmten Liefertermin angegeben hätte, aber schon vorher gekommen wäre.

3. Ordnungsgemäßes Leistungsangebot

547 Nach § 294 muss die Leistung dem Gläubiger so angeboten werden, wie sie zu bewirken ist. Das bedeutet ein **ordnungsgemäßes Angebot:** Die Leistung muss regelmäßig (quantitativ und qualitativ) **vollständig** sein (§ 266, vgl. o. Rn. 147ff.) und darf nicht unter**Vorbehalt der Rückforderung** angeboten werden, sofern dieser die Erfüllungswirkung ausschließen würde (s. dazu o. Rn. 258).[2]

Weiter muss sie am **richtigen Ort** angeboten werden (vgl. o. Rn. 156ff.). Schließlich muss die Leistung auch den Anforderungen von **Treu und Glauben** entsprechen (vgl. o. Rn. 128ff.): So darf die Leistung regelmäßig nicht nachts oder unter Beschimpfungen des Gläubigers angeboten werden. Was zum Angebot im Einzelnen nötig ist, entscheidet sich nach der Art des Schuldverhältnisses und dem Verhalten des Gläubigers.

a) Tatsächliches Angebot

548 Als Regel verlangt § 294 das **tatsächliche Angebot.** Dabei denkt das Gesetz an die Bring- und die Schickschuld (vgl. o. Rn. 156), weil die Holschuld in § 295 noch besonders erwähnt wird (dazu sogleich Rn. 549). Der Schuldner muss bei der Bringschuld die Sache zum Gläubiger transportieren. Bei der Schickschuld genügt nicht schon die Absendung, sondern die Sache muss beim Gläubiger ankommen: Erst dann kann ja der Gläubiger über die Annahme entscheiden. Verzögerungen auf dem Transport bewirken also keinen Annahmeverzug.

---

[1] Zur Bedeutung eines „unverbindlichen Liefertermins" s. aber *BGH* NJW 2007, 1198.
[2] *BGH* NJW 2012, 1717 Rn. 7.

Das Angebot selbst muss so beschaffen sein, dass „der Gläubiger nichts weiter zu tun braucht, als zuzugreifen und die angebotene Leistung anzunehmen".[3] Dafür muss er regelmäßig von dem Angebot erfahren: Es genügt etwa nicht, wenn der Schuldner das geschuldete Geld nur bei sich trägt, ohne seine Zahlungsbereitschaft kundzutun.[4] Bloß wenn der Gläubiger nicht anwesend ist und auch § 299 nicht entgegensteht (vgl. o. Rn. 546), kann der Gläubiger in Verzug geraten, ohne von dem Angebot erfahren zu haben.

b) Wörtliches Angebot

Nach § 295 genügt in zwei Fallgruppen schon ein **wörtliches Angebot:** Erstens wenn 549
der Gläubiger erklärt, er werde die Leistung nicht annehmen (z. B. weil er die Gültigkeit des Vertrags bestreitet oder die Leistung für mangelhaft hält). Hier wäre es eine unnötige Belastung des Schuldners, wenn dieser die Leistung noch tatsächlich anbieten sollte. Gleich steht der Fall, dass der Gläubiger zwar die Leistung anzunehmen bereit ist, aber die **Gegenleistung** verweigert (§ 298 würde hier nicht weiterhelfen, weil dort ein tatsächliches Angebot vorausgesetzt wird, s. Rn. 552).[5] Und zweitens nennt § 295 die Fälle, in denen es einer Mitwirkungshandlung des Gläubigers bedarf. Hierhin gehört insbesondere das Holen bei der Holschuld, aber z. B. auch die Ausübung eines Wahlrechts nach §§ 262ff. oder die Bezifferung der geschuldeten Geldsumme durch eine Rechnung. Nach § 295 S. 2 steht hier dem wörtlichen Leistungsangebot die Aufforderung an den Gläubiger gleich, die erforderliche Mitwirkungshandlung vorzunehmen, z. B. die Rechnung zu schicken.

c) Entbehrlichkeit des Angebots

Nach § 296 ist unter bestimmten Voraussetzungen sogar das **wörtliche Angebot un-** 550
nötig, wenn für die Mitwirkungshandlung des Gläubigers eine Zeit nach dem Kalender bestimmt ist oder sich von einem Ereignis ab nach dem Kalender berechnen lässt. Wenn also etwa der Gläubiger die ihm geschuldete Sache innerhalb von zwei Wochen seit einer Benachrichtigung abzuholen hat, kommt er mit dem Ablauf des sich hiernach ergebenden Tages ohne weiteres in Verzug.

Vereinzelt werden dem § 296 auch Fälle der ersten Alternative des § 295 unterstellt, vor allem solche aus dem Arbeitsrecht: Wenn der Arbeitgeber kategorisch erklärt, den Arbeitnehmer nicht weiter beschäftigen zu wollen, kann ein wörtliches Angebot nach Treu und Glauben entbehrlich sein; Gleiches gilt bei fristloser Kündigung durch den Arbeitgeber.[6] S. auch PdW Schuldrecht I **Fall 84.**

4. Möglichkeit der Leistung

Dass der Schuldner zur Leistung imstande sein muss, ergibt sich von selbst, wenn ein 551
tatsächliches Angebot nötig ist (§ 294): Schon dieses würde ja an einem Leistungsunvermögen des Schuldners scheitern (z. B. kann er die geschuldete Sache nicht anbieten, wenn er sie nicht hat). Aber auch wo ein wörtliches Angebot genügt (§ 295) oder sogar dieses unnötig ist (§ 296), muss der Schuldner nach § 297 zur Leistung vermögend sein: Bei der Holschuld z. B. genügt also die Aufforderung an den Gläubiger zur

[3] RGZ 85, 415, 416; *BGH* NJW 2011, 224 Rn. 9.
[4] RGZ a. a. O.
[5] *BGH* NJW 1997, 581.
[6] *BAG* NJW 1985, 935.

Abholung der Sache nicht, wenn diese nicht wirklich bereit liegt. Dabei meint § 297 das Leistungsvermögen des Schuldners gerade im Zeitpunkt des Angebots oder – bei § 296 – des Leistungstermins.

5. Nichtannahme der Leistung oder Verweigerung der Gegenleistung

552 Schließlich setzt der Gläubigerverzug voraus, dass der Gläubiger die ihm angebotene Leistung **nicht annimmt** oder die nötige Mitwirkungshandlung nicht vornimmt, also z. B. die geschuldete Sache nicht abholt. Ob der Gläubiger hierzu verpflichtet ist oder sein Verhalten zu vertreten hat, ist dabei irrelevant (der Gläubiger braucht ja auch aus dem Gesichtspunkt des Gläubigerverzugs keinen Schadensersatz zu leisten, vgl. u. Rn. 558). Nur bei einer kurzzeitigen Annahmeverhinderung wird der Gläubigerverzug unter den weiteren Voraussetzungen des § 299 ausgeschlossen (vgl. o. Rn. 546).

§ 298 stellt der Nichtannahme der Leistung den Fall gleich, dass der Gläubiger die Leistung zwar annehmen will, aber eine von ihm Zug um Zug geschuldete Gegenleistung nicht anbietet. Zu denken ist dabei insbesondere an die Gegenleistung im Rahmen eines gegenseitigen Vertrags: Der Käufer etwa will zwar die Kaufsache annehmen, will oder kann jedoch – ohne dass eine Vorleistungspflicht des Verkäufers vereinbart wäre – den Preis nicht bezahlen. Aber § 298 betrifft nicht bloß solche Gegenleistungen, sondern jede andere Zug um Zug zu erbringende Leistung auch beim nicht gegenseitigen Vertrag, wie z. B. den Aufwendungsersatz beim Auftrag (§§ 670, 273).

II. Rechtsfolgen

1. Haftungsmilderungen

a) Keine Haftung für einfache Fahrlässigkeit

553 Der Gläubigerverzug allein beendet die Leistungspflicht des Schuldners nicht; das kann erst eine während des Gläubigerverzugs eintretende Unmöglichkeit (§ 275 I). Auch der Leistungsinhalt wird grundsätzlich nicht modifiziert. So wird etwa eine Bringschuld nicht dadurch zur Holschuld, dass der Schuldner einen vergeblichen Leistungsversuch beim Gläubiger gemacht hat (s. PdW Schuldrecht I **Fall 85**). Wohl aber braucht der Schuldner nur noch **geringere Sorgfalt** für die Erhaltung seiner Leistungsfähigkeit aufzuwenden: Nach § 300 I hat er nur noch **Vorsatz** und grobe **Fahrlässigkeit** zu vertreten. Der Verkäufer etwa schuldet auch dann keinen Schadensersatz statt der Leistung nach §§ 280 I, III, 283 wenn er die Kaufsache nach dem erfolglosen Angebot an den Käufer leicht fahrlässig zerstört. Die Haftungsmilderung gilt nur für die Verletzung von **Leistungspflichten,** d. h. für die Zerstörung oder Beschädigung des Leistungsgegenstandes. Sie erstreckt sich aber nicht auf die Verletzung von Nebenpflichten (§ 241 II), die nicht mit dem Leistungsgegenstand zusammenhängen.[7]

b) Kein Ersatz nicht gezogener Nutzungen, keine Verzinsung

554 Wenn der Schuldner die **Herausgabe** oder den **Ersatz von Nutzungen** schuldet, haftet er während des Verzugs nur noch wegen der wirklich gezogenen Nutzungen, § 302. Der Schuldner haftet also über § 300 I hinaus selbst dann nicht (etwa nach § 347 I), wenn er die Gewinnung der Nutzungen vorsätzlich oder grob fahrlässig unterlassen hat. Dem entspricht bei der Geldschuld, dass nach § 301 mit dem Gläubigerverzug die **Verzinsungspflicht** endet.

[7] S. *Grunewald,* FS Canaris, 2007, 329, 332; zustimmend *Harke,* AT, Rn. 205.

c) Recht zur Besitzaufgabe

Bei Grundstücken, eingetragenen Schiffen und Schiffsbauwerken darf der Schuldner gem. § 303 auch den **Besitz aufgeben,** nachdem er es dem Gläubiger angedroht hat, soweit das möglich war (s. PdW Schuldrecht I **Fall 88**). Bei beweglichen Sachen fehlt ein entsprechendes Recht, weil hier eine Unterschlagung durch Dritte zu befürchten wäre; stattdessen kommen **Hinterlegung** oder **Selbsthilfeverkauf** in Betracht, §§ 372ff. (vgl. o. Rn. 282ff.). 555

2. Gefahrübergang

a) Leistungsgefahr

Nach § 300 II geht bei der Gattungsschuld mit dem Gläubigerverzug „die Gefahr auf den Gläubiger über". Diese Vorschrift kann nur die **Leistungsgefahr** (oben Rn. 418) meinen. Denn die Regelung der **Gegenleistungsgefahr** gehört systematisch nicht in die Vorschriften über das einseitige Schuldverhältnis, sondern zu den §§ 320ff.; sie ist dort auch in den §§ 323 VI, 326 II enthalten (vgl. u. Rn. 557). 556

Eine Regelung für die Leistungsgefahr bei der **Gattungsschuld** findet sich aber schon in § 243 II (vgl. o. Rn. 198): Diese Gefahr geht mit der Konkretisierung auf den Gläubiger über. Und regelmäßig muss der Schuldner für das den Gläubigerverzug begründende Angebot mindestens das zur Leistung seinerseits Erforderliche tun, also genau das, was § 243 II für die Konkretisierung verlangt (vgl. o. Rn. 195ff.). Daher erlangt § 300 II neben § 243 II **nur in zwei Fallgruppen** Bedeutung: Die erste ergibt sich aus **§ 295 S. 1.** Denn dadurch, dass der Gläubiger die Annahme verweigert, wird eine Bring- oder Schickschuld noch nicht zur Holschuld. Folglich kann der Schuldner hier durch sein wörtliches Angebot Gläubigerverzug herbeiführen, ohne nach § 243 II alles zur Leistung seinerseits Erforderliche getan zu haben (s. PdW Schuldrecht I **Fälle 86, 103**). Und die zweite Fallgruppe betrifft die **Geldschuld:** Für sie gilt § 243 II zumindest wegen § 270 I nicht. Aber man kann § 300 II entsprechend anwenden.[8] Danach wird der Geldschuldner z. B. frei, wenn ihm das für die Zahlung bestimmte Geld nach dem vergeblichen Angebot auf dem Heimweg geraubt wird.

b) Gegenleistungsgefahr

Bei einem gegenseitigen Vertrag geht aber nach §§ 326 II 1 Alt. 2, 323 VI Alt. 2 auch die **Gegenleistungsgefahr** (oben Rn. 429) auf den Gläubiger über: Geht der Leistungsgegenstand während des Annahmeverzugs unter, ohne dass der Schuldner dies zu vertreten hat, bleibt sein Anspruch auf die Gegenleistung nach Maßgabe von § 326 II 1 Alt. 2 (d. h. unter Anrechnung evtl. ersparter Aufwendungen) erhalten. 557

Das gilt aber nur, wenn nicht bereits **vor** dem Erfüllungsversuch des Schuldners Unmöglichkeit (§ 275 I) eingetreten war. Dann kann Annahmeverzug nicht mehr eintreten: Der Anspruch auf die Gegenleistung fällt nach § 326 I 1 weg, sofern nicht ein Fall von § 326 II 1 Alt. 1 (überwiegende Verantwortlichkeit des Gl.) vorliegt (dazu o. Rn. 437ff.).[9] Bei **Gleichzeitigkeit** von Unmöglichkeit und Annahmeverzug, die vor allem bei absoluten Fixgeschäften vorstellbar ist (der Theaterbesucher erscheint zur Vorstellung nicht), geht die h. M. hingegen von Annahmeverzug aus und wendet § 326 II 1 Alt. 2 an.[10]

---

[8] *Larenz,* SAT, § 25 II b (397).

[9] S. *Canaris,* FS Prölss, 2009, 24 m.w.N.

[10] Kritisch, wenngleich im Ergebnis nicht abweichend *Canaris,* FS Prölss, 2009, 26f.

Bei § 326 II 1 Alt. 2 ist zusätzlich die erwähnte Haftungsmilderung nach § 300 I zu beachten: Da der Schuldner während Verzugs des Gläubigers für einfache Fahrlässigkeit nicht haftet, ist die Voraussetzung des fehlenden Vertretenmüssens durch den Schuldner auch dann erfüllt, wenn der Leistungsgegenstand aufgrund (einfacher) Fahrlässigkeit des Schuldners untergeht.

Beispiel: (s. auch PdW Schuldrecht I **Fälle 23, 86**): V hat für 4.000,– € einen gebrauchten Pkw an K verkauft. Als V den Wagen nach Voranmeldung (§ 299!) zu K bringt, versucht dieser, noch eine Preisminderung herauszuhandeln und weigert sich, die vollen 4.000,– € zu zahlen (§§ 298, 266). Daraufhin nimmt V den Wagen wieder mit. Auf der Rückfahrt kommt es durch leichte Fahrlässigkeit des V zu einem Unfall, bei dem der Wagen zerstört wird: V ist nach § 275 I frei, K muss nach § 326 II Alt. 2, 300 I noch die vereinbarten 4.000,– € zahlen. Ein Rücktrittsrecht nach § 326 V ist gem. § 323 VI Alt. 2 ausgeschlossen.

3. Ersatz von Mehraufwendungen

558 Nach § 304 schließlich kann der Schuldner den Ersatz der Mehraufwendungen verlangen, die er für das erfolglose Angebot und die Aufbewahrung und Erhaltung des Schuldgegenstandes machen musste (s. PdW Schuldrecht I **Fall 85**). Nicht hierhin gehören aber Schäden, etwa der entgangene Gewinn, den der Schuldner durch eine Vermietung der nun für die weitere Aufbewahrung benötigten Räume hätte machen können. Solcher Schadensersatz kommt aber nach den §§ 280 I, II, 286 in Betracht, soweit sich der Gläubiger **zugleich im Schuldnerverzug** befindet. Daran ist vor allem beim Käufer zu denken, der ja nicht bloß nach § 433 I die Übergabe der Kaufsache fordern kann (also insoweit Gläubiger ist), sondern auch nach § 433 II deren Abnahme schuldet (vgl. BT Rn. 39). Freilich muss, damit Schuldnerverzug und folglich eine Schadensersatzpflicht des Käufers eintreten, dieser die Nichtabnahme zu vertreten haben (§ 286 IV).

Eine ähnliche Doppelrolle spielt beim **Werkvertrag** der Besteller, weil er nicht bloß die Herstellung des Werks verlangen kann, sondern auch nach § 640 I zur Abnahme verpflichtet ist. Zudem findet sich hier in § 642 eine Sonderregelung für das Unterlassen von Mitwirkungshandlungen des Bestellers; vgl. BT Rn. 381. Gleiches gilt beim **Dienstvertrag** im Annahmeverzug des Dienstberechtigten: Nach § 615 kann der Verpflichtete für die infolge des Verzugs nicht geleisteten Dienste die vereinbarte Vergütung verlangen, ohne zur Nachleistung verpflichtet zu sein. Diese Regelungen ergänzen § 326 II 1 Alt. 2, weil bei Werk- oder Dienstverträgen zumindest nicht zwingend Unmöglichkeit nach § 275 I eintritt, wenn die Leistung nachholbar ist (s. dazu PdW Schuldrecht I **Fälle 84, 87;** zum Fixschuldcharakter von Arbeitsleistungen s. aber o. Rn. 411).

4. Die Bedeutung des Annahmeverzugs in der Zwangsvollstreckung

559 Verlangt ein Gläubiger aus seinem Vertrag eine Leistung, so kommt der Schuldner erst dann in Schuldnerverzug, wenn der Gläubiger ihm die seinerseits geschuldete Leistung in Annahmeverzug begründender Weise anbietet (s. dazu oben Rn. 463). In einem Rechtsstreit führt die Klage des Gläubigers aus einem gegenseitigen Vertrag nach § 322 I zu einer Verurteilung zur Leistung Zug-um-Zug gegen Erbringung der noch nicht erbrachten Gegenleistung (dazu oben Rn. 243). Im Wege der Zwangsvollstreckung kann er ein solches Urteil nach § 322 III i. V. m. § 274 II aber auch durchsetzen, wenn der Schuldner mit der Annahme der Gegenleistung im Verzug ist. Nach § 756, 765 ZPO darf ein Vollstreckungsorgan (Gerichtsvollzieher bzw. Vollstre-

ckungsgericht) Vollstreckungshandlungen u. a. dann vornehmen, wenn der Beweis des Annahmeverzugs durch eine **öffentliche Urkunde** geführt wird. Aus Zweckmäßigkeitsgründen lässt die Rspr. daher in einem Leistungsurteil auch die Feststellung zu, dass sich der beklagte Schuldner im Annahmeverzug befindet, obwohl der Annahmeverzug als solcher (wie auch der Schuldnerverzug) an sich kein „Rechtsverhältnis" i. S. v. § 256 ZPO darstellt und somit nicht Gegenstand einer isolierten Feststellungsklage sein kann.[11] Das Vorliegen von Annahmeverzug kann dann im Urteilstenor festgehalten werden. Ausreichend ist aber auch, dass sich das Vorliegen von Annahmeverzug ausdrücklich aus den Urteilsgründen ergibt.

§ 42. Störungen der Geschäftsgrundlage

Literatur: *Eidenmüller,* Der Spinnerei-Fall: Die Lehre von der Geschäftsgrundlage nach der Rechtsprechung des Reichsgerichts und im Lichte der Schuldrechtsmodernisierung, Jura 2001, 824; *Heinrichs,* Vertragsanpassung bei Störung der Geschäftsgrundlage – eine Skizze der Anspruchslösung des § 313 BGB, FS Heldrich, 2005, 183; *Köhler,* Die Lehre von der Geschäftsgrundlage als Lehre von der Risikobefreiung, in: 50 Jahre Bundesgerichtshof, Festgabe aus der Wissenschaft, Bd. 1, 2000, 295; *Oertmann,* Die Geschäftsgrundlage – Ein neuer Rechtsbegriff, 1921; *Riesenhuber/Domröse,* Der Tatbestand der Geschäftsgrundlagenstörung in § 313 BGB – Dogmatik und Falllösungstechnik, JuS 2006, 208; *Rösler,* Grundfälle zur Störung der Geschäftsgrundlage, JuS 2004, 1058; 2005, 27; 2005, 120; *ders.,* Störung der Geschäftsgrundlage nach der Schuldrechtsreform, ZGS 2003, 283; *Schlüter,* Leistungsbefreiung bei Leistungserschwerungen, ZGS 2003, 346; *Schmidt-Kessel/Baldus,* Prozessuale Behandlung des Wegfalls der Geschäftsgrundlage nach neuem Recht, NJW 2002, 2076; *Wieser,* Der Anspruch auf Vertragsanpassung wegen Störung der Geschäftsgrundlage, JZ 2004, 654.

I. Das Problem

Parteien eines vertraglichen Schuldverhältnisses gehen, wenn sie einen Vertrag schlie- 560
ßen, häufig so selbstverständlich vom Vorliegen oder Nichtvorliegen oder vom Eintritt oder Nichteintritt bestimmter, für ihren Vertragsentschluss bedeutender Umstände aus, dass sie diese nicht ausdrücklich vereinbaren. Fallen diese Umstände weg oder treten sie nicht ein, kann dies das von den Parteien vorausgesetzte Verhältnis von Leistung und Gegenleistung in einem **das übliche Vertragsrisiko übersteigenden Maß** stören. Vor dem Hintergrund der gravierenden Auswirkungen der Weltwirtschaftskrise des Jahres 1923 hat schon das Reichsgericht in diesem Zusammenhang die von *Oertmann* (Die Geschäftsgrundlage, 1921) begründete Lehre von der Geschäftsgrundlage übernommen.[1] Anlass war die schwere Äquivalenzstörung, welche gegenseitige Verträge durch die rasante Geldentwertung erfahren hatten: Wer z. B. vor der Weltwirtschaftskrise einen Betrag von 20 000 Reichsmark schuldete, verschaffte in der Krise seinem Gläubiger durch die Leistung dieses Betrages einen nur noch lächerlichen Gegenwert.[2] Das RG stützte das Rechtsinstitut auf § 242. Die Parteien seien primär zu einer Anpassung des Vertrags verpflichtet, hilfsweise sei ein Rücktrittsrecht zu gewähren.

Auch der BGH hat an der Lehre von der Geschäftsgrundlage festgehalten, als er über die wirtschaftlichen Folgen des zweiten Weltkriegs und der Währungsreform 1948[3] und schließlich auch der Wirtschafts- und Währungsumstellung im Rahmen der deut-

---

[11] *BGH* NJW 2000, 2663.

[1] Grundlegend RGZ 103, 332 im *Spinnerei-Fall,* s. dazu *Eidenmüller,* Jura 2001, 824.

[2] Zur Entwicklung s. auch *Köhler,* FG BGH, Bd. 1, 2000, 295.

[3] Z. B. *BGH* NJW 1951, 836; 1952, 137.

schen Wiedervereinigung 1989/1990 zu entscheiden hatte.[4] Aber auch in wirtschaftlich stabileren Zeiten fanden sich zahlreiche Anwendungsfälle, anhand derer die Lehre von der Geschäftsgrundlage zu einem allgemeinen Rechtsinstitut für die Anpassung von (typischerweise langfristigen) Verträgen an geänderte Verhältnisse entwickelt wurde.

Während das ursprüngliche Anwendungsfeld vor allem bei den schwerwiegenden Äquivalenzstörungen lag, bei denen sich durch unvorhergesehene Umstände das von den Parteien im Vertrag vorgesehene Verhältnis von Leistung und Gegenleistung erheblich verändert hatte, wurde die Lehre von der Geschäftsgrundlage später auch in weiteren Konstellationen fruchtbar gemacht: So kam dem Institut beispielsweise bei der Rückabwicklung der sog. unbenannten oder ehebedingten Zuwendungen unter Ehegatten oder nichtehelichen Lebenspartnern[5], bei Unterhaltsverträgen[6] und schließlich auch bei der mangelbedingten Rückabwicklung von Leasingverträgen[7] besondere Bedeutung zu.

Die Rechtsprechung zur Geschäftsgrundlage lässt sich im Wesentlichen in drei Fallgruppen erfassen: **Äquivalenzstörungen** (dazu zählen insbesondere auch Leistungserschwerungen), **Verwendungszweckstörungen** und **gemeinsame Motivirrtümer** beider Parteien.

In der **Literatur** war die genaue Ausgestaltung der Lehre von der Geschäftsgrundlage sehr umstritten.[8] Einigkeit bestand allerdings bezüglich der grundsätzlichen Billigung dieses – ohnehin sehr restriktiv gehandhabten – Rechtsinstituts, das ohne unnötig große Gefährdung des Grundsatzes *pacta sunt servanda* die Anpassung von Verträgen an das von den Parteien wirklich gewollte Äquivalenzverhältnis ermöglicht und damit letztlich die materielle Vertragsgerechtigkeit sichert.

II. Die gesetzliche Regelung in § 313

561 Der Gesetzgeber des Schuldrechtsmodernisierungsgesetzes hat in seinem Bestreben, allgemein anerkannte, aber gesetzlich nicht ausdrücklich geregelte Rechtsgrundsätze des Schuldrechts einer gesetzlichen Regelung zuzuführen, die Lehre von der Geschäftsgrundlage in § 313 kodifiziert, ohne dabei eine Änderung des bisherigen Rechtszustands zu beabsichtigen. Für die Auslegung von § 313 kann und muss daher ohne weiteres auch auf die frühere Rechtsprechung und Lehre zur Geschäftsgrundlage zurückgegriffen werden.

1. Anwendungsbereich und Abgrenzung

562 Die in § 313 niedergelegten Regeln über die Geschäftsgrundlage gelten grundsätzlich für alle schuldrechtlichen Verträge. Bei gesetzlichen Schuldverhältnissen kann es, da sie nicht auf dem Parteiwillen beruhen, keine „Geschäftsgrundlage" geben. § 313 greift jedoch nur dann ein, wenn (ggf. durch ergänzende Auslegung zu ermittelnde)

[4] Z. B. BGHZ 131, 209; 133, 281.

[5] Grundlegend *BGH* NJW 1972, 580; BGHZ 82, 227; 84, 361; zu den nichtehelichen Lebensgemeinschaften s. BGHZ 177, 193.

[6] BGHZ 5, 302; *BGH* FamRZ 1979, 210; NJW 1983, 1548.

[7] BGHZ 81, 298; 94, 44; 109, 139.

[8] S. die beeindruckende Zusammenstellung von 56 Theorien (!) bei *Chiotellis,* Rechtsfolgenbestimmung bei Geschäftsgrundlagenstörungen, 1981, 29 ff.

vertragliche oder gesetzliche Regelungen (z. B. hinsichtlich Unmöglichkeit, Mängelhaftung, Irrtum) die betreffende Vertragsstörung in Tatbestand oder Rechtsfolge nicht oder nicht ausreichend erfassen.[9] Als spezielle Tatbestände der Geschäftsgrundlage kann man etwa § 321 (Unsicherheitseinrede), § 779 (Irrtum über die Vergleichsgrundlage) oder die Kondiktion wegen Zweckverfehlung nach § 812 I 2 Alt. 2 bezeichnen. Das Rechtsinstitut hat also **subsidiären Charakter.**

§ 313 regelt in Abs. 1 zunächst die **objektive Geschäftsgrundlage** (Rn. 564) und stellt ihr in Abs. 2 die **subjektive Geschäftsgrundlage** (Rn. 566) gleich.

2. Begriff

Die Geschäftsgrundlage ist zu unterscheiden vom **Vertragsinhalt** einerseits und vom bloß einseitigen (und daher unerheblichen) **Motiv** andererseits. Die Rspr. definiert die Geschäftsgrundlage demzufolge als „die bei Vertragsschluss bestehenden gemeinsamen Vorstellungen beider Parteien oder die dem Geschäftsgegner erkennbaren und von ihm nicht beanstandeten Vorstellungen der einen Vertragspartei von dem Vorhandensein oder dem künftigen Eintritt gewisser Umstände, sofern der Geschäftswille der Parteien auf dieser Vorstellung aufbaut“.[10] Dies findet sich in § 313 I wieder, wenn dort von „Umständen“ die Rede ist, welche „Grundlage des Vertrags geworden sind“ und „die Parteien den Vertrag nicht oder mit anderem Inhalt geschlossen“ hätten, „wenn sie diese Veränderung vorausgesehen hätten“. § 313 II stellt den Fall des anfänglichen Fehlens der Geschäftsgrundlage dem späteren Wegfall gleich.[11] 563

a) Objektive Geschäftsgrundlage

Unter der **objektiven Geschäftsgrundlage** wird jeder Umstand verstanden, dessen Vorhandensein oder Fortdauer objektiv erforderlich ist, damit der Vertrag im Sinne der Intentionen beider Parteien noch als eine sinnvolle Regelung bestehen kann. Hier kann es einmal um das aus dem Gefüge geratene Verhältnis von Leistung und Gegenleistung gehen **(Äquivalenzstörung).** 564

S. etwa BGHZ 97, 171, 175 ff.: Geldwertschwund von über 60 % bei einem über 50 Jahre bestellten Erbbaurecht.

Diese Fälle unterscheiden sich von den Leistungsverweigerungsfällen des § 275 II dadurch, dass es gerade nicht zu dem dort vorausgesetzten Missverhältnis zwischen Schuldneraufwand und Gläubigerinteresse kommt. Das Missverhältnis besteht vielmehr allein zwischen Aufwand des Schuldners und dessen *eigenem* Nutzen (s. dazu das Abgrenzungsbeispiel bei Rn. 415), es geht also allein um das Eigeninteresse des Schuldners.[12]

Zur objektiven Geschäftsgrundlage gehören aber auch die Fälle der **Störung des vorgesehenen Verwendungszwecks** der Vertragsleistung **(„Zweckvereitelung“),** welche den Fällen der Unmöglichkeit der Leistung nach § 275 I gelegentlich nahe kommen können. Für diese Fallgruppe ist charakteristisch, dass die eigentlich geschuldete Leis- 565

[9] Vgl. *BGH* WM 1969, 498; zum Vorrang ergänzender Vertragsauslegung s. auch *BGH* NJW 2009, 1348.
[10] Vgl. etwa *BGH* NJW 2012, 1718 Rn. 26; BGHZ 163, 42.
[11] S. *Rösler,* JuS 2004, 1058; *ders.,* JuS 2005, 27.
[12] *Rösler,* JuS 2004, 1058, 1060.

tung zwar noch zu erbringen ist, für den Gläubiger aber sinnlos geworden ist, weil der von ihm verfolgte (entferntere, nicht im Vertrag festgelegte) Leistungszweck nicht erreicht werden kann. Auch hier gilt der Grundsatz, dass der Gläubiger das Verwendungsrisiko trägt, sofern es ihm nicht gelingt, dieses z. B. im Wege einer Bedingung oder eines vertraglichen Rücktrittsrechts zum Gegenstand des Vertrags zu machen: Der Mieter trägt das Risiko, die Mietsache verwenden zu können, der Käufer eines Pkw trägt das Risiko, das Fahrzeug wegen eines Führerscheinentzugs nicht nutzen zu können, der Käufer eines Eherings das Risiko, dass es nicht zur erwarteten Eheschließung kommt. Nur in Ausnahmefällen kann der Verwendungszweck zur (gemeinsamen) Geschäftsgrundlage werden. Dafür genügt aber nicht, dass der Verwendungszweck der anderen Partei lediglich mitgeteilt wird oder anders bekannt ist; vielmehr muss sich die andere Seite den Zweck ebenfalls zu eigen gemacht haben. Dies ist insbesondere dann der Fall, wenn der Zweck bei der Preisbemessung berücksichtigt wurde.

Paradebeispiel für eine ausnahmsweise beachtliche Verwendungszweckstörung sind die aus dem englischen Recht stammenden *Krönungszugfälle:* Für die am 26. Juni 1902 geplante Krönung von König *Edward VII* (der Urgroßvater der derzeitigen Königin *Elizabeth II,* der am 22.1.1901 seiner Mutter Königin *Victoria* auf den englischen Thron gefolgt war) war ein Platz an einem Fenster zu derjenigen Straße vermietet, auf welcher der feierliche Krönungszug passieren sollte. Die Krönung fiel indessen an diesem Tag aus (der König war an einer Blinddarmentzündung erkrankt).[13] Das Stattfinden des Krönungszugs war für die Parteien so selbstverständlich, dass sie es nicht (was zuvor im Wege der Auslegung zu ermitteln ist) zur aufschiebenden oder auflösenden Bedingung (§ 158) des Vertrags gemacht haben. Da die Parteien diesen Zweck aber einverständlich unterstellt hatten, ist in diesem Fall das Verwendungsrisiko ausnahmsweise auch vom Vermieter zu tragen, so dass der Mieter ein Rücktrittsrecht nach § 313 III hat. Die Lösung dieses Falles ist freilich stark umstritten. Manche möchten ihn über Unmöglichkeitsrecht (§§ 275 I, 326 I 1), andere über das mietrechtliche Gewährleistungsrecht (§ 536) lösen.[14] Unmöglichkeit i. S. v. § 275 I liegt indessen nur vor, wenn die Verwirklichung eines bestimmten Zwecks Inhalt der vom Schuldner versprochenen Leistung ist (Zweckerreichung, s. Rn. 405); und auch das Gewährleistungsrecht greift nicht ein, weil § 536 erst ab Überlassung der Mietsache gilt.

Einen Fall der Zweckvereitelung behandelt auch *BGH* NJW 1976, 565:[15] Nach dem Transfer eines Fußballbundesligaspielers stellte sich heraus, dass dieser in einen Bestechungsskandal verwickelt war. Er wurde daraufhin vom Fußballverband gesperrt und war beim neuen Verein nicht spielberechtigt. Der BGH verneinte einen Anspruch des abgebenden Vereins auf Zahlung der Transfersumme wegen einer Störung der Geschäftsgrundlage.

b) Subjektive Geschäftsgrundlage

566 Unter der **subjektiven Geschäftsgrundlage** werden solche gemeinsamen Vorstellungen der Parteien oder erkennbare und unwidersprochene Erwartungen einer Partei verstanden, die für den Vertragsschluss so maßgeblich waren, dass bei Kenntnis von ihrer Unrichtigkeit der Vertrag nicht oder nicht mit diesem Inhalt zustande gekommen wäre (Fälle des **„gemeinsamen Motivirrtums"**).

S. etwa BGHZ 163, 42: Abschluss eines für den Patienten unentgeltlichen ärztlichen Behandlungsvertrags unter beiderseitiger irriger Annahme des Bestehens eines Krankenversicherungsschutzes; *BGH* NJW-RR 2006, 1037: Erwerb eines Geschäftsanteils von einem ausscheidenden Mitunternehmer in der erkennbaren und unwidersprochenen Erwartung, dieser werde keine Konkurrenztätigkeit aufnehmen; *BGH* NJW

[13] S. Krell v. Henry [1903] 2 KB 740.
[14] S. dazu *Rösler,* JuS 2004, 1058.
[15] Dazu *Dörner,* JuS 1977, 225.

2012, 373: Gemeinsame Fehlvorstellung der Parteien über die Größe eines getauschten Grundstücks. Auch Vorstellungen der Parteien über die Gleichwertigkeit von Leistung und Gegenleistung können Geschäftsgrundlage sein. So hat *BGH* NJW 2014, 3439 im Grundsatz anerkannt, dass das Maß der baulichen Nutzbarkeit eines Erbbaugrundstücks Geschäftsgrundlage für den vereinbarten Erbbauzins sein kann.

3. Fehlen oder Wegfall der Geschäftsgrundlage

Die Geschäftsgrundlage kann bereits von Anfang an gefehlt haben oder erst nach Vertragsschluss weggefallen sein. Allerdings genügt längst nicht jede (anfängliche oder nachträgliche) Abweichung der Geschäftsgrundlage von der Vorstellung für die Anwendung des § 313. Das würde den Grundsatz der Vertragstreue in höchst gefährlicher Weise relativieren. Erforderlich ist vielmehr eine unvorhergesehene **„schwerwiegende Veränderung"**, die dazu führt, dass das unveränderte Festhalten am Vertrag für eine der Partei **unzumutbar** ist. 567

Bei Verträgen mit Versorgungscharakter, insbesondere bei Unterhalts- oder Rentenvereinbarungen, hat die Rechtsprechung bislang weniger strenge Anforderungen an die Veränderung der Umstände gestellt und bereits Veränderungen von 10% (bei Unterhaltsverträgen) bzw. 30% (bei Ruhegeldvereinbarungen) als Grund für eine Vertragsanpassung genügen lassen.

4. Keine abweichende vertragliche oder gesetzliche Risikozuweisung

Die wesentliche Frage bei Geschäftsgrundlagenstörungen ist stets, ob das Risiko, das sich im Wegfall oder Fehlen der Geschäftsgrundlage realisiert hat, einer Partei zugewiesen war.[16] Dann gilt uneingeschränkt *pacta sunt servanda.* Nur wenn dies nicht der Fall war, weil das Risiko **unvorhersehbar** war, kommt eine Anpassung des Vertrags und hilfsweise dessen Auflösung in Betracht. Die Risikozuweisung ist zunächst (ggf. im Wege ergänzender Auslegung) dem Vertrag selbst, hilfsweise dem dispositiven Gesetzesrecht zu entnehmen. **Vorhersehbare Umstände,** die in einem Vertrag (etwa durch eine Anpassungsklausel) hätten berücksichtigt werden können, schließen hingegen eine Anpassung des Vertrags regelmäßig aus, weil dann davon auszugehen ist, dass die jeweilige Partei das Risiko ihres Eintritts übernommen hat.[17] 568

S. etwa *BGH* NJW 2007, 1884: Dass ein auf Lebenszeit eingeräumtes Wohnrecht wegen Alters aus medizinischen Gründen nicht mehr ausgeübt werden kann, ist kein unvorhersehbares Ereignis (der BGH hat allerdings dem Vertrag im Wege **ergänzender Auslegung** eine Entgeltregelung entnommen). Gleiches gilt z. B. für einen Internetprovidervertrag, wenn der Kunde den geschuldeten DSL-Zugang wegen eines Umzugs nicht mehr nutzen kann.[18]

Wichtigster – wenngleich seltener – Fall einer **vertraglichen Risikoübernahme** ist die ausdrückliche Übernahme einer Garantie für bestimmte Umstände, z. B. gegen eine Risikoprämie. Hier ist das Risiko in den durch Auslegung der Garantieerklärung zu ermittelnden Grenzen eindeutig der übernehmenden Partei zugewiesen. Wesentlich häufiger ist die Risikozuordnung aufgrund konkludenter Vereinbarung oder ergänzender Vertragsauslegung. Ein Beispiel hierfür ist die Übernahme eines Beschaffungsrisikos i. S. v. § 276 I 1, die auch konkludent erfolgen kann, insbesondere durch die Vereinbarung einer unbeschränkten Gattungsschuld, oder das Versprechen einer Werkleistung (z. B. eines Hausbaus) zu einem Festpreis. Auch hier ist allerdings die Grenze des übernommenen Risikos durch Auslegung zu ermitteln, so dass gänzlich 569

[16] S. etwa *BGH* NJW 2014, 3439 Rn. 22.
[17] *BGH* NJW 2014, 3439 Rn. 25 m.w.N.
[18] *BGH* JZ 2011, 527 Rn. 17 (m. Anm. *Jakl*); s. dazu unter dem Aspekt von § 326 II bereits o. Rn. 437.

unerwartete Beschaffungs- oder Herstellungshindernisse möglicherweise nicht umfasst sind und daher zu einem Wegfall der Geschäftsgrundlage führen können (zur Abgrenzung zu § 275 II o. Rn. 564).

570 Schließlich kann auch aus **gesetzlichen Wertungen** eine typische Risikoverteilung ermittelt werden: So trägt z. B. der Geldschuldner typischerweise das Risiko der Geldbeschaffung, während der Gläubiger einer Sachleistung typischerweise das Risiko der weiteren Verwendung der Leistung trägt (zur ausnahmsweisen Beachtlichkeit von Verwendungszweckstörungen s. Rn. 565); der Bürge trägt das Risiko der Zahlungsunfähigkeit des Hauptschuldners; der Festpreisanbieter das Risiko von Preisschwankungen. Schließlich bestimmt etwa das Gewährleistungsrecht beim Kauf- und Werkvertrag, welche Rechte der Käufer bzw. der Besteller bei einer mangelhaften Leistung haben. Diese gesetzliche Risikowertung darf ebenfalls nicht durch einen Rückgriff auf § 313 unterlaufen werden.[19]

5. Unzumutbarkeit für eine Partei

571 Nach dem Wortlaut des § 313 I kommen eine Vertragsanpassung oder ein Rücktritts- oder Kündigungsrecht (§ 313 III) wegen Störung der Geschäftsgrundlage nur in Betracht, wenn das Festhalten am Vertrag der belasteten Partei unter Berücksichtigung aller Umstände des Einzelfalles nicht zugemutet werden kann. Es genügt also nicht jede Überschreitung des übernommenen bzw. zugewiesenen Risikos, sondern nur eine solche, welche die Grenzen des Zumutbaren (die sog. **Opfergrenze**) überschreitet. Wann dies der Fall ist, lässt sich nicht abstrakt bestimmen, sondern nur anhand einer Abwägung aller Umstände. Dabei ist einerseits die Belastung der einen Partei durch das Festhalten am Vertrag, andererseits die der anderen Partei durch die angestrebte Vertragsänderung zu berücksichtigen. Vorrangig ist jedoch der Grundsatz *pacta sunt servanda* in die Abwägung einzustellen, so dass nach der Rechtsprechung – bei Äquivalenzstörungen – eine Anpassung nur in Betracht kommt, wenn die vereinbarte Geldsumme „keine auch nur annähernd ausreichende Gegenleistung mehr darstellt" und „die Grenze des für den Gläubiger Tragbaren damit überschritten ist". Der BGH hatte hierfür eine Steigerung der Lebenshaltungskosten auf 150% bzw. den entsprechenden Wertverlust der Gegenleistung um 60% verlangt.[20]

6. Rechtsfolgen

a) Vertragsanpassung

572 Im Unterschied etwa zu den Fällen des § 275 II ist Rechtsfolge einer schwerwiegenden Störung der Geschäftsgrundlage nicht die Befreiung des Schuldners von der Leistungspflicht, sondern vorrangig eine Anpassung des Vertrags an die geänderten Verhältnisse. Diese Anpassung erfolgt allerdings weder – wie in der früheren Rechtsprechung vor Inkrafttreten von § 313 vertreten – *ipso iure* noch durch einen richterlichen Gestaltungsakt.[21] Die betroffene Partei hat vielmehr einen **schuldrechtlichen Anspruch** gegen die andere Partei auf Anpassung des Vertrags. Damit soll erreicht werden, dass die Parteien zunächst selbst über die Anpassung verhandeln. Die Verletzung einer sol-

---

[19] S. dazu *BGH* NJW 2012, 373 Rn. 12 sowie BT Rn. 271 a.

[20] S. BGHZ 90, 227; 91, 32; 94, 257; 96, 371.

[21] S. dazu *Köhler,* FG BGH, Bd. 1, 2000, 307.

chen Mitwirkungspflicht stellt eine Pflichtverletzung dar, deren Verletzung Schadensersatzansprüche nach § 280 I auslösen kann.[22]

Inhaltlich ist die Anpassung darauf gerichtet, das eingetretene Risiko angemessen zwischen den Parteien zu verteilen. Dies kann z. B. durch Herauf- oder Herabsetzung der geschuldeten Gegenleistung geschehen, durch Begründung einer Pflicht zur Zahlung eines angemessenen Ausgleichs, durch vollständige oder teilweise Befreiung von einer Leistungspflicht o.Ä. Dabei entspricht es im Zweifel nicht der Billigkeit, das Risiko auf diese Weise vollständig der anderen Partei aufzuerlegen. Vielmehr ist ein dabei eintretender Verlust im Zweifel hälftig auf beide Parteien aufzuteilen, weil das Risiko von beiden gleichermaßen zu tragen ist.

Prozessual kann das durch eine Klage auf Anpassung geltend gemacht werden, die aber wegen § 253 II Nr. 2 ZPO das Ziel der Anpassung präzise angeben muss, d. h. eine genaue Formulierung der gewünschten Vertragsänderung enthalten muss (z. B. Verurteilung zur Annahme eines genau wiedergegebenen Änderungsangebotes)[23]; die Vollstreckung erfolgt dann gem. § 894 ZPO (Verurteilung zur Abgabe einer Willenserklärung). Es kann aber auch unmittelbar auf Leistung aus dem zu ändernden Vertrag geklagt bzw. einem aus dem Vertrag erhobenen Anspruch die Störung der Geschäftsgrundlage einredeweise entgegengehalten werden.[24]

b) Vertragsaufhebung/Kündigungsrecht

Ist eine Anpassung des Vertrags nicht möglich oder einer Partei nicht zumutbar, so 573
sieht § 313 III ein Rücktrittsrecht bzw. bei Dauerschuldverhältnissen ein nur *ex nunc* wirkendes Recht zur außerordentlichen Kündigung vor. Der Begriff der „Unmöglichkeit" der Vertragsanpassung nimmt hier nicht auf § 275 I Bezug. Gemeint ist vielmehr eine Situation, in welcher der ursprüngliche Vertrag infolge der Geschäftsgrundlagenstörung jeden Sinn verloren hat.[25] Das gilt insbesondere in den Fällen des Zweckfortfalls.

So ist etwa im oben Rn. 565 geschilderten *Krönungszugfall* die Anpassung des Mietvertrags unmöglich, wenn der Krönungszug endgültig ausfällt. Wenn er lediglich verschoben wird, ist eine solche hingegen denkbar.

Im Falle des Rücktritts erfolgt die Rückabwicklung bereits ausgetauschter Leistungen nach den §§ 346ff. Dabei wird mit gutem Grund vertreten, im Rahmen einer teleologischen Reduktion die Privilegierungsregel des § 346 III 1 Nr. 3 unangewendet zu lassen (s. dazu Rn. 608).

§ 43. Die Draufgabe

I. Herkunft

Bevor sich das Prinzip des Konsensualvertrags durchgesetzt hatte, also die Vorstellung, 574
dass man einen Schuldvertrag durch bloße erklärte Willensübereinstimmung schließen kann (§ 311 I), hat es andere Arten des Vertragsschlusses gegeben. Dazu gehörte auch der nach dem Griechischen benannte *Arr(h)alvertrag:* Dieser kam zustande, in-

[22] *BGH* NJW 2012, 373 Rn. 33; a. A. *Looschelders,* AT, Rn. 759.
[23] *BGH* NJW 2012, 373 Rn. 34.
[24] *BGH* a. a. O.; *BGH* v. 3.12.2014, XII ZB 181/13 Rn. 50; s. dazu auch *Schmidt-Kessel/Baldus,* NJW 2002, 2076.
[25] *Riesenhuber/Domröse,* JuS 2006, 208, 212.

dem eine Partei einen Teil der von ihr geschuldeten Leistung erbrachte (ein „Angeld“). Entsprechende Erscheinungen gab es vor 1900 insbesondere noch in bäuerlichen Verhältnissen (bei der Anstellung von Gesinde) und bei Seeleuten. Heute sind solche Rechtsformen wohl fast verschwunden. Jedenfalls aber glaubte der BGB-Gesetzgeber noch, diese (missverständlich, vgl. Rn. 575) als „Draufgabe“ bezeichnete Erscheinung regeln zu sollen. Dem dienen die §§ 336–338.

Dabei ist die Draufgabe nicht etwa, wie man nach allgemeinem Sprachverständnis glauben könnte, eine zusätzliche Leistung zur vertraglich geschuldeten Leistung. Sie ist auch kein Gültigkeitserfordernis des Vertrags, sondern schlicht ein **Beweiszeichen** für dessen Abschluss.[1]

Keine Draufgabe ist insbesondere die (sehr häufige) Anzahlung bei Abzahlungsgeschäften: Sie stellt allein eine (entgegen § 266 erlaubte) Teilleistung dar und bildet weder ein Zeichen des Vertragsschlusses (§ 336 I) noch kann sie verfallen nach Art einer Vertragsstrafe (§ 338).

II. Die Regelung

575 Insgesamt tendieren die §§ 336–338 zu einer Begünstigung dessen, der die Draufgabe leistet; er wird namentlich davor geschützt, diese Draufgabe einzubüßen.

Nach § 336 I gilt (was hier aber nur eine widerlegliche Vermutung meint) die Draufgabe als „Zeichen des Abschlusses des Vertrags“. Die Draufgabe soll also nur dem Beweis dienen, nicht etwa Voraussetzung oder vereinbarte Form des Vertragsschlusses sein. Folglich kann der Vertragsschluss auch nachgewiesen werden, ohne dass die Draufgabe geleistet worden ist.

Nach § 336 II gilt die Draufgabe im Zweifel **nicht** als **Reugeld.** Sie soll also weder einen Rücktrittsvorbehalt bedeuten noch bei einem Rücktritt dem Empfänger verfallen (vgl. § 353).

Ähnlich bestimmt § 337 I, die Draufgabe sei im Zweifel auf die vom Geber geschuldete Leistung anzurechnen und, wenn dies „nicht geschehen“ könne, bei Erfüllung des Vertrags zurückzugeben. Die Draufgabe soll also im Zweifel keine zusätzlich geschuldete Leistung sein, also nicht wirklich „draufgegeben“ werden. Dementsprechend ist die Draufgabe ebenso wie die anderen etwa schon ausgetauschten Leistungen zurückzugewähren, wenn der Vertrag wieder aufgehoben wird, § 337 II.

Eine gewisse Abweichung von der bisher zu beobachtenden geberfreundlichen Tendenz findet sich nur in § 338: Wenn der Geber der Draufgabe die Nichtdurchführung des Vertrags zu vertreten hat („verschuldet“ in der zweiten Alternative ist ungenau), soll der Empfänger die Draufgabe behalten dürfen. Diese erhält dann also die Funktion einer Vertragsstrafe (§§ 339ff., vgl. u. Rn. 576ff.). Darum kann man auch einzelne Vorschriften über die Vertragsstrafe entsprechend anwenden, insbesondere kann eine unverhältnismäßig hohe verfallene Draufgabe analog § 343 richterlich ermäßigt werden.[2] Auch § 338 S. 2 selbst enthält eine solche Parallele zum Recht der Vertragsstrafe: Die Draufgabe soll im Zweifel auf den Schadensersatz statt der Leistung angerechnet werden (wie die Vertragsstrafe nach § 340 II).

[1] *Looschelders,* AT, Rn. 108.
[2] MünchKomm/*Gottwald,* § 338 Rn. 1.

§ 44. Die Vertragsstrafe

Literatur: *Beuthien,* Pauschalierter Schadensersatz und Vertragsstrafe, 1. FS Larenz, 1973, 495; *Großfeld,* Die Privatstrafe, 1961; *Joost,* Vertragsstrafen im Arbeitsrecht, ZIP 2004, 1981; *Knütel,* Verfallsbereinigung, nachträglicher Verfall und Unmöglichkeit bei der Vertragsstrafe, AcP 175 (1975) 44; *Köhler,* Vereinbarung und Verwirkung der Vertragsstrafe, FS Gernhuber 1993, 207; *Lindacher,* Phänomenologie der Vertragsstrafe, 1972; *H. Meyer,* Vertragsstrafe und Unterlassungserklärung im öffentlichen Recht, JZ 1996, 78; *Nodushani,* Die „verdeckte" Vertragsstrafe, ZGS 2005, 330; *Oberhauser,* Vertragsstrafe – ihre Durchsetzung und Abwehr, 2003; *C. Schäfer,* Strafe und Prävention im Bürgerlichen Recht, AcP 202 (2002) 397; *K. Schmidt,* Unselbständige und selbständige Vertragsstrafenversprechen, FS Heinrichs, 1998, 529; *Tilp,* Das Recht der Vertragsstrafe, Jura 2001, 441.

Die **Vertragsstrafe** (Konventionalstrafe) stellt ein **aufschiebend bedingtes Leistungsversprechen** dar. Sie richtet sich regelmäßig auf die Zahlung einer Geldsumme, doch kann auch eine andere Leistung versprochen werden (§ 342). Bedingung ist, dass der Versprechende eine Verbindlichkeit nicht oder nicht in gehöriger Weise erfüllt (§ 339 S. 1). Beim selbständigen Strafversprechen (vgl. u. Rn. 585) ist Bedingung die Vornahme oder Unterlassung einer nicht geschuldeten Handlung (§ 343 II).

I. Funktion und Abgrenzung

1. Schadenspauschalierung

Für den Fall, dass der Schuldner seine Verbindlichkeit in zu vertretender Weise nicht oder nicht gehörig erfüllt, bestimmt das Gesetz als hauptsächliche Rechtsfolge neben dem Erfüllungsanspruch, oder an seiner Stelle, eine Schadensersatzpflicht (§§ 280–283). Das genügt aber als Sanktion nicht immer: Der zu erwartende Schaden kann als Nichtvermögensschaden wegen § 253 I vom Geldersatz ausgeschlossen sein (vgl. u. Rn. 673). Das kommt etwa bei der verspäteten Fertigstellung eines Wohnhauses in Betracht, in das der Gläubiger selbst einziehen will. In anderen Fällen mag der Gläubiger Schwierigkeiten beim Nachweis seines Schadens fürchten: So wird häufig nur schwer zu beweisen sein, welcher Gewinnentgang aus der Verletzung eines Wettbewerbsverbots entstanden ist. 576

Solche Schwierigkeiten werden vermieden, wenn die Parteien **pauschalierende Vereinbarungen über die Höhe des zu ersetzenden Schadens** treffen (wobei auch § 253 I abbedungen werden kann). Durch AGB können derartige Schadenspauschalierungen gegenüber einem Nichtunternehmer nach § 309 Nr. 5 zugunsten des Verwenders allerdings nur vereinbart werden, wenn die Pauschale den gewöhnlich zu erwartenden Schaden nicht übersteigt und dem anderen Vertragsteil ausdrücklich der Nachweis offengehalten wird, ein Schaden sei in Wirklichkeit nicht entstanden oder wesentlich niedriger als die Pauschale. Damit soll verhindert werden, dass die Pauschale durch AGB zu einer Vertragsstrafe denaturiert.

2. Vertragsstrafe

Über die Schadenspauschalierung hinaus geht die Vereinbarung einer **Vertragsstrafe.** Sie ersetzt zwar gleichfalls den zu erwartenden Schaden (vgl. u. Rn. 583f.). Aber sie bezweckt in erster Linie, einen **möglichst wirkungsvollen Druck** auf den anderen Teil auszuüben, alle vertraglich übernommenen Verpflichtungen zu erfüllen.[1] Das lässt sich am ehesten erreichen, wenn die versprochene Summe den zu erwartenden Schaden deutlich übersteigt. Damit ergibt sich für die (oft zweifelhafte) Abgrenzung zwischen Schadenspauschalierung 577

[1] BGHZ 49, 84, 89; 105, 25, 27.

und Strafversprechen als Kriterium: Vertragsstrafe ist umso eher anzunehmen, je wahrscheinlicher und deutlicher die versprochene Leistung den zu erwartenden Schaden übersteigt. Wenig bedeutet demgegenüber die von den Parteien gewählte Bezeichnung.

Diese Abgrenzung ist wichtig, weil Vertragsstrafen bisweilen unzulässig sind und regelmäßig nach § 343 richterlich ermäßigt werden können; vgl. u. Rn. 581.

3. Vereinsstrafe, Betriebsbuße

578 Der Vertragsstrafe zumindest ähnlich ist die von einem Vereinsorgan gegen ein Mitglied verhängte **Vereinsstrafe** (z. B. der Vereinsausschluss wegen „vereinsschädigenden Verhaltens"). Sie gehört ins Vereinsrecht.[2] Dagegen gehören die gegen einen Arbeitnehmer ausgesprochenen **Betriebsstrafen(-bußen)** ins Arbeitsrecht[3]; auch sie ähneln der Vertragsstrafe.

II. Der Schuldnerschutz

579 Die wichtigste Regelungsaufgabe bei der Vertragsstrafe ist der **Schuldnerschutz.** Denn die Vertragsstrafe geht regelmäßig über den kraft Gesetzes geschuldeten Schadensersatz hinaus. Der Schuldner wiederum verspricht die Strafe meist im Vertrauen darauf, er werde seine Pflichten erfüllen können, und die Strafe werde nicht verfallen. Wenn diese Erwartung enttäuscht wird, kann der Schuldner bei strenger Handhabung des Strafversprechens in Bedrängnis geraten.

1. Ausschluss von Vertragsstrafen

580 In einigen Fällen erklärt das Gesetz die Vereinbarung einer Vertragsstrafe generell für unwirksam. Das gilt nach § 555 für vom Wohnungsmieter versprochene Strafen und nach § 309 Nr. 6 weithin für Strafen, die durch AGB dem Verwender von einem Nichtunternehmer versprochen werden (vgl. o. Rn. 86).[4] Zugunsten eines Unternehmers erfolgt wegen § 310 I 2 eine Inhaltskontrolle insbesondere bei überhöhten Vertragsstrafen über § 307.[5] Auch die zwingende Regelung über die Rechtsfolgen des verbraucherschützenden Widerrufs in § 361 II bedeutet ein Verbot von Vertragsstrafen, die den Verbraucher schlechter stellen.

2. Richterliche Herabsetzung von Vertragsstrafen

581 Nach § 343 I kann eine verwirkte unverhältnismäßig hohe Strafe, die der Schuldner noch nicht entrichtet hat, durch Urteil auf den angemessenen Betrag herabgesetzt werden (zwingendes Recht, vgl. o. Rn. 82). Nach § 348 HGB gilt das Ermäßigungsrecht jedoch nicht für einen **Kaufmann** (den das Gesetz für weniger schutzbedürftig hält). § 343 I 2 bestimmt für die „Angemessenheit" die Erheblichkeit jedes, auch eines immateriellen Interesses des Gläubigers. Dieses Interesse stellt folglich ein wesentliches Kriterium für die Angemessenheit dar. Ein anderes ist die zu erwartende Wirkung der Strafdrohung auf den Schuldner: Hat dieser schon eine Neigung zu Rechtsverletzungen gezeigt, so kann eine höhere Strafe angemessen sein als bei einem bisher stets um Rechtstreue bemühten Schuldner.

---

[2] Vgl. *Köhler,* § 21 Rn. 15ff.; *Medicus,* BGB AT, Rn. 1120ff.

[3] Vgl. *Zöllner/Loritz/Hergenröder,* ArbR, § 18 X.

[4] Zum Arbeitsrecht vgl. § 310 IV 2 mit *BAG* ZIP 2004, 1277.

[5] S. dazu MünchKomm/*Wurmnest* § 309 BGB Rn. 19.

§ 343 I bildet einen der seltenen gesetzlich geregelten Fälle eines **richterlichen Rechts zu gestaltenden Eingriffen in rechtswirksame Verträge.** Vorweg ist zu prüfen, ob nicht die Vereinbarung über die Vertragsstrafe (und damit nach § 139 im Zweifel der ganze Vertrag) nach § 138 nichtig ist. Dabei neigt man dazu, einen Sittenverstoß nicht schon allein wegen der Höhe der Vertragsstrafe anzunehmen: Hiergegen schaffe § 343 I Abhilfe. Sittenwidrigkeit kommt aber insbesondere in Betracht, wenn erhebliche Strafdrohungen schon wegen aller möglicher, auch unbedeutender Verstöße zu einer Knebelung des Schuldners führen.

3. Verwirkung der Vertragsstrafe

Durch Auslegungsregeln kommt das Gesetz dem Schuldner auch hinsichtlich der Frage entgegen, unter welchen Voraussetzungen die Strafe „verwirkt" ist. 582

Dieser etwas missverständliche Ausdruck hat mit der Verwirkung als Ausübungshindernis eines Rechts (dazu oben Rn. 141) nichts zu tun. Gemeint ist damit (und mit dem ebenfalls gebräuchlichen Begriff des „Verfalls" der Vertragsstrafe) der Eintritt der Umstände, die den Gläubiger dazu berechtigen, die Vertragsstrafe zu fordern.

Nach § 339 S. 1 soll eine für den Fall der Nichterfüllung oder nicht gehörigen Erfüllung versprochene Vertragsstrafe erst durch **Schuldnerverzug** verwirkt sein. Das setzt insbesondere voraus, dass die geschuldete Leistung bereits fällig war. Eine vor Fälligkeit erfolgende ernsthafte und endgültige Erfüllungsverweigerung führt also ebenso wenig den Verfall der Vertragsstrafe herbei, wie sie einen Anspruch auf Schadensersatz statt der Leistung nach§§ 280 I, III, 281 entstehen lässt (dazu o. Rn. 507).[6]

Aus dem Verzugserfordernis ergibt sich weiter, dass der Schuldner den Erfüllungsmangel zu vertreten haben muss (§ 286 IV, vgl. o. Rn. 471). Nach § 339 S. 2 soll die Verwirkung freilich mit der Zuwiderhandlung eintreten, wenn die geschuldete Leistung in einem Unterlassen besteht. Daraus schließen manche, hier solle ein Vertretenmüssen unnötig sein. Doch gibt es für eine solche strengere Behandlung des Unterlassungsschuldners keinen überzeugenden Grund. Daher ist mit der h. M. auch hier das Vertretenmüssen zu fordern.[7] Die abweichende Fassung des § 339 S. 2 beruht nur darauf, dass es bei Unterlassungspflichten einen Verzug im strengen Sinn nicht gibt: Für die Zeit des Zuwiderhandelns tritt jeweils Unmöglichkeit ein. Mehrere Zuwiderhandlungen, die auf einem einheitlichen Willen beruhen, können unter Umständen als Einheit behandelt werden.[8]

§ 339 S. 1 ist dispositives Recht. Die Parteien können damit auch eine verschuldensunabhängige Vertragsstrafe vereinbaren. Sofern ein solcher Verzicht auf das Verschuldenserfordernis allerdings durch AGB erfolgt, ist er i. d. R. wegen eines Verstoßes gegen § 307 II Nr. 1 unwirksam.[9]

4. Das Verhältnis zu anderen Ansprüchen des Gläubigers

Weithin im Sinn des Schuldners regeln Auslegungsvorschriften auch die Frage, welche anderen Ansprüche dem Gläubiger bleiben, wenn er die Vertragsstrafe verlangt.

[6] *BGH* NJW-RR 2008, 210 Rn. 11; a. A. *Looschelders,* AT, Rn. 778 (Analogie zu § 323 IV).
[7] *BGH* NJW 1972, 1893; *Looschelders,* AT, Rn. 777.
[8] Vgl. BGHZ 146, 318 und *Tausch,* NJW 1997, 2656.
[9] *BGH* NJW 1997, 135.

a) Nichterfüllung

583 Die für die Nichterfüllung versprochene Vertragsstrafe kann nach § 340 I nur **statt der Erfüllung verlangt werden.** Daher kann der Anspruch auf die Strafe weder mit demjenigen auf Erfüllung noch mit demjenigen auf vollen Schadensersatz statt der Leistung gehäuft werden (§ 340 II 1; die dortige Formulierung „Schadensersatz wegen Nichterfüllung" stammt noch aus dem früheren Schuldrecht, die Angleichung der Terminologie wurde vom Gesetzgeber übersehen). Möglich ist bloß, dass außer der Strafe noch ein diese übersteigender Schaden ersetzt verlangt wird, § 340 II 2. Besteht die Vertragsstrafe nicht in Geld, so schließt der Anspruch auf die Strafe den Schadensersatzanspruch sogar völlig aus, § 342 a. E. (hier wäre nämlich die Verrechnung mit dem Schadensersatz schwierig).

Zwischen den Ansprüchen besteht **elektive Konkurrenz** (vgl. o. Rn. 201). Die Wahl der Strafe ist nach § 340 I 2 endgültig, d. h. sie schließt ähnlich wie § 281 IV bei der Geltendmachung des Schadensersatzes statt der Leistung den Erfüllungsanspruch aus. Dagegen kann von Ansprüchen auf die Primärleistung oder deren Surrogate noch bis zur Erfüllung auf die Strafe übergegangen werden.

b) Nicht gehörige Erfüllung

584 Bei der für nicht gehörige Erfüllung versprochenen Strafe kann nach § 341 I der Gläubiger die Strafe **neben der Erfüllung** verlangen. Doch muss er sich die Strafe bei Annahme der Erfüllung vorbehalten, § 341 III was zu Lasten des Gläubigers streng gehandhabt wird.[10] Auch wird eine Schadensersatzleistung wegen nicht gehöriger Erfüllung (z. B. der Ersatz von Verzugsschaden) auf die Strafe angerechnet, § 341 II.

III. Das selbständige Strafversprechen

585 Die bisher behandelte Art der Vertragsstrafe wurde vom Schuldner einer anderen Verbindlichkeit für den Fall versprochen, dass diese nicht oder nicht gehörig erfüllt wird. Daher ist die Vertragsstrafe gegenüber dieser anderen Verbindlichkeit **unselbständig:** Insbesondere kann die Strafe nicht verfallen, wenn die Verbindlichkeit nicht besteht.

§ 343 II belegt daneben auch die Möglichkeit einer **selbständigen Vertragsstrafe:** Sie wird für den Fall der Vornahme oder Unterlassung einer **nicht geschuldeten Handlung** versprochen. Diese Art der Vertragsstrafe begegnet mit wirtschaftlicher Bedeutung bisweilen als **Verfallklausel.** So sollte im Fall von RGZ 95, 199 eine Kaufpreisanzahlung nicht zurückverlangt werden können, wenn der Empfänger eines Verkaufsantrags diesen nicht annahm (wozu er nicht verpflichtet war): Hier gilt § 343, und das RG hat mit Recht auch § 339 entsprechend angewendet.

Nicht durch ein Strafversprechen gesichert werden kann nach § 344 die Erbringung einer Leistung, die selbst nicht wirksam versprochen werden könnte. § 344 soll verhindern, dass statt des ausgeschlossenen direkten Erfüllungszwangs ein **indirekter** geschaffen wird. So ist nichtig ein Strafversprechen für die **Nichterfüllung einer Wettschuld** (vgl. § 762) oder eines formunwirksamen Vertrags.[11]

---

[10] Vgl. etwa BGHZ 33, 236.

[11] *BGH* NJW 1970, 1915.

6. Teil. Die Beendigung von Schuldverhältnissen

§ 45. Überblick

Literatur: *Bengelsdorf,* Privatautonomie und Aufhebungsvertrag, DB 1997, 874; *Büdenbender,* Rückgewähransprüche im Bürgerlichen Recht, JuS 1998, 227; *N. Fischer,* Die aktuellen Änderungen des BGB zum Recht der Verbraucherkredit-, Haustür- und Realkreditverträge, DB 2002, 1643; *Coester-Waltjen,* Rücktrittsrechte in BGB und HGB, Jura 2001, 819; *Hellwege,* Die Rückabwicklung gegenseitiger Verträge als einheitliches Problem, 2004; *D. Kaiser,* Die Rückabwicklung gegenseitiger Verträge wegen Nicht- und Schlechterfüllung nach BGB, 2000; *Kohler,* Die gestörte Rückabwicklung gescheiterter Austauschverträge, 1989; *ders.,* Rücktrittsrechtliche Bereicherungshaftung, JZ 2002, 682; *S. Lorenz,* Der Schutz vor dem unerwünschten Vertrag, 1997; *Mankowski,* Beseitigungsrechte, Anfechtung, Widerruf und verwandte Institute, 2003 (dazu *Pawlowski,* AcP 204 [2004] 294; *H. Roth,* JZ 2004, 725); *Medicus,* Die Lösung vom unerwünschten Schuldvertrag, JuS 1988, 1; *ders.,* Typen der Rückabwicklung von Leistungen, JuS 1990, 689.

I. Einverständliche und einseitige Beendigung

Der nächstliegende Weg zur Beendigung eines Schuldverhältnisses im weiteren Sinn 586 (vgl. o. Rn. 8) ist die Befriedigung aller einzelnen in ihm enthaltenen Befugnisse: Die Forderungen werden erfüllt oder durch ein Erfüllungssurrogat erledigt (vgl. o. §§ 21 ff.); Rechte zur Gestaltung des Forderungsinhalts werden ausgeübt oder erlöschen durch den Wegfall ihrer Voraussetzungen.

Beispiel: Der Verkäufer übergibt und übereignet dem Käufer die mangelfreie Kaufsache und belehrt ihn über deren Verwendung; der Käufer bezahlt den Kaufpreis. Freilich ist oft das Schuldverhältnis mit dieser Erfüllung der nächstliegenden Pflichten noch nicht völlig erledigt: Wenn etwa der Verkäufer eine Haltbarkeitsgarantie übernommen hat, kann er zu später nötig werdenden Reparaturen verpflichtet sein, oder er kann die Bereithaltung von Ersatzteilen schulden (vgl. BT Rn. 36).

An die Stelle dieser normalen Durchführung kann aber auch eine **andere Art der Abwicklung** des Schuldverhältnisses treten. Insbesondere können die Parteien durch Vertrag das Schuldverhältnis einverständlich wieder aufheben.

Oft erzielen die Parteien jedoch keine Einigkeit über die Aufhebung des Schuldverhältnisses. Dann scheidet eine einseitige Lösung wegen der Bindung durch das Schuldverhältnis regelmäßig aus. Sie kommt nur ausnahmsweise in Betracht, nämlich wenn derjenigen Partei, die sich von dem Schuldverhältnis lösen will, ein entsprechendes **Gestaltungsrecht** zur Seite steht: Die Eigenart der Gestaltungsrechte ist es ja gerade, die einseitige Einwirkung auf ein Schuldverhältnis zu ermöglichen (vgl. o. Rn. 58). Diese Gestaltungsrechte sind, soweit sie nicht bloß bei einem einzelnen Schuldverhältnis vorkommen und daher in den BT gehören, im Folgenden überblicksartig zu erörtern.

II. Einteilungen der Auflösungsrechte

1. Nach ihrer Herkunft

Man kann die das Schuldverhältnis auflösenden Gestaltungsrechte zunächst nach ihrer 587 Herkunft einteilen: Sie können auf **Rechtsgeschäft** (insbesondere Vertrag) oder **Gesetz** beruhen. Vertragliche Auflösungsrechte sind der vorbehaltene (also vereinbarte) Rücktritt (§ 346 I am Anfang) und die vertragsmäßige (ordentliche) Kündigung (z. B. in einem Mietvertrag ist monatliche Kündigung verabredet). Auf Gesetz beruhen insbesondere die gesetzlichen Rücktrittsrechte bei Vertragsstörungen (§§ 323, 324, 326 V) und das Recht zur außerordentlichen Kündigung (etwa bei Dauerschuldverhältnissen aus wichtigem Grund, vgl. § 314), ebenso das Recht zum Widerruf (vgl. u. Rn. 616ff.).

2. Nach ihrer Wirkung

588 Die Einteilung der Auflösungsrechte nach ihrer Wirkung unterscheidet danach, ob die Auflösung **nur für die Zukunft** *(ex nunc)* oder auch für die **Vergangenheit** *(ex tunc)* gelten soll.

Nur für die **Zukunft** wirkt die **Kündigung** (vgl. u. Rn. 655ff.). Dabei kann man weiter unterscheiden, ob die Wirkung sofort (fristlose Kündigung) oder erst nach einer gewissen Zeit eintreten soll (befristete Kündigung). Regelmäßig ist eine Kündigung nur als befristete möglich: Wenn dem Kündigungsgegner „sein" Schuldverhältnis schon einseitig entzogen werden kann, soll er wenigstens eine gewisse Zeit erhalten, um sich auf die neue Situation einzustellen (z. B. der Mieter, um sich eine neue Wohnung zu suchen, aber auch – umgekehrt – einen neuen Mieter).

Auch für die **Vergangenheit** wirken dagegen **Rücktritt** (vgl. u. Rn. 593ff.) und **Widerruf** (vgl. u. Rn. 616ff.). Sie kommen deshalb insbesondere auch bei solchen Schuldverhältnissen vor, die keine Dauerschuldverhältnisse sind und sich folglich nicht nach Zeitabschnitten teilen lassen. Wegen der Wirkung für die Vergangenheit muss dann auch der Rückaustausch der bereits erbrachten Leistungen geregelt werden (vgl. insbesondere §§ 346–348 und u. Rn. 596ff.; 640ff.).

Die diesen Rückaustausch bewirkenden Ansprüche und Gegenansprüche bilden auch **ihrerseits ein Schuldverhältnis,** das sog. **Rückgewährschuldverhältnis.** Man kann deshalb formulieren, der Rücktritt beende das ursprüngliche Schuldverhältnis nicht, sondern verwandle nur dessen Richtung in ein **Rückgewährschuldverhältnis.**[1]

Hiervon zu unterscheiden ist die **Anfechtung des Vertrags,** auf dem das Schuldverhältnis beruht. Eine solche Anfechtung (z. B. nach §§ 119, 123) wirkt zwar gleichfalls zurück, § 142 I. Aber sie verwandelt nicht lediglich die Richtung des Schuldverhältnisses, sondern entzieht ihm seine rechtsgeschäftliche Geltungsgrundlage und vernichtet es so. Hier kann daher der Rückaustausch der schon erbrachten Leistungen nur durch ein neues gesetzliches Schuldverhältnis bewirkt werden: Das ist der Bereicherungsausgleich nach §§ 812ff. Er ist in BT Rn. 1124ff. zu behandeln; dagegen gehört die Anfechtung, weil sie gegen Willenserklärungen aller Art möglich ist, in den Allgemeinen Teil.[2]

§ 46. Der Aufhebungsvertrag

I. Zulässigkeit, praktische Bedeutung und dogmatischer Charakter

589 Die Vertragsfreiheit impliziert, dass die Vertragsparteien eines schuldrechtlichen Vertrags diesen grundsätzlich jederzeit einverständlich aufheben können. Das ergibt sich, obwohl dort nur von der „Änderung des Inhalts eines Schuldverhältnisses" die Rede ist, aus § 311 I. Das gilt im Rahmen der Privatautonomie grundsätzlich uneingeschränkt, solange der Vertrag keine rechtlichen Auswirkungen auf Dritte hat (s. § 328 II sowie unten Rn. 858).[1] Praktische Bedeutung hat der Aufhebungsvertrag vor allem

---

[1] So etwa *BGH* NJW 2008, 911 Rn. 10.

[2] Vgl. *Köhler,* § 15 Rn. 21ff.; § 7 Rn. 36ff.; *Medicus,* BGB AT, Rn. 717ff.

[1] S. aber *BGH* NJW 2012, 48 Rn. 11 (Aufhebung eines Vertrags zwischen einem Spielcasino und einem Spieler über eine „Selbstsperre" des Spielers als zum Schadensersatz verpflichtende Pflichtverletzung des Spielcasinos).

bei Dauerschuldverhältnissen, insbesondere im **Arbeitsrecht** und im **Mietrecht:** Wenn die gesetzlichen Voraussetzungen für die einseitige Beendigung des Schuldverhältnisses durch Kündigung nicht vorliegen, werden die Parteien häufig versuchen, sich (u. U. gegen eine Gegenleistung) auf die Aufhebung des Vertragsverhältnisses zu einigen.

Verträge, die Bestandteil von **Verfügungsgeschäften** sind (die dingliche Einigung nach §§ 873, 925, 929, aber auch ein Forderungserlass, s. Rn. 309) können nicht mehr einverständlich aufgehoben werden, wenn das Verfügungsgeschäft vollendet ist: Ist der Eigentumserwerb durch Eintragung in das Grundbuch (§§ 873, 925) oder Übergabe (§ 929) vollendet, ist die Rückübertragung des Eigentums nur durch einen erneuten Übertragungsakt möglich. Vor diesem Zeitpunkt ist eine vertragliche Aufhebung möglich (die Einigung nach § 929 ist bis zur Übergabe ohnehin auch einseitig widerruflich).

Da der Aufhebungsvertrag den Vertrag unmittelbar aufhebt, ist er ein (schuldrechtli- 590
ches) **Verfügungsgeschäft.**[2] Ihm kann ein Verpflichtungsgeschäft zugrunde liegen (also eine vertragliche Verpflichtung, einen Vertrag aufzuheben). Auch eine *gesetzliche* Verpflichtung zum Abschluss eines Aufhebungsvertrags ist denkbar. So kann sich insbesondere über eine vorvertragliche Pflichtverletzung i. S. v. §§ 311 I, 241 II (etwa die Verletzung einer vorvertraglichen Aufklärungspflicht) im Wege des Schadensersatzes (Naturalrestitution nach § 249 I) eine Verpflichtung zur Vertragsaufhebung ergeben, s. dazu unten Rn. 663.

II. Vertragsschluss, Form

Der Aufhebungsvertrag ist ein gewöhnlicher Konsensualvertrag, der durch zwei über- 591
einstimmende Willenserklärungen zustande kommt.

Für die **Form** des Aufhebungsvertrags gelten, sofern nicht Sonderregelungen eingreifen (so § 623 für arbeitsrechtliche Aufhebungsverträge), die allgemeinen Regelungen. Damit bedarf ein Aufhebungsvertrag **nicht zwingend der Form des aufgehobenen Vertrags** selbst. Beschränkt er sich auf die **bloße Vertragsaufhebung** und enthält selbst keine weiteren schuldrechtlichen Verpflichtungen, ist er auch formlos wirksam.

S. dazu BGHZ 127, 168: Die Aufhebung eines Grundstückskaufvertrags ist nur dann gem. § 311 b I formbedürftig, wenn **der Aufhebungsvertrag selbst** eine Partei dazu verpflichtet, Eigentum an einem Grundstück zu übertragen oder zu erwerben. Ist der Vertrag noch nicht vollzogen, begründet der Aufhebungsvertrag eine solche Verpflichtung nicht (sondern hebt eine solche nur auf), so dass er nicht der notariellen Form bedarf. Ist der Kaufvertrag bereits vollzogen, bedarf er dieser Form, wenn er selbst zugleich eine (ggf. konkludente vereinbarte) Verpflichtung zur Rückübereignung des Grundstücks enthält. Begnügen sich die Parteien (was i. d. R. interessenwidrig wäre) in einem solchen Fall lediglich mit der Vertragsaufhebung und der Folge, dass sich eine Rückgewährpflicht aus dem Gesetz ergibt (§ 812 I 2), ist der Aufhebungsvertrag ebenfalls formlos gültig (s. dazu auch PdW Schuldrecht I **Fall 3**).

III. Rechtsfolgen

Anders als der nur eine einzelne Forderung zum Erlöschen bringende Erlassvertrag 592
und das negative Schuldanerkenntnis (§ 397, vgl. o. Rn. 311) führt der Aufhebungsvertrag zum Erlöschen des **gesamten vertraglichen Schuldverhältnisses** im weiteren Sinne (vgl. o. Rn. 8). Weitere Einzelheiten müssen dem **Aufhebungsvertrag** selbst im Wege der Auslegung entnommen werden: Die Parteien des Vertrags bestimmen, ob die Aufhebung nur für die Zukunft oder auch für die Vergangenheit gelten soll und wie ggf. die schon ausgetauschten Leistungen zurückgewährt werden sollen. Regeln

[2] S. dazu *Köhler*, § 5 Rn. 13.

sie Letzteres nicht, ergeben sich Rückgewähransprüche aus Bereicherungsrecht (Leistungskondiktion, § 812 I 2).

§ 47. Der Rücktritt

Literatur: *Annus,* Die Folgen des Rücktritts (§§ 346ff. BGB), JA 2006, 184; *Arnold,* Das neue Recht der Rücktrittsfolgen, Jura 2002, 154; *Faust,* Haftung bei Störungen im Rückgewährschuldverhältnis, JuS 2009, 481; *Gaier,* Das Rücktritts(folgen)recht nach dem Schuldrechtsmodernisierungsgesetz, WM 2002, 1; *Hager,* Der Wert- und Schadensersatzanspruch beim Rücktritt, FS Musielak, 2004, 195; *Kaiser,* Die Rechtsfolgen des Rücktritts in der Schuldrechtsreform, JZ 2001, 1057; *Kamanabrou,* Haftung des Rücktrittsberechtigten bei Untergang der empfangenen Leistung, NJW 2003, 30; *Kemmeries,* Das Rückgewährschuldverhältnis nach Rücktritt vom Vertrag, 2005; *Kohler,* Schadensersatzhaftung beim Rücktritt, ZGS 2005, 386; *ders.,* Dritthaftung gem. § 812 I 2 BGB oder § 822 nach Rücktritt, JuS 2013, 769; *Köhler,* Der Leistungsort bei Rückgewährschuldverhältnissen, FS Heinrichs, 1998, 367; *S. Lorenz,* Grundwissen Zivilrecht: Rechtsfolgen von Rücktritt und Widerruf, JuS 2011, 871 (bzgl. Widerruf veraltet); *Martens,* Nutzungsherausgabe und Wertersatz beim Rücktritt, AcP 210 (2010) S. 689; *S. Meyer,* Schadensersatz im Rückgewährschuldverhältnis gem. § 346 IV BGB, Jura 2011, 244; *Rheinländer,* Die Haftung des Zurücktretenden bei Kenntnis der Rücktrittsberechtigung, ZGS 2004, 178; *Stöber,* Der Gerichtsstand des Erfüllungsorts nach Rücktritt des Käufers vom Kaufvertrag, NJW 2006, 2661; *G. Wagner,* Mortuus Redhibetur im neuen Schuldrecht?, FS U. Huber, 2006, 591.

I. Anwendungsbereich und Bedeutung der §§ 346ff.

593 Die §§ 346ff. regeln, wie schon der Eingangssatz von § 346 I zeigt („Hat sich eine Vertragspartei vertraglich den Rücktritt vorbehalten oder steht ihr ein gesetzliches Rücktrittsrecht zu …"), nicht die Voraussetzungen, sondern die **Art und Weise** der Ausübung eines **gesetzlichen** oder **vertraglichen** Rücktrittsrechts sowie deren **Rechtsfolgen.** Die praktische Bedeutung dieser Regelungen ist erheblich. Dies ergibt sich einmal daraus, dass das Rücktrittsrecht durch die Vereinheitlichung des Leistungsstörungsrechts im Allgemeinen Teil des Schuldrechts zum zentralen Vertragsauflösungstatbestand für nicht zu vertretende Leistungsstörungen geworden ist (§§ 323, 324, 326 V), zum anderen dadurch, dass zahlreiche Normen hinsichtlich der Rückerstattung erbrachter Leistungen auf die §§ 346ff. verweisen (s. dazu den **grafischen Überblick** bei Rn. 615).

Gesetzliche Rücktrittsrechte räumen ein: § 313 III (Geschäftsgrundlage), § 321 II (Unsicherheitseinrede), §§ 323, 326 V, 437, 634 (Nicht- und Schlechtleistung, Teilunmöglichkeit und qualitative Unmöglichkeit), § 324 (Verletzung einer Nebenpflicht), §§ 438 IV 3, 634a IV 3 (Rücktrittseinrede des Käufers/Bestellers). **Verweisungen** auf die §§ 346ff. enthalten: § 281 V (Rückerstattung erbrachter Leistungen beim Schadensersatz statt der ganzen Leistung), § 326 IV (Rückerstattung erbrachter Leistungen bei Wegfall der Gegenleistungspflicht wegen Unmöglichkeit), §§ 439 IV, 635 IV (Rückerstattungsanspruch des Verkäufers/Werkunternehmers hinsichtlich der mangelhaften Sache bei Nacherfüllung durch Lieferung einer mangelfreien Sache/Herstellung eines neuen Werks), §§ 441 VI, 638 IV für die Rückerstattung zu viel gezahlten Kaufpreises/Werklohnes nach Minderung.

II. Ausübung des Rücktrittsrechts

594 Der Rücktritt wird durch **Erklärung** gegenüber dem anderen Teil ausgeübt (§ 349). Mehrere Beteiligte auf einer Seite können das Rücktrittsrecht nur einheitlich ausüben (§ 351). Die Rücktrittserklärung ist damit eine **empfangsbedürftige Willenserklärung** und zugleich ein **einseitiges, gestaltendes Rechtsgeschäft.** Damit ist sie grundsätzlich **bedingungs- und befristungsfeindlich.** Die Rücktrittserklärung ist nach ihrem Zugang grundsätzlich unwiderruflich (§ 130 I 2).[1] Ob der Rücktrittsberechtigte

[1] Zu den diskutierten Ausnahmen s. MünchKomm/*Gaier,* § 349 Rn. 3f. m.w.N.

sein Rücktrittsrecht ausübt, bleibt ihm überlassen. Lediglich für vertragliche, nicht aber für gesetzliche Rücktrittsrechte sieht § 350 die Möglichkeit einer Fristsetzung des Rücktrittsgegners zur Ausübung des Rücktrittsrechts vor (zu den Konsequenzen im Leistungsstörungsrecht s. Rn. 503). Da das Rücktrittsrecht ein Gestaltungsrecht und kein Anspruch i. S. v. § 194 I ist, unterliegt es auch nicht unmittelbar den Verjährungsregeln der §§ 194ff.

Für den wichtigsten Fall der §§ 323, 326 V hat der Gesetzgeber über § 218 I indirekt für eine Ankoppelung des Rücktrittsrechts an das Verjährungsrecht gesorgt (s. auch §§ 438 IV, 634a IV): Der Rücktritt ist unwirksam, wenn der ihm zugrunde liegende nicht oder schlecht erfüllte Anspruch verjährt ist und sich der Schuldner hierauf beruft, s. dazu PdW Schuldrecht I **Fall 121** sowie PdW Schuldrecht II **Fälle 50, 141.**

Ein einseitiger (auch konkludenter) Verzicht auf ein Rücktrittsrecht ist möglich, auch kann im Einzelfall Verwirkung (§ 242) eintreten.[2]

III. Rechtsfolgen

1. Befreiungswirkung

Mit Ausübung des Rücktrittsrechts erlischt das Schuldverhältnis endgültig (Ausnahme: 595
§ 352). Die Primärleistungspflichten erlöschen ***ex nunc.*** Damit bleiben insbesondere **Schadensersatzansprüche wegen einer Pflichtverletzung** aus dem erloschenen Schuldverhältnis, wie etwa ein Anspruch auf Ersatz eines Nutzungsausfallschadens, bestehen.[3] Auch Schadensersatz statt der Leistung ist durch den Rücktritt nicht ausgeschlossen (s. § 325).

2. Das Rückgewährschuldverhältnis

a) Rückgewähr *in natura* (§ 346 I)

aa) Gegenstand der Rückgewähr. Sind bereits Leistungen ausgetauscht, hebt der 596
Rücktritt das Schuldverhältnis nicht auf, sondern wandelt es in ein **Rückgewährschuldverhältnis** um.[4] Nach § 346 I haben sich die Parteien die empfangenen Leistungen zurückzugewähren sowie die **tatsächlich gezogenen Nutzungen** (wozu nach § 100 nicht nur die „Früchte" i. S. v. § 99, sondern auch die Gebrauchsvorteile zählen) herauszugeben. Konkurrierende Bereicherungsansprüche kommen nicht in Betracht (s. dazu auch u. Rn. 610).

Gegenstand der Rückgewährpflicht sind die **tatsächlich empfangenen Leistungen.** Hatte der Rückgewährgläubiger einen anderen als den geschuldeten Gegenstand an Erfüllungs statt geleistet, hat der Rückgewährschuldner auch nur diesen zurückzugewähren.

Hat also etwa der Käufer eines Kfz beim Händler seinen Gebrauchtwagen „in Zahlung gegeben" (= Leistung an Erfüllungs statt, § 364 I), so kann er im Falle des Rücktritts (neben dem tatsächlich gezahlten Kaufpreis) auch nur diesen und nicht den angerechneten Geldbetrag zurückverlangen. Ist das Gebrauchtfahrzeug bereits weiterveräußert, hat der Händler nach § 346 II 1 Nr. 2 Wertersatz zu leisten.[5] S. dazu PdW Schuldrecht I **Fall 132.**

---

[2] S. dazu *BGH* NJW 2002, 669.

[3] Zum Nutzungsausfallschaden s. *BGH* NJW 2008, 911 m. Anm. *Gsell.*

[4] *BGH* NJW 2008, 911 Rn. 10.

[5] BGHZ 128, 111; *BGH* NJW 2008, 2028.

597 **bb) Leistungsort.** Eine nahezu unübersehbare Meinungsvielfalt besteht bei der Frage des **Leistungsorts** (§ 269, dazu o. Rn. 156ff) für die Rückgewährverpflichtung.[6] In der Rspr. wird wohl überwiegend die Ansicht vertreten, dass bei gesetzlichen Rücktrittsrechten aufgrund von Leistungsstörungen Leistungsort nicht der ursprüngliche Leistungsort, sondern einheitlich (d. h. für die Verpflichtungen beider Parteien) der Ort ist, an dem sich der zurückzugewährende Gegenstand **„vertragsgemäß" befindet.**[7] Bei **vertraglichen Rücktrittsrechten** soll hingegen der Leistungsort der ursprünglichen vertraglichen Verpflichtung maßgebend sein.[8] Für den kaufrechtlichen Nacherfüllungsanspruch, der nach § 439 IV bei Neulieferung ebenfalls eine Rückgewähr der mangelhaften Sache nach Maßgabe der §§ 346ff. vorsieht, steht der *BGH* neuerdings auf dem (zutreffenden) Standpunkt, dass sich der Leistungsort nach der allgemeinen Regelung des § 269 bestimmt (s. dazu o. Rn. 157 sowie BT Rn. 128). Es ist daher weder ohne weiteres auf den ursprünglichen Leistungsort der zurückzugewährenden Leistung noch auf das zweifelhafte Kriterium der „vertragsgemäßen Belegenheit" abzustellen (im Vertrag wird kaum je bestimmt werden, wo die gelieferte Sache später belegen sein soll!). Damit ist Leistungsort der Rückgewährverpflichtung der **Wohnsitz** bzw. die **Niederlassung des jeweiligen Rückgewährschuldners,** sofern sich nicht aus dem Vertrag oder der „Natur des Schuldverhältnisses etwas anderes ergibt (§ 269 I, II). Diese zutreffende Sichtweise ist auch auf den Leistungsort der Rückgewährverpflichtungen nach einem Rücktritt übertragbar:[9] Auch er ist selbstständig nach § 269 zu bestimmen. Somit ist vorrangig zu prüfen, ob sich aus den vertraglichen Abreden eine (ggf. konkludente) Vereinbarung des Leistungsorts für eine Rückabwicklung ergibt.[10] Ist eine solche Vereinbarung nicht festzustellen, ist nach § 269 I maßgeblich, ob sich ein Leistungsort für die beiderseitigen Rückerstattungspflichten aus der „Natur des Schuldverhältnisses" ergibt.[11] Führt auch das nicht weiter, ist nach § 269 II Leistungsort der Wohnsitz bzw. die Niederlassung des jeweiligen Rückgewährschuldners.[12]

598 **cc) Rücknahmepflicht.** Hat der Rückgewährschuldner ein besonderes Interesse daran, den empfangenen Gegenstand loszuwerden, das durch die Regeln des Gläubigerverzugs nicht befriedigt wird, korrespondiert mit dem Rückgewähranspruch des anderen Teils sogar eine **Rücknahmepflicht** (am Leistungsort!), bei deren Verletzung Schadensersatzpflichten entstehen (BGHZ 87, 104; PdW Schuldrecht I **Fall 136;** PdW Schuldrecht II **Fall 40**).

b) Wertersatz (§ 346 II)

599 § 346 II nennt drei Fälle, in welchen der Schuldner anstelle der Rückgewähr *in natura* Wertersatz zu leisten hat. Trotz der Auflistungstechnik ist die Aufzählung aber nicht

[6] S. nur die Nachweise bei MünchKomm/*Gaier,* § 346 Rn. 31 sowie bei MünchKomm/*Krüger,* § 269 Rn. 41.

[7] BGHZ 87, 104, 110; *BGH* NJW 2011, 2278 Rn. 28; MünchKomm/*Krüger,* § 269 Rn. 41 m.w.N.; zu Recht kritisch *Stöber,* NJW 2006, 2661.

[8] Palandt/*Grüneberg,* § 269 Rn. 16.

[9] Zweifelnd *BGH* NJW 2011, 2278 Rn. 28.

[10] So zutr. MünchKomm/*Gaier,* § 346 Rn. 31.

[11] Für einen einheitlichen Leistungsort am Ort der Belegenheit der Sache für den Fall eines Rücktritts wegen Leistungsstörungen etwa MünchKomm/*Gaier,* § 346 Rn. 31 m.w.N.

[12] MünchKomm/*Gaier,* § 346 Rn. 31; Staudinger/*Kaiser,* § 346 Rn. 86.

abschließend. In der Regelung kommt vielmehr ein allgemeiner Rechtsgedanke des Inhalts zum Ausdruck, dass der Rückgewährschuldner in allen Fällen, in denen ihm die Rückgewähr der empfangenen Leistung unmöglich ist, zum Wertersatz verpflichtet ist.[13] Aus dieser Regelung ergibt sich zugleich, dass der Rücktrittsberechtigte grundsätzlich auch dann zum Rücktritt berechtigt sein soll, wenn er zur Rückgewähr der selbst empfangenden Leistung außerstande ist.

Nach § 346 II 1 Nr. 1 ist dies der Fall, soweit die Rückgewähr bzw. Herausgabe nach der **Natur des Erlangten** ausgeschlossen ist. Dies betrifft insbesondere **unkörperliche Leistungen** wie etwa Gebrauchsüberlassungen, Werk- und Dienstleistungen. Auch nach § 346 I herausgabepflichtige Nutzungen sind häufig als solche nicht herausgabefähig. Das gilt insbesondere für die **Gebrauchsvorteile.**

Nach § 346 II 1 Nr. 2 ist weiter anstelle der Rückerstattung Wertersatz zu leisten, soweit der Rückgewährschuldner den empfangenen Gegenstand **verbraucht, veräußert, belastet, verarbeitet** oder **umgestaltet** hat. Gleiches gilt nach § 346 II 1 Nr. 3, soweit der empfangene Gegenstand sich verschlechtert hat oder untergegangen ist, wobei die „durch die bestimmungsgemäße Ingebrauchnahme entstandene Verschlechterung" außer Betracht bleibt. Solche Wertverluste hat damit grundsätzlich der Rücktrittsgläubiger zu tragen, was allerdings teilweise durch den Anspruch auf Nutzungsersatz kompensiert wird.

Durch diese Einschränkung werden insbesondere Wertminderungen durch normalen Verschleiß ausgeschlossen, da diese ja durch den Anspruch auf Nutzungsersatz kompensiert werden und nicht doppelt zugunsten des Gläubigers berücksichtigt werden sollen. Von Bedeutung ist die Regelung aber auch für die durch bloße Ingebrauchnahme bewirkte Wertminderung, die z. B. ein Kfz durch die bloße Tatsache seiner Erstzulassung erleidet. **Beschädigungen** des zurückzugewährenden Gegenstandes fallen hingegen **nicht** unter den „bestimmungsgemäßen Gebrauch", selbst wenn sie bei einem solchen gelegentlich vorkommen, s. PdW Schuldrecht I **Fall 125.**

Besonders kontrovers wird im Zusammenhang mit Nr. 2, 3 diskutiert, ob vorrangig **600**
vor dem Wertersatzanspruch eine Verpflichtung des Rückgewährschuldners zur Wiederbeschaffung/Reparatur des zurückzugewährenden Gegenstandes bzw. zu einer Beseitigung der Belastung besteht. Nach der wohl überwiegenden Ansicht[14], der sich auch der BGH angeschlossen hat[15], soll die Wertersatzpflicht erst dann an die Stelle der Herausgabepflicht treten, wenn der Rückgewährschuldner nach Maßgabe von § 275 I, II von der Pflicht zur Wiederbeschaffung/Wiederherstellung befreit ist. Der Wegfall der Rückgewährverpflichtung *in natura* nach § 275 ist danach also ungeschriebene Tatbestandsvoraussetzung von § 346 II 1 Nr. 2.[16] Nach der Gegenansicht führen Veräußerung, Belastung, Umgestaltung und Beschädigung unabhängig von der Möglichkeit ihrer Beseitigung nur zu einer Wertersatzpflicht des Rückgewährschuldners, dem jedoch nach § 242 die Befugnis einzuräumen ist, sich durch Wiederbeschaffung, Beseitigung der Belastung, Rückgängigmachung der Umgestaltung bzw. Reparatur und Rückgewähr von der Wertersatzpflicht zu befreien.[17] Für diese Ansicht

[13] *BGH* NJW 2008, 2028 Rn. 22; *BGH* NJW 2009, 63 Rn. 18.

[14] *Canaris,* Schuldrechtsmodernisierung, 2002, XXXVII; *Schwab,* JuS 2002, 630, 631; weitere Nachweise bei Palandt/*Grüneberg,* § 346 Rn. 8a.

[15] *BGH* NJW 2009, 63 = BGHZ 178, 182.

[16] *BGH* a. a. O. Rn. 16f.; zustimmend *Looschelders,* AT, Rn. 816.

[17] S. etwa MünchKomm/*Gaier,* § 346 Rn. 39 m.w.N.; *Faust,* JuS 2009, 481, 482f.; *Kohler,* JuS 2013, 769, 771.

spricht neben dem Wortlaut der Wertersatztatbestände, die lediglich auf die Tatsache der Veräußerung, Belastung, Umgestaltung oder Verschlechterung abstellen, dass ein vom Vertretenmüssen unabhängiger Anspruch auf Wiederherstellung im Falle der Beschädigung des zurückzugewährenden Gegenstands den sogleich zu erörternden Privilegierungstatbestand des § 346 III 1 Nr. 3 in Frage stellt: Die Befreiung von der Wertersatzpflicht im Falle der Beschädigung wäre weitestgehend aufgehoben, wenn ein vorrangiger Anspruch auf Wiederherstellung bestünde.[18] Letzteres erkennt auch der BGH an, indem er im Falle der **Beschädigung** des zurückzugewährenden Gegenstandes dem Rückgewährschuldner **keine** verschuldensunabhängige Pflicht zur Reparatur auferlegt, weil dies einer vom Gesetz nicht vorgesehenen verschuldensunabhängigen Schadensersatzpflicht im Wege der Naturalrestitution gleichkäme. Insoweit bleibt es also nach allen vertretenen Ansichten bei einem Wertersatzanspruch nach § 346 II 1 Nr. 3, der ggf. nach § 346 III 1 Nr. 3 entfallen kann (s. Rn. 605; zu Schadensersatzansprüchen s. Rn. 613).[19] S. dazu PdW Schuldrecht I **Fälle 124, 125.**

Unabhängig von der Frage, ob im Falle der Weiterveräußerung der Rückgewährschuldner erst unter den Voraussetzungen von § 275 I, II (Unmöglichkeit der Wiederbeschaffung) zum Wertersatz nach § 346 II 1 Nr. 2 verpflichtet ist, ist auf den Rückerstattungsanspruch jedenfalls § 285 anzuwenden, d. h. ein **Surrogat** ist herauszugeben (s. dazu o. Rn. 422ff.). Hat der Rückgewährschuldner also etwa den zurückzuerstattenden Gegenstand veräußert, so kann der Gläubiger anstelle oder unter Anrechnung des Wertersatzes den erzielten Erlös herausverlangen.[20] Das ist insbesondere dann von Interesse, wenn der Kaufpreis, der nach § 346 II 2 für die Höhe des Wertersatzes maßgeblich ist, geringer ist als der erzielte Erlös.

601 Die **Höhe des Wertersatzes** richtet sich primär nach der im Vertrag bestimmten Gegenleistung (§ 346 II 2). Damit will der Gesetzgeber das auf der Entgeltabrede des rückabzuwickelnden Vertrags beruhende Verhältnis von Leistung und Gegenleistung (sog. subjektive Äquivalenz) aufrechterhalten. Wenn also bei einem Kaufvertrag der Wert der Sache größer war als der vereinbarte Kaufpreis, behält der Käufer im Rahmen des Wertersatzes den Gewinn aus dem Vertrag, wenn er die Sache weiterveräußert hat und deshalb außerstande ist, sie *in natura* zurückzugewähren. Das gilt auch, wenn der Verkäufer nach § 323 I wegen Zahlungsverzugs des Käufers zurücktritt.[21] Ein „Schnäppchen" bleibt also auch bei der Rückabwicklung ein „Schnäppchen", wenn dessen Wert zu ersetzen ist. Freilich bleibt dem Verkäufer die o. Rn. 600 dargestellte Möglichkeit, einen Veräußerungserlös des Käufers nach § 285 herauszuverlangen. War die Leistung mangelhaft, ist ein entsprechend geminderter Wert zugrunde zu legen (analoge Anwendung von § 441 III bzw. § 638 III).[22]

Aus der Wertersatzpflicht des Rückgewährschuldners ergibt sich, dass dieser grundsätzlich (d. h. vorbehaltlich der sogleich zu erörternden Regelung in § 346 III) die Gefahr des **zufälligen Untergangs** oder der **zufälligen Verschlechterung** des Leistungsgegenstandes trägt: Beides befreit ihn nur von der Herausgabe in Natur, nicht aber vom Wertersatz.

[18] S. *S. Lorenz,* NJW 2005, 1889 m. w. N.

[19] *BGH* a. a. O. Rn. 23.

[20] Vgl. die Begr. des Regierungsentwurfs zum Schuldrechtsmodernisierungsgesetz BT-Drs. 14/6040, S. 194; MünchKomm/*Gaier,* § 346 Rn. 47; *Witt,* NJW 2009, 1070f; *S. Lorenz,* NJW 2015, 1725, jeweils m. w. N.; a. A. Staudinger/*Caspers,* § 285 Rn. 13; *Linardatos/Russmann,* Jura 2013, 861ff.; offen gelassen von BGH NJW 2015, 1748.

[21] BGHZ 178, 355 = NJW 2009, 1068 Rn. 14 m. Anm. *Witt; S. Lorenz,* in: Karlsruher Forum 2005, 94; a. A. *Canaris,* FS Wiedemann, 2002, 3, 22f.

[22] Ganz h. M., s. nur *BGH* NJW 2011, 3085 Rn. 11 m. w. N.

c) Die Privilegierung des Rückgewährschuldners (§ 346 III)

§ 346 III 1 Nr. 1–3 befreien jedoch in bestimmten Fällen den Rücktrittsschuldner auch von der Wertersatzpflicht. Dies hat bei der Rückabwicklung gegenseitiger Verträge zur Folge, dass er zwar die selbst erbrachte Leistung oder deren Wert zurückfordern kann (sofern nicht der andere Teil ebenfalls nach § 346 III von der Wertersatzpflicht befreit ist), selbst aber nichts zurückerstatten muss. § 346 III 1 ist damit (u. a.) eine **Gefahrtragungsregelung.** 602

aa) Verarbeitung und Umbildung (§ 346 III 1 Nr. 1). Nach § 346 III 1 Nr. 1 entfällt die Pflicht zum Wertersatz, wenn sich der zum Rücktritt berechtigende Mangel erst während der Verarbeitung oder Umgestaltung des Gegenstandes gezeigt hat. Dem Fall der **Verarbeitung** ist dabei derjenige des **Verbrauchs** im Wege der Analogie gleichzustellen.[23] S. dazu PdW Schuldrecht I **Fälle 126, 127.** 603

bb) Verantwortlichkeit des Gläubigers und fehlende Kausalität (§ 346 III 1 Nr. 2). Nach § 346 III 1 Nr. 2 ist der Rückgewährschuldner weiter von der Wertersatzpflicht befreit, soweit der Rücktrittsgläubiger die Verschlechterung oder den Untergang „zu vertreten hat" oder der Schaden bei ihm gleichfalls eingetreten wäre. Mit „Vertretenmüssen" ist dabei nicht nur der Sorgfaltsmaßstab der wie im Fall von § 323 VI und § 326 II analog anzuwendenden §§ 276, 278 (dazu Rn. 444 ff.), sondern darüber hinaus **jede Verantwortlichkeit** des Gläubigers gemeint. Es kommt also darauf an, ob die Ursache für den Untergang aus der **Sphäre des Rückgewährgläubigers** stammt.[24] Damit ist insbesondere der Fall des Untergangs auf Grund eines zum Rücktritt berechtigenden Sachmangels erfasst.[25] Da die Wertersatzpflicht jedoch nur wegfällt, „soweit" die Verantwortlichkeit des Gläubigers reicht, ist eine evtl. **Mitverantwortung** des Rückgewährschuldners ebenfalls zu berücksichtigen (ohne dass es hierfür einer analogen Anwendung von § 254 bedarf); s. dazu PdW Schuldrecht I **Fall 128.** Ein Beispiel für einen Fall, in welchem der Schaden beim Gläubiger gleichfalls eingetreten wäre, ist etwa die behördliche Beschlagnahme des Gegenstandes.[26] 604

cc) Privilegierung des Berechtigten beim gesetzlichen Rücktrittsrecht (§ 346 III 1 Nr. 3). Die praktisch bedeutendste und rechtspolitisch sicher umstrittenste Privilegierung enthält § 346 III 1 Nr. 3 für den Berechtigten eines **gesetzlichen Rücktrittsrechts.** Dieser ist von der Wertersatzpflicht trotz der bei ihm eingetretenen Verschlechterung oder dem bei ihm eingetretenen Untergang des Gegenstandes befreit, wenn er dabei die **eigenübliche Sorgfalt** (oben Rn. 362) gewahrt hat. Der Rücktrittsgegner trägt damit nicht nur die Gefahr des zufälligen Untergangs bzw. der zufälligen Verschlechterung, sondern u. U. auch diejenige des durch einfache Fahrlässigkeit des Rücktrittsberechtigten verursachten Untergangs (§ 277). Ein allfälliges Surrogat (z. B. ein Schadensersatzanspruch gegen den Dritten, der die Sache beschädigt oder zerstört hat oder ein Anspruch gegen eine Sachversicherung) ist aber nach § 285 herauszugeben (dazu o. Rn. 600). 605

---

[23] Staudinger/*Kaiser,* § 346 Rn. 167; *Looschelders,* AT, Rn. 822.
[24] Staudinger/*Kaiser,* § 346 Rn. 170.
[25] Palandt/*Grüneberg,* § 346 Rn. 12.
[26] *BGH* NJW 1997, 3164.

Im Falle des Rücktritts des Käufers wegen eines **Sachmangels** (§§ 437 Nr. 2, 323, 326 V) springt somit die zunächst auf den Käufer übergegangene Gefahr (§ 446) des zufälligen (mangelunabhängigen!) Untergangs der Sache (o. Rn. 430) auf den **Verkäufer** zurück. Darüber hinaus ist der Käufer von der Wertersatzpflicht auch dann befreit, wenn er den zwar Gegenstand schuldhaft, aber unter Wahrung der eigenüblichen Sorgfalt (und nicht grob fahrlässig, s. § 277) zerstört hat.

Beispiel (PdW Schuldrecht I **Fall 129**): Das gekaufte Kfz wird bei einem Unfall, den der Käufer nicht zu vertreten hat, zerstört. Danach stellt sich heraus, dass es einen Sachmangel hatte, der aber nicht Ursache des Unfalls war. Hat der Käufer ein Rücktrittsrecht (nach §§ 437 Nr. 2, 323 oder § 326 V i. V. m. 323), kann er nunmehr nach § 346 I den Kaufpreis zurückverlangen, ist aber von der ihn eigentlich aus § 346 II 1 Nr. 3 treffenden Wertersatzpflicht nach § 346 III 1 Nr. 3 befreit. Hat er den Unfall fahrlässig, aber im Rahmen der eigenüblichen Sorgfalt verursacht, gilt dasselbe. In einem solchen Fall kommt es auch nicht zu einem Ausschluss des Rücktrittsrechts nach §§ 326 V i. V. m. 323 VI (PdW Schuldrecht I Fall 129), weil die Haftungsmilderung des § 346 III 1 Nr. 3 zur Vermeidung von Wertungswidersprüchen auch im Rahmen von § 323 VI Beachtung finden muss (sehr str.).

606 Diese gesetzliche Regelung ist weder rechtsvergleichend noch rechtspolitisch selbstverständlich. Der Gesetzgeber war der Ansicht, dass das „Dilemma, von zwei schuldlosen Beteiligten einem den Verlust auferlegen zu müssen“, zugunsten des Rücktrittsberechtigten gelöst werden müsse, da der Rücktritt im Falle eines gesetzlichen Rücktrittsrecht zumindest auf einer objektiven Pflichtverletzung des Rücktrittsgegners beruhe: Wer nicht ordnungsgemäß leiste, dürfe nicht darauf vertrauen, dass der Gefahrenübergang auf den anderen Teil endgültig sei.[27] Für die Erstreckung der Privilegierung auf die eigenübliche Sorgfalt wird angeführt, dass der Rücktrittsberechtigte ja zunächst davon ausgehen dürfe, den erhalten Gegenstand behalten zu dürfen und deshalb nicht sorgsamer mit ihm umgehen muss, als mit eigenen Sachen. Konsequenter Weise enthalten die Regelungen über die Rückabwicklung nach Ausübung eines verbraucherschützenden Widerrufsrechts eine solche Privilegierung nicht, s. § 357 VII (unten Rn. 643 ff.): Dort liegt ja keinerlei Pflichtverletzung seitens des Unternehmers vor.

607 Zu beachten ist zunächst, dass die Privilegierung auf die eigenübliche Sorgfalt nur **bis zum Zeitpunkt der Ausübung des Rücktrittsrechts** gilt: Hat nämlich der Rücktrittsberechtigte den Rücktritt erklärt, ist ein Rückgewährschuldverhältnis nach § 346 I entstanden. Auf die (erst) dann existierende Pflicht, den empfangenen Gegenstand zurückzugewähren, sind – wie § 346 IV bestätigt – die allgemeinen Regeln über die Pflichtverletzung anwendbar. Zerstört der Rücktrittsberechtigte also **nach Ausübung des Rücktrittsrechts** den empfangenen Gegenstand fahrlässig, haftet er nach §§ 280 I, III, 283 auf Schadensersatz statt der Leistung für jede Fahrlässigkeit (s. auch unten Rn. 613). Eine analoge Anwendung der Privilegierung auf die eigenübliche Sorgfalt nach § 346 III 1 Nr. 3 auf diesen Schadensersatzanspruch kommt nicht in Betracht. An der **Gefahrtragung**, d. h. der Verantwortlichkeit für einen *zufälligen* Untergang, ändert dies aber nichts.[28]

Beispiel (PdW Schuldrecht I **Fall 131**): Wird im obigen Beispielsfall das Kfz nach Erklärung des Rücktritts bei einem von K fahrlässig herbeigeführten Unfall zerstört, haftet er gem. § 346 IV, 280 I, III, 283 wegen einer Verletzung der (erst) mit Erklärung des Rücktritts entstandenen Pflicht aus § 346 I auf Schadensersatz statt der Leistung. Hat er hingegen die Zerstörung nicht zu vertreten, bleibt es bei seiner Befreiung von der Wertersatzpflicht gem. § 346 III 1 Nr. 3. Eine Schadensersatzpflicht kommt dann nur in Be-

[27] BT-Drs. 14/6040, S. 196.
[28] Offen gelassen von BGH NJW 2015, 1748 Rn. 16.

tracht, wenn sich K mit der Rückgewähr in Verzug befand (dann hat er nach § 287 S. 2 auch Zufall zu vertreten; s. Rn. 481).

Angesichts der rechtspolitischen Zweifelhaftigkeit eines solchen „Zurückspringens der Gefahr" verwundert es nicht, dass es in der Literatur zahlreiche Ansätze gibt, den Anwendungsbereich der Privilegierung einzuschränken oder zur Vermeidung von Wertungswidersprüchen zu erweitern. So bestehen etwa angesichts der geschilderten *ratio legis* keine Bedenken, die Regelung dann im Rahmen einer **teleologischen Reduktion** unangewendet zu lassen, wenn das gesetzliche Rücktrittsrecht nicht auf einer Pflichtverletzung seitens des Rückgewährgläubigers beruht. Aus diesem Grund findet sie keine Anwendung im Falle eines Rücktritts nach § 313 III. **Analog** anwenden sollte man die Privilegierung hingegen im Falle von **vertraglichen Rücktrittsrechten,** welche die Parteien als Folge einer Pflichtverletzung vereinbaren und dadurch letztlich nur gesetzliche Rücktrittsrechte modifizieren (s. PdW Schuldrecht I **Fall 131**). 608

Einige Autoren wollen darüber hinaus die Regelung gänzlich unangewendet lassen, wenn der Rücktrittsberechtigte zum Zeitpunkt der Verschlechterung bzw. des Untergangs Kenntnis von den sein Rücktrittsrecht begründenden Umständen hatte, ein Teil der Literatur vertritt dies auch im Falle fahrlässiger Unkenntnis.[29] Dafür ist aber angesichts der eindeutigen Haltung des Gesetzgebers kein Raum.[30] Andere wiederum wollen lediglich die Privilegierung auf die eigenübliche Sorgfalt ab dem Augenblick der Kenntnis unangewendet lassen, wofür angesichts der *ratio* der Regelung sehr viel spricht: Kennt der Rücktrittsberechtigte sein Rücktrittsrecht, trifft der Gedanke, dass er darauf vertrauen darf, den Gegenstand zu behalten, nämlich nicht mehr zu.[31] Eine solche teleologische Reduktion erübrigt sich aber: Ab dem Zeitpunkt, in welchem der Rücktrittsberechtigte positive Kenntnis von seinem Rücktrittsrecht hat, ist er zwar noch nicht zur Rückgewähr verpflichtet (diese Verpflichtung entsteht erst mit der Ausübung des Rücktrittsrechts), er hat aber die Nebenpflicht aus § 241 II, den zurückzugewährenden Gegenstand pfleglich zu behandeln. Verletzt er diese, haftet er nach §§ 280 I, 249 (für jede Fahrlässigkeit) auf Schadensersatz.[32] Manche wollen dies bereits bei fahrlässiger Unkenntnis des Rücktrittsgrundes annehmen.[33] Am Zufallsrisiko ändert aber auch dies nichts: Die Gefahr des zufälligen Untergangs bleibt weiter beim Rücktrittsgegner.[34] S. PdW Schuldrecht I **Fall 131.**

Bei der schon verwirrenden Meinungsvielfalt **bleibt folgendes zu beachten:** Der Meinungsstreit um die Privilegierung des § 346 III 1 Nr. 3 ist praktisch nur von Bedeutung, wenn der Rücktrittsberechtigte den Rücktrittsgegenstand zwischen Kenntnis/Kennenmüssen der Rücktrittsvoraussetzungen und der Erklärung des Rücktritts fahrlässig beschädigt bzw. zerstört, in eigenen Angelegenheiten aber ebenfalls fahrlässig ist. Sowohl die Phase vor Kenntnis/Kennenmüssen des Rücktrittsrechts (Privilegierung nach § 346 III 1 Nr. 3 bzgl. des Wertersatzes, keine Haftung wg. Pflichtverletzung) als auch die Phase nach Ausübung des Rücktrittsrechts (Haftung für jede Fahrlässigkeit nach §§ 346 IV, 346 I, 280 I, III, 283) ist vollkommen unstreitig![35] 609

[29] S. *Schwab,* JuS 2002, 630, 635; *Hager,* FS Musielak, 2004, 202f.

[30] Zutreffend *Kamanabrou,* NJW 2003, 30, 31.

[31] S. *Looschelders,* AT, Rn. 827.

[32] Staudinger/*Kaiser,* § 346 Rn. 196.

[33] So etwa MünchKomm/*Gaier,* § 346 Rn. 59ff.

[34] *Looschelders,* AT, Rn. 827; *Arnold,* ZGS 2003, 427, 434.

[35] S. dazu die prägnante Darstellung des „3 Phasen-Modells" bei MünchKomm/*Gaier,* § 346 Rn. 59ff.

610 **dd) Herausgabepflicht einer verbliebenen Bereicherung (§ 346 III 2).** In allen Fällen der Befreiung von der Wertersatzpflicht bleibt der Rücktrittsschuldner jedoch nach § 346 III 2 zur Herausgabe einer verbliebenen Bereicherung verpflichtet. Die Regelung ist eine **Rechtsfolgenverweisung** auf die §§ 818ff. Die Verweisung ist subsidiär, d. h. nur dann anwendbar, wenn die Wertersatzpflicht entfällt. Sie setzt allerdings eine vorhandene herausgabefähige Bereicherung voraus und verpflichtet den Rückgewährschuldner nicht, eine solche zB durch Rechtsverfolgungsmaßnahmen herbeizuführen.

So hatte in *BGH* NJW 2015, 1748 der Rückgewährschuldner zwar einen Anspruch gegen den Kaskoversicherer des zerstörten Kfz erworben, dessen Abtretung allerdings unter einen Genehmigungsvorbehalt gestellt war. Da die Versicherung die Genehmigung nicht erteilte, konnte er diesen nicht an den Rückgewährgläubiger abtreten.[36]

Im Übrigen verbleibt für die §§ 812ff. neben dem Rücktrittsfolgenrecht kein Anwendungsbereich, da durch den Rücktritt der Rechtsgrund der ausgetauschten Leistungen nicht rückwirkend entfallen ist, also keine rechtsgrundlose Leistung vorliegt.[37]

d) Nutzungs- und Verwendungsersatz

611 **aa) Nutzungsersatz.** Nach § 346 I hat der Rückgewährschuldner auch **tatsächlich gezogene Nutzungen** des zurückzugewährenden Gegenstandes herauszugeben.

War – wie etwa bei einem Mietvertrag oder einem verzinslichen Darlehen – **die Nutzung als solche** Gegenstand der primären Leistungspflicht, ist diese nicht als Nutzung, sondern als „empfangene Leistung" selbst zurückzugewähren bzw. an deren Stelle der Wertersatz nach § 346 II 1 Nr. 1 zu leisten. Der zu ersetzende Wert richtet sich dann gem. § 346 II 2 nach der vereinbarten Gegenleistung, ohne dass es darauf ankäme, ob der Rückgewährschuldner den Gegenstand tatsächlich genutzt hat.[38] Lediglich im Falle eines Darlehens darf der Schuldner gem. § 346 II 2 Hs. 2 nachweisen, dass der Wert des Gebrauchsvorteils (etwa wegen niedriger Marktzinsen) geringer war.

Der Begriff der Nutzungen ist in § 100 definiert und umfasst sowohl die Früchte (§ 99) als auch die Gebrauchsvorteile. Insbesondere Letztere sind als solche nicht herausgabefähig, so dass insoweit gem. § 346 II 1 Nr. 1 Wertersatz zu leisten ist. Dieser wird durch eine **zeitanteilige lineare Wertminderung** des genutzten Gegenstandes ermittelt (s. PdW Schuldrecht I **Fall 122**). Der Wert **nicht gezogener Nutzungen** ist nach § 347 I 1 nur dann zu ersetzen, wenn die Nutzungen entgegen den Regeln einer ordnungsmäßigen Wirtschaft nicht gezogen wurden, und es dem Rückgewährschuldner möglich gewesen wäre, diese zu ziehen. Der gesetzlich zum Rücktritt Berechtigte ist nach § 347 I 2 auch hier privilegiert, indem er nur auf die eigenübliche Sorgfalt haftet (§ 347 I 2). Er hat damit nicht gezogene, aber mögliche Nutzungen auch dann nicht zu ersetzen, wenn dies der Sorgfalt entspricht, die er auch sonst in eigenen Angelegenheiten anzuwenden pflegt. Entgegen der vielleicht missverständlichen Überschrift („nach Rücktritt") betrifft die Regelung auch Nutzungen, die vor der Rücktrittserklärung hätten gezogen werden können.

612 **bb) Verwendungsersatz.** Der Gläubiger wiederum hat dem Rückgewährschuldner nach Maßgabe von § 347 II **notwendige Verwendungen** zu ersetzen, wenn dieser den Gegenstand zurückgibt oder nach § 346 III 1 Nr. 1 und 2 von der Wertersatzpflicht befreit ist.

[36] S. dazu *S. Lorenz*, NJW 2015, 1725ff.
[37] A. A. *Kohler* JuS 2013, 769, 774.
[38] S. MünchKomm/*Gaier*, § 346 Rn. 20f.

Verwendungen sind freiwillige Vermögensaufwendungen, die zumindest auch der Sache zugutekommen, indem sie ihrer Wiederherstellung, Erhaltung oder Verbesserung dienen. **Notwendig** sind sie, wenn sie zur Erhaltung oder zur ordnungsgemäßen Bewirtschaftung der Sache objektiv erforderlich sind. Das schließt (anders als im Falle von § 994 I 2) auch die gewöhnlichen Erhaltungskosten (z. B. die Fütterungskosten eines Tieres) ein. Andere Aufwendungen, sog. **nützliche Verwendungen** sind nach § 347 II 2 nur zu ersetzen, soweit der Gläubiger hierdurch bereichert ist, was der Schuldner zu beweisen hat. Hierbei ist ein subjektiver Maßstab anzulegen: Für den Bereicherungsgläubiger subjektiv vollkommen wertlose, lediglich „nützliche" Verwendungen führen zu keiner Wertersatzpflicht.

In diesem Zusammenhang ist aus Schuldnersicht die Möglichkeit, **Aufwendungsersatz** nach § 284 zu verlangen, von besonderem Interesse (s. dazu Rn. 450, 458): Bei den nach § 284 zu ersetzenden Aufwendungen kommt es nämlich auf den Nutzen des Gläubigers nicht an.[39] Der Anspruch setzt aber Vertretenmüssen voraus, da er an der Stelle eines Anspruchs auf Schadensersatz statt der Leistung gewährt wird.

Beispiel (Nach PdW Schuldrecht I **Fall 122**): Der Käufer eines Kfz hat vor dem späteren Rücktritt Verschleißmängel beseitigen, eine planmäßige Inspektion durchführen und den Wagen nach seinem Geschmack neu lackieren lassen: Reparatur und Inspektion sind notwendige Verwendungen, die Neulackierung allenfalls eine nützliche Verwendung. Entspricht diese nicht dem Geschmack des Verkäufers und führt sie auch nicht zu einer realisierbaren Wertsteigerung des Fahrzeugs, ist er insoweit nicht bereichert. Hat der Käufer jedoch einen Anspruch auf Schadensersatz statt der Leistung, kann er nach § 284 (neben dem Rücktritt, s. § 325) auch insoweit Aufwendungsersatz verlangen.[40]

e) Schadensersatz (§ 346 IV)

Die vom Wertersatz zu unterscheidende **Schadensersatzpflicht** des Rückgewährschuldners folgt gem. § 346 IV den allgemeinen Regeln (s. bereits oben Rn. 607, 609). Dadurch, dass dort von der „Verletzung einer Pflicht aus Absatz 1" die Rede ist, ergibt sich klar, dass die Verweisung nur für den Zeitraum **nach Ausübung des Rücktrittsrechts** gilt, denn erst mit diesem entsteht die in Abs. 1 geregelte Rückgewährpflicht. § 346 IV hat damit letztlich nur deklaratorischen Charakter.[41] Eine Pflicht aus § 346 I ist verletzt, wenn der zurückzugewährende Gegenstand oder der an seiner Stelle nach § 346 II geschuldete Wertersatz nicht oder nicht rechtzeitig zurückgewährt wird. Unter den Voraussetzungen der §§ 280 I, II, 286 hat der Rückgewährgläubiger Anspruch auf Ersatz des Verzögerungsschadens, nach §§ 280 I, III, 281 bzw. 283 kommt Schadensersatz statt der Leistung in Betracht. Für den Zeitraum vor Erklärung des Rücktritts kommt allenfalls eine Haftung aus §§ 280 I, 241 II desjenigen späteren Rückgewährschuldners in Betracht, der positive Kenntnis von seinem Rücktrittsrecht hat (s. dazu die Ausführungen bei Rn. 608 im Zusammenhang mit § 346 III 1 Nr. 3 sowie PdW Schuldrecht I **Fall 131**). 613

f) Modalitäten der Rückabwicklung

Die sich aus dem Rücktritt ergebenden Verpflichtungen der Parteien sind gem. § 348 S. 1 Zug-um-Zug zu erfüllen. § 348 S. 2 ordnet i. Ü. die entsprechende Anwendung von §§ 320, 322 an (s. dazu Rn. 238ff.). Der in Anspruch genommene Rückgewährschuldner kann damit die Rückgewähr verweigern, wenn ihm nicht zugleich das ihm Zurückzugewährende angeboten wird. 614

---

[39] S. BGHZ 163, 381.

[40] BGHZ 163, 381.

[41] Zutreffend *Looschelders*, AT, Rn. 859: „normale Pflichtverletzung"; *Wagner*, FS Huber, 2006, 591, 617f.

615

Überblick über das Rücktrittsfolgenrecht (§§ 346 ff.)

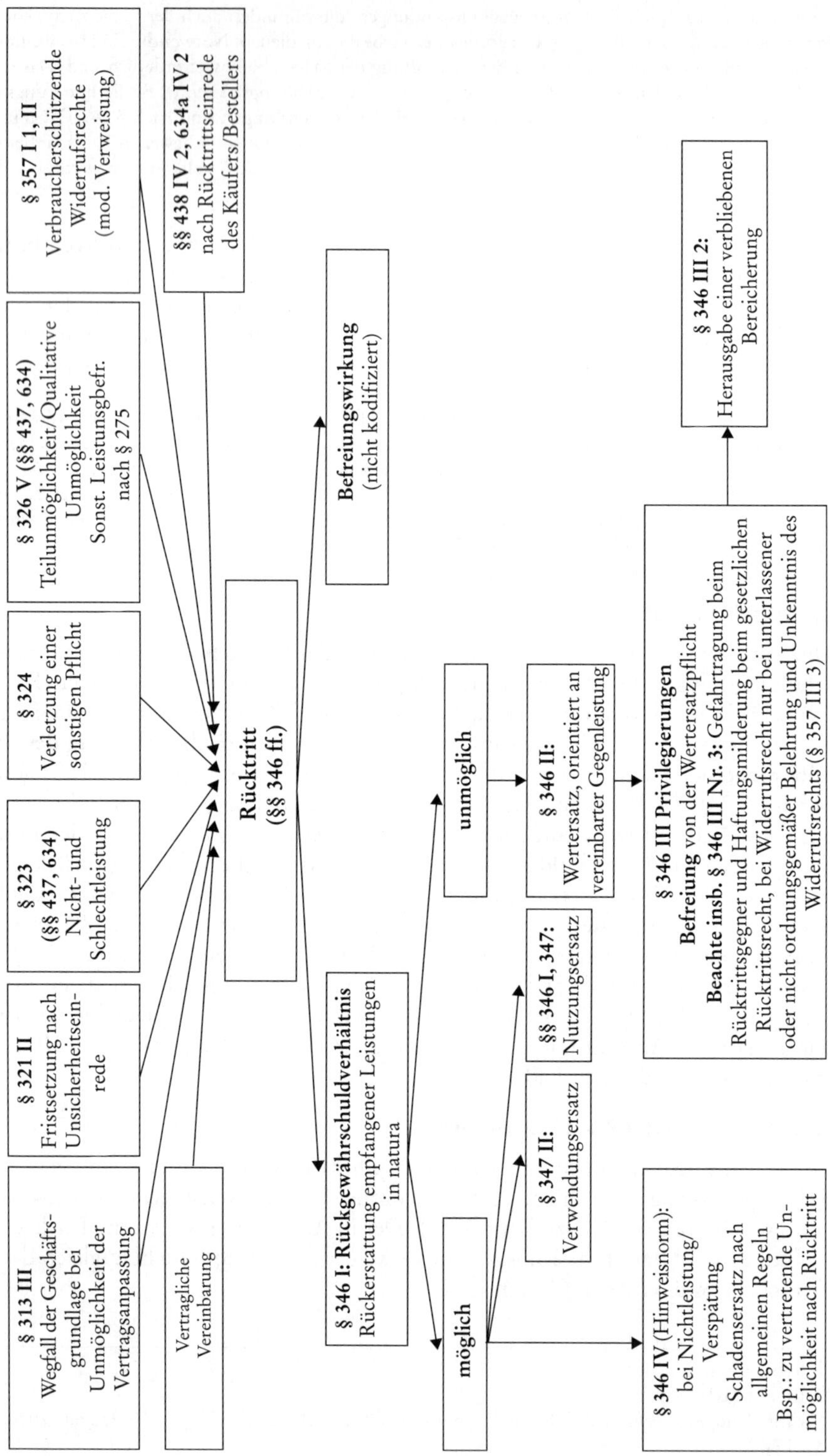

§ 48. Der Widerruf von Verbraucherverträgen

Literatur: *Billing/Milsch,* Der Ratenkauf im Internet, NJW 2015, 2369; *S. Lorenz,* Grundsatz der Doppelwirkung und Verbraucherschutz bei der Vertragsanbahnung, GS M. Wolf, 2011, 77; *Schwab/Hromek,* Alte Streitstände im neuen Verbraucherprivatrecht, JZ 2015, 271; *Wendehorst,* Das neue Gesetz zur Umsetzung der Verbraucherrechterichtlinie, NJW 2014, 577; *Wendelstein/Zander,* Das neue Verbraucherrecht nach der Umsetzung der Verbraucherrechterichtlinie; Jura 2014, 1192.

I. Überblick: Verbraucherschutz im BGB

Im ursprünglichen BGB ist „der Verbraucher" als ein besonders zu schützendes Rechtssubjekt nicht vorgekommen. Seit 1969 ist dann aber – zunächst in Nebengesetzen – ein immer weiter reichender Schutz für den Verbraucher eingerichtet worden. In das BGB selbst hat zunächst ein Gesetz vom 27.6.2000 zwei allgemeine Regelungen eingeführt: Erstens sind in den §§ 13, 14 der Verbraucher und als dessen Gegenpol der Unternehmer definiert worden und zweitens wurden die Folgen der Ausübung verbraucherschützender Widerrufsrechte einheitlich in den §§ 361 a, 361 b BGB a. F. geregelt. Seit der Schuldrechtsreform 2002 fanden sich diese Regelungen über das **Widerrufsfolgenrecht** nunmehr in den §§ 355–360. Gleichzeitig wurden die bis dahin in Nebengesetzen (HWiG, FernabsG, VerbrKrG, TzWohnRG) geregelten verbraucherschützenden Widerrufsrechte ohne wesentliche Änderungen in das BGB integriert. Rechtsprechung und Literatur zu diesen Vorläuferregelungen ist also weiterhin relevant. 616

Die meisten dieser Widerrufsrechte beruhten auf der Umsetzung entsprechender **EG-Richtlinien.** Bei ihrer Anwendung ist also das **Gebot richtlinienkonformer Auslegung** von besonderer Bedeutung. Die teils unterschiedlichen Vorgaben insbesondere der EG-Richtlinie über Haustürgeschäfte und der Fernabsatzrichtlinie für die Informationspflichten und Widerrufsrechte wurden durch die **VerbraucherrechteRl.** der EU vom 25.10.2011 neu gefasst und vereinheitlicht.[1] Mit Wirkung von 13.6.2014 wurde diese Richtlinie in Bezug auf verbraucherschützende Widerrufsrechte in den §§ 312–312j sowie in den §§ 355–361 vollständig neu gefasst. Herausgekommen ist dabei eine sehr komplexe und wenig übersichtliche gesetzliche Regelung. 617

Die Besonderheit der VerbraucherrechteRl. gegenüber ihren Vorgängerrichtlinien besteht darin, dass sie dem Grundsatz der **Vollharmonisierung** folgt. Während frühere verbraucherschützende Richtlinien lediglich einen Mindeststandard von Verbraucherschutz setzten, den Mitgliedstaaten aber die Befugnis einräumten, ein höheres Verbraucherschutzniveau vorzusehen, ist dies nach Art. 4 der VerbraucherrechteRl. nicht mehr möglich. Die Gesetzgeber der Mitgliedstaaten müssen als exakt den Schutzstandard der VerbraucherrechteRl. übernehmen.

II. Der Verbrauchervertrag

1. Typische Unterlegenheit

Rechtspolitischer Ansatzpunkt für den besonderen Schutz des Verbrauchers ist die Annahme, dieser sei beim Vertragsschluss dem geschäftserfahrenen Unternehmer typischerweise unterlegen. An einer solchen typischen Unterlegenheit fehlt es, wenn sich zwei Verbraucher gegenüberstehen. Der Verbrauchervertrag wird also dadurch gekennzeichnet, dass auf der einen Vertragsseite (insbesondere als Käufer) ein Verbrau- 618

[1] Rl. 2011/83/EU über die Rechte der Verbraucher, Abl. EU L 304/64. S. dazu *Schwab/Giesemann,* EuZW 2012, 253.

cher und auf der anderen Seite (vor allem als Verkäufer) ein Unternehmer steht. Dem entspricht die Legaldefinition des Verbrauchervertrags in § 310 III 1.

Die Annahme einer Unterlegenheit des Verbrauchers gegenüber dem Unternehmer bedeutet eine Typisierung, die nicht immer zuzutreffen braucht. Das gilt etwa für einen Kraftfahrzeugmechaniker, der für private Zwecke (also als Verbraucher) ein Kraftfahrzeug von einem Rechtsanwalt kauft, der dieses für seinen Beruf genutzt hatte (also als Unternehmer). In solchen Fällen kann die Berufung des (an Fachwissen überlegenen) Verbrauchers auf die Nichtigkeit von Abreden zugunsten des Verkäufers (z. B. nach § 475 gegen einen Ausschluss der Mängelhaftung) problematisch sein.[2] Ob im Einzelfall ein nach § 242 unzulässiger Rechtsmissbrauch in Betracht kommt, wenn sich ein „erfahrener" Verbraucher auf verbraucherschützende Regelungen beruft, ist angesichts der bewusst typisierenden, gerade nicht auf den Einzelfall abstellenden Regelungen höchst fraglich: Es geht letztlich um die (aus Rechtssicherheitsgründen zu bejahende) Frage, ob eine gesetzliche Typisierung auch da angewendet werden muss, wo sie offenbar nicht zutrifft.

Typisch für die Wahrung des Verbraucherschutzzwecks der jeweiligen Vorschriften ist auch das in jedem Regelungsbereich anzutreffende **Umgehungsverbot:** Verbraucherschutz ist nicht nur zwingendes Recht, sondern soll auch nicht durch findige juristische Konstruktionen umgangen werden dürfen (s. §§ 312k I 2, 475 I 2, 487, 511 I 2).

2. Verbraucherbegriff (§ 13)

619 Verbraucher ist nach § 13 jede **natürliche Person,** die ein Rechtsgeschäft zu einem Zweck abschließt, der *überwiegend* weder ihrer gewerblichen noch ihrer *selbständigen* beruflichen Tätigkeit zugerechnet werden kann. Arbeitnehmer und Beamte können daher mangels Selbständigkeit sehr wohl als Verbraucher auftreten, auch wenn sie mit Rücksicht auf ihr Arbeits- oder Dienstverhältnis kontrahieren.

Die zum 13.6.2014 neu gefasste Regelung setzt Art. 2 Nr. 1 der VerbraucherrechteRl. 2011 um. § 13 geht allerdings über die Vorgabe der Richtlinie hinaus, weil er auch unselbständig beruflich Handelnde als Verbraucher definiert, während diese nach der Rl. nicht unter den Verbraucherbegriff fallen. Das wird trotz des vollharmonisierenden Charakters der Rl. (oben Rn. 617) EU-rechtlich unbedenklich, da es den Mitgliedstaaten unbenommen bleibt, im Rahmen einer „überschießenden Umsetzung" Richtlinienvorschriften auf einen Bereich auszudehnen, der nicht von der Richtlinie erfasst wird.

Nach *BGH* NJW 2002, 368 kann trotz der Anerkennung der Rechtsfähigkeit der BGB-Gesellschaft auch eine in einer solchen verbundene Gruppe natürlicher Personen „Verbraucher" sein. Gleiches gilt für eine Wohnungseigentümergemeinschaft nach dem WEG.[3]

Der Verbraucherbegriff wird auf die Rolle beim Abschluss eines Rechtsgeschäfts bezogen. Folglich ist man nicht schlechthin Verbraucher, sondern nur, wenn man nach § 13 auftritt.[4] Demnach kann dieselbe Person bisweilen als Verbraucher zu behandeln sein (z. B. der Schriftsteller, der sich ein Auto kauft) oder auch nicht (der Schriftsteller kauft Papier für das Manuskript seines nächsten Romans). Fraglich ist die Verbrauchereigenschaft für Geschäfte von **Existenzgründern** bis zum Beginn ihrer eigent-

[2] Vgl. *F. Bydlinski,* AcP 204 (2004) 309, 382ff.; *Adomeit,* JZ 2003, 1053.
[3] Vgl. dazu *BGH* BeckRS 2015, 08868 Rn. 30.
[4] Vgl. *Medicus,* FS Kramer, 2004, 211.

lichen Berufstätigkeit; vgl. die Einzelregelungen in den §§ 512, 655e II; regelmäßig sind Existenzgründer aber schon Unternehmer.[5] Im Übrigen ist die Verbrauchereigenschaft **objektiv** zu bestimmen, d. h. der Vertragspartner muss diese nicht erkannt haben. Dennoch wird aber nach § 242 nicht als Verbraucher geschützt, wer die Eigenschaft als Unternehmer vorgetäuscht hat.[6]

Dient das Rechtsgeschäft sowohl privaten als auch selbstständig-beruflichen Zwecken (**„dual use"**), kommt es nach der Neufassung des § 13 darauf an, welcher Zweck **überwiegt.**

Vereinzelt stellt das BGB auch nicht auf den Abschluss eines Rechtsgeschäfts ab. Das gilt etwa für § 241a, wo ja die Lieferung unbestellter Ware gerade keinen Vertrag begründet. Nicht notwendig um ein Rechtsgeschäft geht es auch in § 661a (Gewinnzusage).

3. Unternehmerbegriff (§ 14)

Unternehmer ist nach § 14 jede natürliche oder juristische Person, die bei Abschluss **620** eines Rechtsgeschäfts ihre gewerbliche oder selbständige berufliche Tätigkeit ausübt.[7] Hierhin gehören auch Personengesellschaften mit einer beschränkten Teilrechtsfähigkeit (vor allem OHG und KG, nach der neueren Rechtsprechung wohl auch die BGB-Gesellschaft). Nach der Rspr. ist für die Unternehmereigenschaft keine Gewinnerzielungsabsicht erforderlich.[8] Damit können auch gemeinnützige Einrichtungen und Vereine Unternehmer sein. Bezeichnet sich eine Person selbst als Unternehmer, nimmt die Rechtsprechung eine Beweislastumkehr zugunsten des Verbrauchers an.[9]

Auch hinsichtlich des Unternehmers gibt es aber Vorschriften, die nicht auf den Abschluss eines Rechtsgeschäfts abstellen (z. B. wieder die §§ 241a, 661a).

III. Grundmechanismen des vertragsrechtlichen Verbraucherschutzes

Der vertragsrechtliche Verbraucherschutz des BGB verfolgt das Ziel, die angenom- **621** mene „strukturelle Unterlegenheit" des Verbrauchers gegenüber dem Unternehmer zu kompensieren. Wichtigstes Ziel ist dabei neben dem Schutz durch **zwingendes Recht** die Stärkung seiner **rechtsgeschäftlichen Entscheidungsfreiheit.** Das wiederum einerseits durch (umfangreiche) Informationspflichten des Unternehmers, welche gleichsam die Basis einer selbstverantwortbaren Entscheidung des Verbrauchers gewährleisten sollen. Zweite Säule des Schutzes der rechtsgeschäftlichen Entscheidungsfreiheit ist die Einräumung von Widerrufsrechten. Diese sollen es dem Verbraucher erlauben, eine möglicherweise voreilig getroffene Entscheidung innerhalb einer bestimmten – kurzen – Frist revidieren zu können.

---

5 BGHZ 162, 253.

6 *BGH* NJW 2005, 1045, s. dazu *Herresthal,* JZ 2006, 695.

7 Die Unternehmereigenschaft setzt dabei nicht voraus, dass das betreffende Geschäft für den jeweiligen Unternehmer branchentypisch ist, s. *BGH* NJW 2011, 3435: Verkauf eines Firmen-Kfz durch eine GmbH.

8 BGHZ 167, 40: Hobby-Pferdezüchter.

9 Zum „Powerseller" bei Internetauktionen („ebay") s. z. B. *OLG Koblenz* NJW 2006, 1438.

IV. Grundstruktur der gesetzlichen Regelung

1. Überblick

622 Die gesetzliche Regelung der allgemeinen Verhaltens- und Informationspflichten von Unternehmern sowie der Begründung der Widerrufsrechte bei **außerhalb von Geschäftsräumen geschlossenen Verträgen** sowie **Fernabsatzverträgen** findet sich in den §§ 312–312k. Diese stehen unter dem Untertitel „Grundsätze bei Verbraucherverträgen und besondere Vertriebsformen". Weitere, auf bestimmte Vertragstypen bezogene verbraucherschützende Widerrufsrechte finden sich an anderen Stellen des Gesetzes (dazu unten Rn. 628). Die Ausübung der Widerrufsrechte und die weiteren Rechtsfolgen, insbesondere die Rückabwicklung bereits erbrachter Leistungen, sind in den §§ 355–361 geregelt.

2. Anwendungsbereich (§ 312)

623 Nach § 312 I sind die spezifischen verbraucherschützenden Regelungen der §§ 312 – 312h auf Verbraucherverträge i. S. v. § 310 III anwendbar, die eine **entgeltliche** Leistung **des Unternehmers** zum Gegenstand haben.[10] Verbraucherverträge sind zwischen einem Unternehmer und einem Verbraucher. Der Begriff der „entgeltlichen Leistung" ist dabei richtlinienkonform weit auszulegen und erfasst jeden Vertrag, der den Verbraucher zu einer Leistung verpflichtet, auch wenn eine Gegenleistung nicht vereinbart ist (also etwa bei einer Bürgschaft eines Verbrauchers).[11]

Die §§ 312i, j, die bestimmte **Verhaltensregelungen im elektronischen Geschäftsverkehr** aufstellen, sind hingegen nicht auf das Verhältnis Unternehmer/Verbraucher beschränkt, sondern gelten für jeden Unternehmer unabhängig davon, ob der Vertragspartner Verbraucher ist. Auch kommt es hier nicht auf die Entgeltlichkeit der Leistung an.

§ 312 II–VI enthalten dann detaillierte Bereichsausnahmen. Danach sind auf bestimmte Verträge nur Teile der in diesem Abschnitt befindlichen Regelungen anzuwenden, nämlich die Regelung des § 312a über allgemeine Pflichten bei Verbraucherverträgen und über die Grenzen der Vereinbarung von Entgelten. Hier wird insbesondere auch das Widerrufsrecht für bestimmte Verträge ausgenommen. Das gilt insbesondere für notariell beurkundete Verträge, Bauverträge, Reiseverträge im Fernabsatz und außerhalb von Geschäftsräumen geschlossene Verträge mit einem Entgelt von bis zu 40,– € u.v.m.

3. Allgemeine Pflichten und Grundsätze bei Verbraucherverträgen (§ 312a I, II)

624 Nach § 312a I hat der Unternehmer oder eine in seinem Auftrag handelnde Person im Falle einer telefonischen Kontaktaufnahme zum Zweck des Vertragsschlusses zu Beginn des Gesprächs seine bzw. ihre Identität sowie den Zweck des Anrufs offenzulegen.

Nach § 312a II muss ein Unternehmer bei Verträgen, die keine Fernabsatzverträge oder außerhalb von Geschäftsräumen geschlossene Verträge sind (d. h. im **stationären Handel**) einen Verbraucher nach Maßgabe von Art. 246 EGBGB informieren und

[10] Damit sind die §§ 312ff. nicht zugunsten eines Verbrauchers in der Rolle als Verkäufer anwendbar, vgl. *BGH* NJW 2015, 1009 Rn. 23.

[11] *Wendehorst,* NJW 2014, 577, 580; *Schwab/Hromek,* JZ 2015, 271, 273f.

kann vom diesem Fracht-, Liefer- und Versandkosten nur verlangen, wenn er ihn darüber nach Maßgabe von Art. 246 I Nr. 3 EGBGB informiert hat.

Diese umfassenden Informationspflichten beruhen auf der Umsetzung von Art. 5 VerbraucherrechteRl. Der Katalog dieser Informationspflichten in Art. 246 I EGBGB ist außerordentlich weit und in der alltäglichen Praxis wohl kaum im Einzelnen durchführbar. Für Verträge, welche **„Geschäfte des täglichen Lebens“** zum Gegenstand haben und bei Vertragsschluss sofort erfüllt werden“ entfällt daher nach Art. 246 II EGBGB die Informationspflicht.

Verletzt der Unternehmer eine solche Informationspflicht, können ihm zunächst wettbewerbsrechtliche Sanktionen sowie Unterlassungsklagen von Verbraucherschutzverbänden nach § 2 UKlaG drohen. Im Einzelfall sind Schadensersatzansprüche des Verbrauchers aus § 280 I denkbar, wenn dieser z. B. aufgrund mangelhafter Belehrung bestimmte Rechte nicht geltend macht und dadurch einen Schaden erleidet.

4. Entgeltabreden (§ 312a III–V)

Nach § 312a III kann eine Vereinbarung, die über das für die Hauptleistung verein- 625
barte Entgelt hinausgeht (z. B. über Nebenleistungen) nur ausdrücklich getroffen werden. Im elektronischen Geschäftsverkehr wird eine solche Vereinbarung nur Vertragsbestandteil, wenn sie nicht vom Unternehmer durch Voreinstellung herbeigeführt wird. Diese Regelung schützt den Verbraucher, dessen Augenmerk meist ausschließlich auf das Hauptentgelt gerichtet ist, vor Zusatzvereinbarungen. Bei Verträgen im elektronischen Rechtsverkehr darf also der Unternehmer eine solche Nebenabrede (z. B. über eine zusätzliche Versicherung) nicht dadurch herbeiführen, dass auf der entsprechenden Stelle einer Webseite ein „Häkchen“ bereits vorgesetzt ist und vom Verbraucher erst entfernt werden muss (was eben leicht übersehen wird).

§ 312a IV betrifft besondere Entgelte für die Benutzung eines bestimmten Zahlungsmittels (z. B. Kreditkarte). Eine Vereinbarung solcher Entgelte ist unwirksam, wenn für den Verbraucher keine zumutbare unentgeltliche Zahlungsalternative besteht oder das vereinbarte Entgelt über die dem Unternehmer für die Benutzung des Zahlungsmittels entstehenden Kosten hinausgeht.

§ 312a V betrifft schließlich Entgelte für die Benutzung von **Kunden-Hotlines.** Entgeltvereinbarungen sind hier unwirksam, wenn sie das Entgelt für die Nutzung des Kommunikationsdienstes überschreiten. Hierdurch soll verhindert werden, dass der Verbraucher durch die entstehenden Kosten von einer Kontaktaufnahme mit dem Unternehmer abgehalten wird. Auch soll dieser durch eine Kunden-Hotline keinen zusätzlichen Gewinn machen dürfen.[12]

§ 312a VI stellt – ähnlich wie § 306 I im AGB-Recht – klar, dass eine nach § 312a III–V unwirksame Entgeltabrede die Gültigkeit des Vertrags im Übrigen unberührt lässt. Diese Regelung ist damit *lex specialis* zu § 139.

5. Pflichten im elektronischen Geschäftsverkehr (§§ 312i, j)

a) Allgemeine Pflichten (§ 312i)

Für den elektronischen Geschäftsverkehr enthalten die § 312i und § 312j weitere Ver- 626
haltenspflichten. Den „Vertrag im elektronischen Geschäftsverkehr“ definiert § 312i I

[12] *Looschelders,* AT, Rn. 861.

1 als einen Vertrag, zu dessen Abschluss sich ein Unternehmer zum Zwecke der Lieferung von Waren (beweglichen Sachen, vgl. § 241 a I) oder der Erbringung von Dienstleistungen sog. **Telemedien** bedient. Der Begriff der Telemedien ist in § 1 TMG definiert und umfasst vor allem die Bestellung von Waren und Dienstleistungen im **Internet,** nicht aber die klassischen Formen der Telekommunikation wie z. B. Telefon oder Fax. Auch Rundfunk und Fernsehen (z. B. Teleshopping) werden nicht erfasst.

Die Vorschrift dient der Umsetzung der der sog. „e-commerce-Richtlinie" der (vormaligen) EG (heute: EU)[13] und gilt daher nicht nur zwischen Unternehmern und Verbrauchern, sondern auch im rein unternehmerischen Bereich. Dort können aber nach § 312i II 2 bestimmte Regelungen vertraglich abbedungen werden.

Der Unternehmer hat hier dem Kunden insbesondere angemessene Mittel zur Verfügung zu stellen, dass dieser Eingabefehler vor der Bestellung erkennen und beheben kann (Nr. 1), und die in Art. 246c EGBGB bestimmten, sehr detaillierten Informationen klar und deutlich mitzuteilen (Nr. 2). Weiter hat der den Zugang der Bestellung des Kunden unverzüglich auf elektronischem Weg zu bestätigen (Nr. 3). § 312i I 2 legt in diesem Zusammenhang fest, dass Bestellung und Empfangsbestätigung als zugegangen gelten, wenn der jeweilige Empfänger diese unter gewöhnlichem Umständen abrufen kann. Dies entspricht der allgemeinen Definition des Zugangs von Willenserklärungen.

Die Vorschrift ändert nichts daran, dass das Anbieten von Waren und Dienstleistungen im Internet für gewöhnlich lediglich eine *invitatio ad offerendum* darstellt. Das Angebot (§ 145) gibt also der Kunde ab. Die bloße Empfangsbestätigung des Unternehmers stellt noch keine Annahme dieses Vertragsangebots durch den Unternehmer dar. Sie ist lediglich eine Wissensmitteilung, aber keine Willenserklärung. Das schließt es aber nicht aus, dass der Unternehmer die Empfangsbestätigung mit einer der Annahme oder Ablehnung des Angebots verbindet. Maßgeblich ist, wie die Erklärung aus dem objektiven Empfängerhorizont auszulegen ist.[14]

Schließlich muss der Unternehmer dem Kunden die Möglichkeit verschaffen, die Vertragsbestimmungen einschließlich der AGB bei Vertragsschluss abzurufen und in wiedergabefähiger Form zu speichern (Nr. 3).

b) Besondere Pflichten gegenüber Verbrauchern (§ 312j); „Button"-Pflicht

627 § 312j stellt weitere Verhaltenspflichten im elektronischen Geschäftsverkehr auf, die ausschließlich gegenüber Verbrauchern gelten. Neben Informationspflichten über Lieferbeschränkungen und Zahlungsmodalitäten (Abs. 1) sowie weiteren Informationspflichten nach Art. 246a EGBGB (Abs. 2) ist hier insbesondere die sog. **Button-Pflicht** nach Abs. 3 und 4 hervorzuheben. Sie dient dazu, „Vertragsfallen" zu verhindern, indem Verbrauchern mit einem Mausklick ein Vertragsschluss gleichsam untergeschoben wird (insbesondere bei den sog. „Abo-Fallen"): Der Unternehmer muss die Bestellsituation auf seiner Web-Seite so gestalten, dass der Verbraucher bei der Bestellung ausdrücklich seine Zahlungspflicht bestätigt. Wenn dies – wie regelmäßig – über eine Schaltfläche geschieht, muss diese gut lesbar mit dem Hinweis „zahlungspflichtig

[13] Richtlinie L 2000/31/EG über bestimmte rechtliche Aspekte der Dienste der Informationsgesellschaft, insb. des elektronischen Geschäftsverkehrs vom 8.6.2000, ABl. EG L 178 v. 17.7.2000, 1.

[14] S. auch *BGH* NJW 2013, 598 Rn. 19 sowie *BGH* NJW 2005, 976, wo die Empfangsbestätigung als Annahme zu verstehen war.

bestellen" oder einer entsprechenden eindeutigen Formulierung gekennzeichnet sein. Ist dies nicht der Fall, kommt nach § 312j IV ein Vertrag **nicht zustande.**

V. Verbraucherschützende Widerrufsrechte

1. Gemeinsame Strukturen der Widerrufsrechte

Die verbraucherschützenden Widerrufsrechte verfolgen sämtlich das Ziel, die rechts- 628
geschäftliche Entscheidungsfreiheit des Verbrauchers zu wahren. Dazu soll er nach Vertragsschluss die Gelegenheit bekommen, eine u. U. vorschnell getroffene rechtsgeschäftliche Entscheidung zu revidieren (im amerikanischen Recht spricht man anschaulich von einer *„cooling-off period"*). Die Notwendigkeit einer solchen nachträglichen Überlegungsfrist rechtfertigt sich aus zwei unterschiedlichen Motiven: entweder aus der **Art und Weise des Zustandekommens** des Vertrags oder aber aus der **Komplexität seines Gegenstandes.**

Ersteres liegt dem deshalb zutreffend unter dem Untertitel „Besondere Vertriebsformen" in § 312g geregelten Widerruf von **außerhalb von Geschäftsräumen geschlossenen Verträgen** (§ 312b) und von **Fernabsatzverträgen** (§ 312c) zugrunde. Sie machen das Widerrufsrecht von einer bestimmten äußeren **Vertragsabschlusssituation** abhängig, ohne dabei auf einen ganz bestimmten Vertragsinhalt abzustellen.

Aus der Komplexität und der Art des Vertragsgegenstandes als dauerhafte finanzielle Belastung rechtfertigen sich demgegenüber die Widerrufsrechte für **Teilzeit-Wohnrechteverträge** (sog. *time-sharing,* § 485, s. dazu BT Rn. 1101), **Verbraucherdarlehensverträge** (§ 495, s. dazu BT Rn. 591 ff.), **Teilzahlungsgeschäfte** und **Finanzierungsleasingverträge** (§§ 506 ff., s. dazu BT Rn. 601 ff.) sowie **Ratenlieferungsverträge** (§ 510, s. dazu BT Rn. 607 ff.). Daneben gibt es weiterhin einige außerhalb des BGB geregelte vertragstypenbezogene Widerrufsrechte (so etwa in § 4 FernUSG für Fernunterrichtsverträge und in § 8 VVG für Versicherungsverträge). Auch sie gewähren dem Verbraucher das Widerrufsrecht vollkommen unabhängig von der jeweiligen Vertragsabschlusssituation.

Die rechtsgeschäftliche Entscheidungsfreiheit des Verbrauchers soll weiter durch ausführliche Informationspflichten gewahrt werden. Diese sind in §§ 312a (dazu o. Rn. 624) sowie in § 312d durch Verweis auf detaillierte Regelungen in und im Zusammenhang mit den Widerrufsrechten aber gesondert und detailliert (und wenig übersichtlich) in Art. 246 ff. EGBGB geregelt.

Allen Widerrufsrechten ist gemeinsam, dass zunächst der **persönliche Anwendungsbereich** (Unternehmer und Verbraucher als Vertragsparteien) und der **sachliche Anwendungsbereich** (Vertragstyp) zu prüfen sind.

Letzterer ist bei den vertragsabschlussbezogenen Widerrufsrechten sehr weit gefasst (z. B. § 312: Vertrag über eine entgeltliche Leistung), bei den vertragstypenbezogenen Widerrufsrechten hingegen eng definiert (s. etwa § 510 I Nr. 1–3). Zu beachten sind auch die jeweiligen **Ausnahmetatbestände,** die unter bestimmten Voraussetzungen Widerrufsrechte ausschließen (s. dazu etwa § 312 II -VI, 491 II Nr. 1).

Schließlich verweisen sämtliche im BGB verankerte Widerrufsregelungen in Bezug auf die Art und Weise der **Ausübung des Widerrufsrechts** sowie bezüglich der Art und Weise der **Rückabwicklung** nach Ausübung des Widerrufsrechts auf die §§ 355 ff. (dazu u. Rn. 632 ff.; zur Systematik s. zusammenfassend PdW Schuldrecht I **Fall 137**).

Die Frage, ob die Ausübung eines verbraucherschützenden Widerrufsrechts einen **wirksamen Vertragsschluss** voraussetzt, lässt sich entgegen *BGH* NJW 2010, 610 nicht pauschal mit dem Hinweis auf den Grundsatz der „Doppelwirkung" bejahen. Bei diesem geht es im Kern um die Frage, ob ein nichtiges Rechtsgeschäft Gegenstand einer Anfechtung nach den §§ 119ff. sein kann.[15] Der Vorteil einer Widerrufsmöglichkeit auch eines nichtigen Vertrags besteht für den Verbraucher in der Anwendbarkeit der §§ 355ff für die Rückabwicklung ausgetauschter Leistungen. Diese können für den Verbraucher wesentlich günstiger sein als die im Falle der Nichtigkeit anwendbaren §§ 812ff. Im Fall *BGH* NJW 2010, 610 hätte der Verbraucher beim (nach § 138 I nichtigen) Kauf eines Radarwarngeräts den Kaufpreis wegen § 817 S. 2 nicht nach § 812 I 1 Alt. 1 zurückfordern können, der *BGH* gewährte ihm aber einen Anspruch aus §§ 357 I, 346a.F (heute: § 355 III 1). Richtigerweise sollte auf den **Zweck des Nichtigkeitsgrundes** abgestellt werden. Verfolgt dieser einen ähnlichen Zweck wie das Widerrufsrecht, weil er die rechtsgeschäftliche Selbstbestimmung des Betroffenen schützt, spricht nichts dagegen, daneben einen Widerruf zuzulassen. Verfolgt er hingegen übergeordnete Zwecke (so bei sittenwidrigem Handeln des Verbrauchers), besteht kein Grund, den Verbraucher durch ein Widerrufsrecht zu privilegieren.[16] S. dazu auch PdW Schuldrecht I **Fall 140.**

2. Außerhalb von Geschäftsräumen geschlossene Verträge (§ 312b)

629 Außerhalb von Geschäftsräumen geschlossene Verträge sind nach der Definition des § 312b Verträge, die bei **gleichzeitiger persönlicher Anwesenheit** der Parteien an einem Ort geschlossen werden, der kein **Geschäftsraum des Unternehmers** ist (§ 312b I 1 Nr. 1).

Geschäftsräume sind nach der Definition in § 312b II **unbewegliche Gewerberäume,** in welchen der Unternehmer seine Tätigkeit dauerhaft ausübt sowie **bewegliche Gewerberäume,** in welchen der Unternehmer seine Tätigkeit **gewöhnlich** ausübt. Letzteres trifft etwa auf fahrende Händlern auf Wochenmärkten und dergleichen zu.

Die Vorschrift zielt insbesondere auf Verträge, die in Privatwohnungen entweder des Verbrauchers selbst oder – im Falle sog. „Partyverkäufe" – in der Privatwohnung eines Dritten oder am Arbeitsplatz des Verbrauchers abgeschlossen werden. Erfasst wird aber auch der Vertragsschluss in Verkehrsmitteln, auf Freizeitveranstaltungen und auf öffentlichen Verkehrsflächen. Durch das Erfordernis der gleichzeitigen persönlichen Anwesenheit wird klargestellt, dass telefonische Vertragsabschlüsse nicht von § 312b erfasst werden. Allerdings kann dann ein Fernabsatzvertrag nach § 312c vorliegen (dazu u. Rn. 630).

Ausreichend ist aber auch, dass der Verbraucher an einem solchen Ort ein **Vertragsangebot** abgegeben hat (Nr. 2). Der Begriff des „Vertragsangebots" dürfte dabei nicht im engen Sinn zu verstehen sein: Gemeint ist die zum Vertragsschluss erforderliche Willenserklärung des Verbrauchers, unabhängig davon, ob es sich im Einzelfall um ein Angebot oder eine Annahme handelt.

Nach § 312b I 1 Nr. 3 werden weiter Verträge erfasst, die zwar in Geschäftsräumen des Unternehmers oder telefonisch geschlossen werden, bei denen aber der Verbraucher unmittelbar vor Vertragsschluss außerhalb von Geschäftsräumen persönlich und individuell angesprochen wurde. Es geht damit insbesondere um Situationen, in welchen ein Verbraucher auf der Straße angesprochen und in die Geschäftsräume „gelockt" wurde.

[15] Zu diesem von *Kipp,* FS v. Martitz, 1911, 211 entwickelten Grundsatz s. z. B. *Medicus,* AT Rn. 728ff.
[16] S. dazu eingehend *S. Lorenz,* GS M. Wolf, 2011, 77.

Schließlich werden Verträge erfasst, die auf einem Ausflug geschlossen werden, der vom Unternehmer oder mit seiner Hilfe organisiert wurde, um beim Verbraucher für Waren und Dienstleistungen zu werben und entsprechende Verträge abzuschließen (Nr. 4). Letzteres sind die berüchtigten sog. „Kaffeefahrten".

3. Fernabsatzverträge (§ 312c)

630 Fernabsatzverträge sind nach der Definition des § 312c I Verträge, bei welchen der Unternehmer oder eine in seinem Auftrag handelnde Person und ein Verbraucher für die Vertragsverhandlungen und den Vertragsschluss ausschließlich Fernkommunikationsmittel verwenden.

Der Begriff der **Fernkommunikationsmittel** wird in § 312c II sehr weit definiert. Er umfasst alle Kommunikationsmittel, die zur Anbahnung oder zum Abschluss eines Vertrags ohne körperliche Anwesenheit der Parteien eingesetzt werden können. Das erfasst Telemedien (oben Rn. 626), insbesondere Verträge, die über Web-Seiten abgeschlossen werden, aber auch jede andere Art der Kommunikation wie Briefe, Kataloge, Telefonanrufe, E-mails, SMS oder Rundfunk. Erfasst werden also sowohl der klassische Versandhandel als auch moderne Formen wie z. B. das Teleshopping über Verkaufssendungen.

Ausgenommen sind nach § 312c I Hs. 2 Fälle, in welchen der Vertragsschluss nicht im Rahmen eines für den Fernabsatz organisierten Vertriebs- oder Dienstleistungssystem erfolgt. Gemeint sind damit z. B. Fälle, in welchen ein Händler nur gelegentlich einmal eine telefonische oder schriftliche Bestellung entgegennimmt, seinen Geschäftsbetrieb aber nicht (auch) auf diese Art des Vertragsschlusses aufbaut.

4. Widerrufsrecht (§ 312g)

631 § 312g I räumt dem Verbraucher bei außerhalb von Geschäftsräumen geschlossenen Verträgen sowie bei Fernabsatzverträgen ein **Widerrufsrecht** nach § 355 ein.

Dabei enthält § 312g II allerdings wichtige Bereichsausnahmen, die meist darauf beruhen, dass der Unternehmer nach einem Widerruf den Vertragsgegenstand nicht oder nur schwer verwerten oder das Widerrufsrecht missbräuchlich und spekulativ eingesetzt werden könnte. Kein Widerrufsrecht besteht danach insbesondere bei besonders individualisierten Waren wie z. B. einem Maßanzug (Nr. 1), verderblicher Ware (Nr. 2) versiegelter Ware, die aus hygienischen Gründen nicht zur Rückgabe geeignet ist (Nr. 3); beim Kauf von Datenträgern, die entsiegelt wurden (Nr. 6), bei Verträgen über Zeitschriften, sofern sie keine Abonnementverträge sind (Nr. 7).

Bei sonstigen, d. h. weder außerhalb von Geschäftsräumen noch im Fernabsatz geschlossenen Abonnementverträgen kann ein Verbraucher ein Widerrufsrecht nach § 510 II zustehen.

Der Ausschluss des Widerrufsrechts bei **notariell beurkundeten Verträgen** (Nr. 13) beruht darauf, dass aufgrund der Belehrungspflichten eines Notars nach § 17 BeurkG ein besonderer Schutz des Verbrauchers vor Übereilung nicht für erforderlich gehalten wird.

Der Ausschlusstatbestand des Abs. 2 S. 1 Nr. 10 für den Vertragsschluss bei **Versteigerungen** gilt bei den dort gesetzlich definierten **„öffentlich zugänglichen Versteigerungen"**. Es muss sich danach um „echte" Versteigerungen handeln, in welchen der

Vertrag durch Zuschlag (§ 156) zustande kommt und die Parteien persönlich anwesend sein können.[17] Bei den gängigen Internetversteigerungen wie z. B. bei *ebay* ist daher ein Widerrufsrecht *nicht* nach Abs. 2 S. 1 Nr. 10 ausgeschlossen.[18]

Auch bei **Reiseverträgen** besteht ein Widerrufsrecht nur im Falle eines außerhalb von Geschäftsräumen geschlossenen Vertrags, nicht aber bei Vertragsschluss im Fernabsatz (Nr. 9 sowie Abs. 2 S. 2).

Das Verhältnis zu **konkurrierenden Widerrufsrechten** aus anderen Vorschriften wird in § 312g III geregelt. Danach tritt das Widerrufsrecht nach § 312g I zurück, wenn dem Verbraucher ein vertragstypenbezogenes Widerrufsrecht nach §§ 495, 506–512 zusteht. Auch das spezifische Widerrufsrecht nach § 305 KAGB ist vorrangig.

5. Die Ausübung des Widerrufsrechts

a) Widerrufserklärung

632 Das Widerrufsrecht wird nach § 355 I 2 durch eine **formlose,** aber **empfangsbedürftige Willenserklärung** des Verbrauchers ausgeübt. Da der Widerruf zur Unwirksamkeit des Vertrags führt, ist das Widerrufsrecht damit ein **Gestaltungsrecht.** Der Verbraucher muss dabei nicht den Begriff „Widerruf" verwenden. Nach § 355 I 3 muss aber aus der Erklärung der Widerrufswille eindeutig hervorgehen. Eine Begründung ist nicht erforderlich (§ 355 I 4).

b) Widerrufsfrist

633 Nach der allgemeinen Regelung in § 355 II beträgt die Widerrufsfrist 14 Tage und beginnt mit dem Vertragsschluss. Zur Fristwahrung genügt nach § 355 I 5 die Absendung, so dass das Verzögerungsrisiko (nicht aber das Verlustrisiko!) beim Unternehmer liegt.

c) Spezielle Regelungen

634 In den folgenden Vorschriften finden sich allerdings spezielle Regelungen für einzelne Widerrufsrechte. Bei außerhalb von Geschäftsräumen und im Fernabsatz geschlossenen Verträgen kann der Unternehmer nach § 356 I dem Verbraucher die Möglichkeit des Widerrufs durch ein Muster-Widerrufsformular nach Anlage 2 zu Art. 246a § 1 II Nr. 1 EGBGB oder auf der Webseite des Unternehmers einräumen. In diesem Fall muss der Unternehmer dem Verbraucher den Zugang des Widerrufs unverzüglich auf einem dauerhaften Datenträger (s. § 126b S. 2) bestätigen.

635 Handelt es sich bei dem außerhalb von Geschäftsräumen oder im Fernabsatz geschlossenen Vertrag um einen **Verbrauchsgüterkauf** i. S. v. § 474 I, beginnt die Widerrufsfrist nach § 356 II erst mit der Lieferung der Waren an den Verbraucher oder an einen von diesem benannten Dritte (§ 356 II Nr. 1 lit. a), bei einheitlicher Bestellung mehrerer Waren (Nr. 1 lit. b) oder bei Lieferungen einer Ware in Teilleistungen (Nr. 1 lit. c) erst mit der letzten Lieferung, bei Verträgen über die regelmäßige Lieferung von Waren über einen festgelegten Zeitraum mit der ersten Lieferung (Nr. 1 lit. d). Bei Verträgen über eine nicht im Vorhinein bestimmte Menge von Wasser, Gas, Strom

[17] Zum Ausschluss der Anwendbarkeit der §§ 474ff. beim Verkauf gebrauchter Sachen in öffentlich zugänglicher Versteigerungen gem. § 474 II 2 s. BT Rn. 232.

[18] S. dazu *BGH* NJW 2005, 53 (zur inhaltsgleichen Regelung in § 312d IV Nr. 5 a. F.); *Schwab/Hromek,* JZ 2015, 271, 277f.

und Fernwärme sowie bei online überspielten digitalen Inhalten (§ 312f III) bleibt es gem. § 356 II Nr. 2 für den Fristbeginn beim Zeitpunkt des Vertragsschlusses. In jedem Falle beginnt die Widerrufsfrist nach § 356 III nicht, bevor der Unternehmer den Verbraucher nach den Anforderungen des Art. 246a § 1 II Nr. 1 EGBGB oder des Art. 246b § 2 I EGBGB belehrt hat. Diese Belehrungspflichten betreffen das Widerrufsrecht und die einzelnen Vertragsbedingungen. Das Widerrufsrecht erlischt in diesem Fall erst 1 Jahr und 14 Tage nach Vertragsschluss. Dies gilt nach § 356 III 3 nicht bei Verträgen über Finanzdienstleistungen. Hier kann es also zu einem „ewigen Widerrufsrecht" kommenDurch diese Sanktion der unterbliebenen Belehrung über das Widerrufsrecht wird mittelbar gewährleistet, dass der Verbraucher sein Widerrufsrecht auch tatsächlich ausüben kann. Zur Erfüllung dieser kaum überschaubaren Informationspflichten stellt das Gesetz dem Unternehmer in Anlage 1 zu Art. 246a § 1 II 2 EGBGB ein **amtliches Muster** zur Verfügung, welches der Unternehmer dem Verbraucher in Textform zu übermitteln hat. Benützt er dieses Muster, gelten seine Belehrungs- und Informationspflichten nach Art. 246a § 1 II 2 als erfüllt.

Bei einem Vertrag zur **Erbringung von Dienstleistungen** erlischt das Widerrufsrecht 636
nach § 356 IV 1 auch dann, wenn der Unternehmer die Dienstleistung vollständig erbracht hat. Das gilt aber nur, wenn der Unternehmer mit der Ausführung der Dienstleistung erst begonnen hat, nachdem der Verbraucher dazu seine ausdrückliche Zustimmung gegeben hat und gleichzeitig seine Kenntnis davon bestätigt hat, dass er sein Widerrufsrecht bei vollständiger Vertragserfüllung durch den Unternehmer verliert. Bei einem Vertrag über die Erbringung von Finanzdienstleistungen erlischt das Widerrufsrecht nach § 356 IV 2 erst, wenn der Vertrag von **beiden Seiten** auf ausdrücklichen Wunsch des Verbrauchers vollständig erfüllt ist, bevor der Verbraucher sein Widerrufsrecht ausübt.

Bei Verträgen über nicht auf einem körperlichen Datenträger befindliche **digitale Inhalte** (d. h. z. B. über den *download* von Software, Musik, Filmen oder Spielen) **erlischt** das Widerrufsrecht nach § 356 V, wenn der Unternehmer mit der Ausführung des Vertragsbegonnen hat, nachdem der Verbraucher dem ausdrücklich zugestimmt und seine Kenntnis vom Erlöschen des Widerrufsrechts bestätigt hat (s. dazu auch u. Rn. 645). S. dazu auch PdW Schuldrecht I **Fall 139.** 637

Weitere Sonderregelungen über den Beginn der Widerrufsfrist enthält das Gesetz für das Widerrufsrecht bei Teilzeit-Wohnrechteverträgen (§ 356a), Verbraucherdarlehensverträgen (§ 356b) und Ratenlieferungsverträgen. Bei Verbraucherdarlehensverträgen besteht die Besonderheit, dass § 356b bei Belehrungsfehlern keine Maximalfrist für das Erlöschen des Widerrufsrechts vorsieht. Auch hier kann es also zu einem „ewigen Widerrufsrecht" kommen. 638

6. Rechtsfolge des Widerrufs

Nach der (etwas ungeschickten) Formulierung von § 355 I 1 sind die Vertragsparteien an ihre Willenserklärungen „nicht mehr gebunden", wenn der Verbraucher seine Willenserklärung fristgerecht widerrufen hat. Das bedeutet nichts anderes, als dass der Verbraucher durch den Widerruf seine Willenserklärung (und damit den geschlossenen Vertrag) vernichtet. Bis zur Ausübung des Widerrufsrechts ist der Vertrag also (schwebend) wirksam. 639

7. Rückabwicklung nach erfolgtem Widerruf

640 Während das frühere Recht für die Rückabwicklung ausgetauschter Leistungen nach erfolgtem Widerruf durch § 357 a. F. auf das Rücktrittsfolgenrecht der §§ 346ff. verwiesen hat, sind die Fragen der Rückabwicklung seit dem 13. 6. 2014 in den §§ 355ff. eigenständig geregelt.

a) Anspruchsgrundlage (§ 355 III)

641 Die **zentrale Anspruchsgrundlage** für die Rückabwicklung findet sich in § 355 III 1. Danach haben sich die Parteien die empfangenen Leistungen unverzüglich zurückzugewähren. Der Verbraucher wahrt diese Frist durch rechtzeitige Absendung der Waren (§ 355 III 3), die **Gefahr** der Rücksendung von Waren liegt dabei beim Unternehmer (§ 355 III 4). Es handelt sich also um eine **qualifizierte** Schickschuld (s. oben Rn. 156). Diese Grundregel wird im Folgenden für spezifische Widerrufsrechte durch Sondervorschriften ergänzt.

b) Außerhalb von Geschäftsräumen geschlossene Verträge und Fernabsatzverträge ohne Verträge über Finanzdienstleistungen (§ 357)

642 **aa) Einzelheiten der Rückgewähr.** Bei außerhalb von Geschäftsräumen und im Fernabsatz geschlossenen Verträgen, die keine Finanzdienstleistungen betreffen, präzisiert § 357 I zunächst, dass die Leistungen spätestens nach 14 Tagen zurückzugewähren sind. Dabei hat der Unternehmer nicht nur den Kaufpreis, sondern grundsätzlich auch etwaige Kosten des Erstversands erstatten (§ 357 II) und dabei dasselbe Zahlungsmittel zu verwenden, das der Verbraucher verwendet hatte (§ 357 III). Im Falle eines Verbrauchsgüterkaufs kann er nach § 357 IV 1 die Rückzahlung verweigern, bis er die Ware zurückerhalten oder der Verbraucher den Nachweis der Absendung geführt hat. Hat der Unternehmer angeboten, die Waren abzuholen (oder abholen zu lassen), besteht gem. § 357 IV 2 kein Zurückbehaltungsrecht, der Verbraucher ist dann nicht zur Absendung verpflichtet (§ 357 V).

Die unmittelbaren **Kosten der Rücksendung** trägt – anders als bisher – gem. § 357 VI grundsätzlich der Verbraucher, wenn er darüber vom Unternehmer vor Vertragsschluss nach Maßgabe von Art. 246a § 1 II 1 Nr. 2 EGBGB belehrt hat.

643 **bb) Wertersatzpflicht des Verbrauchers (§ 357 VII–IX). (1) Lieferung von Waren.** Häufig hat der Verbraucher eine außerhalb von Geschäftsräumen oder im Fernabsatz erworbene Ware innerhalb der Widerrufsfrist bereits in Gebrauch genommen, so dass diese für den Unternehmer nach erfolgtem Widerruf zumindest nicht mehr zum gleichen Preis absetzbar ist. Vor diesem Hintergrund kommt den Regelungen über die Ersatzpflicht des Verbrauchers für einen Wertverlust der Ware besondere praktische Bedeutung zu. Nach § 357 VII hat der Verbraucher für einen Wertverlust der Ware Ersatz zu leisten, wenn dieser Wertverlust auf einen Umgang mit der Ware zurückzuführen ist, der über die Prüfung von deren Beschaffenheit, Eigenschaften und Funktionsweise hinausgeht *und* der Unternehmer den Verbraucher nach Art. 246a § 1 II Nr. 1 EGBGB über das Widerrufsrecht belehrt hatte. Anders als nach die Vorgängervorschrift ist dabei eine gesonderte Belehrung über die Wertersatzpflicht nicht erforderlich.

Damit kann etwa ein Verbraucher ein Kleidungsstück anprobieren, ohne zum Wertersatz verpflichtet zu sein, nicht aber dieses tragen und damit benutzen. Ein Möbelstück darf ohne Wertersatzpflicht aufgebaut werden, selbst wenn dies zu einer erheblichen Wertminderung führt.

(2) Erbringung von Dienstleistungen und Lieferung von Wasser und Energie. Widerruft ein Verbraucher einen Vertrag über die Erbringung von Dienstleistungen oder über die Lieferung von Wasser, Gas oder Strom in nicht bestimmten Mengen oder nicht begrenztem Volumen oder über die Lieferung von Fernwärme, so schuldet er im Falle des Widerrufs Wertersatz für die bis dahin erbrachten Leistungen, wenn der Verbraucher von dem Unternehmer ausdrücklich verlangt hat, dass dieser mit der Leistung vor Ablauf der Widerrufsfrist beginnt. Auch dies setzt aber voraus, dass der Verbraucher hierüber nach Art. 246a II Nr. 1 EGBGB über sein Widerrufsrecht sowie nach Art. 246a § 1 II Nr. 3 über die Wertersatzpflicht informiert wurde. Wurde der Vertrag außerhalb von Geschäftsräumen geschlossen, besteht der Anspruch nur, wenn der Verbraucher seinen Wunsch nach sofortiger Lieferung auf einem dauerhaften Datenträger (§ 126b S. 2), d. h. in Textform übermittelt hat. 644

Die Höhe des Wertersatzes bestimmt sich dabei grundsätzlich nach dem vereinbarten Gesamtpreis, der aber auf den marktüblichen Preis reduziert werden kann, wenn er unverhältnismäßig hoch ist (§ 357 VIII 4, 5).

(3) Digitale Inhalte. Im Falle des Widerrufs eines Vertrags über nicht auf einem körperlichen Datenträger übermittelte **digitale Inhalte** (also etwa den *download* von Musik, Filmen, Software) hat der Verbraucher nach § 357 IX **keinen Wertersatz** zu leisten.[19] Zu beachten ist dabei allerdings, dass in diesen Fällen bereits das Widerrufsrecht gem. § 356 V (bei entsprechender Belehrung) mit der Ausführung des Vertrags, d. h. mit der Datenübertragung erlischt (o. Rn. 637). S. dazu auch PdW Schuldrecht I **Fall 139.** 645

(4) Verträge über Finanzdienstleistungen (§ 357a). Beim Widerruf von Verträgen über Finanzdienstleistungen sind gem. § 357a I die empfangen Leistungen spätestens nach 30 Tagen zurückzuerstatten. Der Beginn der Frist unterliegt der allgemeinen Regelung des § 355 II 2 (s. Rn. 633). Ist ein solcher Vertrag außerhalb von Geschäftsräumen oder im Fernabsatz geschlossen worden, richtet sich die Wertersatzpflicht nach § 357a II. Der Verbraucher ist dann nur zum Wertersatz verpflichtet, wenn er auf diese Rechtsfolge hingewiesen wurde. § 357a II 2 – 4 enthalten Sonderregelungen für die Rechtsfolgen des Widerrufs von Verträgen über eine entgeltliche Finanzierungshilfe i. S. v. § 506, also z. B. einen entgeltlichen Zahlungsaufschub oder ein Teilzahlungsgeschäft (s. dazu BT Rn. 601 ff). Da hier eine Rückabwicklung auch der vom Unternehmer erbrachten Leistung, also z. B. des Gegenstands des Teilzahlungsgeschäfts, erforderlich ist, wird hier für die Frage des Wertersatzes auf § 357 V – VIII verwiesen. 646

Die Regelung gilt aber nur für solche Verträge, die von der Ausnahme des § 506 IV erfasst sind, d. h. im Wesentlichen für Finanzierungshilfen im Umfang unter 200.- €. Für alle anderen Finanzierungshilfen (also z. B. einen Ratenkaufvertrag in einem Umfang über 200.- €) ordnet § 357a III 4 wiederum die *entsprechende* Anwendung § 357a II an. Bei einem Teilzahlungsgeschäft nach § 506 III oder einem Leasingvertrag nach § 506 I, II ist daher der Vertragsgegenstand nach §§ 355 III, 357a I an den Unternehmer he-

[19] Nach *Schwab/Hromek,* JZ 2015, 271, 280 hat er allerdings die empfangenen Daten zu löschen.

rauszugeben, wobei § 357 V und VI hinsichtlich der Rücksendepflicht und deren Kosten zu beachten sind. Bei Verschlechterung oder Untergang des Gegenstands schuldet der Verbraucher Wertersatz unter den Voraussetzungen des § 357 VII.

Für finanzierte Verträge über die Lieferung von nicht auf körperlichem Datenträger gelieferten digitalen Inhalten ordnet § 357a II 3 in Abweichung von § 357 X eine Wertersatzpflicht an, die wiederum unter dem Vorbehalt einer entsprechenden Belehrung steht.

§ 357a III regelt schließlich die Zinszahlungszahlungspflicht im Fall des Widerrufs von **Verbraucherdarlehensverträgen.**

647 **(5) Teilzeitwohnrechteverträge u. ä. (§ 357b).** Für Teilzeitwohnrechteverträge (s. dazu BT Rn. 1101) und damit verbundene Vermittlungs- und Tauschverträge enthält § 357b eine spezielle Regelunge für Kosten- und Wertersatz. Der Verbraucher kann hier Erstattung sämtlicher Kosten der Durchführung und Rückabwicklung des Vertrags verlangen, zum Wertersatz ist er nur verpflichtet, wenn der Wertverlust der Unterkunft auf einen nicht bestimmungsgemäßen Gebrauch zurückzuführen ist.

648 **(6) Ratenlieferungsverträge (§ 357c).** § 357c enthält schließlich eine Regelung für Ratenlieferungsverträge (§ 510, s. dazu BT Rn. 607), die weder im Fernabsatz noch außerhalb von Geschäftsräumen geschlossen wurden. Die Begrenzung auf in den Geschäftsräumen des Unternehmers geschlossene Ratenlieferungsverträge (z. B. Abonnementverträge) ergibt sich daraus, dass andernfalls § 357 einschlägig wäre (dazu o. Rn. 642ff.). Hinsichtlich der Rechtsfolgen verweist die Regelung aber dennoch weitgehend auf § 357.

8. Widerrufs- und Einwendungsdurchgriff bei verbundenen und zusammenhängenden Verträgen

a) Das Problem: Das Aufspaltungsrisiko

649 Schließt ein Verbraucher einen Ratenkaufvertrag, so räumt ihm das Gesetz nach §§ 506 I, 495 ein verbraucherschützendes Widerrufsrecht nach § 355 ein (s. BT Rn. 306). Erklärt er den Widerruf, muss er keine weiteren Teilzahlungen leisten und erhält seine geleisteten Zahlungen nach §§ 355 III 1 gegen Rückgabe des erworbenen Gegenstandes zurück (und ist u. U. gem. § 357a II 2 bzw. III 2 i. V. m. § 357 zum Ersatz des Wertverlustes verpflichtet. Ist die gekaufte Sache mangelhaft, kann er unabhängig von einem Widerrufsrecht die Zahlung weiterer Raten nach § 320 verweigern (s. dazu BT Rn. 186f).

Schließt ein Verbraucher hingegen einen Darlehensvertrag ab, um mit der Darlehenssumme einen Gegenstand gegen (vollständige!) Zahlung des Kaufpreises zu erwerben, so hat er bezüglich des Kaufvertrags kein Widerrufsrecht nach §§ 506 I, 495. Zwar kann er den Darlehensvertrag nach § 495, 355 widerrufen, jedoch ist er dann nach §§ 355 III 1, 357a I zur Rückzahlung der Darlehenssumme verpflichtet, über die er – weil er sie für die Tilgung des Kaufpreises verwendet hat und den Kaufvertrag nicht widerrufen kann – i. d. R. nicht verfügt. Häufig ist der Verbraucher also *de facto* am Widerruf des Darlehensvertrags gehindert.

Ist der Kaufgegenstand **mangelhaft,** hat der Verbraucher gegenüber dem Verkäufer zwar Gewährleistungsrechte (§ 437), die ihn auch zur Verweigerung der Kaufpreiszahlung gegenüber dem Verkäufer berechtigen würde (s. BT Rn. 186f.). Da er den Kaufpreis aber bereits mit den Mitteln aus dem Darlehen beglichen hat, nützt ihm dies nichts mehr. Gegenüber dem Anspruch des Darlehensgebers auf Zahlung der Kreditraten einschließlich der vereinbarten Zinsen kann der Verbraucher hingegen grundsätzlich nicht einredeweise die Mangelhaftigkeit des Kaufgegenstandes geltend machen: Sowohl für die Einrede aus § 273 als auch für diejenige aus § 320 fehlt es an der Wechselseitigkeit (s. Rn. 223, 239): Die Einrede richtet sich allein gegen den **Verkäufer,** nicht aber gegen der Darlehensgeber.

Dass der Darlehensnehmer somit das **Verwendungsrisiko** eines Darlehens nicht auf den Darlehensgeber abwälzen darf, ist im Grundsatz vollkommen gerechtfertigt, denn der Darlehensgeber hat ja auch keinen Einfluss darauf, zu welchen Zwecken der Darlehensnehmer das Darlehen verwendet. Das **Aufspaltungsrisiko** des wirtschaftlichen Vorgangs „Ratenkauf" in einen Kaufvertrag und einen diesen finanzierenden Darlehensvertrag trägt also grundsätzlich der Verbraucher (s. PdW Schuldrecht II **Fall 88**).

b) Verbundene Verträge

In Frage stellen kann man die Berechtigung dieser Situation aber, wenn sich aus der 650
Sicht des Verbrauchers der Erwerbsvorgang trotz der Aufspaltung in einen Kauf- und einen Darlehensvertrag als **wirtschaftliche Einheit** darstellt. Das ist insbesondere dann anzunehmen, wenn Verkäufer und Darlehensgeber dieselbe Person sind und das Geschäft lediglich in zwei Verträge aufgespalten wird oder aber Verkäufer und Darlehensgeber bewusst zusammenwirken (etwa dadurch, dass der Verkäufer den Dritten mit dessen Einverständnis als Darlehensgeber empfiehlt). Das Gesetz spricht in diesem Fall von **„verbundenen Verträgen"** (§ 358 III 1, 2; beachte aber die Einschränkung für den finanzierten Immobilienerwerb in § 358 III 3). In einem solchen Fall ist es jedenfalls nicht *a priori* gerechtfertigt, dem Verbraucher das geschilderte Aufspaltungsrisiko aufzuerlegen.

c) Widerrufsdurchgriff (§ 358 I, II)

Liegt ein verbundener Vertrag über die Lieferung einer Ware oder der Erbringung 651
einer Dienstleistung vor, so führt der mögliche Widerruf der auf Abschluss eines dieser Verträge gerichteten Willenserklärung automatisch zur Unwirksamkeit auch der auf Abschluss des anderen Vertrags gerichteten Willenserklärung (§ 358 I für die Widerrufbarkeit des Vertrags über die Warenlieferung/Dienstleistung, § 358 II für die Widerrufbarkeit des Darlehensvertrags). Durch dieses **„Durchschlagen"** des Widerrufs „stehen und fallen" beide Verträge miteinander, so dass die oben beschriebene Situation vermieden wird, dass der Verbraucher de facto am Widerruf gehindert ist, weil er das Darlehen nicht zurückzahlen kann.

Auch auf der Ebene der **Rückabwicklung** wird die Situation derjenigen eines Ratengeschäfts angeglichen: Nach § 358 IV finden auf die Rückabwicklung des verbundenen Vertrags § 355 III sowie – je nach Art des Vertrags – die §§ 357 – 357b entsprechende Anwendung.

War der Darlehensbetrag dem Unternehmer aus dem verbundenen Vertrag (also etwa dem Verkäufer) bereit zugeflossen, tritt nach § 358 IV 5 der Darlehensgeber hinsichtlich der Widerrufsfolgen in die Stellung des Unternehmers ein: Aus dem Dreipersonenverhältnis wird damit ein Zweipersonenverhältnis: Gegen Rückgabe des erworbenen Gegenstandes an den Darlehensgeber (und ggf. den Ersatz von Wertverlust, §§ 358 IV i. V. m. 357 VII) kann der Verbraucher von diesem die gezahlten Darlehensraten einschließlich Zinsen zurückverlangen, ohne den Darlehensbetrag selbst zurückzahlen zu müssen. Die Rechtsfolgen gleichen also denjenigen eines einheitlichen Ratenkaufvertrags.

Für die weitere Abwicklung zwischen dem Darlehensgeber und der für den Verbraucher „ausgeblendeten" Partei des verbundenen Vertrags (also z. B. dem Verkäufer) gelten primär die vertraglichen Absprachen zwischen beiden. In Ermangelung einer solchen gibt die Rspr. dem Darlehensgeber Bereicherungsansprüche gegen den Verkäufer.[20] Eine starke Literaturansicht will dagegen in analoger Anwendung von § 358 IV 5 den Darlehensgeber gegenüber dem Verkäufer in die Rolle des Verbrauchers einrücken lassen, so dass er dessen Rückabwicklungsansprüche gegen den Käufer im eigenen Namen geltend machen kann.[21]

Nach § 358 V ist der Widerrufsdurchgriff allerdings beim finanzierten Erwerb von Finanzinstrumenten (Aktien, Devisen, Derivate etc.) **nicht** anzuwenden. Damit soll eine Spekulationsmöglichkeit für den Verbraucher ausgeschlossen werden, der sich sonst bei einem kurzfristigen Kursverfall durch Widerruf des Darlehensvertrags, mit dem er z. B. einen Aktienkauf finanziert hat, ohne Risiko wieder von der Anlage trennen könnte.

d) Widerrufsdurchgriff bei zusammenhängenden Verträgen (§ 360)

652 Nach § 360 I erfolgt dieser **Widerrufsdurchgriff** auch dann, wenn zwar kein „verbundener Vertrag" i. S. v. § 358 III, aber ein sog. **zusammenhängender Vertrag** vorliegt. Das ist nach § 360 II einmal dann der Fall, wenn der entsprechende Vertrag einen Bezug, d. h. einen **tatsächlichen** oder **wirtschaftlichen** Zusammenhang zum widerrufenen Vertrag aufweist[22] und eine Leistung betrifft, die von dem Unternehmer des widerrufenen Vertrags erbracht wird. Damit ist eine Situation gemeint, in welcher Vertragspartner beider Verträge derselbe Unternehmer ist. Dem wird gleichgestellt, dass der Vertragspartner ein Dritter ist, der aber aufgrund einer Vereinbarung mit dem Unternehmer des widerrufenen Vertrags gehandelt hat.

Die Vorschrift betrifft etwa den Kauf von Zubehör im Zusammenhang mit einem Ratenkauf oder die Vereinbarung von Zusatzleistungen wie z. B. Restschuldversicherungen eines Kredits.

653 Ein **Verbraucherdarlehensvertrag** ist nach § 360 II 2 auch dann ein zusammenhängender Vertrag, wenn das Darlehen ausschließlich der Finanzierung des widerrufenen Vertrags dient und die Leistung des Unternehmers aus dem widerrufenen Vertrag in dem Verbraucherdarlehensvertrag genau angegeben ist. Das kann z. B. dann der Fall sein, wenn der anzuschaffende Gegenstand konkret bezeichnet ist, sich der Verbraucher aber erst nach Auszahlung des Darlehens für einen bestimmten Vertragspartner entscheidet (andernfalls wird häufig bereits ein **verbundenes Geschäft** iSv § 358 III 1 vorliegen).[23] Diese bereits in § 359a I a. F. enthaltende Ausdehnung geht auf die Vorgaben der Verbraucherkreditrichtlinie 2008/48/EG vom 23.4.2008 zurück und be-

---

[20] BGHZ 133, 254, 263f.

[21] S. MünchKomm/*Habersack*, § 358 a. F. Rn. 89 m. w. N.; für eine bereicherungsrechtliche Lösung hingegen *Lobinger* FS Picker, 2010, 575.

[22] Palandt/*Grüneberg*, § 360 Rn. 2; *Looschelders*, AT, Rn. 888.

[23] BT-Drs. 17/12637 S. 68.

trifft nur den Widerrufsdurchgriff, nicht aber den gleich zu erörternden Einwendungsdurchgriff (Rn. 654).

Für die weitere Abwicklung zwischen dem Darlehensgeber und der für den Verbraucher „ausgeblendeten" Partei des verbundenen Vertrags (also z. B. dem Verkäufer) gelten primär die vertraglichen Absprachen zwischen beiden. In Ermangelung einer solchen gibt die Rspr. dem Darlehensgeber Bereicherungsansprüche gegen den Verkäufer.[24] Eine starke Literaturansicht will dagegen in analoger Anwendung von § 358 IV 3 den Darlehensgeber gegenüber dem Verkäufer in die Rolle des Verbrauchers einrücken lassen, so dass er dessen Rückabwicklungsansprüche gegen den Käufer im eigenen Namen geltend machen kann.[25]

e) Einwendungsdurchgriff (§ 359)

Die Regelung über den Einwendungsdurchgriff in § 359 bekämpft das zweite der oben Rn. 649 geschilderten Risiken einer Aufspaltung: Der Verbraucher kann bei Vorliegen eines verbundenen Vertrags (nicht bei einem „zusammenhängenden Vertrag" i. S. v. § 360!) dem Darlehensgeber gegenüber die Rückzahlung des Darlehens verweigern, soweit er einer Zahlungspflicht aus dem verbundenen Vertrags ein Leistungsverweigerungsrecht entgegenhalten könnte. Das gilt nach § 359 II nicht, wenn das finanzierte Entgelt 200.- € unterschreitet oder der Darlehensvertrag der Finanzierung von Finanzinstrumenten dient. Bei einem verbundenen Vertrag kann also etwa der Käufer eines Kfz dem Anspruch der den Kaufpreis finanzierenden Bank auf Rückzahlung der Darlehenssumme aus § 488 I 2 etwa die Mängeleinrede aus § 320 entgegenhalten. Hat er gegen den Verkäufer einen Nacherfüllungsanspruch, kann er das nach § 359 I 3 erst, wenn die Nacherfüllung fehlgeschlagen ist. Ein **Rückforderungsdurchgriff** wird damit aber **nicht** begründet: Hat der Käufer kein Widerrufsrecht, kann er, wenn er etwa wegen des Sachmangels zurücktritt, nicht aufgrund von § 359 vom Darlehensgeber die Rückzahlung des Kaufpreises oder bereits geleisteter Darlehensraten verlangen.[26] Auch § 813 S. 1 ist hier nicht einschlägig, weil die Einrede in diesem Fall erst mit dem Rücktritt entsteht und daher bei Zahlung der Darlehensraten an den Darlehensgeber noch nicht bestand.[27] Der Verbraucher trägt also weiter das Insolvenzrisiko des Verkäufers. Das ist auch gerechtfertigt, weil er dieses auch ohne Aufspaltung des Geschäfts in zwei Verträge getragen hätte.[28] 654

Anderes gilt nur, wenn der finanzierte verbundene Vertrag **nichtig** ist: Der Verbraucher kann nicht nur dem Anspruch des Darlehensgebers auf Rückzahlung der Darlehensraten das Nichtbestehen dieser Zahlungsverpflichtung entgegenhalten, sondern, weil es sich um eine anfängliche dauernde Einrede handelt, auch bereits gezahlte Darlehensraten nach § 813 zurückverlangen.[29]

[24] BGHZ 133, 254, 263f.

[25] S. MünchKomm/*Habersack*, § 358 Rn. 89 m.w.N.; für eine bereicherungsrechtliche Lösung hingegen *Lobinger*, FS Picker, 2010, 575.

[26] MünchKomm/*Habersack*, § 359 a. F. Rn. 75ff.

[27] *BGH* NJW-RR 2011, 406 Rn. 21 (zum früheren Recht); *Looschelders*, AT, Rn. 892.

[28] Zutr. *Looschelders*, AT, Rn. 892.

[29] *BGH* NJW 2008, 845.

§ 49. Die Kündigung

Literatur: *v. Hase,* Fristlose Kündigung und Abmahnung nach neuem Recht, NJW 2002, 2278; *Michalski,* Zur Rechtsnatur des Dauerschuldverhältnisses, JA 1979, 401; *Oetker,* Das Dauerschuldverhältnis und seine Beendigung, 1994; *Ramming,* Wechselwirkungen bei den Voraussetzungen der gesetzlichen Kündigungs- und Rücktrittsrechte nach allgemeinem Schuldrecht (§§ 314, 323, 324), ZGS 2003, 113.

Im Gegensatz zum Rücktritt (§§ 346ff.) wird die Kündigung im Allgemeinen Schuldrecht nicht im Einzelnen geregelt. Das beruht wohl einmal auf den beträchtlichen Unterschieden zwischen den sehr mannigfachen Anwendungsfällen der Kündigung. Zudem dürfte eine Rolle spielen, dass die Kündigung im Gegensatz zum Rücktritt nur in die Zukunft wirkt (vgl. o. Rn. 588) und daher **regelmäßig keine Rückabwicklungsprobleme** schafft.

I. Die Kündigung bei Dauerschuldverhältnissen

655 Den wichtigsten Anwendungsfall der Kündigung bildet die Beendigung von Dauerschuldverhältnissen (zum Begriff vgl. o. Rn. 11) für die Zukunft. Hier spielt die Kündigung eine Rolle bei Miete (§§ 542ff., 549, 563 IV, 563a II, 564 S. 2, 568ff., 573ff., 575a, 576, 577a, 580f.), Pacht (§§ 581 II, 594cff.), Leihe (§ 605), Darlehen (§§ 489f., 608), Dienstvertrag (§§ 620 II ff.), Reisevertrag (§ 651e) und Gesellschaft (§§ 723ff.). Der Kündigung nahe steht auch das Rücknahmeverlangen des Verwahrers nach § 696. Im Einzelnen ist zu unterscheiden:

1. Ordentliche Kündigung

656 Dauerschuldverhältnisse können **auf unbestimmte Zeit** abgeschlossen sein. Hier ist die Kündigung nötig, um das Schuldverhältnis überhaupt zu beenden. Sie bedarf dann als **ordentliche Kündigung** regelmäßig **keines rechtfertigenden Grundes,** steht also im Belieben des Kündigenden. Andererseits ist diese Art der Kündigung aber regelmäßig befristet, d. h. zwischen dem Zugang der Kündigungserklärung und ihrem Wirksamwerden muss eine bestimmte Zeitspanne liegen. Damit soll der Kündigungsgegner Gelegenheit haben, sich auf die neue Rechtslage einzustellen (vgl. o. Rn. 588).

Die beiden wichtigsten, weil der Existenzsicherung dienenden Dauerschuldverhältnisse sind die **Wohnungsmiete** und das **Arbeitsverhältnis.** Daher soll bei ihnen die Kündigung dem Vermieter und dem Arbeitgeber nicht beliebig freistehen. Folglich bedarf hier ausnahmsweise auch die ordentliche Kündigung eines Grundes. Zu diesem teils recht komplizierten, weil auf mancherlei Kompromissen beruhenden Kündigungsschutz vgl. BT Rn. 518ff. (Wohnungsmiete), BT Rn. 659ff. (Dienstvertrag).

2. Außerordentliche Kündigung

657 Dauerschuldverhältnisse können auch **auf bestimmte Zeit** abgeschlossen werden (z. B. Miete eines Hotelzimmers für drei Wochen). Dann enden sie ohne weiteres mit dem Ablauf dieser Zeit, so etwa §§ 542 II (Miete), 604 I (Leihe), 620 (Dienstvertrag). Ähnlich dient die Gesellschaft der Erreichung eines gemeinsamen Zwecks (§ 705); wenn dieser Zweck ein vorübergehender ist (z. B. die Errichtung eines Bauwerks, sog. Gelegenheitsgesellschaft), endet die Gesellschaft mit seiner Erreichung (§ 726, vgl. auch ähnlich § 604 II zur Leihe).

Unter bestimmten Umständen kann es sich aber als nötig erweisen, das Schuldverhältnis schon vor diesem seinem „verabredeten" Abschluss zu beenden. Dazu dient dann die **außerordentliche Kündigung.** Weil sie den Parteiabreden widerspricht, bedarf sie anders als die ordentliche Kündigung eines **besonderen Grundes.** Dieser Grund kann in einer **Pflichtverletzung des Kündigungsgegners** bestehen (z. B. § 543 II 1 Nr. 2 bei der Miete). Der Kündigungsgrund kann aber auch unabhängig von einer Pflichtverletzung sein (z. B. bei Kündigung durch den oder gegen den Erben, § 564 S. 2). Die Einzelheiten hierzu sind im BT zu erörtern.

Diese außerordentliche Kündigung ist meist **fristlos,** weil der Kündigungsgrund nicht bloß die Beendigung des Schuldverhältnisses überhaupt gebietet, sondern auch eine schnelle Beendigung (z. B. §§ 543, 569 bei der Miete). Daher gibt es die außerordentliche Kündigung neben der ordentlichen auch bei den auf unbestimmte Zeit abgeschlossenen Dauerschuldverhältnissen. Zwingend gehört die Fristlosigkeit aber nicht zur außerordentlichen Kündigung; vielmehr wird diese nicht selten nur „unter Einhaltung der gesetzlichen Frist" gewährt (z. B. § 564 S. 2). Hier ist eben die Notwendigkeit zur Beendigung des Schuldverhältnisses weniger dringend.

3. Das außerordentliche Kündigungsrecht nach § 314

Neben den im BGB ausdrücklich geregelten Dauerschuldverhältnissen gibt es eine 658
Reihe von atypischen Vertragsverhältnissen wie etwa Leasing- und Belegarztverträge sowie weitere nicht normierte Vertragsverhältnisse mit kaufrechtlicher oder dienst- oder werkvertraglicher Funktion (etwa langfristige Bezugsverträge oder ein Access-Providervertrag, der Zugang zum Internet verschafft). Hier war seit jeher im Rahmen einer **Gesamtanalogie**[1] zu den gesetzlichen Regelungen über die außerordentliche Kündigung von Dauerschuldverhältnissen als **allgemeiner Rechtsgrundsatz** anerkannt, dass jedes Dauerschuldverhältnis aus wichtigem Grund fristlos gekündigt werden kann[2]: Niemand soll sich für unter allen Umständen für alle Zeit binden können. Diesen Grundsatz hat der Gesetzgeber im Zuge der Schuldrechtsreform 2002 in § 314 kodifiziert, ohne in der Sache etwas ändern zu wollen.[3] Die oben erwähnten besonderen außerordentlichen Kündigungsrechte z. B. im Miet- und Dienstvertragsrecht gehen § 314 als **leges speciales** vor. Sind also etwa die Voraussetzungen eines Kündigungsrechts nach § 543 im Einzelfall nicht gegeben, darf nicht auf § 314 zurückgegriffen werden.[4]

Ein **wichtiger Grund** liegt nach § 314 I 2 vor, „wenn dem kündigenden Teil unter Berücksichtigung aller Umstände des Einzelfalls und unter Abwägung der beiderseitigen Interessen die Fortsetzung des Vertragsverhältnisses bis zur vereinbarten Beendigung oder bis zum Ablauf einer Kündigungsfrist nicht zugemutet werden kann." § 314 II verlangt für den Fall, dass der wichtige Grund in einer Pflichtverletzung besteht, regelmäßig eine vorherige **Fristsetzung** bzw. **Abmahnung** (bei Unterlassungspflichten).

Für eine **Abmahnung** ist bloße Rüge vertragswidrigen Verhaltens nicht ausreichend. Zwar muss die Kündigung nicht angedroht werden, jedoch muss aus der Erklärung des Gläubigers (zumindest konkludent)

[1] Zu diesem Begriff s. *Köhler,* § 4 Rn. 23.
[2] BGHZ 50, 312.
[3] S. die Begründung des Regierungsentwurfs BT-Drs. 14/6040, S. 177.
[4] S. auch *BGH* NJW 2013, 2021 zur Kündigung eines DSL-Anschlussvertrags, wo der *BGH* die Qualifikation des Vertrags offenlassen konnte, weil die Kündigungsvoraussetzungen nach § 314 und § 626 II identisch waren.

hervorgehen, dass die weitere vertragliche Zusammenarbeit auf dem Spiel steht und der Schuldner für den Fall weiterer Verstöße mit vertraglichen Konsequenzen zu rechnen hat.[5]

§ 314 ist damit nicht ausschließlich eine Regelung des Leistungsstörungsrechts, wo sie bei Dauerschuldverhältnissen an die Stelle des Rücktrittsrechts nach §§ 323, 324 tritt (s. dazu Rn. 488, 526). Unzumutbarkeit kann auch eintreten, weil ein erforderliches Vertrauensverhältnis zerstört ist, der Schuldner seine Dispositionsfreiheit wiedergewinnen soll oder unvorhergesehene Umstände eintreten. Hier kann es auch zu Überschneidungen mit § 313 (Geschäftsgrundlage) kommen.

II. Die Kündigung bei anderen Schuldverhältnissen

659 Vereinzelt spricht das BGB auch bei Schuldverhältnissen, die keine Dauerschuldverhältnisse darstellen, von einer Kündigung. Anwendungsfälle sind die §§ 643, 649, 650 und 671 II, III. Hiervon ist die Kündigung durch den Beauftragten (§ 671 II) insofern unproblematisch, als der Auftrag kein Entgelt kennt. Deshalb bleibt hier die Frage vermieden, wie die Kündigung auf die Vergütungspflicht wirken soll. Dagegen ergibt sich diese Frage beim **Werkvertrag;** sie wird hier in den **§§ 649, 650** unterschiedlich beantwortet:

Bei § 649 soll der Besteller trotz der Kündigung regelmäßig den vollen Werklohn schulden und nur das abziehen dürfen, was der Unternehmer durch die Kündigung erspart oder anderswo erwerben kann. Diese Fortdauer der Vergütungspflicht bildet den Ausgleich dafür, dass der Besteller jederzeit ohne Grund kündigen darf.

Die Kündigung nach § 649 soll also nicht in erster Linie dem Besteller die Zahlung des Entgelts ersparen. Vielmehr geht es vor allem darum, dass dieser die Fortsetzung der Werkleistung soll verhindern dürfen, wenn er anderen Sinnes geworden ist: z. B. einer Kirchengemeinde erscheint die bestellte Ausmalung ihres Kirchenraums dann doch zu abstrakt: Hier hat nach Kündigung der Künstler also wegen § 649 kein Recht zur Vollendung seines Gemäldes.

Selbstverständlich ist § 649 **abdingbar.** So etwa, wenn der Werkunternehmer ein besonderes Interesse an der Durchführung des Werks hat. Bei längerfristigen Verträgen verstößt ein solcher Ausschluss durch AGB aber gegen § 307 I.[6]

Anders liegt es bei **§ 650:** Hier hat der Besteller für die Kündigung einen Grund, nämlich die wesentliche Überschreitung des Kosten(vor)anschlags. Daher soll der Unternehmer bei einer Kündigung durch den Besteller nur den Anspruch nach § 645 I haben, § 650 I a. E.: Der Besteller braucht also dem Unternehmer nur die schon geleistete Arbeit und die mit dieser Teilvergütung noch nicht abgegoltenen weiteren Auslagen zu bezahlen. Einzelheiten zum Kostenvoranschlag vgl. BT Rn. 715 f.

III. Die Kündigungserklärung

660 Das Kündigungsrecht ist ein Gestaltungsrecht, das durch die Kündigungserklärung ausgeübt wird. Diese ist einseitige empfangsbedürftige Willenserklärung; für sie gilt Gleiches wie für die Rücktrittserklärung. Vgl. o. Rn. 58, 594.

---

5 *BGH* NJW 2012, 53 Rn. 18; zur Gegenansicht s. MünchKomm/*Gaier*, § 314 Rn. 16.
6 BGHZ 84, 109, 114.

§ 50. Andere Gründe einer Rückabwicklung vertraglicher Leistungen

Literatur: *Hellwege,* Ein einheitliches Regelungsmodell für die Rückabwicklung gegenseitiger Verträge, JZ 2005, 337; *S. Lorenz,* Vertragsaufhebung wegen culpa in contrahendo: Schutz der Entscheidungsfreiheit oder des Vermögens?, ZIP 1998, 1053; *ders.,* Sittenwidrigkeit und Vertragsanbahnung – „procedural unconscionability" im deutschen Recht?, FS Canaris, Bd. I, 2007, 777; *Mankowski,* Beseitigungsrechte, 2003, dazu *Pawlowski,* AcP 204 (2004) 294; *H. Roth,* JZ 2004, 725); *Meller-Hannich,* Vertragslösungsrechte des Verbrauchers aus dem BGB: Geschichte und Gegenwart, Jura 2003, 369.

Mit Rücktritt, Widerruf und Kündigung sind eben Möglichkeiten der Beendigung eines Vertrags durch Rechtsgeschäft erörtert worden. Dabei ergab sich mehr oder weniger intensiv die Frage nach der Rückabwicklung der schon erbrachten Leistungen. Eine solche Rückabwicklung kann aber auch aus weiteren Gründen nötig werden, etwa bei zunächst nicht bemerkter anfänglicher Vertragsunwirksamkeit oder bei einer Vertragsbeendigung durch Bedingungseintritt. Ein Teil der hierbei sich ergebenden Rechtsfolgen steht nicht im Allgemeinen Schuldrecht, sondern an anderen Stellen des BGB. Sie sollen zum Vergleich mit Rücktritt, Kündigung und Widerruf hier noch kurz dargestellt werden.

I. Anfängliche Vertragsunwirksamkeit

Anfänglich unwirksam ist ein Vertrag bei Vorliegen eines **Nichtigkeitsgrundes** (etwa 661 §§ 105, 125, 134, 138). In Betracht kommt weiter eine schwebende Unwirksamkeit (etwa aus § 108 I), wenn die Genehmigung ausbleibt. Schließlich ist an die nach Anfechtung (§§ 119, 120, 123) rückwirkend (§ 142 I) eintretende Nichtigkeit zu denken. In diesen drei Fallgruppen fehlt ein wirksamer Vertrag als hinreichender Grund für das Behalten der ausgetauschten Leistungen durch den jeweiligen Empfänger (vgl. o. Rn. 23). Daher sind diese regelmäßig nach **Bereicherungsrecht** zurückzugewähren, § 812 I. Ausnahmen bestehen nach den §§ 814, 817 S. 2 und vor allem nach § 818 III. Das alles sowie die Nebenfolgen der Ansprüche werden in BT Rn. 1124 ff. dargestellt.

Nach dem **Abstraktionsprinzip** erfasst die Unwirksamkeit des Schuldvertrags regelmäßig nicht auch die **Erfüllungsgeschäfte.** Ausnahmsweise kann aber auch die der Erfüllung dienende Verfügung unwirksam sein, insbesondere bei Fehleridentität.[1] Hat die Leistung in der Übereignung einer Sache bestanden, kommt es bei Fehleridentität zwischen dem Leistenden und dem Empfänger zu einer Vindikationslage (§ 985), also zu einem **Eigentümer-Besitzer-Verhältnis.** Die Nebenfolgen (Schadensersatz, Nutzungen, Verwendungen) sind dann in den §§ 987 ff. geregelt. Dagegen ist bei einer Geldleistung eine Vindikation (und damit auch ein Eigentümer-Besitzer-Verhältnis) fast immer ausgeschlossen: Buchgeld (o. Rn. 174 ff.) stellt keine Sache dar und kann deshalb überhaupt nicht vindiziert werden; bei Bargeld scheitert eine Vindikation meist schon an einem Eigentumsverlust des Veräußerers durch Vermengung beim Erwerber (§ 947); zudem können die hingegebenen Geldzeichen meist nicht hinreichend genau bezeichnet werden.

II. Vertragsbeendigung durch Bedingungseintritt

Ein Vertrag kann auch durch Eintritt einer **auflösenden Bedingung** beendet werden. 662 Dieser wirkt regelmäßig **nicht zurück,** lässt den Vertrag also bis zum Bedingungsein-

[1] Vgl. *Medicus,* BGB AT, Rn. 224 ff.; 231 ff.

tritt wirksam, § 158 II. Bei einem ausnahmsweise abweichenden Parteiwillen bestimmt § 159 nur obligatorische Ausgleichspflichten. Diese ergeben sich dann aus dem Vertrag selbst (str.). Aber auch etwa nötige Rückgabepflichten im Regelfall des § 158 II werden häufig aus dem Vertrag begründet werden können: Die Vereinbarung einer auflösenden Bedingung zeigt ja, dass die Parteien einen Wegfall des Geschäfts voraussehen. Dann kann man eine entsprechende Rückgabepflicht schon durch **ergänzende Vertragsauslegung** begründen, so dass hier ein Bereicherungsanspruch nicht benötigt wird (vgl. BT Rn. 1139). Die Vertragsauslegung kann sogar ergeben, dass auch die den Vertrag erfüllenden Verfügungen (soweit zulässig, s. § 925 II bei der Auflassung) nur bedingt sein sollen; dann fällt z. B. das Eigentum von selbst an den Leistenden zurück, so dass dieser die Sache auch vindizieren kann.

III. Vertragsauflösung als Schadensersatz

663 Eine dritte Art der Rückabwicklung ergibt sich endlich in der Fallgruppe des **aufgedrängten Vertrags:** Eine Partei hat bei den Vertragsverhandlungen fahrlässig unrichtige Angaben gemacht oder eine Aufklärungspflicht fahrlässig verletzt; im Vertrauen hierauf hat die andere Partei den Vertrag geschlossen. Später stellt sich die Wahrheit heraus, bei deren Kenntnis die andere Partei nicht (oder wenigstens nur zu einem geringeren Preis) kontrahiert hätte. Dann kann diese Partei aus ***culpa in contrahendo*** (§ 311 II Nr. 1 oder 2 mit § 280) Schadensersatz verlangen (vgl. o. Rn. 536ff.). Dieser besteht nach § 249 I in der Herstellung des Zustandes, der jetzt ohne das zum Ersatz verpflichtende Ereignis bestünde. Dieses Ereignis ist die für den Vertragsschluss kausale Täuschung. Daher muss der Vertrag mit allen seinen Folgen rückgängig gemacht werden (vgl. o. Rn. 537).[2]

Die besondere Problematik dieser Fallgruppe besteht in ihrem Konkurrenzverhältnis zur Anfechtung nach § 123 sowie zur kauf- und werkvertraglichen Gewährleistung, s. dazu oben Rn. 538.

Das bedeutet regelmäßig auch die Rückgewähr ausgetauschter Leistungen. Können diese nicht mehr zurückgewährt werden, so ist ihretwegen **Schadensersatz** (nicht bloß Wertersatz wie nach § 818 II oder § 346 II 1) zu leisten. Eine Entlastung nach § 818 III (vgl. auch § 346 III 2) kommt nicht in Betracht. Die Regelung nach § 249 I ist also strenger als diejenige nach Rücktrittsrecht (§§ 346ff.). Doch hat der Unterschied einen guten Grund: Ein Rücktritt kommt ja (etwa bei § 323) auch ohne Verschulden des Gegners in Betracht, und für die Zeit nach dem Rücktritt gilt nach § 346 IV ohnehin die volle Haftung nach den §§ 280ff. (s. Rn. 607, 613).

[2] S. zuletzt *BGH* NJW-RR 2008, 564, wo bei Rn. 9 sogar von einem „auf ein Verschulden bei Vertragsschluss gestütztem Rücktritt" die Rede ist.

7. Teil. Der Inhalt von Schadensersatzansprüchen

§ 51. Grundlagen

Literatur: *Armbrüster,* Grundfälle zum Schadensrecht, JuS 2007, 411 (508 und 605); *Bartelt,* Beschränkung des Schadensersatzumfangs durch das Übermaßverbot?, 2004; *Brand,* Schadensersatzrecht, 2010; *Canaris,* Verstöße gegen das verfassungsrechtliche Übermaßverbot im Recht der Geschäftsfähigkeit und im Schadensrecht, JZ 1987, 993; *Coester-Waltjen,* Die Naturalrestitution im Deliktsrecht, Jura 1996, 270; *Däubler,* Die Reform des Schadensersatzrechts, JuS 2002, 625; *Deutsch,* Allgemeines Haftungsrecht, 2. Aufl.,. 1996; *Homann,* Typische Probleme des Schadensrechts und ihre systematische Einordnung, JuS 2002, 554; *C. Huber,* Fragen der Schadensberechnung, 1993; *ders.,* Das neue Schadensersatzrecht, 2003; *Lange/Schiemann,* Schadensersatz, 3. Aufl.,. 2003; *Looschelders,* Verfassungsrechtliche Grenzen der deliktischen Haftung Minderjähriger – Grundsatz der Totalreparation und Übermaßverbot, VersR 1999, 141; *Medicus,* Naturalrestitution und Geldersatz, JuS 1969, 449; *ders.,* Schadensersatz und Billigkeit, VersR 1981, 593; *ders.,* Allgemeines Schadensrecht – Insbesondere zur Grenzziehung zwischen Vermögens- und Nichtvermögensschäden, in: 50 Jahre Bundesgerichtshof, FG aus der Wissenschaft, Bd. I, 2000, 201; *ders.,* Neue Perspektiven des Schadensersatzrechts – Kommerzialisierung, Strafschadensersatz, Kollektivschaden, JZ 2006, 805; *Mohr,* Grundlagen des Schadensersatzrechts, Jura 2010, 168; *Mohr,* Berechnung des Schadens nach der Differenzhypothese, Jura 2010, 327; *Rauscher,* Die Schadensrechtsreform, Jura 2002, 577; *Spancken/Schneidenbach,* Die Berechnung des zu ersetzenden Schadens anhand der §§ 249 ff249 ff. BGB – Ein Leitfaden, JuS 2012, 298; *Stoll,* Haftungsfolgen im bürgerlichen Recht, 1993; *Thüsing,* Wertende Schadensberechnung, 2001; *Wagner,* Das Zweite Schadensersatzrechtsänderungsgesetz, NJW 2002, 2049.

I. Die Trennung zwischen Haftungsbegründung und Haftungsausfüllung

Das Schadensersatzrecht des BGB und der Haftpflichtgesetze wird gekennzeichnet **664**
durch eine Trennung von **Grund** und **Inhalt** der Ersatzpflicht.

Das Schuldrecht kennt mannigfaltige **Gründe für Schadensersatzansprüche.** Teils ergeben sich solche Ansprüche allgemein aus einer Störung von Schuldverhältnissen (§§ 280–283, 286). Speziellere Ersatzgründe finden sich bei einzelnen Schuldverhältnissen, z. B. in §§ 536a, 536c II (Miete). Viele Schadensersatzansprüche stammen aus dem Recht der unerlaubten Handlung (§§ 823 ff.) und der Gefährdungshaftung. Aber auch bei anderen gesetzlichen Schuldverhältnissen sind besondere Schadensersatzansprüche bestimmt (z. B. § 231 Selbsthilfe, § 678 Geschäftsführung ohne Auftrag, §§ 818 IV, 819 ungerechtfertigte Bereicherung).

Alle diese Vorschriften sagen aber nur, *dass* Schadensersatz geleistet werden muss, wenn ein **ersatzfähiger Schaden** vorliegt. Wann und inwieweit das der Fall ist, welcher Schaden mithin ersatzfähig ist, ergibt sich dagegen im Allgemeinen aus den §§ 249–255. Für Schadensersatzansprüche aus unerlaubter Handlung treten die §§ 842 ff. hinzu, und ähnliche ergänzende Regeln finden sich auch in den Haftpflichtgesetzen (am wichtigsten §§ 9 ff. StVG für Kraftfahrzeugunfälle).

Dabei gelten die §§ 249 ff. sogar noch allgemeiner, als es ihre Stellung am Anfang des Schuldrechts erwarten lässt. Sie regeln nämlich auch den Inhalt der in den anderen Büchern des BGB bestimmten Schadensersatzansprüche: so im Allgemeinen Teil §§ 31, 122, 179, 231 und im Sachenrecht etwa §§ 989, 990, 991 II, 992. Weiter gelten die §§ 249 ff. auch für privatrechtliche Schadensersatzansprüche, die dem Grunde nach außerhalb des BGB geregelt sind (so z. B. die Gefährdungshaftungstatbestände im StVG, ProdHaftG etc.). Sogar für den Inhalt öffentlich-rechtlicher Ersatzansprüche geben die §§ 249 ff. wenigstens Anhaltspunkte (meist in dem Sinn, dass jedenfalls nicht mehr geschuldet wird). Die §§ 249ff. könnten also auch im Allgemeinen Teil BGB oder – wenn es das gäbe – in einem noch allgemeineren Gesetz stehen. S. dazu auch PdW Schuldrecht I **Fall 185.**

II. § 249 I als Ausgangspunkt

665 Nach § 249 I hat der Schuldner eines Schadensersatzanspruchs „den Zustand herstellen, der bestehen würde, wenn der zum Ersatz verpflichtende Umstand nicht eingetreten wäre“. Das beinhaltet zwei elementare Grundprinzipien des Schadensersatzrechts:

1. Totalreparation

666 Der Schädiger soll **den gesamten Schaden** ersetzen, der durch das zum Ersatz verpflichtende Ereignis eingetreten ist (Totalreparation). Damit hat sich das BGB gegen frühere (und vereinzelt noch in Spezialvorschriften wie etwa den §§ 429–435 HGB fortgeltende) Regelungen entschieden, die den Ersatz wenigstens bei nur leichtem Verschulden des Schädigers auf Teile des Schadens beschränkten: z. B auf den gemeinen Wert einer Sache oder unter Ausschluss von entgangenem Gewinn. Man nennt die Totalreparation das schadensrechtliche **„Alles oder nichts-Prinzip“.** Nach dem BGB wird es im Wesentlichen nur dann gemildert, wenn auch der Geschädigte verantwortlich an der Schadensentstehung mitgewirkt hat (§ 254, vgl. u. Rn. 677ff.).

Diese Haftung auf Ersatz des ganzen Schadens kann **außerordentlich hart** sein. So kann schon eine winzige Unaufmerksamkeit zu einem Massenunfall auf der Autobahn mit mehreren Toten und Verletzten sowie einem riesigen Sachschaden führen. Das Einkommen eines Normalverdieners reicht noch nicht einmal für die Verzinsung einer solchen Summe; er käme also bis zum Lebensende von seiner Schuld nicht frei. Daher ist (nach dem Vorbild z. B. von Art. 43 I schweizOR) die Einführung einer **Reduktionsklausel** ins BGB vorgeschlagen worden: Nach ihr sollte der Richter in Fällen wie dem genannten die Verpflichtung zum Schadensersatz auf ein tragbares Maß mindern können.[1] Aber diese Vorschläge haben sich nicht durchgesetzt. Gegen sie spricht insbesondere, dass der Richter dem Schädiger Milde nur auf Kosten des Geschädigten gewähren könnte. Dagegen hat insbesondere *Canaris* verfassungsrechtliche Einwände im Hinblick auf das Übermaßverbot erhoben.[2] Nach *OLG Celle* JZ 1990, 294[3] soll der Totalersatz wenigstens dann verfassungswidrig sein, wenn er zur Existenzvernichtung eines nach § 828 III verantwortlichen Minderjährigen führt, obwohl die Entschädigung des Opfers von dritter Seite gewährleistet ist.[4] Das *BVerfG*[5] hat nicht zur Sache entschieden, weil die BGB-Regelung vorkonstitutionelles Recht darstelle. Im Übrigen ist stets zu bedenken, dass häufig nach den §§ 286ff. InsO ein Insolvenzverfahren mit dem Ziel einer Restschuldbefreiung möglich bleibt.

Unbedenklicher und wirkungsvoller ist demgegenüber ein anderer Weg: Der potentielle Schädiger versichert sich gegen das Risiko, ersatzpflichtig zu werden. Auf Grund einer solchen **Haftpflichtversicherung** übernimmt dann der Versicherer statt des Schädigers die Befriedigung des Geschädigten. Diese Lösung bewahrt übrigens nicht

---

1 S. dazu mit gleichem Titel *Bartelt,* Beschränkung des Schadensersatzumfangs durch das Übermaßverbot?, 2004.

2 *Canaris,* JZ 1987, 993; Vgl. dazu weiter *Ramm, Wieser* und wiederum *Canaris,* JZ 1988, 489, 493, 494.

3 Dazu *Canaris* JZ 1990, 679; *Kuhlen,* JZ 1990, 273.

4 Entsprechend entscheidet auch *LG Dessau* VersR 1997, 242, hiergegen aber *Ahrens,* VersR 1997, 1064.

5 NJW 1998, 3557.

nur den Schädiger vor der Belastung mit unabsehbaren Verpflichtungen. Vielmehr hilft sie auch dem Geschädigten: Dieser erhält nämlich in Gestalt des Versicherers einen Schuldner, dessen Zahlungsfähigkeit durch die staatliche Versicherungsaufsicht ziemlich zuverlässig gewährleistet wird.

2. Herstellungsprinzip

Außer der Regel der Totalreparation wird in § 249 I noch ein weiterer Grundsatz des 667 Schadensrechts ausgedrückt, nämlich das Prinzip der Herstellung oder des **Naturalersatzes (der Naturalrestitution).** Dabei geht es um folgendes:

Man kann das Vermögen einer Person ohne Rücksicht auf die konkrete Zusammensetzung einfach mit dem **Geldwert** aller seiner Bestandteile gleichsetzen. Ein Schaden liegt bei dieser Betrachtungsweise nur vor, wenn der **Geldwert** insgesamt vermindert worden ist, der Ersatz besteht dann einfach in einer Geldzahlung, die diese Wertminderung ausgleicht. Gewahrt würde dadurch aber nur das sog. **Wert- oder Summeninteresse** des Geschädigten. Demgegenüber bliebe so die Verletzung von Gütern ohne Vermögenswert ganz unberücksichtigt (z. B. könnte ein womöglich erwerbsunfähiger Rentner keinen Ersatz seines Körperschadens verlangen). Und für die Beschädigung eines alten Kraftwagens würde regelmäßig nur der Betrag geschuldet, den der Wagen vor der Beschädigung noch wert war: Schlimmstenfalls hat die Beschädigung eben diesen Wert vernichtet.

Demgegenüber lässt § 249 I es regelmäßig nicht genügen, dass der Schädiger den 668 Wertverlust am Vermögen des Geschädigten durch eine Geldzahlung ausgleicht. Vielmehr soll der Schädiger den Zustand herstellen, der ohne das Schadensereignis bestünde. Das bedeutet also: Grundsätzlich müssen auch der Rentner wieder geheilt und der alte Kraftwagen repariert oder durch ein gleichwertiges anderes Fahrzeug ersetzt werden. Die Güterlage des Geschädigten wird also in ihrer konkreten Zusammensetzung und nicht bloß dem Werte nach geschützt. Man spricht hier vom **Erhaltungs- oder Integritätsinteresse:** Gerade dieses soll der Schädiger nach § 249 I wahren, und nicht lediglich das **Wertinteresse**

Der Schadensersatz geht also auf das, was der Geschädigte infolge des schädigenden 669 Ereignisses **zu wenig** hat. Nicht dagegen erstrebt er die Abschöpfung des beim Schädiger entstandenen Gewinns; dies ist eher die Funktion der §§ 687 II, 812 ff. Doch kommt es vor allem in der Literatur zu Vermengungen.[6] Ausnahmsweise kann aber das Gesetz eine Berechnung auf der Basis des vom Schädiger erzielten Gewinns vorsehen, so etwa § 97 I 2 UrhG. Bei vorsätzlichen Straftaten ist auch an die Einziehung zugunsten des Fiskus zu denken (§§ 74 ff. StGB).

II. Andere Arten der Ersatzleistung

Dass der Schädiger selbst die Rechtsgüter des Geschädigten in den schadensfreien Zu- 670 stand bringt oder bringen lässt, wie es § 249 I vorsieht, ist aber weder stets zweckmäßig noch stets möglich.

[6] Vgl. etwa *Helms,* Gewinnherausgabe als haftungsrechtliches Problem, 2007; *Alexander,* JZ 2006, 890; *Loschelder,* NJW 2007, 1503.

1. Ersatz der Herstellungskosten (§ 249 II)

671 Vor allem um die Zweckmäßigkeit geht es in § 249 II: Er setzt die Verletzung einer Person oder die Beschädigung einer Sache voraus. Dann ist es offenbar weder zweckmäßig noch zumutbar, dass der Geschädigte sich selbst oder seine beschädigte Sache ausgerechnet dem Schädiger anvertraut (oder auch nur sich selbst einem vom Schädiger ausgesuchten Arzt). Daher soll nach § 249 II der Geschädigte vom Schädiger die Kosten verlangen dürfen, die für die Herstellung nötig sind: Dann kann er sich den Arzt, die Reparaturwerkstatt oder den Ersatzwagen selbst aussuchen.

Obwohl also die Schadensersatzleistung nach § 249 II in einer Geldzahlung besteht, wird auch hier das Erhaltungsinteresse (o. Rn. 668) und nicht bloß das Wertinteresse (o. Rn. 667) des Geschädigten gewahrt. Denn der Schädiger muss die Kosten der Heilung oder der Reparatur und nicht bloß die Wertminderung ersetzen, die das Vermögen des Geschädigten erlitten hat. Auch in § 249 II handelt es sich also um eine Art der Herstellung; nur wird sie hier durch den Geschädigten selbst auf Kosten des Schädigers veranlasst.

Bei der Beschädigung von Sachen ist der Geschädigte nicht verpflichtet, den nach § 249 II geschuldeten Geldbetrag tatsächlich zur Reparatur (oder zur Ersatzbeschaffung, unten Rn. 705) einzusetzen. Er kann also auch „fiktive" Reparaturkosten (regelmäßig auf Gutachtenbasis) verlangen.[7] Das erklärt sich aus der **vermögensmäßigen Dispositionsfreiheit** des Geschädigten. Lediglich die bei einer Reparatur anfallende Umsatzsteuer ist nach § 249 II 2 nur geschuldet, wenn die Reparatur tatsächlich angefallen ist.

Anders ist das bei **Körperverletzungen,** weil es sich insoweit um einen Nichtvermögensschaden handelt. Der Geschädigte kann also nicht etwa auf die zur Heilung erforderliche Operation verzichten und stattdessen über den erforderlichen Geldbetrag frei verfügen.[8]

2. Unmöglichkeit der Herstellung (§ 251 I)

672 Gerade durch Unfälle entstehen häufig irreparable Schäden, bei denen also die Herstellung eines schadensfreien Zustands unmöglich ist: Ein Mensch verliert etwa sein Augenlicht, oder ein altes Gemälde wird zerstört. Hier versagt das Herstellungsprinzip des § 249. Um den Geschädigten nicht leer ausgehen zu lassen, bestimmt § 251 I die Pflicht zur Entschädigung in Geld: Es soll also wenigstens das Summen- oder Wertinteresse (o. Rn. 667) ersetzt werden, wenn schon das Integritätsinteresse (o. Rn. 668) nicht gewahrt werden kann.

Freilich ist dem Geschädigten hiermit nur geholfen, soweit er ein solches Summen- oder Wertinteresse hat. So erhält der Erblindete zwar Geldersatz für seinen Verdienstausfall, aber nach § 251 I keine Entschädigung für den Verlust an Lebensfreude. Und der Eigentümer des zerstörten alten Gemäldes bekommt regelmäßig bloß dessen Geldwert ersetzt ohne Rücksicht darauf, ob er sich dafür einen Ersatz beschaffen kann, der ihm ebensoviel Freude macht. Dass § 251 I solche **Nichtvermögensschäden** nicht ausgleicht, sagt § 253 I noch einmal ausdrücklich: Ein Nichtvermögensschaden ergibt eben kein Summeninteresse.

---

[7] BGHZ 97, 14, 18 m.w.N.
[8] BGHZ 97, 14, 18f.

3. Geldentschädigung für Nichtvermögensschäden

Nach §§ 251 I, 253 I bleiben also irreparable (d. h. nicht durch Herstellung ausgleichbare) Nichtvermögensschäden ohne Ersatz. Gerade hierbei kann es sich aber, wie das Beispiel der Erblindung zeigt, um schwerste Schäden handeln. Daher hat das BGB schon ursprünglich zwei Ausnahmen bestimmt: den wenig bedeutsamen, inzwischen beseitigten Deflorationsanspruch (§ 1300) und das wichtige Schmerzensgeld (§ 847 a. F.; Einzelheiten u. Rn. 734ff.). § 847 a. F. setzte nach seiner systematischen Stellung einen deliktisch (also nach §§ 823ff.) begründeten Ersatzanspruch voraus; ein bloß aus Vertrag oder den Haftpflichtgesetzen stammender Anspruch genügte also nicht. Hinter dieser Beschränkung hat der Gedanke gestanden, es sei anstößig, den Ausgleich eines immateriellen Schadens in Geld zu fordern (z. B. sich seine Ehre gleichsam abkaufen zu lassen). Das ist der Standpunkt von *Kant:* „Im Reiche der Zwecke hat alles entweder einen Preis oder eine Würde. Was einen Preis hat, an dessen Stelle kann auch etwas anderes, als Äquivalent, gesetzt werden; was dagegen über einen Preis erhaben ist, das hat eine Würde." Aber das hat für das Recht nie voll überzeugen können, weil ja nach § 847 a. F. bei Deliktsansprüchen Abweichendes gegolten hat: Inwiefern war die Anstößigkeit dort geringer als bei einem Anspruch aus Vertrag? 673

Diese Rechtslage ist daher 2002 durch das **Zweite Gesetz zur Änderung schadensersatzrechtlicher Vorschriften** verbessert worden. Zwar enthält der neue § 253 I als Regel nach wie vor den Ausschluss des Geldersatzes immaterieller Schäden. Aber der neue Abs. 2 bestimmt jetzt das Schmerzensgeld wegen der Verletzung bestimmter immaterieller Güter allgemein, also ohne die Beschränkung auf deliktische Anspruchsgrundlagen. Im Wesentlichen ist also der frühere § 847 nach § 253 II und damit ins Allgemeine Schuldrecht übertragen worden. Beibehalten wurde dagegen die **Beschränkung des Schmerzensgeldes auf die Verletzung einiger Rechtsgüter** (Körper, Gesundheit, Freiheit und sexuelle Selbstbestimmung). Danach kann also der Erblindete ein Schmerzensgeld verlangen, nicht aber der Eigentümer eines zerstörten Gemäldes, mag er auch noch so sehr an dem Bild gehangen haben. Denn dessen Zerstörung bedeutet bloß eine Eigentumsverletzung nach § 823 I. Auch einen Geldersatz für den Schmerz über den **Verlust naher Angehöriger** kennt das BGB (noch) nicht. In Betracht kommt bloß ein Ersatz des Schockschadens durch Verletzung der eigenen Gesundheit.[9] Ein sachlich über § 253 II hinausreichender Geldersatz immaterieller Schäden findet sich außer in § 651f II (dazu u. BT Rn. 835) etwa auch in § 97 II UrhG oder in § 21 II 3 AGG.[10]

4. Ungenügende Herstellung (§ 251 I)

Neben der Unmöglichkeit der Herstellung (o. Rn. 672) nennt § 251 I noch einen weiteren Fall für den Ersatz des Summen- oder Wertinteresses: nämlich dass die Herstellung „zur Entschädigung des Gläubigers nicht genügend ist". Dieser Fall lässt sich von der Unmöglichkeit meist kaum unterscheiden: Wenn z. B. ein Kraftwagen so stark beschädigt worden ist, dass sein Rahmen nicht wieder sicher gerichtet werden kann, lässt sich die Reparatur ebensogut als unmöglich wie auch als für den Geschädigten unzumutbar bezeichnen (das ist ein sog. „technischer Totalschaden", vgl. u. Rn. 704). Am deutlichsten passen zur Unzumutbarkeit die Fälle, in denen die Herstellung zwar 674

[9] Etwa BGHZ 93, 351, 354f., vgl. u. Rn. 685.

[10] Zum Inhalt dieses Anspruchs *OLG Stuttgart* NJW 2012, 1085.

möglich ist, aber zu lange dauert (z. B. RGZ 76, 146: Durch Bergbau sind Wiesen abgesunken und versumpft; ihre Trockenlegung würde fünf Jahre dauern). Auch der sog. uneigentliche Totalschaden gehört hierher (ein fast neues Kraftfahrzeug wird erheblich beschädigt, vgl. u. Rn. 704).

5. Unverhältnismäßige Herstellungskosten (§ 251 II)

675 Der eben erörterte § 251 I will den Geschädigten schützen, der ohne diese Vorschrift bei Unmöglichkeit der Herstellung gar nichts oder bei Unzulänglichkeit zu wenig erhielte. Demgegenüber **schützt § 251 II 1 den Schädiger:** Er soll den Geschädigten in Geld (also mit dem Summen- oder Wertinteresse) entschädigen dürfen, „wenn die Herstellung nur mit unverhältnismäßigen Aufwendungen möglich ist". Danach soll sich der Geschädigte mit dem Ersatz seines **Wertinteresses** begnügen müssen, wenn die Wahrung des Erhaltungsinteresses für den Schädiger unverhältnismäßig teuer ist. Das wichtigste Beispiel hierfür ergibt sich bei erheblicher Beschädigung älterer und daher schon stark im Wert gesunkener Kraftfahrzeuge: Hier würde die Reparatur oft erheblich mehr kosten als die Anschaffung eines gleichwertigen Gebrauchtwagens (sog. „wirtschaftlicher Totalschaden", vgl. u. Rn. 705). Doch ist bei der Feststellung der Unverhältnismäßigkeit auch ein immaterielles Interesse des Geschädigten zu berücksichtigen.

Solche Einschränkungen des § 251 II 1 sind jetzt ausdrücklich bestimmt vor allem in § 251 II 2 (Heilung verletzter Tiere; die Vorschrift hängt gedanklich mit § 90 a zusammen) und in § 16 I UmweltHG (Sachbeschädigung mit Beeinträchtigung von Natur oder Landschaft: sog. Ökoschaden).

6. Weitere Vorschriften (§§ 250, 252)

676 Zur Art der Schadensersatzleistung bleiben noch die §§ 250, 252. Dabei gibt § 250 dem Geschädigten die Möglichkeit, durch eine Nachfristsetzung mit Ablehnungsandrohung zu einem **Geldanspruch** zu kommen. Die Regelung ist von sehr geringer praktischer Relevanz, weil die meisten Fälle bereits von § 249 II 1 und § 251 erfasst sind. Denkbare Anwendungsfälle sind etwa Freistellungsansprüche (der Geschädigte kann vom Schädiger die Befreiung von einer Verbindlichkeit verlangen. s. § 257) oder Herausgabeansprüche nach einer Besitzentziehung.

§ 252 betrifft den entgangenen Gewinn: S. 1 sagt noch einmal ausdrücklich, was sich schon aus § 249 I ergibt, nämlich dass der zu ersetzende Schaden auch den entgangenen Gewinn umfasst. Und § 252 S. 2 erleichtert dann die Feststellung dieses Gewinns. S. dazu auch PdW Schuldrecht I **Fall 189.**

III. Die Schadensteilung nach § 254

677 Vor allem bei Verkehrsunfällen hat oft der Geschädigte selbst in einer ihm zurechenbaren Weise zur Entstehung oder zur Ausweitung des Schadens beigetragen: Er ist etwa selbst zu schnell gefahren, hat sich nicht um eine rasche Reparatur seines beschädigten Wagens gekümmert oder ist zu spät zu einem Arzt gegangen. Hier wäre es unbillig, wenn der Schädiger trotzdem ganz für den Schaden aufkommen sollte. Daher eröffnet der praktisch überaus wichtige § 254 in solchen Fällen die Möglichkeit, den Schaden zwischen dem Schädiger und dem Geschädigten aufzuteilen. § 254 durchbricht also den schadensrechtlichen Grundsatz der Totalreparation (vgl. o. Rn. 666).

§ 52. Einzelheiten

Die eben in Rn. 664ff. behandelten wenigen Gesetzesnormen über Art und Umfang des Schadensersatzes reichen bei weitem nicht aus. Daher haben Wissenschaft und Rechtsprechung sie durch viele weitere Regeln ergänzt.

I. Differenzhypothese (äquivalente Kausalität)

Nach dem Prinzip der Totalreparation (vgl. o. Rn. 666) ist jeder Schaden ersatzfähig, 678
den der Geschädigte infolge des zum Ersatz verpflichtenden Umstands erlitten hat. Dieser Schaden wird nach § 249 I als **Differenz zwischen zwei Zuständen** ermittelt: Es wird der hypothetische Zustand, der ohne das zum Ersatz verpflichtende Ereignis bestünde, mit dem jetzt wirklich bestehenden Zustand verglichen. Den Schaden bildet der dabei zu Lasten des Geschädigten sich ergebende Unterschied. Dies erfordert einen **Gesamtvermögensvergleich,** der alle von dem haftungsbegründenden Ereignis betroffenen Positionen umfasst. Dabei geht es nicht um Einzelposten, sondern um eine Gegenüberstellung der hypothetischen und der tatsächlichen Vermögenslage. Bezugspunkt ist das Vermögen des Geschädigten selbst, nicht das Vermögen Dritter.

So hat es *BGH* NJW 2015, 1373 zu Recht als grundsätzlich irrelevant betrachtet, dass dem aus einer fehlerhaften steuerlichen Beratung entstandenen Schaden des Mandanten ein daraus entstandener Vermögensvorteil eines Familienmitglieds gegenüberstand.

Die diesem Verfahren zugrunde liegende Vorstellung wird als **Differenzhypothese** bezeichnet. Bisweilen wird sie so verstanden (und dann mit Recht kritisiert), als sei eine rechnerische Differenz gemeint. Dann müssten nämlich die beiden miteinander zu vergleichenden Zustände als Vermögenslagen aufgefasst und zunächst in Geld bewertet werden, weil man eine rechnerische Differenz nur zwischen gleichartigen Größen (also Geldbeträgen) bilden kann. Das wäre dasselbe Verfahren wie dasjenige, mit dem man in einer Bilanz Gewinn oder Verlust ermittelt. Aber das passt zu § 249 I schon deshalb nicht, weil dieser ja zugleich das Herstellungsprinzip enthält (vgl. o. Rn. 667). Dem widerspräche es, wenn der Schaden stets eine Differenz zwischen zwei Geldbeträgen und damit selbst einen Geldbetrag darstellte. Verglichen werden also nicht zwei Geldbeträge, sondern zwei Vermögenslagen in ihrer Gesamtheit.

Diese Differenzhypothese wird auch als **Theorie der äquivalenten Kausalität** be- 679
zeichnet: Als Folgen des zum Ersatz verpflichtenden Ereignisses gelten alle Umstände, die entfielen, wenn dieses Ereignis hinweggedacht wird, für die dieses Ereignis also eine notwendige Ursache *(conditio sine qua non)* darstellt. Eine solche Kausalitätsformel passt sinngemäß auch, wenn das zum Ersatz verpflichtende Ereignis in einer **Unterlassung** besteht (z. B. in der Untätigkeit eines Arztes, in dem Nichtschließen einer Bahnschranke): Äquivalent kausale Folgen des Unterlassens sind dann diejenigen Umstände, die wegfallen, wenn man das pflichtgemäße Handeln (die ärztliche Behandlung, das Schließen der Schranke) hinzudenkt.

Dabei bedeutet **„äquivalent“** (also „gleichgewichtig“) eine Absage an Versuche, zwischen wichtigeren und weniger wichtigen Ursachen zu unterscheiden. Solche Unterscheidungen sind mehrfach vorgeschlagen worden. Sie haben sich z. B. im **Sozialrecht** durchgesetzt: Dort gilt eine „Theorie der wesentlichen Bedingung“ (im Gegensatz zu bloßen Gelegenheitsursachen). Dahinter steht eine Bewertung mit dem Ziel, bestimmte Umstände als rechtlich unerheblich auszuschalten. Dasselbe Ziel wird aber letzten Endes auch im Zivilrecht verfolgt, wenngleich mit anderer Terminologie und teils auch in anderen Gedankenbahnen (vgl. u. Rn. 680ff.).

Ein **Beispiel** für die besondere **sozialrechtliche Kausalität** bildet der Fall von *BSG* VersR 1985, 1085: Ein Schüler hatte sich während einer Lateinarbeit aus dem Fenster gestürzt und war dabei schwer verletzt worden. Zu entscheiden war über das Bestehen von Versicherungsschutz nach (damals) § 539 I Nr. 14b RVO. Das BSG hat diesen Schutz verneint: Die Selbstmordabsicht habe mannigfache Motive gehabt. Die Belastung durch die Lateinarbeit sei nur gleichsam der letzte Tropfen gewesen, der das Fass zum Überlaufen gebracht habe. Damit sei die Lateinarbeit unter den Motiven nicht derart hervorgehoben, dass sie als die wesentliche Bedingung angesehen werden könne.

II. Wertende Beschränkungen des zu ersetzenden Schadens

1. Die Problematik

680 Die Differenzhypothese und – gleichbedeutend – die Theorie der äquivalenten Verursachung (vgl. o. Rn. 678f.) können zu einer unerträglich weiten Schadenszurechnung führen.

Beispiel: G erleidet durch eine geringe Unvorsichtigkeit des S einen Unfall, bei dem aber nur leichter Blechschaden am Wagen des G entsteht. Die Schadensregulierung mit S dauert etwa zehn Minuten. Bei der Weiterfahrt gerät G in einen Massenunfall auf der Autobahn. Dabei wird er schwer verletzt, sein Wagen wird zerstört. Hier ist die Verzögerung durch den ersten Unfall notwendige Ursache dafür, dass G auf der Autobahn verunglückt: Ohne die Verzögerung hätte G die kritische Stelle schon passiert gehabt, bevor sich dort der Massenunfall ereignete. Oder in der Sprache von § 249 I: Der hypothetische Zustand, der jetzt ohne den ersten Unfall bestünde, enthielte für G nicht die schweren Folgen aus dem zweiten Unfall.

Es ist aber offenbar unbillig, den S auch für die schweren Folgen aus dem zweiten Unfall haften zu lassen. Das *Strafrecht* vermeidet eine derart weite Folgenzurechnung (im Bsp.: Strafbarkeit des S wegen fahrlässiger Körperverletzung) schon dadurch, dass dort die Fahrlässigkeit die Folgen umfassen muss. S konnte aber den zu der Körperverletzung führenden zweiten Unfall in keiner Weise voraussehen. Im *Zivilrecht* dagegen wird die Folgenzurechnung regelmäßig nicht durch das Verschulden begrenzt, d. h. das Verschulden muss sich grundsätzlich **nicht** auf das Ausmaß des Schadens beziehen (vgl. o. Rn. 366). Daher bedarf es hier einer anderen Korrektur der Zurechnung.

2. Die Adäquanztheorie

Literatur: Für die Entwicklung wichtig *von Bar,* Die Lehre vom Causalzusammenhange im Rechte, besonders im Strafrecht, 1871; *ders.,* Zur Lehre von der Culpa und dem Causalzusammenhange im Straf- und Civilrecht, GrünhutsZ 4 (1877) 21; *von Kries,* Über den Begriff der objektiven Möglichkeit und einige Anwendungen derselben, Vierteljahresschrift für wiss. Philosophie 12 (1888) 179; 287; 393; *Radbruch,* Die Lehre von der adäquaten Verursachung, 1902; *Traeger,* Der Kausalbegriff im Straf- und Zivilrecht, 1904. – Aus neuerer Zeit etwa *Bernert,* Die Leerformel von der „Adäquanz", AcP 169 (1969) 421; *von Caemmerer,* Das Problem des Kausalzusammenhanges im Privatrecht, 1956 (= Gesammelte Schriften, Bd. 1, 1968, 395); *Deutsch,* Beweis und Beweiserleichterungen des Kausalzusammenhangs im deutschen Recht, FS Hermann Lange, 1993, 433; *Gottwald,* Kausalität und Zurechnung, in: Karlsruher Forum 1986, 1988, 3; *U. Huber,* Normzwecktheorie und Adäquanztheorie, JZ 1969, 677; *ders.,* Fahrlässigkeit und Voraussehbarkeit, FS Heimpel, Bd. 3, 1972, 440; *ders.,* Verschulden, Gefährdung und Adäquanz, FS Wahl, 1973, 301; *Kramer,* Schutzgesetze und adäquate Kausalität?, JZ 1976, 338; *Heinrich Lange,* Herrschaft und Verfall der Lehre vom adäquaten Kausalzusammenhang, AcP 156 (1957) 114; *Hermann Lange,* Adäquanztheorie, Rechtswidrigkeitszusammenhang, Schutzzwecklehre und selbständige Zurechnungsmomente, JZ 1976, 198; *Lanz,* Alternativen zur Lehre vom adäquaten Kausalzusammenhang, 1974; *Musielak,* Kausalität und Schadenszurechnung im Zivilrecht, JA 2013, 241; *Schiemann,* Kausalitätsprobleme bei der Arzthaftung, FS Canaris, Bd. 1, 2007, 1161; *Sourlas,* Adäquanztheorie und Normzwecklehre bei der Begründung der Haftung nach § 823 I BGB, 1974; *H. Stoll,* Kausalzusammenhang und Normzweck im

Deliktsrecht, 1968; *ders.*, Adäquanz und normative Zurechnung bei der Gefährdungshaftung, in: 25 Jahre Karlsruher Forum, 1983, 184 (dazu *Dunz*, VersR 1984, 600 mit Entgegnung *Stoll*, VersR 1984, 1133); *Weitnauer*, Zur Lehre vom adäquaten Kausalzusammenhang, Versuch einer Ehrenrettung, FG Oftinger, 1969, 321; *ders.*, Noch einmal: Unzulänglichkeit der Adäquanztheorie?, JuS 1979, 697.

Die Adäquanztheorie geht zurück auf strafrechtliche Ansätze bei *von Bar* (1871); formuliert worden ist sie erstmals 1888 durch den Physiologen *von Kries*. Danach sollten auf den Handelnden nur solche Folgen bezogen werden, die „im regelmäßigen Laufe der Dinge liegen". Heute werden ohne die Absicht eines sachlichen Unterschiedes vor allem **zwei Formulierungen** verwendet. Nach der ersten soll Adäquanz vorliegen, „wenn eine Tatsache im allgemeinen und nicht nur unter besonders eigenartigen, ganz unwahrscheinlichen und nach dem regelmäßigen Verlauf der Dinge außer Betracht zu lassenden Umständen zur Herbeiführung eines Erfolges geeignet war".[1] Nach der zweiten Formulierung setzt Adäquanz voraus, „dass die objektive Möglichkeit eines Erfolges von der Art des eingetretenen allgemein erhöht oder begünstigt wird" (RGZ 81, 359, 361). 681

Diese Formulierungen verlangen für die Folgenzurechnung eine **gewisse Wahrscheinlichkeit.** Dafür ist wesentlich, welches Wissen man dem Urteil über diese Wahrscheinlichkeit zugrunde legt: Je mehr der Urteilende weiß, umso wahrscheinlicher wird das, was nachher wirklich eingetreten ist. S. dazu auch PdW Schuldrecht I **Fall 183.**

Zum **Beispiel** im Fall des Massenmörders Thomas: Dieser wollte ein Schiff versenken, um die Versicherungsprämie zu kassieren. Hierzu hatte er in einer auf dem Schiff zu verladenden Kiste Sprengstoff mit einem Zeitzünder verborgen. Hafenarbeiter ließen die Kiste durch Unvorsichtigkeit vom Kranhaken fallen; sie explodierte und richtete furchtbare Schäden an. – Hier hängt das Wahrscheinlichkeitsurteil über die Zurechnung dieser Schäden *an die Hafenarbeiter* davon ab, ob der Urteilende den wirklichen Inhalt der Kiste kennt: Wenn ja, sind die Explosion und ihre Folgen ziemlich wahrscheinlich; sonst sind sie ganz unwahrscheinlich.

BGHZ 3, 261 wollte für das Wahrscheinlichkeitsurteil nur diejenigen Umstände berücksichtigen, die zur Zeit des schädigenden Ereignisses **dem „optimalen Beobachter" erkennbar oder dem Täter bekannt** waren. Nach dem zweiten Teil der Formulierung sind die Folgen dem Thomas selbst zuzurechnen, weil er den Inhalt der Kiste kannte (vgl. *BAG* NZA 1991, 13). Aber was umfasst das Wissen des „optimalen Beobachters", das über die Zurechnung an die Hafenarbeiter und (wegen § 831) auch an die Hafenverwaltung entscheiden soll? Kennt er z. B. die Sprengstoffkäufe und den Versicherungsabschluss durch Thomas, so dass er daraus auf den Inhalt der Kiste schließen kann?

Diese Fragen müssen verneint werden, wenn die Adäquanz überhaupt eine nennenswerte Einschränkung der Folgenzurechnung bringen soll. Daher wollte *Larenz*[2] mit Recht den künstlichen „optimalen" Beobachter durch einen **„erfahrenen"** ersetzen.

Jedenfalls aber ergibt die Adäquanztheorie, dass S in dem Unfallbeispiel (oben Rn. 680) nicht für die Folgen des zweiten Unfalls haftet: In einen solchen Unfall zu geraten war für G durch die Verzögerung seiner Fahrt zunächst nicht wahrscheinlicher geworden; die Verzögerung hätte dem G ebensogut auch die Verwicklung in einen solchen Unfall ersparen können (nur merkt man das häufig nicht). Eines der seltenen Beispiele für die praktische Anwendung der Adäquanztheorie bildet die geradezu groteske Schadensersatzforderung in *AG Regensburg* NJW 2000, 1047.

[1] BGHZ 3, 261, 267 mit Nachw., BGHZ 137, 11, 19.
[2] SAT, § 27 III b S. 439 f.

3. Schutzbereich der Norm und Rechtswidrigkeitszusammenhang

Literatur: Vgl. die Angaben oben vor Rn. 681, zudem etwa noch *Deutsch,* Rechtswidrigkeitszusammenhang, Gefahrerhöhung und Sorgfaltsausgleichung bei der Arzthaftung, FS von Caemmerer, 1978, 329; *ders.,* Aufklärungspflicht und Zurechnungszusammenhang, NJW 1989, 2313; *ders.,* Das allgemeine Lebensrisiko als negativer Zurechnungsgrund, VersR 1993, 1041 = FS Jahr, 1993, 251; *Dubischar,* Inhalt und Schutzbereich von Bewachungsverträgen, NJW 1989, 3241; *Esser,* Kausalitätsbegriff und Rechtswidrigkeitszusammenhang, in: Karlsruher Forum 1959, 20; *Hanau,* Die Kausalität der Pflichtwidrigkeit, 1971; *Kohte,* Normzweck und Interessenabwägung bei der Auslegung des § 823 II BGB, Jura 1988, 125; *Mährich,* Das allgemeine Lebensrisiko, 1980; *Michalski,* Haftungsbeschränkung durch den Schutzzweck der Norm, Jura 1996, 393; *Th. Raiser,* Adäquanztheorie und Haftung nach dem Schutzzweck der verletzten Norm, JZ 1963, 462; *Schack,* Der Schutzzweck als Mittel der Haftungsbegrenzung im Vertragsrecht, JZ 1986, 305; *Schloßhauer-Selbach,* Zurechnungszusammenhang und Selbstbestimmung bei ärztlicher Aufklärung, NJW 1985, 660; *J. G. Wolf,* Der Normzweck im Deliktsrecht, 1962.

682 Während die Adäquanztheorie allgemein auf die Wahrscheinlichkeit des Schadenseintritts abstellt, geht die jüngere Lehre vom **Zweck der den konkreten Ersatzanspruch begründenden Norm** aus: Dieser ziele nicht auf den Schutz vor allen überhaupt denkbaren Schäden. Vielmehr sei die Norm häufig nur im Hinblick auf bestimmte Schäden geschaffen worden, und nur diese könnten dann auch aus der Norm ersetzt verlangt werden. Letztlich handelt es sich hier also um eine **teleologische** (auf den Zweck abstellende) **Auslegung** der Anspruchsnorm. Gleiches lässt sich prinzipiell auch durch eine den Schutzzweck beachtende Auslegung von **Verträgen** erreichen.[3]

Bloß eine andere Formulierung bedeutet das Abstellen auf den **Rechtswidrigkeitszusammenhang:** Dabei wird gefragt, ob das anspruchsbegründende Verhalten gerade zur Abwendung des eingetretenen Erfolgs verboten (= für rechtswidrig erklärt) worden ist. Das passt aber nur für Ersatzpflichten aus rechtswidrigem Verhalten, also regelmäßig für Delikte. Daher dürfte die allgemeinere, auf den Schutzbereich abstellende Formulierung vorzuziehen sein.

683 Streckenweise deckt sich die Schutzbereichslehre mit der Adäquanztheorie. Denn je unwahrscheinlicher ein Schaden als Folge eines bestimmten Verhaltens ist, umso ferner liegt die Annahme, an dieses Verhalten sei eine Ersatzpflicht gerade wegen solcher Schäden geknüpft worden. So ist in dem Unfallbeispiel von oben Rn. 670 die Eigentumsverletzung (der Blechschaden aus dem ersten Unfall) gewiss nicht deshalb verboten, um den Eigentümer vor der Verwicklung in spätere Unfälle zu schützen.[4] Im Gegensatz zur Adäquanztheorie lässt sich über den Schutzzweck aber bisweilen auch ein recht wahrscheinlicher Schaden vom Ersatz ausschließen. So dürfen nach § 21 II StVO Personen auf der Ladefläche von Lastwagen und Anhängern nur unter bestimmten Voraussetzungen befördert werden. Dass sich eine danach unerlaubt beförderte Person auf der Ladefläche erkältet, ist durchaus nicht unwahrscheinlich. Aber § 21 II StVO soll nicht Erkältungen verhindern (sonst müssten auch offene Sportwagen verboten sein!), sondern nur das Herunterfallen. Daher kann für den Erkältungsschaden kein Ersatz verlangt werden. Ebenso schuldet der Arzt nach schuldhaft missglücktem Schwangerschaftsabbruch keinen Ersatz für den Unterhalt des dann geborenen Kin-

[3] *BGH* NJW 1990, 2057; 1997, 2946.

[4] S. aber auch *BGH* NJW 2013, 1679, wo die Haftung für Verletzungen bejaht wurde, die der geschädigte Autofahrer durch einen Sturz beim Aussteigen aus dem Fahrzeug am Unfallort auf eisglatter Fahrbahn erlitten hatte. Dadurch hatte sich nämlich eine spezifische, durch den Unfall entstandene Gefahrenlage verwirklicht.

des, wenn der Abbruch nur medizinisch (§ 218a I StGB) und nicht sozial indiziert war[5]. Gleiches gilt bei sozialer Indikation, wenn die Mutter das Kind später akzeptiert[6] oder die soziale Notlage aufgehört hat (BGHZ 95, 199, dazu *Köster,* JZ 1986, 586). Auch eine Beratungspflicht (etwa aus dem Eintritt in Vertragsverhandlungen) kann einen bloß beschränkten Schutzbereich haben: Der Schuldner haftet dann nur für denjenigen Schaden, der gerade durch die Beratung verhindert werden sollte.[7] Ein Sperrvertrag mit einer Spielbank kann aber nicht nur diese, sondern auch den süchtigen Spieler schützen sollen.[8] Jedoch soll ein Vertrag über eine anwaltliche Beratung in einer Vermögensfrage regelmäßig nicht vor einem Schock bei falscher Beratung schützen.[9] § 823 I schützt nicht davor, dass anlässlich der Behandlung eines Unfallverletzten eine Vorerkrankung entdeckt wird, die zu dessen vorzeitiger Verrentung und damit zu einem Verdienstausfall führt.[10] S. dazu auch PdW Schuldrecht I **Fall 184.**

Umgekehrt kann die Schutzzwecklehre auch einmal die **Ersatzfähigkeit eines ganz unwahrscheinlichen Schadens** ergeben, nämlich wenn die Anspruchsnorm gerade seinetwegen erlassen worden ist. Das mag etwa für Vorschriften über den Umgang mit radioaktivem Material oder mit gentechnisch veränderten Organismen zutreffen.

Die Schutzbereichslehre ist als Spezialfall der teleologischen Auslegung methodisch abgesichert und daher zweifelsfrei richtig. Man hat sogar mit guten Gründen bezweifelt, ob neben ihr noch Raum für die Adäquanztheorie bleibt. Doch wird man das bejahen müssen: Wenn eine Norm die Ersatzpflicht nicht an ein Verhalten knüpft, sondern an einen Erfolg (wie z. B. § 823 I), sind konkrete Aussagen über einen beschränkten Schutzzweck kaum möglich. So ist etwa die Annahme von BGHZ 107, 359, eine Gehirnblutung durch die Aufregung über Unfallfolgen falle nicht mehr unter § 823 I, kritisiert worden.[11] Deshalb lässt sich hier der Rückgriff auf die allgemeinen Wahrscheinlichkeitserwägungen der Adäquanztheorie nicht entbehren.

4. Einzelfragen der Schadenszurechnung

a) Berücksichtigung von Schadensanlagen

Auch nach Adäquanztheorie und Schutzzwecklehre bleibt die Schadenszurechnung sehr **684** weit. So wird sie regelmäßig nicht dadurch ausgeschlossen, dass außer dem zum Ersatz verpflichtenden Ereignis auch andere Umstände zur Schadensentstehung mitgewirkt haben.[12] Das wird oft plastisch in dem Satz ausgedrückt, wer einen geschwächten oder sonst anfälligen Menschen verletzt habe, könne nicht verlangen so gestellt zu werden, als habe er einen Gesunden oder wirtschaftlich Starken verletzt.[13] Nur eine ganz extreme, keinesfalls zu erwartende **Schadensanlage** soll die Zurechnung ausschließen.[14] Weiter

---

[5] *BGH* NJW 1985, 2749; 2000, 1783, 1785 mit *Gehrlein,* NJW 2000, 1771 sowie *G. Müller,* FS Steffen, 1995, 355; BGHZ 143, 389.

[6] *BGH* NJW 1985, 671.

[7] BGHZ 116, 209, 213.

[8] *BGH* NJW 2006, 362.

[9] *BGH* NJW 2009, 3025.

[10] *BGH* NJW 1968, 2287.

[11] So etwa *von Bar,* JZ 1989, 1071 und *Lipp,* JuS 1991, 809.

[12] Vgl. *Coester-Waltjen,* Jura 2001, 412.

[13] Etwa BGHZ 137, 142, 145; 132, 341, 343ff.

[14] Etwa *OLG Karlsruhe* VersR 1966, 71: ein versehentlicher Tritt auf den Fuß führt wegen einer arteriellen Störung des Verletzten zur Oberschenkelamputation des Beines.

geht BGHZ 115, 84[15]: Der geschädigte Schweinehalter soll das Risiko einer durch den Lärm des von einem Unfall ausgelösten, aber auf der Massentierhaltung beruhenden Panik im Schweinestall selbst tragen müssen.

b) Psychische Kausalität

685 Für die Schadenszurechnung genügt **psychische Kausalität.**[16] So kommt als Schadensursache in Betracht auch der **Schock** bei der Nachricht vom Tod des Ehemanns[17] oder bei der irrtümlich falschen Zustellung eines Pfändungsbeschlusses wegen der Unterhaltsansprüche zweier unehelicher Kinder von verschiedenen Müttern.[18] Für ersatzfähig ist auch der Schock gehalten worden, den derjenige erleidet, der einen anderen durch dessen Schuld totfährt.[19] Um eine uferlose Haftung zu vermeiden, wird die Ersatzfähigkeit solcher Schockschäden aber nur dann bejaht, wenn der Schock als eigener Gesundheitsschaden medizinisch relevant ist, im Hinblick auf den Anlass eine verständliche Reaktion darstellt und einen nahen Angehörigen des Verletzten betrifft.[20] S. dazu auch PdW Schuldrecht I **Fall 192.**

Nach BGHZ 132, 341[21] genügen Schäden aus einer neurotischen Fehlverarbeitung (dauernde Dienstunfähigkeit) regelmäßig auch, wenn sie auf einer psychischen Anfälligkeit des Verletzten beruhen.[22] Bei der sog. **Renten-** oder (anderen **Begehrens)neurose** wird der Ersatz aber versagt, wenn gerade der Erfolg des Begehrens der Heilung im Wege steht.[23]

c) Psychisch vermittelte Kausalität (Herausforderung)

686 Der Schaden kann auch durch einen **eigenen Willensentschluss des Verletzten** veranlasst sein (sog. **psychisch vermittelte Kausalität**).[24] So liegt es etwa, wenn Polizisten bei der Verfolgung eines Straftäters verunglücken. Die Rspr. verlangt dann aber, dass der Täter die Verfolgung **herausgefordert** habe und das Opfer sich auch legitimer Weise zu einem selbstschädigenden Verhalten herausgefordert fühlen durfte.[25] Unter diesem Stichwort wird in der Sache die Vernünftigkeit des Entschlusses zu der gefährlichen Verfolgung geprüft. Ausnahmsweise kann auch der **Entschluss eines Dritten** den Schaden vermitteln, z. B. jemand sperrt durch einen von ihm verschuldeten Unfall die Fahrbahn; andere Fahrer umfahren das Hindernis und zerstören dabei den Gehweg oder einen Grünstreifen.[26]

---

[15] Dazu *H. Roth,* JuS 1993, 716, vgl. auch BGHZ 132, 341; *BGH* VersR 1997, 752.

[16] Etwa *BGH* NJW 2000, 862, zum Nachweis *BGH* NJW 2008, 76.

[17] BGHZ 56, 163.

[18] RGZ 170, 129.

[19] *BGH* NJW 1986, 777, dazu *Dunz,* VersR 1986, 448; zum Schockschaden allgemein *Karczewski,* Die Haftung für Schockschäden, 1992; sehr zurückhaltend dagegen BGHZ 172, 263 = JZ 2007, 1154 mit Anm. *Teichmann.*

[20] BGHZ 56, 163; *BGH* NJW 2012, 1730 Rn. 8f. (kein Schadensersatz für pathologischen Schock bei Tötung eines Haustiers).

[21] Ebenso BGHZ 137, 142, 148.

[22] Vgl. *Schiemann,* JZ 1998, 683.

[23] So BGHZ 20, 137: Schadensersatzleistung sei sinnwidrig, wenn sie die Heilung verhindere.

[24] Vgl. *Medicus,* JuS 2005, 239.

[25] Vgl. etwa BGHZ 57, 25; 63, 189; *BGH* NJW 2002, 2232; *BGH* NJW 2005, 1420.

[26] Vgl. BGHZ 58, 162, 165ff.; Zurechnung an den Verursacher des Hindernisses verneint.

Praktisch bedeutsam ist die Schadenszurechnung bei **Kettenunfällen.** Wenn etwa A bei Nebel schuldhaft die Autobahn blockiert, der nachfolgende B möge rechtzeitig anhält, aber der nächste Fahrer C auf B auffährt: Dann haftet regelmäßig[27] auch A (neben C) für den Schaden des B (BGHZ 43, 178). Oder *BGH* JZ 1964, 178 mit Anm. *W. Lorenz:* Ein Radfahrer überquert unvorsichtig die Straße; ein viel zu schnell herankommender Lieferwagen weicht ihm aus und tötet dabei zwei Fußgänger: Das wird auch dem Radfahrer zugerechnet. Doch ist das deshalb nicht unbedenklich, weil hier dem (keinem Zwang zur Haftpflichtversicherung unterliegenden) Radfahrer das viel größere Schädigungspotential des Lieferwagens zur Last fällt.

III. Reserveursachen

Literatur: *von Caemmerer,* Das Problem der überholenden Kausalität im Schadensersatzrecht, 1962 (= Gesammelte Schriften, Bd. 1, 1968, 411); *Coing,* Interesseberechnung und unmittelbarer Schaden, SJZ 1950, 865; *Frank/Löffler,* Grundfragen der überholenden Kausalität, JuS 1985, 689; *Gebauer,* Hypothetische Kausalität und Haftungsgrund, 2007; *Gotzler,* Rechtmäßiges Alternativverhalten im haftungsbegründenden Zurechnungszusammenhang, 1977; *Großerichter,* Hypothetischer Geschehensverlauf und Schadensfeststellung, 2001; *Grunsky,* Hypothetische Kausalität und Vorteilsausgleichung, FS Hermann Lange, 1993, 469; *Hanau,* Die Kausalität der Pflichtwidrigkeit, 1971; *Hermann Lange,* Zum Problem der überholenden Kausalität, AcP 152 (1952/53) 153; *Larenz,* Die Berücksichtigung hypothetischer Schadensursachen bei der Schadensermittlung, NJW 1950, 487; *ders.,* Die Notwendigkeit eines gegliederten Schadensbegriffs, VersR 1963, 1; *Lemhöfer,* Die überholende Kausalität und das Gesetz, JuS 1966, 337; *Niederländer,* Schadensersatz bei hypothetischen Schadensereignissen, AcP 153 (1954) 41; *ders.,* Hypothetische Schadensereignisse, JZ 1959, 617; *Wahle,* Die überholende Kausalität, in: Karlsruher Forum 1959, 58; *Zeuner,* Zum Problem der überholenden Kausalität, AcP 157 (1958/59) 441.

1. Hypothetische Kausalität

Bei einer in der Theorie viel diskutierten Fallgruppe (die praktische Bedeutung ist viel 687
geringer) spricht man von **hypothetischer Kausalität:** Ein von S dem G zugefügter Schaden wäre später aus einem anderen Grund (der Reserveursache) ohnehin eingetreten; z. B. S beschädigt den Pkw des G, in der folgenden Nacht wäre der Wagen in der Garage verbrannt.

Eine solche Reserveursache berührt die Ersatzpflicht des Erstschädigers nicht, wenn die Reserveursache die Ersatzpflicht eines Dritten begründet hätte.[28] Denn da dieser mangels realer Kausalität nicht haftet, bliebe der Geschädigte ohne die Ersatzpflicht des Erstschädigers ungeschützt. Umgekehrt sind Reserveursachen beachtlich, die als Schadensanlagen schon beim Eintritt der realen Ursache vorgelegen haben.[29] So wird berücksichtigt, dass das zu ersetzende Haus ohnehin abbruchreif war, oder dass der bei einem Unfall Getötete an Krebs litt und daher nicht mehr lange zu leben hatte, sog. **Anlagenfälle.**

Für die zwischen diesen beiden Polen liegenden Fälle ist die Beachtlichkeit von Reserveursachen zweifelhaft. Die Tendenz geht zu einer Unterscheidung: Verneint wird die Beachtlichkeit, wenn die Reserveursache auf einen schon abgeschlossenen Schaden aus der ersten Ursache trifft (z. B. bei der Beschädigung des Pkw). Bejaht wird die Beachtlichkeit dagegen, soweit der Schaden aus der ersten Ursache erst im Lauf der Zeit entsteht (z. B. Verdienstausfall).[30]

---

27 Eine Ausnahme in *BGH* NJW 2004, 1945.
28 *BGH* NJW 1967, 551.
29 RGZ 148, 48; BGHZ 29, 207; *BGH* NJW-RR 1995, 937.
30 Vgl. etwa *BGH* DB 1979, 352.

2. Rechtmäßiges Alternativverhalten

688 Eine besondere Fallgruppe bildet die **Berufung auf rechtmäßiges Alternativverhalten:** Jemand bekämpft seine Ersatzpflicht mit dem Argument, er hätte den von ihm rechtswidrig verursachten Schaden auch in anderer, rechtmäßiger (und daher nicht zum Ersatz verpflichtender) Weise herbeiführen können.

Darum kann es etwa in **Arzthaftungsprozessen** gehen: Ein Arzt möge auf Schadensersatz verklagt werden, weil er die (schließlich schadensbringende) Operation ohne hinreichende Aufklärung des Patienten und damit ohne dessen wirksame Einwilligung vorgenommen hatte. Der Arzt macht geltend, der Patient würde seine Einwilligung auch bei vollständiger Aufklärung über die Operationsrisiken erteilt haben.

Regelmäßig ist zur Entscheidung auf den **Schutzzweck der verletzten Norm** abzustellen: Die Möglichkeit zu rechtmäßigem Alternativverhalten ist unbeachtlich, wenn die verletzte Norm den Schaden überhaupt und nicht bloß seine Herbeiführung auf einem bestimmten Weg verhindern will. Aber selbst wenn die Norm nur einen Weg zum Schaden versperren will, darf das den Schädiger nicht entlasten, wo es um wichtige Verfahrensgarantien geht. Sonst könnte nackte Gewalt schadensrechtlich sanktionslos bleiben, wenn nur ein Anspruch auf das gewaltsam Erlangte bestand. Das Erfordernis der Einwilligung des ordentlich aufgeklärten Patienten wird regelmäßig nicht zu den in diesem Sinn unverzichtbare Verfahrensgarantien gerechnet;[31] doch sind an den (dem Arzt obliegenden) Beweis strenge Anforderungen zu stellen.[32] Das gilt besonders, wenn der Patient seine Einwilligung erst auf Zureden des Arztes hin erteilt hat.[33] Nachträgliche Befunde, die den Eingriff indizieren, sollen die Einwilligung nicht ersetzen können.[34]

IV. Vorteilsausgleichung(-anrechnung)

Literatur: Allgemein *Wendehorst,* Anspruch und Ausgleich, 1999; zudem *Boelsen,* Schadensersatz und Vorteilsausgleich bei Schadensfällen mit einkommensteuerrechtlichem Hintergrund, DB 1988, 2187; *Büdenbender,* Vorteilsausgleichung und Drittschadensliquidation bei obligatorischer Gefahrentlastung, 1995; *ders.,* JZ 1995, 920; *Cantzler,* Die Vorteilsausgleichung beim Schadensersatzanspruch, AcP 156 (1957) 29; *Esser,* Zur Entwicklung der Lehre von der Vorteilsausgleichung, MDR 1957, 522; *Ganter,* Schadensberechnung und Vorteilsausgleichung in der Haftung der rechtsberatenden Berufe, NJW 2012, 801; *C. Huber,* Versagte Vorteilsausgleichung bei Beschädigung staatlichen Eigentums, NJW 2005, 950; *Knobbe-Keuk,* „Steuervorteile" und Schadensersatz, in: 25 Jahre Karlsruher Forum, 1983, 134; *Hermann Lange,* Die Vorteilsausgleichung, JuS 1978, 649; *Müller-Laube,* Auswirkungen vorteilhafter Geschäfte des Geschädigten auf die Schadensabrechnung mit dem Schädiger, JZ 1991, 162; *Oertmann,* Die Vorteilsausgleichung beim Schadensersatzanspruch …, 1901; *H. Roth,* Zessionsregreß nach § 255 BGB und gesamtschuldnerischer Ausgleich, 1. FS Medicus, 1999, 495; *Rothenfüßer,* Kausalität und Nachteil, 2003; *Schmalzl,* Die häusliche Verpflegungsersparnis während des Krankenhausaufenthalts …, VersR 1995, 516; *Schmidt,* Schadensersatz und Lohnsteuer, DB 1993, 957; *Selb,* Schadensbegriff und Regressmethoden, 1963; *Sonnenberger,* Die Vorteilsausgleichung – Rechtsvergleichende Anmerkungen zu einer fragwürdigen Rechtsfigur, FS Trinkner, 1996, 723; *Thiele,* Gedanken zur Vorteilsausgleichung, AcP 167 (1967) 193; *Wilburg,* Zur Lehre von der Vorteilsausgleichung, IherJb. 82 (1932) 51.

689 Nicht selten führt der zum Ersatz verpflichtende Umstand außer Nachteilen **auch Vorteile** herbei. Dann fragt sich, ob diese Vorteile mindernd auf den Ersatzanspruch angerechnet werden sollen. Das entspräche eigentlich der Differenzhypothese (o. Rn. 678). Praktisch besonders wichtige Spezialfälle dieser Problematik werden später im Zusam-

---

[31] Etwa *KG* und *BGH* VersR 1982, 74, auch BGHZ 90, 103; *BGH* JZ 1991, 673 mit krit. Anm. *Giesen.*
[32] *BGH* NJW 1991, 2342 mit Anm. *Giesen,* JZ 1991, 677.
[33] *BGH* NJW 1994, 2414.
[34] *BGH* NJW 2003, 1862.

menhang mit bestimmten Ersatzansprüchen erwähnt: die ersparte Abnutzung des während der Reparatur nicht benutzten Kraftfahrzeugs (u. Rn. 711); Leistungen Dritter an den arbeitsunfähig Verletzten (u. Rn. 724); Leistungen Unterhaltsverpflichteter (§ 843 IV, vgl. u. Rn. 774); Anrechnung der Erbschaft oder von Leistungen aus einer Lebensversicherung auf den Unterhaltsanspruch der Hinterbliebenen (§ 844 II, vgl. u. Rn. 743); Anrechnung des Arbeitsverdienstes der Unfallwitwe (u. Rn. 749).

Eine einheitliche, formelhaft kurze Antwort auf die Frage, wann solche Vorteile angerechnet werden sollen, lässt sich wohl nicht finden. Dass alle **adäquat** (vgl. o. Rn. 681) aus der Schädigung erwachsenen Vorteile anzurechnen seien, wird heute mit Recht kaum noch vertreten. Die Rspr. verlangt jetzt, die Anrechnung müsse dem Geschädigten **zumutbar** sein und **dem Zweck des Schadensersatzanspruchs entsprechen;** zudem dürfe sie **den Schädiger nicht unbillig entlasten;**[35] Vor- und Nachteile müssten „gewissermaßen zu *einer* Rechnungseinheit verbunden sein" (**Kongruenz** von Vor- und Nachteil).[36] Aber diese Formulierungen sind zu allgemein, als dass man aus ihnen bestimmte Ergebnisse ableiten könnte. Derzeit lässt sich nicht einmal sagen, ob die Anrechnung von Vorteilen die Regel oder die Ausnahme bildet. Daher muss jede der beiden Entscheidungen begründet werden. Die Tendenz geht aber wohl eher zur Nichtanrechnung (vgl. u. Rn. 772ff.). Insbesondere sind solche Vorteile regelmäßig nicht anzurechnen, die der Geschädigte durch eigene, ihm nicht nach § 254 obliegende (vgl. u. Rn. 748f.) Anstrengungen erworben hat. Ebenso scheitert die Anrechnung von Steuervorteilen, wenn auch die Ersatzleistung steuerpflichtig ist (BGHZ 186, 205 Rn. 35). Zur Vorteilsausgleichung in der Leistungskette vgl. BGHZ 173, 83.. S. dazu auch PdW Schuldrecht I **Fall 201.**

Der Vorteilsausgleichung ähnelt die Problematik beim **Ersatz neu für alt:** Eine beschädigte Sache wird durch die als Schadensersatz geschuldete Reparatur wertvoller, als sie vor der Beschädigung war. Ein Bsp. bildet der Fall von BGHZ 30, 29: Ein älteres Haus wird nach einem Brand neu aufgebaut. Hier fragt sich, ob der Geschädigte den Wertzuwachs durch eine Zahlung an den Schädiger ausgleichen muss. Das ist zwar im Prinzip zu bejahen. Doch ist dieser Zuwachs dem Geschädigten **aufgedrängt** worden. Wo der Zuwachs unerwünscht kommt, sollte ihn der Geschädigte daher erst dann ausgleichen müssen, wenn er ihn sich – etwa durch Verkauf der wertvoller gewordenen Sache oder durch den Wegfall sonst nötiger Reparaturen – zunutze macht.[37]. S. dazu auch PdW Schuldrecht I **Fall 202.** 690

Einen ähnlichen Problemkreis behandelt auch **§ 255:** Wer Ersatz für den Verlust einer Sache oder eines Rechts zu leisten hat, soll Abtretung der Ansprüche aus dem Eigentum oder dem Recht gegen Dritte verlangen können. Gedacht ist dabei etwa an den unsorgfältigen Verwahrer, der für den Sachverlust aufzukommen hat: Wenn er die Sache ersetzt, soll er wenigstens das Eigentum (und damit den Herausgabeanspruch aus § 985 gegen den dritten Besitzer) erhalten. Er bekommt also einen Rückgriff gegen den Dritten (etwa einen Dieb), trägt aber das Risiko der Durchsetzbarkeit. Umkehrbar ist § 255 freilich nicht: Es kann nicht etwa auch der Dieb Abtretung der Ansprüche des Eigentümer-Hinterlegers gegen den unsorgfältigen Verwahrer verlangen; diese Ansprüche erlöschen vielmehr mit der Zahlung des Diebes. 691

---

[35] Etwa BGHZ 8, 325, 329f.; 10, 107, 108; 49, 56, 62, später *BGH* NJW 2004, 3557.

[36] *BGH* VersR 1989, 592, 593; NJW 1997, 2378; 2004, 3557, dazu *Hermann Lange,* JZ 1998, 98.

[37] Vgl. *BGH* NJW 1996, 584, 585f. und zu der verwandten Problematik der aufgedrängten Bereicherung BT Rn. 1173.

V. Die Drittschadensliquidation

Literatur: *Bredemeyer,* Das Prinzip „Drittschadensliquidation", JA 2012, 102; *von Caemmerer,* Das Problem des Drittschadensersatzes, ZHR 127 (1965) 241 (= Gesammelte Schriften, Bd. 1, 1968, 597); *Gernhuber,* Drittwirkungen im Schuldverhältnis kraft Leistungsnähe, FS Nikisch, 1958, 249; *Hadding,* Drittschadensliquidation und „Schutzwirkung für Dritte" im bargeldlosen Zahlungsverkehr, FS W. Werner, 1984, 165; *Hagen,* Drittschadensliquidation bei Gefahrentlastung?, JuS 1970, 442; *ders.,* Die Drittschadensliquidation im Wandel der Rechtsdogmatik, 1971; *Langenbucher/Adolff,* Zur Zulässigkeit der Direktkondiktion in Dreipersonenverhältnissen, FS Canaris I, 2007, 679 (dort 682f.); *Luther,* Kompensationsschadensersatz statt Drittschadensliquidation, AcP 2013 (213) 572; *Nipperdey,* Zur Frage des Ersatzes des Drittschadens, ZAkDR 1938, 262; *F. Peters,* Zum Problem der Drittschadensliquidation, AcP 180 (1980) 329; *von Schroeder,* Die Haftung für Drittschäden, Jura 1997, 343; *Stamm,* Rechtsfortbildung der Drittschadensliquidation im Wege eines Drittschadensersatzanspruchs analog § 844 I BGB, AcP 203 (2003) 366; *Traugott,* Das Verhältnis von Drittschadensliquidation und vertraglichem Drittschutz, 1996; *Verweyen,* Gegenläufige Entwicklungstendenzen bei der Drittschadensliquidation, Jura 2006, 571; *Weiss,* Die Drittschadensliquidation – alte und neue Herausforderungen, JuS 2015, 8.

1. Der Ausgangspunkt

692 § 249 I sagt zwar nicht ausdrücklich, bei wem der zum Ersatz Verpflichtete den schadensfreien Zustand herstellen soll. Aber § 251 spricht wie selbstverständlich gleich mehrfach davon, **der Gläubiger** sei zu entschädigen. Zudem ergeben das auch die kunstvollen Beschränkungen der Ersatzberechtigung (z. B. auf die Vertragsparteien oder auf den nach § 823 I Verletzten): Sie würden weitgehend wirkungslos, wenn der Gläubiger eines Ersatzanspruchs auch die Schäden Dritter ersetzt verlangen könnte. Daher gilt als unbestrittener Ausgangspunkt das auch der Relativität des Schuldverhältnisses entsprechende sog. **Dogma vom Gläubigerinteresse:** Der Gläubiger eines Schadensersatzanspruchs kann nur seinen eigenen Schaden ersetzt verlangen.

2. Voraussetzungen der Drittschadensliquidation

693 Es gibt aber Fallgruppen, in welchen der **Schaden** durch besondere Umstände **verlagert** ist: Statt beim Gläubiger des Ersatzanspruchs tritt er „zufällig" bei einem Dritten ein, der selbst keinen Anspruch hat. Beim Festhalten am Dogma vom Gläubigerinteresse würde hier die Schadensverlagerung den Schädiger entlasten, obwohl diese aus seiner Sicht zufällig ist. Die Ausgangslage ist also immer die folgende: Der Gläubiger einen Anspruch, aber keinen Schaden, der Dritte einen Schaden, aber keinen Anspruch. Diese Situation will die Drittschadensliquidation auflösen.

Das wichtigste Charakteristikum der Drittschadensliquidation und zugleich ihre Abgrenzung zum Vertrag mit Schutzwirkung für Dritte (dazu unten Rn. 864ff.) besteht somit darin, dass für den Schädiger keine Erweiterung seines Haftungsrisikos **(Schadenskumulation)** droht. Denn es muss sich immer um einen Schaden halten, der ebenso gut beim Geschädigten hätte eintreten können, durch einen aus der Sicht des Schädigers zufälligen Umstand tatsächlich aber bei einem Dritten eingetreten ist **(Schadensverlagerung).** Das soll den Schädiger nicht entlasten. Hätte der Schaden hingegen beim Gläubiger selbst gar nicht eintreten können, ist die Schadensverlagerung nicht „zufällig". Dann kommt allenfalls ein Anspruch des Dritten aus einem Vertrag mit Schutzwirkung für Dritte in Betracht.[38]

[38] Besonders deutlich ist das herausgestellt in BGHZ 181, 12 Rn. 45; *BGH* NJW 1996, 2734 (keine Drittschadensliquidation bei in verdeckter Stellvertretung eingeholter Bankauskunft).

3. Rechtsfolgen

Rechtsfolge der Drittschadensliquidation ist zunächst, dass der Schaden des Dritten dem Gläubiger zugerechnet wird. Deshalb kann der Gläubiger den Schaden des Dritten geltend machen, wie wenn er ihn selbst erlitten hätte: Er „liquidiert“ den Schaden des Dritten. Die Drittschadensliquidation führt also nie zu einem Schadensersatzanspruch des Dritten aus eigenem Recht. Es gilt also der Merksatz: „Der Schaden wird zum Anspruch gezogen, nicht der Anspruch zum Schaden“. 694

Freilich soll das, was als Ersatz geleistet wird, letzten Endes doch zu dem geschädigten Dritten kommen. Das gelingt regelmäßig über § 285 (vgl. o. Rn. 422): Der Gläubiger ist nämlich meist durch die Schädigung (z. B. die Zerstörung einer Sache) von einer Pflicht gegenüber dem Geschädigten (z. B. zur Leistung dieser Sache) freigeworden und muss diesem daher das als Ersatz Erlangte oder schon vorher den Anspruch darauf übertragen.

4. Fallgruppen der Drittschadensliquidation

Durchbrechungen des Dogmas vom Gläubigerinteresse werden aber **nur ausnahmsweise** zugelassen. Hierzu haben sich die folgenden Fallgruppen herausgebildet: 695

a) Vereinbarung

In einem Vertrag kann (auch konkludent) die Maßgeblichkeit von Drittinteressen vereinbart werden. Das kann man insbesondere annehmen, wenn bei Vertragsschluss klar wird, dass eine Partei keine Eigeninteressen hat, sondern nur fremde Interessen wahrnehmen will.[39] In solchen Fällen kommt aber auch ein Vertrag auf Leistung an den dritten Interessenten (vgl. u. Rn. 847 ff.) oder ein Vertrag mit Schutzwirkung für ihn in Betracht (vgl. u. Rn. 864 ff.). Wenn die Auslegung zu einem dieser Ergebnisse führt, bedarf es der Drittschadensliquidation nicht mehr, weil der Dritte dann einen eigenen Vertragsanspruch hat. 696

b) Mittelbare Stellvertretung

Im Gegensatz zu den oben bei Rn. 696 genannten Fällen wird die mittelbare Stellvertretung (vor allem Kommission und Spedition, §§ 383 ff. HGB) gerade nicht offengelegt.[40] Trotzdem geht es materiell auch hier um die Interessen des Drittvertretenen (des Kommittenten oder Versenders). Daher darf der Vertreter den Schaden des Dritten geltend machen.[41] S. dazu auch PdW Schuldrecht I **Fall 203.** 697

Für das handelsrechtliche Frachtgeschäft ermächtigt allerdings bereist § 421 I 2 HGB den Empfänger zur Geltendmachung von Schadensersatzansprüchen im eigenen Namen. In diesem Fall erübrigt sich eine Drittschadensliquidation.

c) Treuhandverhältnisse

Bei der Treuhand[42] überträgt zwar der Treugeber dem Treunehmer ein Recht. Dieses soll aber trotz der Übertragung im Interesse des Treugebers ausgeübt werden oder (bei der Sicherungstreuhand nach § 930)[43] regelmäßig an diesen zurückfallen. Insofern 698

[39] *BGH* NJW 1974, 502.
[40] Vgl. *Köhler,* § 11 Rn. 22.
[41] Etwa BGHZ 25, 250, 258.
[42] Vgl. *Köhler,* § 5 Rn. 18 f.
[43] Vgl. *Prütting,* Rn. 411.

liegt das Interesse am Schicksal des Treuguts auch beim Treugeber. Deshalb ist die Drittschadensliquidation hier von der Rspr. anerkannt.[44] Nur hat in dieser Fallgruppe vielfach der Treugeber ohnehin eine eigene Rechtsposition am Treugut, die Ersatzansprüche erzeugen kann. So hat bei der Sicherungsübereignung der Sicherungsgeber den unmittelbaren Besitz oder sogar ein Anwartschaftsrecht auf Rückfall des Eigentums. Soweit die hieraus sich ergebenden Ersatzansprüche des geschädigten Treugebers reichen (aus § 823 I: sonstiges Recht), ist die Drittschadensliquidation durch den Treunehmer unnötig. Nötig ist sie dagegen bei der Sicherungsabtretung (vgl. u. Rn. 805), wenn der Sicherungsnehmer den Verzugsschaden des Sicherungsgebers geltend macht.[45]

d) Obhutsverhältnisse

699 Wer zur Obhut über eine fremde Sache verpflichtet ist und über diese mit einem anderen einen Vertrag schließt, soll hieraus den Schaden des dritten Eigentümers ersetzt verlangen können. So hatte in RGZ 93, 39 jemand einen Kahn gemietet, der dann von demjenigen beschädigt wurde, der ihn vertragsgemäß zu schleppen hatte. Hier hat das RG den Mieter aus dem Schleppvertrag den Schaden des Eigentümers liquidieren lassen. Freilich ist auch in solchen Fällen die Drittschadensliquidation wieder unnötig, soweit der Dritte (z. B. aus § 823 I) eigene Ansprüche hat. Der BGH[46] bejaht aber neben diesen Ansprüchen des Dritten vertragliche Ersatzansprüche auf Liquidation des Drittschadens (mir zweifelhaft).

e) Obligatorische Gefahrentlastung

700 Im Schulfall einer letzten Gruppe schickt der Versendungsverkäufer die Kaufsache an den Käufer ab; unterwegs wird sie von der Transportperson oder einem Dritten zerstört. Dann hat der Verkäufer keinen Schaden. Denn die Sache hätte er durch den Verkauf ohnehin verloren, und den Kaufpreis kann er wegen § 447 (außer als Unternehmer von einem Verbraucher, § 474 IV) sowieso verlangen (vgl. o. Rn. 430 sowie BT Rn. 53ff). Der Käufer hat zwar den Schaden: Er bekommt die Sache nicht und muss sie trotzdem bezahlen. Aber ihm fehlt bisweilen (anders nach § 421 I 2 HGB, dazu o. Rn. 697) eine Anspruchsgrundlage: Er ist nicht Partner des Transportvertrags und hatte auch weder Eigentum noch Besitz an der Kaufsache gehabt. Hier wird das Auseinanderfallen von Anspruchsgrundlage und Schaden ebenfalls durch die Drittschadensliquidation überwunden.[47] S. auch PdW Schuldrecht I **Fall 204.**

f) Keine Verallgemeinerung

701 Ganz überwiegend wird die Drittschadensliquidation auf die eben genannten fünf Fallgruppen beschränkt: Sonst drohe ein schrankenloser Einbruch in das Dogma vom Gläubigerinteresse. Die Beschränkung zeigt sich insbesondere bei der Haftung für fehlerhafte Produkte: Hier liegt der zu vertretende Umstand beim Fabrikanten, während der Schaden beim Verbraucher eintritt. Dieser hat aber einen Vertrag nicht mit dem Fabrikanten, sondern mit dem (regelmäßig schuldlosen) Händler. Bei Zulassung von Drittschadensliquidation könnte hier der Händler aus seinem Vertrag mit dem Fabrik-

---

44 Etwa *BGH* NJW 1967, 930.
45 BGHZ 128, 371, 376ff.
46 NJW 1985, 2411.
47 So schon RGZ 62, 331.

anten den Schaden des Verbrauchers liquidieren. Doch wird das abgelehnt: Die Schadensverlagerung ist nämlich in diesen Fällen nicht „zufällig" i. S. v. oben Rn. 693.[48] Vielmehr hat sich für solche Fälle die **deliktische Produzentenhaftung** herausgebildet (Anspruch des Verbrauchers gegen den Hersteller aus § 823 I, vgl. BT Rn. 338ff.).

§ 53. Die Zerstörung oder Beschädigung einer Sache

Literatur: *Graf,* Die Entschädigung des Ausfalls allgemeiner und alltäglicher Nutzungen, 1994; *Heß/Burmann,* Abrechnung des Fahrzeugschadens nach der Rechtsprechung des BGH, NJW Spezial 2007, 207; *Heinrich,* Schadensberechnung bei Kauf eines Ersatzfahrzeugs, NJW 2005, 2749; *C. Hirsch,* Schadensersatz nach Verkehrsunfall – Reparaturkosten oder Wiederbeschaffungsaufwand, JuS 2009, 299; *C. Huber,* Der merkantile Minderwert beim Kfz-Schaden . . ., FS Welser, 2004, 303; *Kappus,* Der Verkehrsunfall in der anwaltlichen Beratungspraxis, NJW 2008, 891; *Lemke/Heß/Burmann,* Berechnung des Kfz-Schadens, NJW Spezial 2011, 393; *Ochs,* Die Rechtsprechung zur Ersatzfähigkeit von Unfallschäden bei Kraftfahrzeugen, ZGS 2010, 19; *U. Picker,* Die Ersatzbeschaffung nach der Neufassung des § 249 BGB, FS U. Huber, 2006, 539; *Sterzinger,* Schadenspositionen Umsatzsteuer bei Unfällen mit Kfzen, NJW 2011, 2181; *Wellner,* Typische Fallgestaltungen bei der Abrechnung von Kfz-Schäden, NJW 2012, 7; *Zschieschak,* Probleme der Abwicklung des Fahrzeugschadens nach einem Verkehrsunfall in der Rechtsprechung des, Jura 2008, 801.

I. Problemübersicht

Die Probleme der Verletzung von Sachen sollen hier an dem praktisch wichtigsten Fall 702
erörtert werden, nämlich der **Schädigung eines Kraftfahrzeugs bei einem Verkehrsunfall.** Dann unterscheiden sich die Rechtsfolgen zunächst danach, ob das Fahrzeug im Rechtssinn zerstört oder bloß beschädigt worden ist (vgl. u. Rn. 703ff.). In beiden Fällen taucht zudem die Frage nach einem Ersatz dafür auf, dass der Geschädigte sein Fahrzeug bis zu einer Neubeschaffung oder bis zur Reparatur entbehren musste: Das ist eines der meist diskutierten Probleme des Schadensersatzrechts (vgl. u. Rn. 711ff.). Anschließend wird in einem Exkurs noch die Sachentwendung und damit der Schadensersatz bei Ladendiebstählen behandelt (vgl. u. Rn. 716ff.). – Freilich lassen sich die für das beschädigte Kfz erzielten Ergebnisse nicht ohne weiteres auf die Verletzung anderer Sachen (z. B. von Grundstücken) übertragen.

II. Zerstörung oder Beschädigung?

Dass schadensrechtlich zwischen Zerstörung und Beschädigung unterschieden werden 703
muss, folgt schon aus § 249 II: Dort wird der Anspruch auf Ersatz der Herstellungskosten nur für den Fall der Beschädigung gewährt (str.; nach einer Gegenansicht soll hier auch die Sachzerstörung gemeint sein). Die genannte h. M. entspricht dem Zweck der Vorschrift, der es dem Geschädigten ersparen will, seine Sache ausgerechnet dem Schädiger zur Reparatur anzuvertrauen (vgl. o. Rn. 671). Der Unterschied zwischen Zerstörung und Beschädigung beruht also auf dem (nur bei Beschädigung gegebenen) Vorhandensein einer reparaturfähigen Sache. Daran kann es bei Kraftfahrzeugen aus drei Gründen fehlen:

1. Technischer Totalschaden

Die Unfallschäden können so schwer sein, dass eine Reparatur technisch unmöglich 704
ist. Dann spricht man von einem **technischen Totalschaden.**

[48] BGHZ 40, 91, 100ff.; 51, 91, 93ff.; dieses berühmte „Hühnerpesturteil" sei schon hier dringend zur Lektüre empfohlen!

2. Wirtschaftlicher Totalschaden

705 Eine technisch mögliche Reparatur kann so unverhältnismäßig teuer sein, dass der Schädiger sie nach § 251 II 1 ablehnen und stattdessen den Geschädigten auf den Ersatz des Wertinteresses verweisen darf (vgl. o. Rn. 675). Die Rspr. bejaht solche Unverhältnismäßigkeit regelmäßig, wenn die Kosten einer fachgerecht ausgeführten Reparatur den Wiederbeschaffungswert (zu seinem Umfang vgl. u. Rn. 707 f.) um mehr als 30 % übersteigen.[1] Man spricht dann von einem **wirtschaftlichen (konstruktiven) Totalschaden.** Freilich wendet der BGH hier nicht § 251 an, sondern lässt als Unterart der Herstellung (§ 249 II) auch die Anschaffung eines gleichwertigen Ersatzwagens gelten.[2] Dann konkretisiert die Verweisung des Geschädigten auf eine solche Ersatzbeschaffung nur das allgemeine Gebot der Vermeidung unnötiger Herstellungskosten, sog. **Wirtschaftlichkeitsgebot.**[3]

In neuerer Zeit neigt der BGH dazu, den Ersatz der Reparaturkosten bis zu 130 % auf Fälle zu beschränken, in denen der Geschädigte sein Interesse an gerade diesem Wagen durch eine Weiterbenutzung für mindestens sechs Monate manifestiert hat.[4]

Sind die Herstellungskosten um mehr als 30 % höher als der Vermögensschaden, so kann der Geschädigte sie nach h. M. auch nicht bis zu dieser Grenze von 130 % verlangen (und den Rest selbst begleichen oder das Fahrzeug i.Ü. unrepariert lassen): Hier ist die Herstellung eben wirtschaftlich sinnlos und soll daher nicht gefördert werden (BGHZ 115, 375, 380; *BGH* NJW 2007, 2917).

3. „Unechter" Totalschaden

706 Schließlich kann die Herstellung zwar technisch möglich und auch wirtschaftlich tragbar, aber dem Geschädigten unzumutbar sein (§ 251 I Alt. 2, vgl. o. Rn. 674). Das nimmt man an, wenn ein neues oder fast neues (Rspr.: regelmäßig bis 1000 km Fahrleistung[5]) Kfz so erheblich beschädigt worden ist, dass er nach der Reparatur als Unfallwagen gelten müsste. Man spricht hier von einem **uneigentlichen** oder **unechten Totalschaden.** Doch verlangt *BGH* NJW 2009, 3022 (mit krit. Anm. *Gsell*), der Geschädigte müsse wirklich einen Neuwagen beschafft haben. Nach *BGH* NJW 2012, 50 soll er sich dabei den von ihm selbst erzielten Werksangehörigenrabatt anrechnen lassen müssen. S. dazu auch PdW Schuldrecht I **Fall 188.**

4. Umfang des Schadensersatzes

707 Bei einem Totalschaden wäre eigentlich nach § 251 das Wertinteresse (vgl. o. Rn. 667) zu ersetzen. Es bestünde regelmäßig in dem sog. **Zeitwert:** Das ist der Betrag, den der Geschädigte durch den Verkauf der Sache unmittelbar vor der Schädigung hätte erzielen können. Damit wäre aber gerade beim Verlust eines Kraftfahrzeugs der Schaden regelmäßig noch nicht voll beseitigt. Denn oft hat sich der Geschädigte auf den Besitz eines Kraftfahrzeugs eingerichtet; er erlitte weiteren Schaden, wenn er nicht wieder eines erhielte. Daher wird hier und in ähnlichen Fällen nicht der Zeitwert erstattet, sondern nach § 249 II (regelmäßig höhere) **Wiederbeschaffungswert,** d. h. das **Integritätsinteresse** des Eigentümers: Das ist derjenige Betrag, dessen der Geschädigte zum

[1] Vgl. BGHZ 115, 364, 368; 375, 378; BGHZ 163, 180, 184; *BGH* NJW 2007, 2917; 2010, 2121.
[2] Etwa BGHZ 115, 364, 368; 375, 378; BGHZ 163, 180, 184; *BGH* NJW 2010, 2121 Rn. 8.
[3] Vgl. BGHZ 162, 161, 165.
[4] Etwa *BGH* NJW 2008, 439; NJW 2010, 2121 Rn. 8.
[5] Vgl. *BGH* VersR 1983, 658.

Erwerb eines Kraftfahrzeugs bedarf, das dem zerstörten vor dem Unfall entspricht. Obwohl § 249 II nur von der „Beschädigung" einer Sache spricht, gilt er also auch im Falle der vollständigen Zerstörung.

§ 251 (Ersatz des Wertinteresses bei Unmöglichkeit der Herstellung) spielt daher bei der Zerstörung von Sachen nur in den seltenen Fälle eine Rolle, in welchen die Beschaffung einer gleichartigen und gleichwertigen Ersatzsache nicht oder nur mit unverhältnismäßigem Aufwand möglich ist.[6]

Der **Restwert** des zerstörten Fahrzeugs mindert den zu leistenden Ersatz, soweit der Geschädigte diesen durch Verkauf realisiert.[7] Denn die Gesamtvermögenslage des Geschädigten ist ja dann um diesen Betrag nicht gemindert. Für die Erzielung eines möglichst hohen Preises braucht der Geschädigte regelmäßig keine besonderen Ermittlungen anstellen, auch nicht im Internet:[8] Es genügt, wenn er den von einem Sachverständigen ermittelten Preis erzielt.

Beim unechten Totalschaden (o. Rn. 706) ist der Wiederbeschaffungswert gleich dem Preis eines Neuwagens, in den anderen Fällen des Totalschadens dagegen gleich dem **Preis eines Gebrauchtwagens.** Freilich kann man dort aus zwei Gründen zweifeln, ob ein Gebrauchtwagen zur vollen Entschädigung genügt. Denn erstens wird der Geschädigte oft argwöhnen, der Verkäufer des Ersatzwagens werde diesen nicht so gut gepflegt haben wie er – der Geschädigte – seinen eigenen Wagen. Daher ist zu dem Preis des Gebrauchtwagens ein **Risikozuschlag** erwogen worden. Und zweitens ist der Gebrauchtwagen, weil er ja schon (mindestens) einen Vorbesitzer hatte, ein Zweithandwagen. Zum Ausgleich der geringeren Wertschätzung solcher Wagen hat man noch einen **Zweithandzuschlag** vorgeschlagen. Der BGH hat jedoch sowohl den Risikowie auch den Zweithandzuschlag abgelehnt.[9] 708

Doch will der BGH diejenigen Risiken, zu deren Ausgleich diese Zuschläge gefordert werden, auch nicht ganz unbeachtet lassen. Vielmehr soll der Wiederbeschaffungswert so bemessen werden, dass der Geschädigte in die Lage versetzt wird, „einen ähnlichen Wagen nach einer gründlichen technischen Überprüfung von einem seriösen Gebrauchtwagenhändler zu erwerben und sich von diesem Händler für eine gewisse Zeit eine Werkstättengarantie geben zu lassen".[10]

Den für die Wiederanschaffung erforderlichen Betrag muss der Gläubiger nicht für eine Wiederbeschaffung verwenden (o. Rn. 671). Allerdings ist die bei einer Wiederanschaffung anfallende Umsatzsteuer nur zu ersetzen, wenn tatsächlich ein Ersatzfahrzeug angeschafft wird (§ 249 II 2).[11] S. zum Ganzen auch PdW Schuldrecht I **Fall 187.**

III. Ersatz von Reparaturkosten

1. Der Grundsatz

Ist ein Kraftfahrzeug im Rechtssinn nur beschädigt, kann der Geschädigte nach § 249 II den **für die Reparatur** in einer markengebundenen Fachwerkstatt[12] oder den (ge- 709

[6] BGHZ 158, 388, 390.
[7] BGHZ 163, 362, 365.
[8] BGHZ 163, 362, 365.
[9] NJW 1966, 1454; 1978, 1373.
[10] *BGH* NJW 1966, 1454, 1455.
[11] BGHZ 158, 388.
[12] BGHZ 155, 1.

ringeren) Aufwand für die Beschaffung eines Ersatzfahrzeugs (o. Rn. 707f.) **erforderlichen Geldbetrag** verlangen. Dabei kommt es nicht darauf an, ob der Geschädigte den Geldbetrag tatsächlich für die Reparatur verwendet. Allerdings schließt nach § 249 II 2 der Ersatzbetrag für die Beschädigung einer Sache die **Umsatzsteuer** nur dann ein, „wenn und soweit sie tatsächlich angefallen ist" (o. Rn. 671).

Rechtspolitisch ist § 249 II 2 wenig überzeugend: Erstens braucht die (umsatzsteuerfreie) Gefälligkeitsreparatur einer fachmännischen nicht gleichwertig zu sein; beim Geschädigten bleibt dann ein (kaum zu beziffernder) **technischer Minderwert.** Und zweitens entsteht ja regelmäßig auch eine Umsatzsteuerpflicht, wenn der Geschädigte den als Ersatz erhaltenen Betrag für einen anderen Zweck (z. B. für eine Reise) ausgibt. Mittelbar wird also die Verwendungsfreiheit des Geschädigten sehr wohl eingeschränkt; man sollte daher § 249 II 2 möglichst eng auslegen.[13]

Insgesamt ergibt die Rechtsprechung eine Vielzahl von Regeln für die Abrechnung der (realen oder fiktiven) Reparaturkosten; es sind vier Stufen mit zusammen 24 Regeln unterschieden worden.[14] Dabei ergeben sich die Stufen aus dem Verhältnis des Reparaturaufwands zum Wiederbeschaffungswert für ein Ersatzfahrzeug. Die weitere Differenzierung folgt aus der Anrechnung des Restwertes und aus der Weiterbenutzung des beschädigten Fahrzeugs (o. Rn. 707). Für Studium und Examen muss man diese diffizilen, aber für die Praxis extrem wichtigen Einzelheiten nicht kennen, sondern allenfalls als selbst geschädigter Fahrzeugeigentümer (oder als Schädiger).

2. Merkantiler Minderwert

710 Sehr häufig wird nach größeren Reparaturen befürchtet, es seien noch Mängel zurückgeblieben. Theoretisch kann zwar der Geschädigte Ersatz für solche Mängel auch dann verlangen, wenn sie sich erst viel später herausstellen. Praktisch wird das aber immer schwieriger, schon weil der Nachweis des Kausalzusammenhangs mit dem Unfall immer schwerer fällt. Daher stoßen solche „Unfallwagen" im Rechtsverkehr auf Misstrauen: Für sie wird nur ein geringerer Preis bezahlt als für unfallfreie Wagen. Diese Differenz nennt man den **merkantilen** (im Gegensatz zum technischen) **Minderwert.** Er hat eine Eigenart: Er wird nämlich mit der anhaltenden Weiterbenutzung des Fahrzeugs immer geringer. Denn erstens sinkt hierdurch auch der Wert des unfallfreien Fahrzeugs und damit zugleich der Betrag, der für den merkantilen Minderwert bleibt. Vor allem aber wird ein durch den Unfall verursachter, zunächst verborgener Mangel umso unwahrscheinlicher, je länger das Fahrzeug nach der Reparatur noch einwandfrei gefahren ist. Wenn das Fahrzeug bis auf den Schrottwert abgenutzt ist, wird schließlich auch der merkantile Minderwert Null. S. dazu auch PdW Schuldrecht I **Fall 190.**

Wegen dieser Eigenart hatte BGHZ 27, 181 den merkantilen Minderwert erst ersetzen wollen, wenn dieser bei einem Verkauf des Fahrzeugs wirklich hervortrat. Die Beschränkung ist aber schon wenig später in BGHZ 35, 396 aufgegeben worden: Der Geschädigte, der den Wagen nach der Reparatur weiter benutze, begnüge sich mit einem geringerwertigen – nämlich stärker reparaturanfälligen – Wagen. Dieser Nachteil sei durch den **sofortigen Ersatz des merkantilen Minderwerts** auszugleichen. Auch lasse sich nur so die wünschenswerte rasche Abwicklung des Schadenfalls erreichen.

[13] Kritisch jetzt auch *Peetz,* ZGS 2003, 293; 2004, 370. Vgl. weiter *T. Heinrich,* NJW 2004, 1916; *Medicus,* FS E. Lorenz, 2004, 461; auch *OLG Köln* NJW 2004, 1465.

[14] So *Lemcke/Hess/Burmann,* NJW Spezial 2010 Heft 5, S. 137f.; etwas einfacher jetzt *Wellner,* NJW 2012, 7.

IV. Entschädigung des Nutzungsentgangs

711 Beim Totalschaden muss regelmäßig ein neues Fahrzeug beschafft (vgl. o. Rn. 707) und bei bloßer Beschädigung das alte Fahrzeug repariert werden (vgl. o. Rn. 709). Beides braucht Zeit, bei langer Lieferdauer für einen Neuwagen oder bei schwieriger Ersatzteilbeschaffung u. U. Monate. Wenn der Geschädigte in dieser Zeit Fahrbedarf hat, kann er in vernünftigem Rahmen einen **Ersatzwagen mieten** und die Kosten dafür vom Schädiger ersetzt verlangen (abzüglich eines Betrages für die ersparte Abnutzung des eigenen Wagens).[15] Häufig verlangen die Fahrzeugvermieter freilich höhere **„Unfallersatztarife“:**[16] Dann soll der höhere Preis durch besondere, unfallbedingte Leistungen des Vermieters gerechtfertigt sein. Wenn der Mehrpreis nicht ersatzfähig ist, soll der Vermieter den Geschädigten darauf hinweisen müssen.[17] Letztlich wird hier also der Mehrpreis nicht geschuldet.

Was aber, wenn der Geschädigte sich anders beholfen hat, also zu Fuß gegangen oder mit öffentlichen Verkehrsmitteln gefahren ist? Dass er dann seinen realen Schaden ersetzt verlangen kann, ist dem Grunde nach klar: z. B. die Kosten für die öffentlichen Verkehrsmittel oder den Verdienstausfall, den er als Handelsvertreter wegen der längeren Fahrzeiten erlitten hat (doch beachte hier § 254: Das Nichtbesorgen eines Mietwagens kann ein anspruchsminderndes Mitverschulden darstellen). Gibt es aber auch eine weitere Entschädigung? Das ist eine sehr umstrittene Frage; sie hat zu verschiedenen Antworten geführt.[18]

1. Frustrationsschaden

712 Manche wollen dem Eigentümer eines in Reparatur befindlichen Fahrzeugs den sog. **Frustrationsschaden** ersetzen. Das sind diejenigen Kosten, die der Eigentümer für den Wagen auch dann aufbringen muss, wenn er ihn nicht benutzen kann: Kfz-Steuer, Versicherung, Garagenmiete, aber auch die Verzinsung des in den Wagen investierten Kapitals. Doch stößt das auf Bedenken:

Theoretisch stört das Fehlen der (äquivalenten, vgl. o. Rn. 679) Kausalität zwischen der Beschädigung des Fahrzeugs und der Entstehung dieser Kosten: Diese wären ja in ganz gleicher Weise auch dann entstanden, wenn der Eigentümer das Fahrzeug ohne die Beschädigung weiter benutzt hätte. Allerdings wären die Kosten dann nicht vergeblich (lat. *frustra,* daher der Name Frustrationsschaden) gewesen, sondern sie hätten dem Eigentümer einen Gegenwert in Gestalt der Möglichkeit zur Fahrzeugbenutzung eingebracht. Aber diese Benutzung braucht nicht so viel wert zu sein, wie der Eigentümer dafür ausgeben musste: Die ersatzfähige Höhe eines Schadens kann nicht von der (wenngleich durch die Zahlungsbereitschaft manifestierten) Einschätzung durch den Geschädigten selbst abhängen.

---

[15] Zu Einzelheiten BGHZ 132, 373.

[16] Dazu etwa BGHZ 163, 19 = JZ 2005, 1056 mit Anm. *Schiemann; BGH* NJW 2006, 360; 2008, 2910; *Wagner,* NJW 2006, 2289.

[17] BGHZ 168, 168 Rn. 19ff.; *BGH* NJW 2007, 2759.

[18] Vgl. dazu etwa *Hagen,* JZ 1983, 833; *Jahr,* AcP 183 (1983) 725 sowie *Dunz,* JZ 1984, 1010; *R. Weber,* VersR 1984, 597; 1985, 110; *Ott/Schäfer,* ZIP 1986, 613; *Wenker,* VersR 2000, 1082; *Herrler,* JuS 2007, 103; *Vuia,* NJW 2008, 2369 und den vorzüglich begründeten Vorlagebeschluss *BGH* NJW 1986, 2037, dazu *Zeuner,* JZ 1986, 395.

Praktisch müsste der Ersatz des Frustrationsschadens zu kaum erträglichen Konsequenzen führen. Denn „vergeblich" ist der Aufwand für das Fahrzeug ja auch, wenn zwar dieses unbeschädigt, aber der Eigentümer verletzt und daher an der Nutzung gehindert worden ist. Wenigstens teilweise vergeblich wäre auch der Aufwand für die Mietwohnung, solange der verletzte Mieter im Krankenhaus liegen muss, oder der Aufwand für die Ausbildung, solange der Verletzte den erlernten Beruf nicht ausüben kann. Alle Versuche einer überzeugenden Abgrenzung zwischen ersatzfähigem und nicht ersatzfähigem Frustrationsschaden sind bisher gescheitert. Auch der BGH hat sich trotz einiger mehrdeutiger Äußerungen bisweilen klar **gegen den Ersatz von Frustrationsschäden** entschieden. So sind nach BGHZ 55, 146 einem Jagdpächter, der wegen einer Verletzung die Jagd mehrere Monate lang nicht ausüben konnte, die auf diese Zeit entfallenden Pachtzinsen nicht ersetzt worden (ein Geldersatz für entgangene Jagdfreude scheitert an § 253 I).[19]

Nur an zwei Stellen kommt der Frustrationsschaden rechtlich in Betracht: Beim **negativen Interesse** (Vertrauensschaden), dessen Ersatz ja gerade das auf eine Willenserklärung gestützte Vertrauen in den guten Sinn bestimmter Vermögensopfer schützen soll, und beim Aufwendungsersatz nach § 284, der an die Stelle des Anspruchs auf Schadensersatz statt der Leistung treten kann (dazu o. Rn. 450ff.).

2. Schadensbemessung über die Kommerzialisierung

713 Was dem Eigentümer wirklich entgeht, bis er wieder ein Kraftfahrzeug hat, ist letztlich die Bequemlichkeit aus der Benutzung eines solchen. Die so entstehenden Unbequemlichkeiten erscheinen auf den ersten Blick als Nichtvermögensschaden, dessen Ersatz § 253 I verhindern würde.[20] Denn auch § 253 II hilft hier nicht: Dieser Nichtvermögensschaden stammt ja nicht aus einer Körper- oder Gesundheitsverletzung, sondern aus einer Sachbeschädigung. Zu einem Geldersatz nach § 251 I kommt man hier also nur, wenn man das Entbehrenmüssen eines Kraftfahrzeugs selbst (und nicht erst die hieraus stammenden Vermögensfolgeschäden wie z. B. Verdienstausfall) als Vermögensschaden definiert.

Das soll der Gedanke der Kommerzialisierung erreichen: Einer der Gründe des Ausschlusses von Geldersatz für **Nichtvermögensschäden** sei, so argumentiert man, die **Schwierigkeit bei der Bewertung** solcher Schäden **in Geld.** Diese Schwierigkeit entfalle, wenn der Rechtsverkehr ein immaterielles Gut mit einem bestimmten Betrag bewerte. Das treffe auch für die Benutzung von Kraftfahrzeugen zu: Diese Benutzung könne durch die Miete eines Kraftfahrzeugs erkauft werden; die übliche Miete bilde also den Marktpreis der Fahrzeugnutzung. In letzter Konsequenz könnte es danach für die Entschädigung des Nutzungsausfalls gleich bleiben, ob der Geschädigte wirklich ein Fahrzeug gemietet hat: Er erhielte immer den dafür nötigen Betrag.

714 Mit solchen Argumenten hat zunächst BGHZ 40, 345 die abstrakte Nutzungsentschädigung dem Grunde nach bejaht. Schon BGHZ 45, 212 hat sich jedoch von den Konsequenzen hinsichtlich der **Höhe dieser Entschädigung** entfernt. Dort sind nämlich von dem üblichen Marktpreis außer dem Abzug für die ersparte Abnutzung des eigenen Wagens des Geschädigten (vgl. o. Rn. 689) noch weitere Abzüge gemacht worden. Denn der BGH hat auch den Unternehmergewinn und die allgemeinen Be-

[19] BGHZ 112, 392, ähnlich *OLG Hamm* NJW 1998, 2292: Entgang der Teilnahme an Autorennen.
[20] Vgl. *Schulze,* NJW 1997, 3337.

triebskosten eines gewerblichen Fahrzeugvermieters abgesetzt. Schließlich sind so in der Praxis[21] für die abstrakte Nutzungsentschädigung nur **gut 30% der Mietpreise** übriggeblieben.[22] BGHZ 56, 214 hat das ausdrücklich gebilligt; man kann diese Entschädigung auch als **Sparsamkeitsprämie** auffassen (vgl. u. Rn. 715).

Weiter ist der Anspruch auf die abstrakte Nutzungsentschädigung durch das Erfordernis einer **Fühlbarkeit der Nutzungsbeeinträchtigung** eingeschränkt worden.[23] Daher kann keine Nutzungsentschädigung verlangen, wer neben dem beschädigten Kraftfahrzeug ein anderes, sonst unbenutztes zur Verfügung hat.[24] Zudem entfällt die Nutzungsentschädigung, wenn zugleich mit der Beschädigung des Fahrzeugs auch der **Halter verletzt** worden ist, so dass er (und seine Angehörigen) das Fahrzeug in der Reparaturzeit ohnehin nicht hätten nutzen können.[25] Gleiches gilt, wenn das Fahrzeug aus anderen, unfallunabhängigen Gründen während der Reparaturzeit nicht eingesetzt worden wäre.[26] BGHZ 86, 128 hat eine Nutzungsentschädigung für **Wohnwägen** versagt, weil nach deren Gebrauch kein alltägliches Bedürfnis bestehe (was als Argument zu dem Kommerzialisierungsgedanken nicht passt: Auch nicht alltäglich benötigte Sachen können ja kommerzialisiert sein). Im Ergebnis ebenso hat der BGH für ein **Motorsportboot** entschieden.[27] S. dazu auch PdW Schuldrecht I **Fall 191.**

Die Rspr. hat den Kommerzialisierungsgedanken dann auf andere Gegenstände ausge- 715
weitet. So soll es einen ersatzfähigen Vermögensschaden darstellen können, dass der Eigentümer ein von ihm selbst benutztes Haus vorübergehend nicht benutzen kann, auch wenn ihm hierdurch keine zusätzlichen Kosten entstehen.[28] Zur Begründung wird gesagt, ein Nutzungsrecht erschöpfe sich nicht im bloßen „Haben", sondern es solle dem Berechtigten auch die Möglichkeit zur Verwirklichung seiner Lebensziele verschaffen. Dass dieses zeitweilig nicht gelinge, dürfe nicht bloß unter dem Gesichtspunkt einer monetären Vermehrung oder Verminderung des Vermögens gesehen werden. Sonst werde nämlich derjenige unangemessen benachteiligt, der seine Güter nicht erwerbswirtschaftlich einsetze (und dem daher kein nach § 252 erfassbarer Gewinn entgehe). Freilich soll das nur für „Wirtschaftsgüter von allgemeiner, zentraler Bedeutung für die eigenwirtschaftliche Lebenshaltung" gelten: Andernfalls drohe die von § 253 I verpönte „schadensrechtliche Vermarktung ideeller Güter und Interessen". Das ist später ausgeweitet worden auf einen Ersatzanspruch wegen verspäteter Fertigstellung einer Eigentumswohnung, wenn dem Käufer oder Bauherrn kein gleichwertiger anderweitiger Wohnraum zur Verfügung steht.[29] *BGH* NJW 2013, 1072 hat einen solchen Ersatz eines abstrakten Nutzungsausfall sogar für den Ausfall eines Internetzugangs bejaht.

---

21 Dort werden die Tabellen von *Küppersbusch/Rädel/Splitter* zugrunde gelegt, vgl. zuletzt NJW 2012, Beilage zu Heft 1/2 für PKW, Geländewagen und Transporter: Eurotax Schwacke.

22 Dazu auch *Danner/Echtler*, VersR 1986, 717; 1988, 335; *Wittschier*, NJW 2012, 13.

23 So schon BGHZ 45, 212, 219.

24 *BGH* NJW 1976, 286.

25 *BGH* NJW 1968, 1778.

26 *BGH* NJW 1985, 2471.

27 BGHZ 89, 60, dazu *Jahr*, JZ 1984, 573.

28 BGHZ 98, 212.

29 *BGH* NJW 2014, 1374 und *BGH* NJW-RR 2014, 979.

Diese Rechtsprechung hat ein **starkes Echo** gefunden.[30] Dabei sind die Äußerungen überwiegend skeptisch: Die Beschränkung auf „Güter von zentraler Bedeutung für die Lebenshaltung" sei schwer abzugrenzen und einzuordnen. Auch lassen die Entscheidungen kaum Anhaltspunkte für die Bemessung des Schadensersatzes erkennen. Der Entzug der Gebrauchsmöglichkeit sei eben nur eine denkbare Schadensquelle, nicht aber schon Schaden selbst. Die ohne Rücksicht auf konkrete Vermögensschäden gewährte Nutzungsentschädigung rechtfertigt sich wohl am ehesten als eine Art **Sparsamkeitsprämie.** Denn sie soll den Verletzten dazu anhalten, sich zeitweise einfacher als durch einen vollen Schadensausgleich zu behelfen. Er soll also nicht leer ausgehen, wenn er in erwünschter Weise auf die Miete eines Ersatzwagens oder einer Ersatzwohnung verzichtet und sich anders behilft.[31]

V. Exkurs: Sachentwendung

716 Die Sachentwendung ist zur Massenerscheinung bei **Ladendiebstählen** geworden, insbesondere in den sog. Selbstbedienungsläden (richtiger: bedienungslosen Läden). Fraglos muss hier der Dieb die gestohlenen Sachen ersetzen, wenn sie nicht – wie meist bei Ergreifung des Täters – unversehrt an den Bestohlenen zurückgelangen. Daneben entstehen aber oft weitere Aufwendungen: Die Diebstahlssicherung (etwa durch Fernsehkameras oder Hausdetektive) verursacht Kosten; die Ergreifung des Ladendiebs kann den Bestohlenen zur Zahlung einer vorher ausgelobten Fangprämie verpflichten; die Bearbeitung des Schadensfalls beansprucht Personal. Die Ersatzfähigkeit aller dieser Schadensposten war lange zweifelhaft.

1. Vorsorgekosten

717 Die Kosten der vorsorglichen Überwachungsmaßnahmen beruhen nicht auf dem konkreten Diebstahl, sondern allgemein auf der Befürchtung solcher Diebstähle: Sonst müsste ja ein Dieb die Kosten des Einbaus einer Alarmanlage ersetzen! Hier fehlt also die Kausalität. Dass insoweit dennoch die Ersatzfähigkeit behauptet werden konnte, beruht nur darauf, dass der BGH in zwei anderen Zusammenhängen nichtkausale Vorsorgekosten ersetzt hat. Erstens hat er nämlich der **GEMA** (Gesellschaft für musikalische Aufführungs- und mechanische Vervielfältigungsrechte) erlaubt, ihren Schaden aus ungenehmigten öffentlichen Musikaufführungen mit einem Zuschlag von 100 % zum Normaltarif zu berechnen: Damit sollten die Kosten der gegen Urheberrechtsverletzungen nötigen Überwachung auf die Verletzer abgewälzt werden können.[32]. S. dazu auch PdW Schuldrecht I **Fall 197.** Und zweitens hat er öffentlichen Verkehrsunternehmen gestattet, die **Kosten der Reservehaltung** (sog. Vorhaltekosten)[33] anteilig auf diejenigen abzuwälzen, die durch Beschädigung eines Betriebsfahrzeugs den Rückgriff auf die Reserve nötig gemacht haben[34]. Aber die GEMA-Rspr. ist mit der h. M. abzulehnen;[35] zumindest darf sie nicht erweitert werden.[36] Und die Reservehaltung der Verkehrsunternehmen nützt immerhin auch dem Schädiger insofern, als sie einen sonst zu ersetzenden Betriebsausfallschaden verhindert. Sie kann da-

[30] Etwa *Brinkmann,* BB 1987, 1828; *Flessner,* JZ 1987, 271; *Schiemann,* JuS 1988, 20; *Zwirlein,* JuS 2013, 487 und Staudinger/*Schiemann,* § 251 Rn. 102 ff.; *Lange/Schiemann,* Schadensersatz, 3. Aufl., 2003, § 6 VII 4 f.; 6 S. 288; 293; weiter *Bitter,* AcP 205 (2005) 743, speziell für Bauten *Kaiser,* BauR 1988, 133.

[31] Vgl. zu dem ganzen Problemkreis *Medicus,* in 50 Jahre BGH, Festgabe aus der Wissenschaft, Bd. 1, 2001, 201.

[32] BGHZ 17, 376; 59, 286.

[33] Vgl. *Klimke,* VersR 1985, 720; *Danner/Echtler,* VersR 1988, 335.

[34] BGHZ 32, 280; 70, 199; *BGH* NJW 1986, 1249.

[35] Vgl. nur MünchKomm/*Oetker,* § 249 Rn. 206 m. w. N..

[36] So auch BGHZ 97, 37.

mit auch mit dem Rechtsgedanken des § 254 II begründet werden.[37] Auf den Ladendieb lässt sich das nicht übertragen: Er braucht die Kosten der vorsorglichen Überwachungsmaßnahmen nicht zu ersetzen.[38] Ähnlich verweigert *BGH* NJW 1992, 1043 den Ersatz der Kosten des vorsorglichen Einbaus einer gasdichten Haustür aus Anlass eines Störfalls in einem nahen Chemiewerk.

2. Fangprämie

Dass der Bestohlene die ausgelobte Fangprämie zahlen muss, beruht kausal gerade auf dem konkreten Diebstahl. Trotz dieser Kausalität ist an der Ersatzfähigkeit der Fangprämie mit dem Argument gezweifelt worden, die Fangprämie solle allgemein Diebstähle verhindern und nicht eine konkrete Diebesbeute zurückholen. Demgegenüber betont aber BGHZ 75, 230, 235 ff. mit Recht, die Fangprämie weise einen schadensrechtlich genügend konkreten Bezug zum einzelnen Ladendiebstahl auf. Sie sei daher in vernünftigen Grenzen (damals regelmäßig bis 50 DM) ersatzfähig. S. dazu auch PdW Schuldrecht I **Fall 196.** 718

3. Bearbeitungskosten

Auch die Bearbeitungskosten sind kausal durch den konkreten Diebstahl veranlasst. 719 Trotzdem lehnt BGHZ 75, 230, 231 f. ihren Ersatz für den Bestohlenen unter Bezugnahme auf BGHZ 66, 112 ab: Wenn ein Privatmann für die Durchsetzung eines Schadensersatzanspruchs Mühe und Zeit aufwende, sei das kein ersatzfähiger Schaden. Dann dürfe für einen Geschäftsmann regelmäßig nichts anderes gelten, selbst wenn dieser für die Bearbeitung bezahltes Personal einsetze. Diese Rspr. geht aber über einen sachlichen Unterschied hinweg und dürfte abzulehnen sein.[39] S. dazu auch PdW Schuldrecht I **Fall 196.**

§ 54. Die Verletzung eines Menschen

Literatur: *Busnelli,* Der Personenschaden, VersR 1987, 952 (rechtsvergleichend); *J.-D. Drees,* Schadensersatzansprüche wegen vermehrter Bedürfnisse, VersR 1988, 784; *Ebel,* Schadensersatz bei Personenschäden, Jura 1985, 561; *Grunsky,* Zur Ersatzfähigkeit von Betreuungsaufwand für den Geschädigten, BB 1995, 937; *Küppersbusch,* Ersatzansprüche bei Personenschäden, 11. Aufl., 2013; *G. Müller,* Spätschäden im Haftpflichtrecht, VersR 1998, 129; *Steffen,* Abkehr von der konkreten Berechnung des Personenschadens und kein Ende?, VersR 1985, 605; *ders.,* Schadensmanagement bei Personenschäden, VersR 2000, 793; *Stürner,* Der Unfall im Straßenverkehr und der Umfang des Schadensersatzes …, DAR 1986, 7.

I. Problemübersicht

Wegen der Verletzung eines Menschen kommen im Wesentlichen drei Schadensposten in Betracht: die Heilungskosten (u. Rn. 721 ff.), der Verdienstausfall (u. Rn. 723 ff.) und das Schmerzensgeld (u. Rn. 734 ff.). Zudem ergeben sich anders als beim Sachschaden Komplikationen aus folgendem: Es kann geraume Zeit (u. U. durch einen Prozess mehrere Jahre) dauern, bis die Verantwortlichkeit des Schädigers geklärt ist; auch kann dessen Zahlungsfähigkeit fraglich sein. Hiervon darf aber die Heilung des Geschädigten nicht abhängen, und sein laufender Unterhalt und der sei- 720

[37] MünchKomm/*Oetker,* § 249 Rn. 201.

[38] BGHZ 75, 230, 237.

[39] *H. Lange,* Schadensersatz, 2. Aufl., 1990, § 6 XIV 3 S. 388 f.; etwas anders jetzt *Lange/Schiemann,* Schadensersatz, 3. Aufl., 2003, S. 386 f.; *Lieb,* FS Steindorff, 1990, 705, vgl. auch *Klimke,* VersR 1981, 1115; *Lipp,* NJW 1992, 1913.

ner Familie müssen gedeckt werden. Es widerspräche dem Sozialstaatsgedanken, den Geschädigten bis zur Zahlung des Schädigers auf eigene Reserven (also Vermögen und Kredit) zu verweisen, die häufig überhaupt fehlen. Daher muss der Bedarf zunächst von anderen Personen gedeckt werden. Deshalb sind gerade bei Körperverletzungen Überlagerungen des Schadensersatzrechts durch Versicherungs- oder Versorgungsleistungen nötig. Sie werden unten Rn. 762 ff. dargestellt werden.

II. Heilungskosten

721 Fast ausnahmslos überlässt der Geschädigte die Sorge für seine Heilung nicht dem Schädiger, sondern bewerkstelligt diese selbst. Dann kann er nach § 249 II „den dazu erforderlichen Geldbetrag" vom Schädiger ersetzt verlangen. Da für die Heilung nicht in erster Linie ein Vermögensinteresse maßgeblich ist, kommt dabei eine Abwägung nach **Gesichtspunkten der Wirtschaftlichkeit** (§ 251 II 1) nicht in Betracht; dergleichen widerspräche ja auch jeder Humanität.[1]

Eine Grenze hat jedoch BGHZ 63, 295 gezogen: Dort waren 2590 DM (1324,25 €) für die operative Beseitigung einer recht unbedeutenden Unfallnarbe gefordert worden. Der BGH hat diesen Anspruch zwar nicht unmittelbar an § 251 II 1 scheitern lassen, weil diese Vorschrift nur auf Vermögensschäden zugeschnitten sei. Nach **Treu und Glauben** müssten aber auch gegenüber immateriellen Interessen des Geschädigten schutzwürdige Vermögensinteressen des Schädigers berücksichtigt werden können. Einen solchen Fall hat BGHZ 63, 295 bejaht, weil die Interessen des Geschädigten schon durch eine Erhöhung des Schmerzensgeldes (vgl. u. Rn. 734) ausreichend gewahrt werden könnten.

Heilungskosten sind allerdings nur dann ersatzfähig, wenn sie tatsächlich angefallen sind. Der Geschädigte kann also – anders als bei Sachschäden – nicht unter Verzicht auf eine Heilungsmaßnahme den dafür erforderlichen Geldbetrag verlangen (s. BGHZ 97, 14 und dazu oben Rn. 671).

722 Die Rechtsprechung[2] rechnet zu den Heilungskosten auch die Kosten für die **heilungsfördernden Besuche** des Verletzten, der **im Krankenhaus** liegt. Das ist deshalb problematisch, weil diese Kosten ja nicht dem Verletzten entstehen, sondern den ihn besuchenden Angehörigen. Auch haben diese nicht ohne weiteres einen Ersatzanspruch gegen den Verletzten. Im Grunde geht es hier um einen Fall eines **normativen Schadens.** So bezeichnet man einen Schaden, der nicht tatsächlich eingetreten ist, sondern auf einer gesetzlichen Wertung beruht. Der Unterschied zur Drittschadensliquidation liegt darin, dass der Schaden hier nicht bloß zufällig auf den Dritten verlagert ist (vgl. o. Rn. 682), sondern notwendig bei diesem selbst entsteht. Der BGH[3] beschränkt wegen dieser Irregularität den Ersatz von Besuchskosten auf Besuche naher Angehöriger. Zudem müssen die Besuche medizinisch notwendig sein (d. h. dem Heilungsfortschritt dienen, was vor allem bei Kindern der Fall ist) und die Aufwendungen unvermeidbar sein. Weiter beschränkt die Rspr. den Ersatz auf die unmittelbaren Besuchskosten. Folgeschäden aus solchen Besuchen (z. B. der Verdienstausfall des Besuchers) sollen nicht ersetzbar sein. Gleichfalls nicht ersatzfähig ist unzweifelhaft die (nicht mit Kosten verbundene) **vermehrte elterliche Zuwendung** für das verletzte Kind.[4]

---

[1] Vgl. etwa *Grunsky,* in: 25 Jahre Karlsruher Forum, 1983, 101.
[2] Etwa *BGH* NJW 1985, 2757; 1990, 1037; vgl. *Schleich,* DAR 1988, 145.
[3] NJW 1991, 2340 (dazu *Grunsky,* JuS 1991, 907; *Seidel,* VersR 1991, 1349).
[4] BGHZ 106, 28, dazu *Grunsky,* JZ 1989, 345, aber auch *BGH* NJW 1999, 2819.

III. Verdienstausfall

723 Für den Ersatz von Verdienstausfall ist zunächst danach zu unterscheiden, ob der Verletzte unselbständig beschäftigt (Arbeiter, Angestellter, Beamter, vgl. u. Rn. 724ff.) oder ein Selbständiger (z. B. Unternehmer, Rechtsanwalt, Arzt mit eigener Praxis, vgl. u. Rn. 727f.) ist. Eine Sonderstellung nehmen diejenigen ein, die sich erst in der Ausbildung befinden (vgl. u. Rn. 729). Problematisch sind auch die Hausfrauen oder -männer (vgl. u. Rn. 730). Schließlich ist noch kurz einzugehen auf anstößigen Erwerb (vgl. u. Rn. 732) sowie auf Fragen der Arbeitslosigkeit (vgl. u. Rn. 733).

1. Unselbständig Beschäftigte

724 Wenn ein unselbständig Beschäftigter arbeitsunfähig wird, hat das für sein Arbeitseinkommen regelmäßig zunächst keine Folgen. Zahlreiche Vorschriften ergeben nämlich, dass der Arbeitgeber oder Dienstherr wenigstens für eine bestimmte Zeit **Lohn, Gehalt oder Besoldung weiterzahlen** muss (so etwa §§ 3 EFZG, 616 BGB und die Beamtengesetze, nach deren „Alimentationsprinzip" die Beamtenbesoldung überhaupt nicht als Gegenleistung für die Dienste des Beamten aufgefasst wird). Vgl. dazu BT Rn. 643ff.

Für die Zeit der Fortzahlung scheint es an einem Erwerbsschaden des Verletzten zu fehlen. Der Schaden scheint vielmehr bei dem **Arbeitgeber** einzutreten, der eine Arbeitsleistung nicht erhält, obwohl er dafür bezahlen muss. Aber auch ein solcher Schaden des Arbeitgebers ist nicht ganz sicher: In Großbetrieben wird die Arbeit eines kurzfristig Ausfallenden oft durch die **Arbeitskollegen** ohne besondere Bezahlung miterledigt. Bei Behörden wird der Ausfall nicht selten auch durch eine **Verschlechterung der Leistungen** ausgeglichen: An der Schule fällt wegen der Verletzung eines Lehrers Unterricht aus, so dass letztlich die Kinder oder deren Eltern das Nachsehen haben. Der Schaden scheint sich so gleichsam zu verflüchtigen.

Wenn es hier keine Sonderregelung gäbe, müsste das den Schädiger entlasten. Dafür würde schon genügen, dass man während der Fortzahlung der Arbeitsvergütung einen Erwerbsschaden für den körperlich Verletzten verneint. Denn die weiter als geschädigt in Betracht kommenden Personen (Arbeitgeber, Arbeitskollegen, Benutzer) sind nicht an einem der durch § 823 I geschützten Rechtsgüter verletzt, sondern höchstens an ihrem **Vermögen.** Daher fehlt ihnen ein deliktischer Ersatzanspruch gegen den Schädiger schon dem Grunde nach.

Eine solche Entlastung widerspräche aber dem Sinn der Vorschriften über die Fortzahlung des Arbeitsentgelts: Diese wollen ja nur den Geschädigten (oder dessen Krankenkasse, die durch die Fortzahlung das Krankengeld spart) entlasten oder sichern. Rechtlich bleibt daher der Vorteil der Fortzahlung im Verhältnis zum Schädiger unbeachtet. Man kann das als **Versagung der Vorteilsausgleichung** verstehen (vgl. o. Rn. 689). Dabei beruht die Versagung hier auf denjenigen Normen, nach denen der Ersatzanspruch des Verletzten gegen den Schädiger auf die Person übergehen soll, die den Verletzten finanziell versorgt (vgl. u. Rn. 773): Diese Normen setzen ja voraus, dass ein solcher Ersatzanspruch und damit auch ein Erwerbsschaden des Verletzten trotz der Versorgung besteht. Auch hier handelt es sich also um einen **normativen Schaden** (zum Begriff s. o. Rn. 722).[5]

[5] Vgl. *Medicus,* JuS 1979, 233 und, mit etwas anderem Ausgangspunkt, *Steffen,* NJW 1995, 2057.

725 Schwierigkeiten bereitet dann auch die Frage nach der **Höhe dieses normativen Erwerbsschadens.**[6] Er kann nämlich nicht einfach auf den Betrag angesetzt werden, der dem Arbeitnehmer oder Beamten netto ausgezahlt wird. Denn der Arbeitgeber oder Dienstherr hat ja noch weitere Beträge aufzubringen: Er muss Lohnsteuer abführen und bezahlten Urlaub gewähren; als Arbeitgeber muss er auch den Arbeitgeber- und den Arbeitnehmeranteil an die Sozialversicherung abführen. Alles das ist Vergütung für die Arbeitsleistung. Nach h. M., die durch § 6 I EFZG gestützt wird, gehören daher auch alle diese Beträge zum (normativen) Erwerbsschaden des Verletzten, den der Schädiger zu ersetzen hat. Das ist die sog. **Bruttomethode** der Schadensberechnung;[7] die sog. „modifizierte Nettomethode" von *BGH* VersR 1988, 183 bringt aber kaum andere Ergebnisse.[8] Mit Recht betont jedoch *BGH* VersR 1983, 663,[9] dass ein Schaden fehle, soweit bei bloßer Lohnminderung die geminderten Zahlungen zu gleichen Leistungen der Sozialversicherung berechtigten.[10]

726 Die **Lohn- oder Gehaltsfortzahlung endet** regelmäßig nach sechs Wochen (§§ 3 I EFZG, 616 II 2 BGB). Dann wird also – sieht man von evtl. Leistungen der Krankenkasse ab – aus dem normativen Erwerbsschaden ein wirklicher. Doch ändert sich an der Schadenshöhe nicht viel. Denn der Verletzte muss auch den Betrag, den er als Ersatz für sein wegfallendes Einkommen erhält, wie Einkommen versteuern (§ 24 Nr. 1 a EStG). Schadensbedingte **Steuerersparnisse** des Verletzten sind freilich nur anzurechnen, wenn nicht der Schutzzweck der begünstigenden Norm des Steuerrechts entgegensteht.[11] Und bei der Sozialversicherung gibt es nach dem Ende der Arbeitsvergütung meist noch die Möglichkeit zu freiwilliger Weiterversicherung. Diese Möglichkeit muss der Verletzte regelmäßig auf Kosten des Schädigers wahrnehmen können, um eine Verschlechterung seines Versicherungsschutzes zu vermeiden.[12] Nur der Beitrag für die Unfallversicherung ist jetzt nicht mehr zu ersetzen: Dieser Versicherung bedarf der Verletzte nicht mehr, solange er nicht arbeitet und daher nicht dem allein versicherten Risiko eines Arbeitsunfalls ausgesetzt ist. Von dieser einen Abweichung abgesehen kommt man aber auch nach dem Ende der Entgeltsfortzahlung zu den gleichen Ergebnissen wie nach der Bruttomethode (vgl. o. Rn. 725).[13]

2. Selbständige

727 Für Selbständige passt die eben geschilderte Methode der Berechnung des Verdienstausfalls offenbar nicht. Diese Personen müssen vielmehr **grundsätzlich konkret nachweisen,** welche Einnahmen ihnen durch den Ausfall ihrer Arbeitskraft entgangen sind. Diesen oft schwierigen Beweis erleichtert **§ 252 S. 2:** Es soll genügen, dass der Gewinn nach dem gewöhnlichen Lauf der Dinge oder nach den besonderen Umständen, insbesondere nach den getroffenen Anstalten und Vorkehrungen, mit Wahrscheinlichkeit erwartet werden konnte. *BGH* NJW 2011, 1146 setzt das mit einem durchschnittlichen Wert gleich.

[6] Vgl. *BGH* VersR 1986, 914; *Bürge,* FS Hermann Lange, 1993, 413.

[7] Zu Einzelheiten *BGH* NJW 1999, 3711.

[8] Vgl. BGHZ 127, 391 mit *Hermann Lange,* JZ 1995, 403, auch BGHZ 133, 1 zu Weihnachts- und Urlaubsgeld.

[9] Auch BGHZ 101, 207.

[10] Vgl. *Fuchs,* NJW 1988, 2005, abweichend jedoch BGHZ 116, 260 wegen § 62 SGB VI.

[11] *BGH* NJW 1993, 1643; 1994, 2084.

[12] BGHZ 69, 347.

[13] Vgl. *Hänlein,* NJW 1998, 105.

Obwohl § 252 S. 2 das sonst auf eine unwiderlegliche Vermutung oder Fiktion hindeutende Wort „gilt“ verwendet, versteht die h. M.[14] das mit Recht nur als **widerlegliche Vermutung.** Dem Schädiger steht also der Nachweis frei, ein wahrscheinlicher Gewinn wäre schließlich doch nicht erzielt worden. Umgekehrt kann aber auch der Geschädigte nachweisen, dass ein unwahrscheinlicher Gewinn Wirklichkeit geworden wäre.[15] Folglich bleibt die **Schadensberechnung** hier (anders als bei den Verzugszinsen, vgl. o. Rn. 477) **konkret,** sie abstrahiert also nicht von den Umständen des Einzelfalls.

Häufig wird diese Schadensberechnung darauf hinauslaufen, dass der Verletzte seinen vor der Verletzung erzielten Gewinn nachweist. Meist wird es nämlich dem „gewöhnlichen Lauf der Dinge“ entsprechen, dass dieser Gewinn auch weiter erzielt worden wäre. Was dann in Wirklichkeit weniger erzielt worden ist, stellt den wahrscheinlichen Schaden dar. Freilich werden oft noch Korrekturen nötig sein: In manchen Branchen hängt der Gewinn stark von der Saison ab; die Konjunktur kann sich insgesamt verändert haben; der Geldwertschwund ist zu berücksichtigen; endlich mag der Verletzte auch besondere Vorkehrungen (z. B. Investitionen, Werbung) für eine Gewinnerhöhung nachweisen können. So ist der Streit um den entgangenen Gewinn Selbständiger oft langwierig und mühsam.

Es kann sogar sein, dass der Vergleich des vor und des nach der Verletzung erzielten Gewinns überhaupt keinen Unterschied ergibt. So mag in einem Familienbetrieb der Ausfall des Verletzten durch unbezahlte Mehrarbeit seiner Angehörigen ausgeglichen worden sein, was nach dem Grundgedanken von § 843 IV den Schädiger nicht entlasten darf (vgl. u. Rn. 774). Das legt den Gedanken an eine andere Art der Schadensermittlung nahe:

In dem Fall von BGHZ 54, 45 hatte der Inhaber einer kleineren chemisch-pharma- 728
zeutischen Fabrik, ein **Diplom-Chemiker,** infolge seiner Verletzung keine neuen Präparate entwickeln können. Eine Beeinträchtigung des Gewinns konnte sich hieraus aber erst künftig ergeben und musste zudem ebenso ungewiss bleiben wie das Ergebnis der durch die Verletzung verhinderten Forschungen. Angesichts dieser Beweisschwierigkeiten hatte der Verletzte denjenigen **Betrag** verlangt, den er **für eine Ersatzkraft** (also einen angestellten Diplom-Chemiker) hätte aufwenden müssen. Der BGH hat diese Berechnung abgelehnt:[16] Der Geldwert einer Unternehmertätigkeit lasse sich „nicht objektiv nach dem Maß der Arbeitskraft festsetzen“. In der Literatur ist diese Entscheidung mit Recht überwiegend auf Ablehnung gestoßen: Auch selbständige Arbeit ist im Zweifel so viel wert, wie dafür bezahlt werden muss.[17] Gleiches ist auch für die Hausfrauen und –männer anerkannt (vgl. u. Rn. 730). Allerdings gewährt der BGH dem verletzten Selbständigen gewisse Beweiserleichterungen.[18]

3. Personen in der Ausbildung

Personen in der Ausbildung erhalten regelmäßig nur eine geringe (Lehrlinge) oder 729
überhaupt keine Arbeitsvergütung (Schüler, Studenten): Die Ausbildung soll sich

[14] Etwa BGHZ 29, 393, 398 f.

[15] Z. B. auch aus Spekulationsgeschäften mit Aktien, *BGH* NJW 2002, 2553.

[16] Bestätigt in *BGH* VersR 1992, 973.

[17] Z. B. *Lange/Schiemann,* Schadensersatz, 3. Aufl., 2004, § 6 IX 4 d S. 316 f.

[18] Etwa *BGH* NJW 1998, 1634.

eben erst später durch ein höheres Einkommen bezahlt machen. Wenn eine Verletzung die Ausbildung unterbricht oder gar ihren Abbruch erzwingt, muss der **Schaden** also **in der** (vielleicht sogar ferneren) **Zukunft** gesucht werden. Dazu bedarf es einer Prognose, ob und wann ohne die Verletzung das Ausbildungsziel erreicht (z. B. ein Examen bestanden) worden wäre, welcher berufliche Aufstieg sich dann ergeben und zu welchem Einkommen er geführt hätte. Das lässt sich oft nicht einigermaßen wahrscheinlich machen.[19] Bisweilen kommen die Gerichte hier dem beweisbelasteten Verletzten weit entgegen (vgl. etwa *OLG Köln* NJW 1972, 59 zum Bestehen der Gesellen- und Meisterprüfung im Elektrohandwerk und *BGH* NJW 1997, 937 zur Aufnahme einer gewinnbringenden Tätigkeit). Dabei hilft außer § 252 S. 2 BGB auch § 287 I ZPO.[20] Ein anderer Ausweg aus solchen Beweisschwierigkeiten ist eine reichlichere Bemessung des Schmerzensgeldes, weil der Geschädigte um seine Berufschancen gebracht worden ist (vgl. u. Rn. 735).

4. Hausfrauen und -männer

730 Die Hausfrau oder der Hausmann erhalten für die Erledigung der Hausarbeit weder ein Entgelt, noch erzielen sie damit zugleich oder später Gewinn. Beim ihrem Ausfall behelfen sich die Haushaltsangehörigen entweder allein, oder es wird eine Aushilfskraft angestellt. Die hierfür entstehenden Kosten belasten dann aber möglicherweise nicht den Verletzten selbst, sondern einen Dritten (z. B. den erwerbstätigen Ehepartner), der die Hilfskraft aus seinem Arbeitsverdienst bezahlt. Deshalb scheint ein Schaden des Dritten vorzuliegen. Da dieser aber nicht körperlich verletzt ist, hatte ihm § 845 einen besonderen Ersatzanspruch wegen des Ausfalls der Dienste des verletzten Ehepartners eingeräumt.

Diese Vorstellung ist in BGHZ 38, 55 unter dem Eindruck der von Art. 3 II GG bestimmten Gleichberechtigung der Frau aufgegeben worden: „Die Frau gibt ihre Arbeitskraft nicht mehr mit der Heirat in der Form unentgeltlicher Dienste weg. Sie verwertet sie vielmehr … weiterhin selbst … als ihren fortlaufenden Beitrag zum Familienunterhalt als der wirtschaftlichen Seite der von ihr eingegangenen Gemeinschaft“. Die Frau selbst könne daher die Kosten einer Ersatzkraft verlangen.[21] BGHZ (Großer Senat) 50, 304 hat den **Schaden der Ehefrau** dann als **normativ** bezeichnet (vgl. o. Rn. 722) und in den Kosten einer Ersatzkraft nur einen Anhaltspunkt für die Berechnung dieses Schadens gesehen. Insbesondere komme es nicht darauf an, ob eine Ersatzkraft wirklich angestellt worden sei. Nach BGHZ 86, 372 soll aber bloß von der Netto-Vergütung einer vergleichbaren Ersatzkraft ausgegangen werden. Das ist selbstverständlich auf die Verletzung von Hausmännern zu übertragen.

Danach beruht der Ersatzanspruch der verletzten Hausfrau oder des verletzten Hausmanns auf §§ 842, 843. § 845 wird nur noch beim Ausfall von Diensten angewendet, die hausangehörige Kinder ihren Eltern nach § 1619 schulden.[22]

[19] Vgl. *Steffen,* DAR 1984, 1; *Medicus,* DAR 1994, 442; und *Eckelmann/Nells/Schäfer,* DAR 1983, 337, auch *OLG Karlsruhe* VersR 1989, 1101 zu schweren Verletzungen eines achtjährigen Kindes; *OLG Frankfurt a. M.* VersR 1989, 48 für einen Siebenjährigen; *BGH* NJW 1998, 1633, 1634 für einen jungen Fußballtrainer. *BGH* NJW 2011, 1148 Rn. 19ff. m. Anm. *Schiemann* will auch das familiäre Umfeld des Kindes berücksichtigen.

[20] Dazu *BGH* NJW 1995, 1023.

[21] Vgl. *Hofmann,* NZV 1990, 8; *Würthwein,* JZ 2000, 337.

[22] *BGH* NJW 1969, 2005; 1991, 1226; JZ 1998, 362 mit Anm. *Gernhuber;* str.

Entsprechend wie die Ehe dürfte auch die eingetragene Lebenspartnerschaft zu behandeln sein. Denn nach § 5 LPartG gelten zwischen den Partnern gleiche Unterhaltspflichten wie zwischen Ehegatten.

Dagegen lehnt der BGH[23] einen Ersatz für den **Verlust der abstrakten Erwerbsfähigkeit** ab, wenn der Verletzte seine Arbeitskraft nicht einsetzen wollte (z. B. als Landstreicher, aber auch als ein von seinen Vermögenserträgen lebender Millionär; den Gegensatz bilden die Arbeitswilligen, aber Arbeitslosen von unten Rn. 733). Dem ist zuzustimmen, weil hier ein Vermögensschaden fehlt. 731

5. Anstößiger Erwerb

Dem Gesetzgeber des BGB war es selbstverständlich, dass ersatzfähig nur ein Gewinn sei, der „ohne Unehrenhaftigkeit hätte gezogen werden können".[24] Danach ist der Gewinn aus denjenigen Geschäften nicht zu ersetzen, die wegen eines Verstoßes gegen ein Verbotsgesetz oder gegen die guten Sitten nach §§ 134, 138 nichtig gewesen wären. Nichtigkeit nach § 134 liegt z. B. vor bei Schmuggel oder Rauschgifthandel und Schwarzarbeit. *BGH* NJW 1986, 1486 verneint die Ersatzfähigkeit von Verdienst, der nur unter Verstoß gegen die Arbeitszeitordnung hätte erzielt werden können. 732

Überholt dürfte allerdings die Rechtsprechung zur Ersatzfähigkeit des entgangen Verdienstes von Prostituierten sein. BGHZ 67, 119 hat diesen grundsätzlich für nicht ersatzfähig gehalten. Freilich wollte auch der BGH den Schädiger nicht ganz freikommen lassen, weil diesem aus der „Anrüchigkeit des Dirnengewerbes" keine unverdiente Begünstigung gebühre. Daher sollte wenigstens der Ersatz eines existenzdeckenden Einkommens geschuldet sein, „das auch in einfachen Verhältnissen von jedem gesunden Menschen erfahrungsgemäß zu erreichen ist". Nachdem aber das Gesetz zur Regelung der Rechtsverhältnisse der Prostituierten v. 20.12.2001 (ProstG) den Prostituierten einen Rechtsanspruch auf vereinbarten Lohn gewährt, folgt daraus auch ein entsprechender Anspruch auf Ersatz des durch eine Verletzung entgangenen Gewinns.

6. Arbeitslose

Auch ein Arbeitsloser kann zweifellos einen Erwerbsschaden haben: nämlich wenn ihn die vom Schädiger zu verantwortende Verletzung daran hindert, eine Arbeit aufzunehmen.[25] Der Schaden besteht dann in dem Verlust der Vergütung für diese konkrete Arbeit. Aber auch wenn keine Arbeitsaufnahme entgangen ist, bejaht BGHZ 90, 334 mit Recht einen Schaden: Arbeitslosengeld und Arbeitslosenhilfe (heute: „Hartz IV") werden nämlich regelmäßig nur gezahlt, wenn der Arbeitslose arbeitsfähig ist und der Arbeitsvermittlung zur Verfügung steht. Wenn die Verletzung die Arbeitsfähigkeit aufhebt, entsteht also ein Schaden in Höhe der entgehenden Arbeitslosenunterstützung. Dass der Verletzte dann in gleicher Höhe Krankengeld erhält oder dass sogar aus Gründen der Verwaltungsvereinfachung die Arbeitslosenunterstützung für begrenzte Zeit fortgezahlt wird, soll daran nichts ändern. Insoweit wird der Schaden dann auch hier normativ ermittelt. 733

[23] Etwa BGHZ 38, 55, 58f.; 90, 334, 336.

[24] Mot. II 18 = *Mugdan* II 10.

[25] Vgl. *BGH* NJW 1991, 2422.

IV. Schmerzensgeld

Literatur: *Ady,* Ersatzansprüche wegen immaterieller Einbußen (2004); *Büchler,* Die Kommerzialisierung von Persönlichkeitsgütern, AcP 206 (2006) 300; *Coester-Waltjen,* Der Ersatz immaterieller Schaden im Deliktsrecht, Jura 2001, 133; *A. Diederichsen,* Fragen der Bemessung des Schmerzensgeldes ..., VersR 2005, 433; *Foerste,* Schmerzensgeldbemessung bei brutalen Verbrechen, NJW 1999, 2951; *Funkel,* Schutz der Persönlichkeit durch Ersatz immaterieller Schäden, 2001; *Göbel,* Geldentschädigung und Schmerzensgeld, 2004; *Gothel,* Zu den Funktionen des Schmerzensgeldes im 19. Jh., AcP 205 (2005) 36; *Hacks/Wellner/Häcker,* Schmerzensgeldbeträge, 33. Aufl., 2015; *Jaeger,* Verjährung des Schmerzensgeldanspruchs, ZGS 2003, 329; *ders.,* Schmerzensgeld – Die Genugtuungsfunktion hat ausgedient, FS E. Lorenz, 2004, 377; *Jaeger/Luckey,* Schmerzensgeld, 7. Aufl., 2011; *Katzenmeier,* Die Neuregelung des Anspruchs auf Schmerzensgeld, JZ 2002, 1029; *Kegel,* Haftung für Zufügung seelischer Schmerzen, 1983; *Kern,* Die Genugtuungsfunktion des Schmerzensgeldes – ein pönales Argument im Schadensrecht?, AcP 191 (1991) 247; *Koziol,* Die Bedeutung des Zeitfaktors bei der Bemessung ideeler Schäden, FS Hausheer, 2002, 597; *E. Lorenz,* Immaterieller Schaden und „billige Entschädigung in Geld“, 1981; *Odersky,* Schmerzensgeld bei Tötung naher Angehöriger, 1989; *Schubert,* Wiedergutmachung immaterieller Schäden im Privatrecht (2012); *Siemes,* Gewinnabschöpfung bei Zwangskommerzialisierung durch die Presse, AcP 201 (2001) 202; *Slizyk,* Beck'sche Schmerzensgeldtabelle, 11. Aufl., 2015; *Wagner,* Ersatz immaterieller Schäden: Bestandsaufnahme und europäische Perspektiven, JZ 2004, 319; *U. Walter,* Die Geschichte des Anspruchs auf Schmerzensgeld bis zum Inkrafttreten des BGB, 2004. Vgl. auch *BGH* ZIP 2011, 820 zu der Entschädigung nach Art. 41 der Europäischen Menschenrechtskonvention, ferner *Rebhahn,* AcP 210 (2010) 489.

1. Anlass des Schmerzensgeldes

734 Bei erheblichen Körperverletzungen entstehen regelmäßig Schäden, die durch den Ersatz von Heilungskosten und Verdienstausfall noch nicht entgolten sind: Der Geschädigte hat Schmerzen; er wird – vielleicht zeit seines Lebens – an einer Lebensgestaltung nach seinen Wünschen gehindert, z. B. er kann nicht mehr nach Belieben Sport treiben oder muss seinen Beruf aufgeben (was nicht bloß Verdienstausfall zu bringen braucht) und ist möglicherweise bei der Partnerfindung eingeschränkt. Alle diese Güter haben keinen Vermögenswert; die aus ihrer Verletzung folgenden Nachteile können daher nur nach § 253 II und ähnlichen Vorschriften über die Gefährdungshaftung[26] berücksichtigt werden. Dagegen gibt es nach deutschem Recht (noch) kein Schmerzensgeld wegen des **Verlustes naher Angehöriger** (anders viele andere europäische Rechte[27]). Auch wird es z. B. nicht als Verletzung des Persönlichkeitsrechts der Eltern angesehen, wenn diese ihr Leben gänzlich umstellen müssen, um für ihr bei einem Unfall schwer verletztes Kind zu sorgen. Doch kann der Verlust naher Angehöriger zu einem **eigenen Gesundheitsschaden der Hinterbliebenen** führen, der nach §§ 823 I, 253 II ersatzfähig ist (oben Rn. 673).

2. Bemessung

735 Dass Geldersatz für Nichtvermögensschäden nach § 253 nur ausnahmsweise verlangt werden kann, ist schon oben Rn. 673 gesagt worden. Aber bei Verletzungen von Körper, Gesundheit, Freiheit und sexueller Selbstbestimmung gewährt § 253 II unabhängig von der Art der Anspruchsgrundlage (Vertrag, Delikt oder Gefährdung) eine „billige Entschädigung in Geld“, das (sachlich zu eng) sog. Schmerzensgeld. Seine Bemessung war schon für § 847 a. F., der durch § 253 II ersetzt wurde (o. Rn. 673) zweifelhaft und ist es weiterhin: Zunächst hat BGHZ 7, 223 die **Ausgleichsfunktion** betont und einen „echten Schadensersatzanspruch“ angenommen. Daher sollten für die Bemessung nur Intensität und Dauer der erlittenen Beeinträchtigung maßgeblich

[26] Etwa §§ 11 StVG, 6 HaftPflG, 8 ProdHaftG, 13 UmwelthaftG, 87 AMG.
[27] Vgl. *Kadner,* ZEuP 1996, 135; *Janssen,* ZRP 2003, 156.

sein; der Geschädigte sollte gleichsam ein „Äquivalent an Lebensfreude" erhalten. Aber schon drei Jahre später hat der Große Senat für Zivilsachen entgegengesetzt entschieden (BGHZ 18, 149): Der Schmerzensgeldanspruch sei ein Anspruch eigener Art. Neben der Funktion eines Ausgleichs habe er auch die weitere, dem Geschädigten **Genugtuung** zu verschaffen. Daher seien für die Bemessung „alle in Betracht kommenden Umstände des Falles" zu berücksichtigen, darunter auch der Grad des Verschuldens und die wirtschaftlichen Verhältnisse beider Teile.

Dieser Ansicht folgt seitdem verbal die Praxis. Doch ist das in vieler Hinsicht **problematisch.** So gerät der Genugtuungsgedanke schon in Schwierigkeiten, wenn nicht der Schädiger selbst zahlt, sondern für ihn sein Haftpflichtversicherer. Auch erschwert die Notwendigkeit zur Ermittlung von Verschuldensgrad und Vermögensverhältnissen die Vergleichbarkeit von Schmerzensgeldern noch zusätzlich. Endlich ist das Verhältnis zum Strafrecht fraglich, das mit dem Strafzweck des gerechten Schuldausgleichs auch Genugtuungsgesichtspunkte berücksichtigt. Daher wollten manche das Schmerzensgeld mindern, wenn der Täter kriminell bestraft worden war.[28] Anders entscheidet zutreffend BGHZ 128, 117[29]: Der Geschädigte wird ja kaum verstehen, weshalb die Strafbarkeit des Schädigers sein Schmerzensgeld mindern soll. Dass vollends einem besonders wohlhabenden Geschädigten ein höheres Schmerzensgeld zusteht, erscheint kaum als berechtigt und wird wohl auch nicht praktiziert. Doch soll das Schmerzensgeld wegfallen können, wenn der Verletzte alsbald nach der Verletzung stirbt.[30]

Die Rspr. ermittelt das Schmerzensgeld vor allem durch Vergleich mit den in ähnlichen Fällen gewährten Beträgen. Dabei sind die Schmerzensgelder in den letzten Jahrzehnten mit Recht weit stärker angestiegen, als es zum Ausgleich der Geldentwertung nötig gewesen wäre: In schwersten Fällen ist man einschließlich der Rentenbeträge bis zu 950.000,– € gelangt. Wenn beim Verletzten infolge schwerster Hirnschädigung die geistigen Fähigkeiten und Sinnesempfindungen erloschen sind, wurde früher als „symbolische Wiedergutmachung" ein mittleres Schmerzensgeld (damals 30.000,– DM) zugebilligt.[31] Diese Einschränkung hat BGHZ 120, 1[32] zugunsten höherer Beträge aufgegeben. Keinesfalls braucht der Verletzte darzulegen, wie er seine Einbuße an Lebensfreude mit dem Schmerzensgeld wirtschaftlich sinnvoll ausgleichen will.[33] Umgekehrt kann bei Bagatellverletzungen ohne Dauerschäden ein Schmerzensgeld ganz entfallen.[34] Zudem soll für das Schmerzensgeld die Regel nicht unbeschränkt gelten, der Ersatz werde durch eine besondere Schadensanfälligkeit des Geschädigten nicht gemindert.[35]

Bei einer **Verletzung von Persönlichkeitsrechten** wollen BGHZ 128, 1; *BGH* NJW 1996, 984[36] zusätzlich den **Präventionsgedanken** berücksichtigen: Die Höhe des zu

[28] Z. B. *OLG Düsseldorf* NJW 1974, 1289; NJW-RR 1994, 221.
[29] Ebenso *BGH* NJW 1996, 1591.
[30] BGHZ 138, 388, vgl. auch *OLG Karlsruhe* VersR 2001, 1123.
[31] *BGH* NJW 1976, 1147, vgl. auch *BGH* NJW 1982, 2133.
[32] Dazu *Giesen,* JZ 1993, 519.
[33] *BGH* NJW 1991, 1544.
[34] *BGH* NJW 1992, 1043.
[35] *BGH* VersR 1997, 122.
[36] Beide betr. Caroline von Monaco bzw. von Hannover, vgl. *Canaris,* FS Deutsch, 1999, 85; *Starck,* JZ 2006, 76 und weiter BGHZ 158, 218; 160, 298.

leistenden Betrages soll vor Verletzungen abschrecken.[37] Andererseits bestätigt *BVerfG* NJW 2004, 591 das Erfordernis eines schwerwiegenden Eingriffs.[38]

Dass die Genugtuungsfunktion des Schmerzensgelds auch bei der Verletzung von Persönlichkeitsrechten eine maßgebliche Rolle spielt, bestätigt *BGH* NJW 2014, 2871: Die Entscheidung verneint die Vererblichkeit von Ansprüchen auf Ausgleich immaterieller Schäden nach einer Verletzung des Persönlichkeitsrechts, weil einem Verstorbenen Genugtuung für die Verletzung seiner Persönlichkeit nicht mehr verschafft werden kann.

3. Prozessuale Besonderheiten

736 Angesichts der Fülle der für die Bemessung wesentlichen Umstände kann der Geschädigte kaum voraussehen, welchen Betrag das Gericht ihm zusprechen wird. Daher soll er auf ein „angemessenes Schmerzensgeld“ klagen dürfen; er soll also seinen Antrag in Abweichung von dem, was sonst nach § 253 II Nr. 2 ZPO für Geldforderungen verlangt wird, **nicht zu beziffern** brauchen. Damit vermeidet der Geschädigte, dass seine Klage wegen einer Zuvielforderung teilweise abgewiesen und er insoweit nach § 92 I ZPO mit Kosten belastet wird (doch lässt sich vielfach auch mit § 92 II ZPO helfen). Immerhin muss der Antrag aber wenigstens die Größenordnung des geforderten Betrages erkennen lassen;[39] insoweit hat der Kläger das Kostenrisiko dann doch wieder. Andererseits kann der Geschädigte aber auch mangels **Beschwer** kein Rechtsmittel einlegen, wenn sich das Urteil in der angegebenen Größenordnung hält.[40]

§ 55. Die Tötung eines Menschen

I. Problemübersicht

737 Ganz anders als bei Sachbeschädigungen und Körperverletzungen liegt es bei der Tötung eines Menschen. Denn hier kann der an seinem Rechtsgut „Leben“ Betroffene selbst keine Ansprüche mehr geltend machen: Er ist ja tot. Als Gläubiger kommen also nur andere Personen in Betracht. Das können die **Erben** sein, die nach § 1922 vermögensrechtlich an die Stelle ihres Erblassers treten (vgl. u. Rn. 738). Schaden kann der Tod aber auch insofern gebracht haben, als Angehörige bisher vom Erblasser versorgt worden sind und nun ihren Ernährer verloren haben: Das sind vor allem der überlebende Ehegatte oder Lebenspartner und die Kinder. Dabei spielt keine Rolle, ob diese Hinterbliebenen zugleich Erben sind oder nicht. Denn für sie sind in den §§ 844 II–846 Ansprüche aus eigenem Recht bestimmt (vgl. u. Rn. 741 ff.).

II. Ansprüche der Erben

1. Ererbte Ansprüche

738 Zunächst kommen für die Erben Ansprüche in Betracht, die noch in der Person des vorerst nur verletzten Erblassers entstanden und mit dem Tod dann nach § 1922 auf die Erben übergegangen sind. Das sind insbesondere die Kosten für die (schließlich erfolglosen) Heilungsversuche aus § 249 II (vgl. o. Rn. 721). Schon in der Person des

[37] Kritisch aber *Prinz,* NJW 1996, 953, gegen ihn *OLG Hamburg* NJW 1996, 2870, auch *Seitz,* NJW 1996, 2848; *Steffen,* NJW 1997, 10, weiter *K. W. Lange,* VersR 1999, 274; *Wagner,* ZEuP 2000, 200; *H. Löwe,* Der Gedanke der Prävention im deutschen Schadensersatzrecht, 2000.

[38] Vgl. aber auch *BVerfG* NJW 2004, 2371.

[39] *BGH* NJW 1982, 340.

[40] Etwa *BGH* NJW 1993, 2875; 1999, 1339.

Erblassers entstanden ist auch der **Schmerzensgeldanspruch,** der aber voraussetzt, dass der Erblasser nach seiner Verletzung noch einige Zeit gelebt und Schmerz erlitten hat.

2. Bestattungskosten

Die Beerdigungskosten (was die Kosten anderer Bestattungsarten einschließt) sind nach § 1968 regelmäßig vom Erben zu tragen. Nach § 844 I kann dieser sie aber von dem nach Deliktsrecht verantwortlichen Schädiger ersetzt verlangen. Das bedeutet in doppelter Hinsicht eine Besonderheit: Erstens ordnet das BGB hier die *Unbeachtlichkeit einer Reserveursache* an (vgl. o. Rn. 687): Irgendwann wäre der Erblasser ja ohnehin einmal gestorben und hätte bestattet werden müssen, vielleicht auch auf Kosten derselben Personen, die jetzt Erben geworden sind. Und zweitens gibt das BGB hier ausnahmsweise (ebenso wie bei u. Rn. 741) einer Person einen Deliktsanspruch, gegen die das Delikt nicht begangen worden ist: Der Erbe ist durch die Belastung mit den Bestattungskosten nicht selbst nach §§ 823ff. verletzt, sondern bloß an seinem *Vermögen geschädigt.* Und das genügt für einen Deliktsanspruch nach § 823 I nicht (vgl. BT Rn. 1234f.; 1306). Man kann den Erben hier als „mittelbar Geschädigten" oder „Drittgeschädigten" bezeichnen. 739

3. Anderer Eigenschaden des Erben

Ein Schaden des Erben ist etwa auch insofern denkbar, als der Tod weiteren Erwerb des Erblassers verhindert oder sogar dessen Vermögen entwertet hat (z. B. die Erben können ein Unternehmen mangels Sachkunde nicht fortführen, oder der Erblasser nimmt das Wissen um ein Geheimverfahren mit ins Grab). Hierfür gewährt das BGB **keinen Ersatzanspruch.** 740

Man darf einen solchen Anspruch auch nicht mit der Erwägung konstruieren, die Tödlichkeit der Verletzung habe bereits kurz vor dem Tod festgestanden; daher sei ein eigener **Entwertungsschaden** des Erblassers eingetreten und ein hieraus erwachsener Ersatzanspruch nach § 1922 auf die Erben übergegangen:[1] Der Tod schließt die Schadensbilanz ab.[2] Auch kann niemand Ersatz dafür verlangen, dass ihm durch den vorzeitigen Tod des Verletzten die **Erbenstellung entgangen** ist (z. B. wenn der tödliche Unfall die beabsichtigte Errichtung eines Testaments verhindert): Solche Vermögensverletzungen geben keinen Deliktsanspruch, wenn der Schaden nicht vorsätzlich herbeigeführt worden ist (§ 826, vgl. BT Rn. 836). Sie gehören zum allgemeinen Lebensrisiko.

III. Ansprüche der hinterbliebenen Angehörigen

1. Anspruchsgrundlagen

Ehegatten sind nach §§ 1360, 1360a, Geschiedene nach §§ 1569ff. und Verwandte in gerader Linie (Definition in § 1589 S. 1) nach §§ 1601ff. einander **unterhaltspflichtig;** gleiches gilt nach § 5 LPartG für die Partner einer eingetragene Lebenspartnerschaft. Mit dem Tod einer Person erlischt auch ihre Unterhaltspflicht (diese trifft dann also nicht etwa den Erben; Ausnahme § 1586b!). Nach Familienrecht wird bei Wegfall eines Unterhaltsschuldners oft ein anderer Verwandter unterhaltspflichtig 741

[1] Dazu *H. Stoll,* FS Zepos, Bd. 2, 1973, 681, *Medicus,* ZGS 2006, 103.
[2] *BGH* NJW 2004, 2894, 2895.

(vgl. §§ 1606–1608). Das Deliktsrecht durchbricht aber in § 844 II dieses System der subsidiären Unterhaltspflichten: Wer kraft Gesetzes unterhaltsberechtigt war, erhält vorrangig einen **Unterhaltsersatzanspruch** gegen denjenigen, der für den Tod des Unterhaltsschuldners verantwortlich ist. Ebenso wie bei den Bestattungskosten (o. Rn. 739) bekommt hier also jemand einen eigenen Deliktsanspruch, gegen den sich das Delikt nicht unmittelbar gerichtet hat (als „mittelbar Geschädigter").

Die schadensrechtliche Gleichstellung der Partner nichtehelicher Lebensgemeinschaften[3] ist allenfalls dann angebracht, wenn Rechtsnormen eine Dauerhaftigkeit gewährleisten, die derjenigen der Ehe gleichkommt (was für gleichgeschlechtliche Paare nach § 5 LPartG gewährleistet ist; bei verschiedengeschlechtlichen unverheirateten Paaren gibt es dazu keine Möglichkeit außer der Heirat).

2. Anspruchsumfang

742 Der Schadensersatzanspruch nach § 844 II erfasst die Zeit, in welcher „der Getötete während der mutmaßlichen Dauer seines Lebens zur Gewährung des Unterhalts verpflichtet gewesen sein würde". Dieser Anspruch ist also ebenso wie der Unterhaltsanspruch, den er ersetzen soll, **in doppelter Weise begrenzt:** nämlich regelmäßig durch die Bedürftigkeit des Unterhaltsgläubigers (§ 1602) und die Leistungsfähigkeit des (getöteten) Unterhaltsschuldners (§ 1603). So muss im Ersatzprozess ermittelt werden, wie viel der Getötete verdient hätte, wenn er am Leben geblieben wäre, und wie viel der Kläger selbst verdient oder verdienen kann. Dabei fragt sich nicht selten, ob insbesondere dem überlebenden Ehegatten des Getöteten die Aufnahme einer eigenen Erwerbstätigkeit obliegt (§ 254, vgl. u. Rn. 749).

3. Vorteilsausgleichung

743 Gerade für den Unterhaltsersatzanspruch spielen Fragen der Vorteilsausgleichung (vgl. o. Rn. 689) eine große Rolle: Müssen sich die Hinterbliebenen anrechnen lassen, was sie aus dem Nachlass des Getöteten oder aus einer Lebensversicherung erhalten?

Für den **erbrechtlichen Erwerb** (einschließlich eines Pflichtteils nach §§ 2303 ff.) stellt die h. M. darauf ab, was ohne den zum Ersatz verpflichtenden vorzeitigen Tod eingetreten wäre.[4] Daher soll regelmäßig der Stamm der Erbschaft nicht angerechnet werden, weil dieser ohnehin an die Erben gekommen wäre. Angerechnet werden soll dagegen der Vorteil, den der Erbe aus dem *vorzeitigen* Anfall gezogen hat, insbesondere weil Stamm und Nutzungen der Erbschaft ohne den vorzeitigen Tod vom Erblasser verbraucht worden wären.[5] Doch wird auch dieses Abstellen auf den hypothetischen Verlauf nicht immer durchgehalten. So hatte in *BGH* VersR 1967, 1154 die Mutter ihren bei einem Unfall getöteten Sohn beerbt. Der für diesen Unfall Verantwortliche wollte hier auch den Erbschaftsstamm angerechnet haben, weil die Mutter ohne den Unfall wahrscheinlich vor dem Sohn gestorben wäre, diesen also nicht beerbt hätte. Trotzdem hat der BGH die Anrechnung verneint.

Richtigerweise sollte man erbrechtlichen Erwerb **überhaupt nicht anrechnen:** Die Ansammlung oder Bewahrung des zu vererbenden Vermögens bedeutet einen Akt der Fürsorge des Erblassers für seine Angehörigen; daraus gebührt dem Schädiger keinerlei Vorteil. So erspart man zugleich schwierige und bei Tötung junger Menschen eine

[3] Vgl. *Becker,* VersR 1985, 201; *Dunz,* VersR 1985, 509; *G. H. Raiser,* NJW 1994, 2672.
[4] Vgl. *BGH* NJW 1974, 1236; *OLG Frankfurt a. M.* VersR 1991, 595.
[5] Vgl. aber *BGH* NJW 1979, 760.

lange Zeit umfassende Spekulationen darüber, wie sich das vererbliche Vermögen des Erblassers ohne den zum Ersatz verpflichtenden Umstand entwickelt hätte.

Für Leistungen aus einer **Lebensversicherung** hat sich die Nichtanrechnung inzwischen auch durchgesetzt. Noch BGHZ 39, 249 hatte zwar die Erträge aus dem vorzeitigen Anfall einer Sparversicherung (die bei Erreichen eines gewissen Alters auch an den Versicherungsnehmer selbst ausgezahlt wird) anrechnen wollen. Aber BGHZ 73, 109 hat die Spar- der Risikoversicherung (Auszahlung nur bei Tod) gleichgestellt und in keinem Fall angerechnet. Auch eine **Unfallversicherung** des Geschädigten darf dem Schädiger keinen Vorteil bringen: Hier stammt der Versicherungsschutz ja gleichfalls aus den vom Geschädigten gezahlten Prämien. Anders ist es nur bei einer vom Schädiger abgeschlossenen und finanzierten **Insassen-Unfallversicherung:** Deren Leistungen sollen den Schädiger gegenüber den Insassen ebenso entlasten wie die Leistungen seiner Haftpflichtversicherung.[6] 744

IV. Exkurs: Haftung für die Entstehung menschlichen Lebens?

Viel diskutiert worden ist eine Konstellation, die gewissermaßen den Gegenfall zur Tötung eines Menschen darstellt: Eine (erlaubte) Abtreibung oder eine Sterilisation misslingt durch Verschulden des behandelnden Arztes; der Apotheker verabreicht statt des verschriebenen Ovulationshemmers ein Magenmittel, weshalb ein ungewolltes Kind geboren wird. Können die Eltern Ersatz verlangen entweder wegen des vollen Unterhalts für das Kind oder doch wenigstens wegen der Mehrkosten, die eine Behinderung des Kindes verursacht? Hier ergibt sich erstens die Frage nach dem **Haftungsgrund:** Unzweifelhaft ist der Vertrag verletzt. Doch sieht *BGH* NJW 1980, 1452, 1453 sogar die normal verlaufene Geburt als Körperverletzung der Mutter an, so dass auch die §§ 823 I, 253 II in Betracht kommen. Zweitens entsteht aber die hier zu erörternde Frage, ob überhaupt ein **ersatzfähiger Vermögensschaden** vorliegt. Dazu ist gesagt worden, ein Kind könne keinen Schaden darstellen. Doch ist dies ungenau: Es geht nicht um das Kind selbst, sondern um die Belastung mit dem Unterhalt. Dessen Ersatzfähigkeit hat der BGH prinzipiell bejaht, freilich bei gesunden Kindern nur mit Abzügen.[7] Wenn bloß die Geburt eines *kranken* Kindes verhindert werden sollte, hat der BGH den Ersatzanspruch allerdings nicht auf den krankheitsbedingten Mehrbedarf beschränkt.[8] 745

Dem Ansatz des BGH hat jedoch **der Zweite Senat des BVerfG** in seinem Abtreibungsurteil v. 28.5.1993 widersprochen:[9] Wegen des Verfassungsgrundsatzes der Achtung der Menschenwürde (Art. 1 II GG) dürfe das Dasein des Kindes nicht als Schadensquelle bewertet werden. Demgegenüber hält aber der VI. ZS des BGH an seiner Ansicht fest:[10] Das GG erfordere nicht eine Freistellung des Arztes von seiner nach dem Zivilrecht begründeten Haftung wegen des Unterhaltsaufwandes.[11] Inzwischen ist es überdies zu einem **Streit zwischen beiden Senaten des BVerfG** gekommen: 746

[6] Im Wesentlichen ebenso BGHZ 64, 260, vgl. auch BGHZ 80, 8.

[7] BGHZ 76, 249 und 259, 262.

[8] BGHZ 89, 95, 104f.; 151, 133, dazu *G. Müller,* NJW 2003, 697; *Stürner,* JZ 2003, 155.

[9] BVerfGE 88, 203, 296 = NJW 1993, 1751 in Leitsatz 14, Begründung S. 1763f.

[10] BGHZ 124, 128, 136ff.

[11] Vgl. dazu *BGH* NJW 1995, 1609; 2006, 1660 sowie etwa *Deutsch,* NJW 1993, 2361; 1994, 776; 1998, 510; 2003, 26; VersR 1995, 609; *Giesen,* JZ 1994, 286; *Laufs,* NJW 1998, 796; *A. Roth,* NJW 1994, 2402; 1995, 2399; *Stürner,* JZ 1998, 317; *Losch/Radau,* NJW 1999, 821; *R. Weber,* VersR 1999,

Der Erste Senat[12] hat die eben wiedergegebene Ansicht des Zweiten Senats nicht als tragenden Entscheidungsgrund anerkannt[13] und umgekehrt entschieden.[14] Angesichts dessen hat der BGH keinen Anlass, seine Ansicht aufzugeben. S. dazu auch PdW Schuldrecht I **Fall 193.**

§ 56. Die Mitwirkung des Geschädigten an Entstehung oder Ausdehnung des Schadens

Literatur: *Berger,* Mitverursachung und Mitverschulden, VersR 1987, 542; *Busch/Jordan,* Typische Verkehrsunfälle und Schadensverteilung, VersR 1985, 512; *Dunz,* Abwägungskriterien bei der Schadensausgleichung, NJW 1964, 2133; *ders.,* Eigenes Mitverschulden und Selbstwiderspruch, NJW 1986, 2234; *Götz,* Die deliktische Haftung für Sportverletzungen im Wettkampfsport, 2009; *Greger,* Mitverschulden und Schadensminderungspflicht, NJW 1985, 1130; *Grüneberg,* Haftungsquoten bei Verkehrsunfällen, 12. Aufl., 2012; *Henke,* Mitverursachung und Mitverschulden – Wer den Schaden herausfordert, muss den Schädiger schonen, JuS 1988, 753; *ders.,* Die Bewältigung des Mitverschuldens – eine anspruchsvolle juristische Technik, JuS 1991, 265; *T. Honsell,* Die Quotenteilung im Schadensersatzrecht, 1977; *Lepa,* Inhalt und Grenzen der Schadensminderungspflicht, DRiZ 1994, 161; *Looschelders,* Die Mitverantwortlichkeit des Geschädigten im Privatrecht, 1999 (dazu *H. Roth,* AcP 200 [2000] 703); *Medicus,* Zum Schutzzweck schadensabwehrender Pflichten oder Obliegenheiten, FS Niederländer, 1991, 329; *Rother,* Haftungsbeschränkung im Schadensrecht, 1965, 30; *R. Schmidt,* Die Obliegenheiten, 1953; *Splitter,* Schadensverteilung bei Verkehrsunfällen, 3. Aufl., 1993; *H. Stoll,* Das Handeln auf eigene Gefahr, 1961; *ders.,* Handeln des Verletzten auf eigene Gefahr als Argument gegen die Haftung, in: 50 Jahre BGH, Festgabe aus der Wissenschaft, 2000, 223; *Venzmer,* Mitverursachung und Mitverschulden im Schadensersatzrecht, 1960; *Weidner,* Mitverursachung als Entlastung des Haftpflichtigen, 1970; *Wochner,* Einheitliche Schadensteilungsnorm im Haftpflichtrecht, 1972.

I. Rechtserhebliche Mitwirkung des Geschädigten

747 Irgendwie hat der Geschädigte fast immer an der Schadensentstehung mitgewirkt: Sei es auch nur dadurch, dass er zu einer bestimmten Zeit an einem bestimmten Ort war und so mit dem Schädiger zusammengetroffen ist. Aber das allein genügt nicht zur Kürzung des Ersatzanspruchs. Vielmehr stellen § 254 und die ihm entsprechenden Vorschriften im Bereich der Gefährdungshaftung strengere Anforderungen: Der Geschädigte muss objektiv eine Pflicht oder Obliegenheit verletzt (u. Rn. 748 f.) oder er muss für eine Gefahr einzustehen haben (u. Rn. 750); die Pflicht- oder Obliegenheitsverletzung muss ihm zuzurechnen sein (u. Rn. 750); schließlich müssen die genannten Voraussetzungen rechtlich mit dem Schaden zusammenhängen (u. Rn. 752).

Die gesetzliche Regelung in § 254 ist eine besondere Ausprägung des Grundsatzes von Treu und Glauben (§ 242). Ihr liegt der allgemeine Rechtsgedanke zugrunde, dass der Geschädigte für jeden Schaden mitverantwortlich ist, bei dessen Entstehung er in zurechenbarer Weise mitgewirkt hat.[1]

Dabei unterscheidet § 254 zwei Arten der Mitverantwortlichkeit des Geschädigten. In § 254 I geht es um das Mitverschulden bei der Entstehung des Schadens, also bei der **Haftungsbegründung,** während § 254 II das Mitverschulden bei der **Schadenshöhe** betrifft. Letzteres wiederum kann darin bestehen, dass der Geschädigte es unterlassen hat, den Schuldner auf die Gefahr eines ungewöhnlich hohen Schadens aufmerksam

389; *G. Fischer,* FS Rolland, 1999, 103, auch *Picker,* AcP 195 (1995) 483; *R. Zimmermann,* JZ 1997, 131.

12 BVerfGE 96, 375 = NJW 1998, 519.

13 Dagegen der Zweite Senat, NJW 1998, 523.

14 Vgl. *Benda,* NJW 1998, 3330; *Ch. Wagner,* NJW 2002, 3379.

1 Vgl. zuletzt *BGH* BeckRS 2015, 09446 Rn. 13.

zu machen, die der Schädiger weder kannte noch kennen musste oder dass er es unterlassen hat, zumutbare Maßnahmen zur Abwendung oder Milderung des Schadens zu ergreifen.

1. Pflicht- oder Obliegenheitsverletzung

Häufig kommt ein Unfall erst dadurch zustande, dass beide Beteiligte gegen Verkehrs- 748
vorschriften verstoßen, z. B. zu schnell fahren oder nicht die rechte Straßenseite einhalten. Dann hat auch der Geschädigte **rechtswidrig** gehandelt. Ähnlich kommt ein beiderseitiger **Verstoß gegen Vertragspflichten** in Betracht, so wenn der Vermieter sich nicht um die Treppe des Miethauses kümmert und der Mieter einen erkannten Mangel an dieser Treppe nicht anzeigt (vgl. § 536c).

Auf der Seite des Geschädigten können aber auch Handlungen oder Unterlassungen 749
erheblich sein, die **nicht pflichtwidrig** sind. § 254 II 1 nennt hierfür zwei Beispiele: Erstens soll es den Ersatzanspruch ausschließen oder mindern, wenn der Geschädigte den (künftigen) Schädiger nicht auf die Gefahr eines besonders hohen Schadens aufmerksam gemacht hat (z. B. darauf, dass der Geschädigte bei Zahlungsverzug des Schädigers einen besonders teuren Kredit aufnehmen müsse und deshalb ein hoher Verzugsschaden zu erwarten sei). Zweitens soll es den Ersatzanspruch berühren, wenn der Geschädigte es unterlassen hat, den Schaden abzuwenden oder zu mindern.

Das umfasst vieles: So muss sich der ernsthaft Verletzte in ärztliche Behandlung begeben und die ärztlichen Anweisungen befolgen. Er hat sich einer erfolgversprechenden und nicht sonderlich gefährlichen Operation zu unterziehen.[2] Wenn er seinen erlernten Beruf nicht mehr ausüben kann, muss er sich u. U. (auf Kosten des Schädigers) umschulen lassen. Die „Unfallwitwe" muss bisweilen eine Erwerbstätigkeit aufnehmen oder beibehalten, auch wenn sie diese ohne den Tod ihres Ehemanns nicht übernommen oder beibehalten hätte.[3] Der Eigentümer eines beschädigten Kraftfahrzeugs, der die Reparatur selbst übernimmt (§ 249 II), muss sie rasch und ohne unnötige Kosten erledigen lassen. Einen Mietwagen darf er nicht nehmen, wenn wegen seines geringen Fahrbedarfs ein Taxi billiger käme und zumutbar ist. Auch die Obliegenheit zur Verschiebung einer Reise wegen der sonst entstehenden besonders hohen Kosten kommt in Betracht.[4] Beim Werkvertrag braucht der Besteller Eignung und Befähigung des Unternehmers regelmäßig nicht zu prüfen.[5] Gegenüber Falschangaben eines Anlagevermittlers kommt nur ausnahmsweise ein Mitverschulden des Anlegers in Betracht.[6] Entsprechendes gilt für ein Mitverschulden des Patienten gegenüber mangelhafter ärztlicher Beratung.[7] Dagegen kann das Unterlassen oder die Verspätung eines Deckungsgeschäfts bei § 254 zu berücksichtigen sein.[8]

Diese Aufzählung lässt sich fast beliebig erweitern. Man spricht hier, wo es nicht um Rechts- oder Vertragsverletzungen des Geschädigten geht, sondern bloß um die Erfüllung von Geboten des eigenen Interesses, von **Obliegenheiten.** Dahin rechnet BGHZ 117, 337 auch die Einhaltung der nicht verbindlichen **Autobahn-Richtgeschwindigkeit** von 130 km/h. Wer schneller fährt, muss also bei einem Unfall regelmäßig einen Teil seines dadurch verursachten Schadens selbst tragen.

---

2 Etwa *BGH* NJW 1994, 1592.

3 BGHZ 4, 170; *BGH* NJW 1976, 1501, aber auch *BGH* VersR 1987, 1239.

4 Etwa *BGH* VersR 1985, 1090, 1092: Mietwagen für Türkeireise.

5 *BGH* NJW 1993, 1191.

6 *BGH* ZIP 1993, 997, 999f.

7 *BGH* NJW 1997, 1635.

8 *BGH* NJW 1997, 1231; *BGH* NJW 2010, 2426.

2. Verschulden und Gefährdung

750 § 254 I stellt darauf ab, ob bei der Schadensentstehung „ein Verschulden des Beschädigten“ mitgewirkt hat. Danach genügt das pflicht- oder obliegenheitswidrige Verhalten allein noch nicht, sondern es muss Verschulden im Sinne von § 276 I hinzukommen. Da Verschulden im technischen Sinn Pflichtwidrigkeit voraussetzt (vgl. o. Rn. 350f.), spricht man bei bloß obliegenheitswidrigem Verhalten von **„Verschulden gegen sich selbst“.**

Auf jede Art von Verschulden wendet die ganz h. M. auch § 276 I 2 mit seiner Verweisung auf die §§ 827, 828 an.[9] Deshalb brauchen insbesondere Kinder unter 7 Jahren mangels Deliktsfähigkeit für ihre Mitwirkung überhaupt nicht einzustehen, und bei Kindern zwischen sieben und 18 Jahren kommt es auf ihre (vermutete) Verständnisfähigkeit an (vgl. o. Rn. 352ff.). Für den Straßenverkehr ist die Altersgrenze von sieben auf zehn Jahre heraufgesetzt worden (§ 828 II). Etwa Achtjährige können nämlich typischerweise die Verkehrsgefahren noch nicht abschätzen. S. dazu auch PdW Schuldrecht I **Fall 205.**

751 Mehrere Sondervorschriften im Bereich der Gefährdungshaftung, vor allem die §§ 13 I 2 HaftpflG, 17 I 2 StVG, sprechen jedoch nur von den **„Umständen“** oder der **„Verursachung“,** aber nicht vom Verschulden. Dabei geht es um Unfälle, in die mehrere Personen verwickelt sind, die für Gefährdung haften (vgl. o. Rn. 388), z. B. zwei Kraftfahrzeughalter: Dann soll sich der Geschädigte auch die Betriebsgefahr seines eigenen Kraftfahrzeugs anrechnen lassen müssen, ohne dass seinerseits ein Fehlverhalten nötig wäre. S. dazu auch PdW Schuldrecht I **Fall 207.**

Die h. M. verallgemeinert das auf **weitere Fälle der Gefährdungshaftung.** So wird bei einer Beißerei zwischen Hunden der Ersatzanspruch des geschädigten Tierhalters (§ 833) schon wegen der Tiergefahr gemindert, die von seinem eigenen gebissenen Hund ausgegangen war. Nach richtiger Ansicht braucht jedoch der Geschädigte stets nur für solche Gefahren einzustehen, für die er auch als Schädiger einzustehen hätte, also nur soweit *gesetzlich* eine Gefährdungshaftung bestimmt ist. Die mitwirkende „Betriebsgefahr“ eines beladenen Fahrrads wird demnach nicht ersatzmindernd wirksam.

3. Zurechnungszusammenhang

752 Von der in § 254 I und anderen Vorschriften geforderten „Mitwirkung bei der Entstehung des Schadens“ kann man nur sprechen, wenn die Pflichtverletzung oder die zu vertretende Gefahr (äquivalent) **kausal** für Entstehung oder Ausmaß des Schadens geworden ist. Daher bleibt z. B. eine Trunkenheit des geschädigten Kraftfahrers außer Betracht, die den schadensbringenden Unfall weder mit herbeigeführt noch seine Folgen verschlimmert hat.[10]

Darüber hinaus sind aber auch die beiden anderen Einschränkungen für den haftungsbegründenden Zurechnungszusammenhang auf § 254 zu übertragen, nämlich die **Adäquanz** und die **Schutzbereichslehre.**[11] Daher bleibt die Nichtbeachtung von Rechts-

[9] *BGH* VersR 1975, 133.
[10] *BGH* VersR 1960, 479; NJW 2000, 3069.
[11] Vgl. o. Rn. 680ff. mit *BGH* VersR 2002, 829.

pflichten oder Obliegenheiten unerheblich, wenn hierdurch die Gefahr eines Schadens nur so gefördert worden ist, wie das für einen erfahrenen Beobachter unvorhersehbar war. Auch wird der Ersatz nur für diejenigen Schäden gemindert, denen die verletzte Pflicht oder Obliegenheit vorbeugen sollte. So kann der wegen eines Kunstfehlers auf Ersatz belangte Arzt dem Patienten nicht entgegenhalten, dieser habe seine Behandlungsbedürftigkeit selbst verschuldet:[12] Eine etwa bestehende Obliegenheit zu gesundem Leben usw. soll nämlich nicht Ärzte vor der Haftung aus Behandlungsfehlern schützen. Nicht beachtet hat das dagegen *BGH* VersR 1990, 207, 209: Der Schadensersatzanspruch des Verlierers gegen die Fundbehörde (§ 967) sei zu kürzen, wenn das Verlieren „schuldhaft" war.

4. Handeln auf eigene Gefahr

Die Mitverantwortung des Geschädigten kann gelegentlich auch darin liegen, dass er sich ohne zwingenden Grund bewusst einer vom Schädiger geschaffenen Gefahr ausgesetzt hat, sich also „in eine Situation drohender Eigengefährdung begibt, obwohl er die besonderen Umstände kennt, die für ihn eine konkrete Gefahrenlage begründen".[13] 753

Ob und auf welche Weise ein solches **Handeln auf eigene Gefahr** im Rahmen von § 254 I Berücksichtigung finden kann, ist strittig. Während die ältere Rechtsprechung zunächst eine rechtsgeschäftliche Lösung über einen stillschweigenden Haftungsausschluss oder eine die Rechtswidrigkeit der Verletzung ausschließende Einwilligung des Verletzten suchte[14], besteht heute weitgehend Einigkeit, dass das Handeln auf eigene Gefahr als bewusste Selbstgefährdung unter § 254 I fällt.[15] Dabei setzt das Handeln auf eigene Gefahr die Übernahme von Risiken voraus, die über das normale Maß hinausgehen. Weiter muss die Gefährdung für den Geschädigten zumindest erkennbar gewesen sein. Eine Zurechnung scheidet auch dann aus, wenn das Verhalten des Geschädigten rechtlich oder sittlich geboten war.

Wichtige Anwendungsfälle sind vor allem die bewusste Mitfahrt bei einem fahruntüchtigen Fahrer[16], der Aufenthalt im Gefahrenkreis fremder Tiere[17] sowie die Teilnahme an Sportveranstaltungen. S. dazu auch PdW Schuldrecht I **Fall 207.**

Für Letztere hat die Rspr. folgende Abstufung entwickelt: Verletzungen aufgrund **regelrechten Verhaltens** fehlt schon die Rechtswidrigkeit, weil der Wettkampfteilnehmer in diese einwilligt. Bei **leicht regelwidrigem Verhalten** (z. B. das „Standardfoul" beim Fußball) wird eine Haftung regelmäßig nach § 242 *(venire contra factum proprium)* ausgeschlossen.[18] Bei der erforderlichen Abwägung im Rahmen von § 242 zieht die Rspr. aber auch in Betracht, ob der Schädiger versichert ist: Wird sein persönliches Haftungsrisiko durch die Inanspruchnahme nicht erhöht, soll diese nicht treuwidrig sein.[19] In allen anderen Fällen (also etwa bei einem „groben Foul" oder gar einer Tätlichkeit im Fußball) kommt eine Mitverantwortung des Geschädigten nicht in Betracht.

---

[12] *BGH* NJW 1972, 334.
[13] So zuletzt *BGH* NJW 2013, 48 Rn. 13 m.w.N.
[14] S. z. B. RGZ 65, 313; 141, 262, 265; BGHZ 2, 159, 162.
[15] Grundlegend BGHZ 34, 355, 363; zuletzt *BGH* NJW 2014, 2434 Rn. 7.
[16] Vgl. etwa *BGH* NJW 1079, 2109; 1988, 2365 (Trunkenheitsfahrt); *BGH* NJW 1978, 421 (Schwarzfahrt).
[17] Vgl. zuletzt *BGH* NJW 2014, 2434 m.w.N.
[18] S. etwa BGHZ 63, 140, 145 (Fußball); BGHZ 154, 316, 323 (Autorennen).
[19] *BGHZ* 154, 316; *BGH* NJW 2008, 1591 Rn. 11f.

In den Fällen der **Gefährdungshaftung** des Tierhalters (§ 833 S. 1) ist die Rechtsprechung hingegen sehr restriktiv: Während die Literatur etwa im Reiten eines fremden Pferdes einen Verzicht auf Ansprüche aus der Gefährdungshaftung des § 833 S. 1 sieht, erkennt die Rspr. eine vollständige Haftungsfreistellung des Tierhalters nur in engen Ausnahmefällen an, in welchen sich der Geschädigte (wie z. B. beim Einreiten eines Pferde oder der Teilnahme an einer Fuchsjagd) bewusst einer besonderen Gefährdung aussetzt.[20] Vielmehr kommt es auch hier zu einer Haftungsteilung nach § 254 I unter dem Gesichtspunkt des Handelns auf eigene Gefahr. Das soll selbst dann gelten, wenn ein fremdes Pferd unbefugt geritten wird.[21]

II. Die Verantwortung des Geschädigten für Dritte

Literatur: *Esser,* Die Verantwortlichkeit des Verletzten für mitwirkendes Verschulden seiner Hilfspersonen, JZ 1952, 257; *ders.,* Zur Anrechnungspflicht elterlichen Mitverschuldens bei Verkehrsunfällen deliktsunfähiger Kinder, JZ 1953, 691; *Finger,* Mitwirkendes Verschulden und Haftung für Dritte, JR 1972, 406; *Gernhuber,* Die Haftung für Hilfspersonen innerhalb des mitwirkenden Verschuldens, AcP 152 (1952/53) 69; *J. Hager,* Das Mitverschulden von Hilfspersonen und gesetzlichen Vertretern des Geschädigten, NJW 1989, 1640; *Henke,* Die Versäumnisse Dritter und die Zurechnung als Mitverschulden des Geschädigten, JuS 1990, 30; *Mammey,* Zur Anrechnung des Aufsichtsverschuldens des gesetzlichen Vertreters als Mitverschulden des Kindes, NJW 1960, 753; *Medicus,* Zur Verantwortlichkeit des Geschädigten für seine Hilfspersonen, NJW 1962, 2081; *K. Schreiber,* „Kinder haften für ihre Eltern“, Jura 1994, 164.

1. Die Probleme des § 254 II 2

a) Reichweite der Verweisung

754 Nach § 254 II 2 findet die Vorschrift des § 278 auch im Bereich des § 254 entsprechende Anwendung. Angesichts des Standorts der Regelung in § 254 II könnte der Eindruck entstehen, dass sich die Verweisung auf § 278, mit der die Verantwortung des Geschädigten für seine Hilfspersonen geregelt werden soll, nur auf den vorangehenden Abs. 2 S. 1 bezieht. Dann käme eine Verantwortlichkeit für Hilfspersonen des Geschädigten bei der Haftungsbegründung von vorneherein nicht in Betracht. Da es aber keinen Grund für eine Sonderbehandlung gerade der dort genannten Fälle (die sich zudem überhaupt nicht deutlich von denen des Abs. 1 abgrenzen lassen) gibt, versteht man § 254 II 2 allgemein **wie einen imaginären Abs. 3,** bezieht ihn also auch auf § 254 I.

b) Rechtsgrundverweisung

755 Zweifelhaft ist auch der sachliche Gehalt dieser Verweisung: § 278 spricht ja von „Schuldner“ und „Erfüllung seiner Verbindlichkeit“. Wenn man die Verweisung durch § 254 II 2 auf diesen Tatbestand bezieht **(Rechtsgrundverweisung),** haftet der Geschädigte für Gehilfen also nur, wenn schon eine Verbindlichkeit gegenüber dem Schädiger besteht (s. dazu o. Rn. 375). Man kann die in § 254 II 2 angeordnete „entsprechende“ (!) Anwendung von § 278 aber auch freier verstehen, nämlich so, dass bei ihr in erster Linie auf die Rechtsfolge abgestellt wird **(Rechtsfolgenverweisung).** Dann haftet der Geschädigte für seine Hilfspersonen nach § 278 auch außerhalb von Sonderverbindungen.

Die ganz überwiegende und zutreffende Ansicht sieht in der Verweisung eine **Rechtsgrundverweisung,** verlangt also bereits vor Eintritt des Schadens bzw. der schadenser-

[20] *BGH* NJW 2013, 2261 Rn. 11 m.w.N.
[21] *BGH* NJW 2013, 2261 Rn. 11.

höhenden Obliegenheitsverletzung bestehendes Schuldverhältnis zwischen dem Schädiger und dem Geschädigten.[22]

Nach einer Gegenansicht handelt es sich um eine Rechtsfolgenverweisung, so dass auch ohne eine vorher bestehende Sonderbeziehung das Verschulden Dritter zugerechnet werden kann.[23] Eine vermittelnde Ansicht will bei sog „Bewahrungsgehilfen" auf die Sonderverbindung verzichten, jedoch nicht für gesetzliche Vertreter. Für eine solch weitgehende Haftung für Dritte mögen gute Gründe sprechen. Es erscheint aber nicht gerechtfertigt, den Anwendungsbereich des § 278 für den Geschädigten auf den außervertraglichen Bereich auszudehnen, während der Schädiger nur im Rahmen des § 831 haftet: Der Geschädigte hat bei deliktischer Haftung des Schädigers nur in entsprechender Anwendung des § 831 einzustehen, also für sein eigenes „Verschulden" bei der Auswahl oder Überwachung des Dritten.[24]

Für die h. M. spricht vor allem der hinter § 254 stehende Gedanke der **Gleichbehandlung** von Schädiger und Geschädigtem. Mit diesem wäre es kaum vereinbar, wenn der Schädiger sich das Verschulden von Hilfspersonen nur nach § 831, d. h. mit der Möglichkeit einer Exkulpation, der Geschädigte sich aber für die Frage des Mitverschuldens das Verschulden seiner Hilfspersonen ohne weiteres nach § 278 anrechnen lassen müsste. S. dazu auch PdW Schuldrecht I **Fall 206.**

Daraus folgt, dass § 278 im Rahmen des **haftungsbegründenden Mitverschuldens** 756
nach § 254 I nur dann zu einer Zurechnung des Mitverschuldens von Hilfspersonen und gesetzlichen Vertretern führt, wenn bereits vor dem haftungsbegründenden Ereignis ein Schuldverhältnis zwischen Schädiger und Geschädigtem besteht.[25] Ist das nicht der Fall, kommt eine Zurechnung nur **in entsprechender Anwendung von § 831** in Betracht.

Beispiel: Der beim Taxiunternehmer U angestellte Fahrer F ist einen durch D verschuldeten Unfall verwickelt, bei welchem das Taxi beschädigt wird. F trifft dabei ein hälftiges Mitverschulden. Da vor dem Unfall kein Schuldverhältnis zwischen U und D bestand, muss sich U im Rahmen seines Schadensersatzanspruchs gegen D aus § 823 I das Mitverschulden des F nicht nach § 278 zurechnen lassen. Eine Zurechnung analog § 831 kann er verhindern, wenn er den dort vorgesehenen Entlastungsbeweis hinsichtlich Auswahl, Überwachung und Anleitung des F führen kann.

Vorteile hat das im Ergebnis auch für **Kinder und Jugendliche,** die ja nach § 828 für ihre eigene Mitwirkung nicht oder nur im Rahmen ihrer Verständnisfähigkeit einzustehen brauchen (vgl. o. Rn. 750): Ihnen wird ein Verschulden ihrer Eltern oder anderer Aufsichtspersonen nur im Rahmen einer **Sonderverbindung zum Schädiger** angerechnet. Hierhin gehört etwa der wichtige Fall, dass ein mangelhaft beaufsichtigtes Kind vor ein Auto läuft und verletzt wird: Da zwischen dem Kind und dem Schädiger vor dem Unfall kein Schuldverhältnis besteht, kommt eine Zurechnung des Mitverschuldens der Eltern nach § 278 nicht in Betracht.[26]

---

[22] Etwa BGHZ 1, 248, 249; 24, 325; 116, 60, 74.

[23] Vgl. etwa *Deutsch,* Allgemeines Haftungsrecht, Rn. 577.

[24] *Looschelders,* AT, Rn. 1118. Ähnlich die Argumentation in *BGH* NJW 1983, 1108, 1110: Keine Rechtsfolgenverweisung, denn sonst würde die Entlastungsmöglichkeit des § 831 leer laufen.

[25] So z. B. im Fall *BGH* NJW 2013, 2268 (Falschangaben des vom Bauherren beauftragten Architekten gegenüber dem Tragwerksplaner).

[26] *BGH* VersR 1962, 783; anders etwa im Fall BGHZ 9, 316: Ein mit seinen Eltern reisendes Kind fällt infolge mangelhafter Beaufsichtigung durch diese aus dem Zug. Hier bestand vor dem Unfall durch den Beförderungsvertrag ein Schuldverhältnis zwischen dem Geschädigten Kind und dem Bahnunternehmen.

Möglich ist dann allerdings, dass die Eltern dem Kind dann neben dem Drittschädiger aufgrund ihrer Aufsichtspflichtverletzung als Gesamtschuldner haften; der Drittschädiger kann bei Vorliegen dieser Voraussetzung gegen die Eltern nach §§ 426, 254 einen Teilrückgriff versuchen.[27]

757 Bei dem Mitverschulden bei der **Haftungsausfüllung** nach § 254 II ist die Anwendung von § 278 hingegen unproblematisch, weil durch das haftungsbegründende Ereignis ja bereits ein Schuldverhältnis zwischen Schädiger und Geschädigten besteht. S. dazu auch PdW Schuldrecht I **Fall 208.**

Beispiel: Bringt im obigen Taxi-Beispiel der Angestellte A des U das Taxi fahrlässig nicht rechtzeitig zur Reparatur und entsteht dadurch ein erhöhter Betriebsausfallschaden, so besteht aus dem Unfallgeschehen bereits ein gesetzliches Schuldverhältnis (aus § 823 I) zwischen U und D. Da U den A im Rahmen seiner Schadensminderungsobliegenheit eingesetzt hat, ist ihm dessen Verschulden gem. § 254 II 2 in entsprechender Anwendung von § 278 I zuzurechnen.

Das gilt auch für die Zurechnung des Mitverschuldens von gesetzlichen Vertretern. Daher muss sich das Kind ein Verschulden seiner Eltern bei der **Schadensbeseitigung** anrechnen lassen, etwa wenn diese das Kind erst zu spät zum Arzt bringen und dadurch ein erhöhter Gesundheitsschaden entsteht.[28]

2. Der Sachbewahrungsgehilfe

758 Nach §§ 4 HaftpflG, 9 StVG, 6 I ProdHaftG, 11 UmweltHG und ähnlichen Vorschriften über die Gefährdungshaftung soll bei einer Sachbeschädigung das Verschulden dessen, der die tatsächliche Gewalt über die Sache ausübt, dem Verschulden des Verletzten (also regelmäßig des Sacheigentümers) gleichstehen. In diesem engen Bereich ist folglich die Zurechnung eines Gehilfenverschuldens unabhängig vom Vorliegen einer Sonderverbindung zum Schädiger. So muss sich der Eigentümer eines bei einem Unfall beschädigten Kraftfahrzeugs das Mitverschulden des Fahrers an dem Unfall anrechnen lassen. Ähnlich wirkt es, wenn für einen Anspruch wegen der Verletzung einer Sache, die mehreren Personen gehört, das Mitverschulden eines Miteigentümers auch den übrigen schaden soll.[29]

3. Die Wirkung gegen den mittelbar Geschädigten

759 Nach §§ 844, 845 können Personen, die selbst nicht an Leben oder Körper verletzt sind, Schadensersatzansprüche aus der Verletzung eines anderen herleiten (vgl. o. Rn. 730; 741). Ein Mitverschulden dieses anderen stünde nach § 254 dessen eigenem Ersatzanspruch entgegen. Dann sollen auch die mittelbar Geschädigten keine weitergehenden Ersatzansprüche haben. Daher bestimmt § 846, dass sie sich das Mitverschulden des unmittelbar Verletzten anrechnen lassen müssen. Zum Mitverschulden des unmittelbaren Vertragspartners beim **Vertrag zugunsten Dritter** s. unten Rn. 860.

III. Die Rechtsfolge des Mitverschuldens

1. Abwägung gegenüber einem Schädiger

760 Nach § 254 I kann das Mitverschulden des Geschädigten dessen Ersatzanspruch nur ausnahmsweise ganz wegfallen lassen (sog. Reduzierung „auf Null").[30] Umgekehrt

[27] BGHZ 73, 190, vgl. aber u. Rn. 904 und weiter *BGH* NJW 2004, 2892.
[28] RGZ 156, 193, 205.
[29] *BGH* NJW 1992, 1095.
[30] *BGH* v. 28.4.2015 – VI ZR 206/14, BeckRS 2015, 09446 Rn. 10.

kann der Anspruch durch dieses Verschulden ausnahmsweise auch unberührt bleiben. Regelmäßige Rechtsfolge des § 254 ist jedoch eine **Schadensteilung,** also eine Minderung des Schadensersatzanspruchs. Hierüber entscheidet eine Abwägung von Mitwirkung, anrechenbarem Verschulden und anrechenbarer Betriebsgefahr bei Schädiger und Geschädigtem.

Dabei stellt § 254 I insbesondere auf das **Vorwiegen der Verursachung** ab.[31] Hier werden also – anders als nach der Äquivalenztheorie (o. Rn. 679) – nicht alle Schadensursachen als gleichwertig aufgefasst, sondern es wird gewichtet. Maßstab dafür ist die **Wahrscheinlichkeit der Schadensherbeiführung:**[32] Eine Ursache wiegt umso schwerer, je wahrscheinlicher sie den Schaden gemacht hat. Das deckt sich regelmäßig mit der außerdem vorzunehmenden Abwägung nach der Größe der Betriebsgefahr und dem Grad des Verschuldens. Denn je größer eine Betriebsgefahr ist, umso wahrscheinlicher macht sie einen Schaden. Auch ein Verschulden wird regelmäßig umso schwerer wiegen, je näher es einen Schaden bringt. Freilich kann man solche Wahrscheinlichkeiten in der Praxis nicht exakt berechnen. Daher bleibt hier viel Raum für ein nur beschränkt nachprüfbares Schätzungsermessen. Über bloß grob abgestufte Quoten (etwa 10%, 20%, 30% usw.) kommt man vernünftigerweise nicht hinaus. Wer einen Schaden **vorsätzlich** herbeigeführt hat, wird diesen aber regelmäßig ohne Rücksicht auf die Wahrscheinlichkeit seines Ursachenbeitrags für den Schadenseintritt allein tragen müssen.[33]

2. Abwägung gegenüber mehreren Schädigern

Literatur: *Brambring,* Mittäter, Nebentäter, Beteiligte und die Verteilung des Schadens bei Mitverschulden des Geschädigten, 1973; *Dubischar,* Richtiges und Mißverständliches zum Begriff der „Haftungseinheit", NJW 1967, 608; *Dunz,* Der Sinn der Haftungseinheiten in der Schadensaufteilung, NJW 1968, 679 (zudem frühere Veröffentlichungen); *Füllbier,* Haftungseinheit bei mehreren gesamtschuldnerisch haftenden Ehepaaren, NJW 1989, 2801; *Hartung,* Die Höhe der Gesamtschuld im Rahmen der Gesamtabwägung, VersR 1974, 106; *ders.,* Haftungseinheit und Verantwortungsabwägung, VersR 1979, 97; *Keuk,* Die Solidarhaftung der Nebentäter, AcP 168 (1968) 175; *Kirchhoff,* Haftungsfragen bei Beteiligung Dritter am Verkehrsunfall, NZV 2001, 361; *E. Lorenz,* Die Lehre von den Haftungs- und Zurechnungseinheiten und die Stellung des Geschädigten in Nebentäterfällen, 1979; *Messer,* Haftungseinheit und Mitverschulden, JZ 1979, 385; *Otzen,* Die Haftung der Nebentäter bei Mitverschulden des Geschädigten nach dem Deckungsprinzip, 1997, vgl. auch *ders.,* VersR 1997, 808; *Reinelt,* Gesamtschau und Einzelabwägung …, JR 1971, 177; *Ries,* Zur Haftung der Nebentäter nach § 830 und § 840 BGB, AcP 177 (1977) 543; *H. Roth,* Haftungseinheiten bei § 254 BGB, 1982; *Sedemund,* Die Haftung von Nebentätern bei Mitverschulden des Geschädigten, ZGS 2003, 337; *Steffen,* Die Verteilung des Schadens bei Beteiligung mehrerer Schädiger am Verkehrsunfall, DAR 1990, 41.

Sehr schwierige und streitige Fragen ergeben sich, wenn einem mitschuldigen Geschädigten mehrere Verletzer gegenüberstehen (wie häufig bei Kettenunfällen, vgl. o. Rn. 675). Die ältere Rspr. hatte es hier bei einer **isolierten Einzelbetrachtung** belassen: Das Verhalten des Geschädigten wurden gegen das Verhalten jedes einzelnen Schädigers abgewogen. Der Geschädigte erhielt Ersatz in Höhe der für ihn günstigsten Einzelquote; die übrigen Schädiger hafteten mit ihrer geringeren Quote gesamtschuldnerisch (vgl. u. Rn. 894f.) daneben.[34] 761

[31] *BAG* NJW 1998, 2923.
[32] *BGH* NJW-RR 1988, 1373.
[33] Etwa *BGH* NJW 1992, 310.
[34] BGHZ 12, 213, 220.

Beispiel: G ist von S und T verletzt worden; die Verantwortlichkeit von G und S wiegt gleich, die von T ist doppelt so hoch. Dann kann G von S ½ und von T $^2/_3$ seines Schadens ersetzt verlangen. Insgesamt erhält G aber nur $^2/_3$, wobei S zu ½ gesamtschuldnerisch neben T haftet.

BGHZ 30, 203 hat diese Einzelbetrachtung durch eine den Geschädigten begünstigende **Gesamtschau** ergänzt.[35] Dabei werden die Verantwortungsanteile aller Schädiger gegen den Anteil des Geschädigten abgewogen. Jedoch soll jeder einzelne Schädiger höchstens so viel leisten müssen, wie sich aus dem Vergleich seines Beitrags mit demjenigen des Geschädigten ergibt. Danach bestimmt die Gesamtbetrachtung, was der Geschädigte insgesamt zu fordern hat, und die Einzelbetrachtung, was der einzelne Schädiger höchstens leisten muss.

In dem eben gebrachten Bsp. bedeutet das: Dem Verantwortungsanteil des Geschädigten steht auf der Schädigerseite das Dreifache gegenüber; daher erhält G insgesamt ¾ (Gesamtschau). Doch erhält G von S höchstens ½ und von T höchstens $^2/_3$ (Einzelbetrachtung).

BGHZ 54, 283 hat die Wirkung der Gesamtschau für bestimmte Fälle aber wieder eingeschränkt.[36] Es soll nämlich verhindert werden, dass dem Geschädigten die bloße Zahl der Schädiger nutzt, wenn sich deren Tatbeitrag nicht in einer Erhöhung der Gefährlichkeit ausdrückt: Diese Täter werden zu einer **Haftungseinheit** zusammengefasst, deren Kausalbeitrag demjenigen des Geschädigten als Einheit gegenübergestellt wird.[37] Eine solche Haftungseinheit soll vorliegen, wenn die Ursachenbeiträge der Schädiger sich vereinigt haben, ehe sie auf den Beitrag des Geschädigten gestoßen sind. Der praktisch wichtigste Fall ist die Haftungseinheit zwischen dem Halter und dem Fahrer eines Kraftfahrzeugs: Die von dem Halter zu vertretende Betriebsgefahr wird ja regelmäßig erst durch den Fahrer wirksam.

Wenn in dem Bsp. S und T eine Haftungseinheit bilden, schulden sie dem G also gesamtschuldnerisch $^2/_3$.

Gegenüber dieser sehr komplizierten Vorstellung neigt die neuere Literatur wohl mit Recht dazu, im Rahmen des Adäquaten jedem Schädiger die Tatbeiträge der übrigen zuzurechnen und in Höhe dieses **Gesamtbeitrags gesamtschuldnerische Haftung** aller Schädiger anzunehmen. Doch können auch hierbei die Tatbeiträge der an einer Haftungseinheit Beteiligten nicht addiert werden.

Danach schulden S und T dem G im Bsp. gesamtschuldnerisch ¾; wenn sie eine Haftungseinheit bilden, jedoch nur $^2/_3$.

§ 57. Überlagerungen des Schadensrechts

Literatur: *Deichl,* Die Schadensregulierung der Kfz-Haftpflichtversicherer, VersR 1985, 408; *Fuchs,* Gewillkürte Haftungsersetzung durch Versicherungsschutz, BB 1992, 1217; *Gärtner,* Wechselwirkungen zwischen Haftung und Versicherung bei Kfz-Schäden, BB 1993, 1454; *Groß,* Forderungsübergang im Schadensfall, DAR 1999, 337; *E. von Hippel,* Schadensausgleich bei Verkehrsunfällen, 1968; *Hüffer,* Fehlentwicklungen im Regreßrecht, VersR 1984, 197; *Katzenmeier,* Überlagerungen des Schuldrechts durch das Versicherungsrecht, VersR 2002, 1449; *Kötz,* Sozialer Wandel im Unfallrecht, 1976; *Medicus,* Schadensabwälzung beim Verkehrsunfall, JuS 1972, 553; *Radau,* Gefährdungshaftung und Haftungsersetzung durch Versicherungsschutz, VersR 1991, 387; *Rolfs,* Die Neuregelung der Arbeitgeber- und Arbeitnehmer-

[35] Bestätigend *BGH* NJW 2006, 896.

[36] Bestätigend *BGH* NJW 1983, 623, dazu kritisch *Hartung,* VersR 1983, 634, einschränkend *BGH* NJW 1995, 1150.

[37] Erläuternd *BGH* NJW 1996, 2023, 2024.

haftung bei Arbeitsunfällen durch das SGB VII, NJW 1996, 3177; *Stark,* Entschädigungsrecht am Scheideweg: Haftpflichtrecht mit Haftpflichtversicherung oder Personen- und Sachversicherung, VersR 1981, 1; *Waltermann,* Änderungen im Schadensrecht durch das neue SGB VII, NJW 1997, 3401; *Weyers,* Unfallschäden. Praxis und Ziele von Haftpflicht- und Vorsorgesystemen, 1971.

I. Die Sicherung der Leistungsfähigkeit des Schädigers

Schadensersatzansprüche erreichen vor allem bei Unfällen mit Personenschäden oft Beträge, die das Leistungsvermögen der meisten Schädiger weit übersteigen. Hier muss zunächst schon der potentielle Schädiger selbst daran interessiert sein, sich vor der Belastung mit solchen Ansprüchen zu schützen. Dazu eignet sich die **Haftpflichtversicherung** als Mittel gegen die Inanspruchnahme aus einem bestimmten Risikobereich (z. B. als Fahrzeughalter, als Hauseigentümer, als Angehöriger eines bestimmten Berufs). 762

Eine solche Haftpflichtversicherung nutzt aber nicht nur dem Schädiger, sondern auch dem Geschädigten. Denn sie macht, weil der Versicherer schon dank der staatlichen Versicherungsaufsicht regelmäßig leistungsfähig ist, letzten Endes (vgl. u. Rn. 765) auch den **Schädiger zu** einem **leistungsfähigen Schuldner.** Solange der Abschluss einer Haftpflichtversicherung freiwillig ist, kann sich der Geschädigte aber auf diesen Schutz nicht verlassen. Daher wird der Abschluss einer solchen Versicherung immer häufiger durch Standespflichten oder durch Gesetze vorgeschrieben (z. B. für Rechtsanwälte, Notare oder Jäger).

Den wichtigsten Fall einer solchen Rechtspflicht zur Haftpflichtversicherung bildet diejenige, die 1938 nach österreichischem Vorbild für Kraftfahrzeughalter eingeführt worden ist. Die Regelung steht jetzt im **PflichtversicherungsG** v. 5.4.1965. Versicherungspflichtig sind danach die Halter von Kraftfahrzeugen und Anhängern. Ausgenommen (§ 2 PflVG) sind bestimmte Personen meist des öffentlichen Rechts, deren Leistungsfähigkeit ohnehin als gewährleistet gilt, sowie die Halter von sehr langsamen Fahrzeugen. 763

Der überwiegenden Nützlichkeit der Haftpflichtversicherung steht allerdings ein **möglicher Nachteil** gegenüber: Wenn die Versicherten keine eigene Ersatzpflicht mehr fürchten müssen, kann sie das zu leichtsinniger Sorglosigkeit verleiten. Dem muss einmal das Strafrecht bzw. das Recht der Ordnungswidrigkeiten vorbeugen. Zweitens haben aber auch die Haftpflichtversicherer ein System entwickelt, das durch Zuschläge zu oder Abschläge von der Versicherungsprämie **(Malus und Bonus)** unfallträchtiges Fahren verteuert und unfallfreies belohnt. Auch ist der **Versicherungsschutz** bei bestimmten besonders gefährlichen Verhaltensweisen (z. B. Trunkenheit am Steuer, Fahren ohne Fahrerlaubnis) **eingeschränkt:** Der Versicherer zahlt hier zwar an den Geschädigten (§ 117 VVG), kann aber gegen den Schädiger Rückgriff nehmen (was sonst regelmäßig ausgeschlossen ist, wenn der Schädiger die Prämien gezahlt hat). 764

Den Anspruch gegen den Haftpflichtversicherer hat regelmäßig nur der Schädiger als Partner des Versicherungsvertrags; der Anspruch geht auf Befreiung von der Ersatzverbindlichkeit (§ 257). Der Geschädigte muss, wenn er gegen den Versicherer vorgehen will, zunächst diesen Anspruch des Schädigers pfänden und ihn sich überweisen lassen (§§ 829, 835 ZPO, vgl. u. Rn. 780). Aber seit 1965 bedarf es dieses Umwegs bei der Pflichthaftpflichtversicherung für Kraftfahrzeughalter nicht mehr: Nach § 115 VVG 765 kann der Geschädigte den **Versicherer auch direkt** (freilich nur auf Geld, § 115 I 3 VVG) in Anspruch nehmen. Versicherer und Schädiger sind dann Gesamtschuldner (vgl. u. Rn. 887).

766 Für einen Anspruch gegen den Versicherer muss der Geschädigte jedoch wissen, wer ihn geschädigt hat. Daran fehlt es bei **Fahrerflucht.** Auch besteht trotz der Kontrolle des Versicherungsschutzes durch die Zulassungsstellen (§§ 29 a ff. StVZO) die Gefahr, dass ein unversichertes Fahrzeug am Verkehr teilnimmt. Für solche Fälle gibt es nach §§ 12 ff. PflVG einen **Entschädigungsfonds** der Haftpflichtversicherer, der für die dringendsten Ersatzansprüche haftet. Freilich besteht diese Haftung nur höchst subsidiär, also wenn der Geschädigte nicht anderweitig Ersatz erlangen kann (§ 12 I 2–4 PflVG); insbesondere gehen hier auch die Leistungen der Sozialversicherung vor.

II. Einstweilige Versorgung des Geschädigten

767 Die eben geschilderten Vorschriften können durch die Pflicht zur Haftpflichtversicherung nur bewirken, dass Ersatzansprüche des Geschädigten überhaupt erfüllt werden. Dagegen lässt sich eine **schnelle Erfüllung** so nicht erreichen: Auch der Haftpflichtversicherer zahlt erst, wenn die Leistungspflicht des versicherten Schädigers feststeht. Damit der Geschädigte alsbald versorgt wird, bedarf es also weiterer Maßnahmen. Eine davon ist schon oben Rn. 724 geschildert worden: Bei Unselbständigen muss der Arbeitgeber oder Dienstherr zunächst die **Vergütung weiterzahlen.** Dadurch wird ein Verdienstausfall verhindert; auch werden diejenigen Angehörigen des Verletzten weiterversorgt, die bisher von dessen Arbeitsverdienst gelebt haben.

Nicht gedeckt sind so die (oft sehr erheblichen) **Heilungskosten.** Auch **endet die Fortzahlung** von Lohn oder Gehalt regelmäßig nach sechs Wochen. Insoweit tritt für Sozialversicherte die Sozialversicherung in Gestalt der **gesetzlichen Krankenversicherung** ein: Schon die Behandlung der Verletzungen erfolgt auf Krankenschein, und nach dem Ende des Anspruchs auf das Arbeitsentgelt wird Krankengeld gezahlt (§ 44 SGB V). Dieses beträgt 70 % des Regellohns (§ 47 SGB V). Sozialrechtlich gesehen ersetzt es bei Arbeitslosen nicht den Lohn, sondern das Arbeitslosengeld (das entgeht dem Verletzten nämlich, weil er nicht arbeitsfähig ist). – Beamte erhalten neben der Fortzahlung ihrer Besoldung (kraft des Alimentationsprinzips) noch eine Beihilfe zu den Krankenkosten.

768 Nicht in den Genuss einer Fortzahlung von Arbeitsentgelt kommen die **Selbständigen** (vgl. o. Rn. 727). Zudem stehen sie vielfach außerhalb der Sozialversicherung und müssen (als „Privatpatienten") auch die Behandlungskosten selbst tragen. Weil die für eine Absicherung dieser Risiken nötigen großen Vermögen meist fehlen, ist hier der Abschluss privater Versicherungen erforderlich und auch weithin üblich.

769 Eine vorläufige Versorgung bewirkt auch der **familienrechtliche Unterhaltsanspruch** nach §§ 1360, 1360 a für den Ehegatten, § 1572 für Geschiedene und nach §§ 1601 ff. für Verwandte in gerader Linie, zudem § 5 LPartG für eingetragene Lebenspartner. Die familienrechtlichen Ansprüche spielen auch heute noch eine große Rolle, wenn Ehegatten oder Eltern und Kinder zusammenwohnen. Über diesen Bereich hinaus ist die Bedeutung aber durch den Verfall der Großfamilie stark verringert. Außerhalb einer Hausgemeinschaft müssen solche Ansprüche häufig auch erst gerichtlich durchgesetzt werden; diese Durchsetzung kommt dann womöglich noch später als diejenige des Anspruchs gegen den Schädiger.

Als letztes Mittel bleibt endlich die staatliche Hilfe, d. h. die Sozialhilfe. Sie ist aber noch stärker subsidiär als die Ersatzpflicht des Entschädigungsfonds der Haftpflichtversicherer (vgl. o. Rn. 766). Insbesondere setzt die für die Gewährung dieser Hilfe nötige Hilfsbedürftigkeit voraus, dass der Geschädigte weder aus eigenen Mitteln (Einkommen und Vermögen) noch durch seine Kleinfamilie ausreichend versorgt werden kann (vgl. § 2 SGB XII). In bestimmten Fällen muss der Sozialhilfeempfänger die Leistung sogar zurückgewähren; er erhält sie also nur darlehensweise. 770

Unter besonderen Voraussetzungen kommt endlich noch eine weitere (nicht subsidiäre) Versorgung in Betracht: nämlich nach dem Gesetz über die Entschädigung der **Opfer von Gewalttaten (OpferentschädigungsG).** Anspruchsberechtigt ist hier im Wesentlichen, wer Opfer eines vorsätzlichen rechtswidrigen tätlichen Angriffs geworden ist. Die Entschädigung richtet sich aber nicht nach Schadensersatzrecht (§§ 249 ff., 842 ff.), sondern nach dem Bundesversorgungsgesetz (s. § 1 OpferentschädigungsG). 771

III. Die endgültige Schadensverteilung

Das oben Rn. 762 ff. geschilderte Eingreifen Dritter verschiebt den Schaden zunächst auf diese. Dass sie ihn endgültig tragen sollen, erscheint aber regelmäßig von den Gedanken der **Vorteilsausgleichung** her (vgl. o. Rn. 689) als unangebracht. Denn der Geschädigte hat die Fortzahlung des Arbeitsentgelts durch seine Arbeit und die Leistungen von Versicherungen (Ausnahmen: die Haftpflicht- und die Insassenunfallversicherung) durch Prämienzahlungen selbst verdient. Auch die übrigen Leistungen Dritter sollen dem Opfer helfen, aber keinesfalls den Schädiger begünstigen. 772

1. Legalzessionen

Zum Ausgleich dienen regelmäßig Legalzessionen (mit der Wirkung nach § 412, vgl. u. Rn. 808): Der Versorger erwirbt schon mit seiner Verpflichtung zur Leistung (so der Sozialversicherungsträger) oder sonst mit seiner Leistung kraft Gesetzes diejenigen Ersatzansprüche, die der Geschädigte wegen des auszugleichenden oder ausgeglichenen Schadens gegen den Schädiger hat. Solche Zessionen sind angeordnet in § 6 EFZG für den Arbeitgeber, in den Beamtengesetzen für den Dienstherrn des Beamten, in (für den Sozialversicherungsträger, in § 68 I VVG für den privaten Schadensversicherer, in § 5 OpferentschädigungsG für die nach diesem Gesetz leistenden Behörden und (mit einigen Besonderheiten) in § 116 SGB X für den Sozialhilfeträger. 773

2. Fälle ohne Zessionsanordnung

Eine umfassende Zessionsnorm fehlt zugunsten der **Familienangehörigen,** die dem Geschädigten wegen ihrer Unterhaltspflicht geholfen haben (vgl. o. Rn. 769). Doch bringt hier **§ 843 IV** eine Teilregelung: Die Unterhaltspflicht und nach allgemeiner Ansicht auch die Unterhaltsgewährung sollen den Schadensersatzanspruch des Verletzten gegen den Schädiger nicht ausschließen. Andererseits soll aber der Verletzte unzweifelhaft nicht nach der Unterhaltsleistung auch noch den Schadensersatz behalten können. Für die wichtigste Fallgruppe (die Eltern sorgen für ihr verletztes Kind) hilft § 1648: Nach dieser Vorschrift können die Eltern vom Kind Ersatz ihrer Aufwendungen verlangen. Und wegen dieses Anspruchs können sie sich aus dem Betrag, den der Schädiger an das Kind gezahlt hat, trotz § 181 auch selbst befriedigen (es geht ja um die Erfüllung einer Verbindlichkeit). In den von § 1648 nicht erfassten Fällen endlich 774 wird man demjenigen, der Unterhalt geleistet hat, einen Bereicherungsanspruch (§ 812 I 1 Alt. 2 „in sonstiger Weise") gegen den vom Schädiger befriedigten Verletzten geben müssen **(Rückgriffskondiktion).**

3. Ausschlüsse des Rückgriffs

775 In zwei wichtigen Fallgruppen wird der Rückgriff gegen den Schädiger jedoch ausgeschlossen, so dass dieser durch das Eingreifen des Dritten endgültig von seiner Ersatzpflicht befreit ist.

Nach **§ 86 III VVG** findet keine Legalzession des Ersatzanspruchs auf den Schadensversicherer statt, wenn sich der Anspruch gegen eine mit dem Geschädigten in häuslicher Gemeinschaft lebende Person richtet und diese den Schaden nicht vorsätzlich verursacht hat. Danach kann also z. B. der Unfallversicherer der verletzten Ehefrau keinen Rückgriff gegen den Ehemann nehmen, der den Unfall fahrlässig herbeigeführt hat (so häufig bei Verkehrsunfällen: Die Ehefrau wird als neben dem Ehemann sitzende Beifahrerin verletzt oder auch umgekehrt).

Grund dieses Regressverbots ist nicht der Schutz des Schädigers, sondern der des Versicherten vor einer mittelbaren Belastung mit den Folgen seines eigenen Anspruchs: Der Versicherte soll „im praktischen Ergebnis nicht das, was er mit der einen Hand erhalten hat, mit der anderen wieder herausgeben" müssen.[1] Die Notwendigkeit einer solchen Regelung zeigt sich am deutlichsten bei der Ehe: Könnte der Unfallversicherer wegen seiner Leistungen an die verletzte Ehefrau gegen den Ehemann Rückgriff nehmen, so träfe das über eine Minderung des gemeinsamen Lebensstandards auch die zu begünstigende Ehefrau. Das gilt typisierend: Es bleibt also gleich, ob die genannte Gefahr im Einzelfall wirklich droht. Deshalb begünstigt § 86 III VVG sogar denjenigen Schädiger, der durch eine Haftpflichtversicherung geschützt wird und daher den Rückgriff nicht zu spüren bekäme.[2] Auch der Erbe des privilegierten Schädigers soll noch gegen den Rückgriff geschützt sein.[3]

Obwohl § 86 III VVG seinem Wortlaut nach nur den Rückgriff des privaten Schadensversicherers betrifft, wird er nach allgemeiner Ansicht auf andere Rückgriffsfälle **erweitert,** insbesondere auf den Rückgriff des **Dienstherrn nach Beamtenrecht.**[4] Für den **Sozialversicherungsträger** findet sich eine entsprechende Vorschrift jetzt in § 116 VI SGB X.

776 Nach **§§ 110ff. SGB VII** hat der Sozialversicherungsträger wegen der Folgen eines **Arbeitsunfalls** keinen Rückgriff gegen den Unternehmer, wenn dieser den Unfall nur leichtfahrlässig herbeigeführt hat. Das hängt zusammen mit dem Haftungsausschluss nach § 104 SGB VII: Danach können auch der von dem Arbeitsunfall betroffene Arbeitnehmer und seine Hinterbliebenen den Arbeitgeber regelmäßig nicht in Anspruch nehmen. § 105 SGB VII[5] erweitert diesen Ausschluss auf Ansprüche gegen einen Arbeitskollegen. Damit ist für Arbeitsunfälle das zivile Schadensersatzrecht weitgehend ausgeschlossen;[6] insoweit gilt allein der Schutz durch die gesetzliche Unfallversicherung.

---

[1] BGHZ 41, 79, 83 zu § 67 II VVG a. F.
[2] BGHZ 43, 72, 79 zur alten Fassung.
[3] *BGH* NJW 1985, 1958 zur alten Fassung.
[4] BGHZ 43, 72, 78f.
[5] Dazu *BAG* NJW 2004, 3360.
[6] Das ist verfassungsgemäß nach *BVerfG* NJW 1973, 502.

Zur Begründung wird oft gesagt, der Arbeitgeber bringe die Beiträge für die gesetzliche Unfallversicherung allein auf, auch sei der Schutz durch die Unfallversicherung für den Arbeitnehmer im Ganzen nicht ungünstiger als das zivile Schadensersatzrecht. Das zweite Argument trifft aber nur bei leichteren Verletzungen zu: Bei ihnen wird das Fehlen eines Schmerzensgeldes in der Unfallversicherung praktisch ausgeglichen, weil diese ihre Leistungen an die abstrakt ermittelte **Minderung der Erwerbsfähigkeit** (MdE) knüpft, auch wenn – wie häufig – eine wirkliche Minderung des Erwerbs nicht eingetreten ist. Bei schweren Verletzungen dagegen entspricht der MdE regelmäßig eine konkrete Minderung des Erwerbs. Weil gerade hier besonders hohe Schmerzensgelder in Betracht kommen, ist deren nicht kompensierter Ausschluss keineswegs bedenkenfrei.[7]

Die Verdrängung des zivilen Schadensersatzrechts durch die gesetzliche Unfallversicherung ist übrigens nicht auf das beschränkt, was man gemeinhin unter „Arbeitsunfällen" versteht. Vielmehr macht sich hier die **Erweiterung der gesetzlichen Unfallversicherung** auf verschiedene andere erwünschte Tätigkeiten vor allem durch §§ 104ff. SGB VII bemerkbar. So haften etwa Schulkinder, aber auch Studierende nicht nach §§ 823ff. für eine Verletzung, die es einem anderen im Schul- oder Universitätsbereich unvorsätzlich zugefügt hat, § 106 I Nr. 2 i. V. m. § 2 I Nr. 8 SGB VII (sog. unechte Unfallversicherung[8]). Wohl aber haftet nach § 110 SGB VII der Lehrer, der grobfahrlässig eine Verletzung des Schülers verursacht hat, dem Sozialversicherungsträger.[9] Auch gilt keine Haftungsfreistellung, wenn ein Schüler einen beamteten Lehrer verletzt.[10]

7 Aber verfassungsgemäß: *BVerfG* NJW 1995, 1607.

8 Vgl. *Leube,* VersR 2000, 948 und den Fall von BGHZ 154, 11, o. Rn. 376.

9 *BGH* VersR 1985, 237.

10 *BGH* NJW 1986, 1937.

8. Teil. Die Auswechslung eines Beteiligten

§ 58. Übersicht

I. Der Unterschied zwischen Gläubiger- und Schuldnerwechsel

Die Regelung von Gläubiger- und Schuldnerwechsel an benachbarten Stellen im BGB (§§ 398–413, 414–418) kann den Eindruck erwecken, beide Arten der Auswechslung seien weitgehend ähnlich. Doch überwiegen in Wahrheit die Unterschiede. Das zeigt sich bei der gesetzlichen Ausgestaltung und den praktischen Anwendungen beider Institute. 777

1. Der Gläubigerwechsel

Gläubigerwechsel bedeutet Übertragung (Zession) einer Forderung. Übertragen werden kann diese durch Rechtsgeschäft (§§ 398–411), Gesetz (§ 412) oder Hoheitsakt (§§ 828 ff. ZPO).

a) Rechtsgeschäftliche Abtretung (Zession)

Die **rechtsgeschäftliche Abtretung** beruht auf einem Vertrag zwischen dem alten Gläubiger (dem Abtretenden oder Zedenten) und dem neuen Gläubiger (dem Abtretungsempfänger oder Zessionar), § 398. Da die Forderung einen Vermögenswert darstellt, ist die Abtretung regelmäßig entgeltlich. Dieses Entgelt kommt aber nicht aus der Zession selbst. Vielmehr stellt die Zession eine **Verfügung über die Forderung** dar. Sie bedarf daher – ebenso etwa wie regelmäßig der Erlass (vgl. o. Rn. 309) – eines Rechtsgrundes. Diesen Grund bildet bei Entgeltlichkeit meist ein **Rechtskauf** (§ 453, s. dazu BT Rn. 363 ff.). 778

Außer zu einer endgültigen Forderungsübertragung wird die rechtsgeschäftliche Abtretung aber auch häufig zur Sicherung eines anderen Anspruchs verwendet. Das ist dann die **Sicherungsabtretung (-zession).** Bei ihr ist der Gläubiger der abzutretenden Forderung zugleich Schuldner eines Dritten. Zur Sicherung dieser Schuld wird die Forderung auf den Gläubiger der zu sichernden Schuld übertragen, um sie dem Zugriff anderer Gläubiger zu entziehen, also um die Forderung gleichsam für diesen einen Gläubiger zu reservieren (vgl. u. Rn. 805). Dabei wird eine solche Sicherungszession häufig dem Schuldner der abgetretenen Forderung zunächst nicht mitgeteilt („stille Zession"). Sehr oft sind solche stillen Zessionen mit einem Eigentumsvorbehalt („verlängerter Eigentumsvorbehalt") verbunden, vgl. BT Rn. 294.

b) Gesetzlicher Forderungsübergang (Legalzession)

Der **gesetzliche Forderungsübergang** (Legalzession, *cessio legis*) vollzieht sich bei Erfüllung der in der Zessionsnorm bestimmten Voraussetzungen. Solche Zessionsnormen sind zahlreich und kommen in den verschiedensten Zusammenhängen vor. Aus dem Schuldrecht sind besonders zu nennen das Schadensersatzrecht (vgl. o. Rn. 773), die Ablösungsberechtigung (§ 268 III 1, vgl. o. Rn. 155), die Gesamtschuld (§ 426 II, vgl. u. Rn. 901) und die Bürgschaft (§ 774, vgl. BT Rn. 1019). Legalzessionen kommen aber mit großer Bedeutung auch außerhalb des Schuldrechts vor, etwa im Sachenrecht (z. B. §§ 1143, 1225) und im Familienrecht (z. B. §§ 1607 II 2, 1615l III 1). 779

Zweck der Legalzession ist der **Rückgriff (Regress):** Wenn jemand eine Schuld erfüllt hat, für die letztlich ein anderer aufkommen soll, darf der Leistende sich nachträglich an den durch seine Leistung befreiten Schuldner halten. Dabei bewirkt die rechtstechnische Ausgestaltung als Zessionsrückgriff, dass dieser Schuldner an den rückgriffsberechtigten neuen Gläubiger genau das leisten muss, was er dem alten Gläubiger geschuldet hatte, und das mit denselben Sicherheiten und fortlaufender Verjährung: Dies ist die wohl wesentlichste Eigenart der Zession (vgl. u. Rn. 801 ff.).

c) Gläubigerwechsel durch Hoheitsakt

780 Der Gläubigerwechsel durch **Hoheitsakt** dient vor allem als Mittel der **Zwangsvollstreckung:** Hier soll der Vermögenswert, den die Forderung darstellt, deren Gläubiger (dem Vollstreckungsschuldner) entzogen und auf den vollstreckenden Gläubiger übertragen werden. Das geschieht durch Pfändung und Überweisung, die vom Vollstreckungsgericht auszusprechen sind. Die Einzelheiten (geregelt in den §§ 828 ff. ZPO) gehören in das Recht der Zwangsvollstreckung.

2. Der Schuldnerwechsel

781 Die §§ 414 ff. sprechen von **Schuldübernahme.** Dabei unterscheidet man zwei Arten: Bei der befreienden oder privativen (von lat. *privare* = berauben, befreien) Schuldübernahme tritt der neue Schuldner *an die Stelle* des alten. Dagegen tritt bei der kumulativen (von lat. *cumulare* = häufen) Schuldübernahme (dem Schuldbeitritt) ein neuer Schuldner *neben* den alten. Diese zweite Art sichert den Gläubiger, weil ihm neben dem Vermögen des ursprünglich einzigen Schuldners jetzt auch noch dasjenige des Beitretenden haftet. Der **Schuldbeitritt** führt also zu keinem Schuldnerwechsel, sondern zu einer **Schuldnermehrheit.** Er ist daher nicht an dieser Stelle zu behandeln, sondern zusammen mit anderen der Kreditsicherung dienenden Schuldnermehrheiten (vgl. u. Rn. 910 f.).

782 Die §§ 414 ff. regeln allein die (den Altschuldner) **befreiende Schuldübernahme.** Diese Schuldübernahme kann nicht parallel zur Forderungsabtretung (für die ja nach § 398 ein Vertrag zwischen Alt- und Neugläubiger genügt) einfach durch Vertrag zwischen Alt- und Neuschuldner zustandekommen. Denn eine Auswechslung des Schuldners (und damit des dem Gläubiger haftenden Vermögens) berührt ganz wesentlich die Interessen des Gläubigers (z. B. an der Bonität des Schuldners). Deshalb bedarf eine befreiende Schuldübernahme stets einer Mitwirkung des Gläubigers (vgl. u. Rn. 832 ff.).

Praktisch ist die befreiende Schuldübernahme viel seltener als der Schuldbeitritt; beide zusammen wiederum sind erheblich seltener als die überaus häufige Forderungsabtretung. Am häufigsten kommt eine befreiende Schuldübernahme noch in dem Spezialfall des § 416 vor: Weil dort die Schuld durch eine fortbestehende Hypothek gesichert wird, ist die Person des Schuldners weniger wichtig (vgl. u. Rn. 834).

II. Der Eintritt in umfassendere Positionen

783 Die §§ 398 ff., 414 ff. betreffen die Auswechslung des Gläubigers oder des Schuldners bei einer **einzelnen Forderung.** Viele Forderungen bestehen aber nicht isoliert, sondern bilden nur einen Teil eines umfassenderen Schuldverhältnisses (im weiteren Sinn, vgl. o. Rn. 8). Das ist besonders deutlich für die Forderungen und Gegenforderungen aus einem gegenseitigen Vertrag.

Deshalb gibt es neben der Forderungsabtretung und der Zession noch die **Vertragsübernahme,** welche die gesamte Stellung als Vertragspartei auf einen Dritten überträgt oder einen Dritten unter Verbleib der bisherigen Parteien zur Vertragspartei macht **(Vertragsbeitritt);** dazu u. Rn. 913 ff.

Weiter stellt sich die Frage, ob aus einem umfassenderen Schuldverhältnis ein Teil – 784
etwa **eine Forderung – herausgelöst** und auf einen Dritten übertragen werden kann. Das muss man verneinen für bestimmte unselbständige Nebenforderungen (§ 399 Alt. 1, vgl. u. Rn. 794, 804). Dagegen wird es z. B. bejaht für die Forderung des Verkäufers auf Kaufpreiszahlung: Die weitaus meisten Forderungen stammen eben aus gegenseitigen Verträgen; wollte man ihre Abtretbarkeit schon wegen dieser Herkunft verneinen, so bedeutete das einen allzu weitreichenden Eingriff in die Freiheit des Vermögensverkehrs.

Bejaht man danach also auch die Abtretbarkeit von Forderungen aus gegenseitigen 785
Verträgen, so gelangt man jedoch zu einer anderen Frage: Wem sollen die mit einer solchen Forderung mitunter verbundenen Befugnisse zur Einwirkung auf das umfassendere vertragliche Schuldverhältnis zustehen? Wenn z. B. der Käufer an den neuen Gläubiger nicht zahlt, kann dieser nach § 323 vom Kauf zurücktreten? Wer erwirbt dann den Anspruch auf Rückgewähr der Kaufsache? Soweit solche Gestaltungsrechte auch in die dem alten Gläubiger verbliebenen Befugnisse eingreifen, wird man ihre Ausübung nur dem alten und dem neuen Gläubiger gemeinschaftlich zuerkennen dürfen. Andernfalls aber erwirbt der neue Gläubiger mit der Forderung regelmäßig auch die ihr innewohnenden Gestaltungs- und Einwirkungsmöglichkeiten. So hat *BGH* NJW 1985, 2640 das Recht zur Fristsetzung mit Ablehnungsandrohung (§ 326 a. F.; heute: Fristsetzung nach § 281 I und § 323 I) dem neuen Gläubiger zuerkannt; dagegen soll das Recht zum Rücktritt ohne besondere Abtretung beim Altgläubiger bleiben.[1] Entsprechendes muss jetzt für die §§ 323, 326 V gelten. Der zu leistende Ersatz wegen Verzugs (§§ 280 II, 286) oder statt der Leistung (§§ 280 III, 281, 283) richtet sich in den Grenzen des Adäquaten (vgl. o. Rn. 681) nach dem beim neuen Gläubiger entstehenden Schaden.[2] S. dazu auch PdW Schuldrecht I **Fall 157.**

Vgl. zu diesem ganzen Fragenkreis umfassend *Gernhuber,* Synallagma und Zession, FS Raiser, 1974, 57; *Köhler,* Forderungsabtretung und Ausübung von Gestaltungsrechten, JZ 1986, 516; *Pick,* Einwendungen bei dem gegenseitigen Vertrag nach Abtretung der Forderung, AcP 172 (1972) 39 und *K. W. Nörr,* in: K.W. Nörr/Scheyling/Pöggeler, Sukzession, 2. Aufl., 1999, 46 sowie *Junker,* AcP 195 (1995) 1; *Golla,* Die Gläubigerrechte bei Leistungsstörung nach Abtretung, 1995.

§ 59. Die Forderungsabtretung: Ausführung und Abgrenzung

Literatur: *Armbrüster/Ahcin,* Grundfälle zum Zessionsrecht, JuS 2000, 450 mit Fortsetzungen; *Bork,* Die Verfügungsbefugnis bei der Vorauszession, in: Rechtsgeschichte und Privatrechtsdogmatik (1999) 289; *Bülow,* Zu den Vorstellungen des historischen Gesetzgebers über die absolute Wirkung rechtsgeschäftlicher Abtretungsverbote, NJW 1993, 901; *Canaris,* Die Rechtsfolgen rechtsgeschäftlicher Abtretungsverbote, FS Serick, 1992, 9; *Coester-Waltjen,* Die Abtretung, Jura 2003, 23; *dies.,* Aufrechnung bei Abtretung, Jura 2004, 391; *Eidenmüller,* Die Dogmatik der Zession vor dem Hintergrund der internationalen Entwicklung, AcP 204 (2004) 457; *Gernhuber,* Synallagma und Zession, FS L. Raiser, 1974, 57; *Hammen,* Vorausabtretung versus Inrechnungstellung, JZ 1998, 1095; *Hennrichs,* Kollisionsprobleme bei der (Voraus-)Abtretung zukünftiger Forderungen, JZ 1993, 225; *von Koppenfels-Spies,* Die cessio legis, 2006 (dazu *Looschelders,* AcP 207 [2007] 281); *Wolfgang Lüke,* Das rechtsgeschäftliche Abtretungsverbot, JuS 1992, 114; *S. Lorenz,* Grundwissen – Zivilrecht: Abtretung, JuS 2009, 891; *G. Lüke,* Grundfragen des Zessions-

[1] Vgl. *BGH* NJW 1986, 919.

[2] So *BGH* ZIP 1991, 1436; anders bei der die Sicherungsabtretung bei BGHZ 128, 371.

rechts, JuS 1995, 90; *P. Meyer/von Varel,* Die Sicherungszession, JuS 2004, 192; *von Rintelen,* Der Übergang nichtakzessorischer Sicherheiten bei der Forderungszession, 1996 (dazu *Stadler,* AcP 197 [1997] 529); *G. H. Roth/Fitz,* Stille Zession, Inkassozession, Einziehungsermächtigung, JuS 1985, 188; *Rüßmann,* Einziehungsermächtigung und Klagebefugnis, AcP 172 (1972) 520; *Scheyhing/Pöggeler, in: K. W. Nörr/Scheyhing/Pöggeler,* Sukzessionen, 2. Aufl., 1999, S. 6–179; *K. Schreiber,* Vertraglicher und gesetzlicher Forderungsübergang, Jura 1998, 470; *ders.,* Die Forderungsabtretung, Jura 2007, 266; *Schütze,* Zession und Einheitsrecht (2005); *Stathopoulos,* Die Einziehungsermächtigung, 1968; *E. Wagner,* Absolute Wirkung vertraglicher Abtretungsverbote gleich absolute Unwirksamkeit verbotswidriger Abtretung?, JZ 1994, 227; *ders.,* Vertragliche Abtretungsverbote im System zivilrechtlicher Verfügungshindernisse, 1994.

I. Gegenstand und Beteiligte der Abtretung

1. Gegenstand

786 Gegenstand einer Abtretung sind nach §§ 398 ff. zunächst (zivilrechtliche[1]) **Forderungen.** Andere nichtkörperliche Rechte wie z. B. Gesellschaftsanteile, Immaterialgüterrechte sind zwar keine Forderungen, auf ihre Übertragung finden aber nach § 413 die §§ 398 ff. **entsprechende Anwendung,** sofern diese nicht spezialgesetzlich geregelt ist. Wenn spezielle Regelungen nur Vorschriften über die Form der Übertragung enthalten (so etwa § 15 GmbHG), bleibt es im Übrigen bei der von § 413 angeordneten entsprechenden Anwendbarkeit der §§ 398 ff.

Auch Gestaltungsrechte wie z. B. das Recht zur Anfechtung (§ 143) oder zum Rücktrittsrecht (§ 323) können über § 413 grundsätzlich Gegenstand einer Abtretung sein. Dabei stellt sich aber die Frage der isolierten Abtretbarkeit solcher Rechte. Sog. unselbstständige Nebenrechte, die von der Forderung nicht sinnvoll getrennt werden können, sind nicht isoliert übertragbar. Sie stehen dem jeweiligen Forderungsinhaber zu und gehen bei einer Abtretung ganz selbstverständlich mit auf den Gläubiger über. Dazu gehören etwa die Befugnis zur Mahnung (§ 286) und zur Fristsetzung (§§ 281, 323).

Inwieweit **Befugnisse,** die **aus einer Stellung als Vertragspartei** fließen, selbständig abgetreten werden können, lässt sich nicht allgemein sagen.[2] Beim Werkvertrag soll der Besteller seinen Anspruch auf Minderung (jetzt: sein Gestaltungsrecht zur Minderung) abtreten können: BGHZ 95, 250 mit vielen Belegen; die Frage nach der Abtretbarkeit des Wandlungsanspruchs (jetzt: des Rücktrittsrechts) bleibt dort offen. Der Nachbesserungsanspruch soll auch ohne das nachzubessernde Werk übertragen werden können.[3] Seinen Anspruch auf Übereignung kann der Käufer auch nach der Auflassung noch abtreten.[4]

2. Beteiligte

787 Aktiv beteiligt sind an der Forderungsabtretung (Zession) nur zwei Personen: der bisherige Gläubiger **(Zedent)** und der neue Gläubiger **(Zessionar).** Bloß passiv betroffen ist der Schuldner der abgetretenen Forderung insofern, als er einen neuen Gläubiger erhält (vgl. u. Rn. 801). An der Zession selbst wirkt er aber nicht mit (s. aber u. Rn. 796 für den Fall einer vertraglichen Abtretungsbeschränkung), sie muss ihm nicht einmal mitgeteilt werden (dann spricht man von einer **„stillen" Zession,** s. dazu auch u. Rn. 805).

II. Voraussetzungen der Abtretung

1. Vertrag zwischen Zedent und Zessionar

788 Die Abtretung erfolgt durch einen **Vertrag zwischen dem Alt- und dem Neugläubiger,** § 398. Dieser bedarf grundsätzlich **keiner Form.** Das gilt selbst dann, wenn die

---

[1] Zur analogen Anwendung von §§ 398 ff. auf die Abtretung öffentlich-rechtlicher Forderungen und deren Grenzen s. *BGH* NVwZ-RR 2011, 925 Rn. 11 m. w. N.

[2] Vgl. zu den Rechten aus §§ 323, 326 V schon oben Rn. 785.

[3] BGHZ 96, 146; vgl. dazu *Scheyhing,* JZ 1986, 86; *Schubert,* JR 1986, 152.

[4] *BGH* NJW 1994, 2947.

vertragliche Begründung der übertragenen Forderung oder des übertragenen Rechts (§ 413) einer Form bedarf. Allerdings gibt es von diesem Grundsatz auch Ausnahmen (vgl. etwa § 1154 für die Übertragung einer hypothekarisch gesicherten Forderung).

Der Abtretungsvertrag bedeutet eine **Verfügung** über die Forderung. Er muss daher 789
unterschieden werden von dem Kausalgeschäft (Kauf, Sicherungsvertrag, Schenkung usw., vgl. o. Rn. 778). Nach dem **Abstraktionsprinzip** ist die Wirksamkeit der Abtretung grundsätzlich unabhängig von der Wirksamkeit des Kausalgeschäfts. So kann die Abtretung wirksam sein, wenn der zugrundeliegende Kauf unwirksam ist (die abgetretene Forderung ist dann nach § 812 I 1 Alt. 1 zu kondizieren, d. h. der Zessionar ist zur Rückabtretung verpflichtet). Auch nach einem Rücktritt von einem Forderungskauf muss die schon abgetretene Forderung nach § 346 I durch erneute Abtretung zurückerstattet werden.

Ob man hiervon eine **Ausnahme** machen kann, wenn Grundgeschäft und Abtretung Teile einer einheitlichen Vereinbarung bilden (so *BAG* NJW 1967, 751), ist eine im Allgemeinen Teil zu behandelnde Frage nach der Anwendung von § 139; zumindest regelmäßig ist sie zu verneinen. – Nach *BGH* NJW 1982, 275 soll die **Sicherungszession** (vgl. u. Rn. 805) von der Bedingung abhängen, dass die zu sichernde Forderung entsteht. Damit wird die Zession zwar nicht von der Gültigkeit, aber doch von der Durchführung des Grundgeschäfts abhängig. Ob man die Zession ohne weiteres (d. h. ohne konkrete Zweifel der Parteien am Entstehen der Forderung) um eine solche Bedingung ergänzen darf, ist aber sehr fraglich.[5]

2. Existenz und Inhaberschaft der Forderung; Prioritätsprinzip

Abgetreten kann nach §§ 398ff. grundsätzlich nur eine in der Person des Zedenten 790
existente Forderung. Das setzt zweierlei voraus: Die abgetretene Forderung muss tatsächlich existieren und der Zedent muss deren Inhaber, d. h. Gläubiger sein. Anders als das Sachenrecht (vgl. §§ 892, 932ff) kennt also das Zessionsrecht grundsätzlich **keinen gutgläubigen Erwerb** einer nichtexistenten oder gläubigerfremden Forderung. Zur Abtretbarkeit zukünftiger Forderungen s. u. Rn. 799.

Leistet der Schuldner nach der Abtretung einer tatsächlich nicht existenten Forderung an den Zessionar, so richtet sich sein Bereicherungsanspruch aus § 812 I 1 Alt. 1 (Leistungskondiktion) grundsätzlich gegen den Zedenten und nicht gegen den Zessionar, s. dazu BT Rn. 1222.

Das erklärt sich daraus, dass es anders als bei Sachen, wo Grundbucheintrag bzw. Besitz der Sache einen Rechtsschein der Inhaberschaft eines nichtberechtigt Verfügenden erzeugen können, ein solcher Rechtsscheinträger bei Forderungen nicht existiert.

Vor diesem Hintergrund ist auch die **Ausnahme** des § 405 konsequent: Danach kann ein (vermeintlicher) Schuldner, der eine Forderung im Zusammenwirkung mit dem Gläubiger nur zum Schein und damit nach § 117 I nicht wirksam eingegangen ist, dieses einem gutgläubigen Zessionar nicht entgegenhalten. Hier hat der „Schuldner" nämlich durch die bewusste Ausstellung einer Urkunde für eine nichtexistente Forderung gegenüber dem Dritten einen zurechenbaren Rechtsschein erzeugt (zu den Einzelheiten u. Rn. 814). Keine Ausnahme stellt hingegen § 1138 dar: Danach wird beim gutgläubigen Erwerb einer tatsächlich nicht bestehenden, aber im Grundbuch eingetragenen Hypothek der gutgläubige Erwerb der Forderung lediglich fingiert, um den gutgläubigen Erwerb einer (forderungsentkleideten) Hypothek zu ermöglichen, s. dazu *Baur/Stürner* § 38 Rn. 22.

[5] Verneinend *Jauernig*, NJW 1982, 268, wohl auch *Looschelders*, AT, Rn. 1167, anders *Tiedtke*, DB 1982, 1709; *Bähr*, NJW 1983, 1473.

Bei in Wertpapieren verbrieften Forderungen, die durch die Übertragung des Papiers übertragen werden, ist ein gutgläubiger Erwerb des Papiers (und damit auch der Forderung) nach den §§ 932ff. möglich, vgl. dazu BT Rn. 1060.

Außerhalb des Zessionsrechts ist ein gutgläubiger Erwerb einer Forderung noch im **Erbrecht** denkbar: Ist ein Nicht-Erbe durch einen Erbschein ausgewiesen, kann ein gutgläubiger Dritter von ihm gem. § 2366 eine Forderung aus dem Nachlass erwerben. Das setzt aber voraus, dass die Forderung tatsächlich Nachlassbestandteil ist, d. h. der Erblasser Gläubiger der Forderung war. Der Grund für diese Art des gutgläubigen Erwerbs liegt aber nicht im Zessionsrecht, sondern im Erbrecht.

791 Aus dem grundsätzlichen Ausschluss eines gutgläubigen Forderungserwerbs ergibt sich damit das zessionsrechtliche **Prioritätsprinzip:** Eine Forderung kann von dem Gläubiger nur einmal abgetreten werden. Bei mehrfacher Abtretung ist nur die zeitlich erste Abtretung wirksam. Das gilt auch bei der Abtretung zukünftiger Forderungen (dazu u. Rn. 799).

3. Abtretbarkeit der Forderung

792 Grundsätzlich ist jede Forderung abtretbar. Ist die Forderung (wie insbesondere eine Geldforderung) teilbar, so ist auch eine nur **teilweise Abtretung möglich.**

Ein **Ausschluss** oder eine **Beschränkung** der Abtretbarkeit können sich aber aus besonderen gesetzlichen Vorschriften oder aus einem Rechtsgeschäft ergeben.

a) Gesetzliche Abtretungsausschlüsse oder -beschränkungen

793 Das BGB selbst bezeichnet bestimmte Forderungen als nicht oder nur unter bestimmten Voraussetzungen übertragbar, so in den §§ 473 (Vorkaufsrecht), 717 (Gesellschafterrechte) und „im Zweifel" auch in den §§ 613 S. 2 (Dienstvertrag), 664 II (Auftrag). Grund hierfür ist regelmäßig die enge Bindung der Forderung an die Person des Gläubigers.

Eine Beschränkung der Abtretbarkeit kann sich auch aus einem Verfügungsverbot im Rahmen eines Insolvenzverfahrens ergeben (§§ 21 II 1 Nr. 2, 24 I, 81 I 1 InsO). Hier folgt die Unwirksamkeit einer Abtretung aber nicht aus der Forderung selbst, sondern aus der mangelnden Befugnis des Gläubigers, über diese zu verfügen.

794 Eine allgemeine Regelung enthält **§ 399 Alt. 1.** Danach ist eine Abtretung ausgeschlossen, „wenn die Leistung an einen anderen als den ursprünglichen Gläubiger nicht ohne **Veränderung ihres Inhalts** erfolgen kann". Das gilt insbesondere für die – dem Zessionsrecht wenigstens über § 413 unterliegenden – familienrechtlichen Ansprüche, die aber teils schon unter § 400 fallen (vgl. u. Rn. 795). Nach dem Ende des Güterstandes abtretbar ist freilich gemäß § 1378 III 1 der Anspruch auf Zugewinnausgleich. Nach § 399 Alt. 1 unabtretbar ist der aus einem Vorvertrag stammende Anspruch auf Vertragsschluss (vgl. o. Rn. 70): Der Vertragsschluss mit dem Neugläubiger bedeutete eine andere Leistung als derjenige mit dem Altgläubiger. Ansprüche auf Schuldbefreiung (Freistellungsansprüche i. S. v. § 257) können nur an den Gläubiger der Schuld abgetreten werden, von der befreit werden soll. Sie verwandeln sich bei diesem in Ansprüche auf die geschuldete Leistung selbst, also ggf. auf Zahlung, vgl. dazu PdW Schuldrecht I **Fall 158.**[6]

[6] BGHZ 12, 136, vgl. *Ebel,* JR 1981, 485.

Die Unabtretbarkeit einer Forderung kann sich aber auch aus der **Natur des Rechtsverhältnisses** ergeben, nämlich wenn der Anspruch **höchstpersönlicher Natur** ist. Das gilt etwa für familienrechtliche Ansprüche, die auf Beistand und Rücksichtnahme gerichtet sind (§§ 1353 I 2, 1618 a).

Nach § 400 kann eine Forderung nicht abgetreten werden, soweit sie der **Pfändung nicht unterworfen** ist. Pfändungsverbote ergeben sich in erster Linie aus den §§ 850 ff. ZPO. Sie wollen dem Vollstreckungsschuldner das zum Leben Nötige und zudem noch einen gewissen Anreiz zum Verdienen lassen; beides soll der Geschützte also auch nicht freiwillig aufgeben dürfen, indem er unpfändbare Forderungen abtritt. Dieses Abtretungsverbot entfällt aber nach seinem Sinn, soweit der Neugläubiger dem Abtretenden wirtschaftlich gleichwertige Leistungen gewährt (BGHZ 59, 109, 115). So können ja auch unpfändbare Unterhaltsansprüche kraft Gesetzes (§ 412) auf denjenigen übergehen, der den Unterhalt in der Vergangenheit bereits gewährt hat (etwa §§ 1607 II 2, 1608 S. 3, 1584 S. 3, 1615l III 1). 795

b) Vertragliche Abtretungsverbote

Nach § 399 Alt. 2 kann die Abtretung auch durch **Vereinbarung zwischen dem Gläubiger und dem Schuldner** ausgeschlossen oder beschränkt werden (sog. „Vinkulierung" von lat. „vinculum" = Fessel). 796

Die Regelung ist *lex specialis* zu § 137 S. 1, wonach vertragliche Veräußerungsverbote die Wirksamkeit einer entgegenstehenden Verfügung (also z. B. einer Übereignung) nicht berühren, sondern lediglich eine nur zwischen den Parteien des Veräußerungsverbots bestehende Pflicht erzeugen, eine Verfügung zu unterlassen (§ 137 S. 2). Während also z. B. ein Verstoß gegen ein Veräußerungsverbot über Sachen lediglich Schadensersatzansprüche zwischen den Parteien (§ 280) hervorruft[7], hindert ein vertragliches Abtretungsverbot bereits die Wirksamkeit der Abtretung selbst. Möglich ist auch, die Abtretung an bestimmte Bedingungen, z. B. das Einverständnis des Schuldners zu knüpfen.

Vertragliche Abtretungsverbote kommen in der Praxis nicht selten vor, meist weil der Schuldner die aus Abtretungen und besonders aus Teilabtretungen für seine Buchhaltung folgende Mehrarbeit scheut. Das verstößt, selbst wenn durch einen solchen Ausschluss Dritte geschädigt werden, regelmäßig nicht gegen die guten Sitten.[8] Ein Abtretungsverbot kann grundsätzlich auch durch AGB vereinbart werden.[9] Nach **§ 354a HGB** sind vertragliche Abtretungsverbote relativ unwirksam, wenn die Forderung aus einem beiderseitigen Handelsgeschäft stammt oder Schuldner die öffentliche Hand ist, vgl. dazu auch PdW Schuldrecht I **Fall 159.**[10] In der **Zwangsvollstreckung** scheitert die Wirkung eines Abtretungsausschlusses an § 851 II ZPO. Pfändungen – auch Teilpfändungen – muss der Schuldner also trotz vertraglichen Abtretungsverbots hinnehmen.

Str. ist, ob die aus einem vertraglichen Abtretungsverbot resultierende Unwirksamkeit der Abtretung analog §§ 185, 184 durch eine Genehmigung des Schuldners rückwirkend geheilt werden kann. Nach Ansicht der Rspr. (vgl. BGHZ 70, 299, 303) hat eine solche Genehmigung keine Rückwirkung: Die Zustimmung des Schuldners erlaube bloß eine nur für die Zukunft wirkende vertragliche Aufhebung des Abtretungsver- 797

[7] *Köhler,* § 13 Rn. 4.

[8] BGHZ 51, 113.

[9] Vgl. BGHZ 77, 274, 275; 102, 293, 300; *Looschelders,* AT, Rn. 1190.

[10] Vgl. dazu *K. Schmidt,* FS Schimansky, 1999, 503; *Petersen,* Jura 2005, 680; *Seggewiße,* NJW 2008, 3256.

bots. Nach BGHZ 108, 172, 176f. gilt das auch dann, wenn die Forderungsabtretung nicht gänzlich ausgeschlossen, sondern nur von einer Zustimmung des Schuldners abhängig gemacht worden ist. S. dazu auch PdW Schuldrecht I **Fall 160.**

4. Bestimmtheitsgrundsatz

798 Wie andere Verfügungen unterliegt auch die Abtretung dem **Bestimmtheitsgrundsatz (Spezialitätsprinzip):** Da sie die Zuordnung der Forderung ändert, muss klar sein, auf welche bestimmte Forderung sie sich bezieht. Das wird meist problemlos sein, wenn eine einzelne, schon bestehende Forderung abgetreten wird. Doch ist das vor allem bei der Sicherungszession (vgl. u. Rn. 805) anders: Dort wird oft global über eine Vielzahl von überdies teils künftigen (vgl. u. Rn. 799) Forderungen verfügt. Das geschieht zudem regelmäßig still, also ohne Benachrichtigung des Schuldners (vgl. u. Rn. 805). Dann treten ähnliche Bestimmtheitsprobleme auf wie bei der Sicherungsübereignung von Warenlagern in ihrem gegenwärtigen und künftigen Bestand. Bei einer Mehrzahl von Forderungen muss zudem klar sein, auf welche Einzelforderung sich die Abtretung beziehen soll.[11]

Die h. M. hält für notwendig, aber auch für ausreichend die Bestimmtheit im **Zeitpunkt der Entstehung der Forderung.** Es ist also unschädlich, dass einstweilen noch der Schuldner und der Betrag der Forderung unbekannt sind. Möglich und häufig ist insbesondere die Abtretung von Kaufpreisforderungen aus dem künftigen Verkauf bestimmter Sachen (so beim **verlängerten Eigentumsvorbehalt,** vgl. BT Rn. 294). Doch wird die Abtretung hier z. B. nicht wirksam, wenn die betreffende Sache später gemeinsam mit anderen Sachen zu einem Gesamtpreis verkauft wird, der den Preis gerade der in der Zessionsabrede gemeinten Sache nicht erkennen lässt: Dann hat sich die in der Bestimmbarkeit liegende Aussicht auf Bestimmtheit nicht verwirklicht.

5. Abtretung künftiger Forderungen

799 Wie schon angedeutet, hält die ganz h. M. auch die Abtretung **erst künftig entstehender Forderungen** für möglich **(Vorausabtretung).** Wirksam wird diese Abtretung aber erst, wenn die Forderung entsteht. Denn erst dann lässt sich die Anordnung des § 398 S. 2 verwirklichen, nämlich dass mit dem Abtretungsvertrag der Neugläubiger an die Stelle des Altgläubigers treten soll. S. dazu PdW Schuldrecht I **Fall 156.**

Besonders relevant ist in diesem Zusammenhang die **Bestimmbarkeit** der Forderungen. Eine Vorausabtretung setzt voraus, dass die abgetretene Forderung im Zeitpunkt bestimmt ist, d. h. exakt identifiziert werden kann. Praktisch geschieht das häufig durch sog. **Globalzessionen:** Der Gläubiger tritt etwa alle Forderungen aus dem Weiterverkauf bestimmter Waren oder Forderungen gegen bestimmte Kunden oder aus bestimmten Geschäften an den Zessionar (meist zur Sicherung einer Forderung des Zessionars) an diesen ab. Nicht hinreichend bestimmt wäre etwa die Abtretung „sämtlicher Forderungen" bis zu einem bestimmten Höchstbetrag, weil dabei nicht erkennbar ist, welche Forderungen (gegen welche Schuldner) erfasst wären.[12]

800 Obwohl die Abtretung künftiger Forderungen erst mit dem Entstehen der Forderung wirksam wird, gilt bei einer mehrfachen Abtretung zukünftiger Forderungen ebenfalls das **Prioritätsprinzip,** d. h. eine zeitlich nachfolgende erneute Vorausabtretung ist unwirksam.

---

[11] Vgl. *BGH* NJW 2011, 2713 m. Anm. *Wittschier.*
[12] BGHZ 71, 75, 78ff.; *Looschelders,* AT, Rn. 1181.

Praktisch bedeutsam ist das vor allem bei der Konkurrenz von **Globalzession** und **verlängertem Eigentumsvorbehalt** (BT Rn. 294): Wenn sich etwa eine Bank zur Sicherung eines Kredits sämtliche zukünftige Kundenforderungen des Kreditnehmers abtreten lässt und dieser später Waren unter verlängertem Eigentumsvorbehalt bezieht (d. h. unter Abtretung zukünftiger Forderungen aus dem Verkauf eben dieser Waren), so scheitert diese zweite Abtretung an den Warenlieferanten an der bereits erfolgten Vorausabtretung der Forderungen an die Bank (Prioritätsprinzip). Allerdings kann in einem solchen Fall unter bestimmten Voraussetzungen die zeitlich vorhergehende Globalzession an die Bank nach § 138 unter dem Gesichtspunkt der Übersicherung und der Zurückstellung der Interessen des Warenlieferanten unwirksam sein.[13] S. dazu BT Rn. 296 sowie PdW Schuldrecht I **Fälle 85** und **159.**

III. Rechtsfolgen

1. Forderungsübergang

Primäre Rechtsfolge der Abtretung ist der Übergang der Forderung; der neue Gläubiger tritt an die Stelle des bisherigen, § 398 S. 2. Das gilt regelmäßig für alle auf dasselbe Ziel gerichteten Forderungen, auch aus verschiedenen Rechtsgründen.[14] Nach der Abtretung behält die Forderung alle ihre Schwächen; der Schuldner kann also weiterhin alle Einwendungen geltend machen (§ 404, vgl. u. Rn. 812ff.). Umgekehrt behält die Forderung aber auch ihre Stärken: Die Vorzugsrechte in Zwangsvollstreckung und Insolvenz stehen auch dem Neugläubiger zu, § 401 II. 801

2. Übergang von Sicherheiten

Nach § 401 I gehen mit der abgetretenen Forderung auch für sie bestellte Sicherheiten auf den Neugläubiger über. § 401 I nennt ausdrücklich Hypotheken (zum Formerfordernis s. o. Rn. 788), Schiffshypotheken und Pfandrechte sowie die Rechte aus einer Bürgschaft. Alle diese Rechte sind **akzessorisch,** d. h. das sichernde Recht „steht und fällt“ mit der zu sichernden Forderung und ist deshalb von ihr nicht abtrennbar (vgl. u. Rn. 894). Daher kann man § 401 I auf andere akzessorische Sicherheiten analog anwenden, insbesondere auf die Rechte aus einer **Vormerkung** (§§ 883ff.). Ebenso gehen mit der Forderung die auf diese sich beziehenden unselbständigen Hilfs- und Gestaltungsrechte über, wie Auskunftsansprüche und die Gestaltungsrechte zu Kündigung und Anfechtung, ein Wahlrecht oder eine Ersetzungsbefugnis (vgl. o. Rn. 784f.). Auch Rechte aus einem Schuldbeitritt gehen nach § 401 I auf den Zessionar über.[15] 802

Nicht erwähnt werden in § 401 die sog. **fiduziarischen (= treuhänderischen) Sicherungsrechte:** Sicherungsgrundschuld, Sicherungseigentum, Eigentumsvorbehalt und Sicherungszession. Dieses Schweigen des § 401 schließt die Anwendbarkeit der Vorschrift auf fiduziarische Sicherungsrechte noch nicht zwingend aus, weil das Gesetz diese Rechte auch sonst oft nicht erwähnt. Doch verbietet sich deren Übergang nach § 401 I aus einem anderen Grund: Bei ihnen hat der Gläubiger einen treuhänderisch gebundenen Überschuss an Rechtsmacht; er kann mehr, als er im Innenverhältnis tun darf. Der fiduziarisch Berechtigte hat also eine Vertrauensstellung, derentwegen sich der in § 401 I vorgesehene automatische Personenwechsel verbietet. S. dazu auch PdW Schuldrecht I **Fall 161.** 803

Bei nichtakzessorischen Sicherungsrechten wie z. B. dem Sicherungseigentum oder einer Grundschuld kann allerdings der Zedent aus dem der Zession zugrundeliegenden Kausalverhältnis (z. B. Forderungskauf) schuldrechtlich verpflichtet sein, die fiduziarische Sicherheit auf den Zessionar zu übertragen. Dies

[13] BGHZ 72, 308, 310; *BGH* NJW 1999, 940; s. auch *BGH* NJW 2005, 1192.
[14] BGHZ 140, 175.
[15] *BGH* NJW 2000, 575; kritisch *Bartels,* JZ 2000, 608.

sowie die Frage, ob er dazu gegenüber seinem Sicherungsgeber berechtigt ist, ist eine solche der Vertragsauslegung, die nicht pauschal beantwortet werden kann.[16]

3. Hilfsansprüche

804 Nach §§ 402, 403 hat der Altgläubiger dem Neugläubiger bestimmte Hilfen zur Geltendmachung der Forderung zu leisten: Auskünfte zu erteilen, Beweismittel auszuliefern und eine öffentlich beglaubigte Abtretungsurkunde (vgl. § 410 und u. Rn. 826) auszustellen. An einem Schuldschein erwirbt der Neugläubiger das Eigentum schon nach § 952 I 1.

Bei den §§ 402, 403 ist zweifelhaft, ob es sich um Verpflichtungen aus einer Verfügung handelt (was ganz außergewöhnlich wäre) oder ob diese Pflichten aus dem Kausalgeschäft stammen. Für die erste Ansicht spricht, dass die §§ 402, 403 auch bei gesetzlichem Forderungserwerb gelten (§ 412). Doch hat die Frage keine Bedeutung: Wenn bei rechtsgeschäftlichem Erwerb das Kausalgeschäft nichtig ist, hätte der Altgläubiger gegen Ansprüche aus den §§ 402, 403 jedenfalls den Bereicherungseinwand. Denn dann wären die Ansprüche aus der Verfügung ebenso rechtsgrundlos erlangt wie das Recht, über das verfügt worden ist.

IV. Sonderformen und Abgrenzungen

1. Die Sicherungsabtretung

805 Wirtschaftlich enorme Bedeutung hat die Sicherungsabtretung (-zession), auch im Rahmen des **verlängerten Eigentumsvorbehalts** (vgl. BT Rn. 294): Zur Sicherung eines Kredits werden (meist künftige) Forderungen des Kreditschuldners auf den Kreditgläubiger übertragen. Der Kreditgläubiger erhält so weitere Schuldner neben dem ursprünglichen (vgl. u. Rn. 910). Dabei heißt der Übertragende Sicherungsgeber (= Altgläubiger) und der Empfänger Sicherungsnehmer (= Neugläubiger). Wozu der Sicherungsnehmer hinsichtlich der ihm übertragenen Forderungen im Verhältnis zum Sicherungsgeber berechtigt ist, insbesondere wann der Sicherungsnehmer sich an die Schuldner der abgetretenen Forderungen halten darf und wie die Forderungen wieder an den Sicherungsgeber zurückgelangen, ist regelmäßig in einem **Sicherungsvertrag** geregelt. Dort etwa vereinbarte Beschränkungen der Rechtsstellung des Sicherungsnehmers berühren aber dessen Rechte gegenüber den Schuldnern der abgetretenen Forderungen nicht: Diese Schuldner können also dem Sicherungsnehmer z. B. nicht entgegenhalten, der zu sichernde Kredit sei noch nicht fällig, so dass auch die sichernden Forderungen noch nicht verwertet werden dürften.

In der Praxis erfolgt eine solche Sicherungszession in aller Regel als sog. **„stille Zession“** (o. Rn. 787). Der Sicherungsnehmer (Zessionar) will nämlich in aller Regel die Forderung nicht selbst eintreiben, sondern diese nur dann gegen den Schuldner der abgetretenen Forderung geltend machen, wenn der Sicherungsgeber seine Verpflichtungen aus dem Kredit nicht erfüllt. Deshalb wird die Zession dem Schuldner der abgetretenen Forderung gar nicht mitgeteilt. Der Sicherungsgeber (Zedent) wird zugleich ermächtigt, die Forderung weiter im eigenen Namen geltend zu machen und gegebenenfalls einzuklagen (**Einziehungsermächtigung,** u. Rn. 807), denn nur so erlangt er ja die Mittel, um seinen Kredit zu tilgen.[17] Der Schuldner der sicherungshalber abgetretenen Forderung leistet dann nach §§ 362 II, 185 I befreiend an den Zedenten (dazu o. Rn. 252). Erst im „Krisenfall“, d. h. wenn der Sicherungsgeber (Zedent) seine Verpflichtungen aus dem Kredit nicht mehr erfüllt, wird der Sicherungsnehmer (Zessionar) die Einziehungsermächtigung widerrufen und die Forderung selbst geltend machen. Zugleich wird er dann zweckmäßiger Weise die Zession gegenüber dem Schuldner der abgetretenen Forderung offenlegen, um eine gutgläubige befreiende Leistung an den Zessionar nach § 407 zu verhindern (dazu u. Rn. 819 sowie BT Rn. 294).

[16] *BGH* NJW 1981, 1554 stützt einen solchen Anspruch für einen Fall der Legalzession nach § 426 II auf eine entsprechende Anwendung von § 401 I.

[17] *BGH* NJW 1999, 2110.

2. Die Inkassozession

Bei der gewöhnlichen Zession soll der Neugläubiger dasjenige, was er aufgrund der abgetretenen Forderung erlangt hat, behalten. Eine Forderung kann aber auch deshalb übertragen werden, damit der Neugläubiger sie im Interesse und für Rechnung des Altgläubigers geltend macht, also das mit der Forderung Erlangte an den Altgläubiger herausgibt (Inkassozession, unechtes Factoring). Vom Forderungskauf grenzt sich dies dadurch ab, dass der Zessionar nicht das wirtschaftliche Risiko der Beitreibung der Forderung trägt.[18] Eine solche Abtretung zum Inkasso entlastet den Altgläubiger von der Geltendmachung der Forderung (das ist z. B. der Zweck der ärztlichen Verrechnungsstellen, doch ist hier wegen des Arztgeheimnisses die Zustimmung des Patienten nötig[19]). Kausalgeschäft ist regelmäßig ein Geschäftsbesorgungsvertrag (§§ 675 I, 670); dort ist dann auch das Entgelt für die Inkassostelle geregelt. 806

Nach § 2 II 1 RDG liegt in diesem Inkassogeschäft eine nach § 3 RDG erlaubnispflichtige Rechtsdienstleistung. Verfügt der Zessionar nicht über eine solche Erlaubnis, so ist nicht nur der zugrundeliegende Geschäftsbesorgungsvertrag, sondern auch die Abtretung als solche nach § 134 nichtig.[20]

Dagegen ähnelt das (echte) **Factoring** mehr einem Forderungskauf, weil der Factor dort das Risiko einer Uneinbringlichkeit der Forderung übernimmt.[21]

3. Die Einziehungsermächtigung

Neben der Inkassozession und mit ähnlichem Zweck lässt die ganz h. M. auch eine Einziehungsermächtigung zu: Hier bleibt die Forderung bei dem ursprünglichen Gläubiger (also keine Zession); ein Dritter wird aber ermächtigt, die Forderung in eigenem Namen gegen den Schuldner geltend zu machen und notfalls einzuklagen. Der Schuldner wird nach §§ 362 II, 185 I durch Leistung an den ermächtigten Dritten befreit, s. dazu o. Rn. 252, 805 und BT Rn. 294. Die **prozessrechtliche Seite** der Einziehungsermächtigung ist die (gewillkürte) **Prozessstandschaft:** Ein fremder Anspruch soll in eigenem Namen eingeklagt werden dürfen. Voraussetzung dafür ist ein eigenes rechtsschutzwürdiges Interesse des Klägers an der Verfolgung des fremden Rechts.[22] Bei einer stillen Sicherungszession (o. Rn. 805) muss die Prozessstandschaft im Prozess nicht einmal offengelegt werden.[23] 807

4. Die Legalzession

Nach § 412 findet Zessionsrecht (mit Ausnahme der nicht passenden §§ 405, 411) auch bei der **gesetzlichen Forderungsübertragung** (Legalzession) Anwendung. Das hat angesichts der weiten Verbreitung der Legalzession (vgl. o. Rn. 779) erhebliche Bedeutung. Entsprechend gilt § 412 für die Forderungsübertragung durch Hoheitsakt (vgl. o. Rn. 780). Wichtig ist vor allem die Geltung der Vorschriften über den Schuldnerschutz (vgl. u. Rn. 810 ff.), insbesondere der §§ 404, 407: Der Schuldner behält seine Einwendungen und er wird geschützt, wenn er in Unkenntnis des Übergangs noch an den Altgläubiger leistet. 808

[18] S. *BGH* NJW 2015, 397 Rn. 7.
[19] BGHZ 116, 268; *Berger,* NJW 1995, 1584.
[20] *BGH* NJW 2015, 397 Rn. 7.
[21] Vgl. BT Rn. 1095 und etwa MünchKomm/*G. H. Roth,* § 398 Rn. 164 ff.
[22] BGHZ 100, 217, 218; speziell zur Sicherungszession *U. Huber,* JuS 2010, 582 ff.
[23] Vgl. *BGH* NJW 1999, 2110.

5. Die Übertragung anderer Rechte

809 Nach § 413 gilt das Zessionsrecht entsprechend für die Übertragung anderer Rechte, soweit nicht das Gesetz Abweichendes vorschreibt. Hier wird also § 398 (Rechtsübertragung durch bloße Einigung zwischen Veräußerer und Erwerber) sozusagen zum **Modell der Rechtsübertragung** erhoben. Freilich ist der Anwendungsbereich dieser Norm weniger bedeutend als die Ausnahmen durch besondere gesetzliche Bestimmungen: Insbesondere ist die Übertragung von Sachenrechten im 3. Buch des BGB und seinen Nebengesetzen abschließend geregelt; manche Familienrechte sowie Urheberrechte und viele Mitgliedschaftsrechte sind überhaupt nicht übertragbar. So bleiben für die Anwendung des § 413 hauptsächlich gewerbliche Schutzrechte (etwa Patent oder Marke), der Miterbenanteil (§ 2033 I) und bestimmte selbständige Gestaltungsrechte.

§ 60. Schuldnerschutz bei der Forderungsabtretung

Literatur: Vgl. o. vor Rn. 786 und grundlegend *von Olshausen,* Gläubigerrecht und Schuldnerschutz bei Forderungsübergang und Regreß, 1988, zudem *Backhaus,* Befreiende Leistung des „bösgläubigen" Schuldners im Fall des § 407 II BGB und verwandter Vorschriften?, JA 1983, 408; *Bentele,* Gesamtschuld und Erlass, 2006 (dazu *S. Meier,* AcP 207 (2007) 263); *P. Bydlinski,* Die Abtretungsanzeige des Zessionars nach deutschem und österreichischen Recht, FS Canaris, Bd. I, 2007, 83; *Haertlein,* Die Rechtsstellung des Schuldners einer abgetretenen Forderung, JuS 2007, 1063; *Hennrichs,* Gedanken zum Schuldner- und Gläubigerschutz bei der Abtretung, WM 1992, 85; *Hoenicke,* Die Anzeige der Forderungsabtretung nach § 409 BGB (1993); *Karollus,* Unbeschränkter Schuldnerschutz nach § 409 BGB?, JZ 1992, 557; *Kornblum,* Schuldnerschutz bei der Forderungsabtretung, BB 1981, 1296; *Kubis,* Schuldnerschutz bei Forderungsabtretung und Einziehungsermächtigung, 2012; *Kuhn,* Scheinvertrag und verdeckter Vertrag im Anwendungsbereich des § 405 BGB, AcP 208 (2008) 101; *G. C. Schwarz,* Schuldnerschutz durch § 406 BGB bei der Vorausabtretung, WM 2001, 2185; *ders.,* Zum Schuldnerschutz bei der Aufrechnung abgetretener Forderungen, AcP 203 (2003) 241; *Weimar,* Der Schuldnerschutz nach erfolgter Zession, MDR 1979, 283.

I. Der Grundsatz

810 Abgetreten wird eine Forderung nach § 398 durch Vertrag zwischen dem alten und dem neuen Gläubiger, also sozusagen über den Kopf des „abgetretenen Schuldners" *(debitor cessus)* hinweg. Konsequenterweise darf dessen rechtliche Stellung durch die Abtretung nicht verschlechtert werden. Das wollen außer dem Abtretungsverbot in § 399 Alt. 1 (vgl. o. Rn. 794) die §§ 404, 406ff. sichern.

Hinzunehmen hat der Schuldner dagegen regelmäßig diejenigen Unannehmlichkeiten, die sich für ihn aus dem Gläubigerwechsel überhaupt ergeben, etwa weil der neue Gläubiger weniger entgegenkommend ist als der alte. Hinzunehmen ist auch die zusätzliche Mühe, die dem Schuldner durch buchhalterische Arbeiten oder etwa die Änderung eines Dauerauftrags entsteht.[1] Da – freilich in den Grenzen von Treu und Glauben – auch **Teilzessionen zulässig** sind, können dem Schuldner durch die damit herbeigeführte Spaltung der Gläubigerposition sogar noch größere Mühen entstehen als durch einen bloßen Gläubigerwechsel.[2] Auch ist denkbar, dass bei dem neuen Gläubiger ein größerer Verzugsschaden als beim bisherigen Gläubiger entstehen

[1] Vgl. zu den Grenzen *Baumgärtel,* AcP 156 (1957) 265.
[2] Vgl. hierzu *Derleder,* AcP 169 (1969) 97.

kann.[3] Auch hiergegen ist der Schuldner nicht durchgängig geschützt. Es besteht also im Zessionsrecht **kein allgemeines Verschlechterungsverbot** für den Schuldner.

In Zweifel ist die Abtretbarkeit von Geldforderungen neuestens durch die **globale** 811
Krise der Finanzmärkte geraten. Diese Krise hat begonnen bei mangelhaft gesicherten Immobilienkrediten in den USA. Die Forderungen hieraus sind dann auch an Banken außerhalb der USA veräußert worden. Auch deutsche Banken haben Forderungen gegen deutsche Schuldner insbesondere aus sog. notleidenden Krediten *(„non performing loans")* an Zessionare verkauft, die mehr an einer schnellen Verwertung der Sicherheiten als an weiterer Kreditgewährung interessiert waren. Die Schuldner konnten dann von diesen Zessionaren zu Notverkäufen oder in die Zwangsvollstreckung gezwungen werden.

Hier ist die Wirksamkeit der Abtretungen mit sehr verschiedenen Argumenten bestritten worden.[4] Der BGH hat das aber nicht übernommen.[5] Die Problematik wird verstärkt, wenn bei einer sichernden Hypothek oder (viel häufiger) Grundschuld die Eintragung der schon geleisteten Tilgungsraten unterblieben ist; dann konnten die §§ 892, 1192 I zu einer Pflicht des Schuldners zu doppelter Zahlung führen. Dem sollte durch das **Risikobegrenzungsgesetz** aus dem Jahre 2008 entgegengewirkt werden. Durch dieses wurden u. a. eine Informationspflicht über die Abtretbarkeit von Darlehensforderungen (§ 492 Ia 3 a. F., heute Art. 247 § 9 I 2 EGBGB), eine Informationspflicht über die erfolgte Abtretung (§ 496 II) sowie eine Beschränkung des gutgläubigen einredefreien Erwerbs von Sicherungsgrundschulden (§§ 1192 I a) eingeführt.[6]

Wenn der Schuldner solche Unannehmlichkeiten vermeiden will, muss er mit dem Gläubiger einen Abtretungsausschluss nach § 399 Alt. 2 vereinbaren (vgl. o. Rn. 796). Freilich lassen sich Eingriffe Dritter durch Maßnahmen der Zwangsvollstreckung (Pfändung und Überweisung, vgl. o. Rn. 780) auch auf diese Weise nicht verhindern, § 851 II ZPO.

II. Einwendungen des Schuldners gegen die Forderung

1. Einwendungserhalt nach § 404

Die wichtigste Vorschrift des Schuldnerschutzes ist **§ 404.** Danach behält der Schuld- 812
ner trotz der Abtretung „alle Einwendungen, die zur Zeit der Abtretung gegen den bisherigen Gläubiger begründet waren".

Zu den schon zur Zeit der Abtretung begründeten Einwendungen gehört zweifelsfrei alles, was **zu dieser Zeit schon** dem Altgläubiger entgegengehalten werden konnte. Das gilt insbesondere für alle Einwendungen gegen das Entstehen der Forderung (z. B. wegen der Nichtigkeit des Vertrags, aus dem die Forderung hergeleitet wird). In Betracht kommen auch rechtshemmende Einwendungen, z. B. wegen einer schon damals eingetretenen Verjährung oder ein Zurückbehaltungsrecht nach § 273 (oben Rn. 222). Ebenso gehören hierhin alle Einwendungen, die mit der Herkunft der abgetretenen Forderung aus einem gegenseitigen Vertrag zusammenhängen, insbesondere die Einrede des nichterfüllten Vertrags nach § 320 (vgl. o. Rn. 238ff.).

---

[3] Allerdings kommt ein Verstoß gegen § 254 II in Betracht, wenn der neue Gläubiger den Schuldner nicht auf den infolge der Abtretung drohenden höheren Verzugsschaden hinweist, vgl. BGHZ 128, 371.

[4] Vgl. *Schwintowski/Schanz,* NJW 2008, 472.

[5] BGHZ 171, 180 Rn. 13ff.

[6] S. dazu *Nobbe,* ZIP 2008, 97.

813 Darüber hinaus hat die Rspr. § 404 weit ausgelegt: Die Vorschrift erfasse auch **erst nach der Abtretung eingetretene Umstände,** falls nur deren einwendungsbegründende Kraft für das Schuldverhältnis „in dessen Inhalt – unabhängig von der Abtretung – ihren Grund findet" (RGZ 124, 111, 124). So genügt etwa auch eine Verjährung, die sich erst nach der Abtretung vollendet (RGZ a. a. O.): Der Neugläubiger tritt also in die laufende Verjährung ein. Und nach BGHZ 58, 327 reicht auch ein erst nach der Abtretung entstandenes Zurückbehaltungsrecht (§ 273), wenn die abgetretene Forderung nicht vor der Entstehung dieses Zurückbehaltungsrechts geltend gemacht werden konnte. Gleiches gilt für eine z. Zt. der Abtretung bestehende Anfechtbarkeit nach §§ 119ff. Vgl. dazu PdW Schuldrecht I **Fall 162.**

2. Einwendung des Scheingeschäfts (§ 405)

814 Von der Regel des § 404 macht jedoch § 405 eine beschränkte Ausnahme (dazu bereits o. Rn. 790): Wenn der Schuldner über die abgetretene Forderung eine Urkunde (einen **Schuldschein**) ausgestellt hatte und die Forderung **unter Vorlage** dieser Urkunde abgetreten worden ist, soll der Schuldner gegenüber dem gutgläubigen Zessionar nicht mehr geltend machen dürfen, Eingehung oder Anerkennung der Forderung seien nur zum Schein erfolgt oder die Abtretung sei durch Vereinbarung ausgeschlossen. Danach bleiben also die Nichtigkeit des die Forderung begründenden Vertrags aus § 117 I oder ein vereinbarter Abtretungsausschluss (dazu u. Rn. 817) unerheblich. Hier werden die Interessen des redlichen Erwerbers denjenigen eines Schuldners vorgezogen, der wissentlich eine unrichtige Urkunde (einen **„Scheinschuldschuldschein"**) ausgestellt hat. Allerdings verlangt die h. M. für die Zurechnung dieses Rechtsscheins zu Recht, dass der „Scheinschuldner" die unrichtige Urkunde auch bewusst in den Verkehr gebracht hat.[7]

Nach h. M. handelt es sich bei § 405 um einen ausnahmsweise möglichen **gutgläubigen Erwerb** einer Forderung vom Nichtberechtigten (vgl. o. Rn. 790) und nicht lediglich um einen Einwendungsausschluss. Deshalb kommt es, wenn der erste Erwerber die Forderung weiter abtritt, auf die Voraussetzungen des § 405 nicht mehr an.[8] Der Zweiterwerb ist also auch dann wirksam, wenn dieser zweite Erwerber unredlich ist oder wenn ihm die Urkunde nicht vorgelegt wurde. Allerdings leben die Einwendung aus § 117 I nach § 242 wieder auf, wenn der erste Erwerber die Forderung an den Veräußerer zurückabtritt.[9]

815 Eine Erweiterung des § 405 auf andere Einwendungen als die aus § 117 I (und die u. Rn. 817 genannte) dürfte regelmäßig nicht in Betracht kommen: Das Fehlen solcher Einwendungen (etwa der Einrede des nichterfüllten Vertrags nach § 320) wird durch einen hierüber schweigenden Schuldschein weniger sicher gemacht als das Bestehen der Forderung überhaupt. Dagegen kann unabhängig von § 405 jede Einwendung verlorengehen, wenn der Schuldner auf eine entsprechende Frage des Gläubigers die Forderung wissentlich unrichtig als einredefrei bezeichnet. Man kann das als Verzicht des Schuldners auf die Einrede oder als deklaratorisches Anerkenntnis auffassen (vgl. BT Rn. 1048f.).

[7] *Looschelders,* AT, Rn. 1204; MünchKomm/*Roth,* § 405 Rn. 6.

[8] So die h. M., vgl. Staudinger/*Busche,* § 405 Rn. 20; Palandt/*Grüneberg,* § 405 Rn. 4; MünchKomm/*Roth,* § 405 Rn. 8.

[9] Vgl. *Scheyhing/Pöggeler,* in: K.W. Nörr/Scheyhing/Pöggeler, Sukzession, 2. Aufl., 1999, S. 73; Staudinger/*Busche,* § 405 Rn. 20; a. A. MünchKomm/*Roth,* § 405 Rn. 8.

Eine analoge Anwendung von § 405 ist aber anerkannt, wenn eine (tatsächlich bestehende) Forderung nur zum Schein abgetreten wurde, über die Abtretung eine Urkunde ausgestellt wurde und der (scheinbare) Erwerber die Forderung unter Vorlage der Urkunde weiter abtritt.[10]

III. Einwendungen des Schuldners gegen die Wirksamkeit der Abtretung

Der Schuldner darf sich jederzeit auf die **Unwirksamkeit der Abtretung** berufen. Dahin gehört insbesondere die Nichtigkeit des Abtretungsvertrags. Dagegen ist die Unwirksamkeit des der Abtretung zugrunde liegenden Kausalgeschäfts (z. B. Forderungskauf) für den Schuldner regelmäßig unerheblich: Diese Unwirksamkeit beeinflusst nach dem Abstraktionsprinzip die Wirksamkeit der Abtretung nicht (vgl. o. Rn. 789). 816

Ähnlich wie oben Rn. 802 bringt auch hier **§ 405** eine Ausnahme: Auf die Unwirksamkeit der Abtretung nach § 399 Alt. 2 (vgl. o. Rn. 796) soll sich der Schuldner gegenüber einem redlichen Erwerber nicht berufen dürfen, wenn dieser auf eine vom Schuldner ausgestellte Urkunde vertraut hat, die das Abtretungsverbot nicht erkennen ließ. Die Einzelprobleme entsprechen hier denen beim Scheingeschäft (vgl. o. Rn. 814ff.). 817

IV. Einwendungen des Schuldners aus Umständen nach der Abtretung

Die Abtretung braucht nach § 398 dem Schuldner nicht mitgeteilt zu werden. Daher besteht insbesondere die Gefahr, dass der Schuldner in Unkenntnis der Abtretung nach dieser noch an den Altgläubiger leistet. Hier und in ähnlichen Situationen gewähren die (nicht ganz leicht zu verstehenden) §§ 406–409 I Schutz. 818

1. Befreiende Leistung an den Altgläubiger und Rechtsgeschäfte „in Ansehung der Forderung" (§ 407)

Leistet der Schuldner an den Altgläubiger, ohne dass dieser zur Einziehung der Forderung ermächtigt ist, so tritt weder nach § 362 I noch nach § 362 II Befreiungswirkung ein. Das ist vor dem Hinter-grund der Tatsache, dass der Schuldner an der Zession weder mitwirkt noch diese ihm mitgeteilt werden muss, eine evidente Härte. Hiervor schützt § 407 den gutgläubigen Schuldner: Eine Leistung an den bisherigen Gläubiger hat Befreiungswirkung, sofern nicht der neue Gläubiger darlegt und beweist, dass der Schuldner bei der Leistung **positive Kenntnis** von der Abtretung hatte (auch grobe Fahrlässigkeit schadet nicht!). Es ist also im Interesse des Zessionars, dem Schuldner von der Abtretung in Kenntnis zu setzen, um diesen Effekt zu verhindern. 819

§ 407 gilt über die Bewirkung von Leistungen hinaus auch für **Rechtsgeschäfte,** die der bisherige Gläubiger mit dem Schuldner nach der Abtretung „in Ansehung der Forderung" vornimmt. Das erfasst etwa Stundungsvereinbarungen, Aufrechnungs- und Erlassverträge oder eine Leistung an Erfüllungs statt. Auch **einseitige Rechtsgeschäfte** wie z. B. eine **Aufrechnung** (sowohl seitens des Altgläubigers als auch des Schuldners gegenüber diesem) fallen unter § 407 I (zur Aufrechnung gegenüber dem Neugläubiger s. unten Rn. 828ff.). 820

Nach dem Schutzzweck der Regelung werden allerdings nur dem Schuldner günstige Rechtsgeschäfte erfasst. Eine Mahnung oder Kündigung seitens des Altgläubigers bleiben mangels Forderungsinhaberschaft unwirksam. Auch eine Hemmung oder ein Neubeginn der Verjährung (z. B. durch Anerkenntnis des Schuldner gegenüber dem Altgläubiger, § 212 I Nr. 1) werden nicht von § 407 I erfasst.

---

[10] RGZ 90, 273; *Looschelders,* AT, Rn. 1204.

821 § 407 II ergänzt diesen Schutz für die Prozessführung: Wenn der Schuldner, noch bevor er von der Abtretung erfahren hat, vom Altgläubiger verklagt wird, wirkt das Urteil auch gegen den Neugläubiger. Kennt dagegen der Schuldner bei der Klagerhebung die Abtretung schon, so kann er durch die Verteidigung mit eben dieser Abtretung ohne weiteres die Klage zu Fall bringen. Wird die Forderung erst nach der Klagerhebung abgetreten, so bleibt der Altgläubiger für die Prozessführung nach § 265 ZPO zuständig; die Urteilswirkung gegen den Neugläubiger folgt dann aus § 325 ZPO.[11]

822 Rechtsfolge von § 407 ist in seinen beiden Absätzen jeweils, dass der Neugläubiger die genannten Umstände „gegen sich gelten lassen" muss. Daraus wird geschlossen, dass § 407 nur wirkt, wenn der Schuldner sich auf dessen Rechtsfolgen beruft.[12] Somit hat der **Schuldner ein Wahlrecht:** Hat er z. B. vor Kenntnis von der Abtretung an den Altgläubiger gezahlt, so kann er sich entweder dem Neugläubiger gegenüber auf die Befreiung nach §§ 407 I, 362 I berufen (der so um seine Forderung gebrachte Neugläubiger muss sich dann an den Altgläubiger halten, etwa aus § 816 II). Der Schuldner kann aber auch ungeachtet des § 407 I seine Leistung an den Altgläubiger im Wege der Leistungskondiktion zurückfordern (§ 812 I 1 Alt. 1), muss dann freilich an den Neugläubiger leisten. Diese zweite Möglichkeit wird dem Schuldner gelegen kommen, wenn er seine Verbindlichkeit gegenüber dem Neugläubiger durch Aufrechnung mit einer Forderung erledigen kann, deren Durchsetzung sonst schwierig wäre. S. dazu auch PdW Schuldrecht I **Fälle 166, 167.**

2. Mehrfache Abtretung (§ 408)

823 § 408 I erweitert den § 407 auf den Fall einer mehrfachen Abtretung: Wenn z. B. G seine Forderung gegen S zunächst (wirksam) an A abgetreten hat und sie später noch einmal an B abtritt, ist diese zweite Abtretung – weil von einem Nichtgläubiger vorgenommen – unwirksam (Prioritätsprinzip, o. Rn. 791). Gläubiger des S bleibt also A. Wenn aber S nur die Abtretung an B kennt, soll er sich nach § 408 I dem A gegenüber wegen der mit B hinsichtlich der Forderung durchgeführten Maßnahmen (Erfüllung usw.) auf § 407 berufen dürfen.

824 § 408 II erweitert den § 408 I auf Fälle des Forderungsübergangs durch Zwangsvollstreckung oder kraft Gesetzes (vgl. o. Rn. 779f.): Auch hier wird das Vertrauen des Schuldners in die Wirksamkeit des Übergangs geschützt, wenn diese daran scheitert, dass der erste Gläubiger die Forderung schon „still" an einen anderen abgetreten hatte.

Beispiele: G tritt seine Forderung gegen S zunächst an A ab, ohne dass S davon erfährt. Später pfändet B aufgrund eines Titels gegen G dessen Forderung und lässt sie sich überweisen; der Pfändungs- und Überweisungsbeschluss wird dem S nach §§ 829, 835 ZPO zugestellt (in diesen Vorschriften heißt S „Drittschuldner"). Hier sind Pfändung und Überweisung unwirksam, weil nicht mehr G Gläubiger war, sondern A. Trotzdem wird S bei einer Leistung an B nach § 408 II geschützt: S muss also nicht nochmals an A leisten.

3. Unrichtige Abtretungsanzeige oder -urkunde (§ 409)

825 § 409 I erstreckt den Schuldnerschutz auf eine ausdrückliche Abtretungsanzeige des (wahren) Gläubigers: Dieser soll die Anzeige auch dann gegen sich gelten lassen müssen, wenn die Abtretung nicht erfolgt oder unwirksam ist. Wenn der Schuldner dann

[11] S. dazu *M. Huber,* JuS 2010, 582.
[12] BGHZ 52, 150, 153.

an den (vermeintlichen) Neugläubiger leistet, wird er nach §§ 409 I, 362 I befreit. Dieser Anzeige direkt an den Schuldner steht eine Urkunde gleich, die der Gläubiger dem (angeblichen) Neugläubiger ausstellt und die dieser dann dem Schuldner vorlegt. In § 409 I geht es also gewissermaßen um den Gegenfall zu §§ 407, 408: Dort kennt der Schuldner die wirksame Abtretung nicht, bei § 409 I dagegen ist ihm eine nicht wirksame Abtretung mitgeteilt worden.

Eine befreiende Leistung nach § 409 setzt allerdings voraus, dass der (vermeintliche) Zessionar tatsächlich Gläubiger der Forderung war und über diese auch verfügen konnte. Sie kommt deshalb nicht zur Anwendung, wenn der angezeigten Abtretung ein Abtretungsverbot (o. Rn. 793ff) entgegenstand oder der Gläubiger z. B. wegen der Eröffnung eines Insolvenzverfahrens gem. §§ 21 II Nr. 2, 24, 81 InsO über die Forderung nicht mehr verfügen konnte.[13]

Nach dem Wortlaut des § 409 I wird der Schuldner auch dann geschützt, wenn er die **Unrichtigkeit der Anzeige oder der Urkunde kennt.** Das wird auch in der Rspr. mehrfach betont.[14] Dieser weite Schuldnerschutz hat für alle diejenigen Fälle guten Sinn, in denen der Schuldner Schwierigkeiten haben könnte, die Unrichtigkeit nachzuweisen: Dann soll er sich auf denjenigen Standpunkt stellen dürfen, der sich aus der Mitteilung des Gläubigers ergibt. Hat aber der Schuldner solche Beweisschwierigkeiten nicht zu fürchten, so wird ihm der Schutz des § 409 I zu versagen sein.[15]

4. Leistung nur gegen Aushändigung einer Abtretungsurkunde oder Vorliegen einer Abtretungsanzeige (§ 410)

In diesen Kontext gehört auch die Regelung des § 410: Da der Schuldner an der Abtretung nicht beteiligt ist und ihm diese auch nicht angezeigt werden muss, kann er, wenn **826**
er von dem neuen Gläubiger in Anspruch genommen wird, häufig nicht sicher sein, ob tatsächlich eine Abtretung erfolgt ist („da könnte ja jeder kommen …"). Liegt sie tatsächlich nicht vor, wird er durch die Leistung an den (nur scheinbaren) Neugläubiger nicht nach § 362 I befreit, weil er nicht an den Gläubiger geleistet hat und muss erneut leisten. Will er dieses Risiko nicht eingehen, liegt aber tatsächlich eine wirksame Abtretung vor, riskiert er u. a., gegenüber dem Neugläubiger in Verzug (§ 286) zu geraten. Vor diesem Dilemma schützt ihn § 410 I[16]: Der Schuldner muss an den neuen Gläubiger nur gegen Aushändigung einer Abtretungsurkunde leisten (wobei wohl eine Fotokopie derselben ausreichen dürfte[17]). Legt der neue Gläubiger diese vor, ist der Schuldner auch im Fall der Unwirksamkeit der Abtretung durch § 409 I 2 geschützt. Da dieser Schutz nach § 409 I 1 auch eingreift, wenn die Abtretung dem Schuldner vom Altgläubiger angezeigt wurde, ist es nur konsequent, dass der Schuldner in diesem Fall nicht die Aushändigung einer Abtretungsurkunde verlangen kann (§ 410 II).

§ 410 begründet aber keinen Anspruch auf Aushändigung einer Abtretungsurkunde, sondern stellt nach richtiger Auffassung eine **Einrede** des Schuldners „eigener Art" dar, die dieser geltend machen muss und analog § 274 zur Leistung Zug-um-Zug führt. Der Neugläubiger muss also nicht etwa unaufgefordert eine Abtretungsurkunde aushändigen, um die Forderung geltend machen zu können.[18] Die Erhebung der

---

[13] *BGH* NJW-RR 2012, 1130 Rn. 12.

[14] Etwa RGZ 126, 183, 185; BGHZ 29, 76, 82.

[15] Vgl. *Backhaus,* JA 1983, 408; *Karollus,* JZ 1992, 557.

[16] *BGH* NJW 2012, 3426 Rn. 13.

[17] Offen gelassen in *BGH* NJW 2012, 3426 Rn. 16; a. A. Staudinger/*Busche,* § 410 Rn. 6; MünchKomm/*Roth,* § 410 Rn. 5; wie hier *BAG* WM 1968, 1047, 1049.

[18] *BGH* NJW 2007, 1269.

Einrede durch den Schuldner kann im Einzelfall treuwidrig sein (§ 242), wenn dessen anderweitige Inanspruchnahme durch den Zedenten nach Lage des Falles sicher ausgeschlossen ist.

827 Ebenfalls aus der geschilderten Ungewissheit des Schuldners erklärt sich § 410 I 2: Danach ist eine Kündigung oder Mahnung des Neugläubigers nach § 410 I 2 unwirksam, wenn dieser dabei keine Abtretungsurkunde vorlegt und der Schuldner die Kündigung bzw. Mahnung aus diesem Grund unverzüglich zurückweist.

5. Erhalt der Aufrechnungsmöglichkeit (§ 406)

828 Nach § 406 bleibt dem Schuldner unter bestimmten Voraussetzungen auch die Möglichkeit erhalten, mit einer Forderung gegen den Altgläubiger auch **dem Neugläubiger gegenüber** aufzurechnen und die abgetretene Forderung so nach § 389 zum Erlöschen zu bringen. Es handelt sich dabei um eine Ausnahme des Erfordernisses der Wechselseitigkeit der Forderungen bei der Aufrechnung (dazu o. Rn. 294).

Der Unterschied zu § 407 I besteht dabei darin, dass es nicht darum geht, ob der Neugläubiger eine gegenüber oder vom Altgläubiger erklärte Aufrechnung gegen sich gelten lassen muss (dazu o. Rn. 820), sondern darum, ob der Schuldner mit einer Forderung gegen den Altgläubiger auch **gegenüber dem Neugläubiger** aufrechnen kann.

829 Die Regelung ist nicht ganz einfach zu verstehen. Sie wird aber klarer, wenn man sich ihren **Zweck** vor Augen führt. Dieser besteht in allen Fallgruppen darin, dem Schuldner auch bei Kenntnis der Abtretung die Aufrechnung gegenüber dem Neugläubiger mit einer Gegenforderung gegen den Altgläubiger immer dann zu gestatten, wenn er ohne die Abtretung der gegen ihn gerichteten Hauptforderung damit rechnen durfte, diese nicht erfüllen zu müssen, sondern durch Aufrechnung tilgen zu können.[19] Das ist dann der Fall, wenn der Schuldner schon vor der Abtretung hätte aufrechnen können (a) oder beim Erwerb seiner Forderung gegen den Altgläubiger die bereits vorher erfolgte Abtretung nicht kannte und deshalb glauben durfte, damit aufrechnen zu können (b).

a) Erhalt der vor der Abtretung bestehenden Aufrechnungslage

830 In der ersten Fallgruppe des § 406 geht es nicht um das Fehlen der Kenntnis des Schuldners von der Abtretung, sondern darum, dem Schuldner die zur Zeit der Abtretung begründete **Aufrechnungslage** zu erhalten. Nach § 406 kann der Schuldner also auch bei Kenntnis der erfolgten Abtretung gegenüber dem Neugläubiger mit einer ihm gegen den Altgläubiger zustehenden Forderung aufrechnen. § 406 ergänzt insoweit § 404.

Eine Ausnahme von der Aufrechnungsbefugnis macht der Schluss von § 406: Wenn die Forderung des Schuldners später als die abgetretene Forderung fällig geworden ist, konnte sich der Schuldner schon vor der Abtretung nicht auf die Aufrechnung gegenüber dem damaligen Gläubiger verlassen (o. Rn. 829). Dieser hätte nämlich die Forderung gegen ihn geltend machen können, ohne dass der Schuldner hätte aufrechnen können (weil seine sog. Aktivforderung zu diesem Zeitpunkt noch nicht fällig war, s. dazu o. Rn. 296). Daher soll er hier gegenüber dem Neugläubiger dieselbe Zahlungspflicht haben, mit der er auch dem Altgläubiger gegenüber rechnen musste. S. dazu auch PdW Schuldrecht I **Fälle 163 – 165.**

---

[19] *BGH* NJW 2013, 2592 Rn. 12.

b) Erwerb der Gegenforderung in Unkenntnis der Abtretung

In der zweiten Fallgruppe des § 406 kommt die mangelnde Kenntnis des Schuldners von der Abtretung (auch aus einer Vorausabtretung[20]) ins Spiel. Solange diese Unkenntnis dauert, kann der Schuldner bereits nach § 407 I noch **gegenüber dem Altgläubiger** aufrechnen (o. Rn. 820). Das setzt aber voraus, dass er zum Zeitpunkt der Aufrechnungs*erklärung* die Abtretung nicht kannte. Nach § 406 kann der Schuldner aber auch bei zwischenzeitlicher Kenntnis der Abtretung noch die Aufrechnung erklären, wenn er die Abtretung beim **Erwerb** der Forderung, mit der er jetzt aufrechnen will, nicht gekannt hat. Hier hat also die Aufrechnungslage bei der Abtretung noch gar nicht bestanden. Der Schuldner hat aber beim Erwerb seiner Gegenforderung gegen den Altgläubiger darauf vertrauen dürfen, mit dieser im Wege der Aufrechnung die Forderung des Altgläubigers tilgen zu können. 831

Auch hier passt die Ausnahme des § 406 a. E.: Wenn die Forderung des Schuldners erst nach der Erlangung der Kenntnis (von der Abtretung) und erst später als die abgetretene Forderung fällig geworden ist, hat er nicht damit rechnen dürfen, diese zur Aufrechnung gegenüber dem Altgläubiger einsetzen zu können (o. Rn. 829).

Dass die Ausnahme von der Aufrechnungsbefugnis zusätzlich auch an die Reihenfolge von Kenntniserlangung und Fälligkeit geknüpft wird, gibt dagegen vom Schutzzweck des § 406 her keinen rechten Sinn.[21] Ebenso ist wenig einsichtig, warum § 406 auch für den nachträglichen Erwerb einer Forderung *kraft Gesetzes* gelten soll, der ja regelmäßig nicht durch ein Vertrauen des Schuldners veranlasst wird. In beiden Punkten begünstigt der Wortlaut der Vorschrift den Schuldner stärker, als es ihr Sinn erfordert.

§ 61. Die Schuldübernahme

Literatur: *O. von Gierke,* Schuldnachfolge und Haftung, FS von Martitz, 1911, 33; *Grigoleit/Herresthal,* Die Schuldübernahme, Jura 2002, 393; *Maurer,* Schuldübernahme (rechtsvergleichend), 2010; *K. W. Nörr,* in: Scheyhing/Pöggeler, Sukzessionen, 2. Aufl., 1999, 222–253; *Redick,* Haftungsbegründung und Schuldbefreiung bei §§ 415, 416 BGB, 1991; *Rimmelspacher,* Schuldübernahmetheorien und Anfechtbarkeit der befreienden Schuldübernahme, JR 1969, 201.

I. Zustandekommen

1. Mitwirkung des Gläubigers

Dass und warum die (befreiende) Schuldübernahme nicht einfach parallel zur Forderungsabtretung (§ 398) durch Vertrag zwischen dem Altschuldner und dem Übernehmer vereinbart werden kann, ist schon oben Rn. 782 begründet worden: Da der Wert einer Forderung vom Schuldner abhängt, werden durch dessen Auswechslung auch die Interessen des Gläubigers berührt. Daher bedarf es zur Schuldübernahme einer Mitwirkung des Gläubigers. Für diese kennt das BGB zwei Formen (s. dazu auch PdW Schuldrecht I **Fall 169**): 832

a) Vertrag zwischen Gläubiger und Übernehmer (§ 414)

Der **Gläubiger** kann den Schuldübernahmevertrag mit dem Übernehmer selbst schließen, § 414. Eine Mitwirkung des Altschuldners ist hier unnötig. Ob dieser die ohne sein Zutun erworbene Schuldbefreiung wenigstens nachträglich analog § 333 zurückweisen kann, ist str., aber wohl zu verneinen; vgl. oben Rn. 61. 833

[20] *BGH* NJW 2002, 2865.
[21] Vgl. MünchKomm/*G. H. Roth,* § 406 Rn. 10.

Diese Art der Schuldübernahme kommt nur selten vor. Denn wenn die Schuldbefreiung keine Schenkung des Übernehmers an den Altschuldner darstellen soll, muss der Übernehmer ein Entgelt erhalten. Dieses wird regelmäßig von dem befreiten Altschuldner stammen; schon zum Abschluss des die Entgeltsvereinbarung enthaltenden Grundgeschäfts (vgl. u. Rn. 835ff.) müssen also Altschuldner und Übernehmer ohnehin zusammenwirken.

b) Vertrag zwischen Altschuldner und Übernehmer (§ 415)

834 Die Schuldübernahme kann auch – und das geschieht regelmäßig – zwischen dem Altschuldner und dem Übernehmer vereinbart werden. Ihre Wirksamkeit verlangt dann aber eine **Genehmigung des Gläubigers,** §§ 415 I 1, 182, 184. Dabei sollen es die Schuldner in der Hand behalten, wann sie die zur endgültigen Wirksamkeit führende Genehmigung des Gläubigers herbeiführen wollen: Nach § 415 I 2, 3 kann der Gläubiger den Übernahmevertrag zwischen den Schuldnern nicht schon genehmigen, wenn er irgendwie davon erfahren hat. Vielmehr bedarf es zunächst einer (bis zur Genehmigung nicht bindenden) **Mitteilung** durch einen der Schuldner. Und § 415 II 2 gestattet es, durch Fristsetzung eine rasche Entscheidung des Gläubigers über die Genehmigung herbeizuführen. An die Bejahung eines konkludent erklärten Einverständnisses des Gläubigers sind strenge Anforderungen zu stellen.[1]

Für den praktisch bedeutsamsten Fall der befreienden Schuldübernahme erleichtert **§ 416** die Herbeiführung der Genehmigung des Gläubigers: Es wird ein Grundstück (regelmäßig kaufweise) veräußert, das mit einer **Hypothek** zur Sicherung einer Verbindlichkeit des Veräußerers belastet ist. Dabei wird der Erwerber die Schuld häufig übernehmen wollen, um den in bar aufzubringenden Kaufpreisteil niedriger zu halten. Weil die Verbindlichkeit meist schon durch die Hypothek hinreichend zuverlässig gesichert ist, kommt es dem Gläubiger auf die Person des Schuldners oft nicht mehr wesentlich an. Daher kann das BGB hier das sechs Monate dauernde Schweigen des Gläubigers als Genehmigung deuten, § 416 I 2. Diese Frist beginnt mit einer schriftlichen, auf die Rechtslage hinweisenden Mitteilung des Veräußerers, die nach der Eintragung des Erwerbers ins Grundbuch erfolgen muss. – Wegen der Gleichheit der Interessenlage kann man die in § 416 auf die Hypothek beschränkte Regelung auf die **Sicherungsgrundschuld** entsprechend anwenden.[2]

Nach h. M. ist die Mitteilung bei §§ 415 I 2, 416 eine **rechtsgeschäftsähnliche Handlung;** die Vorschriften über Willenserklärungen gelten entsprechend. Für die Genehmigung durch den Gläubiger gelten diese Vorschriften direkt.

Heftig umstritten ist, unter welchen Voraussetzungen der vom Altschuldner arglistig getäuschte Übernehmer die Schuldübernahme nach § 123 anfechten kann, wenn diese bereits vom Gläubiger genehmigt wurde. Die h. M. lässt hier eine Anfechtung unabhängig von der Einschränkung des § 123 II zu.[3] Die (zutreffende) Gegenansicht will dagegen die Anfechtung davon abhängig machen, ob der Gläubiger die Täuschung durch den Altschuldner kannte oder kennen musste (§ 123 II).[4] Sie begründet dies damit, dass auch bei einer Schuldübernahme nach § 414 die Anfechtung nur bei Bösgläubigkeit des Gläubigers möglich sei. S. dazu PdW Schuldrecht I **Fall 170.**

---

[1] *BGH* NJW 1983, 678.

[2] MünchKomm/*Bydlinski,* § 416 Rn. 4 m.w.N. auch zur Gegenansicht.

[3] BGHZ 31, 321, 327f.; *Looschelders,* AT, Rn. 1248; MünchKomm/*Bydlinski,* § 416 Rn. 17.

[4] *Grigoleit/Herresthal,* Jura 2002, 400.

2. Schuldübernahme und Grundgeschäft

Wie schon oben Rn. 833 gesagt, besteht neben der Schuldübernahme regelmäßig ein Grundgeschäft zwischen Alt- und Neuschuldner. In dem wichtigen Fall von § 416 ist das die Verrechnungsabrede in dem Kaufvertrag (z. B.: Der Kaufpreis beträgt 300.000,– €; da der Käufer eine Schuld des Verkäufers von 100.000,– € übernimmt, bleiben nur noch 200.000,– € zu zahlen). 835

Die Schuldübernahme enthält nach richtiger Ansicht neben einer Verpflichtung des Neuschuldners eine **Verfügung des Gläubigers** über die Forderung[5]: Der Schuldnerwechsel bedeutet eine Inhaltsänderung. Bei der Schuldübernahme nach § 414 nimmt der Gläubiger diese Verfügung selbst vor; bei der Schuldübernahme nach § 415 verfügt der Altschuldner als Nichtberechtigter, und diese Verfügung wird dann nach § 185 II 1 Fall 1 durch die Genehmigung des berechtigten Gläubigers wirksam. 836

Das **Verhältnis zwischen** dem **Grundgeschäft** und der **Verfügung** wird ebenso wie bei der Forderungsabtretung (vgl. o. Rn. 789) durch das **Abstraktionsprinzip** bestimmt: Die Unwirksamkeit des Grundgeschäfts (z. B. die Nichtigkeit des Grundstückskaufs mit der Verrechnungsabrede) allein beeinträchtigt die Schuldübernahme nicht. In diesem Sinn sagt auch § 417 II noch ausdrücklich, aus dem Grundverhältnis zwischen Alt- und Neuschuldner könnten keine Einwendungen gegenüber dem Gläubiger hergeleitet werden. Vielmehr muss dann der Neuschuldner vom Altschuldner den Wert der Befreiung, die dieser rechtsgrundlos erlangt hat, nach §§ 812 I 1 Alt. 1, 818 II ersetzt verlangen. 837

Nach der Rspr. soll eine nach § 415 I 1 vorgenommene Schuldübernahme zusammen mit dem Grundgeschäft ein **einheitliches Geschäft** bilden können[6]; dann soll die Unwirksamkeit des Grundgeschäfts nach § 139 auch die Schuldübernahme ergreifen. Doch lässt sich eine solche Ausnahme vom Abstraktionsprinzip nicht ohne weiteres bejahen. Zu prüfen bleibt aber (wie stets im Verhältnis Verpflichtung – Verfügung) **Fehleridentität;** nämlich ob derselbe Grund, der die Wirksamkeit der Verpflichtung hindert, auch der Verfügung entgegensteht.[7] Das war in dem vom BGH entschiedenen Fall wohl zu bejahen, weil dort die arglistige Täuschung des Neuschuldners durch den Altschuldner auch die Mitwirkung des Neuschuldners an der Verfügung bewirkt hatte.

II. Wirkungen

1. Übergang der Schuldnerstellung

Die Schuldübernahme bewirkt, dass der **Neuschuldner** dem Gläubiger **ebenso schuldet,** wie es der Altschuldner täte. Daher kann nach § 417 I 1 der Neuschuldner dem Gläubiger die **Einwendungen des Altschuldners** entgegensetzen. Nur soll der Neuschuldner nach § 417 I 2 eine dem Altschuldner zustehende Forderung nicht aufrechnen können: Hierdurch würde sich der Neuschuldner nämlich mit Mitteln des Altschuldners befreien, was regelmäßig durch das Grundverhältnis der Schuldübernahme nicht gedeckt ist. 838

[5] Vgl. *Larenz,* SAT, § 35 I a, 603 f; *Looschelders,* AT, Rn. 1234.
[6] Etwa BGHZ 31, 321, 323.
[7] Vgl. *Medicus,* BGB AT, Rn. 231 ff.

Stets berufen kann sich der Neuschuldner auf **Mängel der Schuldübernahme** selbst (bei Vorliegen solcher Mängel ist er eben nicht Schuldner geworden). Zudem kann der Neuschuldner **eigene Einwendungen** gegen den Gläubiger haben, z. B. mit einer ihm gegen den Gläubiger zustehenden Forderung aufrechnen oder deswegen ein Zurückbehaltungsrecht ausüben.

2. Erlöschen von Sicherheiten

839 Nach § 418 I 1, 2 **erlöschen** die für die Forderung bestellten **Bürgschaften** und **Pfandrechte. Hypotheken** werden wie bei einem Verzicht (§ 1168 I) vom Eigentümer erworben. Das erklärt sich aus der Interessenlage des Sicherungsgebers: Dieser hat das Risiko der Sicherheit im Hinblick auf die Person des Schuldners übernommen. Wechselt dieser, so darf das geänderte Risiko dem Sicherungsgeber nicht ohne weiteres zugemutet werden. Dieser Rücksicht bedarf es nicht, wenn die Sicherheit von dem Alt- oder dem Neuschuldner selbst stammt (so bei § 416) oder wenn der Sicherungsgeber in die Schuldübernahme einwilligt, § 418 I 3. Ein mit der Forderung verbundenes Vorrecht in der Insolvenz erlischt freilich zwingend, § 418 II.

Str. ist, ob man § 418 I auf **gesetzliche Sicherheiten** (sie sind nicht „bestellt"!) erweitern kann. Das sollte bejaht werden, wenn der Sicherungsgeber – ebenso wie bei „bestellten" Sicherungen – in der Wahl des Schuldners frei ist (z. B. bei §§ 566 II, 578)[8].

III. Die Erfüllungsübernahme

840 Wenn der Gläubiger eine zwischen Alt- und Neuschuldner vereinbarte Schuldübernahme nicht genehmigt, kann der Altschuldner nicht befreit werden. § 415 III lässt die Vereinbarung aber doch nicht völlig ohne Wirkung: Vielmehr soll „im Zweifel" (Auslegungsregel!) der (verhinderte) Übernehmer dem (bleibenden) Schuldner gegenüber zur Befriedigung des Gläubigers verpflichtet sein. Man nennt das eine Erfüllungsübernahme. § 329 stellt für eine vereinbarte Erfüllungsübernahme die Auslegungsregel auf, der Gläubiger solle aus ihr keinen Anspruch gegen den Übernehmer haben; es soll also kein echter Vertrag zugunsten Dritter vorliegen (vgl. u. Rn. 811). Gleiches gilt um so eher für die durch Umdeutung gewonnene Erfüllungsübernahme in § 415 III: Wenn der Gläubiger einen Anspruch gegen den Übernehmer will, mag er genehmigen; ohne diese Genehmigung wirkt die Erfüllungsübernahme nur im Innenverhältnis zwischen Schuldner und Übernehmer.

§ 62. Die Vertragsübernahme

Literatur: Grundlegend *Pieper,* Vertragsübernahme und Vertragsbeitritt, 1963 (dazu *Fabricius,* JZ 1967, 144); zudem *Belling/Collas,* Der Schutz der Arbeitnehmer vor den haftungsrechtlichen Folgen einer Betriebsaufspaltung, NJW 1991, 1919; *Bork,* Arbeitnehmerschutz bei der Betriebsaufspaltung, BB 1989, 2181; *Demelius,* Vertragsübernahme, IherJb. 72 (1922) 241; *Emmerich,* Die Anfechtung der Vertragsübernahme, JuS 1998, 495; *Feudner,* Deutsches Arbeitsrecht und Standort Deutschland – Zum Schutzzweck des § 613a BGB, DB 1996, 830; *Ficker,* Vertragsübernahme und droits relatifs au bien, AcP 165 (1965) 32; *Gaul,* Die rechtsgeschäftliche Grundlage eines Betriebsübergangs nach § 613a BGB, ZIP 1989, 757; *Hanau,* Perversion und Prävention bei § 613a BGB, ZIP 1998, 1817; *Henssler,* Aktuelle Probleme des Betriebsübergangs, NZA 1994, 913; *Gaul/Otto,* Das Spiel über die Banden – Der Wechsel in Beschäftigungsgesellschaften zur Vermeidung von § 613a BGB, ZIP 2006, 644; *Göpfert/Winzer,* Nach-Unterrichtungspflicht beim Betriebsübergang, ZIP 2008, 761; *Heuben,* § 613a im Wandel der Rechtsprechung, NJW

[8] So MünchKomm/*Möschel,* § 418 Rn. 2, verneinend *K. W. Nörr,* 249.

2007, 2075; *Hillebrecht,* Der Bestandsschutz des Arbeitsverhältnisses im Zusammenhang mit § 613a BGB, NZA 1989, Beilage 4, 10; *G. Jaeger,* Die Unterrichtungspflicht nach § 613a V in der Praxis der Betriebsübernahme, ZIP 2004, 433; *Jochums,* Betriebsübergang: Der EuGH auf Abwegen?, NJW 2005, 258; *Klimke,* Die Vertragsübernahme, 2010; *K. W. Lange,* Rechtsgeschäftliche Vertragsübernahme und Insolvenz, ZIP 1999, 1373; *Martinek,* Derivativer und originärer Verbraucherschutz bei der Vertragsübernahme, JZ 2000, 551; *T. H. Müller/Thüsing,* Die Zuordnung von Arbeitsverhältnissen beim Betriebsübergang, ZIP 1997, 1869; *Nitsche,* Das neue Nachhaftungsgesetz – Vertragsübergang kraft Gesetzes?, ZIP 1994, 1919; *K. W. Nörr/Scheyhing* in: K.W. Nörr/Scheyhing/Pöggeler, Sukzessionen, 2. Aufl., 1999, 180–219; *Pietzko,* Rechtsgeschäftliche Gestaltungsmöglichkeiten der Arbeitnehmer beim Betriebsübergang, ZIP 1990, 1105; *Preis/Steffen,* Neue Konzepte des BAG zum Betriebsübergang nach § 613a BGB, DB 1998, 309; *Sagan,* Unterrichtung und Widerspruch beim Betriebsübergang, ZIP 2011, 1641; *Schiefer,* Rechtsfolgen des Betriebsübergangs, NJW 1998, 1817; *Seiter,* Betriebsinhaberwechsel, 1980; *Ulmer/Masuch,* VerbrKrG und Vertragsübernahme, JZ 1997, 654; *Wagemann,* Die gestörte Vertragsübernahme, AcP 205 (2005) 547; *Willemsen,* Aktuelle Tendenzen zur Abgrenzung des Betriebsübergangs, DB 1995, 925; *ders.,* Aktuelles zum Betriebsübergang, NJW 2007, 2065.

I. Die Vertragsübernahme und das BGB

841 Vor allem in gegenseitigen Verträgen steht jedem Partner eine Rechtsposition zu, die Forderungen, Verbindlichkeiten und womöglich auch Gestaltungsrechte umfasst. Die Übertragung dieser Position im Ganzen, also die **Auswechslung eines Vertragspartners,** ist im Allgemeinen Schuldrecht nicht geregelt (vgl. o. Rn. 783). Nach einer solchen Auswechslung besteht aber ein erhebliches praktisches Bedürfnis: Insbesondere bei einer Geschäftsübernahme wird der Übernehmer regelmäßig in die sich auf das Geschäft beziehenden Verträge (z. B. Miete, Warenlieferung) eintreten und der Veräußerer wird aus diesen Verträgen entlassen werden wollen.

Dieses Bedürfnis hat das BGB auch in mehreren speziellen Fällen anerkannt. Hier ist nämlich ein – freilich etwas modifizierter – **Übergang kraft Gesetzes** angeordnet:[1]

842 Wenn der **Vermieter** (oder entsprechend der Verpächter, § 581 II) das vermietete Grundstück nach der Überlassung an den Mieter an einen Dritten **veräußert,** „so tritt der Erwerber anstelle des Vermieters in die sich während der Dauer seines Eigentums aus dem Mietverhältnis ergebenden Rechte und Verpflichtungen ein" (§§ 566 I, 578). Die §§ 567b, 578 erweitern das auf die Veräußerung vor Überlassung, wenn der Erwerber gegenüber dem Vermieter die Erfüllung der Vermieterpflichten übernimmt; hier erhält also der Vertrag Erwerber – Vermieter Wirkung auch für den Mieter.

Allerdings wird nach § 566 II der Vermieter zunächst nicht völlig aus seinen Vertragspflichten entlassen, sondern er haftet für Schadensersatzansprüche des Mieters wie ein selbstschuldnerischer Bürge. Doch erlischt auch diese Haftung, wenn der Mieter auf eine Mitteilung des Vermieters von dem Eigentumsübergang hin nicht zum nächstmöglichen Termin kündigt: Mit dem Unterlassen dieser Kündigung zeigt der Mieter nämlich, dass ihm das Fortbestehen des Mietverhältnisses wichtiger ist als die Person des Vermieters.[2]

843 Nach § 613a I gilt Ähnliches bei der **Veräußerung eines Betriebs oder Betriebsteils** hinsichtlich der dort bestehenden Arbeitsverhältnisse: Der Erwerber tritt in die Rechte und Pflichten aus den Arbeitsverhältnissen ein. Auch hier haftet der Veräußerer in bestimmtem Umfang weiter. Zudem kann der Arbeitnehmer nach § 613a VI durch

[1] Zu den weiteren Fällen in §§ 563, 563a vgl. BT Rn. 479, zum Handelsrecht *K. Schmidt,* 1. FS Medicus, 1999, 555.

[2] Vgl. zu Einzelheiten BT Rn. 499 sowie *Derleder/Bartels,* JZ 1997, 981.

einen Widerspruch den Übergang seines Arbeitsverhältnisses hindern. Trotzdem handelt es sich auch bei § 613a um einen Vertragsübergang kraft Gesetzes.

844 Schließlich kennt § 1251 II noch den gesetzlichen Übergang eines gesetzlichen Schuldverhältnisses: Der Erwerber der durch ein **Mobiliarpfand** gesicherten Forderung erwirbt nicht bloß das sichernde Pfandrecht (§ 1250 I). Vielmehr tritt er mit der Erlangung des Besitzes an der Pfandsache auch statt des Veräußerers „in die mit dem Pfandrechte verbundenen Verpflichtungen gegen den Verpfänder ein" (das sind die Pflichten aus den §§ 1214ff.).

II. Die allgemeine Vertragsübernahme

845 Angesichts dieser gesetzlichen Regelungen hält die ganz h. M. heute mit Recht eine Vertragsübernahme **durch Rechtsgeschäft allgemein** für zulässig.[3] Freilich kann für diese – anders als beim gesetzlichen Vertragsübergang – nicht schon die Einigung zwischen zwei Beteiligten genügen: In den gesetzlich nicht geregelten Fällen werden ja die Interessen des dritten Beteiligten (also des verbleibenden Vertragspartners) nicht durch das Gesetz gewahrt. Daher müssen an einer rechtsgeschäftlichen Vertragsübernahme unstreitig alle drei Beteiligten mitwirken. Das erfolgt entweder durch den Abschluss eines dreiseitigen Übernahmevertrags oder aber (in Analogie zu § 415 I 1) durch einen Vertrag zwischen dem Ausscheidenden und dem Übernehmer, den der in dem zu übernehmenden Vertrag bleibende Partner genehmigt.[4] Ebenso ist eine vorherige Einwilligung denkbar.[5] Im Hinblick auf dritte Sicherungsgeber ist § 418 (dazu o. Rn. 839) analog anzuwenden.[6] S. dazu auch PdW Schuldrecht I **Fälle 171, 172.**

Beispiel: U will das von M in den Räumen des V betriebene Ladengeschäft und insbesondere auch den Mietvertrag V–M übernehmen. Dann genügt zur Übernahme des Mietvertrags die Vereinbarung U–M, wenn V sie (entsprechend § 415 I 2, 3) auf eine Mitteilung durch U oder M hin genehmigt. Doch kann V auch schon im Mietvertrag sein Einverständnis mit der Übertragung auf einen neuen Mieter erklären.

Die Vereinbarung der Vertragsübernahme muss auch ergeben, ob der Erwerber zugleich die **in der Vergangenheit** schon entstandenen Forderungen und Verbindlichkeiten übernehmen will. Zu vermuten ist das nicht.

---

[3] Etwa BGHZ 95, 88, 94f.
[4] *Larenz,* SAT, § 35 III, 618 Fn. 43, str.
[5] Zu Formfragen vgl. *BGH* NJW 1996, 128 sowie *Wagner,* JuS 1997, 690.
[6] *Looschelders,* AT, Rn. 1252.

9. Teil. Beteiligung weiterer Personen

Das Schuldverhältnis wird in § 241 I als ein Rechtsverhältnis zwischen Gläubiger und Schuldner beschrieben. Diese Relativität ist schon eingangs (o. Rn. 30) erörtert worden; sie charakterisiert den Gegensatz zu den absoluten (gegen jedermann wirkenden) Positionen vor allem des Sachenrechts (vgl. o. Rn. 34). Eine solche absolute Wirkung wird aber noch nicht erreicht, wenn bloß einzelne weitere Personen (als Gläubiger oder Schuldner) in das Schuldverhältnis einbezogen werden. Deshalb umfasst das Schuldrecht auch solche Erscheinungen. Dabei ist es eine zwar in der Vergangenheit nicht selten gestellte, aber doch nutzlose Frage, ob man dann von mehreren Schuldverhältnissen oder nur einem einzigen Schuldverhältnis mit mehreren Beteiligten auf derselben Seite sprechen soll. 846

§ 63. Der Vertrag zugunsten Dritter

Literatur: Grundlegend *Hellwig,* Die Verträge auf Leistung an Dritte, 1899 (Nachdruck 1968) und *Wesenberg,* Verträge zugunsten Dritter, 1949. Vgl. außerdem *W. Bayer,* Der Vertrag zugunsten Dritter, 1995; *Finger,* Der Vertrag zugunsten Dritter auf den Todesfall …, VersR 1986, 508; *Gottschalk,* Zum Wesen des Rechtserwerbs beim Vertrag zugunsten Dritter, VersR 1976, 797; *Hadding,* Der Bereicherungsausgleich beim Vertrag zu Rechten Dritter, 1970 (dazu *Eike Schmidt,* JZ 1971, 601); *ders.,* Zur Auslegung des § 335 BGB, AcP 171 (1971) 403; *ders.,* Schuldverhältnis und Synallagma beim Vertrag zu Rechten Dritter, FS Gernhuber, 1993, 153; *Heilmann,* Der Vertrag zugunsten Dritter – ein schuldrechtliches Verfügungsgeschäft, NJW 1968, 1853; *F. Peters,* Zu den bereicherungsrechtlichen Folgen eines mangelhaften Vertrages zu Rechten Dritter, AcP 173 (1973) 71; *Raab,* Austauschverträge mit Drittbeteiligung, 1999; *Rahbari,* Der Anwendungsbereich des Vertrags zugunsten Dritter …, ZGS 2010, 172; *Vollkommer,* Erbrechtliche Gestaltung des Valutaverhältnisses beim Vertrag zugunsten Dritter auf den Todesfall?, ZEV 2000, 10.

I. Grundlagen

1. Vertrag zugunsten Dritter und Typenverträge

Ein Schuldverhältnis kann in der Weise vereinbart werden, dass der Schuldner nicht an den Vertragspartner leisten soll, sondern an einen Dritten. So kann etwa bei einem Kaufvertrag vereinbart werden, dass die Leistung nicht an den Käufer, sondern direkt an einen Dritten erfolgen soll. Im Verhältnis zwischen dem Gläubiger und dem Dritten kann dahinter eine Schenkung stehen (z. B. bei der Bestellung einer Sache im Internetversandhandel, das als Geschenk direkt an den Dritten versendet werden soll), aber auch ein entgeltliches Geschäft (z. B. wenn ein Verkäufer die gekaufte Sache selbst erst besorgen muss, diese bei einem Dritten kauft und ihn anweist, direkt an seinen Käufer zu liefern). Bei (Risiko-)Lebensversicherungen soll ebenfalls ein Dritter mit dem Tod des Versicherungsnehmers einen eigenen Anspruch auf die Versicherungssumme erwerben. 847

Eine solche Vereinbarung ist grundsätzlich bei **jedem Vertragstyp** denkbar. Der in §§ 328 ff. geregelte Vertrag zugunsten Dritter ist daher kein eigenständiger Vertragstyp wie Kauf, Miete etc., sondern eine Modifikation eines Vertrags, die für alle Typenverträge und auch für atypische Verträge vereinbart werden kann. Daher steht der Vertrag zugunsten Dritter auch nicht neben den anderen Vertragstypen im Besonderen Schuldrecht, sondern zutreffend im Allgemeinen Schuldrecht. Das BGB spricht in der Überschrift des 3. Titels sachlich klarer vom „Versprechen der Leistung an einen Dritten“. 848

Verträge **zu Lasten Dritter,** die also gegen den Dritten ohne dessen Mitwirkung einen Anspruch begründen, gibt es verständlicherweise nicht. Auch beschränken sich die §§ 328ff. auf die Zuwendung einer **schuldrechtlichen Forderung** an den Dritten. **Verfügungsverträge** zugunsten Dritter (also etwa eine Übereignung oder eine Abtretung) sind nach h. M. **nicht zulässig.**[1] Das gilt auch für einen Forderungserlass, s. dazu o. Rn. 309.

2. Abgrenzung zur Stellvertretung

849 Vom Vertrag zugunsten Dritter abzugrenzen ist der Fall, dass der „Dritte" selbst Vertragspartner werden soll und nur beim Vertragsschluss durch einen anderen vertreten wird. Diese Abgrenzung ist vor allem beim Auftreten von **Eltern für ihre Kinder** nicht leicht. Wenn etwa die Mutter M (vgl. § 1629 I 4) für ihr minderjähriges Kind K einen Arzt A ruft (vgl. BT Rn. 673), liegt ein Vertrag zugunsten Dritter vor, wenn M **im eigenen Namen** mit A kontrahiert hat. Anders dagegen, wenn M **als gesetzliche Vertreterin** des K aufgetreten ist: Dann besteht zwischen K und A ein gewöhnlicher Vertrag auf Leistung an den Vertragspartner K. Oder Eltern nehmen ihr Kind in der Eisenbahn mit: Ist das Kind, vertreten durch die Eltern, selbst Vertragspartner der Bahn geworden? Oder sind es nur die Eltern, so dass ein Vertrag zugunsten Dritter (des Kindes) vorliegt?

Die Entscheidung hängt jeweils davon ab, ob die Handelnden ihren Willen zum Auftreten in fremdem Namen **nach außen deutlich** gemacht haben (vgl. § 164 II). Im Zweifel ist also Handeln im eigenen Namen anzunehmen; folglich kommt man zum Vertrag zugunsten Dritter. Dafür spricht auch, dass der andere Vertragspartner so seinen Vergütungsanspruch gegen die (regelmäßig eher leistungsfähigen) Eltern erhält, die ihrerseits dem Kind die Arztbehandlung oder Beförderung meist als Unterhalt schulden, §§ 1601, 1603 II.

3. Die Beteiligten und ihre Rechtsverhältnisse

a) Vertragsparteien

850 In den §§ 328ff. wird der Schuldner der Leistung als „Versprechender" bezeichnet. Sein Vertragspartner ist der „Versprechensempfänger" (er ist regelmäßig auch Gläubiger, vgl. § 335 und unter Rn. 863). Derjenige, der die geschuldete Leistung erhalten soll, ist der „Dritte".

Im Schenkungsbeispiel von Rn. 847 ist also der Verkäufer „Versprechender", der Schenker (und Käufer) „Versprechensempfänger", der Beschenkte „Dritter".

b) Rechtsverhältnisse

851 Nicht im BGB selbst, aber **sonst allgemein** verwendet werden auch technische Bezeichnungen für die Rechtsverhältnisse zwischen den verschiedenen Beteiligten.

852 **aa) Das „Deckungsverhältnis".** Als **Deckungsverhältnis** wird das Rechtsverhältnis zwischen dem Versprechenden und dem Versprechensempfänger bezeichnet. Es hat seinen Namen daher, dass der Versprechende für die Leistung, die er an den Dritten erbringen soll, eine Deckung haben muss. Diese Deckung ergibt sich meist aus einem entgeltlichen Vertrag. Doch kommt auch eine Schenkung in Betracht. So liegt es z. B., wenn der Ehemann seiner mildtätigen Frau verspricht, dem Roten Kreuz 100,– € zu spenden: Dann bedarf der Vertrag zwischen den Eheleuten der notariellen Beurkundung, doch wird der Formmangel durch Vollzug (die Zahlung an das Rote Kreuz) geheilt, § 518.

[1] RGZ 66, 97, 99; *BGH* NJW-RR 1986, 848.

bb) Das Valutaverhältnis. Das Rechtsverhältnis zwischen dem Versprechensempfänger und dem Dritten wird regelmäßig als **Valutaverhältnis** bezeichnet. Aus diesem Verhältnis ergibt sich, warum der Versprechensempfänger dem Dritten über das Deckungsverhältnis etwas zuwendet. Es bildet damit den **Rechtsgrund** der Leistung, die der Versprechensempfänger über den Versprechenden als Leistungsmittler an den Dritten erbringt. Das kann eine Schenkung, eine Gegenleistung aus einem gegenseitigen Vertrag, aber auch eine gesetzliche Pflicht sein. 853

cc) Das „Zuwendungsverhältnis". Für das Verhältnis zwischen dem Versprechenden und dem Dritten hat sich keine feste Bezeichnung etabliert. Gelegentlich wird es (insbesondere im Zusammenhang mit dem Bereicherungsrecht, s. dazu BT Rn. 1222) als **Zuwendungsverhältnis** oder **Vollzugsverhältnis**[2] bezeichnet. Zwar resultiert beim echten Vertrag zugunsten Dritter der Anspruch des Dritten gegen den Versprechenden aus einem Vertrag (dem Deckungsverhältnis), an diesem ist der Dritte aber nicht beteiligt. Da aus diesem Vertrag zwischen dem Versprechenden und dem Dritten aber nicht nur Ansprüche, sondern auch Schutzpflichten (§ 241 II) resultieren, kann man insoweit von einem **vertragsähnlichen Schuldverhältnis** sprechen.[3] 854

Grafischer Überblick: 855

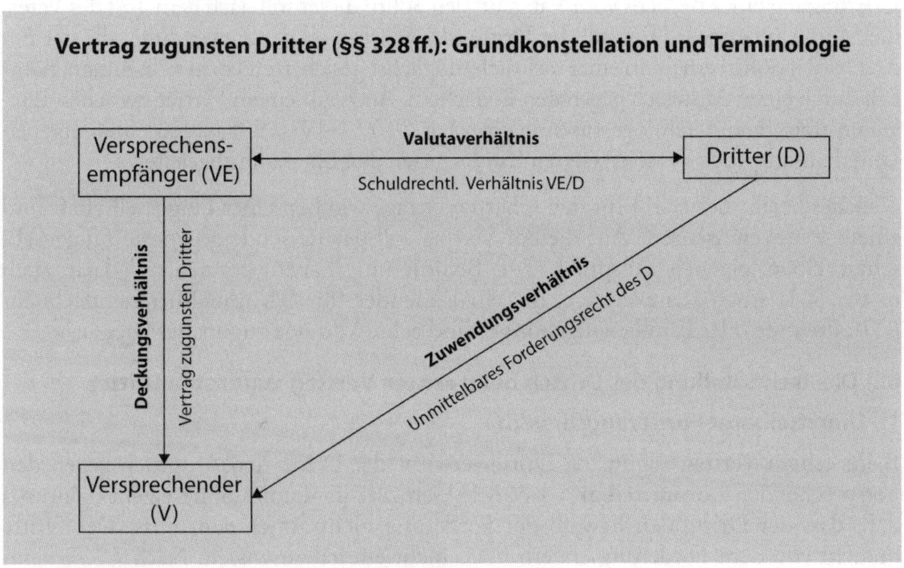

II. Echter und unechter Vertrag zugunsten Dritter

Die wichtigste Unterscheidung beim Vertrag zugunsten Dritter betrifft das soeben (Rn. 854) genannte Verhältnis zwischen dem Versprechenden und dem Dritten („Zuwendungsverhältnis"): Beim echten (berechtigenden) Vertrag zugunsten Dritter hat **der Dritte** gegen den Versprechenden **einen eigenen Anspruch** auf die Leistung. Der Dritte erwirbt, wie § 328 I es formuliert, „unmittelbar das Recht, die Leistung zu fordern". Andernfalls, nämlich wenn ein solcher Anspruch des Dritten fehlt und nicht 856

[2] So *Looschelders,* AT, Rn. 1139.
[3] BGHZ 9, 316, 318; *BGH* NJW 2005, 3778; *Looschelders,* AT, Rn. 1140.

er selbst, sondern nur der Versprechensempfänger verlangen kann, dass an den Dritten geleistet wird, spricht man von einem **unechten Vertrag zugunsten Dritter.**

857 Welche Art des Vertrags zugunsten Dritter im Einzelfall vorliegt, ist durch Auslegung zu ermitteln. § 328 II am Anfang verweist hierfür auf die Umstände, insbesondere auf den Zweck des Vertrags. Im Folgenden gibt das Gesetz dann einige konkretere Auslegungsregeln: So gewährt die Erfüllungsübernahme (vgl. o. Rn. 840) gem. § 329 im Zweifel dem Gläubiger der zu erfüllenden Verbindlichkeit **keinen** eigenen Anspruch gegen den Übernehmenden. Dagegen soll nach § 330 bei Lebensversicherungs- und Leibrentenverträgen sowie bei Abfindungen für Dritte in Vermögens- oder Gutsübernahmeverträgen der Dritte im Zweifel einen eigenen Anspruch erhalten. Hier geht es überwiegend um Leistungen mit Versorgungscharakter, und diese Versorgung ist am sichersten gewährleistet, wenn der Dritte die Leistung selbst fordern kann. Insbesondere ist das nötig, soweit die Versorgung nach dem Tod des Versprechensempfängers gewährt werden soll, dessen Erben aber möglicherweise an der Erfüllung nicht interessiert sind.

§ 330 nennt daneben noch den etwas anders liegenden Fall, dass „bei einer unentgeltlichen Zuwendung dem Bedachten eine Leistung an einen Dritten auferlegt" wird. Gemeint ist hier etwa eine Schenkung des Versprechensempfängers an den Versprechenden mit einer Auflage zugunsten eines Dritten (vgl. BT Rn. 404f.). Ein Beispiel bildet die Übertragung eines Betriebs vom Vater auf den Sohn; dieser soll nach dem Tod des Vaters die Mutter versorgen. Hier soll der Dritte (die Mutter) an der Zuwendung, die der Bedachte (der Sohn) erhält, in einer rechtlich möglichst gesicherten Form teilnehmen, nämlich durch einen Anspruch gegen den Bedachten. Auch aus einem Vertrag zwischen Eheleuten über eine heterologe Insemination hat *BGH* NJW 1995, 2028 einen eigenen Unterhaltsanspruch des so erzeugten Kindes gegen den Ehemann abgeleitet.

Gleiches bejaht der BGH für den Chartervertrag zwischen einer Fluggesellschaft und einem Reiseveranstalter[4]: Aus diesem Vertrag soll der Reisende gegen die Fluggesellschaft einen eigenen Anspruch auf Beförderung haben können, s. dazu auch u. Rn. 861. Auch Reiseverträge, die ein Reisender für sich und Mitreisende bucht (z. B. Freunde oder Familienangehörige) sind echte Verträge zugunsten Dritter.[5]

III. Die Rechtsstellung des Dritten beim echten Vertrag zugunsten Dritter

1. Unmittelbarer Forderungserwerb

858 Beim echten Vertrag zugunsten Dritter erwirbt der Dritte den Anspruch gegen den Versprechenden **„unmittelbar"**, § 328 I. Gemeint ist damit „ohne eigenes Zutun", d. h. dass der Dritte den Erwerb der Forderung nicht annehmen muss. Der Dritte braucht von dem Forderungserwerb noch nicht einmal zu wissen. Nach § 333 kann er den Erwerb aber durch Erklärung an den Versprechenden zurückweisen, womit dieser rückwirkend entfällt (vgl. o. Rn. 57).

Das Forderungsrecht des Dritten besteht dabei nicht nur hinsichtlich der Primärleistungspflicht, sondern auch in Bezug auf **sekundäre Leistungspflichten** wie insbesondere Schadensersatzansprüche bei Verspätung oder Ausbleiben der Leistung und mangelhafter Leistung.[6] Heftig umstritten ist allerdings, ob der Dritte auch Rechte geltend machen kann, die den Bestand oder den Inhalt des Vertrags (an dem er ja nicht

[4] BGHZ 93, 271; dazu *Gottwald*, JZ 1985, 575.
[5] *BGH* NJW 2010, 2950 Rn. 14.
[6] *BGH* NJW 2010, 2950 Rn. 15.

Partei ist!) berühren, also etwa Schadensersatz statt der ganzen Leistung verlangen, zurücktreten oder mindern kann. Die h. M. verneint dies mit dem Argument, dass die Geltendmachung solcher Rechte eine Parteistellung im Vertrag voraussetze.[7] Der Dritte habe aber diese Stellung nicht, sondern erwerbe lediglich ein **abgespaltenes Forderungsrecht.**[8] Über das Schicksal des Vertrags, d. h. über Schadensersatz statt der ganzen Leistung, Rücktritt oder Minderung entscheide aber allein der Versprechensempfänger als „Herr des Synallagma".[9] Die Gegenansicht gesteht hingegen mit beachtlichen Gründen dem Dritten sämtliche Leistungsstörungsrechte zu. Trete er z. B. nach § 323 zurück, entstehe das Rückgewährschuldverhältnis aus § 346 aber zwischen den Vertragsparteien, also dem Versprechenden und dem Versprechensempfänger.[10]

2. Zeitpunkt, Aufhebbarkeit und Änderbarkeit

Wegen der **Einzelheiten des dem Dritten zustehenden Rechts** verweist § 328 II wieder auf die Umstände und insbesondere auf den Vertragszweck: Danach ist etwa zu klären, ob das Recht sofort oder nur unter bestimmten Voraussetzungen erworben werden soll und ob der Erwerb ohne Mitwirkung des Dritten wieder eingeschränkt oder aufgehoben werden kann. Die Parteien des Vertrags zugunsten Dritter können also insbesondere eine widerrufliche oder unwiderrufliche Berechtigung des Dritten vereinbaren. 859

Konkretere Regeln hierzu enthält § 331: Den Anspruch auf eine Leistung, die nach dem Tod des Versprechensempfängers erbracht werden soll, erwirbt der Dritte im Zweifel (erst) mit diesem Tod, Abs. 1 **(Vertrag zugunsten Dritter auf den Todesfall).** Vorher kann die Begünstigung also noch aufgehoben werden, so dass der Dritte vor dem Tod bloß eine rechtlich ganz ungesicherte Hoffnung hat. Eingeschränkt wird das in § 331 II aber für den Fall, dass der begünstigte Dritte beim Tod des Versprechensempfängers noch nicht geboren ist (und deshalb mangels Rechtsfähigkeit den Anspruch noch nicht erwerben kann): Dann soll das Versprechen durch Vertrag zwischen dem Versprechenden und den Erben des Versprechensempfängers nur noch beeinträchtigt werden können, wenn eine solche Befugnis vorbehalten war.

§ 332 regelt das dem Versprechensempfänger vorbehaltene Recht zu einseitiger Ersetzung des Begünstigten durch einen anderen: Dieses Recht soll im Zweifel auch durch Verfügung von Todes wegen ausgeübt werden können. Diese Vorschrift räumt das Bedenken aus, eine solche Verfügung (insbesondere ein Testament) stelle ja keine an den anderen Vertragsteil – nämlich den Versprechenden – gerichtete Willenserklärung dar.

Im Übrigen gibt es zu solchen (nicht seltenen) Zuwendungen auf den Tod des Versprechensempfängers eine ganze Reihe von **Streitfragen.** Sie hängen mit den §§ 2301, 518 und letzten Endes damit zusammen, dass hier durch Geschäfte unter Lebenden erbrechtliche Erfolge erreicht und damit möglicherweise die Formvorschriften und Rangordnungen des Erbrechts unterlaufen werden können. Diese Problematik lässt sich aber sinnvoll nur im Erbrecht behandeln.

3. Einwendungen des Versprechenden (§ 334)

Da der Dritte zwar einen Anspruch gegen den Versprechenden erwirbt, nicht aber dessen Vertragspartner ist, könnte der Versprechende dem Anspruch des Dritten an sich nicht entgegenhalten, dass z. B. der Versprechensempfänger die aus dem Deckungsverhältnis (o. Rn. 852) geschuldete Gegenleistung nicht erbracht hat. Da der Dritte aber aus dem Vertrag grundsätzlich keine stärkere Rechtsstellung als der Versprechens- 860

[7] Palandt/*Grüneberg,* § 328 Rn. 5; Staudinger/*Jagmann,* § 328 Rn. 11ff. m.w.N.
[8] *BGH* NJW 2005, 3778.
[9] Staudinger/*Jagmann,* § 335 Rn. 13.
[10] S. dazu etwa MünchKomm/*Gottwald,* § 335 Rn. 10; tendenziell auch *Looschelders,* AT, Rn. 1141.

empfänger erlangen soll, kann der Versprechende nach § 334 dem Dritten sämtliche Einwendungen „aus dem Vertrag" (d. h. dem Deckungsverhältnis mit dem Versprechensempfänger) entgegenhalten. Der Versprechende kann sich also gegenüber dem Anspruch des Dritten auf die Nichtigkeit oder Anfechtung des Vertrags berufen, bei einem gegenseitigen Vertrag kann er insbesondere die Einrede des nichterfüllten Vertrags (§ 320) auch gegen den Dritten erheben. Im Falle von Leistungsstörungen kann der Versprechende über § 334 auch ein Mitverschulden des Versprechensempfängers (§ 254) einwenden.

861 Allerdings ist § 334 dispositives Recht, d. h. die Parteien des Vertrags zugunsten Dritter können diesen – auch stillschweigend – abbedingen.

Recht großzügig verfahren ist dabei etwa **BGHZ 93, 271:** Ein Reisender hatte bei einem Reiseveranstalter eine Pauschalreise gebucht (Valutaverhältnis). Der Reiseveranstalter hatte zum Transport des Reisenden einen Vertrag mit einer Charterfluggesellschaft geschlossen (Deckungsverhältnis). Als der Reisende vom Urlaubsort zurückfliegen wollte, verweigerte die Fluggesellschaft den Transport, weil der Reiseveranstalter den Flug nicht bezahlt hatte. Verträge von Reiseveranstaltern mit sog. Leistungsträgern sind dabei Verträge zugunsten Dritter (hier: zugunsten des Reisenden). An sich könnte daher die Fluggesellschaft den Transport des Reisenden nach §§ 334, 320 verweigern (Einwendung aus dem Deckungsverhältnis). Der BGH nahm aber im Wege der Auslegung einen konkludenten Ausschluss von § 334 zwischen Reiseveranstalter und Fluggesellschaft an. S. dazu auch BT Rn. 815 und PdW Schuldrecht II **Fall 150.**

862 Mängel des **Valutaverhältnisses** zwischen dem Versprechensempfänger und dem Dritten gehen den Versprechenden regelmäßig nichts an. So kann im Beispiel des Reisevertrags (o. Rn. 861) die Fluggesellschaft nicht einwenden, der Reisevertrag zwischen dem Reiseveranstalter und dem Reisenden sei unwirksam. In einem solchen Fall findet vielmehr eine bereicherungsrechtliche Rückabwicklung zwischen dem Versprechensempfänger und dem Dritten statt: Der Versprechensempfänger hat dann nämlich (über den Versprechenden als „Leistungsmittler" eine rechtsgrundlose Leistung i. S. v. § 812 I 1 Alt. 1 erbracht.

Umstritten ist dagegen die Frage, gegen wen sich ein Bereicherungsanspruch des Versprechenden richtet, wenn das **Deckungsverhältnis,** d. h. der Vertrag zugunsten Dritter selbst, unwirksam ist. Wenn sich im obigen Beispiel des Reisevertrags nach dem Transport des Reisenden herausstellt, dass der Vertrag zwischen dem Reiseveranstalter und der Fluggesellschaft unwirksam ist, hat die Fluggesellschaft nämlich (auch) an den Reisenden eine rechtsgrundlose „Leistung" i. S. v. § 812 I 1 Alt. 1 erbracht. Allerdings hat sie durch den Transport des Reisenden zugleich eine (vermeintliche) Verpflichtung aus dem Vertrag mit dem Reiseveranstalter erfüllen wollen und damit auch an diesen rechtsgrundlos geleistet (s. dazu auch § 335 und sogleich Rn. 863). Nach richtiger Auffassung hat die Fluggesellschaft (Versprechender) hier einen Anspruch aus Leistungskondiktion nur gegen den Reiseveranstalter (Versprechensempfänger). S. dazu BT Rn. 1222 sowie eingehend *S. Lorenz* JuS 2003, 839, 840f.

IV. Die Rechtsstellung des Versprechensempfängers

863 Beim unechten Vertrag zugunsten Dritter muss selbstverständlich der Versprechensempfänger Leistung an den Dritten fordern können. Denn da der Dritte selbst keinen Anspruch hat, könnte sonst überhaupt niemand die Leistung verlangen. Aber auch beim echten Vertrag zugunsten Dritter soll dem **Versprechensempfänger** nach § 335 wenigstens **im Zweifel** ein **eigenes Forderungsrecht** (auf Leistung an den Dritten) zustehen. Dieses Recht erstreckt sich auch auf Schadensersatz statt der Leistung und Verzugsschaden. Doch kann der Versprechensempfänger auch Ersatz des ihm selbst entstehenden Schadens fordern.

§ 64. Der Vertrag mit Schutzwirkung für Dritte

Literatur: *Aßmann,* Grundfälle zum Vertrag mit Schutzwirkung für Dritte, JuS 1986, 885; *W. Bayer,* Vertraglicher Drittschutz, JuS 1996, 473; *Büttner,* Umfang und Grenzen der Dritthaftung von Experten, 2006; *von Caemmerer,* Verträge zugunsten Dritter, FS Wieacker, 1978, 311; *Canaris,* Ansprüche wegen „positiver Vertragsverletzung" und „Schutzwirkung für Dritte" bei nichtigen Verträgen, JZ 1965, 475; *ders.,* Die Haftung des Sachverständigen zwischen Schutzwirkungen für Dritte und Dritthaftung aus culpa in contrahendo, JZ 1998, 603; *ders.,* Bankgeheimnis und Schutzwirkung für Dritte im Konzern, ZIP 2004, 1781 (dazu *E. Schumann,* ZIP 2004, 2353 und 2367; *Canaris,* 2362, alle zu *OLG München* NJW 2003, 1046 – Klage Kirch gegen Deutsche Bank AG); *Damm,* Entwicklungstendenzen der Expertenhaftung, JZ 1991, 373; *Ebke/Scheel,* Die Haftung des Wirtschaftsprüfers für fahrlässig verursachte Vermögensschäden Dritter, WM 1991, 389; *Finn,* Die Haftung des Sachverständigen für fehlerhafte Wertgutachten gegenüber Dritten, NJW 2004, 3752; *Frassek,* Umfang der Haftung eines vertraglichen Ratgebers und Einbeziehung Dritter in den Schutzbereich vorvertraglicher Pflichten – BGH NJW-RR 2003, 1035, JuS 2004, 285; *Gernhuber,* Drittwirkungen im Schuldverhältnis kraft Leistungsnähe, FS Nikisch, 1958, 249; *ders.,* Gläubiger, Schuldner und Dritte, JZ 1962, 553; *Grunewald,* Die Haftung des Experten für seine Expertise gegenüber Dritten, AcP 187 (1987) 285; *H. Honsell,* Die Haftung für Gutachten und Auskunft unter besonderer Berücksichtigung von Drittinteressen, 1. FS Medicus, 1999, 211; *Krause,* Untermieter und Mieter im Schutzbereich eines Vertrages, JZ 1982, 19; *Martiny,* Pflichtenorientierter Drittschutz beim Vertrag mit Schutzwirkung für Dritte – Eingrenzung uferloser Haftung, JZ 1996, 19; *Picker,* Gutachterhaftung – Außervertragliche Einstandspflichten und innergesetzliche Rechtsfortbildung, 1. FS Medicus, 1999, 397; *Plötner,* Die Rechtsfigur des Vertrags mit Schutzwirkung für Dritte und die sog. Expertenhaftung, 2003 (dazu *Schlechtriem,* AcP 203 [2003] 855); *Saar,* Grenzen des vertraglichen Drittschutzes, JuS 2000, 220; *H. B. Schäfer,* Haftung für fehlerhafte Wertgutachten aus wirtschaftswissenschaftlicher Perspektive, AcP 202 (2002) 808; *Schlechtriem,* Schutzpflichten und geschützte Personen, 1. FS Medicus, 1999, 529; *P. Schwerdtner,* Verträge mit Schutzwirkung für Dritte, Jura 1980, 493; *Sonnenschein,* Der Vertrag mit Schutzwirkung für Dritte, JA 1979, 225; *Strauch,* Verträge mit Drittschutzwirkung, JuS 1982, 823; *ders.,* Zum Vertrag mit Schutzwirkung für Dritte, JuS 1987, 947; *Traugott,* Das Verhältnis von Drittschadensliquidation und vertraglichem Drittschutz, 1996; *ders.,* Risiko und Haftungsgrund bei Drittschäden, ZIP 1997, 872; *Wertenbruch,* Einwendungen beim Vertrag mit Schutzwirkung für Dritte, FS U. Huber, 2006, 637; *Zeuner,* Der Vertrag mit Schutzwirkung für Dritte, NJW 2009, 1030; *Zugehör,* Berufliche Dritthaftung ..., NJW 2000, 1601; *ders.,* Uneinheitliche Rechtsprechung des BGH zum (Rechtsberater-)Vertrag mit Schutzwirkung zu Gunsten Dritter, NJW 2008, 1105; *Zumbansen,* Drittschützende Wirkung eines Anwaltsvertrages ..., JZ 2000, 442.

I. Funktionen

1. Erstreckung der vertraglichen Schutzpflichten auf Dritte

Wenn beim **echten Vertrag zugunsten Dritter** der Dritte die Leistung an sich selbst verlangen kann (vgl. o. Rn. 856), dann hat er auch Ansprüche wegen einer Störung dieser Leistung: etwa auf Schadensersatz statt der Leistung oder auf den Ersatz von Begleitschäden aus Schlechtleistung (vgl. o. Rn. 858). Dagegen scheint es beim unechten Vertrag zugunsten Dritter der Logik zu entsprechen, dass der Dritte, der die Leistung nicht fordern kann, auch keine Ersatzansprüche wegen einer Störung bei der Erfüllung der Leistungspflicht hat. Wenn dem Dritten aus der Leistung ein Schaden entsteht, scheinen also gegen den Leistenden allenfalls Deliktsansprüche in Betracht zu kommen. Dann läuft der Dritte aber insbesondere Gefahr, dass der Leistende sich für ein Versagen seiner Gehilfen nach § 831 I 2 entlasten kann (vgl. o. Rn. 372). 864

Im Fall von RGZ 87, 289 hatte im Winter 1914 ein Kloster einen Arzt benötigt. Der Beklagte übernahm es gegen Entgelt, den klagenden Arzt mit einem Pferdeschlitten zu dem Kloster zu fahren. Auf dieser Fahrt wurde der Kläger durch ein Verschulden eines Knechtes des Beklagten verletzt. Der Beklagte konnte sich aber für diesen Knecht nach § 831 I 2 exkulpieren. Daher kamen nur vertragliche Ersatzansprüche in Betracht. Solche hatte das Berufungsgericht verneint: Der Beklagte habe die Beförderung nur dem Kloster versprochen. Auch habe der Kläger aus diesem Vertrag keinen eigenen Anspruch auf die Beförderung erwerben sollen (also kein echter Vertrag zugunsten Dritter, vgl. o. Rn. 856). Folglich könne der Kläger den Schaden aus der schlechten Beförderung nicht vom Beklagten ersetzt verlangen.

Das RG hat dem entgegengehalten, die Ersatzpflicht des Beklagten dürfe nicht davon abhängen, ob der Kläger gegen diesen einen eigenen Anspruch auf Beförderung gehabt habe.[1] Allerdings lässt die Entscheidung dann offen, ob der Ersatzanspruch dem klagenden Arzt (als dem Geschädigten) oder dem Kloster (als dem Vertragspartner des Beklagten) zustehen solle. Ein Ersatzanspruch des Klosters hätte, wenn dieses nicht seinerseits dem Kläger ersatzpflichtig ist, eine Drittschadensliquidation bedeutet (vgl. o. Rn. 692ff.). Nach heutigem Verständnis würde es aber für eine solche an der erforderlichen zufälligen Schadensverlagerung fehlen: Das Kloster selbst konnte ja den hier eingetretenen Schaden selbst gar nicht erleiden. Deshalb hat sich die weitere Rechtsentwicklung in vergleichbaren Fallgruppen **gegen** die Annahme von **Drittschadensliquidation** entschieden.[2] Damit war eine neue, heute fast allgemein anerkannte Vertragsart geboren: der Vertrag mit Schutzwirkung für Dritte: Hier hat der Dritte zwar keinen Anspruch auf die Leistung, jedoch erstrecken sich die vertraglichen[3] Schutz- und Obhutspflichten (§ 241 II) auch auf ihn. Werden sie verletzt, kann er von dem Schuldner nach § 280 I Schadensersatz verlangen. Das dient – ähnlich wie die Haftung aus *culpa in contrahendo* – vor allem dem Ausgleich der Härten des Deliktsrechts: Dadurch, dass dem Dritten ein **vertraglicher S**chadensersatzanspruch verschafft wird, kann das Verschulden von Gehilfen nach § 278 I zugerechnet werden. Weiter kommt auch der Satz bloßer primärer Vermögensschäden in Betracht, für welche § 823 I keinen Ersatz gewährt.

Der Vertrag mit Schutzwirkung für Dritte grenzt sich damit von der **Drittschadensliquidation** in zweierlei Hinsicht ab: Aus der Sicht des Schuldners geht es nicht um eine bloße zufällige Haftungsverlagerung, sondern um Schäden, die nur beim geschützten Dritten eintreten können (dazu u. Rn. 866). In der **Rechtsfolge** besteht der entscheidende Unterschied darin, dass der Dritte einen **eigenen Anspruch** erwirbt, während bei der Drittschadensliquidation der Vertragspartner den Schaden des Dritten geltend machen kann. Schlagwortartig kann man also sagen, dass bei der Drittschadensliquidation der „Schaden zum Anspruch gezogen wird" (oben Rn. 694), während beim Vertrag mit Schutzwirkung für Dritte der „Anspruch zum Schaden gezogen wird."

2. Erstreckung von Haftungsprivilegien auf Dritte

865 Der Vertrag mit Schutzwirkung für Dritte kann aber nicht nur die soeben geschilderte Funktion haben, vertragsfremden Dritten (eigene) Schadensersatzansprüche aus §§ 280 I, 241 II zu verschaffen. Er kann auch dazu dienen, Dritte vor einer eigenen Haftung zu schützen, indem bestimmte Haftungsprivilegien aus einem Vertrag (z. B. vertragliche oder gesetzliche Haftungsmilderungen oder kürzere Verjährungsfristen) auch für sie gelten.

So hatte im Fall BGHZ 61, 227 der Angestellte des Betreibers eines Imbisswagens ungeschickt mit den Propangasflaschen hantiert und dabei eine Explosion herbeigeführt. Dabei wurde auch das Grundstück beschädigt, welches der Betreiber zum Aufstellen des Imbisswagens gemietet hatte. Der Eigentümer des Grundstückes verlangte in der Folge von dem Angestellten Schadensersatz aus § 823 I. Dabei stellte sich die Frage, ob die bereits abgelaufene kurze 6-monatige mietrechtliche Verjährungsfrist aus § 548 I auch zugunsten des Angestellten angewendet werden konnte. Der BGH hat das bejaht: Wenn sich die Schutzwirkung eines Mietvertrags auf einen Dritten ersteckten, seien keine dogmatischen Bedenken erkennbar,

[1] RGZ 87, 289, 292f.
[2] Vgl. RGZ 127, 218, 222ff.
[3] Zur Ausdehnung auf andere schuldrechtliche Sonderverbindungen s. unten Rn. 862.

dies nicht auch auf die Geltendmachung von Schadensersatzansprüchen gegen den Dritten anzunehmen. Ganz ähnlich lag der Fall *BGH* NJW 2006, 2399 (Brandstiftung durch die Kinder eines Mieters).[4] S. dazu auch PdW Schuldrecht I **Fall 94.**

II. Voraussetzungen des Drittschutzes

1. Die Problematik

866 Offenbar darf der Drittschutz nicht einfach jedem gewährt werden, der irgendwie durch die mangelhafte Erfüllung eines Vertrags beeinträchtigt wird. Denn sonst würden die Grenzen unterlaufen, die durch die Relativität des Schuldverhältnisses, die Beschränkung der Deliktstatbestände und das Dogma vom Gläubigerinteresse gezogen werden (vgl. o. Rn. 692). Auch die strikte Begrenzung der Drittschadensliquidation auf Fälle der „zufälligen" Schadensverlagerung (vgl. o. Rn. 693) würde entwertet, wenn jeder geschädigte Dritte aus einem fremden Vertrag eigene Ansprüche herleiten könnte. Daher bedarf es ähnlich wie bei der Drittschadensliquidation auch für den vertraglichen Drittschutz einengender Kriterien.

Für den Vertrag mit Schutzwirkung für Dritte ist die Begrenzung sogar noch nötiger. Denn bei der Drittschadensliquidation handelt es sich um Fälle der **Schadensverlagerung:** Insbesondere tritt der bei dem Vertragspartner zu erwartende Schaden *stattdessen* bei einem Dritten ein; für den Schuldner ändert sich dann also im Wesentlichen bloß die Person des Geschädigten, nicht aber das von ihm übernommene und erkennbare Haftungsrisiko. Dagegen werden beim Vertrag mit Schutzwirkung für Dritte für den Schuldner **Risiken gehäuft;** hier vergrößert sich also das Risiko des Schuldners, ersatzpflichtig zu werden, mit der Zahl der in den Schutzbereich einbezogenen Personen.

Beispiel für die Häufung gleichartiger Risiken: Die Gefahr für den Vermieter eines Hauses mit einem schadhaften Treppengeländer, vertraglich für eine Körperverletzung aufkommen zu müssen, ist umso größer, je mehr Personen im Schutzbereich des Mietvertrags die Treppe benützen. – Für eine Häufung ungleichartiger Risiken kommt der Klosterfall von oben Rn. 864 in Betracht: Zu dem Risiko des Fuhrunternehmers, bei Misslingen der Beförderung für den Schaden der erkrankten Schwester aufkommen zu müssen, tritt die Haftpflicht für den Körperschaden des beförderten Arztes.

2. Vertragsauslegung oder Gewohnheitsrecht?

867 Vielfach wird versucht, den Vertrag mit Schutzwirkung für Dritte direkt auf den Parteiwillen zu stützen, d. h. dem Vertrag im Wege der auf das Prinzip von Treu und Glauben (§ 242) gestützten ergänzenden Auslegung eine Abrede der Parteien zu entnehmen, die Schutz- und Obhutspflichten aus § 241 II auf bestimmte vertragsfremde Personen zu erstrecken.[5] Daran ist sicherlich richtig, dass die Parteien aufgrund der Vertragsfreiheit die *Möglichkeit* haben, eine solche Vereinbarung zu treffen. Wenn es die §§ 328 ff. erlauben, Leistungspflichten i. S. v. § 241 I zugunsten Dritter zu vereinbaren, muss dies erst recht für bloße Schutzpflichten nach § 241 II möglich sein. Allerdings wird mit der Annahme einer rechtsgeschäftlichen Vereinbarung eines Drittschutzes im Wege der Vertragsauslegung in den allermeisten Fällen der Parteiwille wohl überstrapaziert. Auch lässt er sich weder mit einer Analogie zu § 328 noch generell mit dem Grundsatz von Treu und Glauben (§ 242) begründen.[6] Zumindest aber lässt sich das Rechtsinstitut

---

[4] S. auch *BGH* JZ 1962, 570: Ausdehnung einer vertraglichen Haftungsbeschränkung auf einen Angestellten.

[5] Vgl. dazu aus jüngerer Zeit etwa *BGH* NJW 2014, 2345 Rn. 9 m. w. N.

[6] S. dazu zutreffend *Neuner,* JZ 1999, 126, 128, der das Rechtsinstitut auf das Sozialstaatsprinzip stützt.

des Vertrags mit Schutzwirkung für Dritte heute auf eine gesicherte richterliche Rechtsfortbildung sowie auf **Gewohnheitsrecht** stützen[7], das im Zuge der Schuldrechtsreform des Jahres 2002 durch die Einführung von § 311 III mittelbar auch eine gewisse Anerkennung durch den Gesetzgeber erfahren hat (dazu u. Rn. 874). Das hindert die Parteien aber selbstverständlich nicht, Schutzwirkungen für Dritte auch in Fällen zu vereinbaren, in welchen die sogleich darzulegenden gewohnheitsrechtlichen Voraussetzungen nicht oder nicht vollständig vorliegen. Nur muss sich dann eben ein solcher Parteiwille eindeutig ermitteln lassen.[8] S. dazu auch PdW Schuldrecht I **Fall 89.**

Der Streit über die dogmatische Begründung des Rechtsinstituts hat zumindest keine praktischen Auswirkungen, da über die sogleich zu erörternden Voraussetzungen des Drittschutzes im Wesentlichen Einigkeit besteht.

3. Die Voraussetzungen im Einzelnen

a) Leistungsnähe

868 Der Dritte muss den Gefahren einer Leistungsstörung etwa ebenso intensiv ausgesetzt sein wie der Gläubiger selbst; der Dritte muss sich also in **Leistungsnähe** (= im Gefahrenbereich des Vertrags) befinden. Das trifft z. B. für alle Personen zu, die ständig mit dem Mieter in der Mietwohnung zusammenwohnen; nicht dagegen für eine anderswo wohnende, nur gelegentlich zu Besuch kommende Tante. In dem Klosterfall (o. Rn. 864) konnte sich eine Körperverletzung dagegen überhaupt nur bei dem Arzt verwirklichen.

b) Gläubigerinteresse

869 Regelmäßig muss der **Gläubiger ein besonderes Interesse am Schutz des Dritten** haben. Dieses Erfordernis wird häufig auch (verkürzt) als **Gläubigernähe** bezeichnet. Eine zwar nicht immer durchgehaltene, aber zur Begrenzung des Drittschutzes als Ansatz nützliche Rspr. hatte hierfür die Formel entwickelt, der Gläubiger müsse „sozusagen für das **Wohl und Wehe** des Dritten mitverantwortlich sein, weil dessen Schädigung auch ihn trifft, indem er ihm gegenüber zu Schutz und Fürsorge verpflichtet ist".[9] Dies war insbesondere der Fall, wenn zwischen Gläubiger und Drittem eine Rechtsbeziehung mit personenrechtlichem Einschlag, zum Beispiel ein familien-, arbeits- oder mietvertragliches Verhältnis bestand und betraf zunächst vor allem Personenschäden, später aber auch Vermögensschäden.

Eingeleitet wurde diese Entwicklung durch den sog. **Testamentsfall** *BGH* JZ 1966, 141 (dort mit Anm. von *W. Lorenz*): Der spätere Erblasser hatte einen Rechtsanwalt zu sich bestellt, um in einem Testament seine Tochter zur Alleinerbin einzusetzen. Der Rechtsanwalt verspätete sich schuldhaft, so dass der Erblasser vor Errichtung des Testaments verstarb und die Tochter nicht Alleinerbin wurde. Der BGH sah den Rechtsanwalt verpflichtet, der Tochter den daraus entstandenen Schaden zu ersetzen, da sie in den Schutzbereich des Vertrags einbezogen sei. PdW Schuldrecht I **Fall 92.**

870 Der BGH hat aber in der Folgezeit auf die strengen Voraussetzungen der „Wohl und Wehe-Formel" und lediglich nach allgemeinen Auslegungsgrundsätzen geprüft, ob die Vertragsparteien den Willen hatten, zugunsten eines Dritten eine Schutzpflicht zu be-

[7] So *BGH* NJW 1996, 2927, 2928; s. aber auch *BGH* NJW 2004, 3035: Durch das Prinzip von Treu und Glauben geprägte ergänzende Vertragsauslegung.
[8] Vgl. dazu auch *Zenner,* NJW 2009, 1030, 1034 (keine „Willensfiktion aus Billigkeitsgründen").
[9] So etwa BGHZ 51, 91, 96.

gründen.[10] Danach können auch ferner stehende Personen in den Schutzbereich eines Vertrags einbezogen werden, wenn ein Interesse des Gläubigers an deren Schutz besteht.

So hat etwa *BGH* NJW 2007, 989 auch den (zukünftigen!) Geschlechtspartner einer Frau in den Schutzbereich eines auf Schwangerschaftsverhütung gerichteten Arztvertrags einbezogen und diesem Schadensersatz für die ihm aus der Geburt eines Kindes erwachsenen gesetzlichen Unterhaltsverpflichtung zugesprochen.

Nicht unproblematisch ist dabei, dass die Rechtsprechung auch die Haftung von Experten für gegenüber Dritten für unrichtige Wertgutachten und Testate, die diesen vom Auftraggeber vorgelegt werden, auf den Vertrag mit Schutzwirkung für Dritte stützt.[11] Hier werden also auch dem Gläubiger fernerstehende Personen in den Schutzbereich eines Vertrags einbezogen. Das betrifft vor allem Dritte, die an einer beruflich gegebenen Auskunft interessiert sind; diese Dritten können zahlreich und namentlich noch unbekannt sein.[12] Weiter hat der BGH deutlich ausgesprochen:[13] Insbesondere beim Vertrauen Dritter auf eine berufliche (sachverständige) Auskunft soll der Dritte sogar dann geschützt werden können, wenn seine **Interessen** denen des Gläubigers **gegenläufig** sind, so dass dem Gläubiger am Schutz des Dritten nichts gelegen ist.[14] Insbesondere *Canaris* hat hier zu recht dafür plädiert, solche Fälle mit der Haftung aus *culpa in contrahendo* über § 311 III zu lösen (s. dazu bereits o. Rn. 541 sowie u. Rn. 874).[15] Durchgesetzt hat sich dieser Gedanke freilich noch nicht. S. dazu auch PdW Schuldrecht I **Fall 93.** 871

In diesem Zusammenhang stellt sich auch die Frage, inwieweit der zum Schadensersatz Verpflichtete gegenüber dem Dritten ein Mitverschulden der anderen Vertragspartei einwenden kann. Nach dem Rechtsgedanken des § 334 (oben Rn. 860) ist dies grundsätzlich zu bejahen.[16] Allerdings hat die Rechtsprechung dies in den Gutachterfällen unter Hinweis auf die Möglichkeit einer (auch konkludenten) Abbedingung von § 334 sowie unter Heranziehung von § 242 regelmäßig verneint: Da der Wertgutachter wisse, dass sein Gutachten zur Vorlage bei Dritten bestimmt sei und dessen Bedeutung für deren Entscheidungsfindung kenne, widerspreche es Treu und Glauben, wenn er sich auf ein Mitverschulden des Auftraggebers berufe.[17] Auch dies zeigt, dass die sog. „Gutachter-Fälle" wesentlich besser auf § 311 III zu stützen sind. S. dazu auch PdW Schuldrecht I **Fall 90.**

c) Erkennbarkeit für den Schuldner

Da der Vertrag mit Schutzwirkung für Dritte eine erhebliche Erweiterung des Haftungsrisikos für den Schuldner darstellt, müssen ihm die dargelegten Erfordernisse der Leistungs- und Gläubigernähe bei Abschluss des Vertrags, dessen Schutzwirkung in Frage steht, **erkennbar** gewesen sein. Denn nur dann kann der Schuldner das ihm zugemutete höhere Haftungsrisiko kalkulieren. 872

---

[10] Etwa *BGH* JZ 1985, 951; VersR 1986, 814; 1987, 262; 1989, 375.

[11] S. dazu zuletzt *BGH* NJW 2014, 2345 Rn. 12ff. m.w.N.

[12] *BGH* ZIP 2004, 1814.

[13] BGHZ 127, 378; *BGH* NJW 1998, 1059.

[14] *BGH* NJW 2014, 2345 Rn, 13.

[15] *Canaris,* JZ 1995, 441; so vereinzelt auch *BGH* NJW 2001, 514.

[16] BGHZ 187, 86 Rn. 29 m.w.N.

[17] Grundlegend BGHZ 127, 378.

d) Schutzbedürftigkeit des Dritten

873 Die Einbeziehung Dritter in den Schutzbereich eines Vertrags stellt eine Ausnahme vom Grundsatz der Relativität von Schuldverhältnissen (dazu o. Rn. 30) dar und führt zu einer erheblichen Erhöhung des Haftungsrisikos des Schuldners. Um diese Ausnahme auf die wirklich notwendigen Fälle zu begrenzen und eine „uferlose Ausdehnung" der in den Schutzbereich eines Vertrags einbezogenen Personen zu vermeiden, setzt eine Einbeziehung des Dritten über das Vorliegen der vorgenannten drei Voraussetzungen (Leistungsnähe, Gläubigernähe und Erkennbarkeit) weiter voraus, dass der Dritte **schutzbedürftig** ist.[18] Diese Schutzbedürftigkeit wird dann verneint, wenn dem Dritten für den erlittenen Schaden bereits **eigene, im Wesentlichen gleichwertige vertragliche Ansprüche** gegen den Schuldner oder eine andere Person zustehen. Begründet wird das mit dem Zweck des Rechtsinstituts: Dieses dient dazu, dem Dritten einen vertraglichen Anspruch zu verschaffen, wenn er einen solchen ansonsten nicht hätte, nicht aber dazu, dem Dritten einen weiteren Vertragsschuldner zu beschaffen. S. dazu auch PdW Schuldrecht I **Fall 89.**

So hat etwa BGHZ 70, 327, 330 die Einbeziehung eines geschädigten Untermieters in den Schutzbereich des Hauptmietvertrags und damit einen Schadensersatzanspruch gegen den Vermieter verneint, weil er aus dem Untermietverhältnis gegen den Hauptmieter vertragliche Schadensersatzansprüche hatte.[19] Ganz ähnlich hat BGHZ 200, 188 eine Einbeziehung des Halters eines Kfz, das bei einem behördlich angeordneten Abschleppen durch den Abschleppunternehmer beschädigt wurde, in den Schutzbereich des zwischen der Behörde und dem Abschleppunternehmer geschlossenen Vertrag verneint, weil der Halter insoweit Amtshaftungsansprüche aus öffentlich-rechtlicher Verwahrung gegen die Behörde hatte (die für das Verschulden des Unternehmers analog § 278 einzustehen hatte).

4. Ausdehnung auf vorvertragliche Schuldverhältnisse (§ 311 III)

874 Wie bereits oben Rn. 540 dargelegt, hat die Rechtsprechung seit dem *Gemüseblatt-Fall* BGHZ 66, 51 unter denselben Voraussetzungen wie bei einem Vertrag mit Schutzwirkung für Dritte auch den Schutzbereich des (vorvertraglichen) Schuldverhältnisses der Vertragsanbahnung auf Dritte ausgedehnt. Das ist seit dem 1.1.2002 in § 311 III kodifiziert. Damit hat auch der Vertrag mit Schutzwirkung für Dritte zwar keine gesetzliche Regelung, aber doch mittelbar eine gewisse gesetzliche Anerkennung erfahren.

Auch im Übrigen erfordert die Erstreckung von Schutzpflichten auf Dritte nicht zwingend einen *Vertrag*. Ausreichend ist vielmehr jede schuldrechtliche Sonderverbindung. So hat etwa BGHZ 187, 86 Rn. 13 dem durch die Teilnahme an einem Reitturnier begründeten Schuldverhältnis (Auslobung, § 657) Schutzwirkung zugunsten des Eigentümers des von einem Teilnehmer gerittenen Pferdes angenommen.

Auch deshalb wäre es vorzugswürdig, die Haftung von Sachverständigen (und ähnlichen Personen) als gesetzliche Haftung nach § 311 III 2 zu begreifen: Der Sachverständige, zumal wenn er amtlich bestellt oder gar vereidigt ist, nimmt ja für sich besonderes Vertrauen in Anspruch. Ihm muss auch bewusst sein, dass er durch sein Gutachten den Inhalt eines daraufhin abgeschlossenen Vertrags erheblich beeinflussen kann, vgl. o. Rn. 871.

Darauf weisen auch die Gesetzesmaterialien hin: Nach der Begründung des Regierungsentwurfs zu § 311 II 2 soll diese Vorschrift nämlich der Rspr. aufzeigen, dass „diese Fälle auch auf diesem Weg zu lösen sind", vgl. BT-Drs. 14/6040, S. 163.

---

[18] St. Rspr., vgl. zuletzt BGHZ 200, 188 Rn. 11.

[19] Vgl. auch BGHZ 133, 168, 173f. = JZ 1997, 358 m. Anm. *W. Lorenz.*

§ 65. Gläubigermehrheiten

Literatur: Grundlegend *Selb,* Mehrheiten von Gläubigern und Schuldnern, 1984, dazu *ders.,* Die neuere zivilrechtliche Rechtsprechung zu Gläubiger- und Schuldnermehrheiten, JZ 1986, 483 sowie *Rütten,* Mehrheit von Gläubigern, 1989, außerdem *Behrens,* Beteiligung mehrerer Mieter am Mietverhältnis, 1989; *Hadding,* Zur Mehrheit von Gläubigern nach § 432 BGB, FS E. Wolf, 1985, 107; *ders.,* Zur Abgrenzung von Gläubigermehrheiten und Bruchteilsgemeinschaften an einer Forderung, FS Canaris, Bd. I, 2007, 379; *Kreller,* Mehrheit von Gläubigern und Schuldnern, AcP 146 (1941) 97; *Langenfeld,* Das Innenverhältnis bei den Gläubigermehrheiten nach §§ 420 bis 432 BGB, 1994; *Larenz,* Zur Lehre von der Rechtsgemeinschaft, IherJb. 83 (1933) 108; *Medicus,* Mehrheit von Gläubigern, JuS 1980, 697; *S. Meier,* Die Gesamtgläubigerschaft – ein unbekanntes Wesen?, AcP 205 (2005) 858; *Rütten,* Mehrheit von Gläubigern, 1989; *Weitnauer,* Personenmehrheit auf der Gläubiger- und Schuldnerseite, FS Hauss, 1978, 373; vgl. auch *Canaris,* die Bedeutung des Kriteriums der Unteilbarkeit der Leistung oder der Gegenleistung im modernisierten Leistungsstörungsrecht, 2. FS Medicus, 2009, 17, der sich aber auf die Problematik der Unteilbarkeit bei den §§ 275, 326 I 1 Hs. 2 sowie bei Rücktritt, Schadensersatz statt der Leistung und Schuldnerverzug beschränkt.

I. Abgrenzungen und Bedeutung

Schon beim echten Vertrag zugunsten Dritter (§ 328) kann es zu einer Gläubigermehrheit kommen: nämlich wenn sowohl der Dritte die Leistung an sich selbst wie auch nach § 335 der Versprechensempfänger die Leistung an den Dritten verlangen darf. Aber dann geht die Leistung doch nur **an eine Person.** Die beiden Gläubiger haben also eine verschiedene Stellung: Der erste Gläubiger kann Leistung an sich und der zweite nur Leistung an den ersten verlangen. Das verhält sich anders bei den in §§ 420–432 geregelten Gläubigermehrheiten: Hier ist nach außen die **Stellung der mehreren Gläubiger regelmäßig gleich.** 875

Die **praktische Bedeutung** der Gläubigermehrheiten ist zwar nicht ganz so groß wie die der Schuldnermehrheiten (vgl. u. Rn. 886ff.), aber immer noch sehr erheblich: Der hauptsächliche Anwendungsfall ist, dass auf einer Seite eines Vertrags mehrere Personen stehen. Das kann schon beim Vertragsabschluss der Fall sein, z. B. wenn eine Erbengemeinschaft ein Haus vermietet oder mehrere Personen gemeinsam eine Wohnung mieten oder ein Bankkonto eröffnen, von dem jede Person allein soll abheben dürfen (sog. „Oderkonto")[1]. Eine Gläubigermehrheit kann aber auch erst später eintreten, z. B. wenn die Einzelperson, die vermietet oder ein Bankkonto eröffnet hat, stirbt und von mehreren Personen beerbt wird. Zudem ist eine Gläubigermehrheit auch kraft Gesetzes möglich, z. B. wenn mehrere Schadensersatz wegen unerlaubter Handlung fordern können. 876

Das Gesetz regelt in den §§ 420ff. die Gläubigermehrheiten gemeinsam mit den Schuldnermehrheiten. Dabei regeln die §§ 420ff. nicht, wann eine solche Gläubigermehrheit besteht, sondern setzen eine solche voraus und regeln nur deren Rechtsfolgen insbesondere für Fragen der Erfüllung und des Ausgleichs im Innenverhältnis.

II. Überblick über die gesetzlichen Typen der Gläubigermehrheit

1. Teilgläubigerschaft

Nach § 420 soll, wenn mehrere eine **teilbare Leistung** zu fordern haben, im Zweifel jeder Gläubiger nur zu einem gleichen Anteil berechtigt sein. Daraus ergibt sich zunächst, dass die Forderung überhaupt geteilt sein soll: Jeder Gläubiger hat also eine ei- 877

[1] Dazu *BGH* NJW 2009, 2054.

gene, auf einen Teilbetrag lautende Forderung. Folglich muss auch der Schuldner jedem Gläubiger den auf diesen entfallenden Teilbetrag leisten. Die Gläubiger sind hier nur durch zwei Umstände miteinander verbunden: Einmal muss nach § 351 ein Rücktrittsrecht einheitlich ausgeübt werden. Und zum anderen hat nach § 320 I 2 der Schuldner beim gegenseitigen Vertrag *jedem* Gläubiger gegenüber die Einrede des nichterfüllten Vertrags, wenn nicht die *ganze* Gegenleistung erbracht wird. Dem Teilgläubiger nützt es also nichts, dass er den auf ihn entfallenden Teil der Gegenleistung schon erbracht hat, wenn auch nur einer seiner Mitgläubiger noch säumig ist.

878 Abgesehen von der eben genannten Spezialfrage beim gegenseitigen Vertrag aber ist diese Art der Gläubigermehrheit **für den Schuldner ungünstig.** Denn erstens muss er – was oft mühsamer sein wird – die Leistung in Teilen erbringen (z. B. bei einer Geldschuld mehrere Überweisungsaufträge ausfüllen und bei einer Warenbringschuld Teile der Ware zu mehreren Gläubigern transportieren). Zweitens und vor allem aber ergibt sich für den Schuldner auch ein **Verteilungsrisiko:** Die gleiche Höhe der Anteile gilt ja bei § 420 nur „im Zweifel". Sie träte also z. B. nicht ein, wenn die Teilgläubiger Miteigentümer zu verschieden hohen Anteilen oder Miterben mit unterschiedlichen Erbquoten wären. Hier müsste der Schuldner, um richtig verteilen zu können, das Innenverhältnis der Gläubiger kennen. Zwar bleibt als letztes Hilfsmittel die Hinterlegung nach § 372 S. 2 (vgl. o. Rn. 282ff.). Aber danach darf die Ungewissheit über die Person des Gläubigers nicht auf einer Fahrlässigkeit des Schuldners beruhen: Dieser muss sich also zunächst einmal um Kenntnis von dem Innenverhältnis bemühen. Ist der geschuldete Gegenstand nicht hinterlegungsfähig, müsste der Schuldner den komplizierten Weg des Selbsthilfeverkaufs gehen (dazu o. Rn. 289ff.)

Wegen dieser Nachteile der Teilgläubigerschaft für den Schuldner wird deren Anwendungsbereich über eine **enge Interpretation der Teilbarkeit** der Leistung (vgl. u. Rn. 883) erheblich eingeschränkt.

2. Gesamtgläubigerschaft

879 Bei der Gesamtgläubigerschaft kann zwar jeder Gläubiger die ganze Leistung verlangen, § 428 S. 1; hier sind also die Forderungen **nicht geteilt.** Aber der Schuldner kann nach seinem Belieben **an jeden Gläubiger leisten,** und zwar auch an einen anderen als den, der von ihm die Leistung verlangt oder sogar ihn darauf verklagt hat, § 428 S. 2. Der Ausgleich zwischen demjenigen Gläubiger, der die Leistung erhalten hat, und den übrigen ist dann Sache des Innenverhältnisses; dabei soll im Zweifel jeder einen gleichen Anteil erhalten, § 430. Nach §§ 429 III, 425 wirken dabei rechtsändernde Umstände, die zwischen dem Schuldner und einem der Gläubiger eintreten (z. B. Schuldnerverzug, Verjährung, rechtskräftiges Urteil), regelmäßig nicht auch für die übrigen Gläubiger; diese Umstände haben also nur **Einzelwirkung** (vgl. zur Gesamtschuld u. Rn. 895). Ausnahmsweise **Gesamtwirkung** zuerkannt wird vom Gesetz bloß dem Gläubigerverzug (§ 429 I), der Konfusion (§ 429 II), der Erfüllung und ihren Surrogaten (§§ 429 III 1, 422) sowie unter Umständen dem Erlass (§§ 429 III 1, 423).

880 In ihren Wirkungen bildet die Gesamtgläubigerschaft gewissermaßen das Gegenstück zur Teilgläubigerschaft: Sie ist **für den Schuldner bequem** und für die Gläubiger gefährlich. Die Bequemlichkeit für den Schuldner ergibt sich daraus, dass er an einen – noch dazu von ihm auszusuchenden – Gläubiger die ganze Leistung erbringen kann, sich also um das Innenverhältnis nicht zu kümmern braucht. Dagegen ergeben sich die Gefahren für die Gläubiger daraus, dass jeder von ihnen fürchten muss, der Schuldner werde nicht an ihn leisten, sondern an einen anderen Gesamtgläubiger. Zwar haben diejenigen Gläubiger, die leer ausgegangen sind, dann Ausgleichsansprüche; aber diese Gläubiger tragen die Last und das Risiko der Durchsetzung.

3. Mitgläubigerschaft

Eine dritte Art der Gläubigermehrheit wird in § 432 geregelt. Sie hat im Gesetz keinen 881 eigenen Namen; man spricht von Mitgläubigerschaft oder von Gesamtleistungsgläubigerschaft. Hier kann der Schuldner **nur an alle Gläubiger gemeinschaftlich** leisten. Dagegen können nicht etwa bloß alle Gläubiger gemeinschaftlich die Leistung fordern. Vielmehr kann jeder einzelne Gläubiger **Leistung an alle** oder Hinterlegung für alle oder die Ablieferung an einen gerichtlich bestellten Verwahrer verlangen. Rechtsändernde Umstände in der Person eines Gläubigers (z. B. Mahnung, Verzug usw.) haben dabei nach § 432 II nur Einzelwirkung.

Diese Art der Gläubigermehrheit gleicht die Interessen des Schuldners und diejenigen 882 der Gläubiger **fast optimal** aus: Der Schuldner muss nur einmal leisten und braucht sich um die Verteilung des Leistungsgegenstandes nicht zu kümmern. Andererseits braucht aber auch kein Gläubiger zu fürchten, die Leistung werde an ihm vorbei bloß an einen seiner Mitgläubiger gehen: Am Empfang der Leistung wird hier jeder Gläubiger beteiligt.

III. Der Anwendungsbereich der gesetzlichen Typen

1. Teilgläubigerschaft

Teilgläubigerschaft tritt nach § 420 bei **Teilbarkeit der Leistung** ein. Dabei könnte 883 man als „teilbar" jede Leistung verstehen, die oder deren Gegenstand sich derart zerlegen lässt, dass die Teile zusammengenommen ohne Wertminderung das Ganze ergeben. So verstanden ist die große Mehrzahl aller Leistungen teilbar, nämlich wenn der Leistungsgegenstand in Geld oder einer Mehrzahl von vertretbaren Sachen besteht. Aber auch die Leistung einer an sich unteilbaren Sache (z. B. eines Reitpferdes) könnte insofern geteilt werden, als sie in Quoten zu Mitbesitz übergeben und zu Miteigentum übertragen werden kann. Und Dienstleistungen sind gleichfalls oft in dem Sinn teilbar, dass zunächst nur ein Teil der Arbeit verrichtet (z. B. erst die Hälfte des Gartens umgegraben) wird. Danach müsste die Teilgläubigerschaft also einen sehr weiten Anwendungsbereich haben.

Tatsächlich sieht die h. M. das Erfordernis der Teilbarkeit aber wesentlich enger. Denn man berücksichtigt für dieses Merkmal nicht lediglich allein den Leistungsgegenstand, sondern auch das **Verhältnis der Gläubiger untereinander:** Eine an sich teilbare Leistung wird auch dann für unteilbar gehalten, wenn dieses Verhältnis einer Teilung entgegensteht. Als unteilbar gelten daher alle Forderungen auf Leistung an eine **Gesamthandsgemeinschaft** (Gütergemeinschaft, Erbengemeinschaft, BGB-Gesellschaften): Diese Forderungen stehen der Gesamthand ungeteilt zu. Aber auch bei der **Bruchteilsgemeinschaft** (§§ 741 ff., vgl. BT Rn. 972 ff.) wird weithin Unteilbarkeit angenommen: nämlich immer dann, wenn die Einziehung der Forderung zur Verwaltung des gemeinschaftlichen Gegenstandes gehört und diese Verwaltung den Teilhabern nach § 744 I nur gemeinschaftlich zusteht. So hat der *BGH* Unteilbarkeit bejaht für die Mietforderung aus der Vermietung eines Hauses, das Miteigentümern gehörte.[2]

Da zwischen mehreren Gläubigern fast immer eine Gesamthands- oder eine Bruchteilsgemeinschaft besteht, verliert die Teilgläubigerschaft durch die genannte Auslegung der „Teilbarkeit" den größten Teil ihres denkbaren Anwendungsbereichs. Übrig bleiben im Wesentlichen diejenigen Fälle, in denen mehrere miteinander nicht verbundenen Personen sich eine Leistung versprechen lassen. Doch kann die Auslegung dann ergeben, dass mehrere voneinander getrennte Verträge gewollt waren und insbesondere die Vorteile für den Schuldner nach den §§ 320 I 2, 351 nicht gelten sollen: Auch in diesem Fall scheidet die Teilgläubigerschaft aus. In der Praxis kommt daher eine Teilgläubigerschaft fast nie vor.

2. Gesamtgläubigerschaft

884 Für die Gesamtgläubigerschaft nennt das BGB ausdrücklich nur einen einzigen, selten vorkommenden Anwendungsfall im **Vermächtnisrecht,** § 2151 III. Einen etwas größeren Anwendungsbereich hat die Rspr. in **Schadensersatzfällen** eröffnet, in denen der Schuldner das Innenverhältnis zwischen mehreren Ersatzgläubigern zumutbarerweise nicht beurteilen konnte.[3] Auch das gemeinschaftliche Oderkonto der Ehegatten steht der Gesamtgläubigerschaft nahe (nur muss die Bank hier an denjenigen leisten, der die Auszahlung verlangt). Die größte Bedeutung hat die Gesamtgläubigerschaft im Fall des § 1357: Die gemeinsame Berechtigung der Ehegatten nach § 1357 I aus den dort genannten Geschäften zur Deckung des Lebensbedarfs bedeutet nach der wohl vorzugswürdigen Ansicht eine leicht modifizierte Gesamtgläubigerschaft. Diese Modifikation besteht darin, dass der Schuldner allein an denjenigen Ehegatten soll leisten können, mit dem er kontrahiert hat. Denkbar wäre auch eine vertragliche Vereinbarung einer Gesamtgläubigerschaft.[4]

3. Mitgläubigerschaft

885 Als Anwendungsbereich der Mitgläubigerschaft scheinen nun alle diejenigen Fälle nahezuliegen, in denen weder Teilgläubigerschaft noch Gesamtgläubigerschaft besteht. Insbesondere müssten hierhin die Gesamthandsgemeinschaften von Gläubigern gehören, bei denen die Leistung ja als rechtlich unteilbar angesehen wird (vgl. o. Rn. 883). Dazu passt anscheinend, dass § 2039 für die Erbengemeinschaft den § 432 I fast wörtlich wiederholt. Aber bei den anderen beiden Gesamthandsgemeinschaften fehlt diese Übereinstimmung. Denn bei der BGB-Gesellschaft (soweit sie überhaupt zu einer Gesamthandsgemeinschaft führt) kann keineswegs jeder Gesellschafter von den Gesellschaftsschuldnern Leistung an die Gesellschaft verlangen; vielmehr ist die Geltendmachung von Gesellschaftsforderungen den vertretungsberechtigten Gesellschaftern vorbehalten (vgl. BT Rn. 980). Ähnlich gehört bei der Gütergemeinschaft die Geltendmachung von Forderungen des Gesamtguts zu dessen Verwaltung, deren Regelung sich nach § 1421 ergibt. Daher hat die h. M. die **Gesamthandsgemeinschaften** ganz aus § 432 herausgenommen und sie zu **Gläubigergemeinschaften eigener Art** gemacht. Soweit man diese Gemeinschaften selbst als Rechtspersonen ansieht (vgl. BT Rn. 981), scheiden diese Fälle sogar völlig aus dem Bereich der Gläubiger*mehrheit*

[2] *BGH* NJW 1958, 1723.
[3] Etwa BGHZ 28, 68, dazu *Medicus,* JuS 1980, 697, 701.
[4] Vgl. dazu sowie zu den AGB-rechtlichen Grenzen *BGH* NJW 2007, 438.

aus: Dann gibt es nur einen einzigen Gläubiger, nämlich die insoweit rechtsfähige Gesellschaft.

Für die Mitgläubigerschaft bleiben, wenn man also von den Gesamthandsgemeinschaften absieht, insbesondere die **Bruchteilsgemeinschaften** nach §§ 741 ff., soweit dort die Einziehung der Forderungen zur gemeinschaftlichen Verwaltung gehört (vgl. o. Rn. 883). Weiter unterfallen der Mitgläubigerschaft regelmäßig die (seltenen) Fälle einer schon im natürlichen Sinn unteilbaren Leistung, die mehreren geschuldet wird.[5]

§ 66. Schuldnermehrheiten

Literatur: Ausführlichste moderne Darstellungen *Selb,* Mehrheit von Gläubigern und Schuldnern, 1984 (vgl. auch JZ 1986, 483) und *Ehmann,* Die Gesamtschuld, 1972 (dazu *Selb,* NJW 1975, 965; *Rüßmann,* AcP 175 [1975] 173); weiter etwa *Boecken/von Sonntag,* Zur Gleichstufigkeit der Schuldner als Voraussetzung einer Gesamtschuld, Jura 1997, 1; *de Boor,* Die Kollision von Forderungsrechten, 1928; *G. Dilcher,* Zu Begriff und Funktion der Gesamtschuld, JZ 1967, 110; *ders.,* Zum Gesamtschuldausgleich in Schadensersatzfällen, JZ 1973, 199; *Gernhuber,* Der Gesamtschuldnerausgleich unter Ehegatten, JZ 1996, 696 und 765; *Glöckner,* Gesamtschuldvorschriften und Schuldnermehrheiten bei unterschiedlichen Leistungsinhalten, 1997; *Goette,* Gesamtschuldbegriff und Regressproblem, 1974; *Jürgens,* Teilschuld, Gesamtschuld, Kumulation, 1988; *Luckey,* Die Haftungserleichterung und Konsequenzen für den Gesamtschuldnerregreß, VersR 2002, 1213; *Medicus,* Haftungsbefreiung und Gesamtschuldnerausgleich, JZ 1967, 398; *S. Meier,* Gesamtschulden – Entstehung und Regress, 2010 (dazu *Ehmann,* AcP 211 [2011] 491); *dies.,* Schuldnermehrheiten im europäischen Vertragsrecht, AcP 211 (2011) 435; *K. J. Müller,* Die Verjährung des Anspruchs aus § 426 Abs. 1 BGB, VersR 2001, 429; *Pfeiffer,* Gesamtschuldnerausgleich und Verjährung, NJW 2010, 23; *Prediger,* Zur Auslegung und Anwendung der Regelungen im BGB über die Gesamtschuld, 1988; *Preißer,* Grundfälle zur Gesamtschuld im Privatrecht, JuS 1987, 208, 289, 628, 710, 797, 961; *Riering,* Gemeinschaftliche Schulden, 1991; *Rüßmann,* Die Abgrenzung der Gesamtschuld von anderen Schuldnermehrheiten – BGHZ 59, 97, JuS 1974, 292; *K. Schreiber,* Die Gesamtschuld, Jura 1989, 353; *Schünemann/Bethge,* „Allgemeine Gleichbehandlung" von Gesamtschuldnern?, Jura 2009, 448; *Thiele,* Gesamtschuld und Gesamtschuldnerausgleich, JuS 1968, 149; *Wacke,* Der Erlass oder Vergleich mit einem Gesamtschuldner, AcP 170 (1970) 42; *Wast,* Gesamtschuldnerausgleich zwischen Banken, Initiatoren und weiteren Dienstleistern …, JuS 2011, 2291; *Wendlandt,* Der Dombrandfall – unechte Gesamtschuld, GoA und Bereicherung, Jura 2004, 325; *Winter,* Teilschuld, Gesamtschuld und unechte Gesamtschuld, 1985; *Zeires,* Die Gesamtschuld, Jura 2008, 726.

I. Überblick

Praktisch ungleich bedeutsamer als die Gläubigermehrheit sind die Fälle der **Schuld- 886
nermehrheit.** Bei diesen zeigt sich aber vielfach Ähnliches, wie es bei der Gläubigermehrheit zu beobachten war: Zwar stellt das BGB für die Schuldnermehrheiten nur zwei – und nicht, wie für die Gläubigermehrheiten, drei – Typen bereit, nämlich die **Teilschuld** (§ 420) und die **Gesamtschuld** (§§ 421–427, 431). Aber auch bei den Schuldnermehrheiten hat die Lehre für manche Gesamthandsgemeinschaften noch einen weiteren Typ herausgearbeitet (vgl. o. Rn. 885 und u. 906). Und auch bei den Schuldnermehrheiten ist die Bedeutung der Teilschuld nach § 420 viel geringer, als es dem häufigen Vorkommen von in natürlichem Sinn teilbaren Leistungen entspricht (vgl. o. Rn. 883 und u. 905). Insgesamt überwiegt bei den Schuldnermehrheiten eindeutig die Gesamtschuld. Sie soll daher zunächst dargestellt werden.

[5] Doch vgl. zum Verhältnis der §§ 774ff. zu § 432 kritisch *Hadding* FS E. Wolf, 1985, 107.

II. Die Gesamtschuld

1. Charakteristik

887 Nach der Definition in § 421 muss jeder der Gesamtschuldner die ganze Leistung bewirken; der Gläubiger kann sie auch von jedem Schuldner ganz oder zum Teil fordern, doch erhält er sie insgesamt nur einmal. Wenn z. B. A, B und C dem G gesamtschuldnerisch 1.000,– € schulden, kann G zunächst von jedem 1.000,– € verlangen. Sobald aber einmal – gleich von welchem der Schuldner – 1.000,– € gezahlt worden sind, werden auch die übrigen Schuldner dem G gegenüber frei. Ist ein geringerer Betrag bezahlt worden, so tritt diese Befreiung nur verhältnismäßig ein. Welchen Teil der Forderung der einzelne Gesamtschuldner im Verhältnis zu seinen Mitschuldnern aufzubringen hat (vgl. u. Rn. 897 f.), braucht den Gläubiger bei seinem Vorgehen nicht zu kümmern.[1] *Heck* § 76, 4a hat den Gläubiger daher sehr plastisch als „juristischen Pascha“ bezeichnet.

Damit ist die Gesamtschuld die **für den Gläubiger sicherste Form** der Verpflichtung mehrerer: Solange auch nur einer der Schuldner leistungsfähig ist, wird der Gläubiger befriedigt, weil ihm das Vermögen jedes einzelnen Schuldners für den vollen Betrag seiner Forderung haftet.

2. Anwendungsbereich

a) Gesetzliche Gesamtschuldanordnungen

888 Sehr häufig bestimmt das Gesetz **ausdrücklich** das Vorliegen einer Gesamtschuld.

Im **rechtsgeschäftlichen Bereich** ist der wichtigste Fall **§ 427:** Mehrere verpflichten sich durch Vertrag gemeinschaftlich zu einer teilbaren Leistung. Daher haften etwa Eheleute nach § 427, wenn sie gemeinsam eine Wohnung mieten oder einen Kredit aufnehmen. Übrigens kann bei Eheleuten eine Gesamtschuld nach § 1357 auch dann entstehen, wenn nur ein Ehegatte handelt. Zu gesamtschuldnerischer Haftung führt nach § 54 S. 2 auch das Auftreten mehrerer für einen nicht rechtsfähigen Verein.

Darüber hinaus bestimmt der Gesetzgeber eine Gesamtschuld mehrfach auch dann, wenn die **Verträge nicht gemeinschaftlich abgeschlossen** worden sind, sondern getrennt. Das gilt nach § 769 für Mitbürgen und nach § 78 I VVG für mehrere Versicherer desselben Interesses (Mehrfachversicherung). Ähnlich haften nach Art. 47 I WG alle Wechselbeteiligten gesamtschuldnerisch, selbst wenn sie sich unabhängig voneinander beteiligt haben. Eine Gesamtschuld entsteht schließlich auch bei vertraglichem oder gesetzlichem Vertrags- oder Schuldbeitritt (vgl. u. Rn. 910 ff.).

889 Im **deliktischen Bereich** ist die allgemeinste Vorschrift **§ 840:** Wenn mehrere aus einer unerlaubten Handlung nebeneinander verantwortlich sind, haften sie als Gesamtschuldner. Das hat praktische Bedeutung besonders bei den vielen Verkehrsunfällen, aus denen mehrere Personen haften (z. B. bei Verschulden Halter und Fahrer; eine noch weit größere Zahl von Verantwortlichen kann sich bei den Kettenunfällen ergeben, vgl. o. Rn. 686). Vgl. im Einzelnen BT Rn. 934.

Zudem lässt das Gesetz in vielen **weiteren Fällen einer Pflichtverletzung** die Beteiligten gesamtschuldnerisch haften, so das BGB etwa in §§ 42 II 2, 53, 1664 II, 1833 II

[1] Vgl. *BGH* NJW 1991, 1289.

1, 1908i I 1, 2219 II. Dazu kommen noch mehrere Vorschriften außerhalb des BGB. Praktisch wichtig ist etwa die gesamtschuldnerische Haftung des Pflichthaftpflichtversicherers neben dem Fahrzeughalter nach § 115 I 4 VVG (vgl. o. Rn. 765).

In weiteren Fällen begegnet die Gesamtschuld auch im Zusammenhang mit **Gesamthandsgemeinschaften** (doch vgl. u. Rn. 906). Vor allem haften nach § 2058 Miterben gesamtschuldnerisch. Gleiches gilt ebenso nach §§ 128, 161 II HGB für die Gesellschafter einer OHG und KG (freilich die Kommanditisten regelmäßig nur im Rahmen des § 171 I HGB) und BGB-Gesellschafter hinsichtlich von Gesellschaftsverbindlichkeiten. Weniger wichtig sind die Fälle der §§ 1437 II 1, 1459 II 1, 1480 bei der ehelichen Gütergemeinschaft. 890

Gesamtschuldnerische Haftung gilt endlich nach § 431 unabhängig vom Rechtsgrund der Schuld immer dann, wenn mehrere eine **unteilbare Leistung** schulden. Doch braucht man diese Vorschrift nur selten, weil häufig schon aus einem anderen Grund gesamtschuldnerisch gehaftet wird (z. B. nach § 427 bei Verträgen mit einem in einer Gemeinschaftspraxis arbeitenden Arzt, BGHZ 97, 273). Und § 431 passt überhaupt nicht, wenn ein einzelner Schuldner die Leistung gar nicht erbringen kann (z. B. ein einzelner Musiker das Spiel eines ganzen Orchesters): Dann schuldet jeder nur die Mitwirkung an der gemeinsamen Herbeiführung des Leistungserfolgs (vgl. u. Rn. 906). Anders aber liegt es bei dem Rückgabeanspruch des Vermieters (§ 546 I) gegen eine Mehrheit von Mietern: Hier schuldet jeder Mieter auch die Rückgabe durch die übrigen.[2] 891

b) Weitere Gesamtschuldfälle

Über die eben erörterten einzelnen Gesamtschuldanordnungen hinaus sieht die h. M. in § 421 eine **generelle Gesamtschuldanordnung:** Gesamtschuld liege immer vor, wenn mehrere nach Wahl des Gläubigers die ganze Leistung schuldeten, der Gläubiger diese aber insgesamt nur einmal zu fordern berechtigt sei.[3] § 421 wird damit gleichsam als allgemeiner Entstehungstatbestand einer Gesamtschuld begriffen.[4] Dabei müssen die Ansprüche gegen die verschiedenen Schuldner nicht zwingend auf einem einheitlichen Schuldgrund beruhen. Maßgebend ist alleine, ob sie auf die Befriedigung desselben **Leistungsinteresses** des Schuldners gerichtet sind. 892

§ 421 nennt aber nach h. M. aber lediglich die Mindestvoraussetzungen für das Vorliegen einer Gesamtschuld. Zusätzlich zu den dort genannten Voraussetzungen bedarf es eines weiteren Merkmals: Die mehreren Verpflichtungen müssen **„gleichstufig“** oder **„gleichrangig“** sein.[5] So liegt es z. B. regelmäßig, wenn mehrere als Verursacher desselben Schadens haften. Daher kann etwa § 840 durch Analogie auf den Fall erweitert werden, dass von mehreren Schädigern bloß einer aus Delikt haftet, der andere dagegen nur aus Vertrag (vgl. BT Rn. 1424). Demgegenüber fehlt die Gleichstufigkeit insbesondere, wenn bloß der eine Schuldner als Schadensverursacher haftet, der andere jedoch als „Versorger“ (z. B. als den Lohn fortzahlender Arbeitgeber, als Sozialversicherungsträger usw., vgl. o. Rn. 767 ff.).

---

[2] *BGH* NJW 1996, 515, 516 f., vgl. u. Rn. 906.
[3] Etwa *Larenz,* SAT, § 37 I; *Looschelders,* AT, Rn. 1278 f.
[4] Staudinger/*Looschelders,* § 421 Rn. 8 ff m. w. N.
[5] Dazu etwa *Selb,* Mehrheit von Gläubigern und Schuldnern, § 5 II 7; *BGH* NJW 2007, 1208 Rn. 17 f.

Dass in solchen Fällen die Gesamtschuldregeln nicht passen, wird vor allem an **§ 843 IV** deutlich: Nach der üblichen Auslegung dieser Vorschrift (vgl. o. Rn. 774) berührt hier die Unterhaltsleistung den Schadensersatzanspruch des Geschädigten gegen den Schädiger überhaupt nicht; die Erfüllung hat also nicht die in § 422 bestimmte Gesamtwirkung (vgl. u. Rn. 895). Aber auch in anderen „Versorgungsfällen" gibt es Spezialvorschriften – nämlich die Legalzessionsanordnungen (vgl. o. Rn. 773) – für den Rückgriff des Versorgers gegen den Schädiger: Sie zeigen, dass der Gesetzgeber selbst hier nicht mit der Anwendung des § 426 gerechnet, also keine Gesamtschuld angenommen hat. Man sollte daher in solchen Fällen nicht einmal von einer „scheinbaren" Gesamtschuld sprechen. Vielmehr passen die Gesamtschuldregeln gar nicht; eine **Gesamtschuld fehlt überhaupt.**

893 Der BGH hat eine Gesamtschuld auch zwischen dem fehlerhaft arbeitenden **Bauunternehmer** und dem seine Aufsichtspflicht verletzenden **Architekten** angenommen.[6] Das erstaunt zunächst deshalb, weil beide sich – anders als nach § 427 – in verschiedenen Verträgen verpflichtet haben. Auch schuldet der Bauunternehmer nach § 635 I vorerst Nacherfüllung, während der Architekt sofort Schadensersatz in Geld zu leisten hat. Da Architekt und Bauunternehmer aber – wenngleich in unterschiedlicher Weise – denselben Schaden verursacht haben, liegt Identität des Leistungsinteresses vor. Nach *BGH* NJW 2003, 2984 sollen Gesamtschuldner auch mehrere Unternehmer mit verschiedenen Gewerken sein, wenn deren Mängel nur einheitlich behoben werden können.[7] *BGH* NJW 2012, 1070f. und 1071 Rn. 17f. bejahen Gleichstufigkeit zwischen dem Verkäufer eines mangelhaften Pferdes und dem Tierarzt, der den Mangel bei einer Untersuchung vor dem Kauf übersehen hat.

3. Das Außenverhältnis

a) Gesamtschuld und Akzessorietät

894 Zwischen dem Gläubiger und jedem Gesamtschuldner besteht ein Rechtsverhältnis; die Gesamtheit dieser Verbindungen zum Gläubiger kann man das **Außenverhältnis** der Gesamtschuldner nennen. Die wichtigste Frage ist insoweit, ob Veränderungen im Verhältnis zwischen dem Gläubiger und einem Gesamtschuldner auch auf die übrigen Gesamtschuldner wirken (also **Gesamtwirkung** haben) oder nicht (also bloß **Einzelwirkung** haben). Für diese Frage (zu ihr u. Rn. 859) stehen bei der Gesamtschuld alle Einzelrechtsverhältnisse einander gleich.

Davon ist zu unterscheiden eine andere Verknüpfungsform, die das BGB z. B. bei der **Bürgschaft** anwendet, nämlich die **Akzessorietät** (von lat. *accessio* = Nebensache, Nebenverpflichtung)[8]: Bei ihr stehen zwar auch mehrere Forderungen nebeneinander, die auf die Befriedigung desselben Gläubigerinteresses gerichtet sind. Aber bei der **Akzessorietät** ist eine Forderung die Hauptsache, nämlich die leitende: Sie bestimmt, was dem Gläubiger zusteht. Dagegen ist die andere Forderung (oder sind auch mehrere andere Forderungen) bloß an diese Leitforderung **angelehnt** (ihr gegenüber akzessorisch): Sie richten sich nach dieser Leitforderung.[9] Bei der Bürgschaft ist Leitforderung die „Hauptforderung" des Gläubigers gegen den Hauptschuldner. Sie bestimmt die

---

[6] BGHZ 43, 227; 51, 275.
[7] Dazu *Stamm,* NJW 2003, 2940; *Ehmann,* JZ 2004, 250.
[8] Vgl. *Habersack,* JZ 1997, 857.
[9] Vgl. *Medicus,* JuS 1971, 497.

Forderung des Gläubigers gegen den Bürgen insofern, als der Bürge nur für die Erfüllung der Hauptforderung einzustehen verspricht (§ 765 I); auch Umfang und Geltendmachung der Bürgenschuld richten sich im Wesentlichen nach der Hauptschuld (§§ 767, 768, 770). Das ist im Einzelnen in BT Rn. 1012 ff. zu erörtern. Schon hier ist aber festzuhalten, dass es neben der gesamtschuldnerischen Forderungsverknüpfung auch die akzessorische gibt. Soweit sich das Gesetz für die Akzessorietät entschieden hat (wie bei der Bürgschaft), liegt also **keine Gesamtschuld** vor.

b) Einzel- und Gesamtwirkung

Im Schuldverhältnis können sich **Veränderungen** ergeben. Der Eintritt von Schuldnerverzug etwa führt zu einer Haftungsverschärfung (§ 287) und bei Geldschulden zu einer Verzinsungspflicht (§ 288 I). Bei Vorliegen einer Gesamtschuld wird dann fraglich, ob eine solche Veränderung sich auf den unmittelbar betroffenen Schuldner beschränkt oder ob sie auch die übrigen Schuldner erfassen soll. Im ersten Fall spricht man von **Einzelwirkung,** im zweiten von **Gesamtwirkung.** Das ist in den §§ 422–425 geregelt. Danach haben **Gesamtwirkung** die Erfüllung, die Leistung an Erfüllungs statt, die Hinterlegung und die erklärte Aufrechnung, § 422 I. Doch kann die Aufrechnung erklären nur derjenige Gesamtschuldner, dem die Forderung zusteht, mit der aufgerechnet werden soll, § 422 II. Die Gesamtwirkung ergibt sich in diesen Fällen zwingend daraus, dass der Gläubiger die Leistung insgesamt nur einmal erhalten soll, § 421 S. 1: Ist das geschehen, kann er also seine Forderungen gegen die übrigen Schuldner nicht behalten (doch müssen diese Forderungen nicht erlöschen, vgl. u. Rn. 901 zu § 426 II). Ähnlich kann der Gläubiger auch durch Erlass gegenüber einem Gesamtschuldner alle seine Forderungen aufgeben, § 423. Nach § 424 soll Gesamtwirkung endlich auch der Gläubigerverzug haben. Denn die Erfüllung durch den anbietenden Gesamtschuldner hätte nach § 422 auch die übrigen gegenüber dem Gläubiger befreit; daher soll ihnen in gleicher Weise zugutekommen, dass der Gläubiger durch seinen Verzug diese Erfüllung verhindert hat. 895

In allen anderen Fällen dagegen soll nach § 425 I **im Zweifel nur Einzelwirkung** eintreten. Dafür nennt § 425 II viele Beispiele: Kündigung (womit bloß eine die Fälligkeit herbeiführende und nicht auch die vertragslösende Kündigung gemeint ist), (Schuldner)Verzug, Verschulden (bei Leistungsstörungen haftet also auf Schadensersatz regelmäßig nicht derjenige Gesamtschuldner, der diese Störung nicht zu vertreten hat), Unmöglichkeit, die Verjährung mit Hemmung und Neubeginn, die Konfusion und das rechtskräftige Urteil. Prozesse des Gläubigers gegen die Gesamtschuldner können also verschieden ausgehen. Das erklärt sich materiellrechtlich schon daraus, dass eben rechtsverändernde Umstände nach § 425 I bloß Einzelwirkung haben, so dass sich die Forderungen des Gläubigers gegen die einzelnen Gesamtschuldner verschieden entwickeln können.

4. Das Innenverhältnis

Der Gläubiger kann nach seiner Wahl auf jeden einzelnen Gesamtschuldner greifen, § 421. Damit soll aber nicht auch festgelegt sein, dass der so in Anspruch genommene Schuldner das in der Leistung liegende Opfer im Verhältnis zu seinen Mitschuldnern endgültig tragen muss. Vielmehr entscheidet über diese endgültige Verteilung das Innenverhältnis zwischen den Gesamtschuldnern. 896

a) Der Verteilungsmaßstab

897 Für den Verteilungsmaßstab sieht § 426 I 1 **Gleichheit der Anteile vor,** „soweit nicht ein anderes bestimmt ist". Vor der Annahme von Gleichverteilung ist also nach einem abweichenden Maßstab zu suchen. Er findet sich in der großen Mehrzahl der Fälle: Bei vertraglich begründeter Gesamtschuld kann eine Abrede über die interne Lastenverteilung vorliegen, z. B. zwischen mehreren Personen, die gemeinsam ein Ferienhaus mieten. Auch das Unterhaltsrecht kann die Verteilung regeln: Wenn Ehegatten gemeinsam eine Wohnung mieten, wird im Innenverhältnis nach § 1360 S. 2 der allein verdienende Ehegatte auch allein für die Miete aufzukommen haben; Kosten der Lebensführung sind also nicht nach § 426 auszugleichen (*BGH* NJW 2010, 848). Spezielle gesetzliche Verteilungsvorschriften finden sich etwa in den §§ 840 II, III, 841 BGB, 78 II VVG. Bei Schadensersatzansprüchen ist ganz besonders wichtig die **entsprechende Anwendung von § 254:** Die Verteilung zwischen den Schädigern richtet sich nach deren Ursachen- und Verschuldensanteilen an der Schädigung (vgl. o. Rn. 760). Danach kann also unter Umständen auch einer der Schädiger den Schaden allein zu tragen haben. Diese interne Verteilung entsprechend § 254 ist vom Gesetzgeber in die §§ 13 HPflG, 17 StVG übernommen und damit gutgeheißen worden.

898 Der Ausgleich zwischen den Gesamtschuldnern – ob nun zu gleichen oder zu abweichend bestimmten Teilen – funktioniert nur reibungslos, wenn jeder Schuldner seinen Anteil tragen kann. Fehlt es daran, so soll nach § 426 I 2 der **Ausfall bei einem Mitschuldner** von den übrigen zur Ausgleichung verpflichteten Schuldnern zu tragen sein. Das ist aber missverständlich formuliert, weil es den Anschein erweckt, als brauche sich der ausgleichsberechtigte Schuldner nicht an dem Ausfall zu beteiligen. Aber für eine solche Besserstellung gäbe es keinen Grund. Daher ist der Ausfall auf alle leistungsfähigen Schuldner im Verhältnis ihrer internen Schuldbeteiligung zu verteilen.

Beispiel: A, B und C sind Gesamtschuldner des G; im Innenverhältnis haben A und B je 1/4 und C 1/2 zu tragen. G nimmt den A auf das Ganze in Anspruch. Ist jetzt B leistungsunfähig, so ist das bei ihm ausfallende Viertel im Verhältnis 1 zu 2 auf A und C zu verteilen: A kann von C 1/2 + 2/12 = 2/3 verlangen; 1/3 trägt A selbst. Ist dagegen C leistungsunfähig, so ist dieser Ausfall von A und B zu gleichen Teilen zu tragen: A kann von B 1/2 verlangen.

Kommt der zunächst leistungsunfähige Schuldner wieder zu Geld, so hat ein neuer Ausgleich stattzufinden: Der bisher nicht beteiligte Schuldner hat seinen Mitschuldnern das zu ersetzen, was diese zunächst nach § 426 I 2 zusätzlich übernehmen mussten.

b) Ausgleichsansprüche

899 Für die Grundlage der Ausgleichsansprüche, von deren Höhe eben die Rede war, sind die beiden Absätze des § 426 auseinanderzuhalten:

900 **aa) Anspruch aus § 426 I 1. § 426 I 1** gibt nicht bloß den Verteilungsmaßstab an, sondern stellt – was sich dem Wortlaut nicht ohne weiteres entnehmen lässt – auch eine **eigene Anspruchsgrundlage** dar. Dieser Anspruch auf Ausgleich entsteht nicht erst dann, wenn ein Gesamtschuldner an den Gläubiger geleistet hat, sondern bereits mit dem Entstehen der Gesamtschuld selbst. Er ist zunächst auf Mitwirkung der anderen Gesamtschuldner an der Befriedigung des Gläubigers (Befreiungsanspruch, § 257, dazu o. Rn. 204) gerichtet. Hat ein Gesamtschuldner an den Gläubiger geleistet, wan-

delt er seinen Inhalt zu einem (anteiligen) Zahlungsanspruch.[10] Er verjährt damit auch einheitlich (nach der Regelverjährung gem. §§ 195, 199).

bb) Legalzession. Zudem geht nach **§ 426 II** im Umfang der Ausgleichsberechtigung 901
die Forderung des Gläubigers gegen die übrigen Schuldner auf denjenigen über, der den Gläubiger befriedigt hat. Diese **Legalzession** verschafft dem Ausgleichsberechtigten nach §§ 412, 401 die etwa für die Forderung bestehenden Sicherheiten. Andererseits schadet dem Ausgleichsberechtigten bei § 426 II der schon vor der Zession verstrichene Teil der Verjährungsfrist; zudem kann für diesen Anspruch schon ursprünglich eine kürzere Verjährung gelten (z. B. nach § 438).

5. Störungen des Gesamtschuldnerausgleichs

Nicht selten wird bei Schadenszufügungen die Entstehung eines Gesamtschuldver- 902
hältnisses dadurch verhindert, dass einer der Schädiger dem Geschädigten wegen eines gesetzlichen[11] oder vertraglichen Haftungsausschlusses nichts schuldet. Dann scheint auch ein Gesamtschuldnerausgleich nach § 426 nicht in Betracht zu kommen.

Beispiel: G wird von S aus Gefälligkeit in dessen Kraftwagen mitgenommen; beide vereinbaren einen (wirksamen) Haftungsausschluss. Durch Verschulden des S und des entgegenkommenden Kraftfahrers D kommt es zu einem Zusammenstoß. Dabei wird G verletzt. Ohne den Haftungsausschluss wären S und D dem G gegenüber Gesamtschuldner (§ 840); wenn D den G voll befriedigen müsste, könnte er also nach §§ 426 BGB, 17 StVG teilweise gegen S Rückgriff nehmen. Das scheint aber an dem Haftungsausschluss zu scheitern; dieser ginge demnach zu Lasten des an ihm unbeteiligten D.

Eine solche **Drittwirkung des Haftungsausschlusses** wird von vielen für korrektur- 903
bedürftig gehalten. Für diese Korrektur gibt es zwei Möglichkeiten:

Entweder man **fingiert das** wegen des Haftungsprivilegs nicht wirklich entstandene **Gesamtschuldverhältnis** für den Rückgriff: Dann kann D gegen S genauso Rückgriff nehmen, als ob das Haftungsprivileg nicht bestünde. So hat der BGH mehrfach entschieden.[12] Dagegen spricht aber, dass S den Vorteil aus dem Haftungsverzicht (ohne den S den G vielleicht nicht mitgenommen hätte!) über den Rückgriff des D wieder verliert. Auch kommt man so zu dem paradoxen Ergebnis, dass S bei Alleinverantwortlichkeit für den Unfall besser steht als bei bloßer Mitverantwortlichkeit. Denn bei Mitverantwortlichkeit ist er dem Teilregress des D ausgesetzt, während er diesen bei Alleinverantwortlichkeit nicht zu fürchten braucht: Dann haftet ja D dem G nicht und hat folglich auch keinen Rückgriff gegen S.

Daher hat *Medicus*[13] einen **anderen Ausweg** vorgeschlagen, den seit BGHZ 51, 37 in einzelnen Fallgruppen auch die Rspr. anwendet:[14] Der Anspruch des Geschädigten gegen den Drittschädiger ist von vornherein um den Betrag zu kürzen, für den der Dritte ohne den Haftungsausschluss nach § 426 regressberechtigt wäre.[15] Denn bei

---

10 BGHZ 181, 310 Rn. 12; *BGH* NJW 2010, 62 Rn. 21.

11 Z. B. nach §§ 104ff. SGB VII, vgl. o. Rn. 776.

12 Etwa in BGHZ 12, 213; 35, 317; dazu *Schmieder,* JZ 2009, 189.

13 Ausführlich JZ 1967, 398; kritisch aber *Selb,* Mehrheit von Gläubigern und Schuldnern, § 7 IX 2, 3; *ders.,* 1. FS W. Lorenz, 1991, 245.

14 Etwa BGHZ 94, 173; 110, 114, 117; 155, 205, 211ff., dazu *Unberath,* JuS 2004, 662; *BGH* NJW 1987, 2669; VersR 1987, 781; ZIP 2003, 1604.

15 Ebenso *Looschelders,* AT, Rn. 1295; *Brox/Walker,* AT, § 37 Rn. 23f.; einschränkend für § 831 BGHZ 157, 9; *BGH* NJW 2005, 239; 3144; vgl. auch *Dettenmaier,* ZGS 2011, 249.

dieser Lösung fällt der Haftungsausschluss konsequent demjenigen zur Last, dessen Interessen durch seinen eigenen Haftungsverzicht oder ein gesetzliches Haftungsprivileg abgewertet sind (im Bsp. also G). Damit **wendet sich** ausnahmsweise **das Innenverhältnis** (im Bsp. zwischen S und G) **nach außen:** Es bestimmt, für welchen Schadensteil D dem G haftet.[16]

904 Einen **anderen Weg** ist freilich BGHZ 103, 338, 346ff. für das Haftungsprivileg der Eltern aus § 1664 I gegangen[17]: Der Drittschädiger soll den Schaden ganz und ohne Rückgriffsmöglichkeit aus einem fiktiven Gesamtschuldverhältnis tragen. Begründen lässt sich das aber nur, wenn man § 1664 I auch als Schutznorm für die Familie im Außenverhältnis (und nicht nur als Schutznorm für die Eltern im Innenverhältnis) versteht.[18] Entsprechendes muss dann wohl auch für § 1359 gelten.

III. Andere Typen der Schuldnermehrheiten

Neben der überwiegend wichtigen Gesamtschuld gibt es noch zwei weitere Typen der Schuldnermehrheit.

1. Teilschuld (§ 420)

905 Nach § 420 liegt **Teilschuld** vor, wenn mehrere eine teilbare Leistung schulden: Hier kann also der Gläubiger von jedem Schuldner nur einen (im Zweifel gleichen) Teil verlangen. Fragen des Ausgleichs zwischen den Schuldnern bleiben damit vermieden; das Risiko der Insolvenz eines Teilschuldners liegt beim Gläubiger. Doch wird § 420 insbesondere durch die nach §§ 427, 840 auch bei teilbarer Leistung (Geld!) eintretende Gesamtschuld weitgehend verdrängt. Als wichtige Anwendungsbereiche bleiben für § 420 Unterhaltsschulden (§ 1606 III 1) und die privilegierte Erbenhaftung nach der Nachlassteilung (§ 2060). Teilschulden entstehen auch beim Ausgleich zwischen Gesamtschuldnern nach § 426, doch gilt dort nach § 426 I 2 eine abweichende Verteilung des Insolvenzrisikos (vgl. o. Rn. 898).

2. Gemeinschaftliche Schuld

906 Nicht besonders im BGB geregelt ist die **gemeinschaftliche Schuld** (vgl. schon o. Rn. 891): Sie (und nicht § 431) liegt dann vor, wenn die mehreren Schuldner die Leistung nur durch ihr Zusammenwirken erbringen können, wenn also der einzelne Schuldner allein zur Leistung außerstande ist. So kann es sich bei Teamarbeit verhalten; auch den Vermieterfall von o. Rn. 891 a. E. kann man hierhin rechnen. Zum anderen kommen hier aber auch Fälle in Betracht, in denen Leistungen aus einem Gesamthandsvermögen (z. B. die Übereignung einer Sache) nur durch das Zusammenwirken aller Gesamthänder möglich sind (dann spricht man auch von **Gesamthandsschuld**). Freilich können hier neben dieser gemeinschaftlichen Schuld die einzelnen Gesamthänder auf Schadensersatz in Geld haften; insoweit sind sie dann regelmäßig Gesamtschuldner (vgl. o. Rn. 890).

---

[16] Vgl. dazu *Stamm,* NJW 2004, 811; *A. Heinemann/Ramsauer,* Jura 2004, 198 und (teils abweichend) *Wendtland,* Jura 2004, 325.

[17] Dazu *Hermann Lange,* JZ 1989, 48; *Sundermann,* JZ 1989, 927; *J. Hager,* NJW 1989, 1640; *K. M. Schwab,* JuS 1991, 18.

[18] *Hager,* NJW 1989, 1640, 1649.

§ 67. Übersicht zur Kreditsicherung. Besondere Gründe gesamtschuldnerischer Haftung

Literatur: *Bartels,* Die Sicherungsgesamtschuld als akzessorische Kreditsicherheit?, JZ 2000, 608; *Bülow,* Recht der Kreditsicherheiten, 7. Aufl., 2007; *ders.,* Einführung in das Recht der Kreditsicherheit, Jura 1995, 198; *ders.,* Der Grundsatz der Subsidiarität im Kreditsicherungsverhältnis, ZIP 1999, 985; *Gerhardt,* Die neuere Rechtsprechung zu den Mobiliarsicherheiten, JZ 1986, 672 und 736; *Habersack,* Die Akzessorietät – Strukturprinzip der europäischen Zivilrechte …, JZ 1997, 857; *Hoffmann,* Sicherungsgemeinschaften im System einer differenzierenden Gesamtschuldlehre, AcP 211 (2011) 703; *Paulus,* Grundfragen des Kreditsicherungsrechts, JuS 1995, 185; *Pottschmidt/Rohr,* Kreditsicherungsrecht, 5. Aufl., 2003; *Reinicke/Tiedtke,* Kreditsicherung, 4. Aufl., 2000; *H. Scholz/Lwowski,* Das Recht der Kreditsicherung, 7. Aufl., 1994; *K. Schreiber,* Sicherungsrechte des Geldkreditgebers, Jura 1996, 104; *Hansjörg Weber,* Kreditsicherungsrecht, 8. Aufl., 2006.

I. Die Typen der Kreditsicherung

1. Der Realkredit

Der Gläubiger ist für seine Befriedigung regelmäßig auf das Vermögen seines Schuldners angewiesen (vgl. o. Rn. 19). Die Chancen des Gläubigers vermindern sich also, wenn Gegenstände aus dem Schuldnervermögen ausscheiden: sei es weil diese Gegenstände von anderen Gläubigern in Anspruch genommen werden, sei es weil der Schuldner sie veräußert. Danach liegt es nahe, **dem Gläubiger** zur Sicherung **einen bestimmten Gegenstand aus dem Schuldnervermögen zu reservieren:** Dieser Gegenstand muss dann erstens vor dem Zugriff anderer Gläubiger abgeschirmt werden. Zweitens sind aber auch Veräußerungen durch den Schuldner zu verhindern oder doch wenigstens für den zu sichernden Gläubiger unschädlich zu machen. 907

Eine derartige Sicherung ergibt sich, wenn dem Gläubiger Sachen des Schuldners **verpfändet oder zur Sicherung übereignet** werden. Dann kann sich nämlich der Gläubiger gegen fremde Pfändungen nach §§ 805, 771 ZPO wehren und hat bei Insolvenz des Schuldners die Absonderungsrechte nach §§ 49 ff. InsO. Und rechtmäßige Veräußerungen durch den Schuldner sind bei der Sicherungsübereignung ausgeschlossen (der Schuldner ist ja nicht mehr Berechtigter). Bei den Pfandrechten bleiben zwar Veräußerungen möglich, doch lassen sie regelmäßig das Pfandrecht unversehrt: Dieses wirkt als dingliches Recht auch gegen den Erwerber. Den so durch einen Gegenstand des Schuldnervermögens gesicherten Kredit nennt man **Realkredit** (von lat. *res* = Sache). Er spielt vor allem über die Grundpfandrechte Hypothek und Grundschuld eine beherrschende Rolle; auf ihm ruht weithin die Baufinanzierung.

2. Der Personalkredit

Der Realkredit erfordert, dass der Schuldner über geeignete und noch nicht zu stark vorbelastete Vermögensstücke verfügt. Zudem verursacht vor allem die Kreditsicherung durch Grundpfandrechte Kosten. Daher spielt auch heute noch eine andere (im römischen Recht bei strengerer Zwangsvollstreckung sogar vorherrschende) Art der Sicherung eine wichtige Rolle: **Dem Gläubiger wird der Zugriff in das Vermögen einer weiteren Person** (oder auch mehrerer Personen) **eröffnet.** Der Grundtyp dieser Kreditsicherung durch Personen **(Personalkredit)** ist die **Bürgschaft:** Der Bürge haftet akzessorisch neben dem Hauptschuldner (vgl. o. Rn. 846; BT Rn. 1012 ff.); er muss also genau das leisten, was der Hauptschuldner (noch) schuldet. Rechtstechnisch etwas anders wird die personale Sicherung auch bei der **Gesamtschuld** verwirklicht: 908

Der Gläubiger erhält die Leistung, soweit auch nur einer der mehreren Schuldner zu ihr vermögend ist (vgl. o. Rn. 887).

909 In gewissem Sinn auf der Grenze zwischen der realen und der personalen Kreditsicherung steht die **Sicherungszession(-abtretung),** vgl. o. Rn. 805: Einerseits sondert sie ein bestimmtes Stück – nämlich die abgetretene Forderung – aus dem Vermögen des Schuldners aus und reserviert es dem Gläubiger. Andererseits aber wird über diese Forderung dem Gläubiger der Zugriff in das Vermögen eines weiteren Schuldners eröffnet. Freilich fehlt bei der Sicherungszession eine zugunsten des Schuldners der abgetretenen Forderung wirkende Festlegung des Sicherungszwecks: Dieser Schuldner kann sich gegenüber dem Sicherungsnehmer weder auf das Fehlen der zu sichernden Forderung noch z. B. auch darauf berufen, sie sei noch nicht fällig (vgl. o. Rn. 805). Der Schuldner der abgetretenen Forderung und der Schuldner der zu sichernden Forderung (also der Sicherungsgeber) sind auch nicht etwa Gesamtschuldner (so dass ihre Verbindlichkeiten wenigstens durch die §§ 422ff. miteinander verbunden wären). Wegen dieser Eigenarten braucht man für die Sicherungszession am ehesten eine **eigene Kategorie.**

Von den personalen Sicherungen sollen im Folgenden noch einige näher behandelt werden, bei denen aus besonderen Gründen gesamtschuldnerische Haftung eintritt.

II. Der rechtsgeschäftliche Schuldbeitritt

Literatur: *Bartels,* Der vertragliche Schuldbeitritt im Gefüge gegenseitiger Dauerschuldverhältnisse, 2003; *Madaus,* Der Schuldbeitritt als Personalsicherheit, 2001; *Scheyhing/Pöggeler,* in: K.W. Nörr/Scheyling/Pöggeler, Sukzessionen 2. Aufl., 1999, 407–424; *Weigelin,* Der Schuldbeitritt, 1941; zudem *Edenfeld,* Offene Fragen des Beitritts zur Dauerschuld, JZ 1997, 1034; *Kothe,* Die Stellung des Schuldbeitritts zwischen Bürgschaft und Schuldübernahme, JZ 1990, 997; *Zahn,* Schuldbeitritt zum Leasingvertrag nach dem VerbrKrG, DB 1992, 1029.

1. Zustandekommen

910 Das BGB regelt in den §§ 414–418 nur die befreiende Schuldübernahme: *An die Stelle* des alten Schuldners tritt ein neuer. Im Rahmen der schuldrechtlichen Typenfreiheit (vgl. o. Rn. 61) ist aber zweifelsfrei auch eine andere Gestaltung möglich: Der neue Schuldner kann *neben den alten* treten. Man spricht dann von kumulativer Schuldübernahme, Schuldmitübernahme oder von Schuldbeitritt (vgl. o. Rn. 781). Der Schuldbeitritt geschieht meist durch **Vertrag** zwischen dem Beitretenden und dem Gläubiger (wie bei § 414). Möglich ist aber auch ein Vertrag zwischen dem ursprünglichen und dem beitretenden Schuldner als echter Vertrag zugunsten des Gläubigers (§ 328)[1]. Im Unterschied zu § 415 ist hier eine Genehmigung des Gläubigers unnötig, weil dieser nichts verliert. Wenn der Gläubiger den Anspruch gegen den Beitretenden nicht will, hat er das Zurückweisungsrecht nach § 333.

Da es für den Schuldbeitritt keine Formvorschrift gibt, ist er **formlos** möglich. Dann droht aber ein Widerspruch zu dem Rechtsgedanken von § 766 S. 1, nach dem ein Bürgschaftsversprechen der Schriftform bedarf (vgl. BT Rn. 1008ff.). Allerdings ist der Schuldbeitritt in einer Hinsicht weniger gefährlich als die Bürgschaft: Während sich die Bürgenschuld nachträglich ohne Zutun des Bürgen erhöhen kann (§ 767 I 2, II), gilt insoweit beim Schuldbeitritt die in § 425 angeordnete Einzelwirkung. Aber in anderer Hinsicht ist der Schuldbeitritt gefährlicher: Der beitretende Schuldner

[1] Auf einige Besonderheiten weist aber mit Recht hin *Larenz,* SAT, § 35 II S. 610f.

hat abweichend von § 768 I 1 nicht ohne weiteres die Einwendungen des ursprünglichen Schuldners (doch vgl. u. Rn. 911). Auch hat er abweichend von § 770 keine Befugnisse aus Gestaltungsrechten des anderen Schuldners (vgl. § 422 II). Schließlich steht ihm in keinem Fall die den Bürgen regelmäßig zunächst schützende Einrede der Vorausklage zu (§§ 771 ff.). Daher bedarf der Beitretende kaum weniger eines Übereilungsschutzes, als er dem Bürgen durch § 766 S. 1 gewährt wird. Hierauf muss die **Abgrenzung zwischen Schuldbeitritt und Bürgschaft** Rücksicht nehmen.

Begrifflich ist der Unterschied zwar deutlich: Der Bürge verspricht das Einstehen für fremde Schuld, während der Beitretende eine eigene Schuld übernimmt. Aber die Parteien werden sich dieses Unterschieds meist nicht bewusst sein, so dass aus dem Wortlaut ihrer Erklärungen kaum Folgerungen gezogen werden können. Daher hat sich die ganz h. M. mit Recht für ein **wirtschaftliches Abgrenzungskriterium** entschieden (vgl. BT Rn. 519): Schuldbeitritt soll ein **eigenes unmittelbares wirtschaftliches Interesse des Beitretenden** voraussetzen, während der Bürge kein solches Interesse hat (freilich vielleicht ein anderes: Eine Bürgschaft braucht keineswegs eine Gefälligkeit darzustellen; Bankbürgschaften z. B. sind entgeltlich!). Dieses eigene Interesse gibt zugleich den Grund dafür, dass der Beitretende nicht des Übereilungsschutzes entsprechend § 766 S. 1 bedarf.

Danach liegt z. B. Schuldbeitritt vor, wenn das Versprechen eine Zwangsvollstreckung des Gläubigers in eine Sache abwenden soll, die der Beitretende selbst nutzt.[2] Für Schuldbeitritt spricht es auch, dass der Versprechende die Insolvenz eines Dritten abwenden will, die seinen geschäftlichen Ruf beeinträchtigen würde.[3] Dagegen kommt nur Bürgschaft in Betracht, wenn das Versprechen einen Verwandten des Versprechenden vor wirtschaftlichen Schwierigkeiten bewahren soll: Denn selbst wenn die Not dieses Verwandten einen Unterhaltsanspruch gegen den Versprechenden auslösen sollte, bedeutet das Interesse an dessen Vermeidung doch nur ein mittelbares wirtschaftliches.

Nach BGHZ 134, 94 soll der Schuldbeitritt eines Verbrauchers zu einem Kreditvertrag unter die §§ 491 ff. (und damit unter die dort in § 492 bestimmte Form) fallen, ebenso nach *BGH* NJW 1997, 3169 der Beitritt zu einem Finanzierungsleasingvertrag.[4]

2. Rechtsfolgen

Der Beitretende und der ursprüngliche Schuldner **haften** dem Gläubiger **gesamt-** 911
schuldnerisch, also nach den §§ 421 ff. Der Regress des Beitretenden gegen den ursprünglichen Schuldner richtet sich nach § 426 (vgl. o. Rn. 899 f.). Freilich kommt ebenso wie bei der Bürgschaft (vgl. BT Rn. 1020) ein weiterer Anspruch auf Aufwendungsersatz aus Auftrag (§ 670) in Betracht, wenn der ursprüngliche Schuldner den neuen zum Beitritt beauftragt hatte.

Nach *Larenz* soll der wirtschaftliche Zweck des Schuldbeitritts, nämlich die Gläubigersicherung, wenigstens durch die entsprechende Anwendung von § 417 I berücksichtigt werden[5]: Der Beitretende soll diejenigen Einwendungen geltend machen kön-

[2] RGZ 64, 318.
[3] *BGH* BB 1985, 2127, eher einschränkend aber *OLG Hamm* NJW 1988, 3022.
[4] Noch weiter geht *Bülow,* NJW 1996, 2889.
[5] *Larenz,* SAT, § 35 II 611.

nen, die dem ursprünglichen Schuldner zur Zeit des Beitritts zustanden. Ich möchte dem folgen.

III. Gesetzlicher Schuldbeitritt

Literatur: *Canaris,* Rechtspolitische Konsequenzen aus der geplanten Abschaffung von § 419 BGB für § 25 HGB, ZIP 1989, 1161; *Eisemann,* Die Haftung aus Vermögensübernahme – Bundesrepublik, Frankreich, England, Schweiz und Österreich, AcP 176 (1976) 487; *K. Schmidt,* Übergang von Vertragsverhältnissen nach §§ 25, 28 HGB?, 1. FS Medicus, 1999, 555; *Schricker,* Probleme der Haftung aus Vermögensübernahme (§ 419 BGB), JZ 1970, 265.

912 An mehreren Stellen bestimmt auch der Gesetzgeber selbst, ein neuer Schuldner solle neben den alten treten. Diese gesetzliche Wirkung wie bei einem Schuldbeitritt findet sich etwa in den §§ 2382 BGB, 25, 27 I, 28 HGB. Bis 1998 hatte zudem § 419 eine Haftung dessen bestimmt, der ein fremdes Vermögen durch Vertrag übernommen hatte. Das war jedoch in den Einzelheiten überaus problematisch (vgl. etwa *Schricker,* JZ 1970, 265). Folglich ist § 419 bei der Insolvenzrechtsreform gestrichen worden. Wenn ein Schuldner sein Vermögen ohne ausreichende Gegenleistung weggegeben hat, muss sich der Gläubiger jetzt durch **Anfechtung** helfen (§§ 1 ff. AnfG, auch §§ 129 ff. InsO).

IV. Vertragsbeitritt

913 Oben Rn. 841 ff. war begründet worden, dass nicht nur (nach §§ 414 ff.) in einer einzelnen Forderung der Schuldner ausgewechselt werden kann, sondern auch in einem – insbesondere gegenseitigen – Vertrag ein Vertragspartner. Entsprechend dieser Vertragsübernahme gibt es auch einen – im BGB gleichfalls nicht allgemein geregelten – Vertragsbeitritt[6]: Neben den einen Vertragspartner tritt auf derselben Vertragsseite zu gleichen Rechten und Pflichten ein weiterer (z. B. neben dem Junggesellen, der eine Wohnung gemietet hat, tritt nach der Heirat dessen Ehefrau dem Mietvertrag bei). Nötig ist dazu das Einverständnis aller drei Beteiligter, also insbesondere auch des Beteiligten auf der anderen Vertragsseite.[7] Denn ihm kann es regelmäßig nicht gleichgültig sein, dass ihm nun ein weiterer Berechtigter gegenübersteht.

[6] Dazu *K. W. Nörr,* in K.W. Nörr/Scheyhing/Pöggeler, Sukzessionen, 2. Aufl., 1999, 220.
[7] *Larenz,* SAT, § 35 III, 619, str.

Gesetzesverzeichnis

Bei den Ziffern vor dem Doppelpunkt handelt es sich um die Paragraphen des jeweiligen Gesetzes; die Ziffern nach dem Doppelpunkt verweisen auf die Randnummern dieses Buches. Hauptfundstellen sind **fett** gesetzt.

Stichwortverzeichnis

Die Zahlen verweisen auf die Randnummern des Buches. Hauptfundstellen sind **fett** gesetzt.